普通高等教育“十一五”国家级规划教材

北京高校优质本科教材

U0965245

土地资源学

第7版

刘黎明◎主编

Introduction to Land Resources

中国農業大學出版社
China Agricultural University Press
·北京·

内容简介

“土地资源学”是研究土地资源的形成与演变、类型与分布、数量与质量，以及土地资源的开发、利用、整治、保护与管理等诸问题的相关内容的一门基础理论课程，在土地资源管理专业本科教学体系中起到专业概论课的引导作用。本教材共分12章，主要论述土地资源学的理论体系、研究内容和研究方法，并重点阐述了土地资源分类、土地资源调查与评价、土地人口承载潜力、可持续土地利用与管理、土地资源保护与整治、区域土地资源开发、中国土地资源现状和问题、中国土地资源管理战略和体系建设以及世界土地资源现状与对策等相关内容。本书也可作为地理学、城乡规划学、农业资源利用等相关学科的教材和参考书。

图书在版编目（CIP）数据

土地资源学 / 刘黎明主编. -- 7版. -- 北京 : 中国农业大学出版社，2025. 9. -- ISBN 978-7-5655-3531-4

Ⅰ. F301

中国国家版本馆 CIP 数据核字第 2025BY3678 号

书　　名　土地资源学　第7版
Tudi Ziyuanxue
作　　者　刘黎明　主编

策划编辑　梁爱荣　　**责任编辑**　梁爱荣
封面设计　李尘工作室
出版发行　中国农业大学出版社
社　　址　北京市海淀区圆明园西路2号　　**邮政编码**　100193
电　　话　发行部 010-62733489，1190　　读者服务部 010-62732336
编辑部 010-62732617，2618　　出　版　部 010-62733440
网　　址　http://www.caupress.cn　　**E-mail**　cbsszs@cau.edu.cn
经　　销　新华书店
印　　刷　涿州市星河印刷有限公司
版　　次　2025年9月第7版　　2025年9月第1次印刷
规　　格　185 mm×260 mm　　16开本　　25印张　　618千字
定　　价　78.00元

图书如有质量问题本社发行部负责调换

第7版编写人员

主　编　刘黎明

副主编　谢花林　吴克宁　李　波

编　者　（按姓氏笔画排序）

刘黎明　中国农业大学
许　皞　河北农业大学
李　波　北京师范大学
李　鑫　中国矿业大学
李洪庆　河海大学
李晓亮　天津工业大学
吴克宁　中国地质大学
吴顺辉　华南农业大学
邱孟龙　陕西师范大学
季　翔　福建农林大学
周　德　浙江工商大学
起晓星　中山大学
袁　春　中国地质大学
袁承程　中国农业大学
谢花林　江西财经大学
管青春　中国石油大学
廖兴勇　西南大学

第 7 版前言

土地是人类赖以生存的空间，是社会生产中最基本的自然条件和生产要素，也是劳动的对象。人类社会的发展离不开对土地资源的不断改造和利用，可以说人与土地的这种关系是整个人类社会发展史中最重要的生产关系。因此，土地资源学是一门既古老而又新兴的科学。所谓“古老”，就是土地资源研究的历史久远，早在 2 600 多年前，我国就有了土地分类和土地评价的思想，《管子·地员》是中国最早的土地分类专篇；但就现代学科体系的标准来说，土地资源学的历史还很短，从 20 世纪 50 年代以后，才开始有相对系统的理论体系研究，并逐渐发展成为一门独立的现代科学。

与其他交叉学科一样，土地资源学是一门应社会发展需求而诞生的新兴学科，也是一门集众多相邻学科研究成果而发展起来的交叉科学。因此，它的理论体系尚不完全成熟，学科思维和方法论有待更加完善和独立，研究方法也需要不断创新。为此，《土地资源学》教材于 1990 年第 1 次出版至今，已经历了 6 次修订，始终坚持守正创新，不断完善学科理论体系，以满足新时代不断发展的国土资源管理实践需要。习近平总书记在《推进生态文明建设需要处理好几个重大关系》中指出：“要站在人与自然和谐共生的高度谋划发展，把资源环境承载力作为前提和基础，自觉把经济活动、人的行为限制在自然资源和生态环境能够承受的限度内，在绿色转型中推动发展实现质的有效提升和量的合理增长”。我们要以习近平生态文明思想以及党的二十大精神为指导，正确把握自然资源节约集约开发利用和生态环境严格保护的关系。

本次修订坚持与时俱进的指导思想，遵循既要保持土地资源管理领域近四十年来的历史传承，又要体现新时代特色和创新的原则，紧密结合国土资源管理实践所不断提出的新要求，紧跟国内外研究前沿和发展方向，重点梳理土地资源学的理论框架体系，严格规范基本概念的阐述，补充完善相关研究内容；更新了土地资源基础数据及分类体系，新增了土地整治的部分章节，尽可能地增加各种新的案例，并对书中部分图表进行了重新筛选和调整。

此外，本次修订还吸纳了几位新一代的青年学者参加修订工作，如李鑫、季翔、袁承程、邱孟龙、管青春、李晓亮等，为《土地资源学》这一经典教材增添了新的思维特色。

在国内同类型教材中，《土地资源学》的发行较为广泛，至今已连续使用了 35 年，可以说是国土资源管理领域的经典教科书。曾入选原国家土地管理局作为普通高等教育土地管理类规划教材（1990 年）、教育部“高等教育面向 21 世纪教学内容和课程体系改革项目（04—20）”、普通高等教育“十一五”国家级规划教材（2007 年），2024 年又被评为北京高校优质本科教材。当然，所有这些成果都与各位同行的支持和厚爱密不可分，在此谨表衷心的感谢！

编 者

2025 年 5 月

前 6 版前言

目　　录

第1章 绪　　论

土地是人类赖以生存的空间，是人类社会生产生活中最基本的自然资源和生产要素，也是劳动的对象。土地资源除了包含本身所固有的一切自然特性以外，同时又包含了与人类生产生活相关的社会经济特性。这两种属性合称为土地资源的“二重性”。

人类社会的发展离不开对土地资源的利用和改造，可以说人与土地的这种关系是整个人类社会发展史中最基本、最重要的生产关系。随着社会生产力发展和人口迅速增长，土地资源与人类社会的相互关系逐渐超出了单一的民族或国家的范畴，成为整个人类生存与可持续发展的全球性问题，这是不以人们意志为转移的自然和社会发展规律所决定的。

作为资源科学和土地学科的重要分支科目，土地资源学（introduction to land resources）的研究对象就是土地资源这一自然经济综合体（physical-economic complex），是系统地论述土地资源的基本属性、类型分布、质量特征及其动态演变规律，以及开发利用、治理改造、保护管理等一系列相关问题的一门综合性基础学科。

1.1 土地资源学的研究对象：土地与土地资源

1.1.1 土地与土地资源的基本范畴

土地与土地资源是土地资源学中最基本、最重要的概念。学术界曾对这一概念的科学范畴有过复杂的争论和广泛的探讨，但至今尚无一个为大家所一致公认的定义。随着人们对土地资源和土地资源学研究的不断深入和全面，它们的科学范畴亦逐步清晰和准确。

1.1.1.1 土地的概念

由于认识深度和关注视角的不同，关于土地概念及其科学范畴的描述存在很多不同说法。

早在公元121年，《说文解字》（许慎著）中就将土地解释为：土者，吐也，吐生万物。在《管子校正》（清代戴望著）卷十四中将土地定义为：“地者，万物之本源，诸生之根菀也。”可见，在我国古代，人们通常把土地视作地面，即土地是指地球表面的陆地部分，是由土壤和岩石堆积而成，而水域（如江、河、湖、海）、地球上部的大气层以及附着于地上和地下的各种物质和能力则不属于土地的范畴。这通常也是大多数民众对土地这一自然客体的基本认识。

随着社会经济发展和科学技术进步，人们对土地的认识和理解也在逐步完善和系统。例如，从事农业生产的人们发现，农作物生长不仅与土壤或者地形相关，还受到其周围的整个自然环境的控制；从事房产开发的人们发现，人居环境和建筑工程不能只限于考察地貌和基础地质，还要考虑气候、排水、地表和地下水文特征，以及动植物的生境；从事旅游规划与设计的人们发现，旅游景区不是简单地由山（地貌）、水（水文）构成的，而是一种由地貌、气候、水文、土壤和生物等自然要素构成的统一整体，等等。由此，对于土地的基本范畴的认知经历了由简单的形而上学向综合的系统论的转变过程。

英国经济学家马歇尔（A. Marshall）指出："土地是指大自然无偿地资助人类的地上、水中、空中、光热等物质和能力。"美国经济学家伊利（R. T. Ely）认为："土地这个词……其意义不仅是指地球表面，因为它还包括地面上和地面下的东西。"这是人们从经济学角度对土地的论述，可称之为土地广义的概念。即土地是自然的产物，土地的范围既包括地球陆地表面，也包括水、气、光、热及地下岩石矿物等各种自然物和自然力。

近几十年来，随着现代生态学、地学及其他自然科学的发展，土地的概念从地球表面扩大至地球的表层系统，由孤立的二维平面扩展为系统的三维立体空间，形成了生态学和系统论观点的土地概念。澳大利亚的克里斯钦（C. S. Christian）等应用生态学的观点，对土地的概念进行了较为完整的阐述，指出："一块土地，在地理上被认为是地球表面的一定区域，其特点包括该地域的大气层、土壤及其下面的岩石、地形、水、动植物群落以及人类过去和现在活动结果在内的、上下垂直的、生物圈相当稳定或可预见的一切循环因素。这些因素在一定程度上对人类目前及将来的土地利用有着重大影响。"

1972 年在荷兰的瓦赫宁根（Wageningen）召开的农村土地评价的专门会议上，与会学者达成基本共识，提出："土地包含地球特定地域表面及其以上或以下的大气、土壤及基础地质、水文和植被，它还包括这一地域范围内过去和目前人类活动的种种结果，以及动物就它们对当前和未来人类利用土地所施加的重要影响。"

联合国粮农组织（FAO）在 1976 年提出的《土地评价纲要》中也接受了上述概念的基本论点，指出："土地是比土壤更为广泛的概念，它包括影响土地用途潜力的所有自然环境如气候、地貌、土壤、植被和水文以及人类过去、现在的活动成果。"目前，这一论点已被国际学术界所广泛接受。

中国的地学界比较普遍地认为，土地是一个自然地理综合体的概念，它是地表某一地段包括地貌、岩石、气候、水文、土壤、植被等全部因素在内的自然综合体，还包括过去和现在人类活动对自然环境的作用在内。土地的特征是土地各构成要素相互作用、相互制约的结果，而不从属于其中任何一个要素。土地的水平范围包括陆地、内陆水域和滩涂，垂直范围取决于土地利用的空间范围。石玉林曾在"关于编制《中国 1∶100 万土地资源图》分类系统的说明"一文中认为："土地是气候、地貌、岩石、土壤、植被和水文等自然要素组成的自然综合体和人类过去和现在生产劳动的产物。土地是一个垂直系统，它可分为 3 层：表层、内层、底层（或地上层、地表层和地下层）。它包括地形、土壤、植被的全部，以及影响它的地表水、浅层地下水、表层岩石和作用于地表的气候条件。"

此外，系统论者的观点认为土地即土地系统，是一个由耕地、林地、园地、牧草地、水域、居民点用地、工矿用地、旅游和特种用地等子系统构成的生态系统，这些土地子系统都是由生物成分和非生物成分（包括光照、土壤、空气、温度等）共同组成的，借助于能量与物质流动转换而形成的不可分割的有机整体。土地生态系统及其子系统都属于开放系统，彼此之间存在着极其复杂的能量与物质的循环与转化，正是通过与外界不断的物质和能量交换，依靠不断耗散外界的物质和能量，才能维护土地生态系统的平衡。

从景观学角度看，土地即景观（landscape）。牛津英语词典（1933 年）对景观的几种解释，包括一幅表示地表自然景色（如草原、林地、山地等）的画面；某一地区的地形组合；在视角线内的一片土地或广阔的自然景色。依据景观生态学原理，景观就是地表生态系统的镶嵌，景观在自然等级系统中是一个比生态系统高一级的层次，景观就是作为自然和人文生态系统的载体的土地。因此，景观生态学（landscape ecology）又被称为“地生态学（geo-ecology）”，其研究重点就是某一地区不同空间单元的土地-生物关系。

总之，地学、生态学和系统论观点的土地概念均认为土地是气候、地貌、岩石、土壤、植被和水文等自然要素与人类活动所构成的一个立体的自然地理综合体，对土地的任何利用活动，都受土地生态系统各个构成要素的制约，并对土地的演变产生影响。因此，研究土地不能孤立地把它看成地球陆地表面的物质空间，而是应从发展的角度、系统的观点将土地看作包括人类影响在内的一定生态系统长期演变的结果。只有这样，才能较全面地反映土地概念的实质，才有助于探索合理利用土地的方法和途径，从而实现人类社会可持续利用有限土地资源的目标。

综合上面各种阐述，我们可以对土地作如下定义：土地是由地球陆地表面一定立体空间内的气候、土壤、基础地质、地形地貌、水文及植被等自然要素构成的自然地理综合体，也就是地球表层系统，同时还包含着人类活动对其改造和利用的结果，因此，土地又是一个自然-经济综合体，实际上就是人类的生存空间。具体包含下列 4 个方面的含义：

(1)土地是由土壤、气候、地形、岩石、水文、植被等自然要素相互作用、相互制约构成的自然综合体，有其自身形成、发展和演变规律。土地的范畴比土壤广泛得多，从发生学观点看，除成土母质外，其他各成土因素（即气候、地形、生物等）是土壤形成的环境因素，而土地则把上述因素以及土壤都视为其本身的组成部分。从空间形态上来看，土地就是景观或景观生态系统。

(2)土地是一个三维空间系统，具有一定的立体空间尺度。它可分为地上层、地表层和地下层，包括地貌、土壤、植被的全部，以及直接影响生物生长的地表水、浅层地下水、表层岩石以及与地表产生直接水热交换的气候要素，是岩石圈、水圈、土壤圈、生物圈和大气圈的复合界面（图 1-1）。因此，从系统构成的角度来看，土地也就是地球陆地表层系统，是

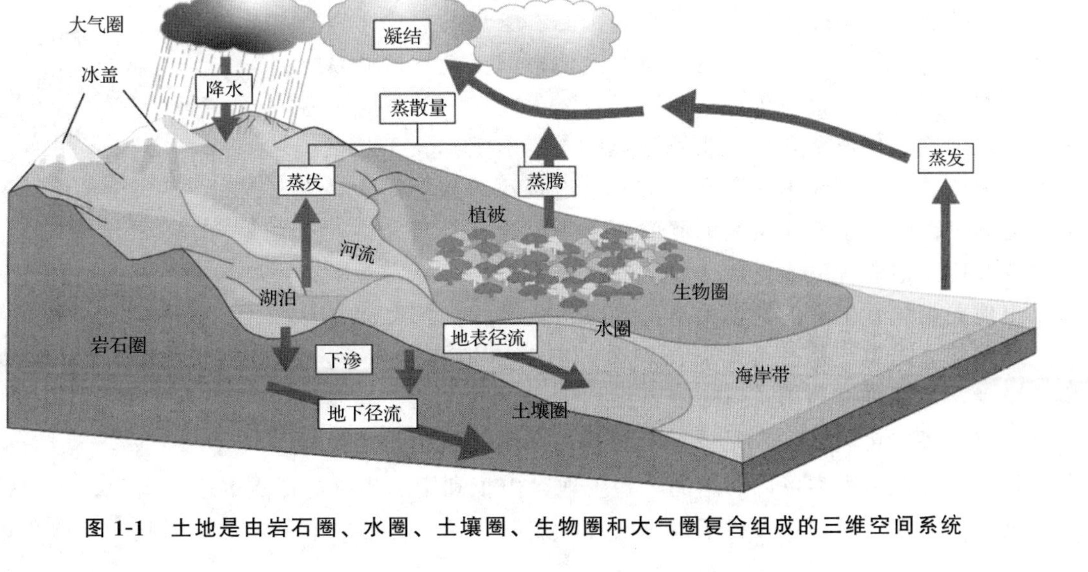

图 1-1　土地是由岩石圈、水圈、土壤圈、生物圈和大气圈复合组成的三维空间系统

由山、水、林、田、湖、草、沙等所构成的“生命共同体”。

(3)土地的特征、功能或价值取决于各要素的综合作用。土地在其长期形成、发展、演变的过程中，各种要素以不同形式，从不同的侧面，按不同程度，独立或综合地影响着土地的综合特征（如土地生产力、土地适宜性等），在土地这个自然地理综合体中，各自然要素都有其不可取代的地位和作用。

(4)土地是人类最基本的生产资料和生存条件，具有社会经济属性，它包含了人类过去和现在对土地的各种利用和改造的结果。具体来说，人类活动对土地（地球表层系统）的影响结果包括：①改变了地表覆被（land cover）。人类通过土地利用活动直接改变了地表结构，如森林、草地开垦为农田；城市和交通不断地扩张吞没了大片耕地、森林或草地；水利建设改变了湿地、河流等。②人类活动改变了土地生态系统的演化过程和速度，如过度开发加速了湖泊和湿地的消退；农耕活动加速土壤侵蚀；过度放牧导致草地退化，等等。③改变了土地生态系统的物质和能量循环，如土地利用过程中通过灌溉、调水等改变了固有的水循环；化肥使用改变了地表环境中 N、P、K 等元素的自然循环过程，导致了环境污染；同时，土地利用对地表覆被的改变，从而改变了地表能量平衡，产生诸如城市热岛效应、干岛效应，等等。④人类活动对土地资源的直接损耗与破坏，如各种不合理的土地利用行为使耕地、森林面积减小，生物多样性消失，水资源污染，土地退化等。

1.1.1.2 土地资源的概念

所谓资源，是针对人类可以利用的物质而言。资源，顾名思义，就是指人类生产和生活资料的来源。联合国环境规划署（UNEP）的解释是“所谓资源，特别是自然资源，是指在一定时间、地点的条件下能够产生经济价值，以提高人类当前和将来福祉的自然环境因素和条件”。这一解释赋予了资源概念的本质，即“能够产生经济价值”。

由此可见，土地资源是指在一定的技术条件和一定时间内可以为人类利用的土地。那么，为什么要提出“土地资源”这个概念呢？其主要目的是更进一步地强调土地作为一种自然资源所具有的资源利用价值方面的基本属性，如草地资源、林地资源、宜农土地资源，等等。

严格地讲，土地与土地资源是有区别的。土地的概念是对这一客观对象的总称，它包含了所有类型土地；而土地资源是从土地所具有的资源利用价值角度来阐述其具体范畴，它的界定要经过对土地的资源价值和利用功能的评价，才能确定其属于什么类型的土地资源，如宜农土地资源、宜林土地资源、旅游用地、交通用地等。因此，土地与土地资源的概念不同，从外延上讲，土地的范畴比土地资源范围更广，而从内涵上来看，土地资源的内容比土地更具体，两者的基本关系大致可用图 1-2 来表示。

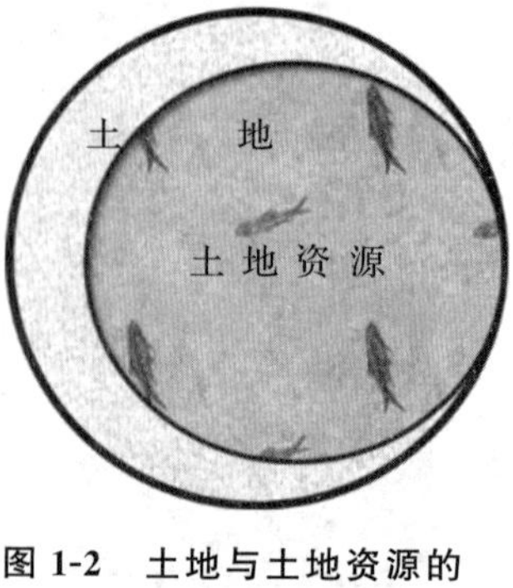

图 1-2 土地与土地资源的相互关系示意图

当然，“资源”是一个动态的概念，有些土地就当前而言，用途极少，甚至难以利用，但随着科技的进步、人类社会的发展以及需求的多样化，在将来完全有可能变为有用的甚至是宝贵的资源；同样，目前人类可以利用的一些土地，由于利用不当（如严重的水土流失、土地污染等）或自然灾害等原因，在将来也完全有可能变成无法利用的不毛之地。因此，从这个意义上讲，将土地和土地资源等同起来泛泛而用，也是可以接受的。

1.1.2 土地资源的基本特性

土地是一种自然-经济综合体，具有自然和经济的双重属性。下面将分别以土地作为一种自然资源和作为一种社会资产的两方面阐述土地的“资源特性”和“资产特性”。

1.1.2.1 土地的资源特性

土地是人类社会最重要的、也是最基本的自然资源，与生物资源、矿产资源等单要素资源相比，它既具有一般自然资源的共同特性如区域性、动态性等，也具有其独特的基本特性。土地的资源特性主要体现在以下几个方面：

1. 生产力(productivity)

即土地具有一定的物质生产能力。土地生产力是指土地的生物生产能力，它是土地的最本质、最重要的特性之一。

土地生产力按其性质可分为自然生产力和劳动生产力。前者是自然形成的，即取决于土地资源本身的性质，不同性质的土地，亦即光、热、水、气、营养元素的含量及组合等不同的土地，适应于不同的植物和动物的生长繁殖；后者是施加人工影响而产生的，它取决于人类生产的技术水平，主要表现为对土地限制因素的克服或改造的能力以及土地利用的集约程度。土地生产力的高低，即能生产什么，生产多少，或者能提供什么样的产品，提供多少，也主要取决于上述两方面的状态。据估算，人类食物的88%由耕地供应，10%由草地提供，即98%的人类食物是由土地的“生产性”所决定。

土地生产力从实现时间上又可分为两种：一是土地的现实生产力（present productivity of land)，即现实条件下土地的生产力水平；二是土地的潜在生产力（potential productivity of land)，指在可预见的将来，对土地施加改造措施或更加集约经营条件下的生产力水平，也可简称土地生产潜力。土地生产潜力（或产能）研究是制定国家和区域耕地保护与粮食安全战略的最重要依据。

2. 地域性(regionality)

由于受水热条件支配的地带性规律以及地质、地貌因素决定的非地带性规律的共同影响和制约，土地的空间分布表现出明显的地域分异性（district differentiation)，或空间异质性(heterogeneity)。不同地区的土地存在着显著的差异性，形成地表复杂多样的土地类型以及不同的土地生产潜力、不同的土地利用类型和不同的土地适宜性。土地的这种地域分异性（或称差异性）要求我们在利用土地、进行生产布局时，必须因地制宜，充分发挥土地的区域优势。因此，充分认识土地的地域分异性特征是确保国土空间规划科学合理的基本前提。

3. 动态性(dynamicity)

土地不仅具有地域性的空间差异，还具有随着时间而变化的特点。土地动态演变的驱动力则来自人类活动和环境变化两个方面。例如，从较短的时间尺度来看，土地系统的特征随时间而产生的季节变化，即动植物的生长、繁育和死亡；土壤的冻结与融化，河水的季节性泛滥等，以及土地的整治与改造、土地利用方式的改变等人类活动，这些都影响着土地的固有性质和生产特性；而从较长的时间尺度来看，全球气候变化叠加人类活动的持续不断影响，导致土地的质量演变甚至退化、土地覆被发生趋势性变化等。土地的时间变化与地域空间紧密联系，因此，应把土地的空间地域性与时间动态性看作认识土地系统演变的两个基本方面，即时间尺度和空间尺度。

4. 可更新性(renewability)

土地是一种可以不断更新的自然资源，表现在土地的生产力在合理利用条件下可以自我恢复和维持，并不会因连续使用而降低。生长在土地上的生物，不断地生长和死亡，土壤中的养分和水分及其他化学元素，不断地被植物消耗和归还，这种周而复始的更替，在一定条件下是相对稳定的。此外，土地对外来污染物也具有一定限度的自我净化能力。

但是，土地的这种自我更新的能力绝不意味着人类可以对其进行无限度地开发和利用，人类一旦破坏了土地生态系统的平衡状态，就会导致水土流失、次生盐渍化、荒漠化等各种土地退化形式的发生，使土地生产力下降、利用价值降低。如果任由这种土地退化趋势发展到一定程度，土地生态系统的原有结构和功能就会被严重破坏而不可自我恢复和逆转。特别是在自然环境恶劣的地区，土地生态系统十分脆弱，任何不合理的人为活动都可能会引发土地退化，导致土地生产力的逐渐丧失。因此，在土地利用和管理过程中，一方面要引导土地资源的可持续利用；另一方面也要开展土地生态修复和生态建设。

5. 多功能性(multi-functionality)

土地是人类社会生产生活中不可或缺的基本要素，可以被用于各种不同的用途，如农业用地、林业用地、工业用地、住宅用地、商业用地、旅游用地以及交通等基础设施用地，而同一种用途的土地又可以选择不同的利用方式，如农业用地既可以用于水田，也可以用于旱地，还可以用于保护地菜地等；同一块土地的不同用途、同一种用途的不同利用方式，所表现的土地收益的差异可能会极其显著。

土地的用途概括起来可以分为三大功能，即生产功能、生态环境功能、空间承载功能。①生产功能：土地是人类社会生产活动中最重要的生产资料，也是劳动的对象。例如，土地为农业生产提供农作物、林木、牧草等生物质的生产空间，直接关联到食物安全与生态系统的维持。②生态环境功能：土地具有气候调节、环境净化、水资源循环等各种物质和能量的循环功能。例如，森林可以吸收二氧化碳、释放氧气，湿地可以净化水质，草原可以防风固沙。③空间承载功能：土地作为人类活动的空间载体，支撑着城乡建设、交通网络、工业发展等各类基础设施建设，为人类生存提供居住、工作、休闲的场所。

除此之外，在上述三大基本功能的综合作用下，还可衍生出其他各种功能，如资源储备与供给功能、景观文化功能、经济功能，等等。土地中蕴藏着丰富的矿产资源、生物质资源等自然资源，这些资源是人类经济社会发展的重要物质基础，因此，土地起到了资源储备和供给的功能。土地本身就是一种自然景观，为人们提供了形态万千、丰富多彩的世界；土地也承载着人类历史文化遗产和地域特色，是文化传承和发展的重要载体，如古遗址、古建筑、民俗风情等都离不开土地的支撑，所有这些可统称为景观文化功能。当然，土地作为重要的生产要素，参与经济活动，具有价值和使用价值，土地市场、土地租赁、土地出让等经济活动对经济发展具有重要影响，因而衍生出重要的经济功能。

总之，由于土地的多功能性决定了土地利用的竞争性，因而存在土地资源在国民经济各生产部门之间合理配置和优化利用问题。如何确定土地的最佳用途，发挥土地的最佳综合效益，成为土地利用和国土空间规划的主要目标和任务，其核心就是协调好个人利益与公共利益、部门利益与整体利益、眼前利益与长期利益之间的相互关系，并通过多功能权衡、结构调整、布局优化、功能分区、用途管制，以及国土整治、生态修复等技术手段和政策措施，保障人一地关系的可持续发展。

6. 有限性(scarcity)

地球陆地表面的土地面积是有限的；同样，一个国家或一个地区的土地面积也是有限的。土地面积的有限性导致土地资源供给的稀缺性，因此要求我们一方面要保护好土地，另一方面要尽一切可能节约集约使用土地。

土地数量的有限性决定了人们只能通过对土地的合理开发利用、治理和保护，来不断提高土地的生产能力，以满足人类社会不断增长的消费需求。而梦想通过扩张土地面积的途径来增加人们的财富，其结果只能会导致区域性的战争。当然，这并不意味着从全球的角度来看现有土地资源已无潜力可挖。实际上，像南美洲、非洲等地目前还有大面积可利用土地未被开发利用。此外，目前土地生产力还不到光能利用率的 1%，随着科学技术的进步，土地生产效率将不断提高。从这一点来看，相对于土地数量的有限性，土地利用的潜力则是无限的。

7. 不可替代性(irreplaceability)

土地是一种不可替代的自然资源。土地具有养育功能，它是人类赖以生存的农作物生长发育所需的水、肥、气、热的提供者和协调者，养育了地球上的所有生物。土地是各种自然资源的载体，为人类源源不断地提供各种矿产资源。土地具有承载的功能，人类的居住、休息、娱乐和一切生产活动都必须以土地为载体，土地是生物生存、人类生产和活动的基地。土地具有景观功能，多样性的土地类型和景观，为人类提供了旅游资源，等等。

在人类社会的进化和发展历史中，随着科学技术的不断发展和进步，一般的生产资料及其功能都可以被更先进、更完备的生产资料所代替，而土地的上述功能却不能被其他任何生产资料所完全代替，土地在人类的生存和发展过程中发挥着不可替代的功能和作用。

1.1.2.2　土地的资产特性(property)

土地不仅具有自然资源的属性，还具有社会资产的特性，是一切财富的源泉。诚如马克思所引用的威廉·配第的一句话："劳动是财富之父，土地是财富之母。"随着人类社会的发展，不仅土地的重要性越来越突出，土地作为资产的特性也表现得日益明显。换句话说，土地已作为一种财富为人们所拥有，并在经济上作为资本运用的同义语。

众所周知，同其他商品的交换一样，土地买卖是一种经常进行的经济活动。在我国的封建社会，一直存在着土地的集中和兼并，而这种集中与兼并大部分是通过土地买卖完成的；在资本主义社会，几乎一切都是商品，土地买卖更是一种普遍现象。土地之所以成为交易的对象，是因为它同其他商品一样，具有其固有的用途，如作为居住和活动的场所，作为一种生产要素，等等，人们可以通过使用土地获取收益。

土地的资产特性又可具体表现为商品特性、增值特性、产权特性和不动产特性等方面。

1. 商品特性

土地具有使用价值和交换价值，可以进入商品流通，是一种特殊商品，与一般商品相比具有下述特殊性：

(1)一般商品是用来交换劳动产品的，而土地这个特殊商品，它具有非劳动产品与劳动产品的二重性，如果从它的根本属性来看，或就其整体而言，是属于天然赐予的物品，并非人类的劳动所能创造的；但从对它利用改造的角度来看，现今土地大多经过人类长期直接或间接的开发利用，凝结着大量的人类劳动成果，具有劳动产品的一面。

(2)一般商品是属于价值物，其价格是价值的货币表现。然而，土地的价格具有两重性：一方面是作为自然物的土地价格，另一方面是作为开发的土地价值的价格。从现实的经济活动来看，这两个部分的土地价格是融合在一起的，因为人类投入土地的劳动与土地本身是不可分的。

(3)一般商品在空间上是可移动的，而土地这个商品的位置却是无法移动的，因此通常被称为不动产。

2. 增值特性

土地的增值性取决于土地供给的稀缺性和人类社会对土地的不断改造利用。

所谓土地供给的稀缺性，主要是指在某一地区、某种用途的土地供不应求，形成了稀缺的经济资源，造成供求上不同程度的矛盾。其原因有两个：一是位置较优或质量较好的土地，利用方便，效益较高，从而拉大需求量，而可供使用的这些土地的面积又有限，这种不断追求区位优越或质量好的土地利用行为必然导致土地供给的稀缺性；二是土地供应的稀缺性也与土地总量有限密切相关，人类共同拥有的地球，其土地面积是有限的，而需求量却随着人口数量和经济发展不断地增加，从而加剧土地供求矛盾，造成土地的不断增值。

再者，土地作为生产资料，因人们的创造性劳动而不断地增值。对土地的改造和劳动成果，如修筑梯田、种植果树，会使原来无人问津的土地增值；也可能由于利用方式的改变(如农用地转变为工业、建设用地)，或周围的环境或区位改变（如交通网络的建设）等而产生土地增值。当然，土地增值性并不是无条件的，如果违背自然经济规律，也可导致土地的使用价值降低而贬值。

3. 产权特性

土地产权是指存在于土地之中的排他性完全权利。它包括土地所有权、土地使用权、土地租赁权、土地抵押权、土地继承权、地役权等多项权利。土地产权也像其他财产权一样，唯有在法律的认可下才能产生，即土地的产权必须通过相关的法律确认程序后才能生效，如利用欺骗或暴力等手段占有土地，并不表示拥有某项土地产权。

正如生产资料归谁所有决定着一个社会的生产关系性质一样，土地归谁所有也就决定了社会的基本制度。土地制度对于土地利用的种种约束，实质上表现为对土地产权的约束，土地产权性质反映着特定的社会制度和经济关系。因此，土地的产权特性是社会经济属性中最重要的内容之一。

4. 不动产特性

土地不动产特性主要源自其空间位置的固定性和永久使用性两个方面的特点。

土地是不动产，它具有位置的固定性，不能随着土地产权的流动而改变其实体的空间位置。另外，地产不同于社会的其他资产，它不是一次性的消费品，它可以反复使用和永续利用，并随着人类劳动的连续投入而不断开发它的性能，实现其不断增值。土地的这种永久使用特性使其在现代金融活动中，成为最可靠的融资手段。

1.2　土地资源学的学科任务和研究内容

1.2.1　土地资源学的学科任务

一般而言，开展自然科学领域的研究主要有两个基本目的：一是认识自然，探索未知世界；二是利用自然，提高生产力，推动人类社会进步繁荣。同样地，人类研究土地和土地资源的出发点也不外乎两点，一是对土地和土地资源这个自然地理综合体的不断认识和了解；二是如何合理地利用和管理土地资源，不断地开发土地资源的生产潜力，为人类的持续繁衍提供保障。因此，作为土地科学体系中的基础理论学科，土地资源学具有以下 6 个核心要义：

(1)土地和土地资源的科学概念与范畴、土地和土地资源的基本特征及其组成属性（包含：概念、范畴、特征、属性）；

(2)不同地域土地资源类型及其形成特点、演变规律、空间分异和组合结构特征（包含：类型、分布、演变、结构、格局）；

(3)土地资源的数量和质量状况（包含：调查、监测、评价）；

(4)土地资源的利用现状和利用潜力，以及为实现可持续利用目标而制定的土地资源合理利用方案、途径和布局模式及其规划与设计方法（包含：利用、开发、潜力、规划、设计）；

(5)针对土地利用过程中存在的问题，需要采取的治理和改造措施以及具体方法、途径（包含：生态、退化、整治、修复）；

(6)为了珍惜每一寸土地、合理利用每一寸土地而采取的科学保护和管理的方法、途径和措施（包含：保护、管理、战略、对策）。

土地资源学的上述六大基本任务，其最终目的是合理地利用每一寸土地，充分开发和利用土地资源所具有的生产能力和服务功能，获取最佳的经济、生态和社会效益，以保障人类社会可持续发展的需要。

1.2.2　土地资源学的研究内容

土地资源学的学科任务决定了它的基本定位和研究内容，即应当从认识土地资源基本属性及其存在的问题出发，为实现土地资源的合理利用制定其在国民经济中的优化配置结构及其开发、利用、保护和管理的完整过程。由于以问题导向为出发点的研究思维模式被广泛地运用于应用基础研究领域，因此，以往对土地资源的研究往往会注重上述的某一个环节或问题，并作为研究重点，而忽略了土地资源研究所涉及的各个过程之间的连续性、系统性和互为因果性，导致土地资源研究与土地资源开发、利用、保护之间的脱节。因此，土地资源学的完整体系，应当包括以下几个方面的研究内容。

1.2.2.1 土地资源学的基础理论研究

土地资源学的基础理论研究主要包括对土地和土地资源这个客观研究对象的科学界定和剖析；对土地资源的基本特性的研究；以及系统分析土地资源各个构成要素对土地资源的形成和演变、空间分布、综合质量和开发利用的影响规律，即研究各构成要素与土地系统整体结构和功能的相互关系。具体来说，研究内容可分为如下两个方面：

(1)土地、土地资源的科学内涵及其基本特性研究。任何一门学科的创立，其首要任务都应当对它的研究对象或客体进行科学的界定，阐明其具体的内涵和范畴，在此基础上建立起十分明确的概念体系；同时还要进一步剖析和研究它的基本特征，包括自然属性和社会经济属性。

(2)土地资源构成要素分析以及土地资源的形成和演化规律研究。土地资源是由地球表层一定立体空间的气候、土壤、地貌、水文、基础地质、生物和社会经济等要素组成的自然经济综合体，在长期形成、演变过程中，各种要素以不同方式、从不同的侧面、不同程度地独立或综合地影响着土地资源的综合特征。因此，土地资源学必须首先要分析不同构成要素的特性及其在土地资源这一自然经济综合体中的作用和影响方式。

在进行土地资源构成要素分析时，要充分利用气候学、地学、土壤学、生态学、经济学的成果，土地资源学重在分析这些要素对土地资源特性的影响和作用，而不是研究某个要素内部的独特问题，要注意与这些学科的区别。同时，土地资源学的要素分析也不只是这些相关学科的简单重复和成果的应用，除了厘清各个要素的特性外，更要侧重于研究每个要素与其他要素之间的相互作用、相互影响，以及对土地系统的结构和功能、形成与演化的影响规律。只有这样，我们才能清楚地认识土地资源这个十分复杂的自然经济综合体，这也是进行要素分析的主要目的所在。

1.2.2.2 土地资源的空间分布和演化规律研究

研究土地资源的空间分布规律是土地资源学的重要内容。土地资源的各个构成要素在空间上的变异特性决定了土地资源的空间分布规律。土地资源的空间分布规律包括两个方面的内容：宏观规律性和区域特殊性。由于土地资源的某些自然要素，如气候、土壤、生物等，通常是呈地带性分布，因此土地资源具有地带性的宏观分布规律，如纬向地带性、经向地带性和垂直地带性等分布规律；但在某一区域内，由于地形地貌、水文地质这些地区性因素的影响，使得水热条件在区域内进行重新再分配，以及其他相应要素如土壤、生物等也随之发生分异，因而具有一定的区域分布的特殊性和复杂性。

分类是人们认识事物的基本方法，土地类型和土地资源类型的分类是我们认识和掌握土地资源空间分布规律的基础。在土地资源学中，应当明确土地类型和土地资源类型的概念，以及二者之间的关系。土地类型是由地表各要素组成而又有规律分布的自然综合体，它在自然界或地球表面是指不论面积大小，性质相对均一的单元土地。所谓土地资源类型是指性质（质量）均一，利用现状、利用潜力或功能、适宜性一致的单元土地资源。

受人类活动和自然环境变迁的双重驱动，区域土地资源在时空上呈现不同的演化规律。任何土地类型均有其形成和发展的过程，现时的土地类型仅是漫长的形成和演化历史中的一个阶段；同样地，无论是全球尺度还是区域尺度，土地利用覆被也在时时刻刻地发生着变化。因此，科学把握土地资源的时空演化规律是全面认识区域土地资源特征的重要内容之一。

这一部分的重点研究内容包括：①土地类型和土地资源类型的划分方法、标准、体系和原则；②土地类型和土地资源类型的分布规律；③土地类型和土地资源类型的关系；④土地类型和土地资源类型的时空演变特征。一般来说，土地类型是土地资源类型研究的理论基础。

1.2.2.3 土地资源的数量和质量特征研究

土地资源调查与评价是土地资源学研究体系中的核心内容之一，是研究区域土地资源的数量和质量特征的方法过程。

(1)土地资源调查是以土地资源学的基础理论研究为依据，运用一系列测绘制图方法和遥感技术，清查各类土地的数量、质量、空间分布及利用现状，为区域资源开发、利用和管理服务。

土地资源调查主要包括对土地资源构成要素的调查和分析，以及对土地类型和土地利用类型的空间分布、数量、质量、权属等内容的调查。当然，土地资源调查的具体项目和内容因任务不同而有所侧重，如以反映土地类型及其数量、质量、空间分布为专题的土地类型调查；以反映土地利用类型、土地利用结构、土地利用问题的土地利用现状调查等。

(2)土地资源评价是对土地资源质量的综合鉴定过程。通过土地资源评价揭示土地资源的质量状况，如土地的适宜性（包括适宜利用方式及适宜程度）、限制性（包括限制因素的类型及其限制程度）、生产潜力大小以及可能获得的利用效益等，从而为合理地开发、利用、治理、改造、保护和管理土地资源提供科学的决策依据。

由于土壤因素在土地系统中的特殊作用，对土壤资源的性状和肥力评价是农业土地资源评价的核心。此外，对土地资源利用的社会、经济和生态效益的评价也是土地资源评价的重要内容；根据人类社会的可持续发展要求，对土地资源利用的可持续性评价也日益受到重视。

1.2.2.4 人与土地的定量关系研究

人-地关系研究是土地资源学中最重要的内容之一，而如何开展土地生产潜力测算和土地人口承载潜力分析是定量揭示人-地关系的关键科学问题。

土地生产力是土地各构成因素共同作用的综合表现，同时也取决于人类科技水平和经济发展水平。因此，土地生产力又可以分为土地的自然生产力和经济生产力。土地自然生产力是指在自然状态下土地的生物生产能力，也即土地资源禀赋所固有的基础生产力。土地经济生产力是在一定的技术和经济投入条件下所能达到的实际生产力。显然，土地经济生产能力是随着社会经济因素的变化而变化，土地资源学研究的重要内容就是要预测上述两种土地生产力，并在此基础上，对土地生产的食物可能养活的人口数量——土地人口承载力进行定量分析，以便合理地协调人地关系，为土地利用的中长期规划、土地资源保护政策、粮食安全与耕地保护战略甚至人口政策的制定提供科学依据。

1.2.2.5 区域土地资源的开发利用研究

针对土地资源调查评价和土地人口承载力研究的现实结果，如何应对日益严峻的人-地矛盾，就必须进行区域土地资源的开发利用及其相关的一系列问题的系统研究。主要应包括以下两个方面：

（1）区域土地资源的可持续利用与优化布局研究。主要包括可持续土地利用的理论体系；土地资源的功能分区；农、林、牧、建设等用地优化布局；建设用地与农用地的动态调控；以及土地利用方式选择与景观生态设计；区域土地利用优化模式，等等。

（2）区域土地资源的综合整治与开发。主要是通过对区域土地资源的综合治理、改造和合理开发，解决土地资源短缺，提高土地生产保障能力的各种手段与途径。例如，采取土壤改良、工程改造、生态修复、权属调整、行政管控等综合措施相结合的土地整治方案，对不同类型的中低产土地、利用效率低的零散土地，以及已经遭受破坏、难以利用的退化土地进行治理改造和生态修复，以恢复有利于人类生产活动的土地生态系统。此外，对山区土地资源、盐渍化土地、沙化土地等其他各种土地资源的综合开发和有效利用也是区域土地资源开发利用研究的主要内容。

1.2.2.6 土地资源的保护和管理研究

（1）土地资源保护包括对土地资源数量上的严格管控和质量上的退化防治。人口和社会经济的不断增长和发展，对土地资源造成巨大的人口承载压力，一方面是非农用地不断扩大，耕地数量持续减少；另一方面一些不合理的土地开发利用，破坏了土地生态系统与环境要素之间的平衡关系，导致土地资源退化的趋势难以有效遏制。所以，土地保护已经成为土地资源管理工作的一项重大而长期的基本任务。土地资源保护研究应侧重在分析土地资源减少和土地退化成因和机理、演化过程、发展趋势的基础上提出各种保护策略和途径。

（2）土地资源管理是为了确立并巩固与社会中占主导地位的生产方式相适应的土地所有制、调整土地关系以及监督土地利用而由国家制定的包括法律、经济、技术等方面的一些政策措施，其研究重点应放在各项管理措施的制定、管理体系的建立、管理措施的实施等的方法论上。例如，以国土空间规划为依据的空间管控方法；以土地利用方式和强度为核心的绩效管理机制；以土地利用变化动态监测为主线的动态监管体系。此外，还包括国土规划参与经济决策的宏观调控手段、以土地“三权分置”改革为契机的土地管理制度与治理体系的探索，等等。

总之，以上各个方面是土地资源学整个研究体系的有机组成，它们既有区别、各有侧重，又是密切相关、相互促进，共同构成土地资源学的理论体系。土地资源的理论体系研究是开展其他一切相关领域研究的理论基础；土地类型和土地资源类型研究是分析土地资源的空间分布规律，为土地资源调查与评价、土地利用规划提供科学依据和研究对象；土地人口承载力的研究是在土地资源调查与评价的基础上，进一步来分析土地与人口的定量关系问题，从而为区域土地资源的开发利用、保护与管理提供可靠的定量化依据；区域土地资源开发利用则是整个土地资源学研究的根本目的和归宿；而土地资源保护与管理是实现土地资源可持续利用的保证。

1.2.3 土地资源学与土地资源管理学科体系

1. 土地资源学在学科体系中的定位

作为土地资源学的研究对象，土地是由地球陆地表面一定立体空间内的气候、土壤、基础地质、地形地貌、水文及植被等自然要素构成的自然地理综合体，同时还包含着人类活动对其改造和利用的结果，它又是一个自然-经济综合体。因此，从学科性质来看，土地资源管理学科具有自然科学和社会科学的双重属性。根据我国学科分类体系的一般原则，土地资源管理学科至少包含土地资源学、土地经济学、土地管理学和土地信息技术4个分支领域，每个领域又包含若干独立的主干课程。如图1-3所示为土地资源管理学科的3级组成体系。显然，土地资源学在土地资源管理学科体系中起到理论基础的支撑作用。

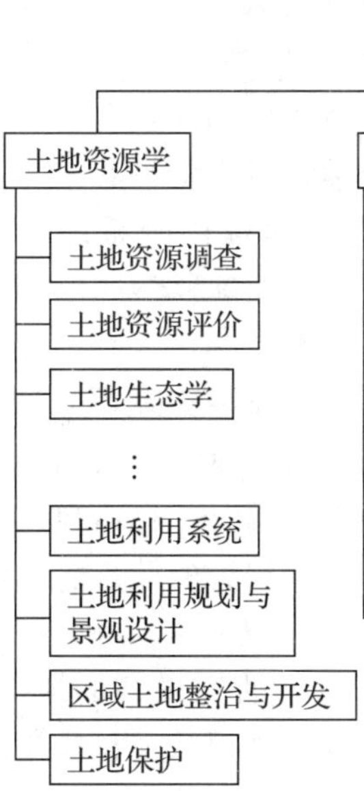

图1-3 土地资源管理学科体系

2. 关于土地资源管理学科的归属问题

土地资源管理到底归属于哪个学科门类？目前主要有两种意见：一种意见认为它是属于地球科学的范畴，而另一种意见则认为它是属于管理学科的范畴。要回答这一学科的基本问题，必须要从辨析该学科的研究对象特性、学科的产生和组成、学科的研究特点以及学科的应用领域或服务对象等方面入手。①土地资源管理学科的研究对象是土地，它是包含了地球陆地表层各自然要素的自然地理综合体，也可称为地球陆地表层系统，是一个自然体；同时，还包含人类活动对其改造和利用的结果，具有社会和经济属性。很显然，土地的自然属性是土地的基本属性，是主体，土地的社会经济属性是外源的，是附属的。②土地资源管理学科的产生源于两个驱动力，一是人们对土地和土地资源这个客观对象的理论认识需要；二是通过研究土地资源与人类社会的相互关系，保障土地资源的可持续利用和满足人类社会的可持续发展要求的实践需要。因此，土地资源管理学科的一些基础课程大部分属于自然科学性质，而应用性课程则分为技术类课程和管理类课程。③土地资源管理学科的研究特点主要体现在系统性和综合性两个方面。系统性要求用系统思维的眼光、系统分析的方法来研究土地系统，也就是地球陆地表层系统，因而其研究的思维方式往往借鉴地球科学的一些基本理论；而综合性则反映在研究手段或方法的多样性，包含了地学调查、空间分析、信息技术、经济学和管理学等方法，因此，很难归属于其中的某一类学科范围。④土地资源管理学科的应用领域包括土地利用管理（land use management）和土地行政管理（land administration）

两个领域，前者是围绕土地资源合理利用而开展的一系列技术性的科学实践活动；后者是通过行政管理的途径来解决土地资源利用过程中有关经济、政策、法律、社会参与等诸多问题的一系列政府干预行为，它们的共同目标都是土地资源的合理利用，解决的基本矛盾是土地利用过程中产生的各种关系。

综上所述，土地资源管理是一门交叉学科，融合地理学、土壤学、信息技术等自然科学以及经济学和管理学于一身，因此，它很难归属于某个单一的自然学科或经济学科或管理学科，应该是一门综合性更广、抽象性更高的学科。依此标准，只有地球科学相对符合其学科性质。地球是与人类生存与发展息息相关的载体，人类从各个领域对它展开了研究，随着人口、资源、环境问题的日益加剧，地球科学的研究领域也在不断地拓展和深化，目前已经涵盖了自然、社会、经济、管理、信息等众多领域，土地资源管理学科应当就是其中之一。在此，需要特别指出的是，在国家自然科学基金委员会最新调整的学科代码系统中（2022年），已经明确地将“土地科学与自然资源管理”（代码 D0111）列入地球科学的范畴。

诚然，土地资源管理学科目前被归入管理学门类中的公共管理类专业，也有一定的现实基础。众所周知，土地是一种具有“公共属性”（common goods）的独特资源，这种公共性几乎涉及社会生产生活中的每一项活动、每一个主体，通俗地讲，涉及每一个人的利益。由此，从土地资源管理的社会需求或政府职能来说，强调其公共管理的服务供给和管理理念，显得十分重要，即公共权力必须履行公共职能；另一方面强调对公共权力的监督、制约和规范，强调运用公共权力的科学方法。

概而言之，从研究对象的科学内涵、学科发展的历史脉络，以及研究内容的地学渊源、研究方法的技术特点来看，土地资源管理学科适用于地球科学的范畴。而从学科应用的社会需求、资源管理的公共属性，以及在研究方法中的经济、制度、法律、行政等因素的介入等视角来看，土地资源管理学科跻身于管理科学也是合理的。

3. 土地资源管理学科的特点

土地资源管理学科从产生到发展，始终体现了 3 个显著特征：①应用基础性。土地利用与管理的社会实践需求，及其产生的诸如土地资源调查与评价、土地利用规划与景观生态设计、耕地保护与土地整治、土地开发复垦、土地分等定级和估价、土地金融运营、土地市场建设等技术与方法，无一不具有很强的应用基础性。②综合交叉性。土地资源管理学科发展的特点是在若干传统学科的基础上，经过多学科交叉渗透与综合发展的过程，由地球科学、管理科学及工程技术学科综合融通后形成的；这种交叉与综合使土地资源管理学科又带有比较明显的边缘性，各相关学科的共同研究领域交叉衍生出了土地资源管理这门边缘学科，而这种边缘性决定了土地资源管理学科和相关学科的“亲和”“共生”和“互补”，而不是“排斥”与“兼并”。③动态发展性。主要表现在人口、资源、环境与发展（PRED）问题日益突出的当今，在社会需要的推动下，土地资源管理领域的科学研究表现出较强的动态发展特征，导致了这一学科快速发展的态势。与传统学科相比，它的研究范畴十分广阔而且不断变化和拓展，其动态发展特征是由土地问题多而杂以及我国自然资源管理事业快速发展的时代任务所决定的。

1.3 土地资源学研究的方法论

1.3.1 土地资源学的思维特征

由于土地是一个十分复杂的自然-经济综合体，因而土地资源学的研究具有综合性和多学科性的特点。首先，在分析土地资源各个构成要素与土地系统的总体特征和功能时，必须要研究各要素之间的相互影响、相互作用、相互制约的关系，必然牵涉地学、土壤学、气候学、生物学、生态学、农学等学科的专业知识和研究成果。其次，在具体进行区域土地资源的调查评价、开发利用、保护与管理的研究过程中，必然要采用上述各种相关学科的研究方法和技术路线进行综合分析和集成，同时还需要应用遥感、地理信息系统等其他信息收集和信息处理的现代技术方法。因此，土地资源学研究的综合性和多学科性，要求研究人员必须具有宽厚的专业知识和很强的综合分析能力。图 1-4 是土地资源管理专业的课程设置体系，反映了一个包含地学、信息技术、管理学、经济学等相关领域的综合知识结构。

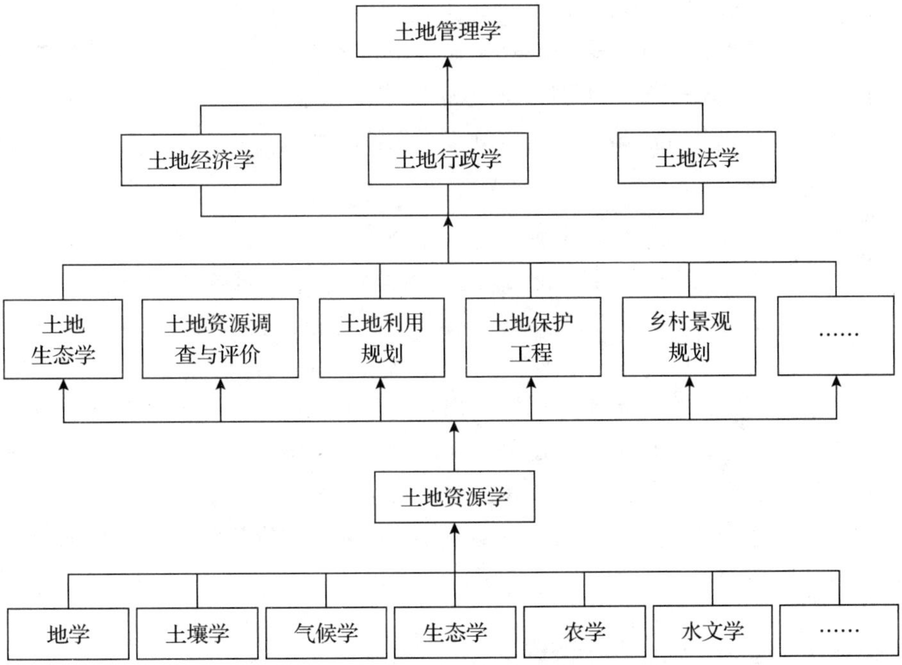

图 1-4 土地资源管理专业课程设置体系

除了必须具备一个集自然科学、社会科学、信息技术 3 大领域的综合知识结构以外，土地资源学的研究还需要具有以下几种思维方式：

1. 系统论思维

土地是在一定的地域空间范围内由若干个相互作用、相互依赖的要素有规律地组合成具有特定结构和功能的复杂系统。这一系统具有整体性、开放性、动态性、非线性、远离平衡态、能观能控性等特点。正是系统论为土地资源学的产生和发展奠定了学科基础。系统哲学和系统分析方法始终是土地资源管理学科最主要且最具特色的思维方式。具体来说，我们往往采用从要素分析到系统综合，从限制因子到总体功能的研究模式。

2. 问题导向思维

土地资源管理学科是伴随着人口、资源、环境和粮食问题的日益凸显而逐渐形成的。换句话说，没有土地资源利用和管理中的问题，就不存在土地资源管理科学。问题导向思维的模式一般包含“现状—问题—评价—对策”4个研究环节，它在土地资源管理学科的研究中起着支配作用。

3. 自然伦理思维

土地资源管理学科致力于研究如何保证土地资源配置的公平性，包括在空间上遵守互利互补，在时间上遵守世代共享，在内涵上遵守节约、集约利用，综合权衡土地利用效应，全面实现社会公平和生物多样性保护，确保人和自然的和谐发展、共同繁荣。因此，必须在自然伦理思维的支配下，以理智的科学视角与博爱的历史责任感研究土地资源利用问题，从而维护土地生态系统健康和土地资源的世代永续利用，逐步实现生态文明目标。

4. 动态思维

土地资源管理学科强调用发展的观点看待土地问题，按照动态思维模式去研究土地问题。例如，在不同时间尺度上，土地供需矛盾和土地利用问题的内涵是不相同的，因而必须要权衡短期利益与长期利益的辩证关系。此外，土地研究必须从静态、类型和结构的分析转变为动态、过程和机制的研究以及进一步的动态监测、优化调控和预测预报。

5. 生态经济思维

是否从土地利用中获取最大的经济效益，这是合理利用土地的一个准则。然而，是否保护好包括土地在内的各种环境资源，即取得最佳的生态效益，也同样是合理利用土地的重要准则。因此，在开展土地资源利用研究中，必须具有生态经济思维，兼顾土地利用的经济效益和生态效益。

总之，在人类社会进入以“生态文明”为宗旨的新发展阶段，自然资源研究应当与生态文明理论体系融为一体，无论是理论研究还是实践探索，都应坚持问题导向和目标导向，坚持系统论观念和自然伦理思维，用历史、现实和未来的眼光，审视不断发展中的人—地关系的动态特征，综合运用生态经济学方法和现代分析模型技术，为土地资源的可持续利用和管理实践提供行之有效的科技支撑和政策工具。

1.3.2 土地资源学的研究方法

1. 系统分析方法

土地系统分析方法也叫综合调查或综合分析法。该方法是以系统论为指导，运用地球系统科学的研究方法，综合分析土地作为地球表层系统内的各种构成要素（包括气候、地貌、土壤、植被、基础地质、水文等）的相互作用、相互关系，及其对土地资源总体特征和功能的影响规律，是一个从要素分析到系统综合的研究过程。具体来说，区域土地资源研究中的系统分析法包括两个方面，既分析又综合，在综合目标下分析，在分析基础上综合，它从要素分析入手，科学地描述土地系统各要素之间的内在联系和各自作用，发现土地资源的空间分布规律，并以此为基础，进一步建立土地类型分类系统，进行土地资源调查制图和土地评价，分析土地资源的数量和质量特征，研究土地利用问题和战略，最后制订出区域土地资源可持续利用的规划方案和政策措施（图 1-5）。系统分析方法是土地资源学中最常用也是最重要的方法论。

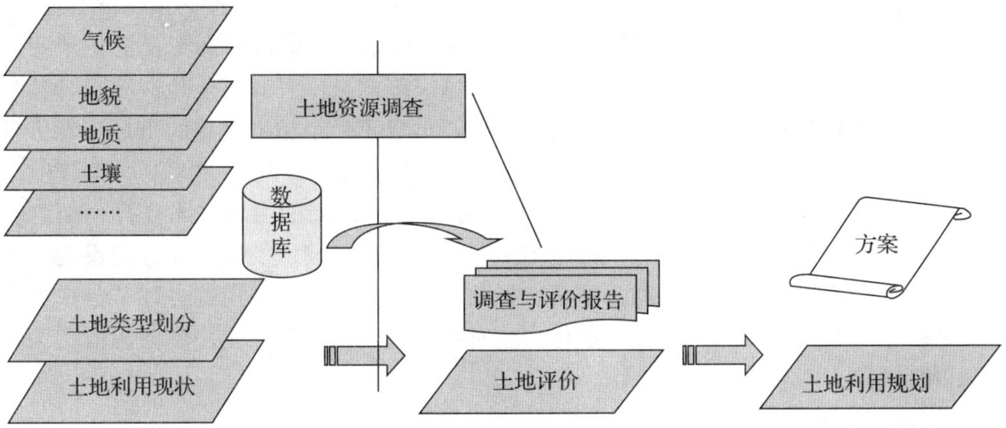

图 1-5 区域土地资源研究的系统分析方法：从要素分析到系统综合的一般过程

20 世纪 80 年代以来，随着系统动力学的引入，使得土地系统分析方法从定性描述上升至定量研究阶段。例如，系统动力学在土地人口承载潜力分析中的应用，定量地研究了国家或区域尺度的人地关系。它将土地看作一个动态的系统，从整体上分析人口、资源、环境和发展之间的关系，通过建立系统动力学模型，模拟不同策略方案下人口变化和承载潜力之间的动态关系，从而寻找出一套有利于国家或地区可持续发展的土地资源管理战略。

2. 景观生态学研究方法

景观生态学是一种高度综合的生态系统研究方法，它同时包含了地理学的横向思维模式和生态学的纵向思维模式，重点研究景观单元之间的过程和格局关系。它将土地视作为景观，是一个功能整体，分析土地各要素之间的相互作用、相互联系，分析景观系统内的物质和能量的输入、输出与转换的各种生态过程，根据景观要素和生态过程的空间差异，分析景观格局特征。这一方法不仅能用于土地类型划分，还可以通过综合分析土地系统中的养分循环、水分循环和初级生产力来进行土地潜力评价和土地生态系统的动态及稳定性研究。

景观生态学方法的核心是景观格局和生态过程的分析。景观生态学起源于欧美，在美国、德国、荷兰和一些东欧国家已有广泛研究和应用。例如，德国的景观生态学研究，苏联的综合自然地理学和地理系统理论研究，捷克和斯洛伐克的景观生态规划研究，英国的综合地理研究方法，荷兰的景观生态设计，以及加拿大的生态土地分类等都是景观生态学理论在土地研究中的具体应用。其中，加拿大生态土地分类委员会运用景观生态学方法进行土地资源综合调查与分类，目的是通过对土地资源的综合分析为资源规划和管理提供依据，它不仅涉及农业土地利用与分类，还可以分析城市边缘区的土地利用问题和国家公园、野生动物保护区的规划与管理等研究领域。

3. 现代信息技术应用

土地资源类型复杂多样，各种属性数据、空间数据和图件类型繁多，内容复杂，信息量大，迫切需要有相应的信息处理技术来进行数据采集、处理和分析。这些现代信息技术主要包括：遥感技术、地理信息系统技术、空间定位技术等，简称“3S”技术。遥感技术（remote sensing，RS）是20世纪70年代发展起来的一门信息采集技术，目前已被广泛应用于土地资源调查和监测研究，特别是在全球定位系统（global position system，GPS）的实地精确定位支持下，大大提高了土地资源调查和监测的效率。地理信息系统（geographic information system，GIS）是土地资源数据管理的必备工具，它的功能在于快速、准确地处理大量的土地资源调查与评价数据，包括属性数据和空间数据。目前，从国家级的自然资源部土地资源管理信息系统到县级的县域土地资源管理信息系统已经基本建成，形成了一个相当完善的土地资源管理信息网络体系。

因此，“3S”技术的综合应用是推动土地资源学研究和发展的主要技术支撑，而且在数字中国战略的总体目标下，正在逐步向“智慧国土”新一代信息技术发展。通过建设统一的国土资源核心数据库，将数据采集、汇总、更新、积累、整合、开发、利用等各环节集成融合于一体，建设成一个集数据精准化、业务联动化、监管全程化、决策科学化、服务集群化为一体的国土资源管理决策大平台。

4. 社会经济分析方法

土地资源学研究的目的就是要获得最优的经济、生态和社会效益。而社会效益和经济效益的研究必须要采用社会经济分析法。所谓社会经济分析法，就是利用社会学、经济学和管理学的基本原理，筛选出能够反映土地资源的社会、经济属性的指标体系，并进行综合分析，以此来评价各种土地利用方案的预期效果，探讨获得最佳效益的途径或政策。

1.4 土地资源学的发展历史与前景

土地资源学可以说是一门既古老而又新兴的科学。所谓“古老”，就是土地资源研究的历史很悠久，源远流长。早在2 000多年前，我国就有了土地分类和土地评价的思想，总结出了“因地制宜”的实践经验，在土地利用、土地管理措施方面积淀了丰富的知识。但就土地资源学作为一门科学来说，它的历史还很短，从20世纪50年代以后，才开始有相对系统的土地资源学的理论研究，并逐渐发展成为一门独立的现代学科。

与其他学科一样，土地资源学是在社会经济快速发展的需求下，紧密结合发展过程中对土地资源研究提出更高更复杂的要求，由总结实践知识发展形成科学理论体系，并逐渐成为一门独立的学科。在整个20世纪，世界人口急剧膨胀，作为生产资料和生存空间的土地资源承受着巨大的压力，人们终于意识到土地资源的有限性和人地矛盾的尖锐性，认识到人类社会不能再继续像过去那样毫无顾忌地开发土地资源，需要将其作为一个完整的认识对象进行系统性的科学研究。欧美各国从20世纪40年代起已有资源地理学研究，并在大学设置了与土地资源研究有关的课程，仅在美国，20世纪60年代以后，与土地资源有关的大学院系就有20多个。苏联在20世纪50年代开展了土地评价的研究工作，在高等院校地理系设置土地评价专业。中国在20世纪50年代后期开展有关资源地理学研究，1956年东北农学院开设了国内第一个土地规划专业，此后在一些大学也设置了土地规划课程。此外，在1982年之前，国家计委和中国科学院联合组织了针对边远省区的一系列土地资源综合考察与调查工作，为土地资源学的产生和建立提供了实践积累和人才培养的基础。

土地资源学的产生，除了社会需求的推动以外，也离不开相关学科发展的支持，是科技进步和社会发展共同促进了土地资源研究。一些与土地资源研究相关的学科，诸如土壤学、地理学、地质学、生态学、经济学等分别从不同角度对土地资源进行了不同视角的研究，但早期彼此间很少交叉渗透。随着学科的发展，人们的生产实践和认识领域不断向宏观和微观两个方向发展，认识到一个地区的土地利用不仅取决于土壤的各种性状，还与气候、地形、水文、生物等要素紧密相关，因此，有必要将各自分散的研究领域进行综合。在联合国粮农组织（FAO）发布的《土地评价纲要》中，首次明确界定了土地作为一个自然地理综合体的科学概念，使得土地资源学作为一门独立的学科有了其他学科所不能涵盖的特定研究对象，从而直接推动了土地资源学的创立。

1.4.1　国外土地资源研究和土地资源学的发展历史及特点

国外有关土地资源学的研究，首先表现在对土地类型的研究上。土地类型研究起源于景观学研究。从20世纪30年代起，欧洲一些地理学家就提出了有关土地类型的思想。例如，苏联著名地理学家贝尔格在《苏联景观地理地带》（1931）一书中给出了自然景观的定义和实例，指出："自然景观是这样的地区，在这里地形、气候、植被和土壤的特征汇合为一个统一的、和谐的整体，典型地重复出现于地球上的一定地带内。"美国的微奇（J. O. Veatch）在《自然土地类型的概念》（1937）一文中，明确地提出了自然土地类型的概念，认为理想的土地类型应由一切具有人类环境意义的自然要素所组成；并在综合研究土地与农作物生长的关系时，根据土壤类型与地表起伏形态（含坡度与地面排水状况）等的组合，将土地划分成不同的自然单元即土地类型（land type）。

英国的波纳（R. Bourne）是早期研究土地分级的先驱之一。他在《区域调查和大英帝国农业资源评估的关系》（1931）一文中，提出了3种等级不同的土地单位。此外，英国的伍德里治（S. W. Wood Ridge）和昂斯特德（J. F. Unstead）等在20世纪30年代初期从地形学角度建立了一套土地类型划分系统。德国的帕萨格（S. Passarge）在1921—1930年发表了诸如《比较景观学》等一系列重要著作，他以综合观点把景观规划分成不同的等级类型，对土地类型的研究产生了深刻的影响。

国外早期的土地评价研究主要是为了土地征税而发展起来的。例如，法国财政部1934年提出的《农地评价条例》，美国1933年提出的"斯托利指数分等"（STR）和康奈尔评价系统（Cornell system），以及德国在20世纪30年代提出的土地指数分等。一些为农业土地利用服务的土地评价也早有开展，如1903年美国农垦局拟定的以发展灌溉为目的的土地评价方法和1936年美国农业部土壤保持局为水土保持而提出的土地潜力分类。后者是世界上第一个比较全面的土地综合评价系统，在20世纪60年代进一步完善后，不仅在美国，还在加拿大、英国、印度、中国、巴基斯坦等许多国家得到了广泛的应用。

因此，20世纪二三十年代，可以说是土地、土地类型、土地评价等概念体系逐渐形成和土地资源学产生的孕育时期。

从20世纪40年代起，土地类型的研究进入了一个新阶段。一些国家设立了专门机构开展土地资源调查工作，并在调查中运用土地类型的思想和方法。例如，1946年澳大利亚联邦科学与工业研究组织设立了土地资源研究处，应用土地类型研究方法，在全国领土的1/3以上地区完成了大、中比例尺的土地调查，自 1973 年以来，已发表 39 卷土地调查报告。

英国海外发展部的土地资源开发中心（LRDC）在英联邦和其他一些国家开展了土地资源调查，从 1966 年以来已发表了 35 卷《土地资源研究》报告。

加拿大在 1969 年成立了生物自然土地分类委员会，1976 年又成立加拿大生态土地分类委员会（CCELC），在全国开展了大规模的生态土地调查。这项工作在加拿大环境部土地局的领导下进行，主要目的是为政府规划部门提供基础资料。

荷兰的国际航测与地学研究所（ITC）非常重视土地类型在综合调查中的作用，将它作为土地资源综合调查中的重要方法，把土地类型研究称为土地分析（terrain analysis），突出了地貌因素的作用。

此外，一些东欧国家以及亚洲的日本、印度，拉丁美洲的墨西哥、巴西等国，也在不同程度上开展了土地类型调查与制图。特别是苏联对土地类型的研究，自 20 世纪 30 年代起就提出了景观和景观形态学的概念，开展了大量的景观地理学研究，包括在许多地区的调查和制图，其中的景观形态学研究就是指土地类型研究。

20 世纪 70 年代末，在 FAO《土地评价纲要》推动下，土地适宜性评价在各地的广泛应用，使其与土地利用规划紧密结合在一起。尤其是在此基础上，开展的土地生产潜力及人口承载力研究工作，使土地资源研究进入了一个综合化、系统化的研究阶段。

20 世纪 90 年代以来，随着人口、资源、环境之间矛盾日益激化，作为 21 世纪议程核心之一的土地资源可持续利用研究，把土地资源学发展带入一个新时期。1990 年 2 月在印度首都新德里召开的首次国际土地持续利用系统研讨会上正式提出了可持续土地利用管理（sustainable land management，SLM）的思想。随后又举行了“发展中国家可持续土地管理评价”（1991）和“21 世纪可持续土地管理”（1993）两次国际学术讨论会，提出了可持续土地管理（利用）的明确概念与基本原则，确立了《可持续土地利用管理评价大纲》，开始强调土地资源可持续管理的理论与实践问题。

进入 21 世纪以后，随着全局意识和系统观念的增强，土地资源研究的领域不断扩大，空间尺度已从原有的国家和地区尺度逐步扩展为区域和全球尺度。土地利用/覆被变化（LUCC）作为全球环境变化最显著的方面，与大气化学成分变化、生物多样性变化、气候变化并称四大全球变化问题。早在 1995 年，国际地圈-生物圈计划（IGBP）和全球环境变化中的人文领域计划（HDP）联合提出了“土地利用和土地覆被变化”研究计划，土地利用与土地覆被变化研究成为目前全球变化研究的前沿课题，许多国家和国际组织都在积极地进行“土地利用和土地覆被变化”的相关研究。尤其是利用“3S”技术方法，探索土地利用与土地覆被的变化机制及其对全球变化与可持续发展的影响，已成为当前国际土地资源研究的主要领域之一。

1.4.2 中国土地资源研究和土地资源学发展的历史及特点

中国对土地资源的研究具有悠久的历史。早在公元前 5 世纪就有有关土地类型划分的记载。例如，在战国时代的《周礼》一书中，把全国的土地划分为五大类，即“山林”（生长树木的地方）、“川泽”（江河湖泽之地）、“丘陵”（比较低缓的起伏之地），“坟衍”（坦荡平原之地）和“原隰”（低洼平坦的湿地）。《管子·地员篇》则按地形将全国土地划分成了三大类，即“渎田”（大平原）、“丘陵”和“山地”，然后再按土壤或地形分成 25 类，其中“渎田”按土质差异分成5类，“丘陵”按地貌形态和地表组成物质的差异分成15类，“山地”则根据地势的高低分成5类。《禹贡》一书将“九州”的土壤分为“白壤”“黑坟”“赤埴坟”“涂泥”“青黎”“黄壤”“白坟”“坟垆”等类型，再按肥力高低将土地划分为上、中、下3等。

此外，我国土地规划的历史也很悠久，最古老的井田制就是一种典型的土地规划措施。在商周时期，将土地规划为四、六、八或九块形状规整的井字方块，每块方田代表一定的面积，但全国各地的井田规划不尽相同，大致有3种：①将土地规划成井字形，等分成九方，每方百亩（约合现今的31.2亩），四周的八方分配到各家耕种，称为私田；中间的一方由八家共同耕作，收获归公家，称为公田。②以九夫为井，方一里；方十里为一百井，方百里为一万井。③以十夫为井，以十进位，十夫、百夫、千夫、万夫构成井田制体系（百亩为夫）。不论哪一种井田规划，在田与田之间都修筑有灌溉渠系（称为遂、沟、洫、浍、川）和相应的道路系统（称为经、陵、涂、道、路）。因此，以上这些可谓是世界上最早的具有土地分类、土地评价和土地利用规划的思想。

有关中国现代的土地资源研究主要是始于20世纪50年代，发展的特点基本类似于国外的情况，即最先是从区域土地资源调查和土地类型研究开始，逐渐发展到土地评价、土地利用规划等领域，下面分别从这3个方面进行阐述。

1.4.2.1 土地类型研究与土地资源调查方面

20世纪50年代初期，新中国百废待兴，对国内的自然资源状况更是缺乏系统的了解，因而有计划地专门组织了自然资源综合考察队来调查全国不同区域的土地资源状况。据统计，1953—1986年间，仅由中国科学院-国家计划委员会自然资源综合考察委员会组织的大规模资源调查项目就有34项，范围几乎覆盖全国所有自然类型区。可以说，这一系列的土地资源调查活动是推动我国土地资源和土地类型研究的直接原因，同时也培育了一大批土地资源学领域的科学家，如林超、赵松乔、陈传康、孙鸿烈、石玉林、林培等。

20世纪50年代末，苏联地理学家伊萨钦科来中国讲授景观学，介绍了苏联景观学派有关土地类型调查与制图的理论和方法。随后，我国一些地理学者如杨纫章、林超、赵松乔、缪鸿基、陈传康等分别在广东鼎湖山、川西马尔康、北京山区、河西走廊、乌兰布和沙漠、珠江三角洲、毛乌素沙漠等地，先后开展了不同特色的土地类型调查与制图研究。这些研究，既有深入的理论探讨，也有广泛的实践探索，不仅大大充实和深化了我国综合自然地理学的研究内容和研究方法，还为20世纪70年代后期恢复开展的土地类型研究奠定了坚实基础。

20世纪70年代后期，在中国科学院地理研究所赵松乔等带领下，比较系统地在黑龙江省开展了1∶（5万～100万）比例尺的土地类型调查与制图，在土地类型研究的理论和方法上进行了更深入的探讨。特别是1978年制订的全国自然科学发展规划和1979年召开的全国农业自然资源调查与农业区划会议，均将《中国1∶100万土地类型图》的编制列为重点项目之一，标志着我国土地类型研究跨入了一个新的发展阶段。其后出版了按国际分幅标准的西宁、乌鲁木齐、西安、太原、呼和浩特、南京、长沙、海南岛8幅1∶100万土地类型图，鉴定通过了吉林、上海等图幅，覆盖面已达我国国土面积的40%以上。此外，河南、宁夏、浙江、辽宁等省（区）也陆续完成了比例尺为1∶（20万～50万）的土地类型图编制，在当地的农业区划、国土整治和区划等工作中起到了重要作用。结合这些土地类型图的编制，还出版了若干本专著和一大批理论和方法探索论文。

我国土地类型研究的另一个比较重要的领域是有关土地类型结构的研究，以及据其分异规律进行区域发展战略和区域治理方向的探讨，开展了农林牧合理用地结构的研究。研究地区如闽西北山区、浙江省、重庆市垫江、河北秦皇岛市、陕北黄土丘陵区、内蒙古凉城、山东临沂、贵州省、黄河三角洲等。这些研究在分析探讨土地类型的空间和时间演替结构的同时，着重研究一定区域内资源、环境与经济发展的优化组合关系，对于确定区域治理方向和整治对策有重要意义，也为随后开展的土地利用总体规划奠定了坚实的理论基础。

除了上述自然资源综合考察和土地类型研究成果以外，迄今为止，我国已开展 3 次全国统一的土地资源调查工作。1984 年 5 月，国务院发布了《关于进一步开展土地资源调查工作的报告》（国发［1984］70 号文件），正式启动调查工作，即第一次全国土地详查，要求各地在 1990 年以前，全面查清土地的类型、数量、质量、分布、利用状况，并做出科学评价。第一次全国土地调查主要采用外业调查的方式，同时也使用了部分航片，但由于航片标准不一，现时性不强，增加了外业调绘的难度和新增地物补测的工作量，影响了调查进度和质量。因此，一直到 1996 年底才完成核心调查任务，全部收尾工作延续至 1997 年年底结束，历时近 13 年，是中国历史上首次全面查清土地类型、数量、质量及利用状况的国情国力调查。在此基础上，启动了“土地资源监测与调查工程”“数字国土工程—土地资源基础数据库建设”等数字化升级项目。从此结束了长期以来我国土地资源家底不清、数据不实的局面。

2007—2009 年我国又开展了第二次全国土地调查工作，并于 2008 年 2 月 7 日公布了《土地调查条例》（中华人民共和国国务院令 第 518 号），条例明确了全国土地调查的目的、内容、方法、技术规程、组织实施、成果处理和质量控制等。第二次全国土地资源调查充分运用了航天航空遥感、地理信息系统、全球卫星定位和数据库及网络通信等技术，采用内外业相结合的调查方法，形成集信息获取、处理、存储、传输、分析和应用服务为一体的土地调查技术流程，获取全国每一块土地的类型、面积、权属和分布信息，建立连通的“国家—省—市—县”四级土地调查数据库。

最后，从 2017—2020 年，我国又开展了第三次国土调查。随着云技术、网络技术、大数据应用的有效融合，第三次全国国土调查全方位应用了以“3S”技术为主体的现代先进技术，使得调查速度和精度有了极大提高。

1.4.2.2 土地评价方面

伴随着大规模的土地资源调查工作的展开，土地评价研究也同时取得了进展，其发展过程大致可分为 3 个时期：

第一个时期，从 20 世纪 50 年代中期至 70 年代中期。主要是结合中国科学院组织的自然资源综合考察中的土壤地理和土地资源调查进行的土地评价。例如新疆、内蒙古、甘肃、黑龙江等省（区）的宜农荒地评价。评价方法是按水热条件将全国划分为区和副区，在副区下又按开垦措施的难易程度划分为 4 等；或按农业利用适宜性、生产潜力、改良利用难易程度分为 5 等或 3 等，“等”以下再按限制因素和改良措施的种类分组。与此类似的土地评价还有热带、亚热带地区的橡胶、紫胶的宜林地评价。

这个时期的土地评价的研究特点是：①与生产建设紧密结合，针对性强；②大多属于单项土地评价，但也不乏综合评价的实例，如中国科学院黄河中游水土保持综合考察队在陕北，中国科学院地理研究所在甘肃，兰州沙漠研究所和北京大学在毛乌素沙漠等所开展的综合性土地分等研究；③以区域性研究为主，理论体系上的总结不足。

第二个时期，从20世纪70年代后期至80年代中期，是我国土地评价研究的发展期。这一时期，一些学者如林超、吴传钧、赵松乔、李孝芳和石玉林等将欧美和澳大利亚的土地评价理论和方法介绍进来，有力地推动了我国土地评价研究的进一步开展。具有代表性的成果是由中国科学院自然资源综考会编制的《中国1∶100万土地资源图》，出版了按国际分幅的全部63幅图和中国土地资源数据库。同时，各省（自治区）和重点地区的土地评价图也相继完成。这些成果为制定土地利用规划和农业发展区划做出了贡献。在此期间，中国科学院地理研究所赵松乔等在黑龙江省，北京大学地理系陈传康等在山东省淄博、辛店、临清、泰安等地，陕西师范大学地理系刘胤汉等在陕北黄土高原，等等，开展了各种类型的土地评价研究，其中包括城市用地评价和旅游用地评价等非农业用地评价。

此外，另一项主要成果是始于1978—1994年的全国第二次土壤普查，对全国的土壤资源，特别是对耕地资源和后备宜耕地资源进行了详细的、大比例尺的调查与评价，提出了符合我国特点的耕地土壤肥力的评价因素和指标体系，对全面认识我国耕地资源的生产潜力、适宜性和限制性起到了决定性作用。

该阶段的土地评价研究的特点是：①地区性研究与全国性研究相结合；②由单项评价逐步转为全面和综合性的土地评价；③初步形成了具有我国特色的土地评价理论与方法体系；④遥感与信息技术在土地评价与制图中得到了比较广泛的应用。

第三个时期，在20世纪80年代中期以后，由于我国人均土地资源特别是耕地资源的日益紧缺，粮食供给和安全保障始终面临着巨大的挑战。在此背景下，1986年成立了国家土地管理局，并与FAO合作开展了全国土地资源生产能力和人口承载潜力的研究项目，提出了2000年和2050年两个预测时期的土地人口承载容量及其相应的人口控制目标，以及在不同投入水平和人均生活质量状况下应当保障的耕地面积，该研究结果促使日后土地资源国情对中央宏观经济决策起到了重大的作用，并提出了“十分珍惜和合理利用每一寸土地，切实保护耕地”的基本国策。在这一基本国策的指导下，全国各省区、县开展了土地利用总体规划工作，从而使土地评价从一般性的理论和方法研究逐步过渡到针对中、小区域范围的实践应用，更加注重将土地评价研究与区域土地利用规划等实践需求结合起来；而且土地评价的研究领域进一步拓宽，从传统的农业土地评价研究，扩展到城市土地评价、农用地分等定级和估价，以及旅游用地评价等各个方面。

此外，土地评价也从过去偏重土地的自然评价逐步转向自然和经济的综合评价，从而显著地提高了评价结果的实用性。另外，由于计量方法及遥感、地理信息系统等新技术在土地评价中得到广泛应用，土地评价逐步走向定量化和动态预测性。

1.4.2.3 土地利用规划方面

土地利用规划是在综合评价土地资源，分析土地利用的经济和社会条件的基础上，选择最佳的土地利用方案并付诸行动的综合决策过程。我国早期的土地利用规划体系是以参照苏联的土地利用规划设计理论与方法为主。20世纪50年代期间，苏联曾为我国培养了一批土地利用规划人才，并依照苏联模式，在东北农学院等一些高等院校设立了土地规划专业；农业部及一些省区相继设有从事土地规划业务的专门机构。这一时期主要开展了以东北、新疆、海南等垦区建设为重点的土地利用规划；编制了以耕作制度、改土增肥、灌溉和流域开发治理为重点内容的区域土地利用规划。但是，真正开展全国范围的、系统性的、具有统一规范的土地利用规划是在1986年成立国家土地管理局和《中华人民共和国土地管理法》（以下简称《土地管理法》）首次颁布后开始的，其间先后完成了两轮全国性的土地利用规划编制，以及随后进行的新一轮土地利用规划修编（2005—2020年）。

第一轮土地利用规划（1986—2000年）以保护耕地、保障建设用地为核心。按照我国实现社会主义现代化建设第二步战略目标以及《国民经济和社会发展十年规划和第八个五年计划纲要》的要求编写的，具有社会主义有计划商品经济下的服务型土地利用规划的特点。这轮规划初步确定了土地利用规划的基本程序，探索了我国土地利用规划的内容和方法，建立了五级土地利用规划体系，但由于立法滞后的原因，未能得到有效实施。不过，就其科学的方法而言，奠定了我国土地利用规划的基础。第二轮土地利用规划（1996—2010年）的主题则是以确保耕地总量动态平衡为基本目标，按国民经济和社会发展“九五”计划和2010年远景目标的要求编制的。这轮规划确定了指标加分区的土地利用布局模式，发布了土地利用规划编制的相关规程和土地利用规划审批办法等。但由于规划的基础工作和前期研究不足，以及规划实施期间，国家提出了加强生态建设、加快城镇化步伐、实施区域发展战略等一系列重大举措，规划指标多被突破，对市场经济体制下的规划编制方法提出了挑战。随后进行的新一轮土地利用规划修编（2005—2020年）以节约和集约用地为核心，是在党的十六届六中全会提出构建和谐社会的重大举措以及国务院做出《国务院关于深化改革严格土地管理的决定》要求的背景下开展的，以全面、协调、可持续的科学发展观和“五个统筹”的要求为理论指导。这轮规划充分总结了上两轮规划的成果和不足，全力贯彻“政府组织、专家领衔、部门合作、公众参与、科学决策”的工作方针，主要体现以下特点：切实加强规划修编前期的专题研究工作，建立包括约束性指标和预测性指标两类的土地利用规划指标体系，提高规划的科学性；开创政策导向的土地利用规划编制模式，适应现阶段国家宏观调控的需要；强调土地利用生态环境的保护和建设，体现可持续发展的思想；研究统筹区域原则下的区域土地利用政策，走向空间管制；探索土地利用规划的标准，增强规划的规范性；将地理信息系统技术应用于规划编制和管理实践，提高规划的技术能力。

经过两轮的土地利用规划和随后的土地利用规划修编工作的实践及研究，我国已形成了相对独立、完整的国家、省、市、县、乡（镇）5级土地利用规划体系，以及相对成熟的土地利用规划理论和方法体系，成为我国国土空间规划体系中的重要组成部分。

2018年，根据党和国家机构改革方案，组建自然资源部，统一行使全民所有自然资源资产所有者职责，统一行使所有国土空间用途管制和生态保护修复职责，实现山-水-林-田-湖-草-沙整体保护、系统修复、综合治理。同时，将原分属不同部门的主体功能区规划、土地利用规划、城乡规划、海洋功能区划等空间规划职责统一整合到自然资源部，建立国土空间规划体系，推进实现“多规合一”。新的国土空间规划体系与之前的土地利用规划体系高度衔接，也包含“五级三类”规划体系，在宏观、中观、微观不同空间尺度上分层分类落实。国土空间规划以“三区三线”（即城镇空间、农业空间、生态空间3种类型空间所对应的区域，以及分别对应划定的城镇开发边界、永久基本农田保护红线、生态保护红线3条控制线）为核心，确定了保障国家粮食安全、生态安全、城镇化健康发展的3条空间底线，奠定了整个国土空间布局的骨架和基础。国土空间规划的主要目的是通过科学布局生产空间、生活空间和生态空间，促进国土空间的合理利用和有效保护。它综合考虑人口分布、经济布局、国土利用、生态环境保护等因素，是保障国家战略有效实施、促进国家治理体系和治理能力现代化、实现高质量发展和高品质生活的重要手段。

综上所述，土地资源学的研究历史可谓源远流长，自 20 世纪 50 年代以来，其进展十分迅速，国内外广泛开展了有关土地资源的系统性研究工作，内容涉及土地资源的调查、评价、开发利用、治理改造、保护和管理等的各个方面，形成了一个比较系统的理论体系，逐步形成和发展了一门独立的学科——土地资源学。值得一提的是，由北京农业大学林培教授主编，于 1991 年出版的《土地资源学》教材是国内第一本系统性的土地资源学著作，也是我国土地资源学科形成和发展史中一个里程碑。在该教材中，作者将土地资源学定义为“是研究土地资源类型的区域形成因素的空间与时间的变化规律、土地资源合理利用与开发等的应用基础理论的科学”。1992 年林培教授在《试论土地资源学》一文中对这一概念，又作了进一步的论述，即“土地资源学是研究土地资源区域分异特征，及其合理开发利用与保护的科学。它所研究的是一个区域的土地资源的总体，而不是其某一个别组成要素，学科研究的终极目标是区域土地资源的合理开发与利用，合理配置与保护，而不是仅停留在其自然要素的分析与评价，因此，它具有一定的经济学科成分，所以它是一个交叉的边缘学科。”是在综合了众多学科（如地学、气象学、土壤学、生态学、经济学、农学及其系统科学等）的成果基础上发展起来的，其研究内容包括自然和经济两方面，其研究领域包含自然和社会两个范畴。

总之，土地资源学是一门应社会需求而诞生的新兴学科，也是一门集众多相邻学科的研究成果而发展起来的交叉科学，因此，它的理论体系尚不完全成熟，研究方法需要不断更新，学科思维和方法论有待更加完善和独立。

1.4.3　土地资源学的发展方向与前景

推动任何一门学科的产生和发展的驱动力不外乎来自两个方面，一是满足人类探索自然、积累知识的理论解释需要；二是服务于社会发展过程中对自然的利用和改造的实践应用需要。土地资源学正处于形成发展阶段，将继续在这两大驱动力的作用下不断地完善和创新。

从我国经济建设和社会发展的总体态势及其对土地资源学的科研成果的战略需求来分析，今后我国土地资源学科发展的方向主要包括 3 个方面：一是满足国家经济建设和社会可持续发展的战略需求，以科学发展观、习近平生态文明思想为指导，瞄准国际学术前沿领域，强化土地资源综合研究的前瞻性、技术性和创新性；二是理论建设仍是土地资源学发展中面临的紧迫任务，切实加强土地资源学科的基础理论与方法体系研究，着力推进土地资源学科体系的完善与重点领域的深入发展；三是重视土地资源学科的应用探索和土地资源规划与管理的科技创新研究，为我国土地资源的合理开发、利用、整治、保护和管理提供有力的科技支撑，为土地资源参与国家宏观调控、统筹城乡和区域协调发展、建设“资源节约型和环境友好型社会”、实现山-水-林-田-湖-草-沙生命共同体的综合治理，以及推进全面建成小康社会和生态文明建设，提供及时的科学决策服务。

根据国内外土地资源研究现状和我国土地资源学科发展方向，从服务社会需求和满足理论探索两大领域来看，今后我国土地资源学的研究重点主要有以下几个方面：

1. 适应社会经济发展的需求，开展自然资源管理领域的重大关键问题研究

土地资源学科的产生是应社会生产力发展的需求。从学科发展过程看，它的生命力完全在于其成果的应用前景，所以土地资源学的发展必须紧密结合国家的社会和经济发展对科学研究提出的要求，对焦“严守资源安全底线、优化国土空间格局、促进绿色低碳发展、维护资源资产权益”的自然资源管理定位，既立足当前解决管理实践中面临的紧迫问题，又着眼长远开展前瞻性、战略性重大课题研究。为此，土地资源学研究应重点加强以下几方面的工作。

(1)土地资源调查和动态监测的技术体系创新。虽然土地资源调查是一项历史悠久的常规性工作，但随着现代化管理水平的提高，对土地资源数据的快速更新和信息处理的时效性要求也越来越高，因此，不断提升土地资源调查和动态监测体系的服务能力是今后土地资源研究领域最重要的基本任务。20 世纪 80 年代以来，我国已进行过三次全国性的土地资源调查。始于 1984 年的第一次大调查主要以土地利用现状调查为主，但由于当时的调查技术水平、组织管理工作相对滞后，调查结果的汇总和正式发布一直到 1997 年才完成。而且自 20 世纪 80 年代以来，我国正处于经济建设快速发展时期，全国各个地区的土地利用变化极大，每年平均有 10 万 hm^2（150 万亩）以上的耕地改变为建设用地；与此同时，各种土地资源退化问题也十分严重。因此，我国于 2008 年 2 月 7 日颁布了《土地调查条例》（中华人民共和国国务院令 第 518 号），明确了以 10 年为周期的全国土地调查制度，以及年度变更调查、热点地区遥感动态监测等；明确了全国土地调查的目的、内容、方法、技术规程、组织实施、成果处理和质量控制等。为了满足新时代国家需求，今后土地资源学的研究重点应当放在土地类型分类系统和土地资源划分体系的标准化、科学化、统一性的研究上；继续深入开展对区域土地资源的动态演变规律及其驱动因素的研究；进一步探索各种先进技术的开发利用，建立一套准确、快捷的土地资源调查和动态监测系统，充分应用遥感数字化信息与地理信息系统技术，完善和更新自然资源管理部门所特有的土地资源管理信息系统。通过该系统对土地资源空间数据进行储存、转换、派生、综合、分析、输出等，开发利用系统内的土地资源数据、区位数据及相关的社会经济数据进行各项专题研究，同时还要重视应用人工智能技术，建立具有知识获取、推理、演绎、判定等功能的土地资源专家系统，为土地评价、土地利用决策提供技术支持，使区域土地资源研究向定量化、智能化的层次发展。

2018 年，在新时代政府机构改革中，中共中央在《深化党和国家机构改革方案》中提出：“为统一行使全民所有自然资源资产所有者职责，统一行使所有国土空间用途管制和生态保护修复职责，着力解决自然资源所有者不到位、空间规划重叠等问题……组建自然资源部，作为国务院组成部门”。自然资源部的主要职责是对自然资源开发利用和保护进行监管，建立空间规划体系并监督实施，履行全民所有各类自然资源资产所有者职责，统一调查和确权登记，建立自然资源有偿使用制度，负责测绘和地质勘查行业管理等。因此，为了尽快适应和服务于新部门、新职能，亟须全面系统梳理自然资源的内涵，进一步明确自然资源的种类，合理界定各类自然资源边界，探索和建立新时代自然资源统一调查监测体系和“智慧国土”综合服务平台，从而为全面推动自然资源管理的数字化转型和高质量发展提供科学和技术保障。

(2)土地资源和资产的优化配置的基础性研究。在社会主义市场经济体制下，无论市场行为还是政府宏观调控都必须了解土地资源和资产的动态，随时掌握土地资源和资产的数量、质量、分布、产权、价格、供需关系等情况。在此基础上，政府在资源管理方面可以依据国土空间规划和主体功能分区管制，保证土地资源的合理利用；在资产管理方面，可以通过土地资产的优化配置，使土地成为国民经济的宏观调控手段，保障社会经济的可持续发展。为此，土地资源学应拓宽研究领域，扩展服务功能，积极开展土地资源和资产的优化配置的基础理论和方法研究。具体包括：国土空间规划体系的新理论和新方法，侧重探讨充分发挥土地资源支撑区域经济社会协调发展的科学途径和措施；区域土地资源的优化结构与可持续利用模式；可持续土地利用评价和绩效管理机制；新农村建设中的土地整治和乡村景观规划的理论和模式；农用地和城镇土地的分等定级；农村土地流转模式与政策创新机制，等等。

(3)以粮食安全和耕地产能提升为根本目标的耕地保护战略和科技创新研究。粮食安全是“国之大者”，耕地是粮食生产的命根子。系统探索耕地保护的总体思路和关键举措，立足于中国式现代化的大背景开展耕地保护战略问题研究，例如：如何把握好量质并重、永续利用的基本原则，管控好南北地区耕地增减失衡的态势及影响，确保 18 亿亩耕地红线决不突破；如何改革完善耕地占补平衡制度，将各类对耕地的占用统一纳入占补平衡管理；如何落实“藏粮于地、藏粮于技”战略，开发利用各类非传统耕地资源，搞好盐碱地综合改造利用；如何树立大食物观，在保护好生态环境前提下把食物生产从耕地向整个国土资源拓展；如何完善党政同责的耕地目标责任考核制度，建立务实管用的约束激励机制；如何在耕地保护严格执法中实事求是、尊重规律，保护农民利益等。

(4)全球气候变化背景下土地利用-土地覆被变化与土地资源生态安全的综合研究。土地利用与土地覆被变化（LUCC）是全球变化研究的重要方面。国际地圈-生物圈计划（IGBP）和全球环境变化中的人类作用计划（IHDP）于 1995 年联合提出 LUCC 计划，使历史久远的土地利用变化研究再次成为目前全球变化研究领域的热点课题。LUCC 研究的基本目标是提高人类对全球与区域土地利用与土地覆被变化动态过程的认识与预测能力。土地利用是人类在地球上最主要的人为活动，由土地利用所引发的土地覆被变化对区域水循环、环境质量、生物多样性以及陆地生态系统的生产力和适应能力有着极为深刻的影响。因此，它也是可持续发展和区域生态安全的一个重要影响因素。

根据我国土地资源生态安全的基本态势，今后要重点开展土地利用和土地覆被变化热点区域的变化过程机制和动态模拟研究，强调对热点区域（hot spot）即目前土地覆被变化剧烈地区、未来可能发生土地覆被变化的地区和土地覆被变化造成区域生态安全风险的地区进行土地利用和土地覆被变化过程和动态模拟研究。例如我国水土流失严重的生态环境脆弱区、经济发达的东部沿海地区、中部粮食主产区等都将是未来研究热点区域。此外，也要进一步探索以国家公园为主体的自然保护地体系管理体制；系统研究生态保护红线在国土空间规划体系中的控制作用，理性认识“生态红线”对生态功能保障、环境质量安全和自然资源利用等方面的科学意义和监管要求，从而促进人口资源环境相均衡、经济社会生态效益相统一。

(5)生态脆弱地区的土地资源退化、保护和生态恢复与可持续利用研究。我国西部地区绝大部分是生态脆弱区，土地退化问题十分严重。因此，在西部大开发过程中，应当科学认识西部地区的土地资源特点和开发潜力，正确处理好土地资源的保护与开发、恢复与利用的关系问题，一体推进荒漠化、石漠化、沙漠化治理和湿地保护的系统设计，确保西部地区土地资源的可持续利用和区域生态安全。

山区土地资源开发已成为我国区域开发的重点之一。一些土地资源类型丰富的山区将成为我国大农业发展的战略后备基地，为此应尽快摸清山区土地资源家底，着重研究土地资源分布规律和组合特征，为合理配置农林牧产业结构，实现山区土地资源的优化利用和可持续发展提供依据。另外，还应加强对一些特殊土地资源类型的保护、开发和利用的研究，如滩涂、湿地、盐渍化土地、沙化土地，等等。

除此以外，如何落实“双碳”目标，提升土地生态系统碳汇功能；处理好划定生态保护红线与原住民生产生活福祉的关系；建立健全生态保护补偿机制；建立多元化生态修复投入机制；探索生态产品价值实现机制，拓宽生态优势转化为经济优势的路径等。

2. 进一步完善土地资源学科体系，加强基础理论体系建设和研究方法创新

土地资源学科体系的建立必须有属于学科本身的理论支撑，土地资源学目前正处于学科发展的快速成长期，虽然已经形成了学科的基本框架，但理论体系建设明显滞后于实践应用的状况尚未改观，这种现象已经而且正在影响着土地资源学的发展步伐。从发展现状看，土地资源学理论体系建设有3方面的迫切任务。

(1)拓展土地资源学的基础理论研究。随着人类社会发展和科学技术进步，土地资源的内涵和外延不断变化，土地资源学要更加注重格局和过程、演变和优化的研究，更加重视人与土地的和谐共生，更加关注土地资源利用的行为后果和综合效应，更加强调现实与未来的协调发展，更加倾向于土地资源的综合管理，不能局限于某一要素、某一地域，而将土地系统视作山-水-林-田-湖-草生命共同体。因此需要加强一些符合新时代需求的理论创新研究，如土地利用系统分析方法、可持续土地利用与管理、土地资源生态安全、土地生态系统退化机理、山-水-林-田-湖-草-沙生命共同体一体化保护与系统修复的理论机制、自然资源统一管理与国土空间规划理论和方法体系等方面的研究，逐步完善和丰富土地资源学的理论体系。

(2)土地资源评价的理论和方法的创新。土地资源评价最初是因农村土地利用规划的需要而诞生的，但是随着土地利用规划向着多样性、多目标、综合性、统一性方向发展，土地评价的理论和方法应有所突破。一方面，土地评价必须在继续完善自然适宜性评价、生产潜力评价、经济评价等单项评价的基础上，注重向自然、经济和生态环境综合评价，以及可持续性评价的方向发展；另一方面，土地评价应当能够为各种类型的土地利用规划或国土空间规划提供服务，而不是仅仅限于传统的农村土地利用规划，积极开展一些特殊土地用途的土地评价方法的研究，如名特优农产品的土宜评价、旅游用地评价等；在评价方法上还要充分应用模糊数学、信息技术和系统科学等领域的理论与方法，推动土地评价向定量化、智能化方向发展。

(3)严谨对待学科的规范化和标准化问题，重点探讨学科规范和研究范式的一些基本理论问题。由于土地资源学是一门正在蓬勃发展的学科，目前还存在一些不同的学科观点，这是完全正常的现象，也正是因为有这种不同观点之间的争论，才促进了学科本身的发展。但是随着土地资源学的学科体系的不断完善，研究领域的不断拓展，理论研究的不断深入，客观上要求对一些最基本问题的理论认识尽可能地求得一致，取得共识，这是任何一门学科发展不可或缺的基础，尤其是对土地资源学的一些基本概念和基础理论体系，如土地类型、土地利用类型和土地资源类型的分类体系等，必须尽快达成统一认识和规范化。

思 考 题

1. 阐述土地、土地资源概念以及土地资源的基本特征。
2. 土地资源学的研究内容主要包括哪些方面？
3. 土地资源学研究应具备什么样的思维模式？土地资源学的常用研究方法有哪些？
4. 面对未来日益严峻的人地矛盾，土地资源学的作用将日益重要，请简要阐述土地资源学今后的发展方向和研究重点。

参考文献

蔡玉梅，张文新，赵言文．中国土地利用规划进展评述．国土资源，2007(5)：14-17.
陈百明．土地资源学．北京：中国环境科学出版社，1996.
林培．试论土地科学的形成、现状、体系及其发展．中国土地科学，1994，8(4)：16-19.
林培．土地资源学．2 版．北京：中国农业大学出版社，1996.
刘黎明，周德，常笑．耕地质量评价方法与应用．北京：中国农业大学出版社，2019.
刘彦随，杨子生．我国土地资源学研究新进展及其展望．自然资源学报，2008，23(2)：353-360.
王仰麟，蒙吉军，刘黎明，等，中国综合生态与食物安全风险．北京：科学出版社，2011.
吴次芳，叶艳妹．土地科学导论．北京：中国建材工业出版社，1995.
谢俊奇，郭旭东，李双成，等．土地生态学．北京：科学出版社，2014.
朱德举．土地科学导论．北京：中国农业科学技术出版社，1995.

第2章 土地资源的构成要素分析

土地是由陆地表面一定立体空间的气候、地质、地貌、水文、土壤、生物等自然要素组成，同时又时刻受到人类活动和社会经济因素影响的自然经济综合体。土地资源的特征是其诸构成因素相互联系、相互作用、相互制约的总体效应与综合反映；在土地资源的演化发展过程中，各要素以不同方式，从不同侧面，按不同程度，独立或综合地影响着土地资源的总体特征。

因此，当我们考察某一特定区域的土地资源时，首先要全面地分析土地资源的各个构成要素的特点，然后再进行综合和叠加，对区域土地资源的总体特征做出评价，在此基础上，提出区域土地资源合理利用与开发的建议和规划方案，这是土地资源学研究中最常用的“从要素分析到系统综合”的基本思路（图 1-5）。本章将逐一解析土地资源的各个构成要素对区域土地资源的空间分布、质量特征及其开发利用的影响规律。

2.1 土地资源的气候要素特征分析

气候要素主要指地球表面至 10 000～12 000 m 高空的大气对流层空间内（即与地球表面直接产生水、热交换的大气层）的各种统计状态（如积温、降水量等）和物理过程（如升温、蒸发、焚风等）。影响土地资源特征最主要的气候要素是光（太阳辐射）、温（热量）、水（降水）三要素。这 3 个指标是决定土地生产潜力（光温生产力、光温水生产力）的重要因子；也是刻画我国土地资源宏观分布和利用格局的决定性因子。

2.1.1 太阳辐射

太阳辐射是由太阳发射的电磁短波辐射，它是地球表面土地生态系统中一切过程（包括物理的、化学的、生物的）的能量基础，对于土地生产潜力评价来说，是最重要的指标之一。

到达地球表面的太阳辐射可分为两部分。一部分是太阳光线直接投射到地面上，称为太阳直接辐射，约占太阳总辐射能的 47%；另一部分是在大气中经过短波散射（天空光）和微粒（水汽、尘埃）散射形成的散射光而投向地面，称为散射辐射，两者之和称为太阳总辐射。在土地资源评价中，主要考虑太阳直接辐射。到达地表的太阳直接辐射强度（S'）可用下式计算：

$$S' = S_0 \cdot P^m \sin h$$

式中：S_0 为太阳常数，等于 8.12 J/（$cm^2 \cdot min$）；P 为大气的平均透明系数；m 为大气质量数，取决于太阳直接辐射穿过大气的路径；h 为太阳高度角。

我国年太阳辐射总量为 355～1 003 kJ/cm^2。由于受纬度、海拔高度、地形及云量等因素的影响，不同地区的太阳总辐射量差异较大，低纬度地区的太阳总辐射量一般略高于高纬度地区，高原地区高于平原地区。如我国西北高原地区的太阳总辐射量为 586～670 kJ/cm^2，东部平原区为 502～544 kJ/cm^2，西藏高原可高达 670～837 kJ/cm^2，而四川盆地则小于 419 kJ/cm^2，这种地区差异直接导致土地初级生产力的显著不同。此外，地球自转和公转而产生的昼夜及四季的变化，导致太阳总辐射量呈现明显的日变化和年变化，尤其在一年之中，夏季的总辐射值为最高，冬季为最低。

太阳辐射包括紫外线及其以下的短波波段、紫外以上的可见光以及红外波段等，其中以可见光部分为主，占 50%左右，这是地球表面光照的主要来源。所有的短波辐射到达地表面以后，大多数转变为长波辐射，这是地球表面的热量来源。光照和热量是土地资源形成和演化过程中的两大主要气候要素。

在评价太阳辐射对土地资源特征和利用影响时，主要采用光照强度、光照时长和光照质量 3 个指标。

2.1.1.1　光照强度

光照强度简称照度，是指人眼对 0.4～0.7 μm 可见光的平均感觉程度，单位勒克斯(lx)，也可用日照时数表示。由于植物体的干物质总量中有 90%～95%来自光合作用，因此光照条件（如光照强度）与农作物的生长发育具有密切关系，绝大多数农作物生长发育都需要获得一定的光照强度才能完成正常的生长周期。我国各地年均日照时数变化于 1 200～3 400 h，也因地理位置、季节、大气状况等的变化而变化，与太阳总辐射量的地区差异有相似的趋势。例如，青藏高原和西北干旱地区的日照时数多在 3 000 h 以上；而四川、贵州等地的日照时数较少（如四川峨眉仅 947 h，贵州道真仅 1 068 h）；东部地区的日照时数则呈由南向北递增的趋势（如广州的日照时数为 1 910 h，而哈尔滨则为 2 650 h）。

光照强度直接影响植物的光合作用。一般而言，强光照有利于植物的生殖生长，如棉花、谷类需要强光照条件；而弱光照有利于植物的营养生长，如茶叶、竹类需要弱光照条件。因此，光照强度在土地适宜性评价中是个十分重要的评价因子。

2.1.1.2　光照时长

光照时长也即日长，是指从日出至日没之间可能日照的时数。日长因纬度不同而异，我国高、低纬度地区之间日长的最大差值可达 5～6 h。日长对农作物生长发育影响较大，根据对日长要求的不同，可将作物分为长日照作物和短日照作物。长日照作物（如小麦、油菜等夏作物）一般需要在长日照条件下才能进入生殖生长而成熟；而短日照作物（如玉米、棉花等秋作物）则相反，需要在短日照条件下才能进入生殖生长。因此，一个地区的气候生产力大小与其光照长度关系密切，在引种时应注意长日照作物与短日照作物受当地的光照适宜性约束。

2.1.1.3　光照质量

光照质量是指太阳辐射中紫外线、可见光和红外线等部分的比例，它随纬度、海拔高度、大气干燥度及季节的不同而不同。光照质量对农作物的品质有较明显的影响，如光照质量较好的温带地区，其农产品（如水果、蔬菜等）往往质优、色鲜、果大，而南方大部分地区因多阴雨天气而不具备此特点。

光照条件除了对农业土地资源评价具有特殊意义外，对于其他土地利用类型来说，也是一个重要的参考指标。良好的光照条件不仅是人类生活的必要条件，也是衡量人居环境质量的重要指标之一。

2.1.2 热量资源

地球表面的热量来源于太阳辐射，就全球范围而言，热量分布的总趋势与纬度大致平行，由低纬度向高纬度呈带状排列，形成了地球上的热量地带性特征。我国的气候区划在东部季风区、西北干旱区及青藏高寒区的总体框架下划分为温带、亚热带和热带 3 个温度带，并进一步续分为寒温带、中温带、暖温带；北亚热带、中亚热带、南亚热带；边缘热带、中热带与赤道热带；而在青藏高寒区域则分为高原寒带、高原亚寒带与高原温带等。若按高寒气候区、温带、亚热带和热带 4 个温度带进行统计，它们的面积分别占全国土地总面积的 26.7%、45.6%、26.0%和 1.7%。在不同的温度带，有相应的自然景观、土地类型以及土地利用特征，例如，中国 1∶400 万土地类型图和 1∶100 万全国土地利用总体规划图上即可反映出这种规律性。表 2-1 列出了我国各气候带的热量指标与农业利用特征的对应关系。

表 2-1 我国气候带的划分指标及其农业土地利用特征

气候区域	气候带和亚带	热量指标	参考指标	农业土地利用特征
东部季风区域	温带	最冷月气温＜0℃	低温均值＜－10℃	有“死冬”
	寒温带	＞10℃的积温＜1 700℃	＞10℃的日数＜105 d	极早熟作物，一年一熟
	中温带	1 700～3 500℃	106～180 d	一年一熟，春小麦为主
	暖温带	3 500～4 500℃	181～225 d	两年三熟，冬小麦为主，苹果，梨
	亚热带	最冷月气温＞0℃	低温均值＞－10℃	无“死冬”
	北亚热带	＞10℃的积温 4 500～5 300℃	＞10℃的日数 226～240 d	稻麦两熟，茶、竹
	中亚热带	5 300～6 500℃	241～285 d	双季稻＋喜凉作物，两年五熟，柑橘，油桐，油茶
	南亚热带	6 500～8 000℃	286～365 d	双季稻＋喜凉或喜温作物，一年三熟，龙眼，荔枝
	热带	最冷月气温＞15℃	低温均值＞5℃	喜温作物全年均可生长
	边缘热带	＞10℃的积温 8 000～8 500℃	最冷月气温 15～18℃	双季稻＋喜温作物，一年三熟，椰子，咖啡，剑麻
	中热带	＞8 500℃	＞18℃	木本作物为主，橡胶，椰子等，产量高，质量好
	赤道热带	＞9 000℃	＞25℃	可种赤道带、热带作物
西北干旱区域	干旱中温带	＞10℃的积温 1 700～3 500℃	＞10℃的日数 100～180 d	可种冬小麦
	干旱暖温带	＞3 500℃	＞180 d	可种长绒棉
青藏高寒区域	高原寒带	＞10℃的日数不出现	最热月气温＜6℃	“无人区”
	高原亚寒带	＜50 d	6～12℃	牧业为主
	高原温带	50～180 d	12～18℃	农业为主

引自：中国农业区划委员会，1984。

衡量热量特征的指标较多，与土地利用及土地资源评价关系密切的指标主要有温度、积温和无霜期等。

2.1.2.1　温度

温度随着纬向变化是形成地表气候带的热量基础，地表及土地利用系统中的一切物理、化学和生物过程均由温度来控制。对农业生产而言，气温是作物生长发育的必要条件之一，作物的整个生长发育过程必须在合适的温度范围及其足够的持续时间条件下才能完成，否则作物的生长就会受到抑制或根本无法生存。

在农业生产中常用的温度指标主要有≥0℃、≥5℃、≥10℃和≥15℃的日平均气温。日平均气温≥0℃始现期和终现期一般代表田间耕作起始和结束的时间，其持续期即为农耕期；日平均气温≥5℃代表多数喜凉作物（如大麦、马铃薯、甜菜和油菜等）以及大多数牧草生理活性的起始温度，其持续期即为喜凉作物生长期；日平均气温≥10℃代表喜温作物（如水稻、花生、玉米、棉花、大豆、甘薯和高粱等）生理活性的起始温度，同时也是绝大多数乔木树种发芽和枯萎的温度界限。由于日平均气温 10℃是多数植物活跃生长的温度，故又称为活动温度，其持续期是多数作物的活跃生长期；日平均气温≥15℃是一些对低温特别敏感的喜温作物（如花生、棉花等）的安全播种温度，也是大部分热带作物组织分化的临界温度，其持续期是喜温作物的安全生长期。

2.1.2.2　积温

积温是指某一段时间内逐日平均温度累加之和，是研究温度与生物有机体发育速度之间关系的一种指标。通常，积温分为活动积温和有效积温两种类型。活动积温是指从每年日平均气温稳定通过某个生物学下限温度这天起，到稳定结束这天止，其间逐日平均气温的累积之和。以 10℃为例，这是大多数作物生长的下限温度，从每年气温稳定超过 10℃起，到结束 10℃为止，其间逐日平均气温的和即为活动积温。有效积温是作物在某个生育期或全部生育期内有效温度的总和，即作物在某一段时间内日平均气温与生物学下限温度之差的总和。由于有效积温扣除了低于生物学下限温度的那部分无效积温，因而较为稳定，能更确切地反映作物对热量的要求；而活动积温则包含了低于生物学下限温度的那部分无效积温，且温度越低，无效积温所占的比例就越大。所以在制订作物物候期预报时，应用有效积温较好。但应用于某地区合理安排作物布局和农业气候区划时，则以用活动积温较为方便。

作物正常生长发育不仅要求有一定的下限温度，完成某一发育时期或全生育期还要求有一定的积温。区域的积温大小可显著影响作物的适种性及其熟制，从而影响土地资源的利用潜力及其生产力。表 2-1 归纳了≥10℃积温与作物的适种性以及土地利用强度的关系。我国≥10℃年积温变化于 1 600～9 000℃，基本上因纬度高低自南而北递减。下列几条≥10℃的积温等值线具有特殊意义，基本上决定了我国土地利用方式的宏观格局：①大兴安岭北麓 1 700℃等值线，该线以南适宜耐寒、喜凉作物生长；②长城一线约 3 500℃等值线，该线为冬小麦生长的北界，可一年一熟；③秦岭、淮河一线约 4 500℃等值线，该线以北可一年一熟或两年三熟；④南岭一线约为 6 500℃等值线，该线以北可一年二熟到一年三熟；南岭以南即以热带农业为特征。

2.1.2.3 无霜期、生长期与多年极端低温平均值

无霜期是每年的终霜期与初霜期之间的无霜天数，它与温度生长期有关，但两者并不相等，因为有些耐寒的越冬作物，如冬小麦，在初霜以后及终霜期以前照常生长。某一地区的温度生长期的确切天数是难以准确计算的，一般以无霜期作参考。

通常来说，无霜期少于100 d，则农作物生长将受到严重限制；100～130 d，可以种植喜凉作物。而我国东北的三江平原到黄淮海平原地区，其无霜期可达180～200 d，洞庭湖区250～300 d，南岭以南则可大于300 d，西双版纳、广东沿海及海南岛则全年无霜。

多年极端低温有杀伤性低温、抑制性低温等，与极端低温出现的频率、持续时间长短等有关；也与小气候条件有关，特别是在一些过渡性地区，这种极端气候条件对某些作物的土地适宜性评价具有特殊意义。表2-2为主要作物的平均越冬温度。

表2-2 主要作物越冬温度

作物	最低越冬温度/℃（年绝对低温多年平均值）	在中国的分布大致北界位置
冬小麦、苹果、梨	－24～－20	辽宁南部、华北长城附近
葡萄	－20	河北宣化
油桐	－10～－8	秦岭南坡
茶、油菜	－8	秦岭南坡淮南
柑橘	－5	秦岭南麓、太湖、浙西
热带性水果香蕉、菠萝、荔枝、龙眼	0	秦岭南麓（福州—梧州—蒙自一线）
橡胶、椰子、咖啡、剑麻	2	闽南沿海、台湾中部、广东和广西南部、滇西南、西双版纳
油棕、可可、胡椒	＞2	海南岛、西双版纳

引自：刘卫东，1994。

2.1.3 降水

水分是土地利用的基本自然条件之一，水和光、温度因素共同决定了一个地区的气候生产力的高低。特别是在干旱和半干旱地区，农作物的生长发育和产量形成往往受水分条件的主要限制。例如，在我国西部地区，决定该区域土地利用方向和开发潜力的首要因素是水资源问题。

区域水资源的丰缺程度主要受大气降水、地表水和地下水的动态变化影响，其中降水是影响土地资源利用与生产力的关键因素之一，它不仅决定了地表水的丰缺状况，还影响着地下水的成分、数量和分布等。图2-1直观地示意了衡量区域水量

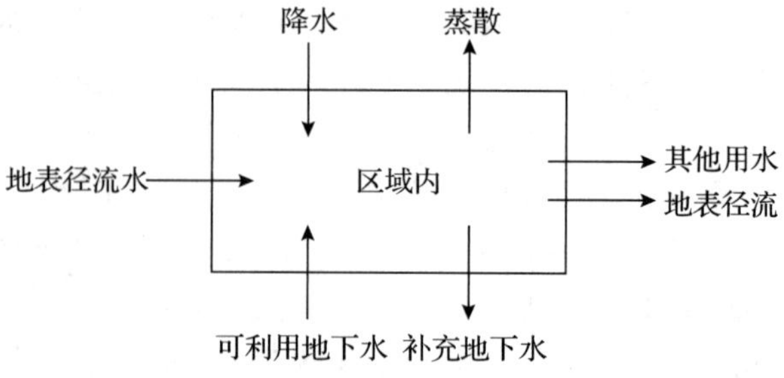

图2-1 区域水量平衡关系示意图

平衡关系的各种影响因子。

2.1.3.1 降水的时空分布与土地利用的宏观布局

降水量取决于大气环流、海陆分布和地形条件等，与气候带的关系十分密切。当然，降水是决定区域内的水资源总量的根本因素，其他水资源只是通过地表径流或地下水的形式对降水的重新分配。我国大部分地区受季风气候的影响，降水量在空间和时间分布上极不平衡，因而导致了所谓“水土资源空间错配”的问题，即东、南部水资源丰富，但人多地少；而西、北部人稀地广，但水资源极为短缺。

1. 降水空间分布

由于受地形和气候影响，降水量大致自东南向西北递减。其中，北起大兴安岭，经通辽、张北、呼和浩特、榆林、兰州、玉树、那曲到日喀则附近的 400 mm 等雨量线，是我国降水量分布最重要的一条界线，对于土地资源分区和土地利用有着重要的决定性意义。此线以西、以北降水量较少，气候由半干旱逐渐向西过渡到 200 mm 以下的干旱和荒漠区，没有灌溉就没有农业，是我国的主要牧区。该线以南、以东，季风盛行，雨量充沛，光、热、水配合适宜，为湿润、半湿润区，是我国主要旱作农业区。而 800 mm 等雨量线基本上位于黄河、长江两大流域的分界线，此线以北是华北和东北区，土壤的矿质淋溶适中，旱作农业发达，此线以南的华东和华南区的土壤往往偏酸性，以水作农业为主。

从东南到西北，全国可分为湿润区、半湿润区、半干旱区和干旱区，各区面积分别占全国土地总面积的约 32.2%、17.8%、19.2%和 30.8%。由此可见，我国西北与东南地区的水土资源配置特征迥然不同（图 2-2）。

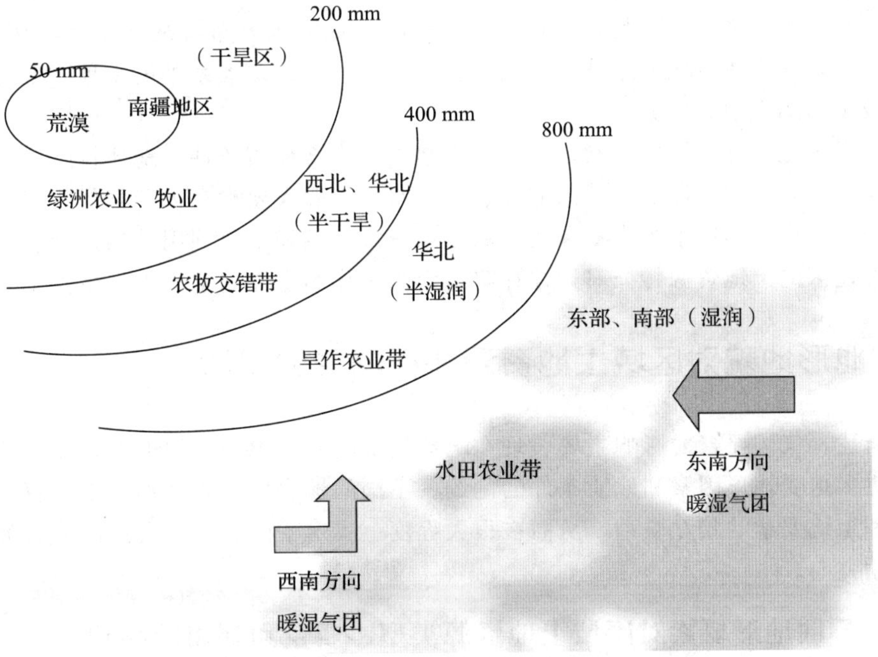

图 2-2　降水分布与土地利用模式示意图

2. 降水时间分布

由于受太平洋季风和印度洋季风的影响，我国降水年际和年内变化都比较大。春季 3—4 月南方进入春雨季节，5—6 月可遍布江南各地，6—7 月长江中下游进入梅雨季节，7—8 月北方开始了雨季。10 月以后，除少数地区，全国逐渐进入少雨季节，12 月份至翌年 2 月份是全年降水量最少的季节。总体来看，4—9 月降水量可占全年降水量的 80%以上，北方一些地区冬春几乎无降水。这样的降水量时间变化，往往导致经常性的水旱灾害（即所谓的“春旱秋涝”）。据近 30 年的统计资料，我国平均每年受灾耕地面积为 0.3 亿 hm^2，占总耕地面积的 1/4。在其受灾类型中，旱灾占 62%，涝灾占 24%。因此，解决水土资源的时空错配问题一直是土地整治的主要任务之一。

2.1.3.2 降水分配与地形影响

地形因素对我国这个季风气候和多山地形条件下的降水分配具有重要影响。一般来说，在迎风的山坡一侧，由于带有大量水汽的气流顺坡绝热上升，因而产生地形雨；而在背风坡的一面，则由于气团顺坡而下，绝热下降，往往形成干热风，气温上升但降水量大大减少，故而形成“干旱河谷”。上述这种由于地形阻挡所引起的降水量异常分布规律，对于山区土地资源评价与开发利用时需要加以特别关注。

2.2 土地资源的地学要素特征分析

土地资源的地学特征分析主要是对研究区内的地质、地貌规律的剖析，以及它们对土地资源分布规律和土地利用的影响。

一般而言，气候因素主要是在宏观尺度上影响土地资源分布特征和土地利用格局。光、温、水条件的差异或热量区的划分，决定了我国东西、南北两大系列的土地资源地带性分布规律，以及全国的土地利用分区。

地学因素则是一种区域性因素，比如地形地貌、水文地质条件、地质构造或岩性等。因此，这些地学因素往往是促使区域内的光、温、水、土四大要素在大的气候规律控制下产生了重新组合和分配，塑造了更为复杂的区域土地资源类型和土地利用结构。因此，我们在分析某一局部地区的土地资源特征时，往往将地学因素作为主导因素而加以重点剖析。

2.2.1 地形地貌对区域土地资源特征的影响规律

如前所述，气候要素的影响主要表现在土地资源的宏观地带性规律上，而土地资源的区域分异则更多地受地形因素和地质条件的制约。不同的地表形态和地形要素，直接决定着景观的轮廓和土地要素的相互联系，从而在很大程度上决定了区域土地资源的分布类型、质量特征和利用方向。

2.2.1.1 不同地形要素对区域土地资源类型、质量和利用的影响

地形要素是指描述地貌形态的一些指标，主要包括海拔高度、坡度、坡长、坡向、坡形、地形起伏度等。

1. 海拔高度

海拔高度是划分地貌形态类型如平原、高原、丘陵与山地的重要指标。一般来说，平原的海拔高度大多数低于 200 m，高原的海拔高度在 1 000 m 以上，丘陵一般不到 500 m，山地则是在 500 m 以上，500～1 000 m 的山地称为低山，1 000～3 500 m 为中高山，3 500～5 000 m 高山，高于 5 000 m 的是极高山。

海拔高度对土地特性的影响主要表现在水热条件的垂直梯度变化。首先，气温随海拔高度的增加而降低，海拔每上升 100 m，气温下降 0.5～0.6℃。其次，在一定范围内，降水量也随着海拔的升高而增多，但降水量在某一高度增加到极大值后，又随着海拔的继续升高而下降。由于海拔高度变化所引起的这种水热条件的垂直变化规律，必然导致不同海拔高度的生境变化，从而也决定了土壤类型和植被分布的垂直梯度变化。

因此，海拔高度对山区的农业土地利用布局具有特别的影响。由于积温随着海拔升高而减少，植物的生长期也相应缩短，农业土地利用强度也必然呈下降趋势。表 2-3 揭示了川西滇北地区山区土地利用的垂直分布结构，对于了解山区土地资源总体特征具有典型意义。因此，在山区土地资源的开发利用中，应考虑不同海拔高度的农作物适种性差异特征，因地制宜地开展多种经营和立体农业，充分利用山区土地资源多样性的规律，发展特色产业。

表 2-3　川西滇北地区山区土地利用的垂直分布结构

海拔高度/m	生长期（≥5℃日数）	最热月平均温度/℃	自然带	作物种植	畜牧业
4 200～4 500	—	＜10	山地寒带；稀疏垫状草甸带	无作物，无林业	纯牧业带，以牦牛、绵羊为主
3 500～4 200	＜130	10～11	山地亚寒带；灌木草甸带	谷物不能成熟，局部可种蔬菜、亚麻、甜菜	牧业为主，开始有黄牛、犏牛、山羊及猪
3 200～3 500	170～210	12～15	山地寒温带；阴暗针叶林带	春麦	农牧并重，牧畜多
2 800～3 200	220～270	16～17	山地凉温带；针阔叶混交林带	春麦为主，早中熟玉米	牧业次要
2 300～2 800	280～310	18～20	山地暖温带；针阔叶混交林带	冬麦，中晚熟玉米	牦牛、犏牛绝迹，有水牛饲养
1 500～2 300	300～365	21～23	山地亚热带；常绿阔叶林带	中稻，中晚熟玉米	水牛普遍
＜1 500	365	24～25	南亚热带；河谷稀疏灌丛带	双季稻、棉花、咖啡、甘蔗、剑麻、香蕉	水牛普遍

2. 坡度

坡度直接影响土地资源质量和土地利用选择，是土地评价的重要指标。特别是在山区，坡度对水土流失、土地适宜性、土地利用方式选择具有决定性的影响。

地势起伏对于农业土地利用的影响，主要表现在地表侵蚀程度与农田基本建设条件、灌溉条件、机耕条件等方面。地表起伏越大，坡度越陡，土壤侵蚀风险越大。地形起伏程度对于农田水利化与机械化也有至关重要的影响，一般来说，坡度在8°以下时适宜机耕，8°～17°时尚可机耕，超过17°则难以机耕。因此，不同坡度范围的土地资源特性及其土地利用的适宜性具有明显差异（表2-4）。

表2-4 坡度类型与农业利用选择

坡度	坡度类型	农业利用及其对应措施
<3°	极缓坡	条件良好，十分适宜农业
3°～7°	缓坡	适宜农业，一般可机械化耕作
8°～15°	中坡	适宜农业，但必须采用工程水保措施
16°～25°	微陡坡	可以用于农业或林业，但必须具有工程与林业水保措施
26°～35°	陡坡	只能用于林业，易发生滑坡等重力侵蚀
>35°	极陡坡	只能用于林业，极易发生崩塌、滑坡

3. 坡向

坡向能够显著影响不同地貌部位的水、热条件，导致不同坡向的土地资源特征和土地利用布局有较大差异，尤其是对一些水热条件变化具有边际作用的地区，无论从景观生态还是土地利用的角度来看，都有显著的不同。例如，在黄土高原丘陵沟壑区，由于土地适宜性的差异，迫使果园主要分布在南坡。

4. 坡形

根据戴维斯的侵蚀循环学说，坡面形态与土壤侵蚀特征及坡面稳定性具有必然的相关性。因此，不同坡形条件下需要有相应的水土保持措施，并选择适当的土地利用方式或土地整治工程。

2.2.1.2 不同尺度的地形地貌对土地资源空间分布的影响

不同尺度的地形地貌对土地资源空间分布的影响规律有所不同，可以从大、中、小3个区域尺度的视角来加以分析。①从大区域尺度来分析，地形地貌的宏观格局基本上决定了我国土地类型和土地利用分区的东-西向格局。随着自东向西的地形阶梯状上升，由东南季风带来的水分逐渐变少，气候状况由湿、热渐渐地变为旱、寒（寒区旱区），从而形成了土地资源的东-西向分布规律：滨海平原→冲积平原→丘陵山地→黄土高原→干旱荒漠带→高寒山地。②从中区域尺度来看，地形地貌格局主要通过影响水热再分布和元素地球化学分异，而使得区域土地资源分布呈现不同形态。例如，由于秦岭、南岭、川西滇北山区等一些大型山系的阻隔，直接导致山地南北坡水热条件产生显著差异（甚至成为气候分界线），同时也使得不同海拔高度的土地资源呈现垂直带状分布，产生“十里不同天，一年有四季”的自然景观。此外，土地资源的元素地球化学分异也主要是由区域地形变化所致，导致局部地区的盐渍化问题，图2-3表达了祁连山-居延海之间盐渍化土地资源的分布规律。③而从小区域尺度来看，地形因素则往往主导了地下水分布、矿物质运移以及土壤形成过程，因而在不同地貌部位形成了不同特征的土地资源类型和土地利用方式，这种现象在洪积扇分布地区十分常见，如图2-4所示。

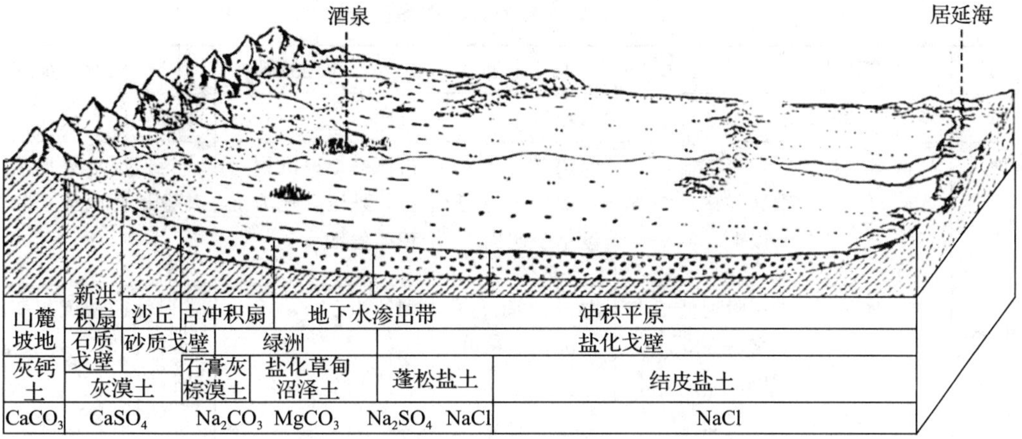

图 2-3　祁连山-居延海一带盐渍化土地资源的分布规律（据熊毅，1986）

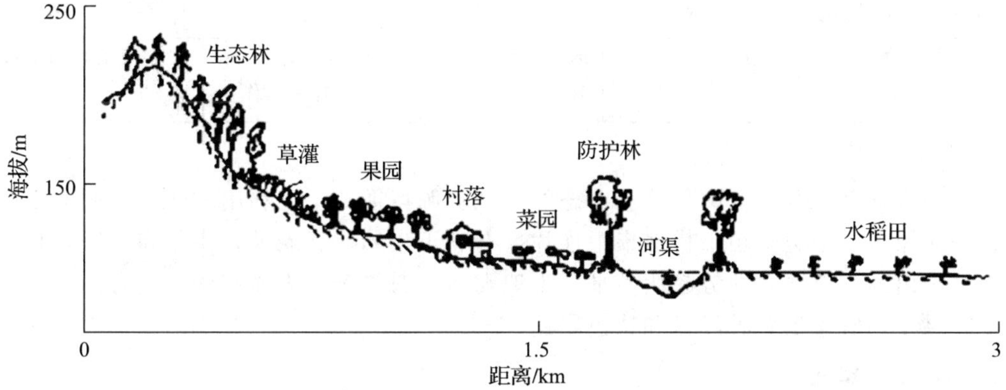

图 2-4　北京西郊山前洪积扇的土地资源利用模式示意图

2.2.1.3　不同地貌类型的土地资源主要特征

地貌类型是指具有共同形态特征和成因的地貌单元。按地貌形态可以粗略地分为平原、丘陵、山地、高原和盆地等五大类。每一大类按成因又可以细分，如平原可以分为冲积平原、山麓堆积平原、湖积平原、滨海平原等。

中国不但是一个多山的国度，而且地貌类型复杂多样，平原、盆地、丘陵、山地和高原兼而有之。高原、山地和丘陵面积占全国土地总面积的 66.1%（其中高原、山地和丘陵分别占土地总面积的 10.9%、43.5%和 11.7%），平原和盆地则占土地总面积的 33.9%。就地势而言，海拔＜500 m 的面积约占土地总面积的 25.2%；500～1 000 m 的占 16.9%；1 000～1 500 m 的占 18.2%；1 500～2 000 m 的占 6.8%；2 000～3 000 m 的占 7.0%；＞3 000 m 的占 25.9%。不同的地貌类型具有显著不同的地学特征（表 2-5），从而深刻影响着土地资源的类型、特性及其开发利用。

表 2-5 我国 5 种地貌形态类型比较

类别		海拔高度	相对高度	构造特征	外力作用特征	地面特征
平原		多数＜200 m	50 m	沉降为主	沉积为主	平坦，偶有浅丘、孤山
盆地		高低不一，因地而异	盆心与盆周高差在 500 m 以上	四周隆升，中间沉降或上升量小于四周	内流盆地以沉积为主，外流盆地为沉积或侵蚀	内流盆地地势平坦，外流盆地分割为丘陵
高原		＞1 000 m	比附近低地高出 500 cm 以上	古侵蚀面上升或沉积面抬升	剥蚀为主	古侵蚀面或沉积面部分保持平坦，其余部分崎岖
丘陵		多数＜500 m	50～500 m	轻度上升	流水侵蚀为主	宽谷低岭，或聚或散
山地	低山	500～1 000 m	300～500 m	成山较早	流水侵蚀和化学风化为主	有山脉形态，但分割较碎
	中山	1 000～3 500 m	500～1 000 m			
	高山	3 500 m 以上	不等	成山较晚，上升量大	冻裂作用强烈，最高山上有冰川作用	尖峰峭壁，山形高峻

引自：林培，1996。

一般来说，平原和山区两种地貌形态的土地资源特征和土地利用方式具有迥然不同的特点。在平原地区，地势平坦，耕地集中连片，有利于集约化、规模化耕作和灌溉，是我国粮食主产区。山地丘陵区，地势起伏不平，土地类型分布复杂，土地利用方式有其一定的特殊性和复杂性，适宜发展多种经营和特色农业。

1. 山地与丘陵

山地与丘陵的区别首先在于相对高度的不同，通常将相对高差大于 500 m 者称为山地。由于山地相对高差大，往往因海拔高度的不同，形成自然生态环境的垂直地带性分异，从而产生不同的土地利用垂直布局。其次是山地沟谷切割较深，地形轮廓明显，仅有少量的谷地可以利用；而丘陵地形低缓，形成缓丘宽谷，在宽谷中分布有一些自然条件较好的耕作区，如南方丘陵地区，往往在丘陵之间分布有大片的水田或梯田。

当然，在山地与丘陵地区，由于都存在着相对高差和坡度，在开展土地资源调查与评价、土地利用决策时应当注意如下 4 个共同问题：一是坡度因素，如前所述，坡度直接决定了土地资源质量等级和土地利用的方式选择，而且也与水土流失的潜在风险密切相关。二是山区土地资源的垂直分布规律，由于存在着不同海拔高度，山区土地资源分布具有一定的立体性，类型丰富多样，在进行山区土地资源开发时，必须充分注意这一特点，因地制宜，发展多种经营和山地立体生态经济系统。三是水资源问题，通常来说，山区普遍存在缺水问题与水土流失问题，必须要根据当地水资源分布特点，合理选择土地利用方式和开发治理途径(如构筑梯田系统)。四是不同坡向的土地资源特征及其利用方式的差异性问题，坡向制约着光、热、水条件的局部分异，从而导致土地自然适宜性有所不同。

2. 平原

根据沉积物的堆积形态和成因不同，平原可进一步分为山前平原、冲积平原、湖积平原和滨海平原等，通常都是重要的耕地集中连片区域。

(1)山前平原。由若干洪积扇复合叠加而成，沿山麓分布，故也称为山麓平原。在山区由于坡降较大，河流携带了大量的冲积物质，在冲出山口后由于坡度变小，水流的载荷力相对降低，所携带的泥沙倾泻于山前堆积而形成洪积扇。山前平原的物质组成及其分布规律通常为：山口扇顶的物质较粗，坡度大；扇中、扇缘的物质逐渐变细，坡度逐渐变缓，面积逐渐扩大，并逐渐由山前平原向冲积平原延伸。山前平原地形平缓，并具有一定的坡降，排水良好，既有丰富的地表水，又有较为充足、埋藏较浅的地下水资源，水土资源条件优越，通常是集约化农业土地利用区域。

(2)冲积平原。当河流到达中、下游地区，由于坡度变缓，大量泥沙沉积并引起河水泛滥，形成了广大的冲积平原，如黄淮海平原、江汉平原、长江中下游平原、松嫩平原、松辽平原等。由于冲积平原的地势平坦，水资源丰富，土壤肥沃，是我国主要农作区，是耕地和人口集中分布的地区。但主要问题是由于地形不平而引起的涝洼现象、次生盐渍化，以及局部地区的土壤沙化等。

(3)湖积平原。因湖水携带的细粒物质经静水沉积而在湖盆四周形成湖积平原。一般来说，我国东部或中部的淡水湖区（如洞庭湖、鄱阳湖、太湖、白洋淀、微山湖等）都是重要的粮食主产地；而西北干旱的内陆湖泊周边由于盐碱化特征明显，大多用于牧业。

(4)滨海平原。包括河流三角洲与海积平原两种。河流三角洲是河流携带的泥沙在出海口附近沉积而成，在我国南方降水量丰富的三角洲地区（如长江三角洲和珠江三角洲），由于降水充沛，淡水资源丰富，土壤自然脱盐良好，且肥力较高，因而演变成为最重要的鱼米之乡；而北方地区（如黄河的现代三角洲等），由于降水量少，土壤含盐量高，且淡水资源有限，故其农业开发利用常受到一定限制。海积平原通常是河流入海后的泥沙被潮汐、海流与海浪推回近海岸沉积而成，其中有海岸沙堤、潟湖与滩涂等。滨海平原的开发利用除用于海水养殖以外，主要视其淡水资源条件而定，如淡水资源丰富、面积较大的滨海平原，适宜于围垦农用。由于滨海平原往往靠近大城市，特别是靠近沿海开发区（如天津的滨海新区、山东的东营等），其开发潜力相对较高。因此，对滨海平原尤其是河流三角洲的土地资源开发具有重大的经济与战略意义。

图 2-5 是四明山到庵东沿海地貌块状示意图，集中反映了不同地貌类型和土地资源利用特征的相互关系，具有十分典型的意义。

2.2.2　土地资源的地质条件分析

土地资源的地质条件主要体现在地表的岩性、矿物组成以及风化物母质的性状等方面，对土地资源的特性具有显著的影响。尤其是通过影响土壤的成土过程及其理化性质，从而制约着土地资源的利用条件及其生产力。此外，地表的岩性、矿物组成及其风化物母质的性状也会影响地下水储存和水化学性质，对土地资源的开发利用产生一定影响。

2.2.2.1　岩性及矿物质组成

岩性和矿物组成决定了土壤母质及土壤理化性状，并影响地下水的化学成分，对土地资源形成演化和土地资源利用具有重要影响。岩石的风化物是指在山地和丘陵区岩石风化后留

潮间浅滩	海成平原			侵蚀剥蚀丘陵	海河平原	断隆侵蚀山地			地貌类型
						冲积扇	断崖陡坡	夷平面	
沿海养殖业	制盐业	耕地		林地 果园	耕地		林地	耕地	土地利用现状
		旱地（棉花）	水田水产		水田	旱地		水田旱地	
	全新世海成平原以带状向海扩张，由于形成年代久暂不一，影响了盐分的淋洗程度，因此使土地利用状况也呈带状分异				缺点是平原低洼处易受涝害和咸害，埋藏浅的泥炭层又会影响作物根系的发育	夷平面海拔600 m，地表起伏小，宜于农作。但热量不足，只种单季稻			土地资源特点

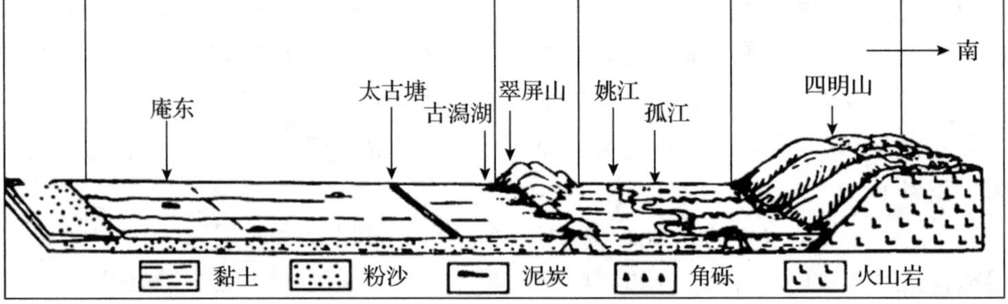

图 2-5 四明山到庵东沿海地貌块状示意图（据顾嗣亮）

下的松散物质，其性质与其原生岩石的矿物性状密切相关。地表岩石可分为岩浆岩（火成岩）、沉积岩和变质岩三大类。

1. 岩浆岩

花岗岩类与玄武岩类是地表岩浆岩中最常见的两类，而且它们的风化过程及其风化物性状也有显著差异。

花岗岩类主要由长石、石英和少量黑云母等矿物构成，其矿物组成、结构特征以及环境因素的综合作用，使其容易被风化。在长时间的自然环境作用下，花岗岩会逐渐分解和转化，形成更细小的颗粒和土壤，但由于各地气候条件不同，它对土壤形成和土壤肥力的影响程度不同。在中国北方温带地区，花岗岩山区因物理风化作用显著，有利于形成富含矿物质养分的深厚土层，因而特别适宜于板栗或其他果树的生长；而在南方湿热地区，化学风化作用显著，加上降水量大，这种岩性的微酸性本质及多石英性（SiO_2 含量一般为 65%～75%）反而助长了岩石风化物的淋溶与贫瘠化，例如，在江西、福建分布着大范围的南方红壤丘陵区，长期以来遭受严重的水土流失，形成地表裸露的红色石山，被称为“红色荒漠”。此外，花岗岩具有多孔性和微裂缝等特点，这使得水分、氧气和其他化学物质更容易渗透并接触到岩石内部。这些微裂缝的存在，使得岩石更容易受到物理和化学风化的影响。物理风化作用会使岩石因温度变化而发生胀缩，加剧了岩石的破碎和崩解。因此，其风化壳有利于地下潜水或裂隙水的留存。

玄武岩类的矿物组成以辉石、斜长石、角闪石等深色矿物为主，SiO_2 含量<50%，岩石结构紧密，物理风化速度慢，因此在北方山地和丘陵区其风化层较薄，难以利用。相反，在南方高温多雨地区，化学风化强烈，土层深厚，土壤养分丰富，适宜农业利用。

2. 沉积岩

大部分沉积岩的矿物组分比较单一，结构致密，成岩条件与地面环境条件相对一致，风化作用缓慢，常见的有以下几种：

(1)砂岩。由石英、长石等碎屑成分占 50%以上的沉积碎屑岩，其中石英砂岩坚硬难以风化，风化物主要为砂粒，质地粗，且养分贫乏；而钙质和泥质砂岩则较易风化。我国华南地区分布着一类发育于白垩纪至第三纪的红色砂岩或红色砂砾岩，由于其结构较为松散，沿着节理经水流的侵蚀，常形成洞穴、天然桥等奇特的类岩溶地形，称为“丹霞”地形，如福建的武夷山、广东韶关的丹霞山、湖南邵阳的崀山等。由于该类岩石结构疏松，易于风化，故在高温多雨的南方地区的土壤发育层较厚，有利于植物生长，但若利用不当，容易发生水土流失，导致土地贫瘠化。

(2)石灰岩。其矿物成分以碳酸钙为主，在我国南方高温多雨地区较易风化，风化物含钙质多，呈中性或微碱性反应。该类岩石分布的地区常因溶蚀作用形成岩洞、石柱等奇异的“喀斯特”地貌，如我国著名的桂林石林风景区。但在低温少雨的我国北方地区，由于降水少，岩溶地形发育不典型，又因石灰岩抗物理风化能力较强，故地形陡峭，贫瘠缺水，土地利用十分困难。

(3)紫色砂页岩。一般形成于侏罗纪、白垩纪等地质时期，由于其组成物以泥质为主，易于风化，风化物质地较细，富含磷、钾、钙等矿质养分，所以在南方高温多雨环境下发育的酸性紫色土地区，大多为富饶的农产品基地（如四川盆地等）；而在北方丘陵区，由于气温低、雨水少，风化作用缓慢，使其富含矿物养分的优势难以发挥。

3. 变质岩

是由岩浆岩类或沉积岩类经过地质变质作用而形成的岩石，主要有板岩、千枚岩、片麻岩、石英岩等，其中分布面积较广的类型是石英岩和片麻岩。

(1)石英岩。由砂岩经热变质而成，矿物成分主要是石英，结构紧密而坚硬，化学稳定性和抗风化能力强，常形成陡峭的山脊和裸露的基岩，风化物也多为砂质和砂砾质，土壤质地粗，养分贫乏。

(2)片麻岩。由花岗岩变质而成，其矿物组成复杂，主要为石英、长石和云母等，一般较易风化，其风化物特性类似于酸性岩类。

2.2.2.2　不同风化壳母质类型的土地资源特点

岩石及矿物风化后的产物在重力、风、水和冰川等作用下，搬运到其他地方形成各种沉积物（母质），根据其产生的特点，可以分为以下几类：残积物、坡积物、洪积物、冲积物、湖积物、风积物和海积物。

(1)残积物。是指岩石、矿物风化后残留原地的碎屑，多分布于山地、丘陵顶部较平缓的高地部位，其性质和组成与基岩基本一致，自上而下碎屑颗粒由细变粗。在我国南方湿热地区，由于化学风化强烈，残积层可厚达 10～200 m，称为红色风化壳。

(2)坡积物。是指岩石、矿物风化物在重力和水力作用下搬运到较低处的堆积物，多分布于山坡或山麓。其矿物组成与基岩相似，但山坡上部的堆积层薄而粗；山坡下部的堆积层则厚而细。

(3)洪积物。是指山洪将山上的各种岩石、矿物风化物搬运到山前的坡麓、山口和平原边缘一带而成的沉积物。洪积物的堆积往往形成洪积扇地形，若由几个山口的洪积扇连接起来，便形成宽广而平坦的山前平原。洪积物一般在山口处以砾石和粗沙为主，沉积层不明显，向外逐渐由沙过渡至黏土，沉积层次相对明显，至洪积扇边缘，地下水位较高，常有地下水露出，甚至出现沼泽化。

(4)冲积物。是指河流长距离搬运的沉积物，多分布于河流两岸。冲积物在河流下游沉积，通常形成广阔的冲积平原或三角洲。冲积物的成分较为复杂，颗粒组成一般是上游粗，下游细；同一地区则近河床粗，远离河床细；冲积物的剖面常见粗细不同的沉积层次。位于下游的冲积平原和三角洲，地势平坦，沉积层深厚，养分丰富，水分充足，常是重要的耕作区。

(5)湖积物。是指湖水泛滥时的沉积物，多分布于湖泊周边地区。由于湖水流速较缓，故沉积物较细，质地较黏重，富含有机质，形成肥沃的土壤层。

(6)风积物。是指风力将其他成因的堆积物搬运沉积而成的沉积物，其成分主要为粗细均一的粉沙粒，养分较贫乏。黄土高原的风成黄土，是分布最广的堆积物质，一般具有较好的孔隙性状，透水和持水能力强，具有深厚的土壤层，但因其土质疏松，在高原和丘陵区易于水蚀。

(7)海积物。是指海水携带的物质沉积而成的沉积物。海积物母质的组成和性质因海岸带地形的不同而差异明显，在海岸凸出部和平直岸段多为沙砾质，形成具有旅游开发价值的滨海沙滩；而在河流入海的港湾处则多为泥质沉积物，称为滩涂，养分含量丰富，盐分含量较高，大部分为湿地或水产养殖区。

2.3 土地资源的水文及地球化学特征分析

土地资源的水文条件主要指地表水资源和地下水水文地质；而地球化学分析则主要研究与土地资源开发利用相关的某些化学元素的迁移和累积的规律。本节将讨论土地资源的水文及地球化学对土地资源的开发利用的影响；同时，水文地质及地球化学条件对土地资源类型的分布也起到一定的作用，如一些特殊类型的土地资源（如沼泽地、盐碱地等）的分布与特定的水文及地球化学条件有密切关系。

2.3.1 地表水

地表水是指存在于陆地表面的河流、湖泊、冰川和沼泽等水体的水分。由于降水的时空分布极不均匀，往往出现所谓区域性的水土资源“错配”问题。因此，地表水和地下水资源的有效利用对干旱、半干旱地区的土地资源开发和土地生态安全具有十分重要的意义。

一般来说，在进行区域水土资源评价和利用规划时，需要从地表水的类型、空间分布、时间动态以及地表水质量4个方面来加以综合分析。

2.3.1.1 地表水的类型

(1)河流。从水文方面可以分为常年性河流与间歇性河流，前者多在湿润区，后者主要分布在干旱、半干旱地区。以河流补给类型区分，可分为降水补给型和地下水补给型，不过两者往往不能截然分开。降水补给是我国河流最普遍的补给水源，秦岭-淮河以南、青藏高原以东的地区降水补给一般占河流年径流的60%～80%，而北方和西北地区渐少；融雪补给包括流域内季节性积雪融化以后对河流的补给以及高山地区多年冰雪融化后的补给；地下水补给是河川可靠而经常的来源之一，尤其在冬季或干旱季节地下水补给所占比例更大。

(2)湖泊。是陆地上较封闭的天然水域。按其水质可分为淡水湖、咸水湖和盐湖，前者分布于外流区，多是河流作用的直接产物，是某一巨大水系的重要组成部分，具有调蓄洪水、发展农渔业等重要作用。咸水湖和盐湖一般分布于内陆干旱区，一个湖泊往往自成一个小流域，成为盆地水系的尾闾，当补给量减少时，湖水则不断浓缩，湖面逐渐萎缩，直至干涸成盐湖。

(3)冰川。是由积雪变质成冰并能自行呈固体移动的水体，广泛分布于我国西南、西北的高山地带。冰川水是我国西北内陆干旱区河流的主要水源，如塔里木河、叶尔羌河等，因而也是绿洲土地生态系统的主要水源。

(4)沼泽。是一种特殊的土地类型，其地表经常过湿或有薄层积水，并且生长着湿生植物或沼泽植物，土层严重潜育化或有泥炭的形成与积累。高纬度的冷湿地区主要是泥炭沼泽，如我国大小兴安岭的沟谷和三江平原等地；潜育沼泽多分布于中低纬度的高湿地区，如长江中下游、东北、华北等地，分布相对集中。

2.3.1.2　地表水的数量

地表水是土地资源的重要组成部分，其质和量直接影响土地资源利用。我国河川径流资源丰富，流域面积在 100 km^2 以上的河流有 5 万余条，径流总量约 2.7 万亿 m^3；外流水域约占总水量的 2/3，内流水域占 1/3；径流补给中，降水占 60%～80%，不同地区的变幅较大。我国现代冰川面积约 5.7 万 km^2，总储水量近 3.0 万亿 m^3，年融水量约 504.6 亿 m^3，维系着西北地区数量众多、规模不等的绿洲生态系统。全国天然湖泊在 1 km^2 以上的有 2 800 多个，总面积 8.0 万 km^2，沼泽总面积约 11.0 万 km^2，是主要的湿地类型。

1. 地表水的空间分布

准确掌握地表水的空间分布规律，分析区域水土资源匹配状况，是制定区域土地资源开发规划或宏观决策的主要依据。例如，在流域开发规划、绿洲农业与水资源的优化配置、跨流域调水工程论证等，都需要根据不同区域土地资源开发利用的总需水量与区域内水资源存量及调水量三者之间的平衡关系来进行科学决策。其中，我国“南水北调工程”就是将长江流域的水资源跨流域调运到黄淮海地区及部分西北地区的一系列工程，其目的是要从根本上解决我国“水土资源空间错配”的重大课题。

2. 地表水的时间动态

由于受季风影响，我国大部分地区地表水的年内和年际变化较大，因此往往造成夏秋暴雨、冬春干旱的气候现象，如华北地区夏季降水量可占 70%；而春季甚至不到 10%。针对这种水资源季节性错配地区，有效调控水资源利用效率是提高土地资源生产潜力的关键，如黄淮海平原地区的“春旱秋涝”是土地整治工程需要解决的主要问题。

2.3.1.3　地表水的质量

由于我国自然条件复杂，地表水质随着时空变异较大。例如，自东南沿海向西北大陆过渡，水矿化度逐渐提高，水硬度增加，可由东部的 30 mg/L 升高到西部的近数万毫克每升，

水中的 HCO_3^-、Ca^{2+}、Mg^{2+} 变化较小，但 SO_4^{2-}、Cl^-、Na^+、K^+ 则逐渐增加，从而导致东部地区多属重碳酸盐钙质水，向西逐渐变为氯化物钠质水（咸水湖、盐湖）。

此外，地表水中还可能存在不同类型的污染物，主要来自水土流失和农业面源污染两种途径。因此，如何控制水土流失，优化土地利用布局是关键，如三峡库区、黄土高原等地区，全面实施生态退耕工程，构建水土保持技术体系，是实现绿水青山的关键措施。而农业面源污染也已经成为某些地区农业生态环境恶化的主要原因，特别是一些粮食主产区、城郊农业区，过度的化学物质投入，导致严重而广泛的水体富营养化风险。如何有效防控农业土地利用过程的环境风险，是土地资源可持续利用的一项长期性挑战。

2.3.2 地下水

地下水是水资源的重要组成部分，特别是当地表水源不足时，其作用尤为重要。在我国干旱和半干旱地区，合理利用地下水对于土地资源的可持续利用至关重要。首先，必须掌握地下水的水量、水质及其分布规律，防止盲目开发地下水，以避免地下水位迅速下降；其次，在一些土壤盐渍化地区，科学调控地下水的水盐动态规律是进行土地资源开发的关键。

2.3.2.1 地下水的类型

1. 包气带水

地面以下潜水面以上的地表层中存在的地下水称为包气带水，其含水层空隙中的气体与大气相通。主要有土壤水和上层滞水两种类型。

(1)土壤水。指存在于不同土壤层次中的水分，主要是土壤毛管孔隙所保持的水分，它是土壤的重要组成部分，也是土壤肥力的四要素之一。土壤含水量的丰缺状况主要取决于大气降水、蒸发作用以及土壤本身的持水性能等，并随季节性气候因素而变化。

(2)上层滞水。指存在于包气带中的局部隔水层之上的重力水，易于开采，但分布范围不广。由于接近地表，与气候因子关联紧密，故水量极不稳定。在干旱地区地下水埋藏较深时，可利用上层滞水灌溉或饮用，而在低洼易涝的盐碱地区，上层滞水则不利于排涝和盐碱土改良。

2. 潜水

指埋藏在地表以下、第一个稳定隔水层之上的重力水，具有自由表面。潜水与土壤水的主要区别在于前者是重力水，且底部有明显的隔水层，而后者主要是毛管水，且下部无明显的隔水层。

潜水具有一定的自由水面，称为潜水面，潜水面至地表的垂直距离称为潜水的埋藏深度。潜水的埋藏深度随降水的季节性变化而变动，同时还受地形、土壤、植被、灌溉和排水条件的影响。潜水的埋藏深度对土地资源的开发潜力和适宜性具有显著影响。一般而言，潜水的埋藏深度可分高水位（<0.5 m)、中水位（$1.5\sim2.0$ m）和低水位（>3.0 m）等，不同土地利用方式对潜水位有不同的适宜要求，如水稻适宜于高水位条件，而蔬菜种植则以中等水位为宜。

3. 层间水

是埋藏在地表以下两个稳定隔水层之间的重力水，受静水压力作用。这一类水不仅有隔水底板，还有隔水顶板，因为与大气隔绝，不易受气候影响，也不易得到补给，往往层间水分布区与补给区不一致。当隔水层之间充满水时，层间水通常具有一定的水压，能喷出地面或接近地面，称为承压层间水或自流水。

2.3.2.2　地下水的供给条件

包气带水与大气降水及蒸发作用之间具有紧密的互动性，通常随季节性气候条件而变化，水量极不稳定。大气降水及地表径流的入渗是潜水的主要补给源；而在河流的中下游，当河水高于岸边潜水位时，河水也可以补给潜水。除了分析潜水的补给机制外，也应当了解潜水的排泄条件，这对于盐渍化风险地区、低洼易涝地区的土地资源开发利用尤为重要。

层间水分布区与补给区经常不一致，甚至相距较远。当隔水层之间充满水时，具有一定的水压而形成自流水；当隔水层之间水量不足时，即为无压层间水，其性质与潜水相似。层间水与大气基本隔绝，故而补给缓慢，应当适度利用，避免形成"漏斗"形的地下水亏缺现象。

2.3.2.3　地下水的水质和矿化度

地下水的水质主要是指地下水的理化性质。在开展区域土地资源评价时，除地下水的一般物理性质（如温度、导电性和放射性等）外，应重点关注其中的化学成分。地下水中主要含有 Na^+、K^+、Ca^{2+}、Mg^{2+}、SO_4^{2-}、CO_3^{2-}、HCO_3^-、Cl^- 等 8 种常规离子。此外，还可能有部分 NO_3^-、NO_2^-、OH^-、Fe^{2+}、Mn^{2+}、NH_4^+ 和 H^+ 等。上述化学元素的含量多少直接关乎地下水的可利用程度。

影响区域地下水化学成分的因素很多，有气候、地形、地质构造和岩性等，这些因素相互影响、相互制约，使地下水的化学类型复杂化。例如，随着气候由东向西变干旱，浅层地下水中的 Na^+、Mg^{2+}、SO_4^{2-}、Cl^- 等离子含量升高，故而西部干旱地区的浅层地下水和土壤中盐分含量较高。地形对区域地下水化学类型的分带性分布也具有主导作用，形成盐渍地球化学分异规律，即溶解度低的盐分离子（如 Ca^{2+}、CO_3^{2-}、HCO_3^-）易滞留在地势高的地方，溶解度高的盐分离子（如 Na^+、Mg^{2+}、Cl^-）随着水流继续迁移至低处，因此在半干旱、干旱地区，地势低洼处的地下水含盐量较高，易形成盐渍化土壤。另外，岩性类型和地质因素与地下水化学成分也密切相关，如玄武岩地区的地下水中多含有 Mg^{2+}、Fe^{2+}，酸性岩地区的地下水中则会含有较多的 Na^+、Ca^{2+} 等；地质构造则与深层地下水的化学成分有直接关联，每一个隔水层的化学成分呈明显的垂直分带性，不同的地质构造层具有不同的水化学成分。

地下水矿化度是指地下水中含有的各种化学成分的总量，常用 1 L 水中含有可溶性盐的克数来表示（即 g/L），其空间变异规律与地表水基本一致。地下咸水主要分布于西北、华北干旱、半干旱地区。地下水矿化度的高低直接决定其利用范围，矿化度小于 1 g/L 为淡水，可以饮用和灌溉；1～3 g/L 可勉强饮用及阶段性灌溉；大于 3 g/L 不宜农用及饮用。

2.3.2.4　地下水位和地下水埋深

地下水位是指地下水面相对于基准面的高度；地下水埋深是指潜水的埋藏深度，即潜水面至地表面的距离。地下水埋深及含水层厚度主要受补给条件影响，例如，雨季补给量较多，因而含水层厚度增大，埋藏深度变浅；干旱季节则相反；此外，还受地形地貌的影响，通常来说，地势低洼处地下水埋深较浅。

地下水位是反映地下水循环及其可利用状况的重要指标，在土地适宜性评价中是一个常用的评价因子，对土地利用方式选择起到限制作用，如水田应当具有较浅的地下水埋深；而果园则需要较深的地下水位。又如，地下水位的变动状况对盐碱地改良、涝洼地治理等起到至关重要的作用。

2.3.3 区域地球化学特征

区域地球化学特征的关注重点主要是一些与土地资源特征及利用相关的化学元素的累积和迁移规律。地理或地质因素的作用，使某些化学元素在土壤、风化壳、潜水甚至深层地下水中的富集或欠缺，从而影响该地区土地资源的开发利用。

(1)地理因素。主要是从地带性气候和地形地貌两个方面考虑的影响。降水与温度的差异，使地表风化壳的化学成分产生明显的空间差异，形成由干旱区向湿润带逐渐递变的 $NaCl \rightarrow Na_2SO_4 \rightarrow CaSO_4 \rightarrow CaCO_3 \rightarrow Fe_2O_3 \rightarrow Al_2O_3$ 等化合物的淋溶迁移系列，造成在干旱区多为钠质风化壳；半湿润和半干旱区多为钙质风化壳；而湿热区多为铁铝风化壳。同样地，在土壤中也有相应的元素淋失或积聚特征，一般是随着气候由东向西变干旱，土壤和地下水中的 Na^+、Mg^{2+}、SO_4^{2-}、Cl^- 等离子含量逐渐升高，而 CO_3^{2-}、HCO_3^-、Ca^{2+} 含量逐渐下降。也就是说，西部干旱地区的土壤中盐分表聚现象明显，且地下水盐分含量较高；而部分东部地区的土壤和地下水中往往会含有较高的 Ca^{2+}、CO_3^{2-}、HCO_3^-。

(2)地质因素。除了如前所述的影响地下水化学成分以外，还通过成土母质的影响而使不同地区的土壤元素背景值呈现显著差异。因此，对土壤元素背景值的调查和分析，一方面可以为选择作物的适宜土壤生境条件（即土宜）提供基础数据；另一方面，也可为解析土壤污染的来源及其监测提供参照基础。

2.4 土地资源的土壤要素特征分析

土壤是陆地表面生长植物的疏松表层，不同类型的土壤具有其独特的剖面构型和诊断层次，表现出不同的理化性状和肥力特征。土壤是土地系统的重要组成要素，一方面，土壤类型分布对土地资源形成和分布起到重要作用；另一方面，土壤性质和生产力对土地资源的开发利用潜力具有决定性的影响。因此，土壤评价通常是土地资源评价的核心，特别是对于平原地区来说，在其他因素变异不大的情况下，土壤评价显得尤为重要。

2.4.1 土壤类型分布与土地资源区域变化特征

土壤是由各种成土因素综合作用形成的。土壤地理分布既与气候、生物因素相适应，表现为宏观的地带性规律，同时也与区域性的母质、水文、人为活动等相关，呈现区域特色的土壤分布结构。我国土壤类型包括 46 个土类，163 个亚类；又可归纳为 3 个土壤群系：海洋性土壤群系、大陆性土壤群系及高山土壤群系，具有明显的地带性分布特征，即纬度地带性、经度地带性和垂直地带性。

1. 土壤纬度地带性分布规律

即土壤类型按纬度变化（南北向）呈带状更替分布的规律。不同纬度的热量差异及由此引起的成土因素的变化是引起土壤纬度地带性分异的根本原因。在我国东部地区，自南向北随着纬度的变化，热量逐渐减少，依次分布着砖红壤→赤红壤→红壤和黄壤→黄棕壤→棕壤→暗棕壤→漂灰土的海洋性土壤系列（图 2-6）。

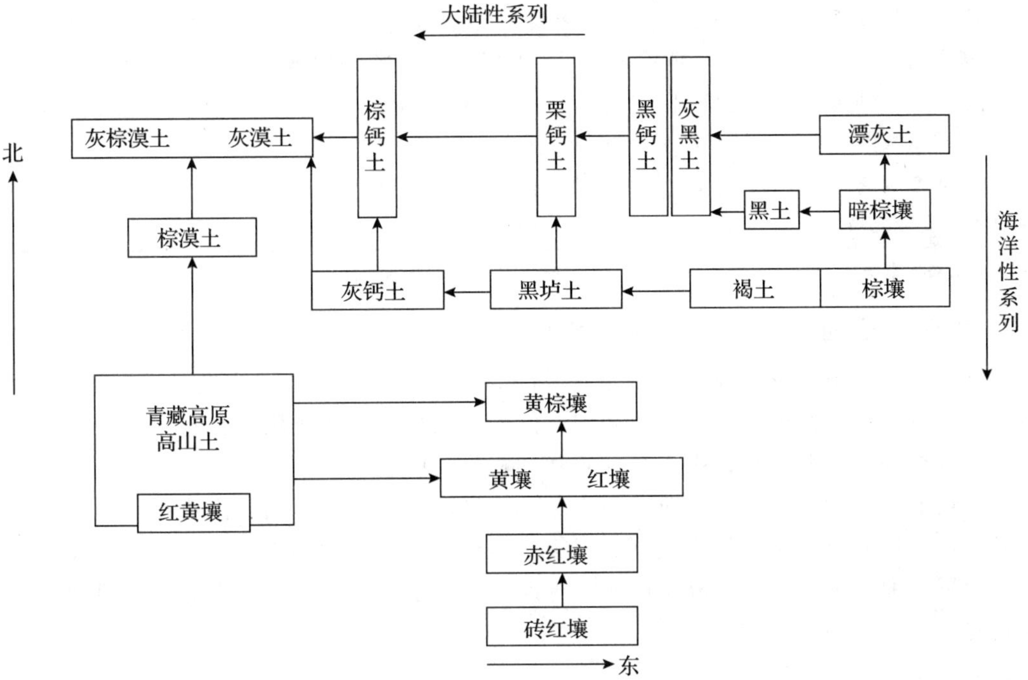

图 2-6　中国土壤地带性分布模式

2. 土壤经度地带性分布规律

土壤经度地带性分布规律即土壤类型大致沿经度变化方向（东西向）有规律地渐变现象。距海洋远近导致水分空间差异是引起土壤经度地带性分异的主要原因。在我国温带地区，自东向西，随着远离海洋，气候渐趋干旱，依次分布着暗棕壤→黑土→灰黑土→黑钙土→栗钙土→棕钙土→灰漠土→灰棕漠土的大陆性土壤系列；而在暖湿带地区，自东向西，则依次分布着棕壤、褐土、黑垆土、灰钙土和棕漠土等土壤类型。

3. 土壤垂直地带性分布规律

土壤垂直地带性分布规律指土壤类型随海拔变化而呈带状分布的规律。土壤垂直地带性分布主要出现在海拔较高的山地。在一定海拔高度及范围内，由于海拔每上升 100 m，气温下降 0.6℃，而湿度则逐渐上升，植被和其他生物种类也发生相应变化，导致土壤类型随海拔高度的变化依次呈有规律的演变（表 2-6）。土壤的这种垂直地带性分布特征导致了山区土地资源多样性的优势。

表 2-6 我国主要山地部分土壤垂直带谱

基带地区	土壤垂直带谱（高度单位：m）
热带湿润地区（海南岛五指山东北坡）	砖红壤（<400）→山地砖红壤（400～800）→山地黄壤（800～1 200）→山地黄棕壤（1 200～1 600）→山地灌丛草甸土（1 600～1 879）
中亚热带湿润地区（福建武夷山北坡）	红壤（<700）→山地黄壤（700～1 400）→山地黄棕壤（1 400～1 800）→山地灌丛草甸土（1 800～2 120）
暖温带半湿润地区（河北雾灵山）	褐土（<600）→山地淋溶褐土（600～900）→山地棕壤（900～1 600）→山地暗棕壤（1 600～2 000）→山地草甸土（2 000～2 050）
暖温带半干旱地区（甘肃云雾山）	黑垆土（<1 000）→山地栗钙土→（阳坡）山地褐土→山地草甸草原土（<2 500）
寒温带湿润地区（大兴安岭北坡）	黑土（<500）→山地暗棕壤（500～1 200）→山地漂灰土（1 200～1 700）

引自：熊毅，李庆逵，1987.

4. 不同区域的土壤地域性分布规律

一定区域内的土壤分布规律主要受地域性的地形、母质、水文或人为活动因素的影响，往往呈现出不同形态的土壤区域分布结构。例如，洪积扇上的土壤类型自扇顶至扇缘地带依次呈扇状等高分布（图 2-7）；由于受地貌和冲积母质的影响，河谷两岸及其阶地上的土壤则可能呈大致平行而对称的条带分布（图 2-8）；而在居民点周围，由于人为活动随远离居民点而逐渐减弱，从而形成了不同肥力等级土壤以居民点为中心的同心圆分布规律（杜能圈）。因此，剖析这种区域性的土壤分布模式，有助于深刻了解区域土地类型分布规律和土地利用布局结构。

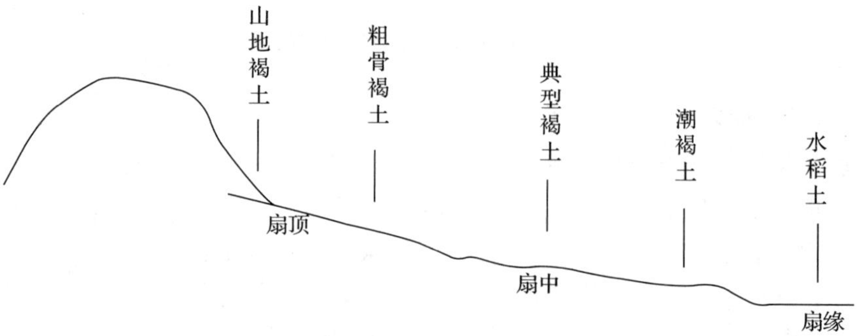

图 2-7 华北地区山前洪积扇（平原）土壤分布的一般模式

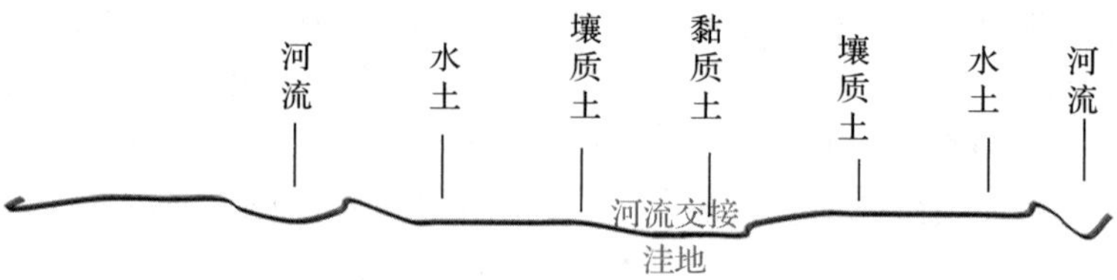

图 2-8 冲击平原的不同局部地区重复出现的土壤分布模式

2.4.2　土壤性状对土地资源利用的影响

土壤性状包括土壤物理、土壤化学和土壤生物等多种属性，是评价土地质量、土地适宜性和生产潜力等级的重要指标。

1. 土壤剖面

在土壤形成过程中，土体中的物质不断发生移动和淀积，引起土体内物质的垂直分异，逐渐形成了发生层次，不同的发生层次组合便就是土壤剖面，一般可分为表土层（A）、心土层（B）、底土层（C）。由于成土条件的不同，成土过程的种类和强度也不同，所形成的土壤剖面也具有不同的特征，故土壤剖面是最典型、最综合的土壤固有特征之一，它可以反映土壤形成环境的特征、土壤类型的特征以及土壤的发育程度等，对土壤的水分、温度以及肥力状况等均有显著影响。

2. 土层厚度

一般而言，土层厚度是指土壤剖面中能够被作物利用、母质层以上的土体总厚度，即发生了成土过程的土壤厚度。但从土地评价而言，主要指有效土层厚度，即植物根系发育所能伸展的厚度。对多数作物而言，耕地的最佳土层厚度一般要求大于 100 cm。此外，土壤耕作层也是土地评价的重要指标，它是土壤表层经耕作熟化的土层。耕层厚度对农业土壤的水、肥、气、热状况具有重要的调控功能，从而制约着农作物的生长发育及其产量。

3. 土壤质地

土壤质地是指根据不同粒径的土壤矿质颗粒含量组成而划分的土质粗细类型，如沙土、沙壤土、轻壤土、中壤土、重壤土和黏土等。不同的土壤质地类型基本上反映了土壤的透水、通气、保水、保肥和供肥以及耕作性能。由于壤土的砂粒、黏粒比例适中，大、小孔隙比例适当，不仅通气和保水性能好，有机质和养分含量较丰富，保肥和供肥性能强，水、肥、气、热条件较为协调，还适宜耕作。因此，通常认为壤土是耕地较为理想的土壤质地类型。发育于平原地区冲积母质上的土壤类型较大可能具有壤土属性。

4. 土壤有机质

土壤有机质是土壤的重要组成部分，它不仅含有丰富的养分，还可以促进土壤团粒结构的形成，起到改善土壤物理性状的作用，同时又具有增强土壤的促肥供肥性能。因此，土壤有机质含量既反映了土壤的物理状况，又反映了土壤的养分状况，是反映土壤肥力水平的综合评价指标之一。表 2-7 反映了土壤有机质和养分评级的相互关系。

表 2-7　华北地区土壤养分评级参考指标

养分评级	有机质/%	全氮/%	水解氮/(mg/kg)	速效磷/(mg/kg)	速效钾/(mg/kg)
一级	＞2.0	＞0.15	＞100	＞30	＞80
二级	2.0～1.5	0.15～0.10	100～70	30～15	80～60
三级	1.5～1.0	0.10～0.05	70～40	15～8	60～40
四级	1.0～0.5	0.05～0.03	40～10	8～4	40～20
五级	＜0.5	＜0.03	＜10	＜4	＜20

5. 可溶性盐类

包括由 Na^+、K^+、Mg^{2+}、Ca^{2+}、CO_3^{2-}、HCO_3^-、SO_4^{2-} 和 Cl^- 等形成的盐类。若土壤可溶性盐总量≥0.3%时，就会影响作物根系对水分的吸收，达到 0.5%时将对作物生长产生明显的抑制作用，而达到 0.7%时作物将会严重减产，≥1%时则是一般作物难以生长的盐化土壤。

6. 土壤 pH

即土壤溶液的酸碱度，是土地自然适宜性评价的重要指标。一般以 pH＝7 为作物生长的适宜土壤环境。由于南方降水量大，土壤淋溶作用较强，土壤 pH 多在 7.0～6.0（微酸性）或 6.0～5.0（酸性）范围，大部分作物都能正常生长。在干旱和半干旱地区，土壤多呈微碱性（pH 7.0～8.0）甚至弱碱性（pH 8.0～9.0），前者多数作物不受影响，后者则对部分蔬菜和经济作物产生抑制影响。若 pH＞9.0 时，则为强碱性土壤，一般作物难以生长，不经过改良就难以利用。

7. 土壤生物多样性

是指土壤生物及其所组成的系统的总体多样性和变异性。涉及土壤中多种多样活的有机体（动物、植物、微生物）的种类、数量及其在土壤中的分布信息。土壤中生活着脊椎动物、无脊椎动物以及肉眼看不见的各种原生动物、藻类、真菌、细菌和放线菌等丰富的生物类群。这些生物有规律地结合构成稳定的生态综合体，在自然生态系统中扮演着消费者和分解者的角色，对地表物质循环和能量流动起着不可替代的作用；同时，土壤生物在土壤形成与发育、土壤结构和肥力保持以及农作物生长方面也起着重要的作用。

2.4.3 土壤肥力与土壤适宜性

土壤的各种理化性状是土壤肥力的物质基础，也是进行土壤适宜性评价的主要依据。但是土壤的性质多种多样，各自的作用不同，对土壤肥力和土壤适宜性的影响程度也有差异。因此，在进行土地评价时，往往是选用一些土壤的综合性状作为评价的依据。这种综合性状是指某些具有共性的土壤性质的综合表现，它反映了土壤在某一方面对作物生长和土地利用的作用，一般以等级来表达。最常用的土壤综合性状就是土壤肥力，它是衡量土壤提供作物生长所需的各种养分的能力。其他也有一些反映某些方面综合属性的指标，如反映土壤水分限制性的土壤水分状况，反映与土壤耕作相关的物理特性的土壤适耕性等。当然，也可以将所有土壤性质的综合作用表达为一个指标，即土壤适宜性。

1. 土壤肥力

土壤肥力是反映土壤肥沃程度的一个综合指标，其主要影响因素有土壤有机质、土壤的各种养分含量和比例关系等。不过，也有一些观点认为，土壤肥力是指土壤所具有的水、肥、气、热及根系生长环境的综合调节能力。同时，由于土壤又是土地生态系统的组成要素，土壤的养分调节能力（即土壤肥力）必然要受到土地生态系统的其他各要素的制约。因此，土壤肥力仅仅是土地生产力的基本要素之一，还要结合气候、母质、地形、水文、耕作管理、作物品种等因素的共同作用，才能构成土地的实际生产力。

2. 土壤适宜性

土壤适宜性是指土壤的所有各种性状对所选择的作物（或利用方式）的生长要求的满足程度，是进行土地自然适宜性评价和土地生产潜力评价的主要内容之一。它反映了土壤的自然属性对土地生产力的综合影响程度，以及存在的土壤限制因素及其限制程度。

2.5　土地资源的生物要素特征分析

生物要素特征对土地资源特征与利用的影响是多方面的：①生物要素是土地生态系统中最活跃的组成部分，起着主导土地生态系统特征和功能的关键作用。例如，区域生物多样性的变化可以直接改变土地生态系统的结构和功能，从而引起土地资源类型或利用的更替；由于过度砍伐可以导致森林生态系统的退化，甚至演化为草灌生态系统。②植被类型或生态系统多样性是形成景观多样性的直接原因，也是土地类型或土地资源类型划分的主要依据。

2.5.1　生物多样性与土地资源特征

2.5.1.1　生物多样性及其地理分布

生物多样性是指某一区域内遗传、物种和生态系统多样性的总和。生态系统是所有生物物种存在的基础，而生态系统多样性则是指生物圈内的生境、生物群落和生态过程的多样化。人类社会在对自然资源的利用历史中，无论是狩猎、游牧、农耕还是现代化的集约经营模式，均是建立在对生物多样性利用的基础之上。

从不同的历史时期来看，生物进化和演变使土地覆盖不断发生改变，而在人类活动的影响下，土地利用/覆被变化正在不断地加速。当然，不同地域的生物分布差异也是错综复杂的，这与所在区域的土地资源特征密切相关。一般来说，绝大部分生物集中分布于土地表层，往上或往下则逐渐减少，呈“准正态分布”特征，且随地表的起伏，由低地到高山，也呈减少趋势。由于土地资源分布的不均衡连续性，故生物水平分布也呈不均衡连续性，即使在冻原极地和干旱的荒漠也有生物存在。总体来说，生物的分布具有明显的地域分异特点，随自然环境的变化而构成一定的地理格局，形成不同的生物地带，具有纬向地带性、经向地带性和垂直地带性规律。生物圈的这种地带性总体结构，是由气候梯度（尤其是气温和降水）和地球的演化历史所决定的，也可以将其简单地分成冰原、草原、北极针叶林、阔叶林、地中海森林、稀树干草原、潮湿热带雨林等区域。但在一些特殊区域，也存在极端性自然环境，如高盐度环境、高寒环境或沙漠。

2.5.1.2　生物多样性与土地资源价值

生物多样性是地球上最重要的物质遗产和自然资源，人类利用这些资源，以满足不断增长的生存和发展需要。

1. 生物多样性的经济价值

生物多样性的价值非常广泛，涉及人类社会生活和经济活动的各个方面。①生物多样性是一切农业生产的基础，无论从已经利用的物种数量，还是部分选择的品种多样性，都是如此，是用于改良农作物品种的“遗传资源宝库”。②生物多样性为人类社会直接地提供了形式多样的生物产品。③生物多样性也为人类社会提供了丰富多彩的自然景观和自然遗产，是开发旅游观光的重要物质基础。

2. 生物多样性的生态价值

生物多样性的生态价值是指物种和生态系统在区域或生物圈的生物大平衡中所起的关键作用，生物多样性的减少将会造成严重的生态风险，危及土地生态系统的生态功能。首先，生物多样性是维持生物界进化过程所必需的条件。其次，生物多样性在调节生物圈的物理—化学过程总平衡，特别是在碳和氧的物质循环中起着决定性作用。再次，生物多样性主导着土壤与生物之间的养分循环，也起到吸收和分解各种有机或无机污染物的作用，有助于土壤生产力的保持、生态系统健康以及水圈的调节。

3. 生物多样性的伦理价值

生物多样性是自然赋予人类社会最重要的遗产之一，它具有特殊的社会伦理价值，全社会及其每一个人都应当承担对生物多样性保护的责任。生物多样性管理的真正经济意义是能够将个体或社会对资源的开发利用所获得的好处，与生物多样性和生态系统可能面临的损失所造成的社会成本相比较，即短期利益与长远利益之间的权衡。

2.5.1.3 生物多样性保护与土地利用

进入21世纪以来，生物多样性保护问题越来越受到关注，归根结底是因为人类活动对自然环境的破坏和改变已经达到了前所未有的广度和速度。而且随着人类社会的继续发展，对生物资源的消耗将日益增速。因此，生物多样性保护的核心就是如何处理好人与自然、人与土地的相互关系问题。

土地开发与利用无疑是生物多样性遭受侵蚀的最主要原因。由于农业活动的大规模扩张，造成了森林和草原生态系统的不断萎缩。尤其是在发展中国家，由于人口的增长，迫使社会开发更多的农业用地，从而破坏了自然环境。从世界森林面积的减少就可看到问题的严重性，1700—1980年总共有1 200万km^2（森林的20%）消失变成耕地，而1980年以后这种趋势仍在加快；至1990年，热带森林只剩下800万km^2，是史前面积的一半。在巴西，过去覆盖圣保罗州大部分地区的大西洋森林只剩下2%，马达加斯加的原始森林也只剩下17%（Christian Leveque，1997）。

此外，几乎在全球各地，将湿地开发成耕地是一个非常普遍的现象，国际湿地保护公约（即拉姆萨尔公约）就是为了保护这些潮湿区域的动植物资源，特别是利用湿地作为栖息和食物场所的候鸟品种的保护而专门制定的。

同样，在集约化的农业土地利用系统中，由于土地的规模化合并，摧毁了田块之间的树篱、草灌，减少了栖息地的多样性。最近几十年中，未受干扰的生态系统的面积以惊人的速度在减少，快速发展的交通网络和城镇体系因对栖息地的分割导致当地生物多样性和生态系统遭到毁灭性的破坏。生态学理论认为，栖息地面积的减少是导致一部分物种的丰富程度锐减的直接原因。

面对上述生物多样性侵蚀问题，如何制订合理的土地利用方案是关键措施之一。生物多样性保护，应当优先考虑生态系统和自然栖息地的就地保护，并对乡村土地利用实行可持续管理。

1. 乡村全面发展

农业土地利用和乡村环境管理是维持生物多样性保护的重点领域。“乡村全面发展”概念是在 20 世纪所提倡的“绿色革命”基础上增加了一些新的目标，主要是维持生物多样性和生态系统的生存力，改变以往过于强调经济增长的发展战略。乡村全面发展提倡从现有生态系统中寻求最有效的利用方式，根据可再生资源综合管理的原则，建立能够更好地适应环境、同时照顾到农民利益的可持续土地利用体系；建立能够更好地挖掘不同农业区功能和潜力的区域生态经济系统。这就要求农业种植体系更加多样化，并保证土地利用的合理布局，以确保土地生态系统的承受能力，以及相关土地利用者的经济和社会承受能力。

2. 乡村景观保护

农村土地整治过程中往往会因过分地追求耕地的高效利用，而消除一些自然荒地、树篱或栖息地，使得农业生产系统趋向于单一化的大面积作业，其后果是景观多样性的减少，景观生态过程的简单化，最后导致生物多样性的贫化。因此，实施乡村景观保护战略应当成为自然资源管理政策中的重要环节之一，并落实到国土整治规划和行动。

3. 土地利用控制

土地利用控制是指在乡村规划中专门对一些特殊的自然空间实施保护，并纳入有关的自然资源保护法规当中，如“生态红线”政策。保护和控制的对象往往是各种湿地（如湖泊、滩涂、海岸线等），以及其他各类自然栖息地，通过对土地利用进行严格控制和干预来确保受到严重威胁的生物多样性和自然环境得以有效保护。

2.5.2 植被与土地资源特征

植被是指一定区域范围内植物群落的总体，包括森林、草地及农田栽培作物。植被中各种植物是地球上第一性生产力的缔造者，它们通过光合作用将光能和无机物转化为化学能储存在所制造的有机物质中，变成可供人类和动物可以食用或利用的产品，是土地资源生产力的代表。各种植物在生长过程中，同自然环境或土地的其他构成要素相互作用，进行物质与能量交换，是土地生态系统中最活跃的要素之一。因此，植被既是土地资源质量的代表，又是其综合特征的反映，并可指示出土地类型演替的方向。

2.5.2.1 植被生态系统的生产力

整个地球上各种生态系统每年通过光合作用生产的有机物总量约为 8.3×10^{10} t，其中以陆地上绿色植物生产的有机物为主，约占总量的 64%；而在陆地生态系统中，又以森林居首位，其生产的有机物约为 2.83×10^{10} t，占陆地生态系统生产的有机物总量的 53%，其余的则由草本植物和农作物所制造。

陆地上这些植被所创造的有机物质，一方面为人类的生存和发展提供了环境、食物和生产资料；另一方面每年又有相当数量的有机物质以植物残体的形态回归到土壤中，参与土地生态系统的物质和能量循环，对增加土壤有机质含量，促进矿质养分在地表的富集，提高土壤肥力具有不可替代的关键作用。

2.5.2.2 植被的生态调节功能

各种植被类型是特定生态环境的产物，它不仅是土地生态系统的重要组成部分，对土地系统的生态环境还具有重要的调节作用。

1. 涵养水源，保持水土

林冠可以截留10%～30%的降水，而枯枝落叶层及植被物可使50%～80%的降水渗入土壤，减少了地表径流和表土冲刷。据研究，在10°和25°的坡地上若有枯枝落叶层覆盖，其地表径流量仅分别为相应坡度裸地的3.3%和2.5%。可见，植被对涵养水源和保持水土具有特殊的功效。此外，植被根系还可以起到固土固沙作用，可以防止农田土壤被风侵蚀。

2. 调节气候

大片森林有强大的蒸腾作用，使得有林地区一般比无林地区降水量要多17.4%。例如，我国雷州半岛过去林少，荒凉易旱，在森林覆盖率恢复到36%，年降水量因之增加32%。林区空气的相对湿度比无林区高出12%～25%，这样对林区周边地区的气候起到明显的调节作用。同时，植被通过强大的蒸腾作用，消耗了空气中大量的热能，从而降低其周围空气的温度。

此外，植被通过光合作用吸收CO_2，释放出O_2，对降低地球的温室效应具有重要的作用。据测算，地球上陆生植物每年可固定200亿～300亿t的碳，其中主要是森林，若地球上的树木平均年龄为30年，则每年大约有150亿t的碳以CO_2的形式转化为木材。

3. 改善土壤性状

植物庞大的根系对土壤理化性质具有明显的改善作用。植被的枯枝落叶腐烂后可以增加表层土壤的腐殖质含量，一般林地土壤的有机质含量比无林地高4%～10%，从而有利于土壤团粒结构的形成，改善土壤的孔隙状况，增强土壤的抗冲性和抗蚀性，提高土壤的渗透性和持水量。此外，由于土壤理化性状的改善，加上植物对矿质养分的地表富集作用，促进了表层土壤水、肥、气、热状况的改善和协调，使得土壤肥力不断得以自我恢复。

2.5.2.3 植被类型与土地资源区域特征

自然界的植物种类多种多样，已知的植物总数就有34万～50万种，它们的形态、结构、习性以及对环境的适应性各不相同，在不同的环境条件下生长着不同的植物种类，从而形成了地表上种类繁多的植被类型。显然，地表的植被类型及其分布与水、热和土壤等因素密切相关，因此是土地生态景观的重要标志。

中国的植被分布主要受复杂的气候和地貌变化的影响，呈现出丰富多彩的景观多样性。宏观上可依次划分四大区域：即东部为湿润森林区，中部为半干旱草原区，西北为干旱荒漠区，西南部为青藏高原区。具体类型又可分为针叶林、阔叶林、热带雨林、草原、荒漠和青藏高原植被等大区（图2-9)。针叶林主要分布于大兴安岭北部和阿尔泰山局部地区，树种为兴安落叶松和西伯利亚落叶松；东北的长白山、小兴安岭分布着大面积针阔叶混交林，主要由红松、白松、椴、榆等组成。落叶阔叶林（也称夏绿林）分布在我国大部分温带地区，主要由栎、杨、槭、榆、桦等及许多落叶果树品种组成。常绿落叶混交林主要分布于夏绿林以南的亚热带北部的低山丘陵区，群落层次复杂，无明显优势种。常绿阔叶林主要分布于秦岭淮河以南至两广地区，以栎、樟、木兰、山茶等为主。热带雨林分布于台湾南部、海南岛、云南南部河口和西双版纳地区。此外，在一些区域还分布有相当面积的红树林和竹林，红树林主要分布于南部沿海和一些岛屿；竹林分布广泛，黄河流域以南均有分布，但在中亚热带的低山河谷地区分布最多。

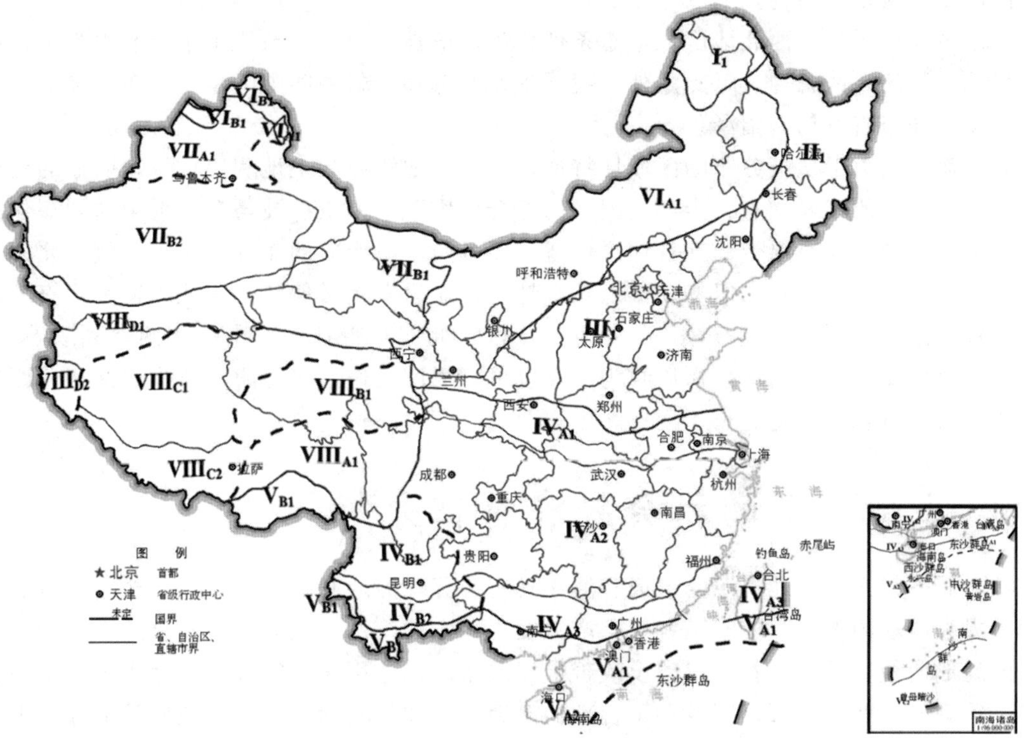

Ⅰ 寒温带针叶林区域
Ⅰ$_1$ 南寒温带落叶针叶林地带
Ⅱ 温带针阔叶混交林区域
Ⅱ$_1$ 温带针阔叶混交林地带
Ⅲ 暖温带落叶阔叶林区域
Ⅲ$_1$ 暖温带落叶阔叶林地带
Ⅳ 亚热带常绿阔叶林区域
Ⅳ$_A$ 东部（湿润）常绿落叶林亚区域
Ⅳ$_{A1}$ 北亚热带常绿、落叶阔叶混交林地带
Ⅳ$_{A2}$ 中亚热带常绿阔叶林地带
Ⅳ$_{A3}$ 南亚热带季风常绿阔叶林地带
Ⅳ$_B$ 西部（半湿润）常绿阔叶林亚区域
Ⅳ$_{B1}$ 中亚热带常绿阔叶林地带
Ⅳ$_{B2}$ 南亚热带季风常绿阔叶林地带
Ⅴ 热带季雨林、雨林区域
Ⅴ$_A$ 东部（偏湿性）季雨林、雨林亚区域
Ⅴ$_{A1}$ 北热带半常绿季雨林、湿润雨林地带
Ⅴ$_{A2}$ 南热带季雨林、湿润雨林地带
Ⅴ$_B$ 西部（偏干性）季雨林、雨林亚区域
Ⅴ$_{B1}$ 北热带季节雨林、半常绿季雨林地带
Ⅴ$_C$ 南海珊瑚岛植被亚区域
Ⅴ$_{C1}$ 季风热带珊瑚岛植被地带
Ⅴ$_{C2}$ 赤道热带珊瑚岛植被地带
Ⅵ 温带草原区域
Ⅵ$_A$ 东部草原亚区域
Ⅵ$_{A1}$ 温带草原地带
Ⅵ$_B$ 西部草原亚区域
Ⅵ$_{B1}$ 温带草原地带
Ⅶ 温带荒漠区域
Ⅶ$_A$ 西部荒漠亚区域
Ⅶ$_{A1}$ 温带半灌木、小乔木荒漠地带
Ⅶ$_B$ 东部荒漠亚区域
Ⅶ$_{B1}$ 温带半灌木、灌木荒漠地带
Ⅶ$_{B2}$ 暖温带灌木、半灌木荒漠地带
Ⅷ 青藏高原高寒植被区域
Ⅷ$_A$ 高原东南部山地寒温性针叶林亚区域
Ⅷ$_{A1}$ 山地寒温性针叶林地带
Ⅷ$_B$ 高原东部高寒灌丛、草甸亚区域
Ⅷ$_{B1}$ 高寒灌丛、草甸地带
Ⅷ$_C$ 高原中部草原亚区域
Ⅷ$_{C1}$ 高寒草原地带
Ⅷ$_{C2}$ 温性草原地带
Ⅷ$_D$ 高原西北部荒漠亚区域
Ⅷ$_{D1}$ 高寒荒漠地带
Ⅷ$_{D2}$ 温性荒漠地带

图 2-9　中国植被分区（据吴征镒）

草原主要分布于温带地区，如东北的松辽平原、内蒙古高原、黄河流域和青藏地区。根据其生长条件和植被类型，又可分为分布于森林与干草原之间的草甸草原，优势种为针茅、羊草及杂类草；干草原分布于内蒙古高原，主要属旱生和广旱生针茅、羊草等；荒漠草原位于内蒙古西部及西北几个省区，主要是戈壁针茅、沙生针茅等；高寒草原主要分布于青藏寒冷地区的旱生矮草和植物，如耐寒旱的针茅等。

荒漠主要位于我国西北地区，生态条件恶劣，植被稀少，以超旱生小半灌木为主，如藜科、柽柳科等的一些属种。除此之外，我国东北北部和北疆一些山区零星分布着冻原；在温带地区广泛分布着草甸和沼泽。

总体而言，由于植被分布的区域性特征，使得土地资源和土地利用也呈现明显的地域差异，这是在不同的气候、水、土环境因子的综合作用下，人工植被与自然植被共同演化的一致性结果。例如，在寒温带针叶林地区仅适宜短日照、耐冷凉的作物，一年一熟；北方落叶阔叶林区虽然生长期稍长，但冬麦难以安全越冬，而只有稍微偏南的华北才适宜，直至温带向亚热带过渡带，则可两年三熟，是冬麦主产区；北亚热带往南，由一年两熟到三熟，茶、热带水果等繁盛。而草原地区则以牧为主，也可有适度农作，多为耐旱作物；高寒苔原地区以牧为主，仅有耐寒作物生长于河谷之中。

2.6 土地资源的社会经济特征分析

社会经济因素对土地资源的形成和演化具有十分强烈的影响，其作用甚至超过自然演化过程。人为活动的参与，使土地资源生产力发生巨大的改变。例如，通过土地平整，改变了原来的地形地貌；进行基本农田建设改善了排灌条件；施用化肥等改变土地生态系统的物质循环，等等。当然，也可以因各种不合理的土地利用和开发活动引起土地质量下降，土地生产力退化，土地生态系统破坏。因此，当我们研究区域土地资源或进行土地利用规划时，必须运用自然规律和社会经济规律，全面考察土地资源的自然生态因素和社会经济因素，综合权衡和协调两者之间的相互作用，构建合理的土地利用模式，充分发挥土地资源的生产潜力。

影响土地资源社会经济属性的主要因素有：①社会因素，包括人口和社会需求、土地制度、土地政策与法规、资源与环境政策等；②经济因素，包括生产力水平、市场需求、经济结构和生产布局、区位条件、投入水平等；③技术因素，包括科技水平、管理水平、技术推广、物质和技术条件等。

随着人口的增长以及社会生活水平的提高，人类生存和生活的需要也越来越多。因此，只有通过不断增加对土地的投入，提高土地生产力，才能满足人类社会快速发展的需求。然而，影响土地资源社会经济属性的因素十分广泛，各种因素的影响方式和程度各不相同，有必要根据不同区域的具体特点进行有针对性的分析和研究。下面将就土地所有制和使用制度、土地资源的区位条件、土地经济生产力 3 个关键性因素作重点分析。

2.6.1 土地所有制和使用制度

土地的所有制和使用制度是土地资源最重要的社会属性，它直接或间接地影响着土地资源利用活动的各个方面。

2.6.1.1　土地所有制

土地所有制是指人们在一定社会条件下拥有土地的经济形式，它是整个土地制度的核心，是土地关系的基础。土地所有权是土地所有制的法制体现形式。

土地所有制作为社会生产关系的组成部分，是由社会生产方式所决定的，而社会生产方式归根结底是由生产力的状况决定的。因此，不同的土地所有制，最终也是由生产力的状况所决定的。当然，一个国家土地所有制的具体形式还受到社会政治、经济条件和历史发展特点的影响，即使社会制度相同的国家，其土地所有制的具体形式也不完全相同，甚至可以有很大的差别。例如，英国和美国同属于资本主义国家，但其土地所有制的形式却有极大的差别。在英国，土地的所有权归皇家所有；在美国，有很大一部分的土地所有权归私人所有。土地所有制的产生和发展是与人类社会进程相一致的。人类社会初期，地广人稀，生产力水平很低，以采集和渔猎为生，没有固定的生产、生活用地，因而也不存在土地所有制问题。到了游牧时代后期，随着生产力的发展，逐渐形成了天然草地的循环轮放制度，于是各个氏族部落之间渐渐形成各自的土地利用势力范围，从而出现了土地所有制的萌芽。随着人口增加，原始农业的产生与发展，人类有了固定的生产生活用地，才最终出现了土地的所有制。

土地所有制是决定土地资源的优化配置和合理利用、促进土地市场的形成和发育、使土地资源的效益得以充分发挥的主要影响因素。现阶段我国实行的是土地公有制，即国家所有制和集体经济组织所有制，但谁来代表国家行使土地所有权并不明确，而集体经济组织范畴也是比较模糊的，因而也无法明确究竟由谁来代表这一组织行使其土地所有权。明晰的产权关系是土地使用制度改革中实现权责利匹配以及有偿使用的先决条件。只有土地产权界定合理，各利益主体的权利、义务明确，国家和集体的土地所有权才能得到经济实现，土地使用者才能获得稳定的经济预期，形成土地利用的激励机制，从而提高土地使用的效率和效益，珍惜和保护土地资源。

2.6.1.2　土地使用制度

土地使用制度是对土地使用的程序、条件和形式的规定，是土地制度的另一个重要组成部分。土地使用权是依法对一定土地进行利用、管理并取得收益的权利，是土地使用制度的法律体现形式。任何一个社会，只要存在着土地所有权，土地的利用便从来都不是自由的、任意的。在土地所有权与使用权分离的情况下，土地所有者和土地使用者要按一定的约定规范来确定双方的权利和义务。而这种经济行为又要受到国家政权的干预、调节和必要的限制。

土地使用制是土地利用中引起的人与人之间的经济关系的一个重要方面。在整个土地制度中，土地所有制决定着土地使用制。每一个社会形态都存在着与土地所有制相适应的土地使用制度及其具体形式，如在社会主义土地公有制下，要求建立并实现与土地公有制相适应的土地使用制度。目前，在中国城乡正在进行的土地使用制度的改革，其目的正是寻找更适合于社会主义土地公有制要求，并能促进土地资源合理利用的土地使用制度。

当然，同一种土地所有制也可以有多种不同的使用制度及其形式。就土地所有权与使用权两者之间的关系而言，土地使用制度可大致分为土地所有权与使用权相结合和土地所有权与使用权相分离两大类。前者如中国土改前的自耕农、经营地主，合作化后中国农村的社会主义集体经济组织等；后者的情形如佃农、租地农业资本家和目前中国农村的土地承包农户等。

2.6.2 土地资源的区位条件

土地区位是一个综合的概念，除解释为陆地上某一地块的几何空间位置外，还强调各种土地自然要素与社会经济要素之间相互作用所形成的整体组合效应在空间位置上的体现。换言之，土地区位是自然要素区位、经济区位和交通区位在空间地域上有机组合的具体表现。

土地自然区位主要指土地的自然地理位置。它包含两层含义：一是该土地位置上地貌、地质、水文、气候等自然要素的组合特征；二是该土地位置与周围陆地、山川、河湖、海洋等自然环境的空间位置关系。因此，土地自然区位条件是由土地自然要素的空间组合差异所决定的，是形成土地资源空间格局的基础框架，也直接影响交通区位和经济区位的形成。例如，我国东、中、西部的土地资源差异首先是由自然区位决定的。

土地经济区位是指土地在人类社会经济活动过程中所表现的人地关系以及劳动或物化投入的空间差异。为使土地更好地发挥人类生存、工作、游憩和交通四大功能，人们不断投入技术、资金和劳动对土地进行利用改造。例如，在城镇区域内，通过平整土地，修筑道路、给排水、供电、通信、供热、煤气等工程性基础设施，以及建筑厂房、商店、办公楼等服务设施，使土地经济区位条件大大提升。从结果来看，土地经济区位主要指不同区域土地之间在经营、社交、工作、购物、娱乐等多方面社会经济活动中的相互关系，从而影响土地利用的功能布局和发展方向。

土地交通区位是指区域内某地段与交通网络和设施的相互关系，具体由距离、耗时、费用 3 个方面来反映。它一方面影响人、物、信息流动或传输的成本；另一方面影响社会经济活动中人与人、物与物、人与物之间的交往接触机会、频率和便利程度。因此，经济区位产生的影响能否转化为实质性的效益就受到交通区位的制约。此外，交通区位的优劣还影响到土地聚集效益、市场演变、集结点产生及扩大等。

以上 3 种区位条件相辅相成，共同作用于地域空间，导致土地区位的优劣差异，从而影响土地利用的空间布局和方式选择，也决定了社会经济的发展差异。例如，对于农业用地来说：①在小农经济或计划经济时代，土地利用的区位选择，主要遵循因地制宜的自然区位，即自然适宜性；②在市场经济条件下，土地利用布局的区位选择，则应考虑社会需求、市场流通、经济效益等问题，因此要综合权衡土地的自然区位、经济区位和交通区位，以保证土地利用的经济可行性和社会可接受性，尤其在农产品基地选择、农业园区规划等方面更是如此。对于城市用地而言，区位条件既能反映城市用地功能布局的基本格局，也是决定城市地价的关键因素。所以往往可以通过改善交通、文卫、商服等基础设施，提升经济区位条件，带动整体发展，实现城市更新的目标。

2.6.3 土地经济生产力

土地经济生产力是相对于土地自然生产潜力而言的。土地自然生产潜力是指充分考虑气候、土壤、地形、水文地质等全部自然要素对植物产量影响后能够达到的土地生产潜力。在此基础上，若进一步附加人工控制因素对植物产量的影响而能获得的生产能力，被称为土地的经济生产潜力。因此，土地经济生产潜力与一定时期内的投入条件相关，是动态可变的。影响土地经济生产潜力的人工控制因素主要有 4 个：①灌溉、排水、土壤改良等田间基础设施建设；②作物栽培技术和化肥、农药、有机肥等物质投入；③作物品种改良及其优化组合；④田间经营管理水平。

土地生产力是众多影响因素综合作用的结果。一方面，当其中某个或某些因素的“投入强度”在原来基础上脱离其他所有因素组合的整体效应，进一步单独地增加时，则对于土地生产力的影响效果会变得越来越小。另一方面，在影响土地生产力的各种因素中，如果某个或某些因素的强度过低，其他因素即使处于最佳状态，也难以提高土地生产力。换句话说，土地生产力受最小限制因素所支配。上述这种现象被称为“最小因子限制律”。

由于受土地生产力的因子限制律的作用，在技术和其他条件不变的前提下，人们在同一块土地上连续投入资本和劳动，达到一定限度时，其增加的收益就会递减，这一现象称为“土地报酬递减律”。当然，这一“规律”是以生产力和技术水平保持不变为前提，而每当生产技术或社会经济体制发生重大突破和变革时期，此规律所阐明的报酬递减现象，即一般由递减变为递增，以后又会回到由递增趋向递减，必然随着客观条件的变化而不复存在。从长远、宏观的历史观点来看，社会经济和科学技术总是不断发展的，有渐变也有突变，有量变也有质变。因此，报酬递减现象只有在渐变、量变时才出现，它的出现是相对的、有条件的，而不是绝对的。土地报酬递增递减规律对确定土地资源的集约经营规模和投入方式具有十分重要的指导意义。要实行集约经营，选定合理的土地利用集约度，首先必须使土地资源与其他变量资源的投入有一个最佳的配合比例和最佳配合点。

如图 2-10 所示，土地报酬的第 1 阶段因变量资源投入不足，未达到集约利用的粗放边际，因而实际上是一种类似粗放经营方式或掠夺式的经营状态。而第 3 阶段，因变量资源投入过多，超出了土地的容纳力，逾越了土地利用的集约边际，因而是一种不合理的集约经营。只有第 2 阶段，变量资源与固定资源（土地）的配合比例在数量上才是协调的，土地的生产潜力得到了充分发挥，可谓是合理的集约经营。因此，资源配置的适宜范围和投入变量资源的最适点，只发生在第 2 阶段。这就是土地报酬递增递减规律对土地集约经营的制约作用。

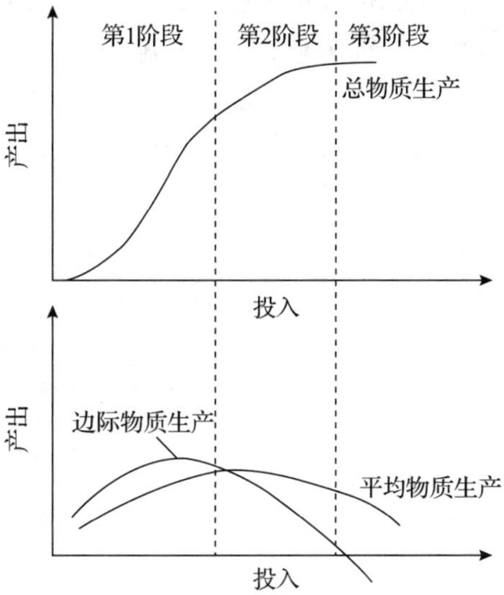

图 2-10　土地报酬递减律的 3 个收益阶段

综上所述，可以认为，由于土地报酬递增递减规律的客观存在，我们应该在技术不断进步与相对稳定的总趋势中，根据报酬递增、递减运动的规律性，对土地资源开发利用的集约度、投入变量资源的适宜范围与最适点、生产资源配置的最佳方案及其利用的经济效果进行综合分析，从中做出最优的土地利用方式选择。

思 考 题

1. 影响土地资源类型分布、质量特征和利用的气候学因子有哪些方面？
2. 简要分析地貌因素是如何影响土地资源特征的，举例说明。
3. 地质条件是如何影响土地资源特征的？
4. 在研究和评价区域土地资源时，如何考虑水文地质与地球化学条件？
5. 论述土壤因素对影响土地资源的质量特征和类型分布的意义。
6. 试述生物多样性保护与土地利用的相互关系。
7. 影响土地资源的社会经济特征有哪些因素？
8. 在研究区域土地资源及其开发利用时，如何考虑土地报酬递减律以及土地利用的区位选择问题？

参 考 文 献

毕宝德．土地经济学．北京：中国人民大学出版社，1993.
克里斯蒂昂·莱韦克．生物多样性．邱举良，译．北京：科学出版社，2005.
林培．区域土壤地理学（北方本）．北京：中国农业大学出版社，1993.
林培．土地资源学．2 版．北京：中国农业大学出版社，1996.
刘卫东．土地资源学．上海：百家出版社，1994.
吴征镒，中国植被编辑委员会．中国植被．北京：科学出版社，1980.
谢应齐，杨子生．土地资源学．昆明：云南大学出版社，1994.
熊毅，李庆逵．中国土壤．2 版．北京：科学出版社，1987.
中国农业区划委员会．中国自然区划概要．北京：农业出版社，1984.

第3章　土地类型及土地资源分类

由于气候、地质地貌、水文、土壤和植被等土地构成要素的复杂多样性和空间异质性，因而在不同区位形成了具有不同形态特征和性质的土地类型，以及不同利用价值和功能的土地资源。本章将讨论土地的这种空间异质性和多样性，并通过土地类型和土地资源类型划分和制图，来揭示区域土地的综合自然特性、利用功能及经济特性的空间分布规律。在区域土地资源研究过程中，分类和制图始终是刻画区域土地资源分布特征的主要手段，也是进行土地利用规划和空间布局的重要基础。

3.1　土地类型和土地资源类型概述

所谓类型系指某一组具有共性的事物或现象的集合。分类是认识事物多样性和差异性的一种研究方法。通常来说，分类的依据主要是两点：一是分类对象存在的本质特征，如形态、性质等属性；二是根据人们对分类对象所期望的某些功能、价值或其他属性。

土地类型或土地资源类型就是根据土地的各种性状的地域差异性和相似性规律，按一定的标准和原则对土地或土地资源进行系统划分的结果。其中，土地类型划分的依据主要是土地的存在属性（即存在对象的本质特征，如形态、性质等属性），而土地资源的分类则是根据土地的利用功能、潜力或价值进行划分（即根据人们对分类对象所期望的某些功能、价值或其他属性）。

3.1.1　基本概念

3.1.1.1　土地类型

土地类型通常是指土地的自然类型，也就是对土地这个客观对象的一种自然分类。它以土地的自然要素及其属性的空间变异性为主要依据，通过对每个要素空间异质性程度进行综合归纳，按一定的原则和标准划分不同的土地类型单元，其目的在于研究土地类型的空间分布及其演变规律。从其研究的历史来看，土地类型来自自然地理学的研究范畴，所以也有学者称之为景观单元。

因此，土地类型的完整定义可以表述为：由于土地各构成要素的空间异质性，以及各要素之间相互作用、相互影响，使得在不同地域空间内具有各种不同的景观形态特征和土地性质，将景观形态特征和土地性质相对一致的一系列空间单元划分为一种类型组合，即土地类型。

土地类型单元内的性质均一性程度是相对而言的。在自然界中，性质完全均一的物质是不存在的，况且土地又是一个客观自然综合体，构成土地的要素不仅数量较多，各要素的地域变异还相当复杂，因而在地球表面要找到一片性质完全均一的土地类型单元也是不太可能的。因此，应从以下 3 个方面来理解土地类型划分的基本逻辑。

(1)相对均一性。性质一致性是相对而言的，根据划分的详细程度不同、一致性不同；土地类型划分得越详细，同质性程度就越高，单元划分得越小。

(2)区分差异性。同一个土地类型单元的性质均一性程度应当大于与其相邻土地单元合并后的综合程度。即土地类型单元内应具有最大同质性，单元之间应能区分一定精度要求下的最小差异。

(3)具有层级性。层级性本质上是为适应不同分类精度和认知尺度而存在的结构特征。土地类型划分依据是土地自然属性，在不同等级的划分层次上，所考虑的自然属性是不同的，即各要素的形态、性质在不同层级划分标准的重要性是不同的。因此，土地类型分类具有尺度性问题，即比例尺不同，分类精度也不同。

综上所述，土地类型分类目的就是要针对不同详细程度或研究尺度（比例尺）的要求，充分反映土地综合自然属性的空间异质性，并以不同比例尺的制图表达出来。

3.1.1.2 土地资源类型

土地资源类型是广义的土地类型，主要是根据土地所具有的利用功能、潜力或价值（由土地自然属性和社会经济特性共同决定）的差异性而划分。也就是说，是在考虑土地自然属性的基础上，进一步根据不同土地单元所具有的利用价值（如生产潜力、适宜性、地价等）或利用功能（如利用类型）的差异而划分。因此，土地资源类型是指土地自然属性相对均一，而且利用价值或利用功能一致的土地单元集合。显然，土地资源类型划分的目的就是要直接表现土地与生产利用之间的关系，如土地适宜性、生产潜力、开发利用方向、保护与改造措施等方面的不同程度和类型。

那么，如何来评判不同土地单元的资源利用价值或功能的差异性呢？这就需要通过土地资源调查与评价来实现。因此，土地资源类型的划分是土地资源调查与评价的核心，也是土地资源理论研究的基础内容。目前常用的土地资源分类方法有土地自然适宜性分类、土地生产潜力分类、基准地价分级、土地利用分类等形式。

3.1.2 土地类型和土地资源类型的关系

土地类型与土地资源类型的关系类同于土地与土地资源的关系。

(1)土地类型的划分是一种自然分类，划分的依据主要是土地的自然属性；而土地资源类型划分的依据除了考虑土地的各种自然属性外，更进一步根据土地的社会经济属性及其在综合利用功能或价值上的差异而进行分类。

(2)土地类型分类的结果往往是土地资源类型划分的基础，也就是说，土地资源类型划分是在土地类型划分的基础上，进一步根据对其利用价值或利用功能的评价结果而重新分类。因此，土地类型单元一般是进行土地资源评价及分类分级的基本单元。

(3)固然土地类型较多强调的是土地的自然属性，它与土地利用类型，如耕地、林地、草地等在概念上是有区别的。然而，在划分土地类型时也要适当考虑到土地利用类型。因为土地利用类型一方面反映出土地的自然属性，另一方面也反映出人类活动所赋予土地的属性。相同的土地类型应具有大致相同的自然生产能力，在一定程度上也应具有相同的农业（包括林业、牧业）生产或其他利用的适宜性，要求相同的保护、改造土地和提高土地生产力的措施。

3.2　土地类型划分方法及分类系统

3.2.1　土地类型分类的逻辑体系

(1)土地类型是根据土地自然属性进行划分的，划分的基本思路是从宏观到局部，由粗略到详细的多级分类过程。因此，土地类型划分包括两个方面，一是土地类型的等级划分，二是同一等级中的土地类型的分类。土地类型的等级划分是对土地个体形态单元组织水平，即土地类型分类的详细程度和层次的确定；同一等级中土地类型的分类则是对各个土地单元的土地属性或特征的共性归纳。土地分级、分类的关键在于对土地类型单元的正确识别，对土地结构复杂度和土地特征相似性指标的确定，从而建立科学的土地类型分类系统。

(2)土地类型分类系统是一种树枝状的多级分类结构（图 3-1）。一般情况下是自上而下、由大到小划分，即将较高级别个体划分为若干不同的较低单位。在较高的分类水平上，有较少数目的土地类型单元，相似程度低而差异性大；在较低的分类水平上，有数目众多的土地类型单元，相似程度高，而差异性小。多级分类制也是在不同的概括水平上认识土地类型的需要，达到纲举目张的目的。

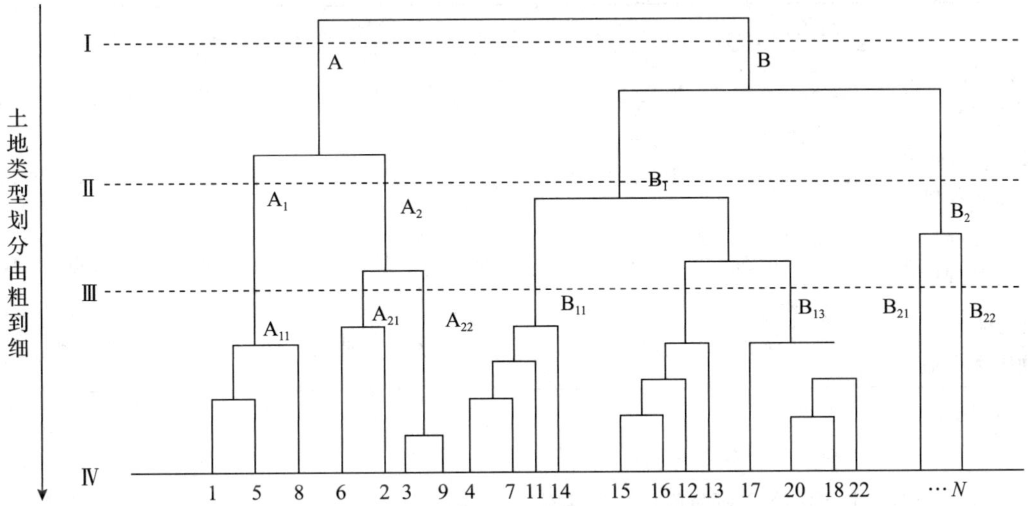

图 3-1　土地类型分类体系示意图

［Ⅰ、Ⅱ、Ⅲ、Ⅳ为土地类型划分层次（等级）；A，A_1，A_{11}…，B，B_1，B_{11}…为土地类型；1，2，3…N 为土地单元］

(3)土地类型分类是一个逐级划分的过程，不同等级之间的土地类型分类依据和标准不同。首先是将一些宏观的土地属性（即地带性，如气候、大的地貌类型等）作为高层次等级中的分类标准；在此基础上，继续将一些区域性因素（如土壤性质、水文地质、岩性等）作为中低级层次的分类标准。

当然，各级分类标准的分异特性是逐级累加的，即在较高层级分类水平上使用的分类标准，也就是分异特征，同时必须在较低分类水平中出现。各级分类水平上所使用的分异特征逐级地都积累在最低分类水平上。这样，在较高的分类水平上的土地类型，其分异特性少，类型的外延大，内涵浅；而在较低分类水平上的类型，既受该分类水平上所使用的分异特性限制，又受其以上各级分类水平上所使用的分异特性限制，积累了较多的分异特性，土地类型的外延小，内涵深，也即是差异性低，相似性高。在土地类型的分类中，切不可出现低级土地类型不包括其上级土地类型所具有的分异特性或低级土地类型的外延超出其上级土地类型的外延等违反分类逻辑的问题。

(4)土地类型分类是为土地类型调查服务的，多级分类体系是为满足不同尺度上认识土地类型的需要，也是满足不同比例尺制图的需要。土地类型调查制图存在着不同的比例尺，根据调查比例尺的要求不同，选择相对应的分类水平上的土地类型单元作为制图图例的基础，才能既恰当、充分地反映调查区域的土地类型的性质和关系，又合乎该比例尺制图的载负量。多级分类制为大中小不同比例尺的系列制图提供了制定图例系统的基础。同时，不同比例尺的土地类型制图也能揭示各级土地类型单元的空间分布关系，为进一步研究类型单元之间的嵌套关系提供了基础。

为了实际应用和便于制图，土地类型的分级层次不宜过多。通常分为3～5级，各国都先后提出过多种土地类型分类系统方案，在这些方案中，尽管级别的名称不一样，却具有一定的共性和对应关系，见表3-1。

表3-1 各国主要土地类型分级系统

级别	制图比例尺	地文分类等级	荷兰	澳大利亚	英国	加拿大	苏联
1 地貌省：空间上高度概括	≤25万分之一	地文省	土地省	土地省	土地省	生态县	景观
2 主要岩性单元：空间上中度概括	≥25万分之一	主要地文单元	土地系统	土地组合	土地系统	生态组	地方
3 地貌单元：空间上低度概括	≥5万分之一	详细地文单元	土地单元	土地单元	土地刻面	生态点	限区
4 地貌细部：空间上无概括	≥1万分之一	地文要素	土地成分	土地点		生态要素	相

引自：林培，1996。

3.2.2 土地类型分类原则与方法

3.2.2.1 土地类型分类原则

土地类型分类的原则是一个极其重要的理论问题，它对于土地类型分类系统的科学系统性，对于能否成功地指导土地类型调查制图，对于能否清晰地反映各土地类型之间的关系，起着至关重要的作用。土地类型分类应基于以下几个基本原则。

1. 自然发生学原则

土地类型是一个综合的自然地理概念，它是由地质、地貌、气候、水文、土壤、植被等多种自然因素共同作用、综合影响的结果，土地类型的空间异质性取决于所有自然因素的相互作用，每一个土地类型都有其发生和演变过程。因此，土地类型分类就是要以这种发生学上的因果关系作为认识土地类型单元的线索（即成因），在分类标准选择上应充分考虑其变异因素及其发生规律，并根据土地类型性质的相似性或差异性进行划分，以求同级土地类型之间的关系和上下级土地类型之间的关系有一条清晰的脉络，确切地反映客观存在的土地分布规律，反映不同级别土地单位的内部复杂程度和相对一致性程度。

2. 综合性原则

土地类型的空间异质性是由土地各个构成要素综合作用的结果，应考虑每个要素与土地类型分布的相互关系，分析其综合特征，进行逐级分类。在进行具体分类时，应着重注意各组成要素共同作用下所形成的土地综合体的景观形态和内在特征，而不是只注意某一个别因素的形态和特征。

3. 主导因素原则

由于各要素在土地这一自然综合体中的作用是不均衡的，因此在综合分析基础上，应突出某一要素或某一性质在不同分类等级上的主导作用。贯彻这一原则的具体办法是选取反映这一层级的主导因素作为分类指标。由于不同区域的土地分异特点是不同的，因此起决定作用的主导因素也往往随地而异。一般来说，在山地和丘陵地区，海拔高度、相对高度、坡度与坡向的变化对水热条件的重新分配有重要影响，从而导致植被和土壤也相应发生变化，因此在这些地区划分土地类型时，地貌通常可作为主导因素。在平坦地区，尤其是那些广阔的平原地区，微地形的起伏、土壤质地或水分状况等常可作为土地类型划分的主导因素。当然，在实际工作中，往往难以根据这些因素去划分土地类型，在这种情况下，如果植被的分异状况比较明显，就可将植被作为主导标志，因为植被的分异在很大程度上可反映地形的微起伏、土壤质地或水分状况。

土地类型划分是多层次的，不同级别土地的主导因素也常常是不同的。如我国 1∶100 万土地类型图中，土地类的主导地域分异的因素是大中地貌类型，土地型的主导地域分异的因素在山区，是由于地貌起伏而形成的垂直亚带，在平地则是土类和植物群系（包括人工植被）。在地形广阔、以高原和内陆盆地为主的干旱、半干旱地区，地面组成物质往往是主导地域分异因素。

4. 实用性原则

土地类型研究要为土地评价、利用规划等服务。进行土地类型划分时，分类指标的选择应尽量考虑到应用目的，突出一些与土地利用、土地整治相关的属性因子的作用。我国 1∶100 万土地类型图主要是为大农业布局服务的，所选用的划分指标与农、林、牧等农业生产密切相关。例如，在可垦荒地比较丰富的东北温带湿润半湿润地区，坡度 7°可作为平地（种植业为主）和山地（林地为主）的划分指标；但是，在人口稠密、可垦荒地极其稀少的南方丘陵山区是不适用的；在为城市建设、交通、旅游等服务的土地类型划分中，所采用的指标当然更是不同。同样地，在黄土高原水土流失重点区域进行土地类型划分时，考虑到其主要服务于该区域水土流失治理，因此针对黄土梁、峁坡地的分类，可主要依据坡度，例如，在“梁坡地”内分出缓梁坡地（＜15°）、中梁坡地（15°～25°）和陡梁坡地（＞25°）。坡度15°和25°分别相应于较强侵蚀/强烈侵蚀、强烈侵蚀/剧烈侵蚀的界限。因此，按此坡度指标对梁坡地进行分类，不仅可指导该区土地的合理利用，还也可直接为治理水土流失服务。

此外，除了上述4个分类原则以外，在具体选择土地类型的分类指标时，还应依据指标的互斥性、明确性、层次性和针对性等原则，以保证分类过程的可操作性。

3.2.2.2 土地类型分类方法

在土地类型的划分过程中，因不同学者分析问题的视角不同，或者土地类型分类的尺度不同，可以采用不同的方法进行土地类型划分和制图，概括起来可分为发生法、景观法和参数法（表3-2）。

表3-2 土地分类方法的特点比较

<table>
<tr><th colspan="2">分类方法</th><th>优点</th><th>缺点</th></tr>
<tr><td colspan="2">发生法</td><td>有助于土地类型结构层次性的认识，可科学地进行土地分级</td><td>难以在尺度上和精度上对土地类型进行具体划分</td></tr>
<tr><td rowspan="3">景观法</td><td>顺序法</td><td>系统性和逻辑性强</td><td>主观性强，工作量大，不适用于较大范围的土地分类，很少被采用</td></tr>
<tr><td>两列指标网格法</td><td>能清楚地表示各分类级别及各类型在分类上的从属关系，简单明了，便于阅读</td><td>不利于了解土地类型的划分标志和组成土地单位的各成分的特征及其相互关系</td></tr>
<tr><td>路线考察法</td><td>简便易行</td><td>精度不高，要求分类者具有丰富的分类经验和较强的野外工作能力</td></tr>
<tr><td colspan="2">参数法</td><td>客观量测的参数越多，客观性越强；
因具有定量的特点，故便于数量比较，适于计算机处理，前景广阔</td><td>工作量大</td></tr>
</table>

1. 发生法

该方法特别强调研究土地类型的形成和演化过程并以此作为演绎推理的依据，构建一个自上而下分解的等级系统。由于土地构成因素的复杂性，人们对土地系统的认识所限，发生法基本上只能以气候和地学因素为主要划分依据。因此用发生法进行土地类型分类往往只适用于宏观尺度的概略分类；而小区域的土地类型分异规律相对复杂，各个土地要素的作用及其相互关系错综复杂，完全依靠发生法来理清土地类型分类的所有细节是十分困难的，因而必须借助其他分类方法来进一步续分小区域详细尺度的土地类型。

2. 景观法

景观法是划分土地类型的另一种途径。该方法通过辨识土地空间形态（景观）特征来划分土地类型单元，并在国内外得到了广泛应用。地表各种自然要素在空间上相互作用而形成各种自然综合体，这些综合体其内部相对一致，而与相邻综合体的特征有明显差异。依据土地因素在各地段的结合方式及其作用强度的差异，通过综合分析，选取其中对土地单元个体分异起主导作用的因素确定土地类型个体的空间界线。其界限比较清楚，一般能得到内部一致性较强的土地单元，所划分的土地单位在尺度上和精度上都适合于土地类型划分要求。景观法的特点是注重形态，较少考虑数量指标；而且分类指标的选定和分类系统的拟定，主要依赖研究者的经验，带有主观性，这是它的不足。但是景观法应用比较方便，而且能相对准确地划分出土地类型，所以被广泛应用。

3. 参数法

参数法是根据土地属性的特征值划分土地类型的一种方法，即在选取相对重要参数的基础上进行土地类型划分的方法。比如依据海拔高度、坡度、坡向、水文网密度等参数作为分类依据。参数法的科学性取决于参数的科学选取与分级，但是参数的选择与鉴定尚在探索过程之中，还不适合于大面积的土地类型制图。但该方法具有定量化的特点，适宜于计算机制图。

3.2.3 土地类型分类系统简述

3.2.3.1 国外主要土地类型分类系统

1. 苏联的土地类型分类系统

苏联的土地类型分类体系是建立在景观学研究的基础之上。该系统把景观作为在地带性和非地带性因素共同作用下所形成的具有最大一致性的自然区划单位。景观内部在形态结构上有明显的差异。因此，按照地方性分异规律对景观内部综合自然特征的相似性和差异性进行分析、比较，对形态单位做出划分，并研究不同形态单位的特点及彼此之间的关系，称为景观形态学研究，也就是土地类型研究。

苏联所划分的景观形态单元有“地方”“限区”和“相”3 级。“相”是最小的景观形态单元，即最低级的土地类型单元。一个相在地貌上相当于一个地貌面，具有相同的处境（指地形部位、相对高度、坡度和坡向），同一基质（岩性），同一小气候和水文状况，同一植被群丛和同一土壤变种，在生产利用上可采用几乎相同的措施。“限区”是相的有规律结合体，它是因水的运动、固体物质的搬运和化学元素的迁移具有共同方向而联结起来的、不同相的有规律组合。例如，丘陵限区由丘顶相、丘坡相、坡麓相组成；冲沟限区由沟坡相和沟底相组成；阶地限区由阶坡相和阶面相组成。对于每一个限区而言，在改造利用时需要有一套相应的措施，这些措施应考虑到组成限区的各个相的关系。以冲沟限区为例，沟底相要防止不断下切，必须采取修建谷坊等措施，沟坡相要采用生物和工程措施防止侵蚀，两者必须作为整体考虑。如果只考虑治理沟底，而忽视治理沟坡，沟底谷坊会因被淤满而失效。“地方”是限区有规律组合而形成的高级土地类型单元。每一个地方均有其独特的一组限区，它们构成复区，相当于特别复杂的初级地貌形态，在其范围内无统一的物质迁移方向。

“地方”通常表现为几种初级地貌形态在其范围内成一定格局重复出现或彼此叠置分布。例如，一个沙丘带，沙丘和丘间低地两种限区重复分布。遭受多级切割的阶地或黄土梁地也可视为一个地方。

综上所述，在相、限区和地方之间存在密切的联系（表 3-3、图 3-2）。由相构成限区，由限区构成地方；其间还包括一些过渡单位即环节、复杂限区和地方组合，它们均属土地分类单位。若干地方的进一步组合构成自然地理区（即景观），但它已不属于土地分类单位。

表 3-3 相、限区和地方的比较

土地级	地形	气候	水文	土壤	植被
相	地貌面	小气候	土壤水性质相同	变种	群丛
限区	初级地貌形态（简单、复杂）	小气候组合	排水条件和潜水条件相同	变种组合	群丛组合
地方	初级地貌组合	地方气候	水文复区	复区	复区

引自：陈传康，1992。

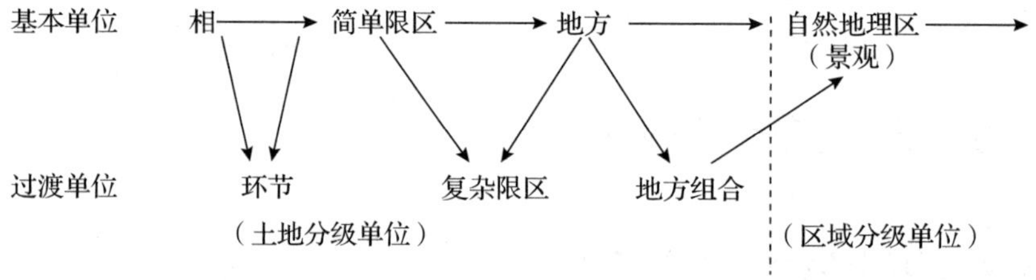

图 3-2 土地分级单位之间的关系（引自：陈传康，1992）

2. 澳大利亚（英澳学派）的土地类型分级系统

澳大利亚的土地分类系统分为 3 级，即土地系统、土地单元、土地点（或立地）。土地系统是分级系统中的高级土地单位。C. S·克里斯琴和 G. A·斯图尔特在 1953 年发表的《凯瑟琳-达尔文地区的考察报告》中首次提出"土地系统"和"土地单元"的概念。报告中的"土地系统"定义是："土地系统是一个地区或几个地区的组合，它的地形、土壤出现重复的组合型。"也就是说，土地系统内包含了不同类型的土地，它们按一定规律重复出现。可以看出，"土地系统"基本相当于苏联分级系统中的地方（或复杂限区），例如，一个遭受切割的阶地，一条沙丘带，一条水荡沼泽分布带，一道遭受切割的黄土梁等，都是"土地系统"的具体例子。在它们内部已经可以看到沿一定方向的重复出现的低级土地单位所构成的一种特殊格局。后来的文献对土地系统概念的表述更为明确，将其定义为："土地系统是土地单元的集合。这些土地单元在地理上和地形上有相互的联系，在这个土地系统中的地形、土壤、植被重复出现。"

土地单元是一组相互关联的土地类型组合，它们在土地系统内与某一特定的地形有关。在该土地单元出现的地方，总是有相同的土地点的组合，其复杂程度部分取决于作为被研究单元的地形的复杂性，部分则取决于反映土壤或植被变化的发生因素，但不是地表本身的变化。因此，可以认为一个土地单元就是一组相关的土地点，其组成要素特征（如地形、植被和土壤等）以及土地利用是相似的。

土地点（立地）则是在内部性质和土地利用特点上更为一致的空间单元，也是理论上最低级的土地等级单位。因其面积很小，在中、小比例尺综合调查制图中一般难以将它们独立地表示出来。

通过比较可以发现，该分级系统中的土地单元和土地点类似于苏联分级系统中的限区和相，而且各自的土地分类系统具有相类似的逻辑体系。

澳大利亚的土地系统、土地单元和土地点的三级土地类型分类系统，不仅在本国和巴布亚新几内亚的土地资源调查中得到了广泛应用，在国际上也有一定的影响。例如，英国海外发展部土地资源研究中心在亚洲、非洲、中南美洲等地调查时也采用三级土地类型分类系统，即土地系统、土地面和土地要素，其中的土地面和土地要素在含义上分别类同于澳大利亚的土地单元和土地点。

3. 美国土地资源层级—USDA，NRCS

美国土地资源层级（land resource hierarchy）体系结合了生态分类与行政管理，形成多尺度管理框架，是由 Austin 在其所在的得克萨斯州案例研究的基础上建立的。该框架包含了生态基础层级（基于自然属性划分）、行政管理层级（基于政策管控划分）和土地利用统计层级（基于经济功能划分）。其中的“生态基础层级”类同于土地类型层级分类，主要依据自然属性的空间差异性而划分（表 3-4）。这套分类思想的发展受到土壤学的影响，最初目标是对土壤生产能力进行分级并与农业潜力和土地利用适宜性相联系，其后续发展主要参照美国土壤分类体系的层次结构进行建立。分类体系基于影响土地利用和管理的自然和人为因素对地球表层进行划分，采用气候、地质等七种因素进行描述。在划分方法上，最初建立的 LRR-MLRA-LRU 是对土壤组合单元自下而上进行聚合，而 Salley 等提出仅通过低层级单元聚集很难识别高尺度单元的差异性，子系统只能在系统整体环境下划分才具有合理性，因此建议采用从上到下划分方法，在生态立地一级采用由自上而下和自下而上相结合的方式（图 3-3）。

表 3-4　美国土地资源层级分类系统

单元类型	定义	分类要素
土地资源区	地理上相关的主要土地资源区的集合，近似于农业市场区	气候
主要土地资源区	地理上相关的土地资源单元的集合	气候、地质
土地资源单元	资源问题和治理需求相似的地理区域，是对主要土地资源区的细分	土类、水文、地形、资源利用和影响利用的人为因素
生态立地群	具有相似的生态状态属性（植被物种/生命形式关系）和演替过程（干扰机制和管理活动）的地理单元，是对土地资源单元的细分	地质、地貌、地形
生态立地组	从属于同一个土壤单元的多个生态立地的组合	
生态立地	具有产生特定种类和数量植被以及对管理活动和自然干扰做出相似反应的能力，由重复出现的土壤、地貌、水文、地质和气候特征组成的单元，代表了土壤性质和植被属性之间的相关性	地貌、地形、土壤-植被动态关系
斑块	土体单元	土壤-植被动态关系

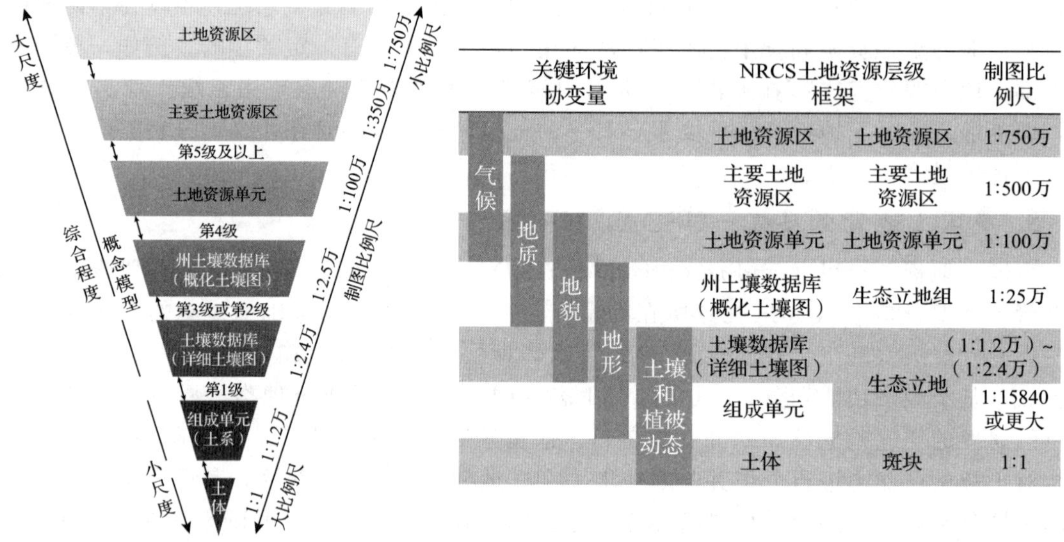

图 3-3 自上而下和自下而上相结合的土地生态分类体系（引自：Salley，2016a，2016b）

由于土地系统在不同尺度上表现出差异性，因此可通过层级嵌套的方法对其进行系统划分。在土地系统中，信息流动通常呈现自上而下与自下而上的双向特征，使得分类体系的构建既可以基于聚合，也可以基于细分（即自下而上与自上而下的过程）。

聚合分类以个体对象为基础，通过识别个体相似性将其归类，通常适用于对大尺度过程理解尚不充分的情境。相较而言，细分分类则以整体为起点，依据内部同质性特征将其划分为更小的单元。两种方法分别形成独立的层级体系，并具有不同的程序、概念与应用模式。由于资源可通过聚合或细分进行分类，中间尺度在信息流动过程中发挥关键作用，它连接了自下而上的信息流动与自上而下的信息流动。在美国土地资源层级框架中，生态立地承接了斑块和生态立地组的联系，因此在开展划分工作过程中为保障划分的准确性，应同时兼顾自上而下和自下而上这一过程。

3.2.3.2 中国 1∶100 万土地类型分类系统

在 20 世纪 50—60 年代，我国基本沿用了苏联景观学派的分类思想。例如，林超等在北京山区的土地类型制图，采用地方、限区和相作为基本的土地分级单位。比例尺大于 1∶1 万，以相为制图单位；1∶（1 万～20 万），以限区为制图单位；1∶（20 万～100 万），则以地方为制图单位。北京山区由于新构造运动和强烈的侵蚀，地文期地形面被切割而形成了各种中地貌形态及它们的有规律组合。其中，受切割的地文期地形面相当于地方，其进一步切割而形成的中地貌形态相当于限区，而构成中地貌形态的地形部位则是划分相的主要依据。

在 20 世纪 70 年代末期以后，我国大、中比例尺土地类型制图中的土地分级逐渐趋向于采用苏联景观学派和英澳学派相结合的三级分类系统。例如，余显芳所做的深圳市 1∶5 万土地类型图采用土地系统、土地单元和土地立地三级系统，不仅在名称上与英澳学派雷同，含义也基本一致。倪绍祥等在福建省沙县东溪流域的 1∶5 万土地类型图也采用土地类、土地型和土地组三级系统，分别相当于英澳学派的土地系统、土地单元和土地点，他在该区域的土地类型制图时续分出了平地、岗丘、丘陵、低山、中山 5 种土地类和 18 种土地型；由于受 1∶5 万比例尺所限，土地组一级无法制图。刘胤汉等在陕北黄土高原的土地类型制图，采用土地类、土地单元和土地素三级划分，其各级土地分类含义与上述相似。

我国关于土地类型的分类系统还没有一致方案。20 世纪 80 年代，“中国 1∶100 万土地类型图编辑委员会”曾拟订了一个《中国 1∶100 万土地类型分类系统》，已被广泛应用。这是一个用于中小比例尺土地类型调查与制图的分类系统（表 3-5），采用土地纲—土地类—土地型三级分类结构，主要服务于全国农业土地利用区划。该分类系统首先根据大尺度的水热组合类型或大地貌格局，将全国按自然地带或亚地带分异划分为 12 个土地纲，土地纲反映的是土地的光温水生产力的区域性差异。然后，根据中地貌类型（山区以垂直地带划分）不同，在同一土地纲内续分出不同土地类；土地类揭示景观形态差异（如高山、中山、低山、丘陵、河滩地、洼地、河川沟谷地等），直接关系到区域内的农林牧用地规划布局。在土地类以下，再依据小地貌类型、植被亚型或群系、土壤亚类等差异将土地类续分为不同的土地型，大致反映光温水土生产力的基本差异。例如，第 F 土地纲即湿润半湿润暖温带土地纲中，有一岗台地土地类（第 F_8 土地类），再根据土壤类型（亚类）划分出 4 个土地型：$F_8$1 棕壤岗台地、$F_8$2 淋溶褐土岗台地、$F_8$3 褐土岗台地、$F_8$4 碳酸盐褐土岗台地。

表 3-5 我国 1∶100 万土地类型图分类系统

土地纲	土地类
A 湿润赤道带	A_1 岛礁
B 湿润热带	B_1 岛礁；B_2 滩涂；B_3 低湿河湖洼地；B_4 海积平地；B_5 冲积平地；B_6 沟谷河川与平坝地；B_7 台阶地；B_8 丘陵地(相对高度＜200 m)；B_9 低山地(海拔 500～1 000 m，相对高度＜200 m)；B_{10} 中山地(海拔 1 000～2 500 m)
C 湿润南亚热带	C_1 滩涂(潮间带)；C_2 低湿河湖洼地；C_3 海积平地；C_4 冲积平地；C_5 沟谷河川与平坝地；C_6 岗台地；C_7 丘陵地；C_8 低山地；C_9 中山地
D 湿润中亚热带	D_1 滩涂(潮间带)；D_2 低湿河湖洼地；D_3 海积平地；D_4 冲积平地；D_5 沟谷河川与平坝地；D_6 岗台地；D_7 丘陵地；D_8 低山地(海拔 500～1 000 m，相对高差＞200 m)；D_9 中山地(海拔 900～1 000 m 及以上)；D_{10} 高山地；D_{11} 极高山
E 湿润北亚热带	E_1 滩涂(潮间带)；E_2 低湿河湖洼地；E_3 海积平地；E_4 冲积平原；E_5 沟谷河川地；E_6 岗台地；E_7 丘陵地；E_8 低山地；E_9 中山地；E_{10} 高山地
F 湿润半湿润暖温带	F_1 滩涂地(潮间带)；F_2 低湿河湖洼地；F_3 海积原地；F_4 冲积平地；F_5 冲积洪积倾斜平地；F_6 沙地；F_7 沟谷河川地；F_8 岗台地(相对高度 10～30 m)；F_9 丘陵地(海拔＜500 m，相对高度 50～200 m)；F_{10} 低山地(海拔 500～1 000 m，相对高度 200～500 m)；F_{11} 中山地(海拔 1 000～2 500 m，相对高度＞500 m)；F_{12} 高山地(有亚高山草甸出现)
G 湿润半湿润温带	G_1 低湿河湖洼地；G_2 盐碱低平地；G_3 草甸低平地；G_4 (冲积)平地；G_5 (冲积)高平地；G_6 漫岗地；G_7 沟谷地；G_8 丘陵地；G_9 低山地；G_{10} 熔岩高原；G_{11} 中山地；G_{12} 高山
H 湿润寒温带	H_1 低湿洼地；H_2 低平地；H_3 针叶林灰化土低山地
I 黄土高原	I_1 黄土冲积平地；I_2 黄土川地；I_3 黄土沟谷地；I_4 黄土台塬地；I_5 黄土塬地；I_6 黄土梁地；I_7 黄土峁地；I_8 黄土涧地；I_9 石质丘岗地；I_{10} 黄土丘陵地；I_{11} 低山地；I_{12} 中山地
J 半干旱温带草原	J_1 低湿滩地；J_2 盐碱滩地；J_3 沟谷地；J_4 干滩地；J_5 沙地；J_6 平地；J_7 岗坡地；J_8 丘陵地；J_9 低山地；J_{10} 中山地

续表3-5

土地纲	土地类
K 干旱温带暖温带荒漠	K_1 滩地；K_2 绿洲；K_3 土质平地；K_4 戈壁；K_5 沙漠；K_6 低山丘陵地；K_7 中山地；K_8 高山地；K_9 极高山地
L 青藏高原	L_1 河湖滩地及低湿地；L_2 平谷地；L_3 平地；L_4 台地；L_5 低中山；L_6 高山地；L_7 极高山

引自：林培，1996。

3.2.3.3 区域性土地类型分类系统（续分）

目前，土地型以下体现小区域差异的低层土地类型续分无统一标准。各地依据当地土地资源特点拟定了各种续分系统，一般是将小地貌甚至微地貌的差异以及土壤性质等作为分类标准。例如，黄自立根据黄土高原土地资源特点拟订了一个适用于黄土高原的续分系统（在全国1∶100万土地类型分类系统中，黄土高原为“Ⅰ”土地纲），在土地型之下续分出“土地组”和“土地单元”两个分类等级，以用于大比例尺土地类型制图，具体分类含义如下：

(1)土地组。依土地型内小地形变化（如地形微起伏度或坡度）而划分。同一土地组的土地质量、生产潜力水平大致相同。土地组适宜于1∶50 000比例尺（县域一级）的制图单位。

(2)土地单元。在土地组之下，再根据土壤（土种）和水分条件（或坡向）的不同而划分的最小单位。土地单元反映限制因素和土壤改良措施的不同。同一单元的土地，土壤性状、水分状况基本相同，如采取相同的经营管理和土壤改良措施，农作物或牧草可获得基本一致的产量。土地单元是1∶（5 000～10 000）比例尺的制图单位。如其中的“黄土丘陵地”土地类（Ⅰ$_{10}$）中的“沟谷地”土地型进一步细分为“沟滩地”“沟台地”和“坝地”3个土地组，其中的“沟滩地”再细分为“砾质沙土低滩地”和“细沙土高滩地”两个土地单元（表3-6）。

表3-6 陕西米脂县泉家沟土地类型分类系统（土地类“黄土丘陵地”以下续分）

土地型		土地组		土地单位		含义
Ⅰ	梁峁坡地	Ⅰ$_1$	梁峁盖地			梁峁顶，坡度＜7°
		Ⅰ$_2$	梁峁缓坡地			坡度7°～15°的梁峁
				Ⅰ$_{21}$	阴坡梁峁缓坡地	坡北、东北、西北向
				Ⅰ$_{22}$	阳坡梁峁缓坡地	坡南、东南、西南向坡
		Ⅰ$_3$	梁峁陡坡地			坡度15°～25°的梁峁坡
				Ⅰ$_{31}$	阴坡梁峁陡坡地	
				Ⅰ$_{32}$	阳坡梁峁陡坡地	
		Ⅰ$_4$	梁峁坬地			坡度＞25°的梁峁坡
				Ⅰ$_{41}$	阴坡梁峁坬地	
				Ⅰ$_{42}$	阳坡梁峁坬地	
		Ⅰ$_5$	梯田			

续表3-6

土地型		土地组		土地单位		含义
				Ⅰ$_{51}$	阴坡梯田	
				Ⅰ$_{52}$	阳坡梯田	
		Ⅱ$_1$	陡坡沟坡地			坡度＜35°
				Ⅱ$_{11}$	阴坡陡坡沟坡地	
	沟坡			Ⅱ$_{12}$	阳坡陡坡沟坡地	
Ⅱ		Ⅱ$_2$	极陡坡沟坡地			坡度 35°～45°
				Ⅱ$_{21}$	阴坡极陡坡沟坡地	
	地类			Ⅱ$_{22}$	阳坡极陡坡沟坡地	
		Ⅱ$_3$	崖坬地			坡度＞45°
		Ⅲ$_1$	沟台地			沟边阶地
	沟谷	Ⅲ$_2$	坝地			人工筑坝淤积而成
Ⅲ		Ⅲ$_3$	沟滩地			漫滩及常水位淹没部分
				Ⅲ$_{31}$	砾质沙土低滩地	地势较低，土壤为砾质沙土
	地类			Ⅲ$_{32}$	细沙土高滩地	地势相对较高，土壤为细沙土

3.2.3.4　土地类型的命名

土地类型的命名既要准确体现其科学含义，又要便于应用。土地类型的命名方法目前尚不统一，归纳起来有以下 3 种。

第一种方法：采用植被、土壤、地貌的三名法。如针叶林漂灰土山地；或者植被（或土壤）、地貌的两名法，如草灌丘坡地和黄红壤山坡地。这种命名方法在我国比较普遍。例如，陕北黄土高原地区，在自然植被保护较好的山区，采用土壤、植被、地貌三名法，如灰褐色森林土针阔叶混交林低山地；而在黄土丘陵和河川地，因人工植被的变化较大，故可采用土壤、地貌两名法，如淤土河谷阶地、褐土宽平梁地。这种命名方法的优点是土地类型的名称较严密、科学，可直接反映出土地类型的主要构成要素和特征，缺点是名称相对较长。

第二种方法：采用群众习用的名称。例如，珠江三角洲地区的沙田、咸田、围田、坑田；黄土高原地区的川地、塬地、梁地、峁地等。这类名称简练、形象，便于使用；而不足之处是地区与地区之间实际差异较大而没有可比性。因此，应对其科学内涵进行仔细分析，并说明与之相应的其他土地类型名称，以便比较。

第三种方法：用地名命名土地类型。澳大利亚、英国等在对土地系统进行命名时经常采用这种方法，主要是为了强调“原产地”特征。例如，澳大利亚康尼斯顿附近的“纳珀比土地系统”和“沃伯顿土地系统”，纳珀比和沃伯顿均是地名。由于这两种土地系统在这两个地点最为典型，故分别以这两个地名命名。但在土地系统以下的土地单元命名，仍采用地貌和岩性或地表组成物质加以说明，例如“石灰岩陡坡地”“泥质平地”等。

总之，不管采用哪一种命名方法，都应力求科学、准确和简明，并能从土地类型的名称看出其土地特征或从名称反映出其分类标志和指标。

3.2.4 中国土地类型分类体系的相关研究进展

中国土地类型相关分类体系研究以专项分类体系为基础，随着地理学科体系的不断发展，对综合分类体系的要素组成和内在机制的研究逐渐完善，逐步开展了土地类型、土地资源类型、SOTER、景观生态类型、地球关键带分类以及当前自然资源部正在实施的自然资源分类等一系列综合分类体系研究。美国科学家提出地球关键带概念，是连接大气圈与岩石圈具有垂直结构特征的生物层，该垂直结构为人类提供了能量和资源，支撑人类生产生活，同时也受到人类活动的强烈影响，由此引发了对地球关键带研究的热潮，国内傅伯杰和张甘霖分别率先开展了关键带类型划分的实践。2020 年自然资源部颁布了《自然资源调查监测体系构建的总体方案》，根据自然资源的发生、演替、表征和利用在 DEM 的基础上构建了管理层-地表覆盖层-地表基质层三级体系。其中地表基质是指当前出露于地球陆域地表浅部或水域水体底部，主要由天然物质经自然作用形成，正在或可以孕育和支撑森林、草原、水等各类自然资源的基础物质。采用岩石类型和土壤颗粒组成进行划分，表示的是相对稳定、不易受人类活动改变、同时能够支撑各种生物的基底类型；地表覆盖层表示的地表实际覆盖类型；管理层则主要以管理界限划分相应的类型单元。整体来看，当前的自然资源分类体系，侧重于服务管理需求，但遗憾的是其中的地表基质分类，没有充分考虑土壤类型划分。

吴克宁等从自然区划、地貌类型、地质类型、土壤类型、水文特征 5 个维度开展服务于自然资源管理的中国 1∶100 万土地类型实证研究，将中国划分为 303 个土地类，8 197 个土地型和 11 455 个土地组，形成自然区划控制下的三级分类体系。土地类型的数量特征和空间结构反映了中国地域的空间格局，为宏观尺度下自然资源管理提供基础。例如，以土地类型图为基础，根据不同农作物对立地条件的需求，筛选获取涵盖粮、油、棉三类作物中的水稻、小麦、玉米、大豆、棉花和油菜 6 种作物的样点分布数据，采用基于机器学习原理的最大熵模型模拟了不同作物的适宜性空间分布特征。此外，还构建了省级和县级尺度的土地类型划分体系，可为区域农用地布局优化提供参考。

土地利用现状是我国土地管理工作的基础，为当前耕地保护与管理等核心任务提供了重要支撑。然而，仅依赖遥感影像“所见即所得”的表征进行土地管理，缺乏对土地自然禀赋的深入解析，难以充分反映其自然资源本底状况，进而弱化了对其资源禀赋的认知深度。此外，众多学者提出土地利用现状调查结果难以充分反映土地综合体的特征，缺乏土地“质”的属性的自然资源管理是不牢固的。而土地类型综合考虑气候、地形地貌、土壤、水文、植被等自然要素，以发生学为指导原则将地理环境划分为实体单元，正是识别土地“质”的重要方式。相同的土地类型应该具有大致相同的自然生产能力，农业生产和利用的适宜性，要求相同的保护、改造土地和提高土地生产力的措施。此外，2022 年中央农村工作会议强调：要坚决守住 18 亿亩耕地红线，坚决遏制“非农化”、有效防止“非粮化”。坚持“良田粮用”的原则，良田好土要优先保粮食，果树苗木尽量上山上坡，蔬菜园艺更多靠设施农业和工厂化种植。现有耕地里面不适合的可以退耕还林还草还湿。《中华人民共和国粮食安全保障法》专章对耕地保护作出规定，重点强调了耕地用途管控，即耕地“非粮化”管控问题。“防止耕地‘非粮化’”是保障粮食安全、实现土地资源合理和可持续利用的核心理念之一。正确理解和实施“防止‘非粮化’”要求，必须以土地类型为基础的土地系统观为指导，根据土地的自然特性和利用需求，因地制宜安排耕地和非耕农用地。第三次全国国土调查开展了基于土地类型的土壤农业利用适宜性评价，为“大食物观”视角下坚守耕地红线，实施耕地与园地、林地、草地和未利用地等资源要素的“占补平衡”，优化耕地与农业生产布局，为确保国家粮食安全和农业综合区划提供科学依据，对于落实“藏粮于地”战略起到基础性作用。

3.2.5　土地类型的分布规律研究

土地类型的分布规律是由其各个构成要素的空间变异性所综合决定的，主要体现在两个方面：一是土地类型的地带性分布规律，二是非地带性或区域土地类型分布规律。

3.2.5.1　土地类型的地带性分布规律

土地类型的地带性分布规律主要是由其构成要素中的气候、土壤、植被的地带性分布规律的综合作用而形成的，表现为 3 种形式：即土地类型的纬向地带性、经向地带性和垂直地带性。

1. 纬向地带性分布

土地类型的纬向地带性分布是指土地类型大致沿纬线方向带状延伸，不同土地类型按经线方向南北更替的现象，它在地形平坦或均匀的大区域内表现比较明显。纬向地带性的表现取决于地球的形状和太阳辐射对地球表面不同的入射角引起不同纬度地带的热量差异，从而使地表的气候、植被、土壤以及土地类型等均呈现沿着纬线方向带状递变。例如，在全球范围内，随着纬度的降低，土地类型依次出现苔原带的土地类型、针叶林带的土地类型、阔叶林带的土地类型和热带雨林的土地类型。土地类型的纬向地带性分布，趋向于与地球的纬线基本平行，但实际上，由于自然界的复杂条件变化，这种平行有序往往由于海陆分布、大气环流、地表形态等复杂多样因素的影响而发生局部变形。

2. 经向地带性分布

土地类型的经向地带性分布是指土地类型沿经线方向南北带状延伸，不同土地类型呈现按纬线方向东西更替的现象。这是由于大陆的大区域内各地区距离海洋远近的不同，使气候、土壤、植被等要素产生大致平行于经线的带状变化，从而造成土地综合体的经向地带性。土地类型的经向地带性在各大陆都有表现，其中以北美大陆的美国表现最为明显，其大陆的东西两侧被大西洋和太平洋所围绕，从大西洋湿润气团带来的水分自东向西逐渐减少，并被东部的阿巴拉契亚山脉所阻拦，西部从太平洋湿润气团带来的充沛雨量却被南北走向的落基山所阻拦，造成大陆中部偏西地带最为干旱，与之相关的植被带、土壤带等均呈经向带状排列。我国温带地区东部由于受太平洋湿润气团的影响，气候湿润，向西逐渐减弱，由沿海向内陆土地类型的分布，大致依次为阔叶林经向带的土地类型、森林草原经向带的土地类型、草原经向带的土地类型、荒漠经向带的土地类型以及沙漠土地类型。

3. 垂直地带性分布

土地类型的垂直地带性是指随着海拔高度的上升，土地类型出现有规律的垂直方向更替的现象。由于海拔升高，在一定高度范围内，温度随之下降，湿度随之增高，植被、土壤等产生了垂直带状递变，土地类型也表现出垂直地带性。土地类型在一定山体的由下往上的垂直变化规律与土地类型由低纬度向高纬度的纬向地带性分布相似，并且垂直带的基带为山地所在的纬向带。例如，位于北纬28°的喜马拉雅山，从亚热带常绿阔叶林开始，向上依次为：针阔混交林带、针叶林带、高山灌丛带、高山草甸带、高山冰雪带。由于随海拔升高的水热变化比因纬度升高的水热变化更为强烈而明显，因此土地类型垂直地带的变化梯度比纬向地带性变化急剧得多。

3.2.5.2 区域土地类型的分布规律

土地类型分布不仅表现出地带性分布规律，在一个区域内还显示出一定的分布特点，表现为一定的区域土地类型结构。

土地类型结构是指在某一区域内，各种土地类型的对比关系，以及它们组合而形成的一定格局，包括空间结构和数量结构。对土地类型结构的研究，不仅有助于提高土地类型研究的理论水平和对区域土地类型及其分布规律的认识，又可促进土地类型分类工作的深入，也能为区域土地资源的合理利用、生产布局提供较为直接的参考依据。

1. 土地类型的空间结构

土地类型的空间结构是指在某个区域内，各类土地的空间位置及彼此间组合而形成的一定格局。土地类型的空间结构往往因地而异，具有明显的地域差异，常见的土地类型空间结构有条带状结构、重复式组合结构、环状结构、扇形结构、树枝状结构等。

(1)条带状结构。多出现在缓坡形的平地、山前平原和沿河两岸。例如，银川平原因地势南高北低，自古大型灌溉渠系均与黄河平行分布，从而使土地类型呈南北条带状延伸、东西方向分异。东起黄河，西至贺兰山山麓，土地类型依次为浅色草甸土土质平地；重、中盐化土质平地；轻盐化土质平地和灌淤熟化土平地；草甸灰钙土土质平地和沙质平地；洪积砾石戈壁。

(2)重复式组合结构。是指几种土地类型交替出现的结构类型。这种土地类型结构常出现在广阔的地上河冲积平原上，常见的是岗地、二坡地、洼地，呈条带式重复更替，如图3-4所示。

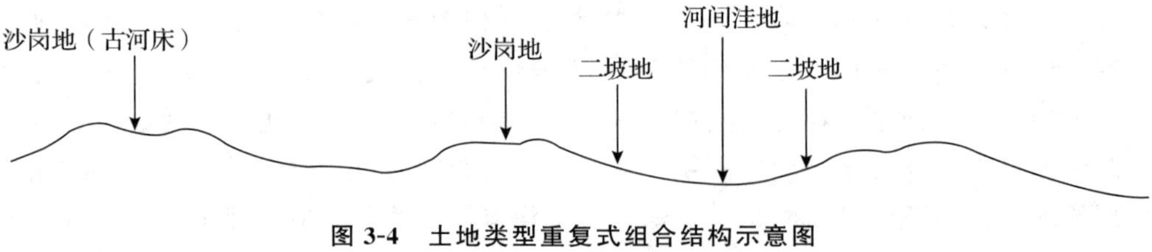

图 3-4 土地类型重复式组合结构示意图

(3) 环状结构。出现在封闭洼地内或小型山体周围，物质和能量的交换具有明显的由高向低转移特征。如宁夏北部的兴仁堡盆地，周围低山丘陵为半荒漠地（旱耕地及草地），山麓为低盐淡灰钙土土质平地，它们呈环形带状分布，盆地中心则为盐湖（图 3-5）。再如宁夏北部的罗山，因山体小，周围地势开阔，由洪积形成的环状土地类型结构也很典型，它的物质迁移方向正好与上述情况相反，是由中心向四周呈放射状。从山麓向外可分为坡积洪积石砾地、洪积砾石戈壁、沙质土地及土质平地 4 个明显的环形带状。

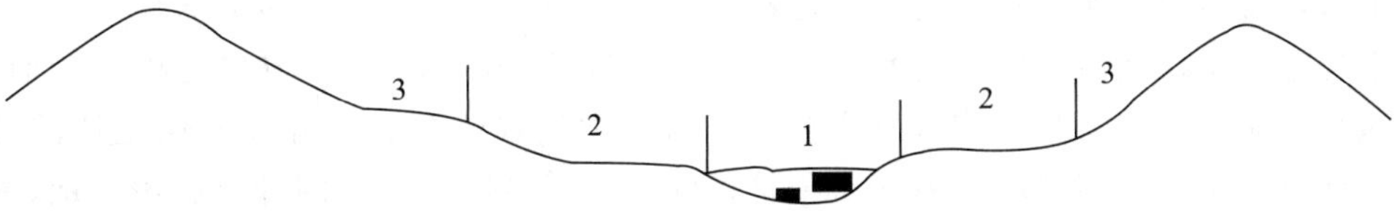

图 3-5　宁夏兴仁堡盆地土地类型环状结构示意图

1. 盐湖；2. 低盐淡灰钙土土质平地；3. 丘陵半荒漠地

(4) 扇形结构。在干旱/半干旱地区山地周围的洪积扇上最为常见。如在贺兰山东麓沿断裂构造线与平原交接处形成大小洪积扇 100 多个，连接为扇群，以镇北堡洪积扇断面为例，其上部坡度大，为洪积砾石戈壁，植被极为稀疏；中部坡度较缓，属洪积沙砾戈壁，以旱生小灌木为主，目前用作天然放牧场；下部地势平坦，为沙土质平地，是发展林牧业的良好基地。

(5)树枝状结构。是低山丘陵区土地类型组合的典型特征，这类地区由于河谷发育，随着水系呈树枝状伸展，土地类型的空间结构为由丘陵和河谷组成的树枝状结构。

2. 土地类型的数量结构

土地类型的数量结构是指某个区域各种土地类型组成的比例关系。因此，土地类型的数量结构实际上是指土地类型在数量上的对比关系。例如，某个地区是“七山一水二分田”，指的就是这种量的对比关系，其中山、水、田是土地类型的“质”，而七、一、二是土地类型的量，即面积比例。确切地说，土地类型的数量结构是指同一级土地类型之间在数量方面的对比关系，表示方法有面积比、频率比、分异度、多样性和优势度等。

土地类型结构的研究对于大农业生产布局有重要意义。一个地区的大农业生产布局结构主要取决于该区水热条件和土地类型结构。水热条件决定了大农业生产构成的方向，而土地类型结构则使大农业生产构成方向更加具体化。更进一步地说，一定的水热条件下有其最适宜发展的作物组合，最适宜饲养的牲畜种类及其品种组合等，据此可大致确定专业化生产的发展方向。然而，由于在相同的水热条件下，存在多种不同的土地类型，而不同的土地类型又适宜于不同的利用方式，所以，水热条件与土地类型结构的结合可更好地确定一个地区具体的大农业生产构成。一般来说，平原地区土地类型结构比较单一，常形成比较集中的专业化生产。而在地貌变化较大的丘陵山区，土地结构复杂，大农业生产不易形成集中优势，可进行具有一定农业构成的专业化趋势的综合发展。

3.2.5.3　土地类型的演替

任何土地类型均有其形成和发展的过程，现时的土地类型仅是漫长的形成和发展历史中的一个阶段，是各种气候过程、地质过程、生物过程，也包括人类活动过程，在特定地质历史时期内相互作用、相互影响的产物。因此，土地类型同自然界的其他事物一样具有发生、发展的动态过程。

土地类型的演替是指在一定时段内，一种土地类型向另一种土地类型演变的过程，或者说是一种土地类型被另一种土地类型所替代的过程。从发展变化的观点来看，目前所见到的各种土地类型，只是土地类型动态演替的瞬间表现，它既是过去演替的结果，又是未来演替的开始。土地类型的演替，从演替过程来看，既有节律性演替，又有非节律性演替；从演替的原因来说，既有自然原因，如新构造运动、滑坡、崩塌、侵蚀等；也有人为原因，如砍伐植被、不合理开垦以及由此引起的水土流失、土层变薄、沙漠化等。从演替的方向而言，既有正向演替，又有逆向演替。前者是指在顺应自然发生规律和合理开发利用土地的情况下，土地类型向维持生态平衡方向发展的一种良性演化；后者则指不合理开发利用土地，造成土地类型向破坏生态平衡方向发展的一种退化演化。研究土地类型的演替，就是要阐明土地类型演化的规律及其原因，在尽量不违背自然规律的基础上实施各种土地利用行为，防止土地类型退化性演替，促进其进行（良性）演替。

图 3-6 显示了内蒙古准格尔旗北部风沙区的土地类型演替模式。该区位于库布齐沙漠及黄土高原北缘沙黄土地区，流动沙丘和固定、半固定沙丘之间的演替是一种占主导的演替形式。主要的自然过程是风沙化、土壤潜育化和盐碱化等。人为的影响和作用，一方面体现在砍伐林灌和过牧、滥垦引起的沙化和草场退化等；另一方面体现在种树种灌草防风固沙和治理盐碱等。

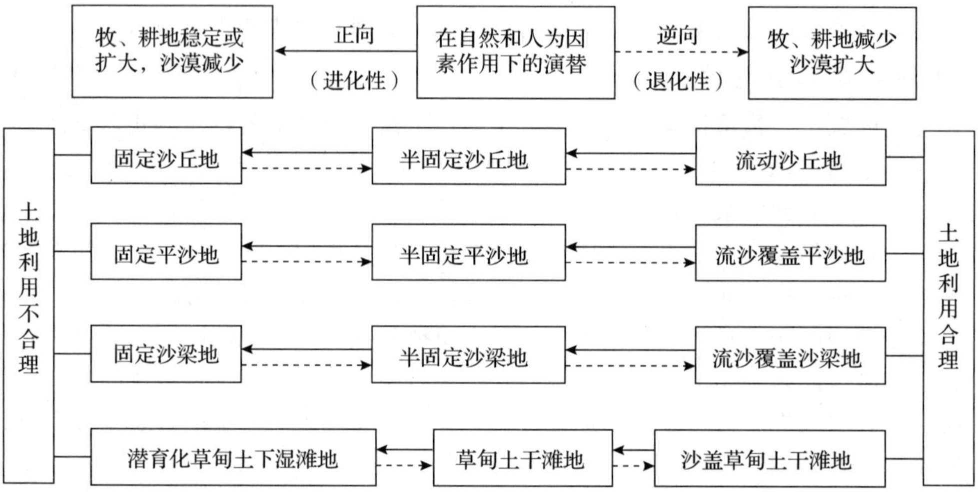

图 3-6 内蒙古准格尔旗北部风沙区土地类型演替模式

3.3 土地利用类型划分

3.3.1 土地利用类型与土地利用结构

人类为了生存和发展，向土地的索取是多方面的，如食物、住处、交通、娱乐等。而且随着社会生产力的发展，人们的物质和精神需求将不断提升，对土地资源的利用需求也更加多样化，因而产生了多种多样的土地利用类型。

土地利用类型是指土地利用方式或功能相同的土地资源单元，其划分的依据主要是土地的用途（功能）、利用方式和经营特点、覆被状况等因素。土地利用类型的产生和分布具有如下特点：①它是在自然、经济和技术条件综合影响下，经过人类活动干预而形成的产物；②土地利用类型在空间分布上具有一定的地域性，但也可以重复出现；③随着社会、经济和技术条件的改变，土地利用方式及其布局也具有明显的动态变化规律，即土地利用/覆被变化（LUCC）的特征。

土地利用结构是指区域内各种土地利用类型在数量上的比例关系以及空间上的分布格局，即包含数量结构和空间结构两大特征。土地利用的数量结构一般用每类土地（如农用地、建设用地、未利用土地）占区域内总土地面积的百分数表示。土地利用的空间结构是指各种土地利用类型在空间上的相互组合关系，一般用各类土地利用在空间上的组合特征来描述。土地利用结构优化是土地利用规划的核心，通过土地利用结构调整，寻求土地利用最优结构，完成土地利用空间布局优化，实现区域土地资源的合理配置。

3.3.2　土地利用分类原则和依据

土地利用类型划分是指对现有的土地利用状况根据其利用的方式、结构和特征的相似性与差异性而进行分类。通过土地利用现状分类制图，一方面可以查清和量算各类用地面积；另一方面也可以了解土地利用结构与空间布局，分析土地利用现状所存在的问题，为土地利用规划提供直接依据。

1. 土地利用类型划分的原则

(1)充分考虑土地利用现状的特征。土地利用现状是人类长期利用和改造土地资源的结果，全面地记录和反映了土地利用的本质特征和土地利用功能之间的差异性，是划分土地利用类型的主要依据。

(2)反映土地利用的地域性。由于土地利用现状及土地利用结构受到各地区的自然、社会、经济及技术条件的影响而具有明显的地区差异，所以在划分土地利用类型时，一定要体现各地区土地利用的特点，揭示土地利用的分布规律。我国各省（自治区、直辖市）的土地利用分类，在保持统一性的前提下，对其分类可以有所增减，以充分反映本地区土地利用方面的特色。

(3)充分考虑生产应用性。土地利用类型的划分一定要考虑经济建设的要求，把土地利用现状分类与因地制宜地利用土地资源结合起来，使分类结果更具有生产的适用性。分类体系力求层次简明，分类要明确，含义要准确，说明要正确，便于调查和应用。

(4)具有科学性和系统性。土地利用现状尽管因地区之间的差异而表现得非常复杂，但仍有一定的规律性，即相似性和差异性。因此，在土地利用类型的划分中应正确归纳相似性、区别差异性，从大到小或从高级到低级逐级细分，即采用多级续分法，形成一个上下联系、逻辑分明的土地利用分类的科学系统。

2. 土地利用类型划分的依据

土地利用类型划分的依据主要是土地的用途、经营特点、利用方式和覆盖特点等因素。以我国土地利用现状调查技术规程中的分类方案为例，一级类型的划分以土地用途或土地在国民经济中的功能作为划分的基本依据，二级类型以利用方式为主要标准，同时也考虑了经营特点、覆盖度等因素。

3.3.3 国外主要土地利用分类系统简介

3.3.3.1 英国及欧洲的土地利用分类系统

由于历史和自然条件的原因，英国是一个以畜牧业为主的国家，传统意义上的耕地比例相对较少，永久性草地和粗放性放牧场占到农业用地的60%；同时，英国是欧洲林地最少的国家，林地只占全国土地面积的9%左右。随着社会经济的发展，城市、交通、工矿等其他非农用地所占比例越来越多，这是未来土地资源可持续利用和管理所面临的主要挑战。

20世纪60年代末，20多个欧洲国家合作，共同编制了1∶250万的土地利用图。英国及整个欧洲的土地利用分类系统采用二级分类（表3-7），其中一级共分出六大类，分别是农业用地、草地、园地、林地、荒地、建设用地；二级共22类。

表3-7 英国及欧洲的土地利用分类系统

一级分类	二级分类	一级分类	二级分类
1. 农业用地	11. 粮食作物 12. 经济作物 13. 根类作物 14. 饲料 15. 混合耕作 16. 休闲	4. 林地	41. 针叶林 42. 阔叶林 43. 混交林 44. 用材林 45. 非生产性林地
2. 草地	21. 湿草地 22. 干草地 23. 高山草地 24. 改良草地	5. 荒地	51. 石骨地（包括冰川） 52. 流沙 53. 不生产地
3. 园地	31. 坚果 32. 鲜果 33. 草莓 34. 柑橘	6. 建设用地	

3.3.3.2 美国的土地利用分类系统

美国地域广阔，土地肥沃，早在20世纪60年代后期就基本实现了农业现代化。美国农业用地（耕地和牧地）约为4.3亿hm^2，占全球农业用地面积的10%左右，而粮食产量约占世界总产量的1/5，主要农产品如小麦、玉米、大豆、棉花、肉类等产量均居世界首位；森林面积约2.93亿hm^2，覆盖率达33%。但是随着大城市的发展，郊区扩大，作物面积逐步收缩，同时旅游业兴起，土地利用发生了多方面的变化。

美国的土地利用分类体系突出对生态环境和自然资源保护的管理重点，对一些具有生态功能的土地（如湿地、苔原等）单独细分；同时为了满足土地建设和土地税收服务的管理目标，对城市与建设用地也按其用地性质划分得较为详细。其土地利用分类系统为三级分类体系，其中一、二级具有明确专门的说明，而三级则采用了开放式的方法，即各地根据具体情况适当增减，具体分类系统如表3-8所示。

表 3-8　美国的土地利用分类系统

一级分类	二级分类
1. 城市与建设用地	11. 居住用地 12. 商服用地 13. 工业用地 14. 运输与公共事业用地 15. 工业与商业混合用地 16. 城市与建筑混合用地 17. 其他城市与建筑用地
2. 农业用地	21. 耕地与草地 22. 果园、菜园 23. 圈定牧场 24. 其他农业用地
3. 草地	31. 草丛用地 32. 灌丛 33. 混合草地
4. 林地	41. 落叶林地 42. 常绿林地 43. 混合林地
5. 水域	51. 河流与运河 52. 湖泊 53. 水库 54. 海湾与河口
6. 湿地	61. 生长森林的湿地 62. 无林湿地
7. 荒地	71. 干盐滩 72. 海滩 73. 其他沙地 74. 石骨裸露地 75. 露天矿坑 76. 改变利用中的地区 77. 混合荒地
8. 苔原	81. 灌木与灌丛苔原 82. 草丛苔原 83. 秃地苔原 84. 湿苔原 85. 混合苔原
9. 永久积雪	91. 常年积雪 92. 冰川

3.3.3.3　日本的土地利用分类系统

日本在第二次世界大战后百废待兴，较早地开展了全国性的大比例尺土地利用调查工作，并在此基础上制定了一系列的地区性开发规划。1953—1973 年间，日本土地调查所进行了全国性的土地利用调查，目的是掌握土地利用的合理程度和存在问题，为改善土地利用和区域规划提供科学依据。20 世纪 60 年代后，日本经济基本恢复，并开始逐步调整发展，这一切的变化也引起了土地利用的显著改变。80 年代后期，日本人口出现向首都东京集中的趋势，90 年代虽有所缓解，但东京人口仍占全国的 10%左右。进入 21 世纪，日本的国土政策开始从单纯开发向重视国土保护与管理、综合计划、地方分权方向发展。

日本是个资源匮乏、人口稠密的国家，土地利用问题是制约其经济发展的重要因素。日本境内多山，1997 年森林面积占 66.5%，农用耕地占 13.3%，住宅用地占 4.6%，河流湖泊占 3.5%，道路占 3.2%，荒野占 0.7%，其他占 8.1%。在农耕地组成中，平原和盆地以水田为主，而台地和山坡主要是旱地，牧场和草地极少。

日本的土地利用分类采用了国际上少见的全国统一的三级分类系统，一级分为五大类，分别是城市聚落用地、农业用地、林业用地、荒地和其他用地。其中，城市聚落用地分类十分详细，农业用地中涵盖了园地，而林地分类则依据主要树种进行细分（表 3-9）。

表 3-9 日本的土地利用分类系统

一级分类	二级分类	三级分类	一级分类	二级分类	三级分类
1. 城市聚落用地	11. 住宅用地	111. 一般住宅区 112. 中高层住宅区	3. 林业用地	31. 针叶林	311. 人工林 312. 天然林
	12. 商业业务地区	121. 商业地区 122. 业务地区		32. 阔叶林	
	13. 工业地区			33. 针阔混交林	
	14. 公共地区	141. 公共业务地区 142. 文教地区 143. 卫生福利地区 144. 公园绿地		34. 竹林	
	15. 设施	151. 运动比赛设施 152. 交通运输设施 153. 供给处理设施；防务设施		35. 棕榈科树林	
				36. 伏松、卧藤松地	
				37. 丛生矮竹林地	
	16. 空地		4. 荒地	41. 荒地	411. 野草地 412. 裸露地
	17. 正在施工中的地区				
2. 农业用地	21. 水田	211. 水田	5. 其他用地	51. 特定地区（禁区）	
	22. 旱地	221. 普通旱地 222. 果树园 223. 桑园 224. 茶园 225. 其他树木地			
	23. 设施	231. 牧场和草地 232. 畜舍 233. 温室			

3.3.4 中国土地利用分类系统

3.3.4.1 第一次全国土地利用现状调查技术规程中的分类系统

早期的中国土地利用分类体系出现在 20 世纪 30 年代，金陵大学教授卜凯在 1937 年汇总各地农业报告后，编著了《中国之土地利用》一书，主要是农业土地利用分类。地理学家任美锷教授于 20 世纪 40 年代初在遵义开展了土地利用调查，将土地利用类型分为六大类，即水田、旱地、森林、道路与房屋、荒地、其他用地。

1978 年以后，全国开展了土地利用现状调查研究工作，制定了两套土地资源的利用分类系统，即中国 1∶100 万土地利用图分类系统和县级土地利用现状调查分类系统。中国 1∶100 万土地利用图分类系统将土地利用分为二级类型，第一级类型共分 11 个，第二级类型共分 42 个。全国县级土地利用现状调查分类系统初拟于 1980 年，经过各个土地利用现状调查试点县的实践，全国农业区划委员会土地资源及土壤普查专业组于 1981 年 7 月提出了

《土地利用现状分类及其含义（草案）》，其中一级类型 11 个，二级类型 48 个。

经过试行以及修改完善后，于 1984 年 9 月正式发布了《土地利用现状调查技术规程》，其中一级类型改为 8 个，二级类型改为 46 个（表 3-10）。一级类型的八大类主要是反映了土地资源在国民经济各部门的配置结构，即农（耕地）、林（林地、园地）、牧（草地）、水（水域）、交通（交通用地）、工业与建设（居民点及工矿用地），以及将未利用地单独归为一类。二级类型的 46 类主要是根据土地利用过程中经营方式的差异（如有无灌溉条件、详细的利用形式等）和利用程度的不同（如林地的覆盖率、草地的人工改良程度等）来划分的，而水域和未利用地则根据其自然类型的特点划分。需要说明的是，由于我国幅员辽阔，各地的土地利用特点差异极大，因此有些地区又进行了第三级的续分，其续分的依据有的是考虑了土地的自然条件，如旱地中又分出梯田、缓坡旱地、中坡旱地和陡坡旱地等；有的是根据作物种植制度或种类而分，等等。土地详查和土地变更调查就是采用土地利用现状分类。

表 3-10　第一次全国土地利用现状详查分类系统及其含义（1984 年）

一级类型		二级类型		含义
编号	名称	编号	名称	
1	耕地			种植农作物的土地，包括新开荒地、休闲地、轮歇地、草田轮作地；以种植农作物为主，间有零星果树、桑树，或其他树木的土地；耕种 3 年以上的滩地和海涂。耕地中包括南方宽＜1.0 m，北方宽＜2.0 m 的沟、渠、路、田埂
		11	灌溉水田	有水源保证和灌溉设施，在一般年景能正常灌溉，用以种植水稻，莲藕、席草等水生作物的耕地，包括灌溉的水旱轮作地
		12	望天田	无灌溉工程设施，主要依靠天然降水，用以种植水稻、莲藕、席草等水生作物的耕地，包括无灌溉设施的水旱轮作地
		13	水浇地	指水田、菜地以外，有水源保证和灌溉设施，在一般年景能正常灌溉的耕地
		14	旱地	无灌溉设施，靠天然降水生长作物的耕地，包括没有固定灌溉设施，仅靠引洪淤灌的耕地
		15	菜地	种植蔬菜为主的耕地，包括温室、塑料大棚用地
2	园地			种植以采集果、叶为主的集约经营的多年生木本和草本作物，覆盖度＞50%，或每 0.066 7 hm^2 株数大于合理株数 70%的土地，包括果树、苗圃等用地
		21	果园	种植果树的园地
		22	桑园	种植桑树的园地
		23	茶园	种植茶树的园地
		24	橡胶园	种植橡胶树的园地
		25	其他	种植可可、咖啡、油棕、胡椒等其他多年生作物的园地
3	林地			生长乔木、竹类、灌木、沿海红树林等林木的土地。不包括居民绿化用地，以及铁路、公路、河流和沟渠的护路林、护岸林
		31	林地	树木郁闭度＞30%的天然、人工林
		32	灌木林	覆盖度＞40%的灌木林地
		33	疏林地	树木郁闭度 10%～30%的疏林地

续表 3-10

一级类型		二级类型		含义
编号	名称	编号	名称	
		34	未成林造林地	指造林成活率大于或等于合理造林株数的 41%，尚未郁闭但有成林希望的新造林地（一般指造林后不满 3～5 年，或飞机播种后不满 5～7 年的造林地）
		35	迹地	森林采伐、火烧后，5 年内未更新的土地
		36	苗圃	固定的林木育苗地
4	牧草地			生长草本植物为主，用于畜牧业的土地
		41	天然草地	以天然草本植物为主，未经改良，用于放牧或割草的草地，包括以牧为主的疏林、灌木草地
		42	改良草地	采用灌溉、排水、施肥、松土、补植等措施进行改良的草地
		43	人工草地	人工种植牧草的草地，包括人工培植用于牧业的灌木
5	居民点及工矿用地			指城乡居民点，独立居民点以及居民点以外的工矿、国防、名胜古迹等企事业单位用地，包括其内部交通、绿化用地
		51	城镇	市、镇建制的居民点，不包括市、镇范围内用于农、林、牧、渔业生产用地
		52	农村居民点	镇以下的居民点用地
		53	独立工矿用地	居民点以外独立的各种工矿企业、采石场、砖瓦窑、仓库及其他企事业单位的建设用地。不包括附属于工矿企事业单位的农副业生产基地
		54	盐田	以经营盐业为目的，包括盐场及附属设施用地
		55	特殊用地	把居民点以外的国防、名胜古迹、风景旅游、基地、陵园等用地
6	交通用地			居民点以外的各种道路及其附属设施和民用机场用地，包括护路林
		61	铁路	铁道线路及站场用地，包括路堤、路堑、道沟、取土坑及护路林
		62	公路	指国家和地方公路，包括路堤、路堑、道沟和护路林
		63	农村道路	指农村南方宽≥1 m，北方宽≥2 m 的道路
		64	民用机场	民用机场及其附用设施用地
		65	港口、码头	专供客、货运船舶停靠的场所，包括海运、河运及其附属建筑物，不包括常水位以下部分
7	水域			指陆地水域和水利设施用地，不包括滞洪区和垦殖 3 年以上的滩地、海涂中的耕地、林地、居民点、道路等
		71	河流水面	天然形成，或人工开挖河流常水位岸线以下的面积
		72	湖泊水面	天然形成的积水区常水位岸线以下的面积
		73	水库水面	人工修建总库容≥10 万 m^3 正常蓄水岸线以下的蓄水面积
		74	坑塘水面	天然形成或人工开挖蓄水量<10 万 m^3 常水位岸线以下的蓄水面积
		75	苇地	生长芦苇的土地，包括滩涂上的苇地
		76	滩涂	包括沿海大潮高潮位与低潮位之间的期摆地带，河流、湖泊供水位至洪水位间的滩地，时令湖、河洪水位以下的滩地，水库、坑塘的正常蓄水位与最大洪水位间的面积。常水位线一般按地形图，不另行调绘
		77	沟渠	人工修建，用于排灌的沟渠，包括渠槽、渠堤、取土坑、护堤林，指南方宽≥1 m，北方宽≥2 m 的沟渠
		78	人工建筑物	人工修建，用于除害兴利的闸、坝、堤路林、水电厂房、扬水站等常水位岸线以上的建筑物

续表 3-10

一级类型		二级类型		含义
编号	名称	编号	名称	
		79	冰川及永久积雪	表层被冰雪常年覆盖的土地
8	未利用土地			目前还未利用的土地，包括难利用的土地
		81	荒草地	树木郁闭度＜10%，表层为土质，生长杂草，不包括盐碱地、沼泽地和裸土地
		82	盐碱地	表层盐碱聚集，只生长天然耐盐植物的土地
		83	沼泽地	经常积水或渍水，一般生长湿生植物的土地
		84	沙地	表层为沙覆盖，基本无植被的土地。包括沙漠，不包括水系中的沙滩
		85	裸地	表层为土质，基本无植被覆盖的土地
		86	裸岩石砾地	表层为岩石或石砾，其覆盖面积＞50%的土地
		87	田坎	主要指耕地在南方宽≥1m，北方宽≥2m 的田坎或堤坝
		88	其他	指其他未利用的土地，包括高寒荒漠、苔原等

为了加强对城镇土地管理，原国家土地管理局于 1989 年制定了《城镇地籍调查规程》，提出了“城镇土地分类及含义”(表 3-11)。城镇土地分类主要根据土地用途的差异，将城镇土地分为商业金融业用地，工业、仓储用地，市政用地，公共建筑用地，住宅用地，交通用地，特殊用地，水域用地，农用地及其他用地 10 个一级类，24 个二级类。城镇土地分类用于城镇地籍调查和城镇地籍变更调查。

表 3-11　城镇土地分类及含义

一级类型		二级类型		含义
编号	名称	编号	名称	
10	商业金融业用地			指商业服务、旅游业、金融保险业等用地
		11	商业服务业	指各种商店、公司、修理服务部、生产资料供应站、饭店、旅社、对外经营的食堂、文印誊写社、报刊门市部、蔬菜购销转运站等用地
		12	旅游业	指主要为旅游业服务的宾馆、饭店、大厦、乐园、俱乐部、旅行社、旅游商店、友谊商店等用地
		13	金融保险业	指银行、储蓄所、信用社、信托公司、证券兑换所、保险公司等用地
20	工业、仓储用地			指工业、仓储用地
		21	工业	指国家、省（自治区、直辖市）及地方的储备、中转、外贸、供应等各种仓库、油库、材料堆及其附属设备等用地
		22	仓储	指市政公用设施、绿化用地
30	市政用地			指市政公用设施、绿化用地
		31	市政公用设施	指自来水厂、泵站、污水处理厂、变电所、煤气站、供热中心、环卫所、公共厕所、火葬场、消防队、邮电局（所）及各种管线工程专用地段用地
		32	绿化	指公园、动植物园、陵园、风景名胜、防护林、水源保护林以及其他公共绿地等用地

续表 3-11

一级类型		二级类型		含义
编号	名称	编号	名称	
40	公共建筑用地			指文化、体育、娱乐、机关、科研、设计、教育、医卫等用地
		41	文、体、娱	指文化馆、博物馆、图书馆、展览馆、纪念馆、体育场馆、俱乐部、影剧院、游乐场、文艺体育团体等用地
		42	机关、宣传	指行政及事业机关，党、政、工、青、妇、群众组织驻地，广播电台、电视台、出版社、报社、杂志社等用地
		43	科研、设计	指科研、设计机构用地。如研究院（所）、设计院及其试验室、试验场等用地
		44	教育	指大专院校、中等专业学校、职业学校、干校、党校、中、小学校、幼儿园、托儿所、业余学校、进修院校、工读学校等用地
		45	医卫	指医院、门诊部、保健院（站、所）、疗养院（所），救护、血站、卫生院、防治所、检疫站、防疫站、医学化验、药品检验等用地
50	住宅用地			指供居住的各类房屋用地
60	交通用地			指铁路、民用机场、港口码头及其他交通用地
		61	铁路	指铁路线路及场站、地铁出入口等用地
		62	民用机场	指民用机场及其附属设施用地
		63	港口码头	指专供客、货运船舶停靠的场所用地
		64	其他交通	指车场站、广场、公路、街、巷、用区内的道路等用地
70	特殊用地			指军事设施、涉外、宗教、监狱等用地
		71	军事设施	指军事设施用地。包括部队机关、营房、军用工厂、仓库和其他军事设施等用地
		72	涉外	指外国使领馆、驻华办事处等用地
		73	宗教	指专门从事宗教活动的庙宇、教堂等宗教自用地
		74	监狱	指监狱用地。包括监狱、看守所、劳改场（所）等用地
80	水域用地			指河流、湖泊、水库、坑塘、沟渠、防洪堤防等用地
90	农用地			指水田、菜地、旱地、园地等用地
		91	水田	指筑有田埂（坎）可以经常蓄水，用于种植稻等水生作物的耕地
		92	菜地	指种植蔬菜为主的耕地。包括温室、塑料大棚等用地
		93	旱地	指水田、菜地以外的耕地。包括水浇地和一般旱地
		94	园地	指种植以采集果、叶、根、茎等为主的集约经营的多年生木本和草本作物，覆盖度大于50%或每单位面积株数大于合理株数70%的土地，包括树苗圃等用地
00	其他用地			指各种未利用土地、空闲地等其他用地

在我国大多数城市，既有国有土地，又有集体所有土地，土地利用分类同时采用原国家土地管理局指定的两种分类标准，直至2001年12月。

3.3.4.2 2001年城乡统一的全国土地利用分类系统

随着社会主义市场经济的发展和新修订的《土地管理法》的颁布实施，为进一步贯彻落实党中央、国务院关于进一步加强土地管理、切实保护耕地的重大决策，满足经济和社会可持续发展的需要，对土地分类标准提出了新的要求，需要对现行土地分类体系进行适当修改和完善，进一步明确农用地、建设用地和未利用地的范围，对原有土地分类体系进行适当调整和衔接。为此，在研究、分析 1984 年由全国农业区划委员会发布的《土地利用现状调查技术规程》和 1989 年原国家土地管理局颁布的《城镇地籍调查规程》两个有关土地分类方案的基础上，国土资源部重新制定了城乡统一的全国土地分类体系，并于 2002 年 1 月 1 日起在全国试行。

《全国土地分类（试行）》（表 3-12）采用三级分类。其中一级分为农用地、建设用地和未利用地 3 类，也就是《土地管理法》中的三大类。二级分为耕地、园地、林地、牧草地、其他农用地、商服用地、工矿仓储用地、公用设施用地、公共建筑用地、住宅用地、交通运输用地、水利设施用地、特殊用地、未利用土地和其他土地 15 类。三级分为 71 类。

《全国土地分类（过渡期间适用）》的整体框架与《全国土地分类（试行）》相同，采用三级分类。其中农用地和未利用地部分与《全国土地分类（试行）》完全相同，建设用地部分进行了适当归并。将商服用地、工矿仓储用地、公用设施用地、公共建筑用地、住宅用地、特殊用地 6 个二级类和交通运输用地中的三级类街巷，合并为居民点及工矿用地，作为二级类，在其下划分城市、建制镇、农村居民点、独立工矿、盐田和特殊用地 6 个三级类。

表 3-12　全国土地分类（试行，2001 年 8 月）

一级类		二级类		三级类		含义
编号	地类	编号	名称	编号	名称	
1	农用地					指直接用于农业生产的土地，包括耕地、园地、林地、牧草地及其他农用地
		11	耕地			指种植农作物的土地，包括熟地、新开发复垦整理地、休闲地、轮歇地。草田轮作地；以种植农作物为主，间有零星果树、桑树或其他树木的土地；平均每年能保证收获一季的已垦滩地和海涂。耕地中还包括南方宽＜1.0 m，北方宽＜2.0 m 的沟、渠、路和田埂
				111	灌溉水田	指有水源保证和汇集灌溉设施，在一般年景下常灌溉，用于种植水生作物的耕地，包括灌溉的水旱轮作地
				112	望天田	指无灌溉设施，主要依靠天然降水，用于种植水生作物的耕地，包括无灌溉设施的水旱轮作地
				113	水浇地	指水田、菜地以外，有水源保证和灌溉设施，在一般年景能正常灌溉的耕地
				114	旱地	指无灌溉设施，靠天然降雨种植旱作物的耕地，包括没有灌溉设施，仅靠引洪淤灌的耕地
				115	菜地	指常年种植蔬菜为主的耕地，包括大棚用地
		12	园地			指种植以采集果、叶、根茎等为主的集约经营的多年生木本和草本作物（含其苗圃），覆盖度大于 50%或每亩（1 亩＝667 m^2）有收益的株数达到合理株数 70%的土地
				121	果园	指种植果树的园地
				121K	可调整果园	指由耕地改为果园，但耕作层未被破坏的土地*
				122	桑园	指种植桑树的园地
				122K	可调整桑园	指由耕地改为桑园，但耕作层未被破坏的土地*

续表 3-12

一级类		二级类		三级类		含义		
编号	地类	编号	名称	编号	名称			
				123	茶园	指种植茶树的园地		
						123K	可调整茶园	指由耕地改为茶园，但耕作层未被破坏的土地*
				124	橡胶园	指种植橡胶树的园地		
						124K	可调整橡胶园	指由耕地改为橡胶园，但耕作层未被破坏的土地*
				125	其他园地	指种植可可、咖啡、油棕、胡椒、花卉、药材等其他多年生作物的园地		
						125K	可调整其他园地	指由耕地改为其他园地，但耕作层未被破坏的土地*
		13	林地			指生长乔木、竹类、灌木、沿海红树林的土地，不包括居民点绿地，以及铁路、公路、河流和沟渠的护路林、护岸林		
				131	有林地	指树木郁闭度≥20%的疏林地		
						131K	可调整有林地	指由耕地改为有林地，但耕作层未被破坏的土地*
				132	灌木林地	指覆盖度≥40%的林地		
				133	疏林地	指树木郁闭度≥10%但<20%的疏林地		
				134	未成林造林土地	指造林成活率大于或等于合理造林数的41%，尚未郁闭但有成林希望的新造林地（一般指造林后不满3～5年或飞机播种后不满5～7年的造林地）		
						134K	可调整未成林造林地	指由耕地改为有林地，但耕作层未被破坏的土地*
				135	迹地	指森林采伐、火烧后，5年内未更新的土地		
				136	苗圃	指固定的林木育苗地		
						136K	可调整苗圃	指由耕地改为苗圃，但耕作层未被破坏的土地*
		14	牧草地			指生长草本植物为主，用于畜牧业的土地		
				141	天然草地	指以天然草本植物为主，未经改良，用于放牧或割草的草地，包括以牧为主的疏林、灌木草地		
				142	改良草地	指采用灌溉、排水、施肥、补植用于牧业的灌木地		
				143	人工草地	指人工种植牧草的草地，包括人工培植用于牧业的灌水地		
						143K	可调整人工草地	指由耕地改为人工草地，但耕作层未被破坏的土地*
		15	其他农用地			指上述耕地、园地、牧地、牧草地以外的农用地		
				151	畜牧饲养地	指以经营性养殖为目的的畜禽舍及其相应附属设施用地		
				152	设施农业用地	指进行工厂化作物栽培或水产养殖的生产设施用地		
				153	农村道路	指农村南方宽≥1 m，北方宽≤2 m的村间、田间道路（含机耕道）		
				154	坑塘水面	指人工开挖或天然形成的蓄水量<10万 m^3（不含养殖水面）的坑塘正常水位以下的面积		
				155	养殖水面	指人工开挖或天然形成的专门用于水产养殖的坑塘水面及相应附属设施用地		
						155K	可调整养殖水面	指由耕地改为养殖水面，但可复耕的土地*

续表 3-12

一级类		二级类		三级类		含义
编号	地类	编号	名称	编号	名称	
				156	农田水利用地	指农民、农民集体或其他农业企业等自建或联建的农田排灌沟渠及其相应附属设施用地
				157	田坎	主要指耕地中南方宽≥1 m，北方宽≤2 m 的梯田田坎
				158	晒谷场等用地	指晒谷场及上述用地中未包含的其他农用地
2	建设用地					指建造建筑物、构筑物的土地，包括商业、工矿、仓储、公用设施、公共建筑、住宅、交通、水利设施、特殊用地等
		21	商服用地			指商业、金融业、餐饮旅馆业及其他经营性服务业建筑及其相应附属设施用地
				211	商业用地	指商店、商场、各类批发、零售市场及其相应附属设施用地
				212	金融保险用地	指银行、保险、证券、信托、期货、信用社等用地
				213	餐饮旅馆业用地	指饭店、餐厅、酒吧、宾馆、旅馆、招待所、度假村等及其相应附属设施用地
				214	其他商服用地	指上述用地以外的其他商服用地，包括写字楼、商业性办公楼和企业厂区外独立的办公楼用地；旅行社、运动保健休闲设施、夜总会、歌舞厅、高尔夫球场、加油站、洗车场、洗染店、废旧物资回收站、维修网点、照相、理发、洗浴等服务设施用地
		22	工矿仓储用地			指工业、采矿、仓储业用地
				221	工业用地	指工业生产及其相应附属设施用地
				222	采矿地	指采矿、采石、采砂（沙）场、盐田、砖瓦窑等地面生产用地及尾矿堆放地
				223	仓储用地	指用于物资储备、中转的场所及相应附属设施用地
		23	公用设施用地			指为居民生活和二、三产业服务的公用设施及瞻仰、游憩用地
				231	公共基础设施用地	指给排水、供电、供燃、供热、邮政、电信、消防、公用设施维修、环卫等用地
				232	瞻仰景观休闲用地	指名胜古迹、革命遗址、景点、公园、广场、公用绿地等
		24	公共建筑用地			指公共文化、体育、娱乐、机关、团体、科研、设计、教育、医卫、慈善等建筑用地
				241	机关团体用地	指国家机关，社会团体、群众自治组织、广播电台、电视台、报社、杂志社、通讯社、出版社等单位的办公用地
				242	教育用地	指各种教育机构，包括大专院校、中专、职业学校、成人业余教育学校、中小学校、幼儿园、托儿所、党校、行政学院、干部管理学院、盲聋哑学校、工读学校等直接用于教育的用地
				243	科研设计用地	指独立的科研、设计机构用地，包括研究、勘测、设计、信息等单位用地
				244	文体用地	指为公众服务的公益性文化、体育设施用地。包括博物馆、展览馆、文化馆、图书馆、纪念馆、影剧院、音乐厅、青少年老年活动中心、体育场馆、训练基地等
				245	医疗卫生用地	指医疗、卫生、防疫、急救、保健、疗养、康复、医检药检、血库等用地
				246	慈善用地	指孤儿院、养老院、福利院等用地
		25	住宅用地			指供人们日常居住的房基地（有独立院落的包括院落）
				251	城镇单一住宅用地	指城镇居民的普通住宅、公寓、别墅用地
				252	城镇混合住宅用地	指城镇居民以住宅为主与工业或商业等混合用地

续表 3-12

一级类		二级类		三级类		含义
编号	地类	编号	名称	编号	名称	
				253	农村宅基地	指农村村民的宅基地
				254	空闲宅基地	指村庄内部的空闲旧宅基地及其他空闲土地等
		26	交通运输用地			指用于运输通行的地面线路、场站等用地，包括民用机场、港口、码头、地面运输管道和居民点道路及其相应附属设施用地
				261	铁路用地	指铁道线路及场站用地，包括路堤、路堑、道沟及护路林；地铁地上部分及其他附属设施用地
				262	公路用地	指国家和地方公路（含乡镇公路）包括路堤、路堑、道沟及护路林及其他附属设施用地
				263	民用机场	指民用机场及其相应附属设施用地
				264	港口码头用地	指人工修建的客、货、捕捞船舶停靠的场所及其相应附属建筑物，不包括常水位以下部分
				265	管道运输用地	指运输煤炭、石油和天然气等管道及其相应附属设施地面用地
				266	街巷	指城乡居民点内公用道路（含立交桥）、公共停车场等
		27	水利设施用地			指用于水库、水工建筑的土地
				271	水库水面	指人工修建总库容≥10 万 m^3，正常蓄水位以下的面积
				272	水工建筑用地	指除农田水利用地以外的人工修建的沟渠（包括渠槽、渠堤、护堤林）、闸、坝、堤路林、水电站、扬水站等常水位岸线以上的水工建筑用地
		28	特殊用地			指军事设施、涉外、宗教、监教、墓葬等用地
				281	军事设施用地	指专门用于军事目的的设施用地，包括军事指挥机关和营房等
				282	使领馆用地	指外国政府及国际组织驻华使馆，办事处等用地
				283	宗教用地	指专门用于宗教活动的庙宇、寺院、道观、教堂等宗教自用地
				284	监教场所用地	指监狱、看守所、劳改场、劳教所、戒毒所等用地
				285	墓葬地	指陵园、墓地、殡葬场所及附属设施用地
3	未利用土地					指农用地和建设用地以外的土地
		31	未利用土地			指目前还未利用的土地，包括难利用的土地
				311	荒草地	指树木郁闭度<10%，表层为土质，生长杂草，不包括盐碱地、沼泽地和裸土地
				312	盐碱地	指表层盐碱聚集，只生长天然耐盐植物的土地
				313	沼泽地	指经常积水或渍水，一般生长湿生植物的土地
				314	沙地	指表层为沙覆盖，基本无植被覆盖的土地
				315	裸土地	指表层为土质，基本无植被覆盖的土地
				316	裸岩石砾地	指表层为岩石或石砾，其覆盖面积≥70%的土地
				317	其他未利用土地	指包括高寒荒漠、苔原等尚未利用的土地
		32	其他土地			指未列入农用地、建设用地的其他水域地
				321	河流水面	指天然形成或人工开挖河流常水位岸线以下的土地
				322	湖泊水面	指天然形成的积水区常水位岸线以下的土地
				323	苇地	指生长芦苇的土地，包括滩涂上的苇地
				324	滩涂	指沿海大潮高潮位与低潮位之间的潮浸地带；河流、湖泊常水位至洪水位间的滩地；时令湖、河洪水位以下的滩地；水库、坑塘的正常蓄水位与最大洪水位间的滩地，不包括已利用的滩涂
				325	冰川及永久积雪	指表层被冰雪常年覆盖的土地

注：* 指生态退耕以外，按照国土资发（1999）511 号文件规定，在农业结构调整中将耕地调整为其他农用地，但未破坏耕作层，不作为耕地减少衡量指标。

3.3.4.3　2007 年全国土地利用现状分类系统

全国土地分类试行 5 年后，为了更好地适应现代土地管理的需要，真正做到全国土地和城乡地政统一管理，将土地管理纳入系统化、标准化的轨道，中华人民共和国国家质量监督检验检疫总局和中国国家标准化管理委员会于 2007 年 8 月 1 日发布并开始实施中华人民共和国国家标准《土地利用现状分类》（GB/T 21010—2007）（表 3-13）。《土地利用现状分类》国家标准出台是我国土地资源管理的一次历史性突破，意味着土地利用现状分类标准从过去的行业标准上升到国家标准，全国各部门或各专业以及各省、区、市都应遵守这套标准，对于国家掌握真实的土地资源数据、全面摸清土地资源利用家底、为国土资源科学化管理乃至国民经济宏观管理决策提供科学的数据支撑具有重大意义。该土地利用现状分类采用一级、二级两个层次的分类体系，共分 12 个一级类和 57 个二级类。12 个一级类土地包括耕地、园地、林地、草地、商服用地、工矿仓储用地、住宅用地、公共管理与公共服务用地、特殊用地、交通运输用地、水域及水利设施用地和其他土地。

表 3-13　土地利用现状分类（2007 年 8 月 1 日）

一级类		二级类		含义
编码	名称	编码	名称	
01	耕地			指种植农作物的土地，包括熟地，新开发、复垦、整理地，休闲地（含轮歇地、轮作地）；以种植农作物（含蔬菜）为主，间有零星果树、桑树或其他树木的土地；平均每年能保证收获一季的已垦滩地和海涂。耕地中包括南方宽度＜1.0 m、北方宽度＜2.0 m 固定的沟、渠、路和地坎（埂）；临时种植药材、草皮、花卉、苗木等的耕地，以及其他临时改变用途的耕地
		011	水田	指用于种植水稻、莲藕等水生农作物的耕地，包括实行水生、旱生农作物轮种的耕地
		012	水浇地	指有水源保证和灌溉设施，在一般年景能正常灌溉，种植旱生农作物的耕地。包括种植蔬菜等的非工厂化的大棚用地
		013	旱地	指无灌溉设施，主要靠天然降水种植旱生农作物的耕地，包括没有灌溉设施，仅靠引洪淤灌的耕地
02	园地			指种植以采集果、叶、根、茎、汁等为主的集约经营的多年生木本和草本作物，覆盖度大于 50%或每 667 m^2（亩）株数大于合理株数 70%的土地，包括用于育苗的土地
		021	果园	指种植果树的园地
		022	茶园	指种植茶树的园地
		023	其他园地	指种植桑树、橡胶、可可、咖啡、油棕、胡椒、药材等其他多年生作物的园地
03	林地			指生长乔木、竹类、灌木的土地，及沿海生长红树林的土地，包括迹地，不包括居民点内部的绿化林木用地，铁路、公路征地范围内的林木，以及河流、沟渠的护堤林
		031	有林地	指树木郁闭度≥20%的乔木林地，包括红树林地和竹林地
		032	灌木林地	指灌木覆盖度≥40%的林地
		033	其他林地	包括疏林地（指树木郁闭度≥10%、＜20%的林地）、未成林地、迹地、苗圃等林地

续表 3-13

一级类		二级类		含义
编码	名称	编码	名称	
04	草地			指生长草本植物为主的土地
		041	天然牧草地	指以天然草本植物为主，用于放牧或割草的草地
		042	人工牧草地	指人工种植牧草的草地
		043	其他草地	指树木郁闭度＜10%，表层为土质，生长草本植物为主，不用于畜牧业的草地
05	商服用地			指主要用于商业、服务业的土地
		051	批发零售用地	指主要用于商品批发、零售的用地。包括商场、商店、超市、各类批发（零售）市场，加油站等及其附属的小型仓库、车间、工场等的用地
		052	住宿餐饮用地	指主要用于提供住宿、餐饮服务的用地，包括宾馆、酒店、饭店、旅馆、招待所、度假村、餐厅、酒吧等
		053	商务金融用地	指企业、服务业等办公用地，以及经营性的办公场所用地，包括写字楼、商业性办公场所和企业厂区外独立的办公场所等用地
		054	其他商服用地	指上述用地以外的其他商业、服务业用地，包括洗车场、洗染店、废旧物资回收站、维修网点、照相馆、理发美容店、洗浴场所等用地
06	工矿仓储用地			指主要用于工业生产、物资存放场所的土地
		061	工业用地	指工业生产及直接为工业生产服务的附属设施的土地
		062	采矿用地	指采矿、采石、采砂（沙）场、盐田、砖瓦窑等地面生产用地及尾矿堆放地
		063	仓储用地	指用于物资储备、中转的场所用地
07	住宅用地			指主要用于人们生活居住的房屋及其附属设施的土地
		071	城镇住宅用地	指城镇用于人们居住的各类房屋用地及其附属设施用地，包括普通住宅、公寓、别墅等用地
		072	农村宅基地	指农村用于生活居住的宅基地
08	公共管理与公共服务用地			指用于机关团体、新闻出版、科教文卫、风景名胜、公共设施等的土地
		081	机关团体用地	指用于党政机关、社会团体、群众自治组织等的用地
		082	新闻出版用地	指用于广播电台、电视台、电影场、报社、杂志社、通讯社、出版社等的用地
		083	科教用地	指用于各类教育，独立的科研、勘测、设计、技术推广、科普等的用地
		084	医卫慈善用地	指用于医疗保健、卫生防疫、急救康复、医检药检、福利救助等的用地
		085	文体娱乐用地	指用于各类文化、体育、娱乐及公共广场等的用地
		086	公共设施用地	指用于城乡基础设施的用地，包括排水、供电、供热、供气、邮电、电信、消防、环卫、公用设施维修等用地
		087	公园与绿地	指城镇、村庄内部的公园、动物园、街心花园和用于休憩及美化环境的绿色用地
		088	风景名胜设施用地	指风景名胜（包括名胜古迹、旅游景点、革命遗址等）景点及管理机构的建筑用地，景区内的其他用地按现状归入相应地类
09	特殊用地			指用于军事设施、涉外、宗教、监教、殡葬等的用地
		091	军事设施用地	指直接用于军事目的的设施用地
		092	使领馆用地	指用于外国政府及国际组织驻华使领馆、办事处等的用地
		093	监教场所用地	指用于监狱、看守所、劳改场、劳教所、戒毒所等的建筑用地
		094	宗教用地	指专门用于宗教活动的庙宇、寺院、道观、教堂等宗教自用地
		095	殡葬用地	指陵园、墓地、殡葬场所用地

续表 3-13

一级类		二级类		含义
编码	名称	编码	名称	
10	交通运输用地			指用于运输通行的地面线路、场站等的土地，包括民用机场、港口、码头、地面运输管道和各种道路用地
		101	铁路用地	指用于铁道线路、轻轨、场站的用地，包括设计内的路堤、路堑、道沟、桥梁、林木等用地
		102	公路用地	指用于国道、省道、县道和乡道的用地，包括设计内的路堤、路堑、道沟、桥梁、汽车停靠站、林木及直接为其服务的附属用地
		103	街巷用地	指用于城镇、村庄内部公用道路（含立交桥）及行道树的用地，包括公共停车场，汽车客货运输站点及停车场等用地
		104	农村道路	指公路用地以外的南方宽度≥1.0 m、北方宽度≥2.0 m 的村间、田间道路（含机耕道）
		105	机场用地	指用于民用机场的用地
		106	港口码头用地	指用于人工修建的客运、货运、捕捞及工作船舶停靠的场所及其附属建筑物的用地，不包括常水位以下部分
		107	管道运输用地	指用于运输煤炭、石油、天然气等管道及其相应附属设施的地上部分用地
11	水域及水利设施用地			指陆地水域、海涂、沟渠、水工建筑物等用地，不包括滞洪区和已垦滩涂中的耕地、园地、林地、居民点、道路等用地
		111	河流水面	指天然形成或人工开挖河流常水位岸线之间的水面，不包括被堤坝拦截后形成的水库水面
		112	湖泊水面	指天然形成的积水区常水位岸线所围成的水面
		113	水库水面	指人工拦截汇集而成的总库容≥10 万 m^3 的水库正常蓄水位岸线所围成的水面
		114	坑塘水面	指人工开挖或天然形成的蓄水量<10 万 m^3 的坑塘常水位岸线所围成的水面
		115	沿海滩涂	指沿海大潮高潮位与低潮位之间的潮浸地带，包括海岛的沿海滩涂，不包括已利用的滩涂
		116	内陆滩涂	指河流、湖泊常水位至洪水位间的滩地；时令湖、河洪水位以下的滩地；水库、坑塘的正常蓄水位与洪水位间的滩地，包括海岛的内陆滩地，不包括已利用的滩地
		117	沟渠	指人工修建，南方宽度≥1.0 m、北方宽度≥2.0 m 用于引、排、灌的渠道，包括渠槽、渠堤、取土坑、护堤林
		118	水工建筑用地	指人工修建的闸、坝、堤路林、水电厂房、扬水站等常水位岸线以上的建筑物用地
		119	冰川及永久积雪	指表层被冰雪常年覆盖的土地
12	其他土地			指上述地类以外的其他类型的土地
		121	空闲地	指城镇、村庄、工矿内部尚未利用的土地
		122	设施农用地	指直接用于经营性养殖的畜禽舍、工厂化作物栽培或水产养殖的生产设施用地及其相应附属用地，农村宅基地以外的晾晒场等农业设施用地
		123	田坎	主要指耕地中南方宽度≥1.0 m、北方宽度≥2.0 m 的地坎
		124	盐碱地	指表层盐碱聚集，生长天然耐盐植物的土地
		125	沼泽地	指经常积水或渍水，一般生长沼生、湿生植物的土地
		126	沙地	指表层为沙覆盖、基本无植被的土地。不包括滩涂中的沙地
		127	裸地	指表层为土质，基本无植被覆盖的土地；或表层为岩石、石砾，其覆盖面积≥70%的土地

3.3.4.4 2017年土地利用现状分类系统

通过全国土地资源第二次普查实践以及其他各行业的专业需求分析，《土地利用现状分类》（GB/T 21010—2007）已表现出不同方面的缺憾，例如同一级别类型概念的外延和内涵相互交叉不严密，部分土地利用分类细化程度不能满足现实土地利用情况等。经历10年之后，为了更好地服务全国土地和城乡地政统一管理，统一土地调查、统计分类标准，中华人民共和国国家质量监督检验检疫总局和中国国家标准化管理委员会于2017年11月1日发布并实施了《土地利用现状分类》（GB/T 21010—2017）（表3-14）。新的土地利用现状分类不仅维护了土地利用分类的科学性、实用性、开放性和继承性，更满足了制定国民经济和社会发展计划、宏观调控、生态文明建设以及国土资源管理的需要。其主要依据土地的利用方式、用途、经营特点和覆盖特征等因素，按照主要用途对土地利用类型进行了归纳、划分，不重不漏，不设复合用途，反映土地利用的基本现状。新的土地利用现状分类采用一、二级2个层次的分类体系，共分为12个一级类、73个二级类，与之前相比，12个一级类未发生变化，二级类增加至73个，可见土地利用分类标准更加详细。除了二级分类细化外，该土地利用现状分类体系更强调对自然资源的保护，增加了湿地的归类，满足了部分部门的管理需求，强化了对特殊树种资源的保护，满足生态文明建设的需求；更加强化了农林水复合利用，明晰设施农业内涵，明确农村道路标准等，为现代化农业发展、乡村振兴、村庄规划等提供了更好的服务。

表3-14 土地利用现状分类（2017年11月1日）

一级类		二级类		含义
编码	名称	编码	名称	
01	耕地			指种植农作物的土地，包括熟地，新开发、复垦、整理地，休闲地（含轮歇地、休耕地）；以种植农作物（含蔬菜）为主，间有零星果树、桑树或其他树木的土地；平均每年能保证收获一季的已垦滩地和海涂。耕地中包括南方宽度＜1.0 m、北方宽度＜2.0 m固定的沟、渠、路和地坎（埂）；临时种植药材、草皮、花卉、苗木等的耕地，临时种植果树、茶树和林木且耕作层未被破坏的耕地，以及其他临时改变用途的耕地
		0101	水田	指用于种植水稻、莲藕等水生农作物的耕地。包括实行水生、旱生农作物轮种的耕地
		0102	水浇地	指有水源保证和灌溉设施，在一般年景能正常灌溉，种植旱生农作物（含蔬菜）的耕地。包括种植蔬菜的非工厂化的大棚用地
		0103	旱地	指无灌溉设施，主要靠天然降水种植旱生农作物的耕地，包括没有灌溉设施，仅靠引洪淤灌的耕地
02	园地			指种植以采集果、叶、根、茎、汁等为主的集约经营的多年生木本和草本作物，覆盖度大于50%或每亩株数大于合理株数70%的土地，包括用于育苗的土地
		0201	果园	指种植果树的园地
		0202	茶园	指种植茶树的园地
		0203	橡胶园	指种植橡胶树的园地
		0204	其他园地	指种植桑树、可可、咖啡、油棕、胡椒、药材等其他多年生作物的园地

续表 3-14

一级类		二级类		含义
编码	名称	编码	名称	
03	林地			指生长乔木、竹类、灌木的土地，及沿海生长红树林的土地。包括迹地，不包括城镇、村庄范围内的绿化林木用地，铁路、公路征地范围内的林木，以及河流、沟渠的护堤林
		0301	乔木林地	指乔木郁闭度≥0.2 的林地，不包括森林沼泽
		0302	竹林地	指生长竹类植物，郁闭度≥0.2 的林地
		0303	红树林地	指沿海生长红树植物的林地
		0304	森林沼泽	以乔木森林植物为优势种群的淡水沼泽
		0305	灌木林地	指灌木覆盖度≥40%的林地，不包括灌丛沼泽
		0306	灌丛沼泽	以灌丛植物为优势群落的淡水沼泽
		0307	其他林地	包括疏林地（树木郁闭度≥0.1、<0.2 的林地）、未成林地、迹地、苗圃等林地
04	草地			指生长草本植物为主的土地
		0401	天然牧草地	指以天然草本植物为主，用于放牧或割草的草地，包括实施禁牧措施的草地，不包括沼泽草地
		0402	沼泽草地	指以天然草本植物为主的沼泽化的低地草甸、高寒草甸
		0403	人工牧草地	指人工种植牧草的草地
		0404	其他草地	指树木郁闭度<0.1，表层为土质，不用于放牧的草地
05	商服用地			指主要用于商业、服务业的土地
		0501	零售商业用地	以零售功能为主的商铺、商场、超市、市场和加油、加气、充换电站等的用地
		0502	批发市场用地	以批发功能为主的市场用地
		0503	餐饮用地	饭店、餐厅、酒吧等用地
		0504	旅馆用地	宾馆、旅馆、招待所、服务型公寓、度假村等用地
		0505	商务金融用地	指商务服务用地，以及经营性的办公场所用地。包括写字楼、商业性办公场所、金融活动场所和企业厂区外独立的办公场所；信息网络服务、信息技术服务、电子商务服务、广告传媒等用地
		0506	娱乐用地	指剧院、音乐厅、电影院、歌舞厅、网吧、影视城、仿古城以及绿地率小于 65%的大型游乐等设施用地
		0507	其他商服用地	指零售商业、批发市场、餐饮、旅馆、商务金融、娱乐用地以外的其他商业、服务业用地。包括洗车场、洗染店、照相馆、理发美容店、洗浴场所、赛马场、高尔夫球场、废旧物资回收站、机动车、电子产品和日用产品修理网点、物流营业网点，及居住小区及小区级以下的配套的服务设施等用地

续表 3-14

一级类		二级类		含义
编码	名称	编码	名称	
06	工矿仓储用地			指主要用于工业生产、物资存放场所的土地
		0601	工业用地	指工业生产、产品加工制造、机械和设备修理及直接为工业生产等服务的附属设施的用地
		0602	采矿用地	指采矿、采石、采砂（沙）场，砖瓦窑等地面生产用地，排土（石）及尾矿堆放地
		0603	盐田	指用于生产盐的土地，包括晒盐场所、盐池及附属设施用地
		0604	仓储用地	指用于物资储备、中转的场所用地，包括物流仓储设施、配送中心、转运中心等
07	住宅用地			指主要用于人们生活居住的房屋及其附属设施的土地
		0701	城镇住宅用地	指城镇用于人们居住的各类房屋用地及其附属设施用地，不包括配套的商业服务设施等用地
		0702	农村宅基地	指农村用于生活居住的宅基地
08	公共管理与公共服务用地			指用于机关团体、新闻出版、科教文卫、公用设施等的土地
		0801	机关团体用地	指用于党政机关、社会团体、群众自治组织等的用地
		0802	新闻出版用地	指用于广播电台、电视台、电影厂、报社、杂志社、通讯社、出版社等的用地
		0803	教育用地	指用于各类教育，包括高等院校、中等专业学校、中学、小学、幼儿园及其附属设施用地，聋、哑、盲人学校及工读学校用地，以及为学校配建的独立地段的学生生活用地
		0804	科研用地	指独立的科研、勘察、研发、设计、检验检测、技术推广、环境评估与监测、科普等科研事业单位及其附属设施用地
		0805	医疗卫生用地	指医疗、保健、卫生、防疫、康复和急救设施等用地，包括综合医院、专科医院、社区卫生服务中心等用地；卫生防疫站、专科防治所、检验中心和动物检疫站等用地；对环境有特殊要求的传染病、精神病等专科医院用地；急救中心、血库等用地
		0806	社会福利用地	指为社会提供福利和慈善服务的设施及其附属设施用地。包括福利院、养老院、孤儿院等用地
		0807	文化设施用地	指图书、展览等公共文化活动设施用地。包括公共图书馆、博物馆、档案馆、科技馆、纪念馆、美术馆和展览馆等设施用地；综合文化活动中心、文化馆、青少年宫、儿童活动中心、老年活动中心等设施用地
		0808	体育用地	指体育场馆和体育训练基地等用地，包括室内外体育运动用地，如体育场馆、游泳场馆、各类球场及其附属的业余体校等用地，溜冰场、跳伞场、摩托车场、射击场，以及水上运动的陆域部分等用地，以及为体育运动专设的训练基地用地，不包括学校等机构专用的体育设施用地
		0809	公用设施用地	指用于城乡基础设施的用地，包括供水、排水、污水处理、供电、供热、供气、邮电、电信、消防、环卫、公用设施维修等用地
		0810	公园与绿地	指城镇、村庄范围内的公园、动物园、植物园、街心花园、广场和用于休憩、美化环境及防护的绿化用地

续表 3-14

一级类		二级类		含义
编码	名称	编码	名称	
09	特殊用地			指用于军事设施、涉外、宗教、监教、殡葬、风景名胜等的土地
		0901	军事设施用地	指直接用于军事目的的设施用地
		0902	使领馆用地	指用于外国政府及国际组织驻华使领馆、办事处等的用地
		0903	监教场所用地	指用于监狱、看守所、劳改场、戒毒所等的建筑用地
		0904	宗教用地	指专门用于宗教活动的庙宇、寺院、道观、教堂等宗教自用地
		0905	殡葬用地	指陵园、墓地、殡葬场所用地
		0906	风景名胜设施用地	指风景名胜景点（包括名胜古迹、旅游景点、革命遗址、自然保护区、森林公园、地质公园、湿地公园等）的管理机构，以及旅游服务设施的建筑用地，景区内的其他用地按现状归入相应地类
10	交通运输用地			指用于运输通行的地面线路、场站等的土地。包括民用机场、汽车客货运场站、港口、码头、地面运输管道和各种道路以及轨道交通用地
		1001	铁路用地	指用于铁道线路及场站的用地。包括征地范围内的路堤、路堑、道沟、桥梁、林木等用地
		1002	轨道交通用地	指用于轻轨、现代有轨电车、单轨等轨道交通用地，以及场站的用地
		1003	公路用地	指用于国道、省道、县道和乡道的用地。包括征地范围内的路堤、路堑、道沟、桥梁、汽车停靠站、林木及直接为其服务的附属用地
		1004	城镇村道路用地	指城镇、村庄范围内公用道路及行道树用地，包括快速路、主干路、次干路、支路，专用人行道和非机动车道，及其交叉口等
		1005	交通服务场站用地	指城镇、村庄范围内交通服务设施用地，包括公交枢纽及其附属设施用地、公路长途客运站、公共交通场站、公共停车场（含设有充电桩的停车场）、停车楼、教练场等用地，不包括交通指挥中心、交通队用地
		1006	农村道路	在农村范围内，南方宽度≥1.0 m，≤8 m，北方宽度≥2.0 m，≤8 m，用于村间、田间交通运输，并在国家公路网络体系之外，以服务于农村农业生产为主要用途的道路（含机耕道）
		1007	机场用地	指用于民用机场、军民合用机场的用地
		1008	港口码头用地	指用于人工修建的客运、货运、捕捞及工程、工作船舶停靠的场所及其附属建筑物的用地，不包括常水位以下部分
		1009	管道运输用地	指用于运输煤炭、矿石、石油、天然气等管道及其相应附属设施的地上部分用地

续表 3-14

一级类		二级类		含义
编码	名称	编码	名称	
11	水域及水利设施用地			指陆地水域、滩涂、沟渠、沼泽、水工建筑物等用地。不包括滞洪区和已垦滩涂中的耕地、园地、林地、城镇、村庄、道路等用地
		1101	河流水面	指天然形成或人工开挖河流常水位岸线之间的水面，不包括被堤坝拦截后形成的水库区段水面
		1102	湖泊水面	指天然形成的积水区常水位岸线所围成的水面
		1103	水库水面	指人工拦截汇集而成的总设计库容≥10 万 m^3 的水库正常蓄水位岸线所围成的水面
		1104	坑塘水面	指人工开挖或天然形成的蓄水量<10 万 m^3 的坑塘常水位岸线所围成的水面
		1105	沿海滩涂	指沿海大潮高潮位与低潮位之间的潮浸地带，包括海岛的沿海滩涂，不包括已利用的滩涂
		1106	内陆滩涂	指河流、湖泊常水位至洪水位间的滩地；时令湖、河洪水位以下的滩地；水库、坑塘的正常蓄水位与洪水位间的滩地。包括海岛的内陆滩地。不包括已利用的滩地
		1107	沟渠	指人工修建，南方宽度≥1.0 m、北方宽度≥2.0 m 用于引、排、灌的渠道，包括渠槽、渠堤、护堤林及小型泵站
		1108	沼泽地	指经常积水或渍水，一般生长湿生植物的土地。包括草本沼泽、苔藓沼泽、内陆盐沼等。不包括森林沼泽、灌丛沼泽和沼泽草地
		1109	水工建筑用地	指人工修建的闸、坝、堤路林、水电厂房、扬水站等常水位岸线以上的建（构）筑物用地
		1110	冰川及永久积雪	指表层被冰雪常年覆盖的土地
12	其他土地			指上述地类以外的其他类型的土地
		1201	空闲地	指城镇、村庄、工矿范围内尚未使用的土地。包括尚未确定用途的土地
		1202	设施农用地	指直接用于经营性禽畜养殖生产设施及附属设施用地；直接用于作物栽培或水产养殖等农产品生产的设施及附属设施用地；直接用于设施农业项目辅助生产的设施用地；晾晒场、粮食果品烘干设施、粮食和农资临时存放场所、大型农机具临时存放场所等规模化粮食生产所必需的配套设施用地
		1203	田坎	指梯田及梯状坡地耕地中，主要用于拦蓄水和护坡，南方宽度≥1.0 m、北方宽度≥2.0 m 的地坎
		1204	盐碱地	指表层盐碱聚集，生长天然耐盐植物的土地
		1205	沙地	指表层为沙覆盖、基本无植被的土地。不包括滩涂中的沙地
		1206	裸土地	指表层为土质，基本无植被覆盖的土地
		1207	裸岩石砾地	指表层为岩石或石砾，其覆盖面积≥70%的土地

3.3.4.5 2020 年后全国统一的《国土空间调查、规划、用途管制用地用海分类指南》

2020 年，为履行自然资源部统一行使全民所有自然资源资产所有者、统一行使所有国土空间用途管制和生态保护修复、统一调查和确权登记、建立国土空间规划体系并监督实施等职责，在整合原《土地利用现状分类》《城市用地分类与规划建设用地标准》《海域使用分类》等分类基础上，建立全国统一的《国土空间调查、规划、用途管制用地用海分类指南（试行）》，并在 2023 年 11 月颁布了正式版《分类指南》，建立了统一的国土空间用地分类标准（表 3-15 和表 3-16）。

用地用海分类采用三级分类体系，共包含 24 个一级类、113 个二级类及 140 个三级类。在全国国土调查中以一级类和二级类为基础分类，三级类为专项调查和补充调查的分类。在国土空间总体规划中原则上以一级类为主，可细分至二级类；国土空间详细规划和市县层级涉及空间利用的相关专项规划，原则上使用二级类和三级类。

表 3-15 用地用海分类名称、代码（2023 年）

一级类		二级类		三级类	
代码	名称	代码	名称	代码	名称
01	耕地	0101	水田		
		0102	水浇地		
		0103	旱地		
02	园地	0201	果园		
		0202	茶园		
		0203	橡胶园地		
		0204	油料园地		
		0205	其他园地		
03	林地	0301	乔木林地		
		0302	竹林地		
		0303	灌木林地		
		0304	其他林地		
04	草地	0401	天然牧草地		
		0402	人工牧草地		
		0403	其他草地		
05	湿地	0501	森林沼泽		
		0502	灌丛沼泽		
		0503	沼泽草地		
		0504	其他沼泽地		
		0505	沿海滩涂		
		0506	内陆滩涂		
		0507	红树林地		

续表3-15

一级类		二级类		三级类	
06	农业设施建设用地	0601	农村道路	060101	村道用地
				060102	田间道
		0602	设施农用地	060201	种植设施建设用地
				060202	畜禽养殖设施建设用地
				060203	水产养殖设施建设用地
07	居住用地	0701	城镇住宅用地	070101	一类城镇住宅用地
				070102	二类城镇住宅用地
				070103	三类城镇住宅用地
		0702	城镇社区服务设施用地		
		0703	农村宅基地	070301	一类农村宅基地
				070302	二类农村宅基地
		0704	农村社区服务设施用地		
08	公共管理与公共服务用地	0801	机关团体用地		
		0802	科研用地		
		0803	文化用地	080301	图书与展览用地
				080302	文化活动用地
		0804	教育用地	080401	高等教育用地
				080402	中等职业教育用地
				080403	中小学用地
				080404	幼儿园用地
				080405	其他教育用地
		0805	体育用地	080501	体育场馆用地
				080502	体育训练用地
		0806	医疗卫生用地	080601	医院用地
				080602	基层医疗卫生设施用地
				080603	公共卫生用地
		0807	社会福利用地	080701	老年人社会福利用地
				080702	儿童社会福利用地
				080703	残疾人社会福利用地
				080704	其他社会福利用地
09	商业服务业用地	0901	商业用地	090101	零售商业用地
				090102	批发市场用地
				090103	餐饮用地
				090104	旅馆用地
				090105	公用设施营业网点用地
		0902	商务金融用地		
		0903	娱乐用地		
		0904	其他商业服务业用地		

续表3-15

一级类		二级类		三级类	
10	工矿用地	1001	工业用地	100101	一类工业用地
				100102	二类工业用地
				100103	三类工业用地
		1002	采矿用地		
		1003	盐田		
11	仓储用地	1101	物流仓储用地	110101	一类物流仓储用地
				110102	二类物流仓储用地
				110103	三类物流仓储用地
		1102	储备库用地		
12	交通运输用地	1201	铁路用地		
		1202	公路用地		
		1203	机场用地		
		1204	港口码头用地		
		1205	管道运输用地		
		1206	城市轨道交通用地		
		1207	城镇村道路用地		
		1208	交通场站用地	120801	对外交通场站用地
				120802	公共交通场站用地
				120803	社会停车场用地
		1209	其他交通设施用地		
13	公用设施用地	1301	供水用地		
		1302	排水用地		
		1303	供电用地		
		1304	供燃气用地		
		1305	供热用地		
		1306	通信用地		
		1307	邮政用地		
		1308	广播电视设施用地		
		1309	环卫用地		
		1310	消防用地		
		1311	水工设施用地		
		1312	其他公用设施用地		
14	绿地与开敞空间用地	1401	公园绿地		
		1402	防护绿地		
		1403	广场用地		

续表3-15

一级类		二级类		三级类	
15	特殊用地	1501	军事设施用地		
		1502	使领馆用地		
		1503	宗教用地		
		1504	文物古迹用地		
		1505	监教场所用地		
		1506	殡葬用地		
		1507	其他特殊用地		
16	留白用地				
17	陆地水域	1701	河流水面		
		1702	湖泊水面		
		1703	水库水面		
		1704	坑塘水面		
		1705	沟渠		
		1706	冰川及常年积雪		
18	渔业用海	1801	渔业基础设施用海		
		1802	增养殖用海		
		1803	捕捞海域		
		1804	农林牧业用岛		
19	工矿通信用海	1901	工业用海		
		1902	盐田用海		
		1903	固体矿产用海		
		1904	油气用海		
		1905	可再生能源用海		
		1906	海底电缆管道用海		
20	交通运输用海	2001	港口用海		
		2002	航运用海		
		2003	路桥隧道用海		
		2004	机场用海		
		2005	其他交通运输用海		
21	游憩用海	2101	风景旅游用海		
		2102	文体休闲娱乐用海		
22	特殊用海	2201	军事用海		
		2202	科研教育用海		
		2203	海洋保护修复及海岸防护工程用海		
		2204	排污倾倒用海		
		2205	水下文物保护用海		
		2206	其他特殊用海		

续表3-15

一级类		二级类		三级类	
23	其他土地	2301	空闲地		
		2302	后备耕地		
		2303	田坎		
		2304	盐碱地		
		2305	沙地		
		2306	裸土地		
		2307	裸岩石砾地		
24	其他海域				

表 3-16　用地用海分类名称、代码和含义（2023 年）

代码	名称	含义
01	耕地	指利用地表耕作层种植粮、棉、油、糖、蔬菜、饲草饲料等农作物为主，每年可以种植一季及以上（含以一年一季以上的耕种方式种植多年生作物）的土地，包括熟地，新开发、复垦、整理地，休闲地（含轮歇地、休耕地）；以及间有零星果树、桑树或其他树木的耕地；包括南方宽度＜1.0 m，北方宽度＜2.0 m固定的沟、渠、路和地坎（埂）；包括直接利用地表耕作层种植的温室、大棚、地膜等保温、保湿设施用地
0101	水田	指用于种植水稻、莲藕等水生农作物的耕地，包括实行水生、旱生农作物轮种的耕地
0102	水浇地	指有水源保证和灌溉设施，在一般年景能正常灌溉，种植旱生农作物（含蔬菜）的耕地
0103	旱地	指无灌溉设施，主要靠天然降水种植旱生农作物的耕地，包括没有灌溉设施，仅靠引洪淤灌的耕地
02	园地	指种植以采集果、叶、根、茎、汁等为主的集约经营的多年生作物，覆盖度大于 50%或每亩株数大于合理株数 70%的土地，包括用于育苗的土地
0201	果园	指种植果树的园地
0202	茶园	指种植茶树的园地
0203	橡胶园地	指种植橡胶树的园地
0204	油料园地	指种植油茶、油棕、橄榄和文冠果等木本油料作物的园地
0205	其他园地	指种植桑树、可可、咖啡、花椒、胡椒、药材等其他多年生作物的园地，包括用于育苗的土地
03	林地	指生长乔木、竹类、灌木的土地。包括自然生长干果等林木的土地。不包括生长林木的湿地，城镇、村庄范围内的绿化林木用地，铁路、公路征地范围内的林木，以及河流、沟渠的护堤林用地
0301	乔木林地	指乔木郁闭度≥0.2 的林地，不包括森林沼泽
0302	竹林地	指生长竹类植物，郁闭度≥0.2 的林地
0303	灌木林地	指灌木覆盖度≥40%的林地，不包括灌丛沼泽

续表3-16

代码	名称	含义
0304	其他林地	指疏林地（树木郁闭度≥0.1、<0.2的林地）、未成林地，以及迹地、苗圃和符合国家规定标准的用于培育、贮存种子苗木等直接为林业生产经营服务的设施用地等
04	草地	指生长草本植物为主的土地，包括乔木郁闭度<0.1的疏林草地、灌木覆盖度<40%的灌丛草地，不包括生长草本植物的湿地
0401	天然牧草地	指以天然草本植物为主，用于放牧或割草的草地，包括实施禁牧措施的草地
0402	人工牧草地	指人工种植牧草的草地，不包括种植饲草饲料的耕地
0403	其他草地	指天然牧草地、人工牧草地以外的草地，不包括可用于开发补充耕地的土地
05	湿地	指陆地和水域的交汇处，水位接近或处于地表面，或有浅层积水，且处于自然状态的土地
0501	森林沼泽	指以乔木植物为优势群落、郁闭度≥0.2的淡水沼泽
0502	灌丛沼泽	指以灌木植物为优势群落、覆盖度≥40%的淡水沼泽
0503	沼泽草地	指以天然草本植物为主的沼泽化的低地草甸、高寒草甸
0504	其他沼泽地	指除森林沼泽、灌丛沼泽和沼泽草地外、地表经常过湿或有薄层积水，生长沼生或部分沼生和部分湿生、水生或盐生植物的土地，包括草本沼泽、苔藓沼泽、内陆盐沼等
0505	沿海滩涂	指沿海大潮高潮位与低潮位之间的潮浸地带，包括海岛的滩涂，不包括已利用的滩涂
0506	内陆滩涂	指河流、湖泊常水位至洪水位间的滩地，时令河、湖洪水位以下的滩地，水库正常蓄水位与洪水位间的滩地，包括海岛的内陆滩地，不包括已利用的滩地
0507	红树林地	指沿海生长红树植物的土地，包括红树林苗圃
06	农业设施建设用地	指对地表耕作层造成破坏的，为农业生产、农村生活服务的乡村道路用地以及种植设施、畜禽养殖设施、水产养殖设施建设用地
0601	农村道路	指在村庄范围外，南方宽度≥1.0 m、≤8.0 m，北方宽度≥2.0 m、≤8.0 m，用于村间、田间交通运输，并在国家公路网络体系（乡道及乡道以上公路）之外，以服务于农村农业生产为主要用途的道路（含机耕道）
060101	村道用地	指用于村间、田间交通运输，服务于农村生活生产的硬化型道路（含机耕道），不包括村庄内部道路用地和田间道
060102	田间道	指用于田间交通运输，为农业生产、农村生活服务的非硬化型道路
0602	设施农用地	指直接用于经营性畜禽养殖生产设施及附属设施用地；直接用于作物栽培或水产养殖等农产品生产的设施及附属设施用地；直接用于设施农业项目辅助生产的设施用地；晾晒场、粮食果品烘干设施、粮食和农资临时存放场所、大型农机具临时存放场所等规模化粮食生产所必需的配套设施用地

续表3-16

代码	名称	含义
060201	种植设施建设用地	指工厂化作物生产和为生产服务的看护房、农资农机具存放场所等，以及与生产直接关联的烘干晾晒、分拣包装、保鲜存储等设施用地，不包括直接利用地表种植的大棚、地膜等保温、保湿设施用地
060202	畜禽养殖设施建设用地	指经营性畜禽养殖生产及直接关联的圈舍、废弃物处理、检验检疫等设施用地，不包括屠宰和肉类加工场所用地等
060203	水产养殖设施建设用地	指工厂化水产养殖生产及直接关联的硬化养殖池、看护房、粪污处置、检验检疫等设施用地
07	居住用地	指城乡住宅用地及其居住生活配套的社区服务设施用地
0701	城镇住宅用地	指用于城镇生活居住功能的各类住宅建筑用地及其附属设施用地
070101	一类城镇住宅用地	指配套设施齐全、环境良好，以三层及以下住宅为主的住宅建筑用地及其附属道路、附属绿地、停车场等用地
070102	二类城镇住宅用地	指配套设施较齐全、环境良好，以四层及以上住宅为主的住宅建筑用地及其附属道路、附属绿地、停车场等用地
070103	三类城镇住宅用地	指配套设施较欠缺、环境较差，以需要加以改造的简陋住宅为主的住宅建筑用地及其附属道路、附属绿地、停车场等用地，包括危房、棚户区、临时住宅等用地
0702	城镇社区服务设施用地	指为城镇居住生活配套的社区服务设施用地，包括社区服务站以及托儿所、社区卫生服务站、文化活动站、小型综合体育场地、小型超市等用地，以及老年人日间照料中心（托老所）等社区养老服务设施用地，不包括中小学、幼儿园用地
0703	农村宅基地	指农村村民用于建造住宅及其生活附属设施的土地，包括住房、附属用房等用地。
070301	一类农村宅基地	指农村用于建造独户住房的土地
070302	二类农村宅基地	指农村用于建造集中住房的土地
0704	农村社区服务设施用地	指为农村生产生活配套的社区服务设施用地，包括农村社区服务站以及村委会、供销社、兽医站、农机站、托儿所、文化活动室、小型体育活动场地、综合礼堂、农村商店及小型超市、农村卫生服务站、村邮站、宗祠等用地，不包括中小学、幼儿园用地
08	公共管理与公共服务用地	指机关团体、科研、文化、教育、体育、卫生、社会福利等机构和设施的用地，不包括农村社区服务设施用地和城镇社区服务设施用地
0801	机关团体用地	指党政机关、人民团体及其相关直属机构、派出机构和直属事业单位的办公及附属设施用地
0802	科研用地	指科研机构及其科研设施、企业科学研究和研发设施用地
0803	文化用地	指图书、展览等公共文化活动设施用地
080301	图书与展览用地	指公共图书馆、博物馆、科技馆、公共美术馆、纪念馆、规划建设展览馆等设施用地

续表3-16

代码	名称	含义
080302	文化活动用地	指文化馆（群众艺术馆）、文化站、工人文化宫、青少年宫（青少年活动中心）、妇女儿童活动中心（儿童活动中心）、老年活动中心、综合文化活动中心、公共剧场等设施用地
0804	教育用地	指高等教育、中等职业教育、中小学教育、幼儿园、特殊教育设施等用地，包括为学校配建的独立地段的学生生活用地
080401	高等教育用地	指大学、学院、高等职业学校、高等专科学校、成人高校等高等学校用地，包括军事院校用地
080402	中等职业教育用地	指普通中等专业学校、成人中等专业学校、职业高中、技工学校等用地，不包括附属于普通中学内的职业高中用地
080403	中小学用地	指小学、初级中学、高级中学、九年一贯制学校、完全中学、十二年一贯制学校用地，包括职业初中、成人中小学、附属于普通中学内的职业高中用地
080404	幼儿园用地	指幼儿园用地
080405	其他教育用地	指除以上之外的教育用地，包括特殊教育学校、专门学校（工读学校）用地
0805	体育用地	指体育场馆、体育训练基地、溜冰场、跳伞场、摩托车场、射击场，以及水上运动的陆域部分等用地，不包括学校、企事业、军队等机构内部专用的体育设施用地
080501	体育场馆用地	指室内外体育运动用地，包括体育场馆、游泳场馆、大中型多功能运动场地、全民健身中心等用地
080502	体育训练用地	指为体育运动专设的训练基地用地
0806	医疗卫生用地	指医疗、预防、保健、护理、康复、急救、安宁疗护等用地
080601	医院用地	指综合医院、中医医院、中西医结合医院、民族医院、各类专科医院、护理院等用地
080602	基层医疗卫生设施用地	指社区卫生服务中心、乡镇（街道）卫生院等用地，不包括社区卫生服务站、农村卫生服务站、村卫生室、门诊部、诊所（医务室）等用地
080603	公共卫生用地	指疾病预防控制中心、妇幼保健院、急救中心（站）、采供血设施等用地
0807	社会福利用地	指为老年人、儿童及残疾人等提供社会福利和慈善服务的设施用地
080701	老年人社会福利用地	指为老年人提供居住、康复、保健等服务的养老院、敬老院、养护院等机构养老设施用地
080702	儿童社会福利用地	指为孤儿、农村留守儿童、困境儿童等特殊儿童群体提供居住、抚养、照护等服务的儿童福利院、孤儿院、未成年人救助保护中心等设施用地
080703	残疾人社会福利用地	指为残疾人提供居住、康复、护养等服务的残疾人福利院、残疾人康复中心、残疾人综合服务中心等设施用地
080704	其他社会福利用地	指除以上之外的社会福利设施用地，包括救助管理站等设施用地

续表3-16

代码	名称	含义
09	商业服务业用地	指商业、商务金融以及娱乐康体等设施用地，不包括农村社区服务设施用地和城镇社区服务设施用地
0901	商业用地	指零售商业、批发市场及餐饮、旅馆及公用设施营业网点等服务业用地
090101	零售商业用地	指商铺、商场、超市、服装及小商品市场等用地
090102	批发市场用地	指以批发功能为主的市场用地
090103	餐饮用地	指饭店、餐厅、酒吧等用地
090104	旅馆用地	指宾馆、旅馆、招待所、服务型公寓、有住宿功能的度假村等用地
090105	公用设施营业网点用地	指零售加油、加气、充换电站、电信、邮政、供水、燃气、供电、供热等公用设施营业网点用地
0902	商务金融用地	指金融保险、艺术传媒、设计、技术服务、物流管理中心等综合性办公用地
0903	娱乐用地	指剧院、音乐厅、电影院、歌舞厅、网吧以及绿地率小于65％的大型游乐设施用地
0904	其他商业服务业用地	指除以上之外的商业服务业用地，包括高尔夫练习场、赛马场、以观光娱乐为目的的直升机停机坪等通用航空、汽车维修站以及宠物医院、洗车场、洗染店、照相馆、理发美容店、洗浴场所、废旧物资回收站、机动车、电子产品和日用产品修理网点、物流营业网点等用地
10	工矿用地	指用于工矿业生产的土地
1001	工业用地	指工矿企业的生产车间、装备修理、自用库房及其附属设施用地，包括专用铁路、码头和附属道路、停车场等用地，包括工业生产必需的研发、设计、测试、中试用地，不包括采矿用地
100101	一类工业用地	指对居住和公共环境基本无干扰、污染和安全隐患，布局无特殊控制要求的工业用地
100102	二类工业用地	指对居住和公共环境有一定干扰、污染和安全隐患，不可布局于居住区和公共设施集中区内的工业用地
100103	三类工业用地	指对居住和公共环境有严重干扰、污染和安全隐患，布局有防护、隔离要求的工业用地
1002	采矿用地	指采矿、采石、采砂（沙）场，砖瓦窑等地面生产用地及排土（石）、尾矿堆放用地
1003	盐田	指用于以自然蒸发方式进行盐业生产的用地，包括晒盐场所、盐池及附属设施用地
11	仓储用地	指物资存放及物流仓储和战略性物资储备库用地
1101	物流仓储用地	指国家和省级战略性储备库以外，城镇、村庄用于物资存储、中转、配送等设施用地，包括附属设施、道路、停车场等用地
110101	一类物流仓储用地	指对居住和公共环境基本无干扰、污染和安全隐患，布局无特殊控制要求的物流仓储用地

续表3-16

代码	名称	含义
110102	二类物流仓储用地	指对居住和公共环境有一定干扰、污染和安全隐患，不可布局于居住区和公共设施集中区内的物流仓储用地
110103	三类物流仓储用地	指用于存放易燃、易爆和剧毒等危险品，布局有防护、隔离要求的物流仓储用地
1102	储备库用地	指国家和省级的粮食、棉花、石油等战略性储备库用地
12	交通运输用地	指铁路、公路、机场、港口码头、管道运输、城市轨道交通、各种道路以及交通场站等交通运输设施及其附属设施用地，不包括其他用地内的附属道路、停车场等用地
1201	铁路用地	指铁路编组站、轨道线路（含城际轨道）等用地，不包括铁路客货运站等交通场站用地
1202	公路用地	指国道、省道、县道和乡道用地及附属设施用地，不包括已纳入城镇集中连片建成区，发挥城镇内部道路功能的路段，以及公路长途客货运站等交通场站用地
1203	机场用地	指民用及军民合用的机场用地，包括飞行区、航站区等用地，不包括净空控制范围内的其他用地
1204	港口码头用地	指海港和河港的陆域部分，包括用于堆场、货运码头及其他港口设施的用地，不包括港口客运码头等交通场站用地
1205	管道运输用地	指运输矿石、石油和天然气等地面管道运输用地，地下管道运输规定的地面控制范围内的用地应按其地面实际用途归类
1206	城市轨道交通用地	指独立占地的城市轨道交通地面以上部分的线路、站点用地
1207	城镇村道路用地	指城镇、村庄范围内公用道路及行道树用地，包括快速路、主干路、次干路、支路、专用人行道和非机动车道等用地，包括其交叉口用地
1208	交通场站用地	指交通服务设施用地，不包括交通指挥中心、交通队等行政办公设施用地
120801	对外交通场站用地	指铁路客货运站、公路长途客运站、港口客运码头及其附属设施用地
120802	公共交通场站用地	指城市轨道交通车辆基地及附属设施，公共汽（电）车首末站、停车场（库）、保养场，出租汽车场站设施等用地，以及轮渡、缆车、索道等的地面部分及其附属设施用地
120803	社会停车场用地	指独立占地的公共停车场和停车库用地（含设有充电桩的社会停车场），不包括其他建设用地配建的停车场和停车库用地
1209	其他交通设施用地	指除以上之外的交通设施用地，包括教练场等用地
13	公用设施用地	指用于城乡和区域基础设施的供水、排水、供电、供燃气、供热、通信、邮政、广播电视、环卫、消防、水工等设施用地
1301	供水用地	指取水设施、供水厂、再生水厂、加压泵站、高位水池等设施用地
1302	排水用地	指雨水泵站、污水泵站、污水处理、污泥处理厂等设施及其附属的构筑物用地，不包括排水河渠用地

续表3-16

代码	名称	含义
1303	供电用地	指变电站、开关站、环网柜等设施用地，不包括电厂、可再生能源发电等工业用地。高压走廊下规定的控制范围内的用地应按其地面实际用途归类
1304	供燃气用地	指分输站、调压站、门站、供气站、储配站、气化站、灌瓶站和地面输气管廊等设施用地，不包括制气厂等工业用地
1305	供热用地	指集中供热厂、换热站、区域能源站、分布式能源站和地面输热管廊等设施用地
1306	通信用地	指通信铁塔、基站、卫星地球站、海缆登陆站、电信局、微波站、中继站等设施用地
1307	邮政用地	指邮政中心局、邮政支局（所）、邮件处理中心等设施用地
1308	广播电视设施用地	指广播电视的发射、传输和监测设施用地，包括无线电收信区、发信区以及广播电视发射台、转播台、差转台、监测站等设施用地
1309	环卫用地	指生活垃圾、医疗垃圾、危险废物处理和处置，以及垃圾转运、公厕、车辆清洗、环卫车辆停放修理等设施用地
1310	消防用地	指消防站、消防通信及指挥训练中心等设施用地
1311	水工设施用地	指人工修建的闸、坝、堤林路、水电厂房、扬水站等常水位岸线以上的建（构）筑物用地，包括防洪堤、防洪枢纽、排洪沟（渠）等设施用地
1312	其他公用设施用地	指除以上之外的公用设施用地，包括施工、养护、维修等设施用地
14	绿地与开敞空间用地	指城镇、村庄用地范围内的公园绿地、防护绿地、广场等公共开敞空间用地，不包括其他建设用地中的附属绿地
1401	公园绿地	指向公众开放，以游憩为主要功能，兼具生态、景观、文教、体育和应急避险等功能，有一定服务设施的公园和绿地，包括综合公园、社区公园、专类公园和游园等
1402	防护绿地	指具有卫生、隔离、安全、生态防护功能，游人不宜进入的绿地
1403	广场用地	指以游憩、健身、纪念、集会和避险等功能为主的公共活动场地
15	特殊用地	指军事、外事、宗教、安保、殡葬，以及文物古迹等具有特殊性质的用地
1501	军事设施用地	指直接用于军事目的的设施用地
1502	使领馆用地	指外国驻华使领馆、国际机构办事处及其附属设施等用地
1503	宗教用地	指宗教活动场所用地
1504	文物古迹用地	指具有保护价值的古遗址、古建筑、古墓葬、石窟寺、近现代史迹及纪念建筑等用地，不包括已作其他用途的文物古迹用地
1505	监教场所用地	指监狱、看守所、劳改场、戒毒所等用地范围内的建设用地，不包括公安局等行政办公设施用地
1506	殡葬用地	指殡仪馆、火葬场、骨灰存放处和陵园、墓地等用地
1507	其他特殊用地	指除以上之外的特殊建设用地，包括边境口岸和自然保护地等的管理与服务设施用地

续表3-16

代码	名称	含义
16	留白用地	指国土空间规划确定的城镇、村庄范围内暂未明确规划用途、规划期内不开发或特定条件下开发的用地
17	陆地水域	指陆域内的河流、湖泊、冰川及常年积雪等天然陆地水域，以及水库、坑塘水面、沟渠等人工陆地水域
1701	河流水面	指天然形成或人工开挖河流常水位岸线之间的水面，不包括被堤坝拦截后形成的水库区段水面
1702	湖泊水面	指天然形成的积水区常水位岸线所围成的水面
1703	水库水面	指人工拦截汇集而成的总设计库容≥10 万 m^3 的水库正常蓄水位岸线所围成的水面
1704	坑塘水面	指人工开挖或天然形成的蓄水量<10 万 m^3 的坑塘常水位岸线所围成的水面，含养殖坑塘
1705	沟渠	指人工修建，南方宽度≥1.0 m、北方宽度≥2.0 m 用于引、排、灌的渠道，包括渠槽、渠堤、附属护路林及小型泵站
1706	冰川及常年积雪	指表层被冰雪常年覆盖的土地
18	渔业用海	指为开发利用渔业资源、开展海洋渔业生产所使用的海域及无居民海岛（含农、林、牧业用岛）
1801	渔业基础设施用海	指用于渔船停靠、装卸作业和避风，以及用于繁殖重要苗种的海域，包括渔业码头、引桥、堤坝、养殖厂房、看护房、渔港港池（含开敞式码头前沿船舶靠泊和回旋水域）、渔港航道、取排水口及其他附属设施使用的海域及无居民海岛
1802	增养殖用海	指用于养殖生产或通过构筑人工鱼礁、半潜式平台、养殖工船等进行增养殖生产的海域及无居民海岛
1803	捕捞海域	指开展适度捕捞的海域
1804	农林牧业用岛	指用于农、林、牧业生产活动所使用的无居民海岛
19	工矿通信用海	指开展临海工业生产、工业仓储、海底电缆管道建设和矿产能源开发所使用的海域及无居民海岛
1901	工业用海	指开展海水综合利用、船舶制造修理、海产品加工、滨海核电、火电、石化等临海工业所使用的海域及无居民海岛
1902	盐田用海	指用于盐业生产的海域，包括盐业码头、引桥及港池（船舶靠泊和回旋水域）、盐田取排水口、蓄水池，以及取排水管道、蒸发池、结晶池、坨台、生产道路等附属设施等所使用的海域及无居民海岛
1903	固体矿产用海	指开采海砂及其他固体矿产资源的海域及无居民海岛
1904	油气用海	指开采油气资源的海域及无居民海岛
1905	可再生能源用海	指开展海上风能、太阳能、潮流能、波浪能等可再生能源利用的海域及无居民海岛
1906	海底电缆管道用海	指用于埋（架）设海底通信光（电）缆、电力电缆、输水管道及输送其他物质的管状设施所使用的海域

续表3-16

代码	名称	含义
20	交通运输用海	指用于港口、航运、路桥、机场等交通建设的海域及无居民海岛
2001	港口用海	指供船舶停靠、进行装卸作业、避风和调动的海域，包括港口码头、引桥、平台、港池、堤坝及堆场（仓储场）、铁路和公路转运场站及其附属设施等所使用的海域及无居民海岛
2002	航运用海	指供船只航行、候潮、待泊、联检、避风及进行水上过驳作业的海域
2003	路桥隧道用海	指用于建设连陆、连岛等路桥工程及海底隧道海域，包括跨海桥梁、跨海和顺岸道路、海底隧道等及其附属设施所使用的海域及无居民海岛
2004	机场用海	指用于建设海上机场及其附属设施所使用的海域及无居民海岛
2005	其他交通运输用海	指用于港口、航运、路桥、海上机场以外的交通运输用海。不包括油气开采用连陆、连岛道路和栈桥等所使用的海域
21	游憩用海	指开发利用滨海和海上旅游资源，开展海上娱乐活动的海域及无居民海岛
2101	风景旅游用海	指开发利用滨海和海上旅游资源的海域及无居民海岛
2102	文体休闲娱乐用海	指旅游景区开发和海上文体娱乐活动场建设的海域，包括海上浴场、游乐场及游乐设施使用的海域及无居民海岛
22	特殊用海	指用于军事、科研教学、海洋保护修复及海岸防护工程、排污倾倒、海洋水下文化遗产等用途的海域及无居民海岛
2201	军事用海	指建设军事设施和开展军事活动的海域及无居民海岛
2202	科研教育用海	指专门用于科学研究、试验及教学活动的海域及无居民海岛
2203	海洋保护修复及海岸防护工程用海	指各类涉海自然保护地所使用的海域，各类海洋生态保护修复工程实施需使用的海域，以及为防范海浪、沿岸流的侵蚀及台风、气旋和寒潮大风等自然灾害的侵袭，保障沿海河口海域水利、通航安全，建造海堤（塘）、防潮闸（含通航孔）、船闸、护岸设施、人工防护林等海岸防护工程及其他附属和管理设施等所使用的海域及无居民海
2204	排污倾倒用海	指用来排放污水和倾倒废弃物的海域
2205	水下文物保护用海	指用于发掘、保护各种水下文物和文化遗产所使用的海域
2206	其他特殊用海	指除军事用海、科研教学、海洋保护修复及海岸防护、排污倾倒、海洋水下文化遗产保护等以外的特殊用海用岛
23	其他土地	指上述地类以外的其他类型的土地，包括盐碱地、沙地、裸土地、裸岩石砾地等植被稀少的陆域自然荒野等土地以及空闲地、后备耕地、田坎
2301	空闲地	指城镇、村庄范围内尚未使用的建设用地。空闲地仅用于国土调查监测工作
2302	后备耕地	指现状为荒草地，可用于开发补充耕地的土地
2303	田坎	指梯田及梯状坡地耕地中，主要用于拦蓄水和护坡，南方宽度≥1.0 m、北方宽度≥2.0 m 的地坎
2304	盐碱地	指表层盐碱聚集，生长天然耐盐碱植物、植被覆盖度≤5%的土地。不包括沼泽地和沼泽草地

续表3-16

代码	名称	含义
2305	沙地	指表层为沙覆盖、植被覆盖度≤5%的土地。不包括滩涂中的沙地
2306	裸土地	指表层为土质，植被覆盖度≤5%的土地。不包括滩涂中的泥滩
2307	裸岩石砾地	指表层为岩石或石砾，其覆盖面积≥70%的土地。不包括滩涂中的石滩
24	其他海域	指需要限制开发，以及从长远发展角度应当予以保留的海域及无居民海岛

思 考 题

1. 解释以下概念：土地类型、土地资源类型、土地利用现状、土地利用类型、土地利用结构。

2. 阐述中国土地类型的分类系统、原则和命名方法。

3. 简述土地资源类型的几种划分方法。

4. 什么是区域土地类型分布结构？试述研究区域土地类型分布结构的意义。

5. 影响土地资源利用的制约因素有哪些？

6. 阐述我国土地利用（现状）分类系统的分类原则和分类体系。

7. 土地类型分类对优化农用地布局与耕地保护有何现实作用？

参 考 文 献

陈传康．土地科学与土地利用规划//过宝兴．土地科学与区域开发．上海：上海科学技术文献出版社，1992.

李万东，张炳智．土地利用基础图件与数据更新．北京：中国大地出版社，2009.

李潇，吴克宁，刘亚男，等．基于土地类型的西峡县农用地适宜性评价．中国农业资源与区划．2024，45(1)：45-56.

李晓亮，吴克宁，冯喆，等．陆地表层系统分类研究进展：从土地类型到地球关键带类型．地理科学进展，2022，41(3)：531-542.

林培，刘黎明，孙丹峰．关于建立我国土地利用分类及其图例系统的问题探讨．中国土地科学，2001，15(1)：28-31.

林培．土地资源学．2 版．北京：中国农业大学出版社，1996.

刘黎明，卿尚华．黄土高原小流域土地利用系统结构优化与生态设计．自然资源，1995(6)：51-61.

倪绍祥．土地类型与土地评价概论．2 版．北京：高等教育出版社，1999.

单卫东，董玉祥，刘晓煌，等．以土地类型为基础构建回归自然的自然资源管理模式．中国土地，2025(2)：25-27.

自然资源部．国土空间调查、规划、用途管制用地用海分类指南．(2023-11-22)［2025-03-09］.

Salley S W, Monger H C, Brown J R. Completing the land resource hierarchy. Rangelands, 2016b, 38(6): 313-317.

Salley S W, Talbot C J, Brown J R. The natural resources conservation service land resource hierarchy and ecological sites. Soil Science Society of America Journal, 2016a, 80(1): 1-9.

第4章 土地资源调查

土地资源调查是运用测绘制图方法或遥感（RS）、地理信息系统（GIS）和全球导航卫星系统（GNSS）等现代信息收集和处理技术，系统性地调查和分析各类土地资源的数量、质量、空间分布，以及它们之间相互关系和动态变化状况，为区域土地资源可持续利用和管理提供基础数据和现实依据。

4.1 土地资源调查概述

4.1.1 土地资源调查的目的

土地资源调查是对土地资源的类型、数量、质量、空间特性及其在社会经济活动中利用和管理的状况进行综合调查的一项基础性工作，其目的主要有以下 4 个方面。

(1)为土地资源管理提供基本数据和决策依据。土地资源是人类最宝贵的自然资源，建立科学的土地资源利用与管理制度是缓和当前人地紧张关系的当务之急，特别是我国人多地少，十分珍惜、合理利用土地和切实保护耕地是我国的基本国策，应当像对待人口问题那样严格管理土地。因此土地资源调查与人口普查一样，是实施土地资源管理工作的基本手段。土地资源管理一般有两方面的基本任务，即对土地资源利用情况的监测和对土地所有权、使用权的管理。要实现土地资源科学管理，管理部门必须具备 3 套基本数据：①有关土地资源的基本数量、土地特性、质量状况和类型分布等自然方面的数据，即“基本家底”；②有关土地利用生态、经济和社会效益方面的数据；③有关土地所有权、使用权等权属类的数据，即产权产籍数据，这是土地管理部门对土地出让、土地税收、土地纠纷等行使行政手段的基本依据。

土地资源调查内容除了对数量、质量、社会经济等调查外，还需分析总结土地利用过程中存在的基本问题，如生态环境问题、土地质量问题、经济效益问题、产权归属问题等，助力政府制定合理的土地利用政策与规划，全面系统地为土地利用管理、产权产籍管理、非农用地管理等提供决策依据。

(2)为土地评价和国土空间规划提供基础图件和属性数据。土地资源调查是制定科学的国土空间规划方案以及其他空间专项规划，充分开发土地生产潜力，保持生态平衡的基础工作。国土空间规划是合理组织土地利用的一项综合性措施，它是在综合考察区域土地资源的基础上，对土地资源的特征和数量、质量、空间分布、适宜性、生产潜力等做出评价后，提出土地资源合理利用与开发的意见和规划方案的一项系统工程。

(3)土地资源调查是土地资源动态监测的实现过程。土地利用活动存在着多样性、复杂性和动态性的特点，随着经济发展和人口增长，非农用地迅速扩大、耕地资源受损、土地浪费现象十分严重，同时由于不合理的土地利用方式导致水土流失、土壤次生盐渍化、土地沙漠化和土地污染等生态问题，因而国家必须周期性地开展土地资源清查工作，以便对土地利用现状和土地质量、数量的变化动态进行监测，随时制定各种对策，保护土地资源，改善或调整土地利用方式和土地利用结构。目前我国已经基本构建“空天地网”一体化的自然资源调查监测技术体系，监查耕地、森林、草原、水、湿地等土地资源，为自然资源管理奠定了坚实的基础。

(4)土地资源调查数据是制定国民经济和社会发展总体规划、区域综合发展规划，以及其他各种专项规划如城市规划、农业区划等的重要依据。制定国民经济和社会发展总体规划，其核心就是根据区域人口和土地的基本关系，预测社会经济发展的各项指标，充分挖掘土地资源生产潜力，科学规划各类资源，特别是土地资源在国民经济各个部门的合理配置，制定出长远的人口、资源、环境、社会经济发展的总体战略。

土地资源是国民经济各个部门的基本资源，如何发挥资源优势，制定适宜的发展目标，必须以土地资源的合理配置为依据，如综合农业区划和农林牧的产业发展规划，应当根据区域土地资源的数量和质量状况为依据，分析适宜性和生产潜力，在此基础上确定农业发展方向和农业生产结构，以及各种农产品的生产指标、建设措施等。

4.1.2　土地资源调查的任务

土地资源调查的任务是清查土地类型、数量、质量、面积、空间分布、利用现状和权属关系，并予以综合分析和初步评价。土地资源调查分为概查和详查。具体任务包括以下 4 个方面。

(1)清查各类土地资源的数量。查清各级用地单位的土地总面积和土地类型面积及其分布；查清各级用地单位的土地利用类型面积及其空间布局；查清水利工程、交通用地等线状地物（主要是沟、渠、路）的面积及其分布。从 1985 年全国县级土地详查工作开始，至今共进行了 3 次全国国土调查，彻底清查了我国土地资源数量和空间分布特征，为国土资源管理提供了重要的基础数据。

(2)清查土地资源的基本特性和质量状况。查清土地各构成要素的基本情况，包括地形地貌、土壤、气候、水文地质、植被以及有关的社会经济条件等，进行综合叠加和土地类型划分，对区域土地资源的特征如质量、适宜性、生产潜力等做出全面评价，为国土空间规划提供现实依据。

(3)分析土地利用存在的问题，并进行土地利用分区。根据土地利用现状的分析和土地评价的结果，提出区域土地资源合理开发利用、整治、管理的意见和分区方案。

(4)土地资源调查成果以系列成图形式表达，建立土地资源管理信息系统或数据库。包括相同比例尺的不同内容的专题系列图，如土地利用现状图、土地类型图、土地适宜性图、土地生产潜力图以及土地资源的各构成要素图；同一专题的不同比例尺的系列图，如 1∶1 000，1∶10 000，1∶50 000，1∶500 000，直至 1∶100 万等。这些系列图件彼此补充，从不同侧面、不同程度，由局部到整体、由要素到系统揭示土地这一自然地理综合体的全貌。

4.2 土地资源调查的基本内容

土地资源调查主要包括土地类型、数量、质量、权属、分布及利用现状等内容。由于调查项目的性质和侧重点的不同，可把土地资源调查区分为若干类型，主要包括：土地利用现状调查是以土地利用状况为主的调查；土地资源质量调查是以影响土地质量的自然和社会因素为主的调查；土地类型调查则是以土地类型及其空间分布规律为主的调查；还有以土地权属状况为主的土地权属调查等。

4.2.1 土地利用现状调查

土地利用现状调查是在调查区域范围内，为查清土地资源的利用现状而进行的土地资源普查，其重点是按统一的土地利用分类系统，查清各类用地的地类、面积、分布、利用和权属状况等。

1. 土地利用现状调查的任务

土地利用现状调查研究的任务是在建立科学和实用的土地利用分类体系的基础上，查清各种土地利用类型的数量、质量、空间分布和演变趋势。

(1)建立科学的、实用的土地利用分类体系。土地利用分类是人们认识和判断土地资源利用和地面覆盖的基础，是土地资源研究的科学手段和方法，通过对土地利用方式和特征的概括和总结，建立起土地利用的认识体系。建立科学的、实用的分类体系，是土地科学研究的基础工作，也是其科学研究水平的反映。随着对土地利用水平的不断提升，我国已经更新了 4 次土地利用现状分类体系，以适应时代的发展和需求，对于分类系统，我国有明确的规定，总的原则是在统一的全国分类体系下，可以因地制宜地适当细分，做到既有统一口径，又有能反映地方的土地利用特色。

(2)查清各类土地资源的数量。在土地利用分类基础上，查清土地资源的数量，主要通过土地测量、土地制图和土地面积量算等工作完成，它是土地利用现状调查最基本的任务。土地资源的数量研究是土地资源开发规模、土地资源产业部门分配、土地资源供求平衡、土地资源规划管理、人地关系分析和调整的客观依据。查清土地资源的数量，不仅要正确计算区域土地的总面积，也要认真统计不同土地利用类别和不同权属的面积；不仅要认识土地的自然供给能力，也要弄清土地的经济供给能力；不仅要分析区域土地资源的总体优劣，也要进行区域之间人均土地面积的比较研究。

(3)掌握土地资源的地域分布规律和覆盖状态。土地利用现状调查结果一般都通过专题图来反映。揭示土地利用的空间布局规律是进一步开展土地利用规划、调整生产力布局的前提条件。土地利用现状调查必须保证其调查研究成果图、数、实地相互一致性。“以图管地”也是土地管理真正行之有效的办法，它能够以严格的土地用途管制，保证国土空间总体规划全面实施。

(4)指导土地资源开发、利用和保护。土地利用现状调查和分类，有利于土地资源开发和利用经验的归纳和总结。例如，土地利用现状调查要认真研究地方性小气候、小环境对于土地利用的作用和影响，有时可以发现新的资源高效利用的土地利用方式；一些特种经济作物的分布，由于其区域小环境特别适合其生态和生理要求，产量高，质量好，作为地方性的名、优、特产品进行合理开发，具有重要的经济价值。此外，通过土地资源调查揭示土地利用现状存在的矛盾和问题，有针对性地和科学地指导土地资源的保护与开发。

2. 土地利用现状调查的主要内容

土地利用现状调查主要包括调查土地利用类型的空间分布、数量、质量、权属和覆盖状况等内容，为以后进行不动产登记、土地统计、土地评价、国土空间规划和土地管理方面的工作提供基础数据。具体来说，土地利用现状调查主要包括以下几个方面的内容：

(1)查清各土地权属单位之间的土地权属界线和各级行政辖区范围界线。

(2)查清土地利用类型及分布，并量算出各类土地面积。

(3)按土地权属单位及行政辖区范围汇总出土地总面积和各类土地面积。

(4)编制土地利用现状图和分幅土地权属界线图，建立土地资源调查数据库和管理信息系统。

(5)调查和分析土地权属争议。

(6)总结土地利用的经验和教训，提出合理利用土地的意见和建议。

3. 历次全国国土调查简况

(1)1984 年第一次全国土地调查。新中国成立以来，没有做过全面的土地资源调查，土地资源家底长期不清，现有的耕地面积不实，草地、水面以及其他建设用地也缺乏准确的统计数据，1984 年国务院开展了第一次全国土地资源详查工作，1997 年完成工作。此次开展土地资源详查主要任务是：全面查清我国土地的类型、数量、质量、分布、利用状况，并做出科学的评价。该次土地资源详查与土壤普查统一部署，结合进行。通过本次调查，全面了解了我国土地家底，成功查清了我国城乡土地权属、用途和面积，获得了乡、县、市、省和全国各种土地类型、数量、分布、利用率和权属状况，形成了系统的、完整的、翔实可靠的土地资源文字、数据和图件成果，为土地评价、土地管理、农业区划、行政勘界等提供了重要的依据。

(2)2007 年第二次全国土地调查。2007 年 7 月 1 日，国务院、国土资源部和国家统计局开展了第二次全国土地调查（简称二次调查），2009 年完成工作。本次土地调查具有里程碑式的意义，首次采用了统一的土地利用分类国家标准，首次采用了政府统一组织、地方实地调查、国家掌控质量的组织模式，首次采用覆盖全国遥感影像的调查地图，实现了图、数、实地一致。此次土地调查的目的是：全面查清土地利用状况，掌握真实的土地基础数据，建立和完善土地调查、统计和登记制度，实现土地调查信息的社会化服务，满足经济社会发展及国土资源管理的需要。本次土地调查的任务是：农村土地调查，查清每块土地的地类、面积、分布、利用和权属状况等；城镇土地调查，查清城市、建制镇内部每宗土地的地类、面积、位置、利用状况和权属等；基本农田调查，将基本农田地块落实至土地利用现状图上，并登记上证、造册；土地调查数据库及管理系统建设，建立国家、省、市（地）、县四级集影像、图形、地类、面积和权属于一体的土地调查数据库及管理系统，实现数据互联共享。通过第二次全国土地调查，全面获取了覆盖全国土地利用现状信息和集体土地所有权登记信息，完全掌握了各类土地资源家底，调查成果实行信息化、网络化管理，依托二次调查基础数据库信息平台，实现了土地资源信息的社会化服务。

(3)2017 年第三次全国国土调查。2017 年 10 月，国务院、自然资源部和国家统计局开展了第三次全国国土调查，于 2020 年完成工作。本次全国国土调查的主要目的是在第二次全国土地调查成果基础上，全面细化和完善土地利用基础数据，掌握翔实准确的全国土地利用现状和土地资源变化情况，进一步完善土地调查、监测和统计制度，实现成果信息化管理与共享。主要内容包括开展土地利用现状调查，查清全国城乡各类土地的利用状况；开展土地权属调查，结合全国农村集体资产清产核资工作，将城镇国有建设用地范围外已完成的集体土地所有权确权登记和国有土地使用权登记成果落实在土地调查成果中，对发生变化的开展补充调查；开展专项用地调查与评价，包括耕地细化调查、批准未建设的建设用地调查、耕地等别调查评价等；建设各级土地利用数据库，包括四级土地调查及专项数据库，各级土地调查数据及专项调查数据分析与共享服务平台。通过第三次全国国土调查，掌握了真实准确的土地基础数据，健全了土地调查、监测和统计制度，进一步强化了土地资源信息社会化服务，满足了经济社会发展、国土资源管理、生态文明建设、空间规划编制的需要。

为了科学、有效地组织实施土地调查，保障土地调查数据的真实性、准确性和及时性，2018 年 3 月 19 日颁布了新的《土地调查条例》，规定：根据国民经济和社会发展需要，每 10 年进行一次全国国土调查；根据土地管理工作的需要，每年进行土地变更调查。土地调查的目的，是全面查清土地资源和利用状况，掌握真实准确的土地基础数据，为科学规划、合理利用、有效保护土地资源，实施最严格的耕地保护制度，加强和改善宏观调控提供依据，促进经济社会全面协调可持续发展。

4.2.2 土地资源质量调查

土地是由多种要素构成的自然地理综合体，具有多种功能，因此土地资源质量具有多面性和相对性。所谓多面性，指在不同的用途条件下，土地资源质量的含义不同。例如，交通用地的质量是指土地的工程性质，至少包括地基承载能力、地面工程量的大小以及抵抗自然灾害的能力；农用地的质量涉及生产潜力、适宜性和利用效益等不同的方面。因此土地资源质量总是与土地用途相关联，是土地相对特定用途所表现出的效果优良程度。

土地资源质量调查内容，主要是根据土地评价的需要，查清土地质量性状指标。土地质量性状指标，是指土地的一些可度量或可测定的属性，包括自然属性和社会经济属性。土地的自然属性主要指自然要素性质，如地形、地貌、土壤、气候、水文、植被等；社会经济属性包含多方面的内容，如地理交通条件、农业经济条件、农业生产技术条件等。不同的社会经济条件下，人们对土地资源开发利用程度及其土地生产力水平是不一样的，即使具有相同质量特征的土地资源，在同一用途情况下，由于社会经济属性的差异，而明显地表现出不同的利用效果。

土地质量调查的目的是反映土地资源的质量等级，不同地区、不同用途情况下所需要调查的具体质量指标也不一样。因此，需要根据不同地区的自然、社会、经济状况和土地利用要求选择相应的调查内容。

土地资源质量范围涉及诸多地理要素，各种要素都有相应的研究学科，也常开展专项调查。因此土地资源质量调查可通过多种方式来完成，一类是野外实地调查及测定；另一类是通过收集相关学科的调查成果和分析已有的文献资料。

4.2.2.1　土地资源自然属性调查

土地资源自然属性调查主要是对土地各个自然构成要素的调查和分析。

1. 气候调查

(1)温度。温度是表示某一区域热量水平的主要指标，也是决定农作物布局的最主要条件之一。一般要调查年平均气温、月平均气温、最低月平均气温、积温等。

(2)降水。降水通常调查降水量，有多年平均降水量、全年各月或旬平均降水量、降水季节、降水强度等指标。在调查气候因素时，通常要注意局部地形变化引起的小气候条件。

气候调查资料数据一般可以通过气象站、气象部门等获取。

2. 地形地貌调查

(1)地貌类型。地貌类型可概略地划分为山地、丘陵、平原，它们在土地质量性状方面表现出极大的差异，有时为了较细致地考察土地质量性状，从地形特征的角度还可以进一步细分。

(2)海拔。海拔高度变化引起其他一系列因素，如温度、降水、土地利用变化，海拔高度往往是一个地区农林牧用地分区的控制因素。

(3)坡度。坡度大小对土地质量性状影响很大，它与土壤厚度、质地、土壤水分及肥力都直接相关，制约着土壤中水分、养分、盐分的迁移规律。坡度单位以度或%表示。

(4)坡向。坡向影响土地的利用，阳坡光照与温度较阴坡好，阴坡水分一般较阳坡好。

以上资料可通过地形图获得。在一定比例尺和等高距的地形图上，根据等高线的疏密程度和图形，可区分山地、丘陵、河谷、盆地和平原，以及它们的面积比例和高度变幅、山脉走向等。

3. 水资源调查

水资源量及年内分配情况是影响土地资源质量的一个重要因素，调查的主要内容有：

(1)水域空间调查。江河、湖泊、水库、坑塘等位置、水域丰水期和枯水期的水面范围、面积等，一些地区还包括冰川及常年积雪的范围、面积等。

(2)水资源储量和质量调查。地表水、地下水储存量调查，流域地表水资源流量和年际变化，地表水、地下水水资源质量（总氮浓度、总磷浓度、COD 等）。

(3)水利设施调查。水库的数量、容量、引水、提水和排水工程的规模，灌排系统的完善程度和渗漏状况，灌排能力。

(4)水旱渍害调查。数据资料可在水利、农业等部门查找，有的内容可实地调查勘测，如地下水位等。

4. 土壤调查

土壤性状是土地质量性状的主要构成部分，直接影响一个地区的土地资源利用和开发。全国已开展了三次土壤普查工作，各地均有丰富的土壤普查资料。应以这些土壤普查成果为基础，根据时效性、地域特殊性等具体情况，开展一些野外补充调查。例如，由于土地利用、土壤改良等措施，使土壤性状产生明显的变化时，就一定要做一些补充性的外业调查。土壤调查的重点主要是土壤肥力特征，包括以下几方面：

(1)土壤质地。指以土壤颗粒大小及比例为依据划分的沙土类、壤土类和黏土类，其分类标准有国际制、中国制和美国制。

(2)土壤理化性质。如土壤的养分性状、土壤水分状况、土壤 pH、土壤容重、土壤耕性等。

(3)土壤侵蚀。调查土壤侵蚀类型、侵蚀强度。

(4)土壤障碍因素调查。如有害物质、盐碱化程度等。

5. 植被调查

植被调查主要包括自然植被和人工植被的调查，主要内容有：

(1)自然植被调查。主要是了解调查区内植被群落的概貌，找出能反映该区特点的优势群落。

(2)人工植被调查。主要是指农作物、防护林及人工草场，主要了解作物的品种、生长状况等。

(3)特种土宜植物调查。有些植物（作物）在一定地区生长状况良好，产量和品质均优，是为“特产”，要注意调查这些植物的立地条件、与土地质量的相关性，以发展地方“特产”优势。

4.2.2.2 社会经济因素调查

1. 社会经济状况调查

(1)交通状况及区位。包括调查土地与城镇、车站、码头的相对位置，铁路和公路的分布、等级、路面质量等情况。

(2)人口和劳动力调查。包括人口和劳动力的数量及其教育水平。

(3)基础设施、能源、供水、供电、电信、教科卫文等公共设施。

(4)农业技术条件。包括排灌系统水平、机械化程度等。

2. 土地生产力和收益情况调查

(1)农用地生产力水平调查。包括调查农、林、牧、渔各业用地结构、作物布局、土地垦殖率、单位土地面积产量、总产值或总收入、单位土地面积的净收入、调查产投比，分析其效益。

(2)城市土地收益。包括土地区位面积、营业额、利润、税收资金等。

4.2.3 土地类型调查

土地是由气候、土壤、岩石、水、植被等各种自然要素构成的，同时又时刻受到人类活动影响的一个复杂的自然地理综合体。各个构成要素的地域分异和人类活动对土地的影响程度或方式的差异，从而形成了不同特色的土地类型。土地类型调查是土地类型研究的核心内容，也是研究和认识区域土地资源基本特征的重要途径。

土地类型调查的主要内容，一是分析土地构成要素与土地类型形成和分布之间的内在联系，建立区域土地类型分类系统，查清各种土地类型的数量、质量与空间分布状况；二是分析区域土地类型的分异规律，揭示土地类型的形成特征、组合结构和动态演替规律。

土地类型调查的成果是继续开展其他各种土地资源研究的基础，具体体现在以下几个方面：

(1)建立土地资源基础数据库，为土地资源管理提供基本依据。通过对一个地区的土地类型调查，分析土地构成要素的特征，阐明土地类型的分布规律及其各种类型的土地特性，建立土地类型分类系统，在此基础上，建立该地区土地资源基础数据库。该数据库主要包含区域土地资源的一系列自然属性数据，也是核心的基础数据，具有相对的稳定性，是进一步建立区域土地资源管理信息系统的支柱。

(2)为土地评价服务。土地评价的两个着眼点在于土地对各种土地用途的适宜性和限制性，只有全面了解各种土地类型的性质，才能分析评价其对不同土地用途的适宜性和限制性，阐明各类土地资源的合理利用方向和改良措施。

(3)为土地利用和国土空间规划服务。通过调查了解不同土地类型的空间分布规律和性质，为作物布局、宜林地选择、牧地规划以及其他各种土地利用方式的合理选择提供科学依据，制定区域土地利用优化布局方案。

(4)为制定国民经济发展长远规划服务。查清各类土地的数量和质量及其生产潜力等资源背景数据，是制定国民经济长期规划的基础，对于制定土地政策、人口政策有着特别重要的意义。

(5)为土地资源科学研究服务。土地类型调查为研究土地资源的形成和分布规律以及内在性质和外在特征提供了科学途径。

4.3　土地资源调查方法

4.3.1　土地资源调查的工作程序

土地资源调查是一项技术性的工作，具有严格的工作程序和方法。一般可以分为 4 个阶段：准备工作、外业调绘、内业工作、检查验收。

4.3.1.1　准备工作

1. 组织专业队伍

土地资源调查是一项综合性的科学考察工作，它涉及土地资源学、土壤学、生态学、地理学、农学、测绘学等多门学科，因此，需要组织一支具备上述各学科知识和科学技能的由专业人员组成的调查队伍，并进行统一的技术培训及专业协调，让调查人员掌握土地资源调查的一般工作程序、方法、土地资源学知识和各相关学科的知识，以确保工作期间的统一认识和相互沟通。特别是采用了“3S”技术进行土地资源调查，需要对调查人员进行必要的“3S”技术培训。

2. 制订工作计划

首先应根据调查任务和技术规程，初步拟订总的工作计划。其内容一般包括：调查的项目、内容、精度要求、工作阶段划分和时间安排等。总的工作计划提出后，各作业组也应根据总体工作计划研究制订小组的工作安排和具体工作方法、进度、质量要求等，签订合同书，以保证调查工作的圆满完成。

3. 资料准备

资料准备的主要任务是收集、整理、分析调查地区所需要的各种专业图件与数字、文字资料、工作底图（包括地形图、遥感图件等）。

(1)工作底图的准备。调查界线图，确认调查区域的边界图，包括行政边界图、土地权属界线图、标准分幅界线图、调查控制界线等。收集调查区的最新的地形图，它是重要的基础参照图件，特别是土地资源调查的最后成图所需要的比例尺的地形图，是最后成图的主要底图，在收集地形图时，要了解其测绘精度、印刷出版时间等。

(2)遥感影像资料的收集与整理。收集调查区的地形图、航空航天遥感图件、DEM 图（数字高程模型图）等。现代土地资源调查普遍采用遥感技术，其具有影像真实、界线清楚、可室内预判解译、减少野外工作量、加快调查进度等优点，所以土地资源调查多以遥感影像做调查底图，以地形图为成果转绘底图，故两者都要准备。

(3)各种专业图件和资料的收集分析。收集调查区气候、地质、地貌、土壤、水资源、森林、草场、永久基本农田、国土空间规划、土地整治等方面的图件与资料。通过阅读分析，了解调查区土地资源组成要素的特点和土地资源利用、改良状况，它们是土地资源调查的重要参考资料。

(4)经济社会资料的收集与整理。土地资源调查最终目的是为合理、高效地利用土地提供建议，所以还应收集调查区的农林牧副渔各业的历史、现状、经营方式、产值、人口、劳力、土地利用中存在的问题和经验等有关经济发展的资料，然后根据自然、经济条件，提出合理利用土地资源的意见。

4. 用品准备

调查前要准备好调查必需的仪器、工具和设备。包括必要的测绘仪器（全站仪、手持激光测距仪、皮尺等）、导航仪、移动通信设备、平板电脑、无人机、转绘仪器、面积量算仪器、绘图工具等；印刷各种外业调查手簿、权属界线协议书、各种相关调查表格；准备必要的生活、交通和劳保用品等。

4.3.1.2 外业调绘

1. 路线勘察

邀请熟悉当地情况的人员作为向导，进行路线勘查，了解当地存在的各种地类，并进行社会调查，确定行政界线。勘察线路往往是垂直于主要地貌类型的断面线，这样可以走最短的线路，了解最多的土地类型。利用遥感影像进行路线勘察时，要充分注意各种土地类型与遥感影像的解译标志之间的关系，如影像的色调、形状、纹理、图形等，以及影像标志所反映的调查地区的一些土地类型，并掌握这些规律，以便于室内解译，在实际调查中也可以采用无人机调查方法，熟悉调查区域周边土地状况，减少外业工作量。

2. 制定工作分类系统

制定工作分类系统的目的是使野外调查有章可循，有统一标准，同时它也是野外填图的基础。在路线勘察、社会调查和阅读分析专业资料的基础上，制定调查区地类调绘的工作分类系统，及其遥感影像的解译标志，并系统编码，为室内解译提供依据。

3. 室内预判

室内预判是利用遥感影像进行土地资源调查的必需过程。它主要是利用路线勘察已了解到的一些土地类型和土地利用等不同地物在遥感影像上的表现及其分布规律，在正式外业工作之前，充分利用遥感影像进行专业的解译，依据影像提供的标志绘制解译草图，待外业工作中予以验证、修改，以大大减少外业工作量。

4. 调绘阶段

外业调绘工作是整个土地资源调查工作的核心，一定要根据外业规程，边调绘边检查，不得遗漏，调绘工作底图可用地形图，也可用航片、卫片。无论是用地形图，还是用航片、卫片作为调绘底图，在调绘前都要先按图幅接合表进行区域分幅，确定作业面积和调绘路线。调绘地类界线后，每一个制图单元都要进行统一的顺序编码，并填写外业手簿，记录和描述各类型单元的土地构成要素、利用现状、主要问题等。

5. 地物补测

当调查地区的新增地物和地类边界，与所采用的遥感影像或地形图相比变化较大时，需要进行补测，而且变化范围超过 1/3 时，则需要重测或重摄。补测可在航片上，也可在工作底图上进行，在具有近期大比例尺地形图或相片平面图和影像图的条件下，最好直接补测在图上。通常外业补测与地类调绘结合进行。

6. 样区调绘验证

样区验证是应用遥感影像进行土地资源调查与制图的必要程序。它是在室内判读和外业地类调绘的基础上进行的，也可以安排在室内判读完成后，外业调绘之间进行。具体做法是选择一些有代表性的样区，根据验证统计的要求，在野外验证地类调绘的准确率及其界线勾绘的精度，如达到制图精度要求，则验证合格；否则需要修改，计算准确率及其界线勾绘的精度，并分析技术路线中存在问题的原因，然后做必要的修正甚至部分地重新调绘。

4.3.1.3　内业工作

内业工作是对野外工作成果进行技术处理和整理的阶段，包括转绘工作、面积量算、编图与图面整饰和成果整理等内容。

现代土地资源调查的内业工作，可借助地理信息系统（GIS）完成。一般常规内业工作按如下步骤进行。

1. 转绘工作

外业调绘完毕的专业图，都要转绘到地形底图上，方可进行面积量算和编图。用地形图和相片平面图做调绘底图完成的专业图，可直接转绘到聚酯薄膜地形底图上。

2. 量算面积

在转绘好的分幅地图上量算面积。面积量算应遵循以图幅为基本控制，分幅进行量算，按面积比例平差，自下而上逐级进行汇总的原则。具体做法是：先按照图幅量算各个行政单位（或区域单位）的图斑面积，它们的面积之和与图幅理论面积之间的误差小于允许值，以图幅理论面积为控制，按行政单位面积的比例进行平差，将平差后的量算结果汇总，提出各个行政单位的面积。通常采用的面积量算方法有解析法、图解法、方格法、网点板法、平行线法、求积圆盘法、求积仪法、沙维奇法、光电测积仪法等，方法可用一种，亦可几种方法结合使用。

3. 编图与图面整饰

在面积量算工作结束后，要对分幅图进行整饰，以便进行编图。整饰工作包括对分幅的图面注记和线划的进一步核对与清绘，达到无一遗漏和错误，以及图面整洁、美观的目的。编图是指编绘原图，它包括分幅图的拼接、绘图，以及图面设计等内容。

4. 成果整理

成果整理包括清绘出满足出版要求的出版原图和编写调查报告。

出版原图又叫印刷原图或清绘原图。清绘的过程是根据编绘原图上的线划和符号的位置，严格按相应的图式或编图规范要求绘出，并加以注记和整饰，使之成为可出版的原图，最后将清绘底图晒印，得到所需数量的成果图。

土地资源调查成果集中体现在调查报告中。调查报告一般包括：①调查区域的自然地理特征及经济社会概况；②调查所采用的工作底图及工作过程；③各类土地的数量、质量与分布（要求附图）；④土地开发利用的意见。

4.3.1.4 检查验收

因为土地资源调查成果是不同级别的资源数据，不同于一般的自然地理研究成果，所以其图件与数据等都要通过上级部门组织技术检查和验收，一般包括自检、检查和核查三级检查。验收的标准要对照技术规程和精度要求，达到者方为合格。成果核查内容有：

(1)地类核查。利用遥感数据、实地举证照片和相关资料，逐图斑检查图斑中的地类、边界、范围和属性的真实性和准确性。

(2)数据库质量检查。包括数据完整性、逻辑一致性、拓扑正确性、属性数据准确性、汇总数据正确性 5 个方面。

4.3.2 土地资源调查的方法

土地资源调查方法主要包括以地形图、航片为底图的全野外调绘法和遥感调查方法两大类，根据调查的内容、所要求的精度、比例尺及技术要求等的不同，采用不同方法。一般中小比例尺（小于等于 1∶20 万）的土地资源专题图常采用遥感调查的方法，大比例尺（如 1∶500 或者 1∶1 000）土地资源调查制图则一般用平板仪、经纬仪或者全站仪的野外调绘方法，随着遥感技术和无人机技术的成熟，结合 GIS 的应用，大比例尺土地资源调查采用遥感方法和无人机影像也取得良好的效果。如我国的高分系列卫星，已经实现了亚米级高空分辨率和高时间分辨率的有机结合，满足了不同比例尺的土地资源调查要求。当然，除了受比例尺及其成图精度要求的影响外，具体的调查内容和调查区域的地形条件、土地利用现状等的复杂程度也是决定采用什么样的调查方法的重要因素。如土地类型的调查，由于土地类型边界的确定比较困难，实地表现不明显，一般无法用常规的测量方法测定，故常采用遥感方法与实地调查相结合的“综合调绘法”来进行制图。

4.3.2.1 全野外调绘方法

1. 全野外调绘法的技术要点

全野外调绘法通过使用一些测量仪器，如平板仪、经纬仪、GPS 等，持调查底图直接到实地对新增和变化的地物进行对照、识别，并在工作底图上标绘出来，使之能够反映调查区域内实际的土地利用状况的一种调查方法。该方法调绘工作一次性全部完成，精度高，但是时间较长并且工作强度较大，适用于影像解译效果差、首次区域调研、调查经验不足的人员使用。主要工作方法为：

(1)选择调绘路线。根据地形图和航片所提供的信息，对调绘路线做出选择，调绘路线以不漏、不重、视野开阔、能控制一大片为原则。对平原地区，一般沿居民点和主要道路走；丘陵地区，可沿连接居民点分布走，也可沿山脊走，使沟谷、山脊两面都能兼顾；山区多沿沟谷走。如果一条路线不能穿越大多数调查区时，可选多条路线。

(2)地形图的定向。定向就是使地形图上的东西南北与实地东西南北方向一致，使图上线段与地面上的相应线段平行或重合。当站点位于道路、沟渠等直线状地物时，可采用线状地物定向法。具体步骤是先将照准仪（或三棱尺或铅笔）的边缘置放在图上线状符号的直线部分上，然后转动地形图，用照准仪的视线或三棱尺、铅笔的棱线瞄准地面相应线状物体，这样，地形图即已定向，除此之外，还可以利用罗盘仪定向和按方位物定向。

(3)确定调绘站点的图上位置。进入调绘测区后，先要确定调绘者站点在图上的准确位置。站点在地形图上的位置，一般是在地形图定向后，根据实际情况分别采用比较法、后方交会法和磁方位角交会法进行确定。

(4)调绘填图。确定了地形图的方向和站点位置后，就可将新建的铁路、公路、土地自然类型界线、土地利用类型界线等点、线、面状物体填绘到地形图上。当绘图精度要求很高，测绘地物面积又较大的情况下，应该利用测绘仪器调绘，常用的方法有极坐标法、方向交会法和角度交会法。如果绘图精度要求不高，测绘地物面积又较小的情况下，可采用一些简易的方法，如比较法、距离交会法、截距法、坐标法等。

2. 土地利用现状的外业调绘要求

外业调绘是土地利用现状调查中的重要环节，调绘的主要内容有地类调绘、线状地物调绘、境界与土地权属界调绘、新增地物补测等。

(1)地类调绘。按《第三次全国国土调查技术规程》（TD/T 1055—2019）规定的地类划分及含义进行实地判别，准确如实地在图上标绘出图斑界线，并按图例绘出地类符号。其中，最小上图面积的标准为：建设用地和设施农业用地实地面积 200 m^2，农用地实地面积 400 m^2，其他地类实地面积 600 m^2，荒漠地区可适当降低精度，但不得低于 1 500 m^2，对于有更高管理需求的地区，建设用地最小调查面积可定为 100 m^2。调绘的明显地物界在图上位移不大于 0.3 mm，困难地区或不明显地物（包括地类）界线的图上位移不大于 1.0 mm。

(2)线状地物调绘。线状地物是指河流、铁路、公路、农村道路、沟渠、林带等，以图斑方式调查。当其宽度北方≥2.0 m，南方≥1.0 m 时，应予以调绘，并实地丈量宽度，丈量精确到 0.1 m，但农村道路宽度大于 8 m 的，按公路用地调查。宽度变化较大的线状地物，应分段丈量，对宽度较小的农村道路或沟渠等影像不能准确调绘的，可按照原有单线线状地物的走向和宽度进行上图。河流水面调查是指将常水位岸线调绘在调查底图上，一般情况下大部分河流的常水位岸线与近期影像基本一致，可按影像调绘。

(3)境界与土地权属界的调绘。境界包括国界及各级行政区划界线，土地权属界包括村队、居民地、厂矿、机关团体、学校等单位的土地所有权和使用权界线。国界线、零米线、省界线的调整由国家负责完成，市（地）、县级调查界线的调整由省级负责完成，乡（镇）级调查界线的调整由县级负责完成。在权属界线上图过程中，由于成图精度等客观因素造成问题的，根据土地权属界线协议书等调查成果中有关界址的描述，将权属界线转绘至调查工作底图上，并提请登记部门审核确认后上图，有异议的按原权属界线位置上图。土地权属状况或界址发生变化的，按照《地籍调查规程》（TD/T 1001—2012）等相关技术要求开展补充。在调绘过程中，当多级界线重合时，只绘高一级境界线；当境界线与权属线、地类线重合时，应明确线状地物的归属关系，标明注记。

(4)新增地物补测。新增地物或实地有变化时应进行补测，并绘到底图上。底图可以是地形图，也可以是相片平面图。补测地物点对四周相邻明显地物点位置的中误差要求在平地、丘陵地不大于 2.5 m，山地不大于 5 m，最大误差不超过 2 倍中误差。

4.3.2.2 遥感调查方法

遥感技术应用于土地资源调查，关键的问题就是对遥感图像中包含地物信息的解译。所谓遥感信息的解译，指从遥感影像上获取地物信息的过程。遥感影像解译主要分为两种，一种是目视解译，另一种是遥感图像计算机解译。目视解译是专业人员通过直接观察或借助辅助判读仪器在遥感影像上获取地物信息的过程；而计算机解译是以遥感图像处理系统为支撑环境，利用模式识别技术与人工智能技术相结合，根据遥感图像中目标地物的各种影像特征，结合专家知识库中目标地物的解译经验和成像规律等知识进行分析和推理，实现对遥感图像中地物信息的解译。

目视解译是遥感应用于土地资源调查的一项基本技能，同时也是检验遥感影像计算机解译精度及处理效果的有效方法，而遥感图像计算机解译是遥感图像的智能化解译，能够快速地获取地表不同的专题信息，并利用这些专题信息迅速地更新地理数据库，实现土地资源的动态监测。

1. 以目视解译为主的土地资源遥感调查

早期的遥感影像以光学影像为主，因此土地资源遥感调查主要通过目视解译加野外验证调查。20 世纪 80 年代开展的全国土地利用现状详查就是应用航空遥感技术，以目视解译为主要方法完成的。

(1)准备阶段。收集、整理、分析各种需要的资料，包括地形图、航片、卫片、反映社会经济状况的图件和文字等。

(2)野外踏查，建立解译标志。首先，制定土地利用类型和土地类型分类系统，遥感调查工作的分类系统，主要以调查任务的要求和遥感影像特征及其可解译程度为基本依据，应与全国统一规程的分类系统基本一致，以便对照。其次，建立影像解译标志，在路线调查中，一般选择一条至几条穿过不同地貌单元、不同土地利用方式和土地类型的具有代表性路线，对照遥感影像随时定位，仔细观察土地类型、土地利用类型、地貌、植被等地物与影像之间的相互对应关系，并对照其他图件资料，建立影像标志，内容包括：色调、形状、大小、图形、阴影以及纹理等，建立典型的“样块”，尽可能详尽、准确，为室内判读提供依据。

(3)目视解译。目视解译就是在室内根据影像的成像规律与特征以及其他有关的可靠资料（包括地形图、专业用图及实地收集的判读典型样片等），用肉眼来判定各种土地类型的位置和范围的工作。

常见的遥感影像有可见光黑白全色相片、黑白红外相片、彩色相片、彩红外相片、多波段摄影相片和热红外摄影相片等。不同类型影像具有不同的地物感光特征，因此在进行遥感影像目视解译时，应先了解各种摄影相片的特性和成像原理，熟悉各种地物在不同波段范围的反射光谱特性，然后建立不同地物在摄影相片上的解译标志。如多光谱摄影相片在解译时可以充分利用地物在不同波段具有不同的电磁波反射率和吸收率的特点，选取同一地区 3 个波段相片进行彩色合成来增强目标地物与背景之间的对比度，以提高解译精度。

常用的遥感目视解译方法有直接判定法、对比分析法、逻辑推理法以及信息综合法等。目视解译一般按照“先整体，后局部”“先宏观、后微观”“先易后难”“由已知到未知”的原则进行。航片判读一般顺序是：首先判断水系，确定水系的位置和流向；再根据水系和大的山势地形，区分流域范围；然后再判读大片农田、居民点的位置；再确定居民点之间主要的交通道路；最后识别比较小的地物类型。

(4)野外验证。①抽样验证。室内判读所得的成果，必须经过校核验证才能保证其可靠性。验证方法可以采取路线调查方法或者是抽样方法，到野外全面统计完全判对率、部分错判率等各自百分数，并在野外直接修改错误界线。②野外补充调查。对于这些影像不清晰、有疑问和争议的地方，应用红笔标出，到野外实地调查，对变化或新增的地物实施补测，并绘制到工作底图上，同时还应重点观察地面的特点和影像的特征，建立新的判读标志，并据此对室内结果进行修正和补充。③勾绘境界。遥感图上没有行政界线，因而应在野外验证阶段实地调绘省界、县界、乡镇界、村界、国有林场、农场界等行政界线。

(5)转绘成图。①卫片转绘。卫星影像为近垂直投影，虽已进行粗纠正，但是由于光学系统处理中产生的误差，应在成图中进行纠正。纠正方法是将透明地形图与卫星影像进行局部重合，以水系为准，逐块重合，逐块转绘，完成纠正转绘。这一纠正包括影像畸变的纠正和投影的转换。②航片转绘。航片为中心投影，存在投影误差和倾斜误差，因此航片转绘的任务就是采用一定的方法消除倾斜误差和控制投影误差，将航片上判读出的地物转绘到地理底图上。航片转绘的方法通常有网格法、光学仪器转绘法和目测法。

2. 以计算机遥感图像处理系统为平台的土地资源遥感调查

遥感数字图像计算机解译比目视解译具有更高的精度、更快的信息处理速度，因此已被广泛地应用到土地资源调查与动态监测中。工作流程如下：

(1)遥感图像几何纠正。遥感图像可以采用控制点选取适当的几何模型进行几何纠正，控制点采用 GPS 等仪器实测，也可以在比影像成图比例尺更大的地形图上精确选取，一般选取对应于图像上易于辨认的地形地物特征点，如水库坝角、河流转弯处、道路交叉口等。数字正射影像图（digital orthophoto map，DOM）是对航空（或航天）相片进行数字微分纠正和镶嵌，按一定图幅范围裁剪生成的数字正射影像集，它是同时具有地图几何精度和影像特征的图像，具有精度高、信息丰富、直观逼真、现实性强等优点。第三次全国国土调查是采用优于 1 m 分辨率的遥感影像制作的 DOM，辅助开展实地调查。

(2)遥感影像的增强处理。图像增强的目的一般是改善影像的质量，提高图像的可解译能力。常用的图像增强方法包括对比度变换、图像滤波、彩色变换、图像运算、多光谱变换以及影像复合等方法。

(3)遥感影像计算机分类与地物信息提取。遥感图像的自动分类是土地资源信息提取的基本方法。遥感影像的计算机分类方法包括监督分类和非监督分类。监督分类需要从研究区域选取有代表性的训练场地作为样本，根据已知训练区提供的样本，通过选择特征参数（如像素亮度均值、方差等），建立判别函数，据此对样本像元进行分类，依据样本类别的特征来识别非样本像元的归属类别，常用的监督分类方法主要有最小距离分类法、多级切割分类法以及最大似然分类法等。非监督分类是在没有先验类别作为样本的条件下，主要根据像元间的相似程度的大小进行归类合并的方法，常用的有分级集群法和动态聚类法。

(4)专题要素的综合取舍。分类后同类图斑中可能混有其他类别的零星图斑，可能是因地形破碎造成的，也可能是地物光谱反射受到干扰所产生的噪声。从专题地图的角度需要进行综合取舍，即专题滤波。对于零星图斑和噪声可按一定的阈值进行剔除，使分类结果净化；对于具有特征意义的专题类型则要加权处理，针对不同的类型给出不同的阈值；被剔除的图斑即像元应用周围大面积类别代替，也就是类型编码数据的替换。

(5)边界提取。专题地图要求各种类型特征应有明确的边线或界线，因此边界提取是构成图形的必要步骤。边界提取有两种方法：一种方法是利用图像处理的功能，对同一类型编码的像元集合，通过数字方式使边缘增强、突出，再经过细化处理，逐次剥掉边缘带的像元，保留边缘带的中心像元，得到一连串以像元为单位的边界；另一种方法是对类型编码数据集合采用行列方向扫描，并对相邻字符像元进行比较判别，若字符相同则继续搜索；若不同就计算并记录一组带特征码的边界点坐标。

(6)图像矢量化处理。由于边界提取所得到的非顺序的和不连续的边界点坐标，其数据结构仍然是栅格形式，为了进行矢量绘图还必须进行数据的矢量化处理。以一边界点坐标值为中心，分离并记录特征码，以特征码为控制，直至所有边界点坐标均无特征码，则矢量化结束，最终生成多边形数据文件，之后对多边形类型编码注记，可采用人为指定多边形内点位置并将其坐标数字化或者自动选定内点并注记的方法。

(7)专题地图整饰。专题地图除了专题图斑及注记之外，还应具备图面注记和规范化的图廓整饰。包括内外图廓、经纬度、公里网的绘制以及注记、图名、图号和比例尺注记等。

(8)图形输出。取决于专题地图的要求和输出设备的条件。基本有两类：一类是矢量方式输出的数字线划图（digital line graphic，DLG），类型编码可用数字标注或以不同用线符号表示；另一类是栅格方式输出的彩色图，图斑被赋予不同的颜色。

3. 基于“3S”技术的土地资源动态监测方法

土地资源动态监测主要是对土地利用现状、土地质量等土地资源的动态变化状况进行监测。常规的依靠测量工具（平板仪、经纬仪、全站仪等）进行变化信息的空间测量，以纸为介质来储存土地资源信息的方法已经不能满足土地资源动态监测的需要。新形势下土地资源动态监测工作应该包括以下内容：①主动发现土地资源利用的变化信息；②准确、快速地获取不同时期土地信息的数量和特性；③将不同时期的土地信息进行空间分析，获得土地变化信息数据；④土地数据的计算机管理与可视化；⑤方便快捷地输出成果图件。现代土地资源动态监测工作是基于计算机系统，以“3S”技术为基础的动态监测方法。

“3S”技术是GNSS、RS和GIS技术的通称，是空间技术、传感器技术、卫星定位与导航技术和计算机技术、通信技术相结合，多学科高度集成的对空间信息进行采集、处理、管理、分析、表达、传播和应用的现代信息技术。广义的“3S”包括 GNSS、RS 和 GIS。GNSS（global navigation satellite system），包括中国的北斗、美国的 GPS、俄罗斯的 GLONASS 和欧盟的 GALILEO；RS（remote sensing）技术则是利用地物的电磁波特性进行地面物体信息快速获取的一种手段，而 GIS（geographic information system）技术则是在计算机硬、软件系统支持下，对整个或部分地球表层（包括大气层）空间中的有关地理分布数据进行采集、储存、管理、运算、分析、显示和描述的技术系统。近年来，国际上“3S”的研究和应用向集成化方向发展，GNSS 主要被用于实时、快速地提供目标的空间位置；RS 用于实时地或准实时地提供目标及其环境的语义或语义信息，发现地球表面上的各种变化，数据来源于高分辨率卫星系列和无人机遥感；GIS 则对多源时空数据进行综合处理、集成管理、动态存取，形成新的集成系统的基础平台。

利用“3S”技术进行土地资源动态监测的技术要点如下：

(1)利用遥感技术快速获取地面变化信息。以遥感技术和已有的土地利用现状数据库为基准，首先对遥感影像进行预处理，然后使遥感影像与土地利用图件配准叠加，利用计算机自动化发现变化信息，或人机交互解译提取土地利用变化信息，进行土地利用现状图的更新。

(2)利用 GNSS 引导土地利用变更外业调查与 RS 数据动态配准。外业变更调查是在卫星导航定位技术引导和准确定位下，确认变化图斑的类型、面积、范围和权属，核实地物宽度和零星地物（包括遗漏的小图斑）的量测；RS 数据要实现与原土地利用现状数据的精确配准，需要通过地面控制点进行精确的几何校正，利用 RS 提供最新的图像信息，利用 GNSS 提供图像信息中的“骨架”位置信息，利用 GIS 图像处理、分析应用技术手段，提供更快速、精确的图件和数据。

(3)利用 GIS 技术实现基础图件和数据库的数字化更新。内业在地面调查的基础上，利用 GIS 技术在多源信息的支持下，实现基础图件的数字化更新。地理信息系统提供了强有力的空间分析及制图输出功能，以叠加分析模块分别进行各时段土地利用图的叠加分析，即可产生土地利用动态变化图和数据，了解各地类空间的扩展和收缩动态，同时提取各地类的相互转化信息及地类转化图，了解各地类空间相互转化，输出变化前后的土地利用现状图、统计报表和土地利用变化图，从而实现土地利用的动态监测。

4.4 土地资源调查成果报告

通过土地资源调查，完成了对土地类型、土地利用类型、面积、数量、质量、权属、分布、利用问题及建议等工作，形成了一整套的土地资源调查成果资料，一般成果包括图件成果、文字成果和数据库成果。

4.4.1 土地资源调查图件成果

4.4.1.1 土地资源调查图件成果内容

土地资源调查图件成果是土地资源调查的重要成果，一般包括土地类型图、土地利用现状图、土地利用挂图、标准分幅图、土地权属界线图、永久基本农田分布图、耕地后备资源分布图、耕地坡度分级专题图、耕地分等定级专题图、图幅理论面积与控制面积结合图、土地生产潜力图、土地适宜性评价图等。

编制土地资源调查成果图的目的在于形象、直观地反映出土地资源的类型、数量、质量、权属和分布规律。因此，在图幅内容上不仅要反映出定性定位和定量概念，体现土地资源的区域分布特征和规律，还应兼顾到图件的科学性、生产实用性与制图艺术性的完美结合。

4.4.1.2 土地资源调查专题图的制图方法

成果图是专题地图，各类成果图的内容、形式、比例尺均不相同，编图资料的来源、类型也多样，因而使得成果图的编绘方法不尽相同，但是，将其编制过程概括起来则基本相似，一般分为 3 个阶段，即编绘草图阶段、编绘原图阶段和清绘原图阶段（图 4-1）。

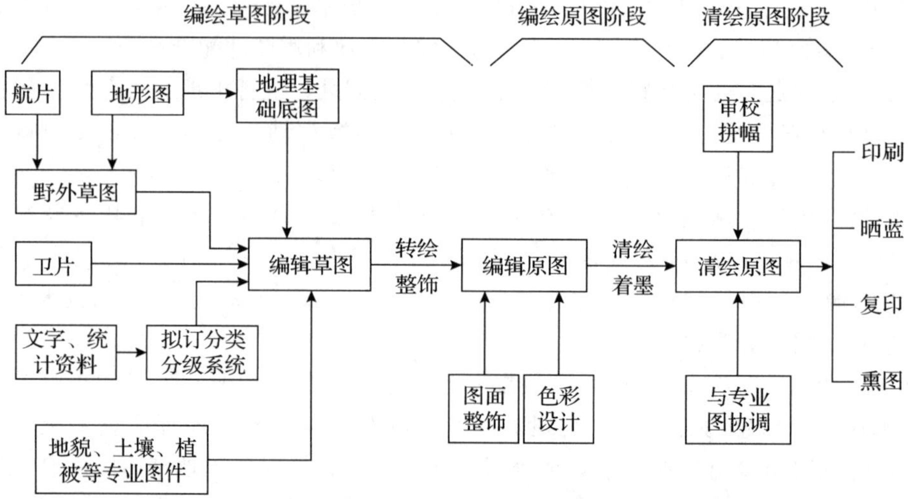

图 4-1 专业地图制作的一般程序

1. 编绘草图阶段

(1)基础底图的编制。底图是土地资源调查成果图的地理基础，其内容一般包括水系、居民点、界线、道路、地貌等要素，它是各类成果图必不可少的共同基础，可用来定向、定位、定量说明专题要素的分布特征、分布规律以及它们与周围地理环境的相互关系。

底图的编制方法是：①利用直角坐标展点仪、坐标格网尺、分规等按规定比例尺展绘出地图的经纬线图廓点、经纬线网或直角坐标网、控制点等。②按相应比例尺，利用国家基本地形图直接裁割，嵌贴在展有数学基础的裱板上。③编绘地物或地貌，然后蒙上聚酯薄膜清绘，剪贴注记，进行图面整饰。④可将底图直接晒蓝在聚酯薄膜上进行编绘，清绘成果图，有条件的地方，可采用单色印刷或双色印刷，在印刷图的基础上，编绘成果图。

(2)作者原图的编制。编制草图也称作者原图，它是由专业技术人员根据所编专题图的任务要求、地图比例尺和制图资料的情况，将专题内容编绘到工作底图上，即为编辑草图或称作者原图。

作者原图的编制方法包括：①转绘专题内容。将制图资料转绘到基础底图上，转绘方法有复照法、网格法、光学投影转绘法。②制图综合。要根据地图的主题、用途、比例尺和制图区域的地理特征，对各地理要素进行选取和概括，以反映地面某些最重要、最基本的事物，而舍去某些次要的事物，使地图既有符合要求的内容，又有清晰易读的视觉效果。

2. 编绘原图阶段

在编绘草图的基础上按统一的原则和要求进行专题要素的分类、分级、图例设计、图面整饰等工作，最终完成编绘原图，主要内容包括：

(1)图例设计。图例集中反映了地图的内容和表示方法，因此必须合理正确地反映专题内容及其分类分级系统，同时又易于读者接受，如在土地利用现状图中，应按国家统一制定的土地利用现状分类中的顺序排列。图例的设计应注意：图例完备、符号简洁、文字简明、体现科学性和系统性。

(2)色彩设计。在专题地图上运用颜色的变化表示各种现象，使主题突出、内容丰富、明显易读。面积用色，可采用冷暖、深浅对比的方法，达到明显区分不同类型的目的，但反差不能过于强烈，用色要淡；点、线用色要浓，使点线图形在底色上突出地显示出来，达到层次分明、深浅得当、协调一致的目的。

(3)图面整饰。整饰是研究专题图上各种符号、线划、注记的字体、大小和颜色，能够使专题内容主次分明，协调美观和清晰易读。

3. 清绘原图阶段

由测图或编图得到原图，因描绘整饰质量不符合出版的要求，需要由专门人员进行清绘或刻绘，制成印刷原图，才能交付制版印刷。

(1)清绘。是将编绘原图复照，制成底片，将底片的图形晒蓝于裱糊好的图版上，然后按原图上的线划及符号位置，按规定要求用墨或颜色绘出，并剪贴符号与注记，制成印刷原图。

(2)刻图。是在透明片基上层布一层遮光膜，并在其上用晒蓝的方法建立图形，然后用刻图仪器和工具将图形部分的遮光膜刻透，注记则用透明注记剪贴，从而得到可供制版印刷的印刷原图。

(3)地图复制。清绘原图只是一份原图，要满足人们对土地资源图大量需求必须进行复制。大量复制地图的方法有 4 种，即印刷、静电复印、晒蓝和熏图。

4.4.1.3　计算机制图方法

计算机制图主要是应用地理信息系统（GIS）进行数据输入、数据处理及图件的编辑和输出等一系列过程。常用的 GIS 制图软件有 ArcGIS、ArcView、MapInfo、MapGIS 等。利用 GIS 进行专题图制作主要包括以下几个方面：

1. 数据输入

GIS 的数据源主要包括土地资源调查的工作底图、卫星影像图、地形图等。对于栅格数据，通常是以遥感影像图为基础图件，以遥感调查结果与土地详查结果为基本数据，在遥感图像上勾绘专题要素，形成栅格图像文件。对于矢量数据，通常是以现有的地图为基础图件。主要通过手工数字化、地图跟踪数字化等进行矢量数据的采集。

2. 数据处理

由于手工操作误差、数字化设备精度、图纸变形等因素，输入的图形与实际图形在位置上往往有误差，因此必须对空间数据进行检查。检查的方法很多，可以在屏幕上用数字化的结果对照原图或光栅文件检查错误，看是否有遗漏、重复的符号或线；也可以把数字化的结果输出在透明材料上，然后与原图叠加以发现错漏；对于图纸变形引起的误差，应使用几何纠正来进行处理；面状要素可在建立拓扑关系时，根据多边形是否闭合或者根据多边形内点的匹配完成数据检查；属性数据检查通常是在屏幕上逐表、逐行检查，也可打印出来检查，也可通过编写检核程序检查。

3. 地图整饰与输出

图形数据输入与编辑后，做进一步的编辑、整饰、美化工作，主要包括制作图廓和地理坐标网线、加注文字注记、图名和编图说明、比例尺和图例等。在编制输出图的过程中，应掌握“平衡”的原则，使各个地图要素编排有序，位置得当，使输出的地图既不丢失信息，又美观大方。

利用GIS编制的地图可以全面、准确地表达所反映的信息，又能实时修改，同时它又能和数据库交互使用，其信息量是传统地图所不能达到的，因此广泛应用于土地资源调查、土地利用动态监测等各个环节。

4.4.2 土地资源调查文字报告

土地资源调查文字成果也是土地调查重要的成果之一，一般包括数据成果（各类土地面积、权属、统计汇总数据等）、土地调查工作报告、技术报告、数据库建设报告、成果分析报告、土地利用现状分析报告、质量检查报告、专项调查报告等内容，调查报告因调查目的不同内容有所侧重，可根据实际调查需要编制调查报告。

一般来讲，土地资源报告应反映以下4部分内容：

1. 调查区域的自然特征和社会经济状况

主要包括调查区的地理位置、行政区划和总面积。自然概况中包括对各个土地构成要素（地貌、气候、地质、水文、土壤、植被等）的分析。在土地类型和土地资源质量调查报告中，这部分内容应详细阐述，论述各个土地构成要素对土地类型和土地特性的影响。在土地利用现状调查报告中，可以简略，但要论述土地构成要素与土地利用的关系。社会经济概况包括人口、劳动力、生产产量、产值、人均收入水平等。

2. 调查所采用的方法和工作过程

主要包括调查人员组成、机构设置、调查工作的组织，调查的步骤和采用的技术路线和方法，主要技术规范等。

3. 调查成果与分析

调查区内土地资源的类型、数量、质量与分布，包括土地类型的位置、分布规律、面积、形态结构和自然特征等，还包括对土地资源质量的初步评价；土地利用现状调查主要是汇总各类土地面积的统计和土地利用效果；各种土地资源专题图等。

4. 问题与建议

分析土地资源在利用、管理、保护中的问题，并针对存在的问题，提出建设性意见。

4.4.3 土地资源调查数据库成果

随着计算机技术、数据库技术和地理信息系统的发展，为了便于土地资源调查数据的存储、查询以及分析、管理和应用，提高土地资源调查数据的使用效率，实现数据互联共享，数据库成果已经成为土地资源调查的必要成果之一。土地资源调查的数据库成果主要包括两个方面：土地资源基础数据库和数据库管理系统。

土地资源数据库是按照一定结构组织的土地资源调查相关数据的集合，是在计算机存储设备上合理存放的相互关联的土地资源调查数据集。利用土地资源数据库，可以对土地资源数据进行组织、存储、查询、统计和维护等，土地资源数据库主要具有以下特征：①能够减少土地资源调查数据存储的冗余量；②能够提供稳定的空间数据结构，在用户需要改变数据时，该数据结构能迅速作相应的变化；③满足用户对空间数据及时访问的需求，并能高效地提供用户所需的空间数据查询结果；④在数据元素间维持复杂的联系，以反映空间数据的复杂性；⑤支持多种多样的决策需要，具有较强的应用适用性；⑥数据独立性强，数据的存放尽可能地独立于使用它的应用程序；⑦统一管理，能够用一个软件统一管理这些数据，实现对数据的维护、更新、增删和检索等一系列操作。

4.4.3.1 土地资源基础数据库的组成及数据模型

1. 土地资源基础数据库的组成

土地资源数据库主要包括图形库、影像库和属性库等，它们通过特定的标识符进行有机的联系。第三次全国国土调查县级数据库内容主要包括基础地理要素、土地利用数据、永久基本农田数据、专项调查数据等矢量数据，数字高程模型（DEM）数据、DOM 数据、扫描影像图数据等栅格要素和元数据。

2. 土地资源基础数据库的数据模型

数据模型是指表达实体及其联系的形式，是数据库系统的核心和基础，数据库设计的核心问题之一是要设计一个好的数据模型。选择什么样的数据模型取决于所要表达的实体间的联系。数据库常用的数据模型包括层次模型、网状模型、关系模型、面向对象的数据模型及时空数据模型等。

(1)层次模型。是以记录类型为结点的定向有序树。树的主要特征为：除根节点外，任何节点只有一个父节点，而父节点表示的总体与子节点表示的总体是一对多的关系。如土地利用现状调查数据中的“农用地数据集”，包括“耕地数据集”“园地数据集”“林地数据集”和“牧草地数据集”等；“耕地数据集”又包括“水田数据集”“旱地数据集”及“水浇地数据集”等。层次模型结构示意图见图 4-2。

层次模型建立比较容易，但查找比较麻烦，而且数据的冗余度也较大。第三次全国国土调查县级数据库的空间要素采用了分层方法进行组织和管理。

(2)网状模型。是用网络结构来表示实体之间联系的数据模型。网状模型的特点是：一

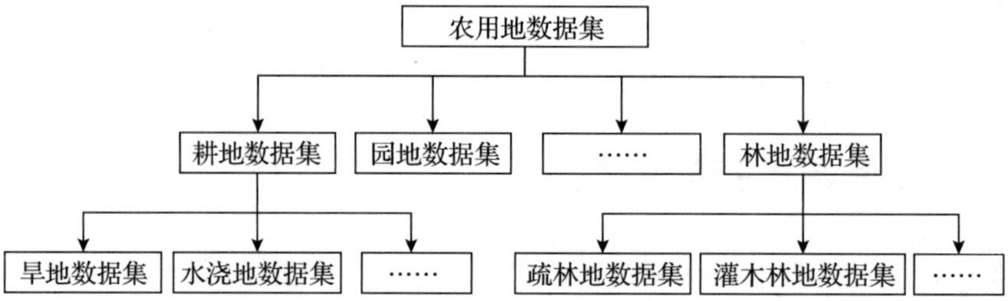

图 4-2 农用地数据集层次模型结构示意图

个子节点可以有两个或多个父节点；两个节点之间可以有两种或多种联系。如一个城市可能与多个乡镇之间有道路连通，同时多个城市也可能与一个乡镇连通，乡镇和农村居民点之间也是这样的情况，所以描述城市、乡镇和农村居民点之间交通联系的数据模型就是一种网络模型。网络模型查找比较省时，数据的冗余度比层次模型小，但比关系模型大。

(3)关系模型。是以二维表的形式表达数据逻辑结构的数据模型，表的每一列代表实体的一个属性，相当于一个数据项，表的每一行代表一个实体的记录值，这些关系表的集合就构成了关系模型。关系模型的特点是：关系不用指针表示，而由数据本身自然建立起联系，而且是用关系代数和关系运算去操作数据。表 4-1 为关系表的一个实例。

表 4-1 关系表实例

行政区划关系				
代码	乡镇名称	人口	面积/km^2	地形
101	桃花镇	50 000	1 200	平原
102	孟庄乡	38 000	1 300	平原
⋮	⋮	⋮	⋮	⋮
110	九山镇	40 000	900	丘陵
各类用地面积				
代码	耕地/km^2	林地/km^2	荒地/km^2	其他/km^2
101	1 000	100	20	80
102	900	200	100	100
⋮	⋮	⋮	⋮	⋮
110	600	240	20	40

目前，采用关系模型的数据库比较多，关系模型的使用和维护方便，数据操作灵活，有较强的数据独立性。

(4)面向对象的数据模型。是在前面数据模型的基础上发展起来的，面向对象的数据模型技术，它既可以表达图形数据，又可以有效地表达属性数据。它利用分类、概括、联合、集聚、继承等数据抽象技术，采用对象联系图描述其模型的实现方法，使得复杂的事物变得清晰易懂。这种模型中，一个土地实体可以由点、线和面 3 种简单对象或它们的组合构成，是集图形、图像、属性数据于一体的整体空间数据模型，可较好地处理复杂目标、地物分类及信息继承等问题。

(5)时空数据模型。是空间数据模型的进一步拓展，它将时间变量加入土地信息系统的空间分析过程中去，使得空间数据有了更大的应用范围。时空土地信息系统是一种四维（X，Y，Z，T）的信息系统，其中（X，Y，Z）表示空间数据，（T）表示时间，这是一种具有时空复合分析功能和多维信息可视化的系统。它主要研究时空数据模型，即时空数据的表示、存储、操作、查询、更新、时空分析和可视化等。

4.4.3.2　土地资源基础数据库的建立

土地资源基础数据的建库过程是实现土地资源信息化管理与应用的关键环节。建库时，要以土地资源调查技术规程、土地利用数据标准和土地资源数据建库规范等为依据，同时还要考虑数据库使用的易操作性。数据库的建设主要步骤包括：数据库建设方案设计、基础数据准备与处理、图形和属性数据采集、数据接边、拓扑关系构建、数据库检查与入库。在土地资源数据建库时，应注意以下几方面的内容。

1. 土地数据的分类与编码

在进行土地资源数据建库之前，应先做好土地数据分类和编码工作。如果已有土地分类和编码体系，可参照相应的规范和规程进行分类和编码；若没有土地分类和编码体系，或对分类和编码有特殊要求的，应参照相关资源分类和编码规范，自行拟定土地资源数据分类和编辑体系。编写完善的土地资源数据字典，内容包括地类码、坡度码、土壤质地码、植被码、行政代码、土地权属及单位、变更原因等信息等，以规范对土地资源数据的描述，提高数据库的开放性和可扩充性，同时减少数据冗余，为数据库设计和应用程序设计奠定基础。

2. 土地空间数据的输入与编辑

土地资源空间数据主要包括点、线和面 3 种类型，应符合相关的数学基础要求，并验证数据的准确性。土地空间数据的输入主要是通过数字化仪、扫描仪等图形输入设备，将土地资源的实体数字化为点、线、面要素，建立彼此之间的空间（拓扑）关系，并最终以土地数据库文件保存。土地空间数据编辑主要有土地资源实体的分割与合并、实体边界的调整、插花地与飞地处理、拓扑重建等。

3. 土地属性数据的输入与编辑

(1)土地属性数据库结构的设计。应对土地属性数据库数据结构包括土地数据项、数据类型、数据长度、数据精度和数据单位等进行统一的规定和说明。设计属性库结构时，应考虑土地信息系统的应用方向、土地资源与利用之相关技术规范、规程以及数据库设计的要求。

(2)属性数据的输入。属性数据库结构确定以后，每一个土地资源实体单元就可以按照既定的数据项目、数据类型等输入相应的属性值。输入时，可以是根据有关资料输入单个的点、线、面实体属性，也可以是通过数据接口导入外部数据库中相关的属性数据。

(3)属性数据的编辑。主要包括土地资源实体中点、线、面要素属性的修改、增加、删除等。

4. 土地空间数据与属性数据的连接

在土地信息系统中，由于土地空间数据和土地属性数据的结构、变化特点、数据管理等方面存在着较大的差别，因而两者的采集和管理经常是单独进行。这样，在必要的时候，就要通过指定图形库与属性库中相同的标识码（如字段序号、字段名称），将土地空间数据与属性数据连接起来。

5. 国土资源数据分析与共享服务平台的建设

土地基础数据库建设是国土资源信息化建设的重要组成部分。利用大数据及云计算技术，建设从县到国家的国土调查数据综合分析与服务平台，实现国土调查数据与土地规划、基础测绘、自然资源等各类基础数据的互联互通、共享交换和综合分析应用，提高国土调查结果对管理决策的支撑服务能力。

思 考 题

1. 土地资源调查的目的与任务是什么？
2. 土地利用现状调查的内容是什么？
3. 土地资源调查的一般程序是什么？
4. 土地资源调查的方法有哪些？
5. 土地资源调查成果一般包括哪些内容？
6. 无人机技术如何融入土地资源调查中？

参 考 文 献

柯正谊．土地调查方法原理．北京：科学出版社，2011.
林培．土地资源学．2 版．北京：中国农业大学出版社，1996.
刘黎明．土地资源调查与评价．2 版．北京：中国农业大学出版社，2022.
王静．土地资源遥感监测与评价方法．北京：科学出版社，2006.
吴次芳．土地资源调查与评价．北京：中国农业出版社，2024.
自然资源部．第三次全国国土调查技术规程．北京：地质出版社，2019.
自然资源部．全国“三调”成果系列丛书．北京：地质出版社，2023.

第 5 章　土地资源评价

土地构成要素分析、土地类型划分和土地资源调查是对土地资源及其性状的直观描述和认识。土地资源评价则是对土地资源的综合质量进行鉴定，揭示不同类型土地资源针对特定的土地利用方式的综合效应。通常而言，通过土地资源评价可以了解土地适宜性程度、土地生产潜力水平、土地质量等级、土地利用效益等。

5.1　土地资源评价概述

5.1.1　土地资源评价的概念和特点

土地资源评价或土地评价（land evaluation）是指为了一定的目的，在特定的用途条件下，对土地质量的高低或土地生产力的大小进行评定的过程；也包括对土地的各种自然构成要素以及与土地利用有关的社会经济状况的综合评定。

根据《土地评价纲要》(联合国粮农组织，1976)，土地评价是“当土地作为特定的用途时，对土地的特性进行评估的过程”。中国科学院自然资源综合考察委员会将土地资源评价定义为“在特定目的下对土地的性能进行质量鉴定的过程”。虽然土地和土地资源的概念有所区别，但在许多文献中，“土地资源评价”和“土地评价”常被混用，其含义也基本相同。

土地评价成果可用于土地利用规划、土地质量等级划定、土地税收、土地交易、土地利用效益分析等，是土地资源管理的一项基础性工作。例如，服务于农业区划的耕地生产能力评价；服务于城市土地交易的地价评估；服务于国土空间规划的资源环境承载力和国土空间开发适宜性评价；服务于土地管理的土地利用可持续性评价，等等，都属于土地资源评价的范畴。因此，土地资源评价具有如下特点。

(1)必须具有特定的目的。土地评价是认识土地资源的一种手段，并将评价结果应用到土地利用与管理过程。因此，每一项具体的土地评价，都应有非常明确的目的；而特定的评价目的，也在一定程度上决定了评价工作的内容、方法、要求和结果。

(2)必须针对一定的土地用途。土地的多用途性决定了土地评价不可能对所有用途逐一进行分析，而只能选择其中一种或几种用途进行分析；土地用途的选择取决于评价目的、土地资源条件及社会需求。

(3)必须针对一定的时期。土地的性质和环境条件处于不断变化之中，土地评价应该是动态的，一般是针对当前或将来某一种可能的土地利用方式进行评定，而且需要选择适当的土地评价时间尺度。

(4)必须全面分析评价对象。土地是由多种要素构成的自然-经济综合体，包括自然的、社会的、经济的属性，所有要素都对土地性质和质量有或大或小的影响。在评价过程中需要综合分析各个要素对土地质量的影响，根据影响程度的大小，因地制宜选择关键评价因素，从不同层面对土地进行综合分析和评价。

(5)必须能够直接用于实践。评价结果一般为文字报告和图件表达，要求具有简单、直观、明确的特点，能够清楚地说明土地评价的内容和结果，并且在评价报告中还需要进一步对适宜的土地用途以及土地改良方案提出指导性建议。

5.1.2 评价的目的

土地评价是一项历史悠久的工作，大多数史料上记载的土地评价都是服务于土地税收或土地租金评定的需要。据《禹贡篇》记载，夏禹治水后，曾按土色、质地、水分等将九州土地划分为九等，依其肥力制定贡赋等级。1934 年德国的《农地评价条例》、1937 年美国的土地分级体系均是作为土地赋税的依据。

随着土地评价研究的深化，其作用不再局限于土地税收，而开始指导一般的土地利用选择乃至全面的土地利用规划。联合国粮农组织（FAO）1976 年所颁布的《土地评价纲要》，明确提出了土地评价是土地利用规划的基础。

随着信息技术在资源调查与评价中的广泛应用，土地评价的理论和方法不断改进和完善。美国农业部土壤保持局于 1981 年建立了“土地评价和立地评价”系统，为规划和管理人员做出合理的土地利用决策提供实用化手段，该系统主要用于农用地的土地评价。

1993 年，联合国粮农组织（FAO）又提出了《可持续土地管理评价大纲》(简称 FESLM)，用于评价全球不同土地利用系统的可持续管理状况，使得土地评价直接地为土地管理实践服务。2007 年 FAO 对该大纲进行了修订，认为土地评价的首要目标是改善和可持续地利用土地，造福人类。

概括起来，土地评价的目的主要表现在以下几个方面。

(1)服务于土地利用规划。土地评价通过研究土地用途与土地质量之间的关系，为土地利用规划在时间和空间上协调土地利用与土地质量之间的匹配关系提供了最直接的依据。

(2)服务于土地交易。随着市场经济的发展，土地使用权的出租、转让、有偿使用等土地交易日渐频繁。土地交易一般要求对土地进行估价，土地估价是对土地经济价值的评价，其结果是各种土地交易活动的主要依据；通过土地评价对土地经营活动中的投入和土地经营后的产出进行分析，也是土地使用者选择土地的重要参考。

(3)服务于土地税收。在许多国家仍参照土地评价划分的土地等级来征收土地税。首先，通过土地评价，确定全国范围内的土地等级；然后，根据土地等级制定土地税收政策和税收标准。

(4)服务于土地管理。土地评价可以为土地资源配置的实施效果提供评判标准，如通过可持续土地管理评价，对其影响进行分析，判断当前的土地利用方式是否具有可持续性。也可通过土地评价，发现土地利用中存在的问题与不足，为制定相应的土地政策提供依据。

5.1.3　土地评价的类型

根据土地评价的目的、目标、对象、方法等的不同，可以将土地评价划分为各种类型（图 5-1）。

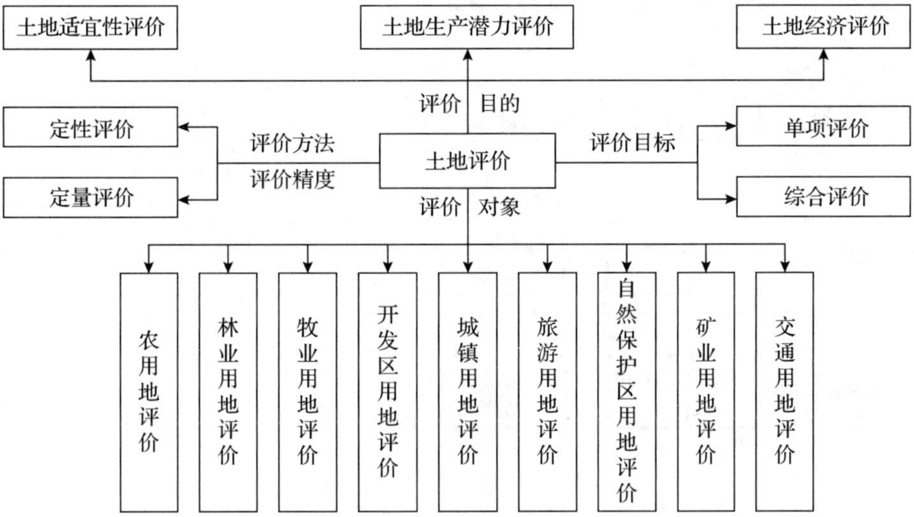

图 5-1　土地评价的类型

（1）根据评价目的不同，可划分为土地适宜性评价、土地生产潜力评价、土地经济评价。土地适宜性评价是指在一定条件下土地对不同用途适宜程度的综合分析与评价。土地生产潜力评价是指针对特定土地利用方式生产力水平的估算。土地经济评价是指对一定土地利用方式下的土地经济效益或经济价值的综合评估。

(2)根据评价方法和精确程度的不同，可划分为定性评价和定量评价。定性评价是指在评价过程中采用定性的术语进行描述，进行逻辑判断和推理，其结论也是用定性的术语表示。定量评价是指在评价过程中采用定量的数据，用数学方法进行估算，其结论可以用量化数值表示。在实践中，两种评价方法经常相互配合。

(3)根据土地评价目标的不同，可划分为单项评价和综合评价。单项评价也称单目标评价，是根据某一具体目标和土地利用的具体要求开展土地评价。综合评价也叫多目标评价，一般是根据农、林、牧业生产的综合要求或国民经济各部门之间合理配置土地资源的利用要求而开展多目标的土地评价。

(4)根据评价所预测的时间尺度不同，可分为现状土地评价和潜在土地评价。现状土地评价是指在无大规模的土地改良措施而对处于当前状况下的土地对某种用途的适宜性或生产力的评价。潜在土地评价是指评估假设在实施各种改良措施之后的土地对某种用途的可能适宜性或生产潜力。例如，在预期土地改良计划（如排水、垦殖或灌溉计划）的地方，需要进行潜在土地评价。

(5)根据评价对象的不同，也可划分为不同种类的土地评价，如农用地评价、林业用地评价、旅游用地评价、自然保护区用地评价等，这些都是土地评价在某一行业中的具体应用。

5.2 土地资源评价的基本程序与方法

虽然不同类型的土地评价在目的、内容和方法上都会有一定的差异，但主要工作程序具有一定的基本模式。本节将介绍土地评价的一般工作程序，主要包括 3 个阶段，即准备阶段、评价阶段、资料整理和成果汇总阶段（图 5-2）。

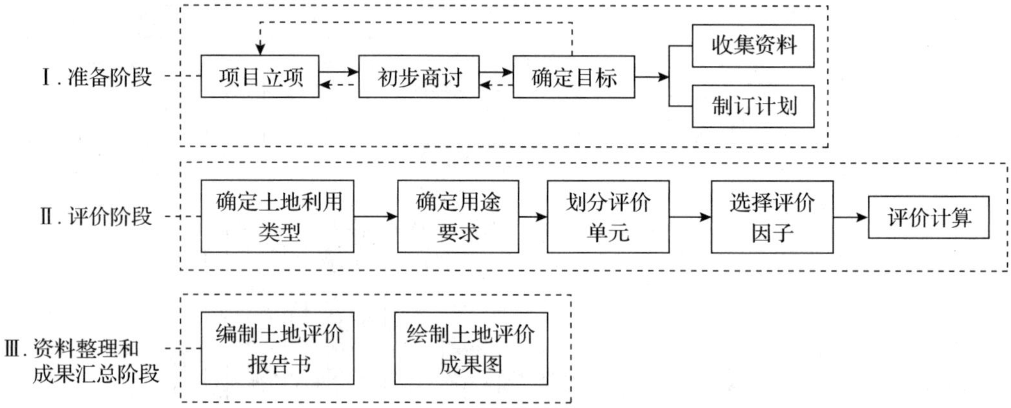

图 5-2 土地资源评价的程序

5.2.1 准备阶段

土地评价的准备阶段主要包括立项与商讨、确定目标、基础数据的收集与工作计划的制订等环节。

5.2.1.1 土地评价立项与初步商讨

土地评价的立项一般应由政府部门或生产部门进行，是重要的行政决策或生产经营决策。土地评价是一项与土地利用活动联系紧密的研究工作，开展何种土地评价取决于社会生产需要和一定的社会经济条件。

立项之后，一般要召集有关的专家进行初步商讨，涉及的主要内容包括：①评价需求分析；②评价拟达到的目标；③评价对象与范围；④可能考虑的土地利用种类；⑤评价所采用的数据与参考依据；⑥评价所采用的方法；⑦要求开展实地调查的主要内容和详细程度；⑧评价最终成果的提交要求；⑨评价过程的工作阶段划分。

需要注意的是，初步商讨应反复仔细地进行，初步商讨可能会改变立项的内容，甚至取消立项。

5.2.1.2 土地评价目标的确定

土地评价的目标来源于社会生产需求与自然、社会经济条件，是正确进行土地评价的保证，其实现程度取决于评价需求分析的准确性、数据获取的全面性和评价方法的科学性，以及评价人员的专业水平等。土地评价的目标具有多样性和综合性特点。如服务于土地利用总体规划的土地评价，其评价目标可能是多种规划模式下土地利用方式的自然适宜性评价，以获取具体而准确的用地指标或效益参数；服务于某个地区发展灌溉项目而进行的土地评价，其评价目标可能是获取多种用途土地对灌溉的适宜性程度以及相应的灌溉量与增产效果等；某地计划发展水果产业，则要开展果树种植的适宜性评价等；某区域土地是否适宜开发旅游业，也需要进行相应的土地评价，等等。

随着对评价对象的深入认识和评价工作的深入开展，若发现预先制定的评价目标不够合理，甚至根本不切实际，应及时对评价目标进行论证和修改；如果认为无法修改时，则可以取消立项，结束评价。

5.2.1.3　评价所需要的数据和资料

按评价所需的数据和资料的表达方式，可分为属性数据和图形数据。属性数据是对评价对象各种性状的直接描述，它可以是精确的数字（如年平均气温 10℃、土壤有机质含量 10.2 g/kg 等），也可以是抽象的描述性用语（如土壤排水状况良好、交通中等发达等）；图形数据是用图件形式表示评价对象不同性状空间分布状况（包括空间位置及其相互关系）的数据，如土壤图、土地利用现状图等。

根据土地评价的目标和最终成果提交要求，可以确定土地评价所要用的数据和资料，主要包括自然条件类数据和社会经济类数据两个方面。这些数据和资料大部分可以通过调查得到，少数需用实验、分析、统计等手段和方法得到。

1. 自然条件类数据

自然条件类数据主要有气候资料、地形地貌、地质条件、土壤属性、水文状况、动植物资源等。其中，气候资料主要包括日照时间、辐射量、积温、降水量等，地形地貌数据主要包括地貌类型、海拔、坡度、坡向、地形部分等，地质条件主要包括岩土类型、地质构造等，土壤属性数据包括土壤类型、表层有机质含量、表层土壤质地、有效土层厚度、剖面构型、障碍层特征等，水文状况主要包括水源类型、水量、水质等，动植物资源主要包括地表植被覆盖度、生物多样性指数等。

2. 社会经济类数据

社会经济类数据主要有地理区位、土地利用状况、土地投入产出、社会经济发展水平、产业政策、土地市场状况等。其中，地理区位主要指评价对象的位置及其与其他事物的空间联系，土地利用状况包括评价对象的用途、四至、面积、形状、地上附着物状况等，土地投入产出包括各类生产资料的投入成本、产出收益等，社会经济发展水平包括评价对象所在区域的国内生产总值、人均国内生产总值、城市化率、居民收入水平等，产业政策主要包括评价对象所在区域制定的与评价对象相关的各类国民经济计划、产业结构调整计划、产业扶持计划等，土地市场状况主要包括市场规模指数、出让价格指数、供应结构指数、利用集约指数等。

5.2.1.4　制订土地评价的工作计划

土地评价是一项由多人、多学科共同参与的具有多重目标、较长周期的系统性工作。为保证评价工作周密、有序、协调开展，非常有必要制订一个详细的工作计划，工作计划一般包括如下几个方面的内容。

1. 确定待评价土地的范围和边界

根据立项时的要求，一般选择以行政区域或自然地理区域为单元确定范围和边界。

2. 选择可以考虑的土地利用类型

根据评价目标和该地区的自然社会经济条件，选定需考虑的土地利用类型或某一特定用途。在进行多种土地利用类型的评价时，应尽量多地考虑土地利用类型，同时，为了避免不必要的无效工作量，需要剔除那些明显不适于当地的自然条件或社会经济条件的土地利用类型。

3. 选择土地评价的类型

首先，根据评价对象确定是要进行农业用地评价还是林业用地评价等；然后，根据评价目的来确定是否需要开展土地适宜性评价、土地生产潜力评价或土地经济评价，还是进行综合性评价；再次，根据评价针对的预期时间来确定是进行现状评价还是潜在评价，定性评价还是定量评价。

4. 确定调查的范围、精度和比例尺

根据评价目的决定的所需要的数据拟定调查范围。通过分析现有资料，如地形图、遥感影像、土壤图、水文资料、人口、产量和其他社会经济统计资料等，与拟开展的土地评价目标相比较，进一步细化所需数据与资料收集的具体内容，列出哪些是必须收集的资料，哪些是辅助资料，哪些是补充收集的资料。如果需要实地调查补充，采用何种比例尺和取样密度。

5. 划分工作阶段

在明确各项任务内容和评价总体时间要求的基础上，充分估计每项工作的时间并划分相应工作阶段，编写书面工作计划。

5.2.2 评价阶段

土地评价阶段的内容包括：选择与确定土地利用类型，确定土地用途的要求；土地评价单元的划分；土地性状的描述；评价因子的选择；评价结果的计算。

5.2.2.1 土地利用类型及其要求

1. 选择和确定土地利用类型

选择和确定土地利用类型是土地评价过程的基本组成部分，大致分两种情况：

(1)在评价立项之初就确定了土地利用类型。例如，按土地利用大类进行定性调查和分析的评价工作中，在评价立项之初就确定了土地利用类型；也有在为一种或有限几种土地利用方式确定土地类型的研究中，根据评价目标确定该种情况下应予以考虑的土地利用类型，如确定灌溉果园或保留林地作为土地评价的利用类型。

(2)在评价之初仅对土地利用类型做出初步的描述，随着评价工作的深入再作修改和调整。例如，在区域土地开发项目中可能包括农业、畜牧业和林业等多种利用类型，起初土地利用类型只是笼统地描述，如种植业；随着评价的进行，一些细节，如作物选择、建议的轮作制度、所需的水土保持设施和最佳的经营规模等逐渐确定下来，而详细的土地利用类型仅能在评价末期才能得以描述。

2. 确定土地用途的要求

每一种土地利用类型都有大致确定的土地用途要求。例如，蔬菜地不宜过于平坦或坡度过大，以免积水和不利灌溉；大多数多年生作物需要根部终年存在有效水分；水稻用地要求耕层厚度不少于 17～23 cm；栽培水稻要求平整的土地，或花费可接受的成本后可加以平整的土地；茶树用地最适宜的酸碱度 pH 为 4.5～6.5；林业要求一定的立地条件，虽然它一般在陡坡上也能生长。每种土地用途如在可持续利用和经济可行的基础上付诸实施的话，都需要不同的环境条件，要尽量从自然、社会、经济等多方面综合分析，尤其是土地条件对土地用途在特定要求方面有明显的限制性时，在确定土地用途的要求时，要重点考虑。

5.2.2.2　土地评价单元划分与土地性状描述

1. 土地评价单元划分

土地评价单元是土地评价的最小单位，在同一个评价单元中，土地的基本属性具有相对一致性，不同评价单元之间具有相对明显的差异性和可比性。

土地评价是对各个土地评价单元的差异性进行综合分析，由每个土地评价单元的评价结果综合整理形成土地评价的结果。土地评价的最终结果要通过评价单元反映出来。因此，划分土地评价单元是整个评价工作的基础。土地评价单元划分依据主要考虑：评价对象的异质性程度、评价目标的精度要求、土地调查所能达到的程度等。在实际工作中，必须综合考虑这些因素来划分土地评价单元，不同时期、不同地区、不同内容的土地评价，划分土地评价单元的方法都会有所不同，常用的方法有以下几种：

(1)以土壤分类系统为基础划分土地评价单元。在大比例尺评价时，由于其他因素如气候因素变异不大，土壤在土地综合性质变异中起主导作用，可直接利用土壤分类系统的某一级作为评价单元，准确地反映土壤情况。如耕地的土地评价直接以土种的分类单元为评价单元。这种方法比较适合于大比例尺的土地评价。

如果存在其他的土地因子在评价范围内具有较大的变异，以至于评价时不得不考虑，就必须在土壤图的基础上根据这些因子分布情况进一步划分评价单元，如将土壤图与坡度图叠加后获得的评价单元，便同时具有了土壤和坡度的信息。

(2)以土地类型分类系统为基础来确定土地评价单元。土地类型是根据各个土地构成要素之间相互作用而形成的综合体的异质性程度进行分类的结果，一方面反映了土地的气候、地貌地质、土壤、生物等自然条件的相对均一性和差异性；另一方面也体现了人类活动结果的相对均一性和差异性。因此，土地类型分类单元是理想的土地评价单元。

(3)以土地利用现状为基础确定土地评价单元。按土地利用现状的基础制图单元（图斑或地块）来划分土地评价单元，即以田间末级固定工程（路、渠、沟、坎等）所包围的地形、土壤、水利状况基本一致，生产环境、管理水平、生产力水平也相对一致的地块作为评价单元。选择农业生产活动的基本单元作为评价单元，可揭示最小土地单元之间的相似性和差异性，也符合农民的耕作习惯，有较大的管理实践价值。一般来说，直接利用土地利用现状调查图作为土地评价底图，通常适用于土地利用调整或土地利用规划，也用于土地利用的可持续性评价。

以上是确定土地评价单元常用的 3 种方法，具体开展评价时还需要根据实际情况综合考虑，以确定采用哪一种方法是最理想的。有时也不排除采用一些其他方法，如土地经济评价中进行土地经济分级时也可以选择某一级行政单元、公里网格（网格法）作为评价单元（表 5-1）。

表 5-1　常用的土地评价单元确定方法比较

评价单元类型	优点	缺点	适用性
土壤类型图斑	• 充分反映了土壤条件信息 • 能够充分利用历史土壤调查资料	• 地面缺乏明显的界线 • 与土地利用类型、行政边界等界线不一致	• 耕地的适宜性评价 • 为土地改良提供基础资料的评价 • 指导施肥提供资料的评价 • 大比例尺评价（如 1∶1 万）
土地类型图斑	• 充分反映了土地的自然条件 • 可充分利用历史土地类型制图资料	• 地面缺乏明显的界线 • 与地块、行政和宗地界线不一致	• 综合性土地评价 • 为大区域（如省级）的规划提供基础资料 • 适宜于小比例尺的评价（1∶50 万）
土地利用类型图斑	• 充分反映了土地的用途现状 • 资料更新快 • 地面有明显的界线 • 评价范围与行政界线一致 • 图件比例尺系列较全	• 不反映宗地界线 • 与土地自然界线有时不一致 • 提取评价单元的土地要素较困难	• 适宜于进行基于现状用途的土地评价 • 适宜于中、大比例尺的评价（如 1∶5 万） • 为小区域（如县、乡级）的规划提供基础资料
公里网格	• 各单元面积易于计算 • 容易进行编码与查找	• 与地块和行政界线不一致 • 提取单元的评价因素特征困难	• 任意类别的土地评价

2. 土地性状的描述

在划定土地评价单元之后，就必须清楚地描述各个单元的土地性状。对于土地性状的描述应当尽量全面，至少应包含已确定的土地用途要求的所有土地属性数据。其数据来源，可以是收集的资料、图件和图片，必要时进行补充调查。

5.2.2.3　评价因子选择与评价结果计算

1. 评价因子的选择

土地评价的实质是比较分析土地用途的要求与评价单元的土地性状。在确定土地用途的要求、描述土地性状时，要尽量全面；在评价分析时，一般不对所确定的或描述的所有土地属性进行分析，而是选择其中有代表性的、起主导作用的一些属性或因素进行分析，即要进行评价因子的筛选，以便使评价工作变得简单、易行。

评价因子的筛选一般应遵循两个原则：①主导因子原则。对某一种土地利用方式而言，土地生产力取决于影响较大的因素（称为主导因子）；可在众多的土地利用影响因素中，选择对土地生产力影响大的主导因子，着重分析它们与土地适宜性或生产力之间的关系。如在干旱、半干旱地区，土壤盐分含量是农业土地评价的主导因子。②因子稳定性原则。可根据因子的时空变异特性，找出持续影响土地生产力的稳定性因子，尽量避免选用易变的因子。一般来说，气候、地形、土壤质地、土层厚度等是稳定性因子，而土壤速效养分、生物因子等为易变因子。

2. 评价结果的计算

在明确土地用途的要求、获取评价单元中评价因子数据的基础上，通过对两者的比较分析，采用一定的计算方法，获得每个评价单元在一定用途下的评价结果。不同类型的土地评价，可能选用不同的计算方法，比如，土地适宜性评价、土地生产潜力评价等较多地选用比配（matching）的方法，有的土地生产潜力评价选用数学模型的方法，而土地经济评价一般要选用经济分析方法，如投入-产出分析。

5.2.3 资料整理和成果汇总阶段

资料整理与成果汇总是土地评价的最后环节。为了使土地评价的成果被有效地应用，就必须提供条理清楚、观点鲜明、论据充分的评价成果。土地评价的成果包括两个方面的内容：土地评价报告书和土地评价成果图。

土地评价报告书是以文本的形式体现，它应该包括以下几方面的内容：

(1)土地评价的目的。清楚地论述土地评价立项的依据、土地评价对象的基本情况、土地评价所要达到的目标。

(2)土地评价的过程和方法。清楚论述土地评价采用的数据和资料、土地评价的主要内容和土地评价所采用的方法。

(3)土地评价的结论。这是土地评价成果报告书的核心内容，由 3 个部分组成：土地评价过程中通过一系列估算和分析而获得的结果；根据结果而推导出的结论；针对结论而进行的讨论和建议。

土地评价成果图是以专题图件的形式直观地表达土地评价结果和结论，是土地评价成果中不可缺少的要件。不同目的和内容的土地评价成果图的种类不同，如土地自然适宜性评价的成果图，是土地评价对象的适宜性等级分布图；土地生产潜力评价则是土地评价对象的土地生产潜力等级图；土地经济评价的成果则是评价对象的土地经济分级图。

5.3 土地资源自然适宜性评价

土地自然适宜性（suitability）是指某种作物或土地利用方式对一定地区的土地自然条件（主要包括气候、土壤、地貌、水文等条件）的综合适宜程度。由于土地条件是千变万化的，作物或土地利用方式对土地质量的要求也是千变万化的，二者只能在一定程度上达到协调与满足。这种协调与满足程度就是土地自然适宜性。评定土地自然适宜性的过程就是土地自然适宜性评价。土地自然适宜性评价按评价的目的，可以分为当前的土地自然适宜性评价和潜在的土地自然适宜性评价。

土地自然适宜性评价的工作程序和方法可参见上一节介绍的土地评价的一般工作程序和方法。本节主要介绍土地自然适宜性的分类方法，即评价结果的表述方法；同时，介绍土地自然适宜性评价的常用方法——比配过程。

5.3.1 土地自然适宜性分类

土地的自然适宜性分类就是根据土地对不同的作物或土地利用方式的自然适宜性程度而进行的分类，它是土地自然适宜性评价的目标，也是土地自然适宜性评价结果的一种直观表示。具体表示方式大致可以分为两种：一类是根据不同的用途划分为宜农、宜林、宜牧、宜渔等；另一类是根据作物或土地利用方式的适宜程度分为适宜、较适宜、勉强适宜、不适宜等。当前，国内外应用较广泛的土地自然适宜性分类系统分别由联合国粮农组织（FAO）和《中国 1：100 万土地资源图》编图委员会提出，本书将重点对上述两个土地自然适宜性分类体系进行介绍。

5.3.1.1 FAO 的土地自然适宜性分类体系

1976 年，FAO 在《土地评价纲要》中提出了逐级递降的四级分类制土地自然适宜性分类体系（表 5-2），即：土地适宜性纲（order）、土地适宜性级（class）、土地适宜性亚级（subclass）、土地适宜性单元（unit）。该土地适宜性分类体系是一种解释性分类系统，它可以适用于不同土地利用类型的土地适宜性分类，并始终保持一定的结构。它包括定性的和定量的、当前的和潜在的适宜性分类，而且对可能选择的每一种土地用途都分别进行分类，如某一地区的某一地块，对农业、畜牧业或林业都适用，那么就要对这 3 种土地用途分别进行适宜性分类。在具体评价中，究竟划分到哪一等级，取决于评价区域的范围大小和研究的目的与深度。如果范围较小，目的比较狭窄，那么需要划分到土地适宜单元；否则划分到纲、级和亚级就够了。

表 5-2 FAO 土地适宜性分类体系

纲	级	亚级	单元
S（适宜）	S_1（高度适宜）	S_{2m}（表示水的限制）	$S_{2e\text{-}1}$
	S_2（中度适宜）	S_{3o}（表示通气性差）	$S_{2e\text{-}2}$
	S_3（勉强适宜）	S_{3e}（表示抗侵蚀性差）	$S_{2e\text{-}3}$
	⋮	⋮	⋮
N（不适宜）	N_1	N_{1m}	
	N_2	N_{2me}	

改编自 FAO，1976。

(1)土地适宜性纲。土地适宜性纲反映土地适宜性的种类，表示针对所考虑的土地用途是适宜的还是不适宜的。纲有两类，分别用 S 和 N 表示。

S 纲，适宜：这类土地对所考虑的土地用途能够可持续利用，即可以产生足以抵偿投入的收益，而且没有破坏土地资源的危险。

N 纲，不适宜：这类土地对所考虑的土地用途不能可持续利用，其原因可能是存在着不可克服的一种或多种限制性因素。

(2)土地适宜性级。土地适宜性级反映纲内适宜性的程度，可按照在纲内适宜性程度递减的顺序用连续的阿拉伯数字表示。在适宜纲内，级的数目不作规定，根据评价工作的需要而确定，可以只有两级，而最多一般不超过 5 级。实践中，多采用 3 级，在定性分类中，可以分别采用下列名称和定义进行描述。

S_1 级，高度适宜：土地对指定用途的可持续利用没有限制，或只有较小的限制，它不会显著地降低产量或收益，并且不会将投入提高到超出可接受的程度。

S_2 级，中度适宜：土地对指定用途的可持续利用存在中等程度的限制性，这些限制将减少产量和收益并增加所需的投入，但从这种用途仍能获得利益，虽有利可图，但明显低于 S_1 级的土地。

S_3 级，勉强适宜：土地对指定用途的可持续利用有严重的限制，因此将降低产量和收益或增加必需的投入，其收支仅勉强达到平衡。

在不适宜纲内，通常分为两级：

N_1 级，当前不适宜：土地具有严重限制性，且在目前的技术水平和成本投入下还不能克服其限制性，无法对土地进行有效的持续利用；但随着技术水平的进步和社会经济的发展，在可预见的将来能够对土地的限制性进行克服和改造，从而将土地从“不适宜纲”提高到“适宜纲”。

N_2 级，永久不适宜：土地限制性非常严重，以至于在一般条件下不存在有效可持续利用的任何可能性。此级土地一般是由难以克服或改造的自然限制性因素所决定的，因而具有永久性。

(3)土地适宜性亚级。土地适宜性亚级反映级内限制性因素或需改良因素的种类，如土壤水分亏缺、侵蚀危险。亚级用小写英文字母表示，如 S_{2m}（表示中等适宜类，有效水分限制亚级，m 表示土壤水分限制性）、S_{2e}（表示中等适宜类，侵蚀限制亚级，e 表示侵蚀危险的限制性）。S_1 级土地几乎不受任何限制，因而该级土地不存在亚级之分。亚级的数目越少越好，只要能区分开级内不同质量的土地即可。适宜性亚级一般仅用一个限制因素字母表示，如果两个限制因素同等重要，也可同时列出。

(4)土地适宜性单元。土地适宜性单元是亚级的细分，反映亚级内人类土地利用或经营管理方面的差别。亚级内所有的单元具有相同程度的适宜性和相似的限制性，不同单元之间在其生产特点、经营条件或管理要求等方面存在细节上的差别。适宜性单元可用连接号后加一个阿拉伯数字表示，如 $S_{2e\text{-}1}$，$S_{2e\text{-}2}$。在一个亚级内划分单元的数目不受限制。

5.3.1.2　《中国 1∶100 万土地资源图》的土地资源自然适宜性分类体系

国内最具影响力和代表性的土地资源自然适宜性分类体系是由原中国科学院自然资源综合考察委员会在其主编的《中国 1∶100 万土地资源图》中提出的，其分类原则主要有 4 条：①土地生产力的高低；②土地对农、林、牧业生产的适宜程度；③土地对农、林、牧业生产的限制程度；④适当结合考虑与土地资源有密切关系的土地利用现状及社会因素。该分类体系采取土地潜力区、土地适宜类、土地质量等、土地限制型和土地资源单位五级分类制。严格来说，该系统是将土地资源生产潜力分级与土地资源自然适宜性分类相互融合的体系。

(1)土地潜力区。土地潜力区为“0”级单位，它的划分是以气候和水热条件为依据，反映区域之间生产力的对比。在同一区内应具有大体相同的土地生产能力，包括适宜的农作物、牧草、林木的种类、组成、熟制和产量，以及土地利用的主要方向和主要措施。据此，将全国划分为九个土地潜力区：华南区、四川盆地-长江中下游区、云贵高原区、华北-辽南区、黄土高原区、东北区、内蒙古半干旱区、西北干旱区、青藏高原区。

(2)土地适宜类。土地适宜类是在土地潜力区的范围内依据土地对农、林、牧业生产的适宜性划分。在划分时，应尽可能按照主要适宜方面划分；但对那些主要利用方向尚难明确的多宜性土地，应作多种适宜性评价。土地适宜类划分为八类：宜农耕地类、宜农宜林宜牧土地类、宜农宜林土地类、宜农宜牧土地类、宜林宜牧土地类、宜林土地类、宜牧土地类、不宜农林牧土地类。

(3)土地质量等。土地质量等是在土地适宜类范围内，反映土地的适宜程度和生产潜力的高低，是土地资源评价的核心。土地质量等的划分可按农、林、牧诸方面各分三等。土地质量等用阿拉伯数字 0，1，2，3 四个数字组合表示，宜农耕地类用一位数表示土地等级；不宜农林牧类用 0 表示；其他土地质量等均用三位数表示农林牧等级，第一位表示宜农等级，第二位表示宜林等级，第三位表示宜牧等级，如 213，即二等宜农一等宜林三等宜牧土地。

宜农土地：①一等地。对农业利用无限制或少限制，质量好。这类土地地形平坦，土壤肥力高，机耕条件好，在当地均属基本农田，或易于建成基本农田。在正常耕作管理措施下，一般都能获得较好的产量。对未垦土地不需要改造或略加改造，即可开垦，垦后易建成基本农田，而在正常利用下，对当地或邻近地区不会发生土地退化等不良后果。②二等地。对农业利用有一定限制，质量中等。这类土地需采取一定改造措施才能开垦和建设基本农田，或者需要一定的保护措施，以免产生土地退化。③三等地。对农业利用受到较大的限制，质量差。这类土地需要加以大力改造措施后，才能开垦和建设基本农田，或在严格保护下才能进行农业生产，否则容易发生土地退化。

宜林土地：①一等地。最适于林木生产的土地，无明显限制因素，在更新或造林时采用一般技术。产量高，质量好。②二等地。一般适于林木生产的土地，受地形、土壤、水分、盐分等因素的一定限制。造林时技术要求较高，质量中等。③三等地。林木生长有一定困难的土地，地形、土壤、水分、盐分等因素限制性较大，造林时要有一定改良措施，产量较低。

宜牧土地：①一等地。最适于牲畜放牧饲养的土地。草群质量好，产草量高；水土条件好，容易建设基本牧草场。②二等地。一般适宜于牲畜放牧的土地。这类土地一般草群质量较差或产草量较低，或草场轻度退化，但水土条件较好，恢复较容易。③三等地。勉强适宜于牲畜放牧饲养的土地。这类土地一般草群质量很差，或产草量很低，草场退化，需大力改造，或由于某种条件的限制，利用困难。

(4)土地限制型。土地限制型是在土地质量等的范围内，按照限制因素及其强度划分。在同一土地限制型内具有相同的主要限制因素和相同的主要改造措施。在同一等内，型与型之间只反映限制因素的不同，改造对象和改造措施的不同，没有质上的差别。土地限制型分为：无限制（0），水文与排水条件限制（w），土壤盐碱化限制（s），有效土层厚度限制（l），土壤质地限制（m），岩基裸露限制（b），地形坡度限制（p），土壤侵蚀限制（e），水分限制（r）和温度限制（t）。各限制因素分若干级，分级指标以满足能够进行农、林、牧分等为原则。土地限制型用英文斜体小写字母表示，位置放在土地质量等的右上角；限制强度使用小号阿拉伯数字 1，2，3…表示，放在英文字母右下角。例如，2^{w_2} 表示限制强度为 2 级的水文与排水条件限制型二等宜农耕地。

(5)土地资源单位。土地资源单位即土地资源类型，是土地资源分类的基层单位，由地貌、土壤、植被与利用类型组成。其中，地貌按形态划分为平地、岗地与台地、丘陵、山地、谷地和沙地六大类，其下可根据评价需要划分为若干类型；土壤基本上按 1978 年中国土壤学会土壤分类学术会议上拟定的我国土壤分类暂行草案，规定以土类、亚类为主；植被以亚型、群系组为主；利用类型划分为水田、水浇地、旱耕地、林地、灌木林地、经济林地、草地、灌丛草地等主要利用类型。土地资源单位命名采用地貌、土壤、植被、利用类型联名法。如山地黄壤阔叶林地，平地黑土旱耕地。

5.3.2　土地质量与土地利用要求

5.3.2.1　土地质量

土地质量（land quality）是多种土地性质的综合表现，一般是由一种或几种具有共性的土地属性（land attributes）决定的，它们在一定方面影响某种土地利用方式的适宜性。如土壤水分有效性是从水分是否充分供给方面影响作物种植的适宜性，土壤的抗侵蚀性从土地是否能可持续利用方面影响土地利用的适宜性。

土地质量是针对一定的土地利用方式而言的，亦即不同的土地利用方式或不同的土地利用目标，要求不同的土地质量。如与农作物或其他植物的生产效率有关的土地质量有作物产量、土壤水分有效性、养分有效性、根区氧素有效性、根系立地适宜性、发芽条件、土地适耕性（耕作难易程度）、盐化碱化程度、土壤毒性、土壤抗侵蚀性、与土地有关的病虫害、洪涝危险、温度状况、光照条件、影响植物生长的危害性天气、影响植物生长的空气湿度、作物成熟需要的干燥期，等等；与经营管理和投入有关的土地质量有影响机械化的地形因素（可通行性）、影响道路修建和养护的地形因素（可进入性）、经营管理单位可能的规模（如林场管理、农场田块）、与市场和生产资料供应有关的地理位置，等等。表 5-3 是旱作农业相关的土地质量指标。

5.3.2.2　土地利用要求

土地利用要求是指土地用于一定的利用方式时所需要的自然环境和管理条件。土地利用类型不同，土地利用的要求也不同。通常以所要求的相应的土地质量等级来表示。

土地利用要求一般可分为以下 3 组：

(1)作物要求。作物的生态、生理要求。

(2)管理要求。与管理系统的技术有关的必要条件。

(3)水土保持要求。避免土壤侵蚀或退化的必要条件。

表 5-4 列出了旱地作物生产土地利用要求的技术参数，对照表 5-3 可以看出这些参数都是土地质量指标。

表 5-3 旱作农业的土地质量指标

编号	土地质量指标	编号	土地质量指标
LQ1	辐射状况：总辐射、昼长	LQ14	土壤毒性
LQ2	温度状况	LQ15	病虫害
LQ3	水分有效性：旱灾临界期总水分	LQ16	土壤适耕性
LQ4	根的氧气有效性（排水）	LQ17	机械化潜力
LQ5	养分有效性	LQ18	土地的平整和清理要求
LQ6	保肥力	LQ19	影响贮藏和加工的条件
LQ7	生根条件	LQ20	影响生产季节的条件
LQ8	影响发芽或移植生长的条件	LQ21	生产单位内的估价
LQ9	影响生长时的空气湿度	LQ22	潜在的管理单元规模
LQ10	成熟条件	LQ23	位置：现有交通条件、潜在交通条件
LQ11	洪水危害	LQ24	侵蚀危害
LQ12	气候危害	LQ25	土壤退化危害
LQ13	含盐过高：盐渍度、钠盐度		

表 5-4 旱地作物生产的土地利用要求

A. 作物要求	能量	辐射 光周期性
	温度	总需要量、临界期（生长周期）
	水分	
	氧气（土壤排水）	
	养分有效性	养分有效性 养分保持力
	根区条件	
	影响发芽或立苗的条件	
	影响生长的空气湿度	
	成熟的条件	
	洪水危害	
	气候灾害	霜害 风暴
	盐过量	盐浓度 钠质度
	土壤毒性	
	病虫害	
B. 管理要求	土壤适耕性	
	机械化潜力	
	土地平整和土地清理条件	
	影响贮藏和加工的条件	
	影响生产时间的条件	
	生产单位内的交通条件	
	潜在的管理单位的大小	
	位置	目前的交通条件 潜在的交通条件
C. 水土保持要求	侵蚀危害	
	土壤退化危害	

5.3.2.3　土地利用要求和土地质量的比配方法

比配（matching），是指将某一土地利用方式所必须具备的土地条件（土地利用要求）与土地质量进行分析比较，在此基础上进行土地利用方式的调整与适宜性程度估算的过程。比配的结果是针对现实条件下土地适宜性分类的基本依据。其最简单的方式，就是把特定的作物（包括牧草、树木等）对自然环境条件的要求同土地资源的质量状况相对比，来预测作物生长的表现。在进行土地自然适宜性评价时，有时也需要考虑土地的社会经济因素作用，比如管理方面的因素，包括劳动集约度和资金集约度等。

比配的过程主要包括两个步骤：①依据土地利用要求和土地质量分析，比较得出土地利用方式的适宜性等级；②提出新的土地利用方式。在提出新的土地利用方式后仍需要回到步骤①，这两个过程往往是反复进行的，直到最后提出的土地利用方式达到最好的或是令人满意的适宜性等级。显然，步骤①是比配的核心。

比配的过程是一个多因子分析的过程，涉及多因子分析方法或模糊综合评判方法。下面举例介绍一种比较简单而实用的多因子分析方法——最小因子法。所谓的最小因子法，是指土地的适宜性等级是由限制程度最严重（或适宜性等级最小）的那个因子所决定的评判方法。

(1)确定每个评价因子的适宜性等级。单因子的适宜性等级一般根据土地用途的要求，将该因子值划分成不同的数值区间，而每一区间都对应一定的适宜性等级，如表 5-5 所示。

表 5-5　某种土地用途的评价因子的适宜性等级

适宜性等级	评价因子						
	有效土层厚度/cm	表层质地	盐渍化程度	土壤污染程度	有机质/%	pH	距障碍层深度/cm
S_1	≥100	壤土	无	无	≥2.0	6.5～7.5	≥60
S_2	60～100	黏土	轻度	微	2.0～0.5	7.5～8.0 5.5～6.5	30～60
S_3	30～60	沙土	中度	中	<0.5	8.0～9.0	20～30
N_1	20～30	砾石土	重度	重		9.0～9.4	<20
N_2	<20					≥9.4	

(2) 通过对照比较，确定土地评价单元每个评价因子的适宜性等级。表 5-6 是评价单元的土地属性描述。将表 5-5 与表 5-6 进行对照比较，就可得出评价单元的每个评价因子的适宜性等级，如表 5-7 所示。

表 5-6　评价单元的土地属性的描述

评价单元	评价因子						
	有效土层厚度/cm	表层质地	盐渍化程度	土壤污染程度	有机质/%	pH	距障碍层深度/cm
U_1	110	壤土	无	无	2.3	7.0	70
U_2	70	壤土	中度	微	2.0	8.0	70

表 5-7 评价单元的每个评价因子的适宜性等级

评价单元	评价因子						
	有效土层厚度/cm	表层质地	盐渍化程度	土壤污染程度	有机质/%	pH	距障碍层深度/cm
U_1	S_1	S_1	S_1	S_1	S_1	S_1	S_1
U_2	S_2	S_1	S_3	S_2	S_1	S_2	S_1

(3) 对每个评价单元的评价因子的适宜性等级进行比较，选最小的等级作为这个评价单元的评价结果。如对于 U_1，每个评价因子的适宜性等级都为 S_1，则其评价结果也为 S_1；对于 U_2，其限制性最严重的评价因子的适宜性等级为 S_3，则其评价结果也为 S_3，该最小因子为盐渍化，因此，其结果可进一步表示为 S_{3a}。

5.3.3 土地自然适宜性评价方法

土地自然适宜性评价方法常见的主要有最小因子法和综合指数法，可根据评价目标和目的选用合适的方法。图 5-3 为应用最小因子法进行土地自然适宜性评价的过程，具体案例可参考 5.3.2 节。下面举例说明综合指数法在土地自然适宜性评价中的具体应用——浙江省茶树栽培土地自然适宜性评价。具体来看，评价程序、方法与基本过程主要包括以下几个步骤(图 5-4)。

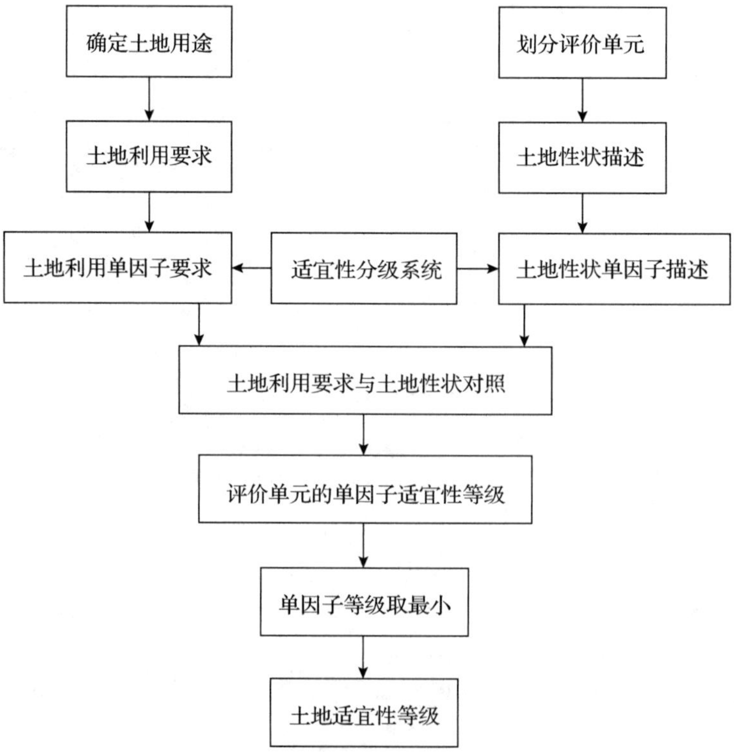

图 5-3 应用最小因子法进行土地自然适宜性评价的过程

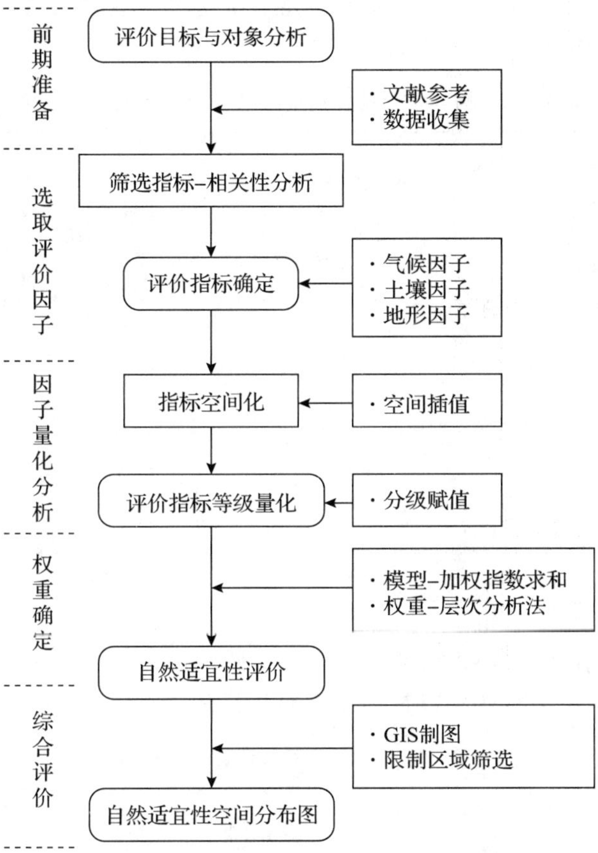

图 5-4　应用综合指数法进行土地自然适宜性评价的过程

(1)确定评价目标和评价对象。根据当地的自然资源环境条件，开展茶树栽培的土地自然适宜性评价，并在此基础上进行土地自然适宜性等级空间分区，为区域茶叶产业空间规划和布局提供科学的决策依据。

(2)筛选评价指标及其空间化。根据土地利用要求和土地质量的比配这一基本原理，筛选和确定评价指标。首先对评价指标进行定性分析，通过文献调研和实践经验，茶叶生产与气象、地形、土壤等条件有关。如茶树为多年生常绿木本植物，茶树栽培的气候区划指标主要有年平均气温、稳定通过 10℃的积温、极端最低气温≤－13℃出现的频率和 4—10 月的平均相对湿度等；茶树是喜酸性的作物，要求土壤 pH 在 4.0～6.5，以 pH 4.5～5.5 最适宜茶树生长。高产优质的茶园要求土层厚度超过 80 cm，有机质含量在 2.0%以上。海拔高度和地势的差异对茶叶的产量和品质也有明显的影响。因此，可以基于气候因子、土壤因子和地形因子等维度进行茶树栽培土地自然适宜性评价指标筛选的定性分析。但是，如果定性分析选取的评价指标过多，或指标间高度相关，则可以通过主成分分析法、相关分析法等定量方法对指标进行降维处理或排除高度相关的指标，确定评价指标，并在此基础上进行等级量化和空间化。在 GIS 技术的支持下，基于 1∶25 万数字化地形图，采用等值线插值法来构建数字高程模型（DEM)。利用 ArcMap 中的空间分析模块 Surface analysis 中 Slope 和 Aspect 模块从数字高程模型中提取出坡度、坡向的栅格图，土壤类型和土壤质地图则是从 1∶25 万的数字化土壤图中提取生成。

本案例中各个评价指标单因子等级量化标准，分为适宜、较适宜和不适宜3个等级，分别赋值为1～3（表5-8）。

表5-8 茶树栽培土地自然适宜性评价指标及等级量化

指标类型	气候因子				土壤因子		地形因子		
等级分值	$T_{年}$ /℃	$T_{\geqslant 10℃}$ /(℃·d)	$FT_{\min\leqslant -13℃}$ /%	$U_{4\cdot 10}$ /%	土壤类型	土壤质地	坡度 /°	坡向	海拔高度 /m
适宜(3)	>15	≥4 500	<20	75～90	红壤、黄壤	砾质土、砂质壤土	<15	南、东南、西南坡	600～900
较适宜(2)	12～15	3 500～4 500	20～50	60～75	潮土、水稻土	(黏)壤土	15～25	东、西坡、东(西)北坡	<600，>900～1 200
不适宜(1)	<12	<3 500	≥50	<60	石灰岩土、钙质土	黏土、壤质壤土	>25	北坡	>1 200

注：$T_{年}$为年平均气温，$T_{\geqslant 10℃}$为稳定通过10℃的积温，$FT_{\min\leqslant -13℃}$为极端最低气温≤－13℃出现的频率，$U_{4\cdot 10}$为茶树生长期（4—10月）的平均相对湿度。

(3)计算评价指标权重。考虑到气候、土壤和地形因子对茶树栽培的影响是互相制约、相互补充的，可运用层次分析法来计算各个评价指标的权重（表5-9）。

表5-9 基于层次分析法计算的指标权重

指标	$T_{年}$ /℃	$T_{\geqslant 10℃}$ /(℃·d)	$FT_{\min\leqslant -3℃}$ /%	$U_{4\cdot 10}$ /%	土壤类型	土壤质地	坡度 /°	坡向	海拔高度 /m
权重	0.035 0	0.105 0	0.060 0	0.090 0	0.222 4	0.129 7	0.067 9	0.194 3	0.095 7

(4)计算各个评价单元的土地自然适宜性综合得分。在GIS技术平台的支持下，应用其中的空间分析模块，针对各个评价单元按照加权指数求和法进行叠加计算，得到各个评价单元的土地自然适宜性综合得分，将得到的综合得分划分为不同的适宜性等级，并绘制空间分布图。结合土地利用现状数据，排除对一些不能种植茶叶的区域（如城镇和农村居民点、河流湖泊等），本案例最后将浙江省茶树栽培综合区划划分为适宜、较适宜和不适宜3个等级。

(5)撰写评价报告。计算各个土地自然适宜性等级或类型的面积，并分析其空间分布规律，对浙江省茶叶栽培的土地自然适宜性进行分区评述，最后提出茶叶的区域规划和引导茶叶产业持续发展的对策与建议。

5.3.4 特殊土地适宜性（土宜）的评价

中国具有复杂的自然条件、丰富的土地资源以及悠久的农业历史，在全国各地种植有大量品种繁杂的名、特、优经济植物，包括果品、蔬菜、花卉和一些工业原料植物，这些植物的分布具有鲜明的地方性特色，它们只能生长在具有特定自然条件的地区，或者只能在具有独特自然条件的少数地区才会形成优质的经济特性，这种特殊的适宜性称为土宜。因此，所谓土宜，就是指某一地区的土地资源条件对某些植物不仅具有生理和生态的高度适宜性，对该类植物的产品经济特性还有着特殊的适宜性，表现出与其他地方的同类产品所不同的特有品质。可以认为，土宜是对土地自然适宜性的进一步认识，土地自然适宜性一般只考虑作物或土地利用方式的一般要求，而土宜的评价专门针对作物的特定品种或特定产品的某些特有品质对一定区域的土地适宜性问题，可以用 SE（excellent land suitability）表示其土地适宜性等级。

土宜独特的产品特性决定了其在商品经济发展过程中将会产生越来越重要的作用，如何充分地利用我国自然资源的多样性特点，开发特有农产品的原产地潜力，最大限度地发挥土宜价值，对特色农业具有重大意义。要开发土宜价值，就必须进行大量的土宜调查和土宜评价。

土宜评价是指在土宜调查的基础上，分析土宜及其特殊性要求，并进一步评价特殊自然条件对土宜形成产生影响的机理。一般来说，土宜评价除了评定生产力，更加注重评定产品的品质。通过针对性的土宜调查和土宜评价，指导各地名特优农产品的种植和原产地保护，如燕山板栗、山东优质苹果、海南橡胶、沧州金丝小枣，等等。

土宜评价是一种特殊性的土地自然适宜性评价，遵循土地自然适宜性评价的一般程序和方法，但也表现出一定的特殊性，简要介绍如下：

1. 土宜调查

土宜调查是土宜评价的基础，它是针对某些土宜而进行的详细土地调查。土宜调查内容主要包括以下几个方面：①名、特、优经济植物的种类及其分布；②分析名、特、优经济植物的品质特色；③调查形成特产的一般和特殊的自然条件。

土宜调查因名、特、优经济植物对自然条件的要求特殊，特殊的自然条件有时很明确，有时必须进行大量分析比较。在实际调查过程中，最好是对周围的自然条件也进行同样的详细调查，以便比较。因此，土宜调查所采用的比例尺通常为大比例尺，以保证对原产地的自然条件和土宜形成的机理了解得更为细致。

2. 土宜要求

如何确定土宜要求是土宜评价最核心的部分，土宜要求可以分为两种：

(1)一般性土宜要求。任何植物生长都需要一定的生态、生理条件，名、特、优经济植物的一般性土宜要求，就是指其正常生长所必需的各种生态、生理条件。名、特、优经济植物的一般性土宜要求相对来说比其他作物的土地利用要求要苛刻一些，导致土宜的分布范围较小，形成土宜的稀缺性，这是形成土宜的必要条件。比如橡胶的土宜、板栗的土宜就是这样形成的。一般性土宜要求通过土宜调查，特别是通过与其他相近地区土地条件的比较获得，可以采用与土地利用要求相同的方式描述。

(2)特殊性土宜要求。土宜的稀缺性是形成土宜的必要条件，它是土宜评价的基本层级，而土宜的高级层次则是土宜所体现出的特殊的产品品质和经济性状，如深州蜜桃与一般桃类相比，具有个大、色鲜、肉质细嫩、多汁、皮薄、甘甜、味香等特殊性状；它具备了为消费者所欢迎的优良品质和风味，那么形成这种优良品质和风味的条件，称为特殊性土宜要求。关于特殊性土宜要求，还有待进一步研究，但有一点是可以肯定的：特殊性的土宜要求不是几种土地质量简单组合，而是多种土地因素综合作用的结果，如深州蜜桃集中产于河北省深州市西部滹沱河故道沙质土层，地下水位浅，不仅具有独特的气候条件，还必须有良好的土壤通气性和良好的栽培、管理措施等，其形成机理相当复杂。

3. 土宜要求与土地质量的比配

其比配方法可以参考前面介绍的方法，应注意：①在评价因子的选择上，要更加广泛和慎重，同时需要考虑各个因子之间的相互作用；②评价结果的标准除了产量之外，更重要的是产品的品质。

4. 土宜评价结果表达或分类方法

土宜评价的结果可以用适宜性等级的分类方法来表示。比如，根据限制性因素由小到大、改造上由易变难的原则，将土宜的适宜性等级分为 5 级（表 5-10）。

表 5-10 名优产品土宜评价系统

适宜性等级	气候特征	土壤特征	备注
SE_1	气候温度、积温、湿度等均适宜	土壤基础肥力、土层厚度、质地、坡度、水文、pH、品质的特殊元素等均适宜	多为久负盛名的名优产区
SE_2	气候相似于 SE_1，但积温稍低	土壤相似于 SE_1，但品质元素 P、K、Mg、Zn 等稍欠	可以通过常规的土壤管理来加以补充
SE_3	气候相似于 SE_2，但小气候湿度稍低	土壤相似于 SE_2，但土层厚度、质地、坡度和水文等某项或大多稍欠	可以通过客土或工程土壤改良加以解决
SE_4	气候相似于 SE_2，但大气湿度、年降水季节分布等不甚适宜	土壤部分相似于 SE_2，但由于母岩或成土过程致使 pH 不甚适宜，或部分元素（如 Ca）过多，或缺少元素（如 Se）等	可以通过改变土壤或特殊的环境土壤改良等加以解决
SE_5	季节性灾害性气候危害，如冷害、风灾等，仅影响产品数量及质量，不影响生长	土壤具有对某类植物的生理忌性元素，如对忌钙植物的 Ca^{2+}	一般解决难度稍大，时间长，且经济成本高

引自：林培，2007。

5.4 土地资源生产潜力评价

土地资源生产潜力（land capability）是指在一定的自然和社会经济条件下，土地能够生产对人类有用的生物产品或经济产品的潜在能力。土地资源生产潜力评价是指在特定的目的下，对土地的生物产品或经济产品潜在生产能力进行综合评价和分类定级的过程。其评价结果能够反映某一区域内不同土地单元的生产潜力差异和限制性因素类型、程度，以便能够指导土地利用布局或整治的需要。

土地资源生产潜力评价可以分为定性评价和定量评价两类。定性的土地资源生产潜力评价一般根据土地对各种作物或土地利用方式的自然限制性因素的强弱程度，将土地的生产潜力分为若干类别和等级。美国的土地资源生产潜力评价系统为这种方法的代表。定量的土地资源生产潜力评价主要指通过相关数据的收集，按照数量分析方法，采用数学方法计算得出土地的生产潜力，主要包括数学模型法和作物生长动态模拟模型法两大类。

土地资源生产潜力评价的工作程序和方法基本上遵循土地评价的一般工作程序和方法。

当然，不同的土地资源生产潜力评价，其评价结果表示方法和计算方法会有所不同。比如，美国的土地资源生产潜力评价系统有自己的生产潜力分类方法（即评价结果的表示方法），但其评价结果的计算方法与比配方法类似；而定量化的评价一般以产量的计量单位［如 kg/(hm^2・年)］表示评价结果，其计算方法需要有独特的数学模型或模拟模型。

下面以美国的土地资源生产潜力评价系统为例，介绍定性土地资源生产潜力评价的结果表示方法；以莫斯（Moss）模型为例，介绍土地资源生产潜力评价的数学模型计算方法；以 GOSSYM 模型为例，介绍作物生长动态模拟模型的原理、结构和作用。

5.4.1　美国土地资源生产潜力评价系统

1. 分类系统

美国土地资源生产潜力评价系统是美国农业部土壤保持局根据大比例尺土壤调查成果对美国土地资源生产潜力的评价和划分。该系统将生产潜力分为潜力级、潜力亚级和潜力单元三级。

(1)土地潜力级（land capability class）。按照土地对大田作物、牧草等利用方式的限制性种类、强度和需要特殊改良的管理措施等情况，以及长期作为某种利用方式而导致土地退化的危险性，而对土地潜力级进行分类。共分 8 个潜力级，从Ⅰ级到Ⅷ级，土地在利用时受到的限制性与危险性是逐级增加的（表 5-11），其中，Ⅰ级最好，适宜于所有的利用方式，包括种植作物（农业利用），或作草场、牧场、林地、野生生物保护区。具体说明如下：

表 5-11　美国土地资源生产潜力级分类系统

<table>
<tr><th rowspan="2">土地潜力级</th><th colspan="5">可适宜的土地用途</th><th rowspan="2">限制性</th><th colspan="2">作物栽培与管理</th></tr>
<tr><th>农作物</th><th>改良草地</th><th>天然草地</th><th>林地</th><th>野生动物，旅游用地</th><th>作物适宜性</th><th>保护措施</th></tr>
<tr><td>Ⅰ</td><td>适宜</td><td>适宜</td><td>适宜</td><td>适宜</td><td>适宜</td><td rowspan="8">限制性因素及强度从Ⅰ到Ⅳ渐多或增强，侵蚀之外的其他限制因素从Ⅴ到Ⅷ逐渐增强</td><td rowspan="8">适宜种植作物的种类从Ⅰ到Ⅳ逐渐减少</td><td rowspan="8">防止土地退化所需的投入从Ⅰ到Ⅳ逐渐增加</td></tr>
<tr><td>Ⅱ</td><td>适宜</td><td>适宜</td><td>适宜</td><td>适宜</td><td>适宜</td></tr>
<tr><td>Ⅲ</td><td>适宜</td><td>适宜</td><td>适宜</td><td>适宜</td><td>适宜</td></tr>
<tr><td>Ⅳ</td><td>适宜</td><td>适宜</td><td>适宜</td><td>适宜</td><td>适宜</td></tr>
<tr><td>Ⅴ</td><td></td><td>适宜</td><td>适宜</td><td>适宜</td><td>适宜</td></tr>
<tr><td>Ⅵ</td><td></td><td>适宜</td><td>适宜</td><td>适宜</td><td>适宜</td></tr>
<tr><td>Ⅶ</td><td></td><td></td><td>适宜</td><td>适宜</td><td>适宜</td></tr>
<tr><td>Ⅷ</td><td></td><td></td><td></td><td></td><td>适宜</td></tr>
</table>

改编自：Klingebiel A A 等，1961。

Ⅰ级：在土地利用上没有或只有很少限制，土壤和气候条件都最佳，无坡度或稍有倾斜，土壤侵蚀的危险性很小。因此，在正常管理水平下，适宜于许多植物种植，且产量高。

Ⅱ级：在利用上有一定的限制性，如土层小于理想的厚度、有缓坡、偶尔遭受破坏性洪水、有轻度或中度盐渍化等，存在中等程度的破坏和风险。因此，该级土地虽然也适宜于大多数作物，但是减少了种植作物选择的余地，或者要求有中度的保护措施。

Ⅲ级：在利用（特别是农业利用）上有严重的限制性，如坡度较陡、洪水频繁、排水困难等，利用后有比较大的风险，如土壤侵蚀、造成土壤盐渍化等，存在严重的风险。因此，与第Ⅱ级相比，种植作物选择的余地更小，需要有专门的保土措施。

Ⅳ级：在利用（特别是农业利用）上有十分严重的限制性，可能只适宜种植两三种常见的作物，且产量很低，一定时期后还可能发生土地退化、产量降低的现象。因此，适宜种植的农作物种类很少，在作物的选择上有很大的限制，在利用方式上都有严格的要求，如要进行休耕，要有十分精细的管理。

以上 4 级，除了种植农作物，都适宜于用作草场、牧场、林地、野生生物保护区等各种方式。

Ⅴ级：本级应该保持永久的植被覆盖，地势平坦，没有或少有侵蚀危险，但有其他不可排除的限制因素，如土壤潮湿、经常遭河水漫淹或砾石太多。因此，无法进行农业耕作，但用作草场、牧场、林地、野生生物保护区，则没有或很少有永久性限制。

Ⅵ级：用作放牧地、林地，存在中等的危险；由于存在严重的限制性和土地退化危险，不宜于耕作，但经过一定的改良后，可用作牧场，在一定的管理条件下，可作草场、牧场、林地、野生生物保护区。

Ⅶ级：有严重的不可克服的限制性因素，无法将其改良为草场或牧场，而只能用作放牧、林地、野生生物保护区，但要有一定的保护措施。

Ⅷ级土地：主要为瘠地、岩石、裸山、沙滩、河流冲积物、尾矿地以及近乎不毛之地的土地，不宜作为牧地、林地，但可以作为野生动物放养地、水源涵养地、风景游乐地、休养地等，加强保护和设法增加植被覆盖是极重要的。

(2)土地潜力亚级（land capability subclass）。在土地潜力级之下，按照土地利用的限制性因素种类或危害，续分为亚级（其中，由于Ⅰ级没有限制性，不分亚级），同亚级的土地，其土壤与气候等对农业起支配作用的限制性因素是相同的。共分 4 个亚级：①e（侵蚀限制因子）——土壤侵蚀和堆积危害；②w（过湿限制因子）——土壤排水不良，地下水位高，洪水泛滥危害；③s（根系限制因子）——植物根系受限制的危害，包括土层薄、干旱、硬盘层、石质、持水量低、肥力低、盐化、碱化等；④c（气候限制因子）——影响植物正常生长的气候因素危害，如过冷、干旱、霜雹等。如有两种及以上限制因子的限制程度基本相同时，则按 e，w，s，c 顺序表达。

(3)土地潜力单元（land capability unit）。潜力亚级续分为潜力单元。在同一个土地潜力单元内，对于植物的适宜性和所需要的经营管理技术都基本相似；它们在土地制图单位上属于范围较小、性质较为均一、具有相近土地利用潜力和相似管理措施的土地单元。具体来说，属于同一潜力单元的土地类型应具有以下特点：①在相同经营管理措施下，可生产相同的农作物、牧草或林木；②在种类相同的植被条件下，要求相同的水土保持措施和经营管理方法；③具有相近的生产潜力（在相似的经营管理制度下，同一潜力单元内各土地的平均产量变率不超过 25%）。

图 5-5 是美国土地资源生产潜力分级结构示意图。

2. 评价方法

美国的土地资源生产潜力评价主要以土地自然属性的限制性作为评价依据，对一个实际地块或一个评价单元展开评价。所谓限制性，是指对利用潜力有不利影响的土地性质。限制

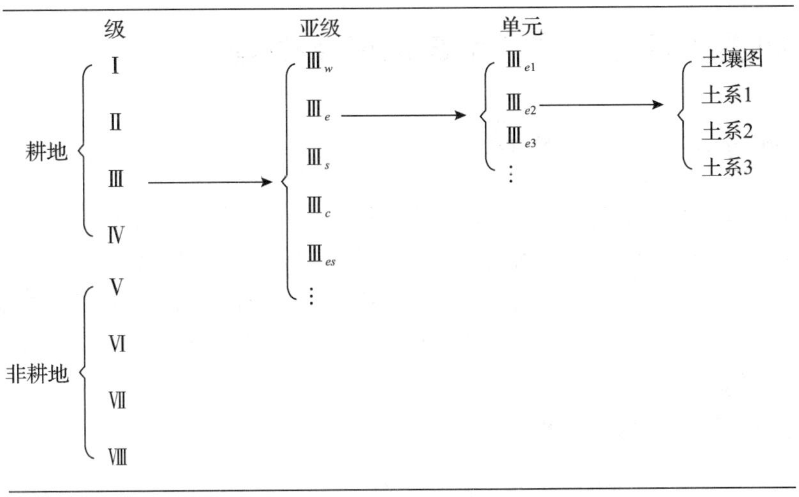

图 5-5　美国土地资源生产潜力分级结构

性有永久与暂时之分；永久限制性，是指那些不能轻易排除，至少不能通过小型土地改良排除的不利土地性质，如坡度、土层厚度、洪涝危害、气候灾害（如冻害、干旱、霜雹）等；暂时限制性，是指可以通过土地改良措施排除或改善的不利土地性质，如土壤养分含量不足和程度轻微的排水不畅。

(1)潜力级的评定。主要依据土地利用的永久限制因子。首先，确定评价单元的主要限制因素及其限制程度；然后，比较各限制因素的限制程度，采用“最小因子律”确定该评价单元的潜力级，即尽管其他的一些土地性质不存在什么问题，但只要某一限制性因素的限制程度已经使土地的潜力级降至某一级，便将该土地单元定为这一潜力级。例如，某一土地单元，地表平坦，排水良好，而且不受洪涝危害；只是土层厚度仅为 10 cm，属于比较严重的限制性，使土地的潜力级降低为Ⅵ级，所以，综合而言，该地块的潜力级只能评为Ⅵ级。

(2)潜力亚级的评定。主要根据限制因素的种类来评定。一般来说，其亚级也应由限制性程度最大的因素决定。例如，如果土层厚度为最严重的限制因素，则其亚级为 s（根系限制因子）。

(3)潜力单元的评定。主要依据实际的经营管理方式和产量水平来确定。将实际经营管理方式和产量水平接近的土地，确定为一个潜力单元。

根据上述评价思路，美国的土地资源生产潜力评价方法的优点是：①该评价方法具有较大的适用范围，在不同比例尺或具有不同限制因素种类和强度的地区，均可适用；②属于同一潜力级的土地所存在的限制性因素种类和原因多种多样，因而可以针对不同的限制性因素采取相应的经营管理措施。该方法不足之处在于：①潜力级评定的主要依据是土地自然要素的实际表现，没有专门的一系列投入产出分析，只是在评价过程中定性地比较一般性的投入产出关系。例如，一块多石砾的土地，虽然可通过清除石砾使其从不适于农业耕作变为适于农业耕作，即可提高其潜力级；但从经济上考虑，若清除石砾的投入不能从改良之后的产出中得到补偿，那就不能将这块土地的潜力级评为Ⅰ～Ⅳ级。②该评价方法没有考虑土地的区位条件如市场的远近、交通的便捷程度等社会经济因素对土地生产潜力的影响。例如，地处偏僻但质量好的土地仍可评为Ⅰ级。

5.4.2 土地生产潜力评价的定量化模拟模型

5.4.2.1 莫斯（Moss）模型简介

莫斯（加拿大，1982、1985）在考虑气候因素和土壤因素对土地生产潜力影响的基础上，建立数学模型，进行土地生产潜力评价。该方法以加拿大生态土地分类单位的生态区(ecological zone)，作为土地评价单元。首先从实际蒸散与净第一性生产力的关系方程中得出各主要区域的潜在净第一性生产力，然后根据土壤特性求出土壤潜力，并对净第一性生产力进行修正。步骤如下：

(1)根据桑斯维特纪念模型，得出潜在净第一性生产力。

$$P_{pn}=3\ 000\times\left[1-e^{-0.000\ 969\ 5(E-20)}\right]$$

式中：P_{pn} 为潜在净第一性生产力［g/（m^2·年）］；E 为实际年蒸散量（mm）。

(2)土壤特性指数。

$$I_p=\frac{1}{100}\sum_{i=1}^{n}A_iV_i$$

式中：I_p 为生态区的平均土壤特性指数；n 为土壤类型数；A_i 为 i 类土壤所占面积的百分比；V_i 为 i 类土壤等级值。

(3)平均潜在净第一性生产力。

$$\overline{P}_{pn}=\frac{1}{100}\sum_{j=1}^{m}A_j^*V_j^*$$

式中：$\overline{P}_{pn}$ 为生态区的平均潜在净第一性生产力［g/（m^2·年）］；m 为生态区 P_{pn} 内值的等级个数；A_j^* 为每一个值等级所包含面积占生态区总面积的百分比；V_j^* 为每一等级值的中间值。

(4)修正潜在净第一性生产力。

$$\overline{P}_{pn}^*=\overline{P}_{pn}\times I_p$$

式中：$\overline{P}_{pn}^*$ 为修正的潜在净第一性生产力。

根据莫斯模型的计算，加拿大的土地生产潜力在 44～986 g/（m^2·年）之间。

从上述莫斯模型的计算过程中，可以发现：①莫斯模型只考虑了实际年蒸散量、土壤类型两个主要因素，而对其他因素不予考虑，即将复杂的生物生长过程简单化，属于简单的数学模型，其评价结果虽然精确，但准确性（即是否与实际生产力接近）却受到质疑；②该类模型只是在一定的条件下适用，如果地点或条件变化了，其模型要进行修正、调整，或者要建立新的模型。

5.4.2.2 作物生长动态模拟模型（GOSSYM 模型）简介

为了同时追求土地资源评价结果的精确性和准确性，在评价实践中常引入作物生长动态模拟模型。所谓的作物生长动态模拟模型，是指利用计算机程序模拟在田间环境条件（包括光照、温度、水分、土壤及相关环境条件）各种因素可能的变化下，作物利用太阳辐射把水和 CO_2 结合制造成有机物质的过程，组织和器官的建成以及死亡的过程，和产品的形成过程。以 1983 年美国科学家 Bake，Lambert 等在大量研究成果的基础上创立的 GOSSYM 模型为例，简要介绍其原理、构成和作用。

1. 模型原理

GOSSYM 模拟模型是一个动态模型，能在生理过程水平上模拟棉花的生长发育和产量形成。该模型本质上是一个表达植物根际土壤中水分和氮素与植株体内碳和氮物质平衡的模型，包括了水分平衡、氮素平衡、碳平衡、光合产物的形成与分配、植株的形态建成等。该模型可以模拟棉花对外界条件的反应，如逐日的太阳辐射、最高与最低气温、风速、降水等气象条件，以及种植密度、行距、耕作措施、氮肥施用和灌溉等农艺措施。

2. 子模型

(1)气候子模型。气候子模型输入全部气象资料，采用一定的方法，利用日最高温度、最低温度和太阳辐射，计算昼间、夜间和全天的平均温度；用株高和行距计算棉田截光率；计算根层 2 m 深各层土壤的温度，计算降水或灌溉可能引起的径流量。

(2)土壤子模型。土壤子模型计算向植株提供的氮素、土壤水势和根系存贮氮与糖的能力。根区土壤在横向上分成 20 个等份，在纵向上分成 40 个等份，形成一个 20×40 的矩阵，即 800 个小室，每个小室大约为 5 cm×5 cm。模型逐日计算各室的水分、硝态氮和铵态氮以及根的生物量，用来计算根的生长量和对水分与氮素的吸收量。

(3)化学药剂子模型。该模型估计化学物质对植物生理过程的作用。目前这些化学物质包括植物生长调节剂（PIX 和 PREP）及脱叶剂（DEF、DROP、FRAMOXONE、FOLEX 和 HARVADE）等。

(4)光合呼吸子模型。该模型根据日太阳辐射量、棉田截光率、种植密度和水分对光合作用的胁迫系数计算植株的日总光合产物，根据日平均温度计算光呼吸量，根据植株重量计算维持呼吸量，然后计算出日总净光合产物。

(5)生长子模型。生长子模型计算植株各器官潜在的和实际的生长速率，将光合作用产物分配到各器官，计算各器官的总生物量，同时计算株高的日生长量。

(6)形态发生子模型。形态发生子模型模拟棉株的形态建成和各器官的成熟与衰老，包括蕾铃的生理脱落和各种胁迫因素的计算。在 GOSSYM 模型中，各器官的形成时间基本上是温度的函数关系。主茎节位与果节的出现时间、由蕾到开花的时间、开花到吐絮的时间均是温度的函数。

(7)脱落子模型。该模型估计蕾铃和叶片由于胁迫和自然衰老造成的脱落速度。

3. 模型输入

GOSSYM 模型的输入项目包括：

(1)逐日气象资料。太阳辐射、最高温度、最低温度、降水量、风速。

(2)土壤特征资料。土壤质地参数、土壤水分特征参数。

(3)土壤肥力资料。播种之前测定的土壤初始肥力，包括硝态氮和铵态氮的含量、有机质的含量、土壤含水量等。

(4)农艺资料。施用氮肥的时间及用量、灌溉的时间及灌水量、喷施缩节铵的时间及用量等。

(5)其他资料。出苗期、种植密度、行距、地理纬度等。

4. 模型输出

(1)植株概况。出苗后天数、日期、株高、叶面积系数（LAI)、主茎节数、总果节数、蕾数、铃数、吐絮铃数、皮棉产量、蕾铃脱落数。

(2)胁迫因子。截光率、碳胁迫系数、氮对营养生长的胁迫系数、氮对生殖生长的胁迫系数、叶片中氮的浓度、水分胁迫系数、蒸散量、PIX 的浓度、土壤水势。

(3)水分和蒸发。土壤蒸发量、植株蒸腾量、净辐射量、日净光合产物、累积土壤蒸发量、累积植株蒸腾量、植株吸收水分的累积量、累积降水量、水分总量、水分平衡因子。

(4)干物重。累积净光合产物量、植株重、CO_2 平衡因子、叶重、茎重、根重、蕾重、铃重、吐絮铃重、死亡部分重、碳水化合物储存量。

(5)动态变化曲线图。产量、株高及蕾铃数、太阳辐射、温度、氮素胁迫系数、水分胁迫系数。

(6)剖面图。土壤水分剖面、根系剖面、土壤温度剖面。

(7)植株图。蕾铃代码、成铃率、铃重、铃离成熟天数。

5. 方法述评

从 GOSSYM 模型的强大功能可以看出，作物生长动态模拟模型在计算土地生产潜力时，充分考虑了各种因素的影响和作物的生理特点，完善了对棉花系统动力过程的模拟，模型的功能是非常全面的，具有科学性和准确性。同时，经过一定的校正后，可以在相应的地区范围内推行，具有较好的适用性。但该类模型的建立，需要做大量的、长期的基础研究工作，在人力、物力和财力的投入上，要求较高。

目前，这类模型的应用越来越广泛，GOSSYM 模型已在不同气候条件、土壤和管理措施下进行了验证，截至 1987 年年底，已经在美国棉花带 14 个州的 170 多个点进行了检验和验证；美国农业部经济统计合作局已经用 GOSSYM 进行产量预报；GOSSYM 模型在我国新疆棉区进行了校正，并在应用上取得了成功，主要表现在：估算新疆棉花的生产潜力；分析水、肥合理调控技术，指导灌溉和施肥；运用模型进行优化决策，选择合理的种植制度和种植方式。

5.5 土地经济评价

随着市场经济的发展，封闭式的自给自足农业或土地利用已很难见到，人类对土地的一切活动几乎都是经济活动。产量已不是衡量土地肥力特别是经济肥力的唯一指标，人们更关心他们的经济收入。在进行生产时，除投入劳力外，还有其他的投入如物质、资金，甚至还以贷款的形式来增加资金投入。人们在投入时总是非常关心这些投入能有多大的效益，即进行投入、产出的经济效果分析。因此，我们将采用一定的经济可比指标，对土地投入、产出的经济效果进行评定的过程称为土地经济评价。

与以自然属性为主的土地评价相比，土地经济评价具有 3 个明显的经济学特性。其一，土地经济评价具有较强的时效性，因生产消耗及价格均容易随时间而变化，经济评价的结果只是在一定的时间内有用，当市场形势和价格发生变化，其结果就必须进行更正，甚至需要重新评价。其二，有的土地经济评价必须以一定的经济假设为前提，如对于长期的投资或收益，要假设资金的利息或贴现率；对于长期性的工程项目，要对工程的寿命进行假设。其三，评价过程中更加关注土地的社会经济属性，如土地的产量或产值、土地的区位、土地的集约化水平等。

土地经济评价可分为许多类型，如土地经济适宜性评价、土地经济分级、土地资源资产核算等。

5.5.1　土地经济适宜性评价

在土地自然适宜性评价的基础上，根据经济学的标准，应用经济分析方法，评价土地利用方式适宜程度的过程，称为土地经济适宜性评价。因此，其评价程序一般是先进行自然适宜性评价，然后再应用一定的经济分析方法，作经济适宜性评价。常用的经济分析方法是投入-产出分析法，即通过比较土地利用方式的投入与产出来确定适宜性等级或程度的方法。下面举例介绍两种常用的投入-产出分析法。

5.5.1.1　毛利分析

以一个 3 hm^2 的家庭农场为例。

毛利（gross margin）是指农民或农业生产单位出卖产品的年收入中扣除生产成本和管理费用而得出的利润（或亏损）。毛利是一种表示利润的简化方式，在毛利分析中，有时也通过扣除固定成本得出净收入和净利润，但它一般不包括长期借贷的利息成本、长期改良工程的成本和收益。毛利分析法一般只适用于情况比较简单（即没有长期的贷款或改良工程，或者这些被忽略）的适宜性评价。

毛利分析可以比较同一种土地评价单元上不同作物或其他农林牧产品的毛利收入，用单位土地面积上的收益水平确定不同土地利用方式的经济适宜性和适宜程度，确定最佳的土地利用方式。其主要步骤为：

(1)选择土地利用方式。利用自然适宜性评价的结果，挑选较有希望的土地利用方式和作物类型。假设该农场的土壤类型有两种可能：肥沃土壤或沙质土壤。挑选的作物为玉米和烟草，其中，烟草在各种土地单元的自然适宜性和经济收益都较高，但种植烟草需要花费大量的人工，最多栽培 1 hm^2。这样，选择的利用方式为 2 hm^2 玉米、1 hm^2 烟草。

(2)估算变动成本（又称经常性投入）。经常性投入包括种子、肥料、农药、机械设备等物质投入和劳动力等非物质投入。估算的方法一般是先估计单位面积的投入量，再乘以单价。

(3)估计农场的固定成本。固定成本是指不归于特定农业的成本，如建筑物的折旧、维修等。对于财务管理健全的生产单位，固定成本可通过财务分析进行估算；对于财务管理不健全的生产单位，固定成本只能通过经验进行估算。一般先估计整个生产单位，即农场的固定成本总额，然后，根据需要分摊到单位面积的土地上。本例中，农场的固定成本总额为 150 ￡，则单位面积的固定成本为 50 ￡/hm^2。

(4)估计产值（或产出）。估计作物的单产和产品的市场价格，计算产值。

(5)计算农场的毛利和净收入。毛利＝产值－变动成本；净收入＝毛利－固定成本。

(6)进行适宜性评价。假设作物的经济适宜性等级分类方法为：毛利大于 200 £/hm^2 为 S_1；150～200 £/hm^2 为 S_2；100～150 £/hm^2 为 S_3；小于 100 £/hm^2 为 N。则对于肥沃土壤，玉米的经济适宜性等级为 S_2、烟草为 S_1；对于沙质土壤，玉米为 S_3、烟草为 S_1。

对于农场，假如目标收入为 300 £，则拥有 3 hm^2 肥沃土壤是经济适宜的，3 hm^2 沙质土壤则不适宜。对于后者，可以考虑通过增加雇工，进而增加烟草的种植面积、减少玉米的种植面积。

表 5-12 为农场毛利计算方法。

表 5-12 农场毛利计算方法

土地利用	单位	肥沃土壤		沙质土壤	
		玉米	烟草	玉米	烟草
肥料投入	kg/hm^2	200	100	400	200
肥料价格	£/100 kg	12	12	12	12
其他变动成本	£/hm^2	20	60	20	60
变动成本合计	£/hm^2	44	72	68	84
固定成本	£/hm^2	50	50	50	50
作物单产	kg/hm^2	5 000	1 500	4 500	1 500
作物价格	£/1 000 kg	40	200	40	200
产值	£/hm^2	200	300	180	300
毛利	£/hm^2	156	228	112	216
农场毛利	£/农场	540		440	
农场固定成本	£/农场	150		150	
农场净收入	£/农场	390		290	

5.5.1.2 现金流量贴现分析（以灌溉工程为例）

土地改良的成本和其他资本消耗相对于经常性的现金流通来说，有时并不是很大，只需进行毛利分析即可。但是如果投资或成本很大时，必须要对投入资本的收益进行分析，将最初的土地改良费用和基本建设费用与未来各年从这种费用所得到的收入进行比较，以确定投资是否合适，可采用现金流量贴现分析（discounted cash flow analysis）。

一般来说，土地改良工程的投资和收益周期较长，需要好多年。所谓现金流量贴现，是在假设利息和工程寿命的情况下，将未来的投资、成本费用或收益采用一定的公式换算为现在的价值，即现值（present value）。可采用下面的公式计算：

$$V=\frac{P}{(1+r)^n}$$

式中：V 为现值；P 为未来每年成本或收益的实际数；r 为利息；n 为年数；$1/(1+r)^n$ 为贴现因子。

下面以一个灌溉工程为例，介绍现金流量贴现分析在土地经济适宜性评价中的应用。假设灌溉工程的总投资为 1 000 000 £，灌溉面积为 1 000 hm^2，单位面积的投资额 $C=$ 1 000 £/hm^2。灌溉工程投入使用后，对于 A、B、C 3 种土地利用方式，每年能增加的净收益分别为 60 £/hm^2、80 £/hm^2 和 100 £/hm^2。

要分别分析 3 种土地利用方式条件下灌溉工程的经济适宜性（或可行性），就必须将今后每年的净收益贴现为现值 V_n，并求出 n 年的总收益之和 H，则有：

$$H=\sum V_n=\frac{P}{(1+r)}+\frac{P}{(1+r)^2}+\cdots+\frac{P}{(1+r)^n}=P\left[1-\frac{1}{(1+r)^n}\right]/r$$

假设 $r=5\%$，项目生命期 n 为 20 年，应用上式，计算得：$H_A=748$ £/hm^2，$H_B=$ 997 £/h，$H_C=1\ 246$ £/hm^2。

对于土地利用方式 A，收益现值远小于投资（即成本现值），显然不适宜；对于土地利用方式 B，收益现值接近投资，一般也认为不适宜；对于土地利用方式 C，收益现值大于投资，一般认为适宜，至于适宜程度有多大，则需要根据当时的社会平均投资回报率和投资特点来进一步确定。

5.5.2 土地经济分级

土地资源的经济分级是指按土地的自然、经济和社会性状，或土地生产力（产值）的大小，将土地资源划分为不同的等级。土地经济分级不仅考虑了土地所固有的自然属性差异，还综合考虑了社会经济因素对土地的影响，能合理地确定土地的综合生产能力，更全面地揭示土地的质量及其分布状况，为国家制定合理的土地管理和利用政策提供决策依据。城镇土地分等定级是一种典型的土地经济分级评价。在我国土地管理工作中，城镇土地分等定级是土地利用管理的一个重要组成部分。因此，本节内容以城镇土地分等定级为例，对土地经济分级进行介绍。

5.5.2.1 城镇土地分等定级的定义与内涵

城镇土地分等定级是在对城镇土地的自然和经济属性及其在社会活动中的地位作用综合分析的基础上划分土地等级，为城镇土地价格的评估提供基础。城镇土地分等定级采用“等”和“级”两个层次的工作体系。城镇土地等是将各城镇看作一个整体，研究整个城镇在社会、自然、经济条件影响下的土地质量，能够从整体上反映不同城镇之间土地质量的地域差异；土地等的顺序是在各城镇间进行排列。我国已统一对全国的城镇进行了土地等的划分，共分为 10 个“等”。城镇土地级是通过分析土地的自然条件、经济活动程度和投资于土地上的资本，揭示城镇内部各具体地块土地使用价值的差异，并据此划分出土地的级别，能够反映城镇内部土地质量的地域差异。土地级的顺序是在各城镇内部进行排列的。

城镇土地分等对象是城市市区、建制镇镇区的土地。城镇土地分等宜分层次进行。全国开展城镇土地分等，应重点考虑对全国范围内重要的设市城市划分土地等；省级层次的城镇土地分等，应重点考虑对省级辖区内的城市和县城镇划分土地等。不同层次的分等工作应相互衔接。

城镇土地定级对象是土地利用总体规划或国土空间规划确定的可作为城镇建设用地使用的土地。城镇土地定级有综合定级和分类定级两种类型。综合定级指对影响城镇土地质量的各种经济、社会、自然因素进行综合分析与评价，按综合评价值的差异划分土地级。分类定级指分别对影响城镇某类型用地质量的各种经济、社会、自然因素进行分析与评价，按分类评价值的差异划分土地级；分类定级包含商业用地定级、住宅用地定级、工矿仓储用地（工业）定级等。市区常住人口 50 万以上的城市，应进行综合定级和分类定级；其他城镇应进行综合定级，必要时可以同时进行分类定级。

5.5.2.2 城镇土地分等定级的主要步骤与内容

国家质量监督检验检疫总局于 2002 年 7 月 1 日正式实施《城镇土地分等定级规程》（GB/T 18507—2001），并于 2014 年 12 月对其进行了修订，即《城镇土地分等定级规程》（GB/T 18507—2014）。城镇土地分等定级的技术途径采用多因素综合评价法，以市场资料分析法等进行验证。其评价步骤主要包括：准备工作、分等定级因素选择、资料调查与整理、分等定级因素权重值的确定、评价单元分值计算及其等级评定、图件编制、分等定级报告及基础资料汇编的编制等；其中，城镇土地定级还需在级别划定后，进行土地级的面积量算、边界落实及分宗整理。下面着重以定级为例对城镇土地分等定级的主要步骤与内容进行具体介绍。

城镇土地定级的主要方法为因素法。其主要思路是，从形成土地质量（土地条件）差异的原因入手，找出影响土地质量的因素，包括繁华程度、交通条件、基础设施状况、环境条件、人口状况等；将这些因素指标定量化，换算成不同的分值；根据各因素对土地质量的影响程度和重要性，确定各因素的权重；将各因素作用分值加权求和，得到总分；根据总分高低划分土地级别。然后，在土地级别的基础上测算土地级差收益，行业及微观区位增减系数，进行收益拟合和级别验证，最后得到土地级别。城镇土地定级技术路线见图 5-6。

整个过程包括以下 7 个步骤：

1. 准备工作

主要包括编写土地定级任务书，城镇土地定级的表格准备，城镇土地定级的图件准备。

2. 城镇土地定级因素选择

定级因素是指对土地级别有重大影响，并能体现土地区位差异的经济、社会、自然条件；直接用于城镇土地定级的因素。主要内容包括：①根据城镇特点，选取对土地定级影响较大的土地自然和社会因素作为划分土地级别的因素；不同类型的土地定级应分别选择相应的定级因素。②城镇土地定级主要分析土地利用总体规划确定的可作为城镇建设用地使用的土地质量的差异，必要时，应考虑城市规划等其他因素对土地级别的影响。

具体来看，定级因素通常有：繁华程度、交通条件、基础设施状况、环境状况、人口状况等；而这些因素一般又可分解为更为直观具体的因素，表 5-13 以城镇土地综合定级因素为例。

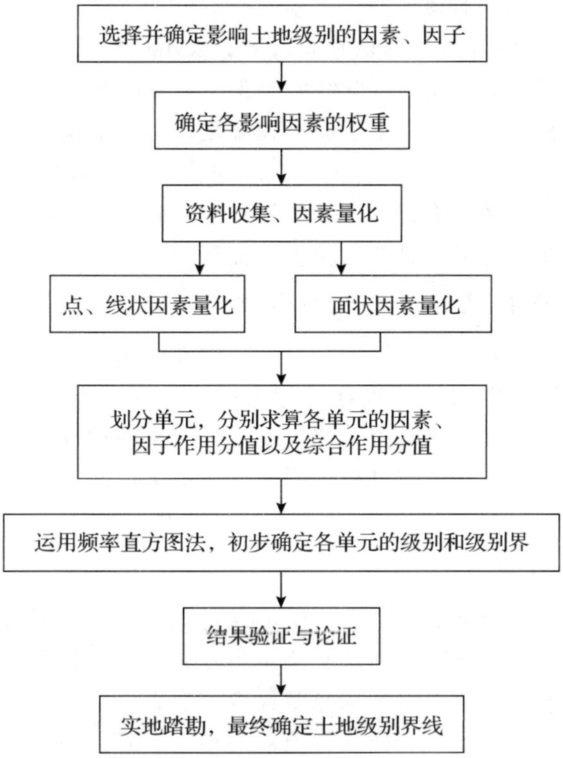

图 5-6　城镇土地定级技术路线图

表 5-13　城镇土地综合定级因素表

定级因素	商服繁华程度	交通条件			基础设施状况		环境条件		
	商服繁华影响度	道路通达度	公交便捷度	对外交通便利度	基础设施完善度	公用设施完备度	环境质量优劣度	绿地覆盖度	自然条件优劣度
选择性	必选	至少一种必选		备选	至少一种必选		备选		
重要性顺序	1	2 或 3			3 或 2		4		
权重值范围	0.2～0.4	0.1～0.3			0.1～0.3		0.03～0.2		

(1) 繁华程度。主要是指商服（商业服务）中心的繁华程度，一般用商服繁华影响度这一指标来衡量，其指标的大小，由商服中心的位置、数量、范围，商服中心的商店总数、零售额、利润值、占地面积、职工数以及商业职能种类数、商服中心完备率、商服建筑物密度等诸多因素综合决定。

(2)交通条件。具体包括道路通达度、公交便捷度、对外交通便利度等因素，其指标的大小，由下列基本状况综合决定：与道路状况有关的道路网分布、道路类型、级别标准、车流量、道路长度及宽度；与公共交通状况有关的公共汽车线路及站点分布、车流量、停靠次数；与城镇间交通有关的交通工具类型、设施规模及分布等。

(3)基础设施状况。具体包括基础设施完善度、公用设施完备度等因素，其指标的大小，由下列基本状况综合决定：基础设施（管线）类型、数量、分布及投资等状况；基础设施的技术水平、规模、级别和服务水平；生活服务设施使用的保证率、持续率和可靠率。

(4)环境条件。具体包括环境质量优劣度、绿地覆盖度、自然条件优劣度等因素，其指标的大小，由下列基本状况综合决定：环境质量指数、各类污染物分布状况等；地形、工程地质、水文和气候等条件；公园、绿地的位置、面积、范围等。

3. 城镇土地定级资料调查、整理与量化

主要内容为：①根据定级因素选择的结果，开展外业调查工作；将外业调查、收集到的资料填入相应的调查手簿，按实地位置标注到定级工作底图上；抽样调查时要有足够的样本。资料不足时，需及时开展补充调查。②确定定级因素的指标值、指数、功能分、距离及作用分等相关参数，具体计算方法与过程可参考《城镇土地分等定级规程》(GB/T 18507—2014)。

4. 确定定级因素权重

依据定级因素与社会、经济活动及人们生活条件的相关程度确定各因素的相对重要性，即权重值。通常采用德尔菲法（Delphi 法）确定各因素因子的权重。邀请熟悉定级区域的专家和领导，通过填写土地定级因素因子选择及权重征询表，由专家根据经验对每项因素的重要性进行打分；根据专家打分结果，计算各因素的平均重要性和各专家对其重要性评价的偏离度，如果偏离度超出可以接受的范围，则将结果反馈给专家重新打分，直至偏离度降到某一限值以下；根据最终打分结果确定各因素权重。为了简化示例，仅列出 8 位专家的权重确定过程（表 5-14、表 5-15）。

表 5-14 第一轮专家打分统计结果

因素	专家								平均值	标准差	标准差与平均值比
	1	2	3	4	5	6	7	8			
商服	52	49	50	55	55	60	56	60	55	3.87	0.07
交通	36	37	40	35	30	35	30	30	34	3.52	0.10
环境	12	14	10	10	15	5	14	10	11	3.03	0.27

表 5-15 第二轮专家打分统计结果

定级因素	商服	交通	环境
上轮均值	55	34	11
上轮标准差	3.87	3.52	3.03
重要性顺序	1	2	3
权重值	0.55	0.34	0.11

由于具体条件各不相同，各城市选定的定级因素及各因素被赋予的权重存在显著差异。这一点，可以从南京和宁波的例子中看出（表 5-16）（刘卫东，2002）。

表 5-16 南京和宁波市土地定级因素及其权重比较

定级因素	商业繁华程度	交通条件	基础设施状况	环境条件	人口密度	合计
南京	0.27	0.33	0.26	0.14		1.00
宁波	0.33	0.29	0.17	0.14	0.07	1.00

5. 城镇土地定级单元分值计算及级别评定

主要内容为：①采用网格法划分定级单元；②采用一定的方法对单元内定级因素的分值进行取值；③计算各因素的作用分值、权重和综合作用分值；④确定各单元的级别及其界限；⑤根据市场交易价格、土地级差收益等测算验证土地级别，准确地反映该单元的综合质量。

城市土地级别划分方法主要有总分频率曲线法、总分剖面图法、总分数轴确定法等。①总分频率曲线法。对总分值作频率统计，绘制频率直方图，按土地优劣的实际情况，选择频率曲线分布突变处为级间界线。②总分剖面图法。沿城镇若干方向作为总分变化剖面，按土地优劣的实际情况，以剖面线的波谷和波峰的中间部位作为级间分界。③总分数轴确定法。把各评价单元的每个分值看成是一个一维变量，点绘在一维数轴上，按分值在数轴上的分布状况划分土地级（等）。如图 5-7 所示，可通过对数轴的观察，根据数轴上点的分布稀疏与集中的情况，在相对稀疏处分开，把相对密集的地方划分成一个集合，定出其代表的级（等）别，并绘出各级（等）别的分值区间。

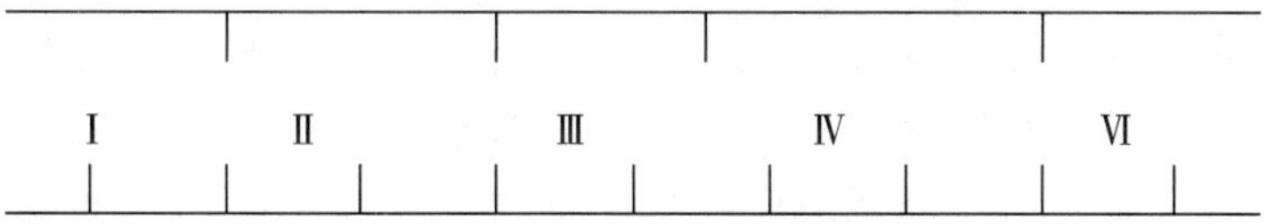

图 5-7 单元总分值分布图

6. 面积量算以及土地级别图的编制

土地级别界限落实后，通过面积量算，得到各土地级的面积，并通过编制土地级别图，将土地级别的分布状况及地域差异直观地表示出来。

5.5.3 土地资源资产核算

根据《现代汉语词典》的解释，核算是指“企业经营上的核查计算，如成本核算、资金核算”。一般来说，资源的核算，既包括存量的核算，也包括流量的核算；既要有实物形态的核算，也要有价值形态的核算。20 世纪 60 年代开始，国际社会开始关注环境以及自然资源的核算，比较经典的自然资源核算理论体系主要有“环境与国民经济核算矩阵”（national accounting matrix including environmental accounts，NAMEA）和“环境与经济国民核算体系”（system of environmental-economic accounting，SEEA）。NAMEA 包含了 12 类账户，其中账户 1～10 为一般的国民经济核算账户；此外，将国民经济核算矩阵加以扩展，产生两组与环境有关的账户，一组为环境物质账户，另一组为环境主题账户，这两个环境账户编制的重点在于自然资源物质投入量和残余物产出量的一致性。1993 年联合国会同世界银行和国际货币基金组织提出 SEEA，其宗旨是通过一系列的国民核算体系调整，把经济总量中被忽视的环境因素补充进来，形成符合可持续发展测度要求的经济总量。当前，自然资源核算仍然是国民核算中的一个难点。除了 NAMEA 和 SEEA 外，一些国家还采取其他较传统的方法，如对自然资源作为资源资产使用的价值直接采用市场价值法、收益法、意愿支付法以及成本法等进行评估。

2015 年，国务院办公厅发布了《编制自然资源资产负债表试点方案》，标志着我国自然资源资产负债表编制工作正式启动。土地资源资产核算是自然资源资产核算的重要组成部分，是摸清自然资源资产家底的重要手段，是编制自然资源资产负债表、实行自然资源资产离任审计的前提和基础。在土地资源学中，土地资源资产核算是针对一定的地区乃至一个国家的资源资产核算，是国民经济核算体系中资源资产核算的一个组成部分。其核算范围主要包括实物量核算和价值量核算。其中，实物量核算包括实物数量和实物质量核算，价值量核算包括经济价值和生态价值核算。

土地资源经济价值核算是指对一定地区或一个国家土地资源的经济价值进行核查计算。所谓的经济价值，一般用土地资源的价格来表示。由于土地资源的价格会随着时间的推移而变化，核算一般以某一个时间点为基准时间点。土地资源核算的实质是计算土地资源的总价值（格），其基本内容和方法包括：①对核算区域内的土地资源进行分等定级；②对基准时间点的不同等级的土地资源价格（单价）进行评估；③分别计算不同等级土地资源的价值（面积乘以评估单价），将所有等级土地资源的价值汇总，求得核算区域内土地资源的总价值。土地资源生态价值是土地自然价值中最重要的组成部分，其核算对象主要为调节服务、支持服务、文化服务等生态系统服务的间接价值，具体从气候调节、固碳释氧、大气净化、水源涵养、保育土壤、维持生物多样性、休闲游憩等方面对一定地区乃至一个国家的土地资源生态价值进行核算。但由于生态系统服务功能具有很强的外部性，当前对土地资源的生态价值核算仍处于探索阶段。采用何种科学方法、选取何种替代价格量化土地资源生态价值仍有待进一步探讨。

下面以某城市的实例介绍土地资源资产核算的方法，其土地资源资产核算是在完成土地分等定级工作的基础上进行的，主要工作是采用收益还原法进行土地估价。具体方法如下：

1. 进行土地级差收益测算

因土地资源存在着质量之差、用途之别，故将土地按级别进行级差收益测算。首先将土地按最常见的 3 种用途，即商业、住宅、工业分别进行各级别土地级差收益测算。其基本思路为：把企业利润同影响企业利润的因素综合分析，建立合理的数学模型，从企业利润中分离出由于土地因素影响而形成的收益。

通过级别评定，将城区土地划分成 5 个级别区；在各级别区分商业、住宅和工业三大类型进行企业用地效益抽样调查，用所得资料进行土地级差收益分析。该方法假设影响企业利润的基本因素有 3 个：土地级别、资金和劳力。可以用关系式 $Q=f(S, K, L)$ 表达。其中 Q 为单位面积土地上的利润量，S 为企业所在地段的土地级别，K 为单位面积的资金占有量，L 为单位面积的活劳动投入量。

根据所得材料，通过综合分析研究，建立了 3 个数学模型：

(1)商业地价测算模型：

$$Y=F(x_1)+Bx_2+Cx_3+V$$

（2）工业地价测算模型：

$$Y=A+F(x_1)+Bx_2+Cx_3+V$$

（3）住宅地价测算模型：

$$Y=D(1+E)x_1$$

式中：Y 为企业单位面积利润量；x_1 为企业所处地段的土地级别；x_2 为企业单位面积资金量；x_3 为企业单位面积活劳动投入量；V 为误差项，表示随机因素对企业单位面积利润量的影响；$F(x_1)$ 为自变量 x_1 的函数，是土地所带给企业的利润，即土地级差收益；B、C 为待值参数。B 是资金对利润的影响度，即每投入一单位资金量所能得到的利润量；C 是活劳动投入量对利润的影响度，即每投入一单位活劳动量所能带给企业的利润量；A 为工业企业由于原料采购、企业工人素质等所带来企业利润影响值。D 为在不考虑土地级别的情况下，企业应收取的利润（此时取 $x_1=0$）；E 为土地级差系数。

通过计算得出，该市商业、工业和住宅的级差收益如表 5-17 所示。

表 5-17　土地级差收益计算表

行业	级别				
	1	2	3	4	5
商业	220	118	63	34	18
工业	41	40	38	36	35
住宅	191	107	58	27	10

注：单位为元/0.067 hm^2。

2. 把土地收益还原成土地价格

根据土地资源价格是由土地收益决定的这一原则，将计算得到的土地收益还原成土地价格，其基本公式为：土地价格＝土地收益÷还原利率。设定还原利率为 7%，则各类土地资源价格如表 5-18 所示。

表 5-18　土地资源价格表

行业	级别				
	1	2	3	4	5
商业	3 142	1 686	900	486	257
工业	586	571	542	514	500
住宅	2 728	1 528	829	386	143

注：单位为元/0.067 hm^2。

3. 对还原出来的地价进行修正

对照具体地块所在土地级别的地价高低，再作一系列的修正，最后形成反映具体地块实际情况的土地资源价格。

4. 计算总的土地资源价格

根据公式：总价＝面积×价格，分别计算不同等级、不同类型的土地资源价值，以及整个城市的土地资源总价值。

5.6 耕地质量评价

5.6.1 耕地质量的基本范畴

1. 基本概念与内涵

耕地质量是指耕地所包含的各种属性和条件，包括土壤、水、生物学属性以及气候、地形、地质等地学条件，反映了耕地的生产能力，以及环境保护与管理状况。

耕地质量评价应与耕地具有的特定土地利用功能相对应，即具有一定的针对性，不加选择地、泛泛地讨论耕地质量是没有意义的。耕地质量评价的核心目标是测度耕地质量状况的变化，耕地质量指标体系则是监测耕地利用管理绩效和环境影响的一种手段。耕地的基本功能是其生产能力。因此，耕地质量评价指标应选择对其生产能力具有直接影响的土地属性或条件。

耕地质量可概括为耕地物质生产力条件（capacity）与耕地环境状态（environmental health）两方面的总和。相对应的耕地质量指标体系包括耕地产能质量指标和耕地环境质量指标两类，前者主要反映耕地的作物生产能力，后者主要反映耕地的农产品质量和农业环境的可持续性。

2. 耕地产能与耕地质量的相互关系

耕地的基本功能是生产粮食，因此可以将它比作一个饭碗。饭碗的大小就是产能（capacity）；饭碗里实际装什么（作物类型）、能装多少（产量）就是现实生产力或产量（production）；饭碗是否干净、有没有污染（contamination）就是耕地环境。耕地资源管理部门应当重点关注饭碗的大小，即耕地资源禀赋所具有的潜力；农业部门则负责饭碗里装什么、实际装了多少，也就是每年对耕地的流动投入和生产过程；而一旦饭碗不干净，被污染了，属于耕地环境质量问题，应当是环保部门的职责，耕地资源管理部门只要有监督权即可。

那么哪些因素影响饭碗的大小呢？一是吃饭的人（对饭碗的大小提出需求）；二是资源的多少；三是资源的质量（资源的多少和质量决定饭碗的大小）。资源的质量主要指耕地质量，由影响耕地生产潜能的土地属性和条件所决定。鉴于此，耕地质量范畴可以界定为影响耕地生产潜能的土地属性和条件（包括改良条件）。

5.6.2 国外主要土地质量评价系统

当前，世界各国都根据自己国家的自然资源禀赋条件、农业土地利用特点和需求，建立了一套完整的土地（耕地、土壤）质量评价系统，尤其是发达国家最具有代表性，表 5-19

列举了几个典型国家的土地评价系统，基本囊括了主要的土地质量评价思路。

表 5-19　国外典型的土地质量评价系统

评价系统		国家（地区）
第一组：耕地产能质量类		
类型 1	土地评价与立地分析系统（LESA）	美国
类型 2	土地制图项目农业用地分类标准（ALCC）	南澳大利亚州
	土地生产能力分类（LCC）	英国
	土地适宜性等级系统（LSR）	加拿大
类型 3	Muencheberg 土壤质量定级系统（M-SQR）	德国
第二组：耕地环境质量类		
欧盟的土壤环境质量监测指标体系（ENVASSO project）		欧盟
加拿大的农业环境质量指标体系（AEIs）		加拿大

引自：刘黎明等，2019。

首先，就评价目标来看，这些评价系统可以分为两组：第一组为土地（耕地）产能类，主要有美国的土地评价与立地分析系统、南澳大利亚州的土地制图项目农业用地分类标准、英国的土地生产能力分类、加拿大的土地适宜性等级系统和德国的 Muencheberg 土壤质量定级系统；第二组为土地（耕地）环境质量类，主要有欧盟的土壤环境质量监测指标体系和加拿大的农业环境质量指标体系。其次，就评价方法来看，第一组评价系统可以进一步划分为 3 类：第一类是美国土地评价和立地评价；第二类是以南澳大利亚州和英国为例的限制性分类系统，土地质量表现为限制性程度和限制因子的结合；第三类是德国 Muencheberg 土壤质量评价系统，其指标体系分为基本指标和威胁指标两部分，基本指标各部分相加得分后，乘以危险指标乘数（若有多项危险指标，一般选择限制性最大的指标），根据两项乘数得分划分等级。

5.6.3　耕地质量评价方法

5.6.3.1　耕地质量评价的基本框架

(1)耕地质量主要反映耕地的生产能力及其保护和管理状况。因此，耕地质量指标体系应当包括 3 类指标，即耕地产能质量指标（即影响耕地产能或综合食物安全的数量安全），耕地环境质量指标（即影响农产品质量或综合食物安全的质量安全）；此外，还应包括那些影响耕地可持续利用与可持续食物供给安全的生态质量指标。

根据自然资源部的耕地监管职责，首先要制定一套专门针对耕地产能评估的耕地质量指标体系；未来也要制定一套面向资源利用绩效监管、包容协调的耕地质量考核指标体系。

(2)针对耕地产能评价时，要重点选用耕地的基础性指标，突出其对农业生产的限制作用和决定性影响，并考虑耕地的改良、管理条件；而对耕地环境质量进行评价时，应侧重选择那些易受土地利用影响的环境威胁因子作为评价指标。

(3)面向资源利用绩效监管的耕地质量考核评价指标，要重点选择那些在耕地利用过程中其状态发生改变的属性或条件，以全面获取耕地利用的效应信息，进而进行耕地利用绩效的核算，实现耕地资源的有效监管。因此，面向资源利用绩效监管的耕地质量考核指标应包括地力质量指标、环境质量指标和生态质量指标中的一些因耕地利用而发生变化的因子，如有机质含量、耕层土壤容重、pH、土壤重金属含量、土壤侵蚀程度、土壤盐渍化程度、土壤生物特性、耕地破碎度、耕地平整度、灌溉保障率、排水条件等。

(4)耕地质量是相对的，针对不同的种植制度和利用方式，所要求的质量标准（阈值）是不同的。不同耕作区域划分以指示作物类型（比如水田和旱地应分开），或以我国 12 个耕作制度分区为依据。

(5)区域性差异主要体现在指标阈值的不同；一些特殊性的区域指标应由各地根据试行结果分别补充，如美国、澳大利亚均如此。

(6)国家尺度的耕地质量指标体系主要用来监测和评估土地/农业政策（制度、法规、经济、规划、技术等）对耕地产能和环境的影响；地方耕地质量评价除了上述目标外，更重要的是要指导如何选择合理的耕地利用方式以及制定适宜的土地整治措施。

耕地质量评价指标体系构建的基本思路如图 5-8 所示。

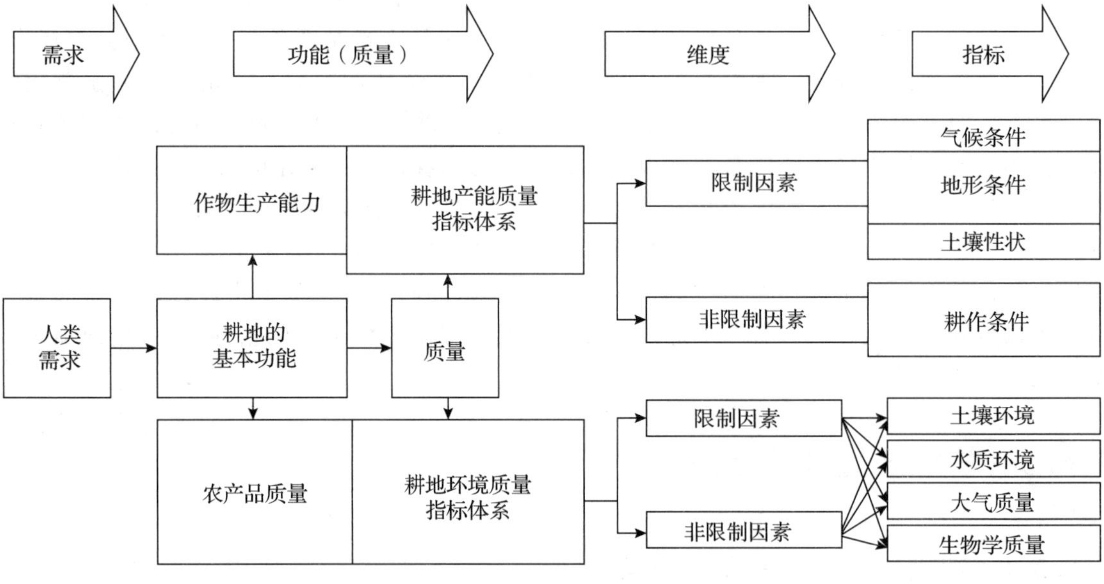

图 5-8 耕地质量评价的基本框架

（引自：刘黎明等，2019）

5.6.3.2 耕地质量评价的指标体系

1. 耕地产能质量指标体系

耕地产能质量指标是指影响耕地的潜在生产能力的土地属性或条件，包括耕地的固有属性和改良状况。常用的耕地产能质量指标体系如表 5-20 所示。其中，气候条件、地学条件与土壤性状为耕地的固有条件指标；耕作条件为耕地的改良条件指标（即“耕地改良条件”或“农田管理条件”）。

表 5-20　耕地产能质量指标体系示例

<table>
<tr><th rowspan="2">一级指标</th><th colspan="2">二级指标</th></tr>
<tr><th>全国通用指标</th><th>区域备选指标</th></tr>
<tr><td>气候条件</td><td>光温（气候）生产潜力</td><td>—</td></tr>
<tr><td rowspan="2">地形条件</td><td>地形部位</td><td>海拔高度</td></tr>
<tr><td>田面坡度</td><td>地表岩石露头度</td></tr>
<tr><td rowspan="8">土壤性状</td><td>有效土层厚度</td><td rowspan="8">黑土层厚度
土壤盐分</td></tr>
<tr><td>障碍层离地表深度</td></tr>
<tr><td>耕层质地</td></tr>
<tr><td>土壤容重</td></tr>
<tr><td>土壤有机质</td></tr>
<tr><td>土壤养分</td></tr>
<tr><td>土壤酸碱度</td></tr>
<tr><td>耕层砾石含量</td></tr>
<tr><td rowspan="4">耕作条件</td><td>灌溉保证率</td><td rowspan="4">梯田化水平</td></tr>
<tr><td>排水条件</td></tr>
<tr><td>田块状况</td></tr>
<tr><td>田间通达度</td></tr>
</table>

引自：刘黎明等，2019。

2. 耕地环境质量指标体系

耕地环境质量指标是指影响耕地的农业环境可持续性和农产品品质质量的土地属性或状态。这些质量指标是易变的，主要受土地利用等人类活动的影响。常用的耕地环境质量指标体系如表 5-21 所示。

表 5-21　耕地环境质量指标体系示例

<table>
<tr><th colspan="2">候选指标</th><th>指标描述</th><th>国家层面</th><th>区域备选</th></tr>
<tr><td rowspan="4">土壤环境</td><td>土壤重金属污染</td><td>无机污染物、酸化物质中微量元素累积引起的污染</td><td>镉、铅、铜、锌元素含量</td><td>砷、汞、铬、镍元素含量</td></tr>
<tr><td>农药残留</td><td>残存于土壤中的有机污染物</td><td>土壤农药残留量</td><td></td></tr>
<tr><td>农膜残留</td><td>评价农膜残留引起的“白色污染”状况</td><td>农田地膜残留量</td><td></td></tr>
<tr><td>土壤侵蚀</td><td>SL 190—2007 将全国分为水力侵蚀类型区、风力侵蚀类型区和冻融侵蚀类型区</td><td></td><td>水蚀、风蚀和冻融侵蚀的侵蚀模数</td></tr>
</table>

续表5-21

候选指标		指标描述	国家层面	区域备选
水质环境	总氮	测定农田地块浅层地下水样品中溶解态氮及悬浮物中氮的总和，包括亚硝酸盐、硝酸盐、无机铵盐、溶解态氨及大部分有机含氮化合物中的氮，可以反映农业用水水质的潜在状况	以N计	
	总磷	测定农田地块上的浅层地下水总磷含量，可以反映农业用水水质的潜在状况	以P计	
大气质量	大气干湿沉降物	向土壤、水体输入氮营养盐	年大气氮沉降通量	
	酸雨率	酸雨是酸沉降中湿沉降的一种主要形式		酸雨（西南、华中等地）
生物学质量	土壤生物多样性	以土壤陆栖脊椎动物和无脊椎动物表征	土壤蚯蚓数量、弹尾目丰度	

引自：刘黎明等，2019。

5.6.3.3 耕地产能质量评价方法与过程

下面基于障碍因子法（最小因子法）简要介绍耕地产能质量评价方法及其过程。

耕地产能质量因子包含气候条件、地学条件、土壤性状和耕作条件4部分，参照表5-20构建的耕地质量指标体系，实地测量或实验分析每一个耕地单元的各项指标。其中，气候条件、地学条件和土壤性状代表了耕地的固有属性，直接根据各指标状况确定其障碍程度（表5-22）；耕作条件在农业生产中具有可改良属性，可通过等权重加权求和方法（或不等权重加权求和法）计算得到其综合分数后，根据表5-23确定其对应等级，最终根据各评价单元的障碍因子数量和程度以及耕作条件级别，综合划分为9个等级。其中，1、2、3等级属于高等质量耕地，4、5、6等级属于中等质量耕地，而7、8、9等级即为低等质量耕地，三类耕地分别对应通常所指的高产田、中产田、低产田。然后可根据障碍因子的类型和程度，实施相应的土地整治和建设规划。具体评价过程如下。

1. 求算不同程度障碍因子的数量

首先，根据气候、地学和土壤部分各指标得分，按照表5-22求得其对应的障碍因子等级，确定轻度、中度及重度障碍因子数量。

表5-22 障碍因子分级依据

分级	分值	描述
无障碍	(75，100]	气候、地力及土壤条件优良，对农业生产不构成限制
轻度	(50，75]	对农业生产有轻微限制，但几乎不影响正常生产，可通过当年适当投入或改良克服
中度	(25，50]	对农业生产有一定限制，需要较高投入或采取改良措施才能克服
重度	(0，25]	某些因子限制性极高，对农业生产有严重影响，改良难度很大

引自：刘黎明等，2019。

2. 求算耕作条件得分及分级

通过加权求和法求得耕作条件综合分数，并根据表5-23确定其对应等级。

$$T=i\times w_1+d\times w_2+f\times w_3+k\times w_4$$

式中：T 为耕作条件综合得分；i 为灌溉保证率得分；d 为排水条件得分；f 为田块状况得分；k 为田间通达度得分；w_1，w_2，w_3 和 w_4 分别为灌溉保证率、排水条件、田块状况、田间通达度的权重。

表 5-23　耕作条件分级依据

分级	分值	描　述
1 级	(85，100]	耕作条件优良，完全满足该种植制度的耕作要求
2 级	(70，85]	耕作条件有轻微不足，通过较少投入改良即可满足耕作需要
3 级	(55，70]	耕作条件不能满足生产需要，需要较高投入或改良措施才能克服
4 级	[40，55]	对生产有严重影响，必须通过土地整治工程才能克服

引自：刘黎明等，2019。

3. 耕地产能质量评价等级划分

根据各评价单元的障碍因子数量和程度以及耕作条件级别，按照以下方式综合划分为 9 个等级。

高等质量耕地：

- $N_{轻}=0$ 且 $N_{中}=0$ 且 $N_{重}=0$ 且 $T=1$　　1 级
- $N_{轻}=(1,\ 2)$ 且 $N_{中}=0$ 且 $N_{重}=0$ 且 $T\geqslant 2$　　2 级
- 或 $N_{轻}=0$ 且 $N_{中}=0$ 且 $N_{重}=0$ 且 $T=2$
- $N_{轻}=3$ 且 $N_{中}=0$ 且 $N_{重}=0$ 且 $T\geqslant 3$　　3 级
- 或 $N_{轻}=(1,\ 2)$ 且 $N_{中}=0$ 且 $N_{重}=0$ 且 $T=3$

中等质量耕地：

- $N_{轻}>3$ 且 $N_{中}=0$ 且 $N_{重}=0$ 且 $T\geqslant 3$　　4 级
- 或 $N_{轻}=0$ 且 $N_{中}=1$ 且 $N_{重}=0$ 且 $T\geqslant 3$
- $N_{轻}=1$ 且 $N_{中}=1$ 且 $N_{重}=0$ 且 $T\geqslant 4$　　5 级
- 或 $N_{中}=0$ 且 $N_{重}=0$ 且 $T=4$
- 或 $N_{轻}=0$ 且 $N_{中}=1$ 且 $N_{重}=0$ 且 $T=4$
- $N_{轻}\geqslant 2$ 且 $N_{中}=1$ 且 $N_{重}=0$ 且 $T\geqslant 4$　　6 级
- 或 $N_{中}=2$ 且 $N_{重}=0$ 且 $T\geqslant 4$

低等质量耕地：

- $N_{中}>2$ 且 $N_{重}=0$ 且 $T\geqslant 4$　　7 级
- 或 $N_{中}=0$ 且 $N_{重}=1$ 且 $T\geqslant 4$
- $N_{中}\geqslant 1$ 且 $N_{重}=1$ 且 $T\geqslant 4$　　8 级
- 或 $N_{中}\leqslant 1$ 且 $N_{重}=2$ 且 $T\geqslant 4$
- $N_{中}>1$ 且 $N_{重}=2$ 且 $T\geqslant 4$　　9 级
- 或 $N_{重}>2$ 且 $T\geqslant 4$

式中：$N_{轻}$ 为轻度障碍因子数量；$N_{中}$ 为中度障碍因子数量；$N_{重}$ 为重度障碍因子数量；T 为耕作条件等级。

耕地产能质量划分为 3 类 9 等：

Ⅰ. 高产能质量耕地：几乎没有或只有轻度的障碍因子，耕作条件较好，通过当年的适度投入即可满足农业生产的需要。

1 等，无障碍因子，耕作条件为 1 级。

2 等，具有 1～2 种轻度障碍因子，耕作条件为 2 级或 1 级；或无障碍因子，耕作条件为 2 级。

3 等，具有 3 种轻度障碍因子，耕作条件为 3 级、2 级或 1 级；或具有 1～2 种轻度障碍因子，耕作条件为 3 级。

Ⅱ. 中产能质量耕地：有多种轻度障碍因子或至少 1 种中度障碍因子，耕作条件一般，需要通过较大投入或土地整治工程才能克服。

4 等，存在 3 种以上轻度障碍因子或存在 1 种中度障碍因子，耕作条件为 3 级、2 级或 1 级。

5 等，存在 1 种轻度障碍因子，并有 1 种中度障碍因子，耕作条件为 4 级、3 级、2 级或 1 级；或仅具有轻度障碍因子，耕作条件为 4 级；或有 1 种中度障碍因子，耕作条件为 4 级。

6 等，存在 2 种及以上轻度障碍因子，并有 1 种中度障碍因子，或同时存在 2 种中度障碍因子，耕作条件为 4 级、3 级、2 级或 1 级。

Ⅲ. 低产能质量耕地：有多种中度障碍因子或至少 1 种重度障碍因子，耕作条件较差，必须要通过土地整治工程才能克服。

7 等，存在多种中度障碍因子（2 种以上）或 1 种重度障碍因子，耕作条件为 4 级、3 级、2 级或 1 级。

8 等，存在 1 种及以上中度障碍因子，并有 1 种重度障碍因子；或至多存在 1 种中度障碍因子，并有 2 种重度障碍因子，耕作条件为 4 级、3 级、2 级或 1 级。

9 等，存在 1 种以上中度障碍因子，并有 2 种重度障碍因子；或同时存在 2 种以上重度障碍因子，耕作条件为 4 级、3 级、2 级或 1 级。

5.6.3.4 耕地质量评价方法应用与述评

当前，国际上侧重于农业产能的土地（或土壤）评价体系自成系统，从评价方法来看可分为 3 类。

第一类侧重于耕地的限制性评价，相对简单实用。这类评价系统以南澳大利亚州和英国的限制性分类系统为代表，土地质量表现为限制性程度和限制因子的结合。加拿大土地适宜性等级系统（land suitability rating system，LSRS）也与此类似，对土壤、气候和景观 3 部分分别打分评级后选取限制性最大的一项作为综合评级结果。

第二类兼顾了土壤的基本特性和威胁因子的限制性，基本指标部分主要由土壤物质和土壤结构相关的基础因子构成，第二部分是对农业生产具有较大限制性的威胁因子。这类评价系统以德国 Muencheberg 土壤质量评价系统为代表，其指标体系分为基本指标和威胁指标两部分，基本指标单项得分相加得到总分数，乘以危险指标乘数（若有多项危险指标，一般选择限制性最大的指标），得到最终分数并划分等级。该评价系统既体现了土壤的基本质量，又考虑到威胁因子对土壤质量的影响，若威胁因子限制性过大，其乘数值会非常低，对最终得分有决定性影响。

第三类运用权重打分法对土地进行分等定级，但需要因地制宜选取指标和确定权重。这类评价系统以美国土地评价和立地评价（land evaluation and site assessment rating system，LESA）为代表，该系统虽然应用权重打分的方法进行耕地分等定级，但其非常强调各地因地制宜选取指标和确定权重。该评价体系中非土壤部分的城市发展压力指标可用于评价城市发展对农地非农化的压力，有助于识别优质耕地，进行耕地保护区划定，对处于城镇化转型期的发展中国家具有一定的借鉴意义。

因此，根据以上国家经验，中国在开展耕地质量评价过程中，针对耕地质量产能评价，应重点选用耕地的基础性指标，体现其对农业生产的基础作用和决定性影响，并考虑耕地的改良建设条件；而在耕地环境质量评价中，应侧重选择易受人类土地利用行为影响的威胁因子作为评价指标。具体地说，应当考虑以下基本原则。

（1）针对性：质量与功能相对应。耕地质量评价指标体系要强调“针对性”，即质量与功能的相互匹配。如上述各个国家的评价系统基本上可以归为 3 组：一组是针对产能（capability），如英国、美国；一组针对耕地环境（environment），如加拿大和欧盟；第三组综合了产能和环境，诊断耕地的总体“健康”状况（health＝capability＋environment），目前只有德国的评价系统与此类似，而且主要围绕土壤健康设计。

（2）区域性：作物类型、风险类型。耕地质量评价指标体系构建要考虑区域性差异，主要体现在两方面：一是根据作物类型设定不同的阈值；二是某些耕地限制性因子（威胁因子）只是个别区域特有的，因此针对某些地区的评价需要增加一些特殊的威胁因子。

（3）突出土地限制因子或威胁因子的作用。耕地质量评价过程中要强调耕地质量因子在等级评价中的“限制作用”，在产能评价中需着眼“最小限制因子”的作用。而在耕地环境质量评价中，则主要关注那些易受人类土地利用行为影响的“威胁因子”，如污染、侵蚀等。

（4）指标的通用性。耕地质量评价指标筛选时要考虑指标的通用性、区域性。通用性指标主要集中在土壤和地形条件；不通用指标一般都涉及区域性的威胁因子。

（5）因子分级和质量等级。耕地质量评价过程中，各个质量因子分级一般可设计为 3～5 级；而耕地质量等级一般可设计在 8 个等级以内，最少为 3 个等级（优等、中等和差等）。

思　考　题

1. 试述土地评价的作用。
2. 如何划分土地评价单元?
3. 阐述 FAO 的土地适宜性分类系统。
4. 以土地自然适宜性评价为例，简要说明土地评价的程序。
5. 试述耕地质量的基本概念及其内涵。
6. 试述耕地质量评价的核心思想及基本框架。
7. 试述国际上典型的土地（耕地）质量评价系统的特点及差异。

参 考 文 献

《中国 1∶100 万土地资源图》编图委员会．《中国 1∶100 万土地资源图》编图制图规范．北京：科学出版社，1990.
郭旭东，邱扬，连纲，等．区域土地质量指标体系及应用研究．北京：科学出版社，2008.
国家质量监督检验检疫总局，国家标准化管理委员会．城镇土地分等定级规程，2014.
国家质量监督检验检疫总局，国家标准化管理委员会．农用地定级规程，2012.
国家质量监督检验检疫总局，国家标准化管理委员会．农用地质量分等规程，2012.
国土资源部．农用地分等定级规程，2001.
金志凤，黄敬峰，李波，等．基于 GIS 及气候-土壤-地形因子的浙江省茶树栽培适宜性评价. 农业工程学报，2011，3：231-236.
李金昌．资源核算论．北京：海洋出版社，1991.
梁学庆．土地资源学．北京：科学出版社，2006.
林培．林培教授论文集：从土壤调查到土地资源．北京：中国大地出版社，2007.
刘黎明，周德，常笑．耕地质量评价方法与应用．北京：中国农业大学出版社，2019.
刘黎明．土地资源调查与评价．北京：中国农业大学出版社，2005.
刘耀林，焦利民．土地评价理论、方法与系统开发．北京：科学出版社，2008.
倪绍祥．土地类型与土地评价概论．2 版．北京：高等教育出版社，1999.
Baker D M，Lambert J R，Mckinion J M. GOSSYM：A simulation of cotton crop growth and yield. South Carolina Agri. Experiment Station，SC，1983：125.
Eurostat. NAMEA for air emissions：compilation guide. Eurostat，Luxemburg，2004.
FAO. A Framework for Land Evaluation. Rome，1976.
Klingebiel A A，Montgomery P H. Land capability classification，USDA Handbook，210，1961.
United Nations. The system of environmental-economic accounting. New York，2014.

第6章　土地资源人口承载潜力研究

《中国21世纪议程》中指出，可持续发展战略的基础是必须准确评估地球负载能力和人类活动的恢复能力。环境和自然资源的长期承载能力对可持续发展进程以及对土地资源安全有着重大影响。土地资源人口承载潜力是区域土地资源安全的测度指标之一，通过对土地资源人口承载潜力的分析，可以确定不同区域土地资源所能承受的最多人口数量和最适人口数量，为政府人口政策、土地政策的制定提供理论依据。

6.1　土地资源人口承载潜力概述

6.1.1　问题的由来

对土地资源人口承载力的关注最早可以追溯到1650年沃仑·纽斯在《通论地理》一书中正式提出的人地关系。之后，围绕这一主题，孟德斯鸠的“地理环境决定论”和马尔萨斯的“人口论”一直都是学术界争论不休的重大课题。马尔萨斯在《人口原理》一书的序言中曾经写道：“人口必然总是被压低至生活资料的水平”，这是一条显而易见的真理。1679年，显微镜的发明者，荷兰人列文·虎克首次对地球人口承载力进行了数量计算，认为地球最多可以养活134亿人口。

20世纪60年代以来，人口、资源、环境与发展等全球性问题日益突出。世界人口的急剧增长，给土地资源造成了越来越大的压力，并导致了一系列的生态环境问题，如耕地资源减少且质量下降、土地荒漠化、环境污染等。人地关系研究也进入了一个新的历史阶段，面对这一事实，许多学者都在关心同一个问题，即地球上有限的土地资源是否能够继续养活不断增加的人口？

针对这一问题，国际上很多学者和机构开始研究土地资源的人口承载潜力问题，其实质则是研究人口消费与食物生产、人类需求与资源供给之间的平衡发展问题。在这些研究中，最有影响的是联合国粮农组织（FAO）于1978—1981年在发展中国家进行的土地人口承载潜力研究项目，预测了全球117个发展中国家（未包括中国）的人口承载潜力。随后又在莫桑比克（1982年）、孟加拉国（1988年）和肯尼亚（1989年）进行了更为详细的国家级研究。其研究结果是，如果保持研究时期的土地利用方式，发展中国家全部耕地只能勉强养活预期（2000年）的人口，而其中64个国家不能养活自己。这一研究结果的提出，引起了国际社会的关注和震惊，也推动了土地资源的研究和保护工作，并推动了一系列其他的研究工作，如人口政策、国际粮食安全和贸易、生态环境保护等。

中国是世界上最大的发展中国家，人口众多，资源短缺，其中耕地资源尤为紧缺。目前，中国要用占世界7%的耕地养活世界22%的人口。那么，在今后几十年当中，中国有限的土地资源是否还能继续承载数量不断增长的人口，是需要人们回答的一个重大问题。为此，1989年，原国家土地管理局与联合国粮农组织（FAO）及开发计划署（UNDP）开始合作研究中国的土地人口承载潜力。其研究结果为：按高投入水平条件和良好的东方型膳食标准，我国的土地人口承载潜力为17.36亿；若按高投入水平条件和欧美型膳食标准，我国的土地人口承载潜力为14.94亿。根据人口预测，在计划生育政策执行完好的情况下，我国未来的人口最高值将达到16亿左右。因此，根据该项研究，中国可以养活自己的人口，但前提是必须保护耕地，使耕地不低于1.2亿 hm^2（18亿亩）；必须不断提高土地的投入水平，努力实现农业现代化；必须控制人口，至2050年在16亿之内；必须引导消费，保持东方型的膳食结构。这一结果的提出，更加坚定了我国耕地保护政策和人口政策的“两大基本国策”。

6.1.2 土地资源人口承载潜力释义

土地资源人口承载潜力是指在一定的行政区域内，根据其土地资源的生产潜力，及不同投入（包括物质和技术）水平所生产的食物，能够供养一定生活水平的人口数量。也指在未来不同的时间节点上，以可预见的技术、经济社会发展水平及与此相适应的物质生活水准为依据，一个国家或地区利用土地资源所能可持续供养的人口数量。

从广义的资源承载力的本质来看，土地资源人口承载潜力具有如下内涵：①生态内涵，资源所承载的效用总和具有生态意义上的极限，资源的开发利用应以不超过这种极限为前提，以及当开发利用达到资源承载力极限时，意味着这一生态系统得到充分的利用；②技术内涵，资源承载力离不开特定的科学技术背景，这不仅在于资源承载力的生态极限与特定的技术水平有关，还在于通过优化资源管理或者提高科学技术水平，可以提高资源对社会经济的承载能力；③社会经济内涵，生态系统的生态极限往往不能脱离特定区域人口的价值观和具体的效用需求而确定，社会经济系统的优化可以提高资源的承载力；④时空内涵，资源承载力是一定区域尺度上生态系统自身的承载力，不同的时空尺度，相同资源量的承载力是不同的，在时间上是一个将来的概念。

简而言之，土地资源人口承载潜力研究包括3个基本要点：①针对一个特定的行政区域，可以是一个国家，也可以是一个省或一个县，是研究区域人地关系和可持续发展潜力的重要指标。②关键过程是计算该行政区域的食物生产能力，它取决于这一区域的土地生产潜力和物质、技术等方面的投入水平。随着社会生产力的发展，土地生产力也可以因对土地的投入增加和科技的进步而提高。需要分析预测期内的社会生活水平变化，不同的生活水平和营养结构，所能够养活的人口数量是不同的，因而土地人口承载潜力是相对的、动态的。

6.1.3 土地资源人口承载潜力的决定因素

土地资源人口承载力（population supporting capacity of land）C 是由多种因素所决定的，其中最主要的是土地单位面积的生产潜力（P）、土地面积（A）和平均人口的基本粮食需求（N），其计算公式为：

$$C = P \times A / N$$

土地生产潜力的高低取决于土地资源的属性，也取决于人为因素。人为因素的影响可用投入水平这一综合指标来表示，它与研究区域的经济发展和所针对的具体时期相联系。归纳起来，影响土地人口承载潜力的因素主要有：

(1)土地资源的数量。主要考虑耕地、草地和可利用水域等土地面积。

(2)土地资源的质量状况。主要由土地资源的各种属性决定，如光照、气温、降水等气候因素；土壤质地、养分含量、pH 等土壤因素；土地区位等社会经济因素。

(3)投入水平。投入水平主要包括物质和科技两方面投入的多少和高低。物质投入包括化肥、农药、机械等；科技投入包括改良的种子、科学的管理技术和管理方式等。

(4)生活水平。衡量生活水平的指标包含很多方面，但在土地人口承载力研究中，一般用人们所需要的食品数量来表示，有的以每年人均需要多少粮食计算，有的以每人每天需要多少卡的热量和多少克的蛋白质来计算。

(5)时间尺度。投入水平和生活水平都会随着时间的变化而变化。因此，在土地人口承载力研究中，需要选好时间尺度。要确定研究所针对的时期，还要预测相应时期人口、投入水平和生活水平等的变化情况。

6.2 土地资源人口承载潜力研究方法

6.2.1 ECCO 模型

ECCO (enhancement of carrying capacity options) 模型是由英国科学家马尔科姆·斯莱瑟 (Malcolm Slesser) 教授等提出的。该模型是运用资源计量系统评价一个国家的土地人口承载潜力，它将人口、资源、环境与发展纳入同一系统，综合分析它们之间的相互关系，模拟不同备选方案下人口与承载力之间的动态变化，找出在人口变化的情况下仍能保证国家持续稳定发展的政策体系。

ECCO 模型是一种动态仿真模型，它提供了一个专门用作资源计量研究的框架，该模型已被很多国家和地区的学者们广泛采用。应用该模型的关键在于找到一种现成的手段识别和定量分析总投资中的资源要素及预测技术变化的影响。具体做法是以能量作为沟通各要素之间的媒介来实现资源的分析与计算。值得指出的是，ECCO 模型的建立是为了估算一个国家或地区的人口承载能力，即通常仅适用于一定尺度的行政区域，而对于一般的自然区域不宜使用。这是因为：①自然区域的资料获取比较困难，特别是社会、经济方面的统计材料；②ECCO 模型是为了模拟各种政策方案的长期影响。若是自然区域，则有可能包含若干个不同的行政区，各行政区之间的政策一般不可能完全一致，管理体制也有所差异。因此，在应用此模型时，必须加以注意，切不可盲目照搬。

6.2.2 非线性动力学模型

土地资源人口承载潜力的研究涉及 3 个方面，即土地资源的数量、土地资源生产潜力及人均消费水平。在建立土地资源人口承载潜力模型时主要围绕这 3 个方面设立参数和变量。

首先假设某区域人口数量 x 的变化不仅与人口的基数有关，还与土地人口承载潜力总量 y 有关。参考 Logistic 模型，提出以下非线性人口方程：

$$\frac{\mathrm{d}x}{\mathrm{d}t}=rx\left(1-\frac{x}{cy}\right)=f(x,\ y)$$

式中：r 为该区域人口数量的净增长率；1 为该地区土地资源在一定时期内所允许的能承载人口相对数量的极限（即 100%）；c 为单位粮食数量所能供养的人口（人/kg）；cy 为土地资源的最大承载力；$\left(1-\frac{x}{cy}\right)$ 为该地区土地资源的剩余承载力。

由上式可见，随着时间的推移，人口数量越多，剩余人口容量就越小，土地资源对人口约束就越强。这就是环境对人类的负反馈，从而保证人-地系统的平衡和稳定。

再假设人类对土地资源生产潜力总量（粮食产量）y（kg）的影响主要由人口数量 x（人）、人类生活消费水平 R（kg/人）、在一定投入水平下土地的单产潜力（kg/hm^2）和土地资源（耕地）数量 e（hm^2）构成。土地资源生产潜力总量与土地资源数量和土地单产潜力呈正相关，与人口数量和生活消费水平呈负相关。土地资源数量越大，土地单产潜力越高，土地资源生产潜力总量越大；人口数量越大，消费水平越高，对土地资源的消耗（如耕地占用）就越大。因此，建立以下土地资源受人类影响的动力学方程：

$$\frac{\mathrm{d}y}{\mathrm{d}t}=aeI-bRx=g(x,\ y)$$

以上两个方程组成的方程组即为土地资源人口承载力非线性动力学模型。第 2 个方程中的 a 为土地资源潜力增长率，b 为人口增加和消费水平的提高对土地资源的消耗系数。

6.2.3 生态足迹法

生态足迹法（ecological footprint，EF）由威廉·里斯（William Rees）于 1992 年首次提出，旨在量化人类活动对自然资源的需求与地球生态系统供给能力之间的关系。生态足迹法模型从综合的角度考虑到各种用地的承载力，符合当今土地资源承载力的要求。其核心思想是将人类社会的资源消耗和废物排放追溯到提供这些资源的生物生产性土地面积（如耕地、林地、草地、水域等），并通过比较生态足迹与生物承载力，评估人类活动是否在生态系统的承载范围内。生态足迹（EF）表示人类活动对自然资源的需求，通常以全球公顷（ghm^2）为单位，反映了支持人类消费和废物排放所需的生物生产性土地面积；生物承载力则表示地球生态系统能够提供的生物生产性土地面积。当生态足迹超过生物承载力时，称为生态赤字，表明人类活动超出了生态系统的承载能力；而当生物承载力大于生态足迹时，称为生态盈余，表明人类活动在生态系统的承载范围内。

生态足迹的计算基于两个关键假设：一是资源消耗和废物排放的可追溯性，即人类社会的资源消耗和废物排放可以追溯到提供这些资源的原始生物生产性土地；二是生物生产性土地的归因性，即大多数资源和废物流可以归因于提供这些功能的原始生物生产性土地。生态足迹的具体计算步骤包括：

(1)分类消费项目。将人类的所有消费分为多个项目（如食物、住房、交通、商品、服务、废弃物等），并计算每个项目的详细消费量。

（2）转化为生物生产性土地。通过土地资源的平均生产力，将消费量转化为相应的生物生产性土地面积（如耕地、林地、草地、水域等）。

（3）标准化处理。将各类土地面积转化为全球公顷（ghm^2），以消除不同土地类型生产能力的差异。

（4）汇总生态足迹。将所有生物生产性土地面积汇总，得到总生态足迹。

生态足迹法自提出以来，广泛应用于国家、区域和城市尺度的土地生态承载力评价。一些研究还将生态足迹法与能值分析相结合，以提高区域土地生态承载力评估的准确性。生态足迹法具有直观易懂、综合性强的特点，能够将复杂的资源消耗问题转化为土地面积，同时考虑多种资源的消耗，并通过全球公顷实现不同地区和国家的比较。然而，生态足迹法也存在一定的局限性：其理想化假设可能无法充分反映资源消耗或废物排放的复杂性；忽略自然资本存量（如矿产资源、水资源储量等），可能导致评估结果不够准确；此外，生态足迹法难以动态反映技术进步和资源利用效率的变化。

6.2.4　能值分析法

能值分析法（emergy analysis）由美国生态学家霍华德·奥德姆（Howard T. Odum）于 20 世纪 80 年代提出，旨在通过统一的能量标准量化自然资源、经济资源和社会资源的价值，从而评估生态系统的可持续性和人类活动的环境影响。其核心思想是将所有资源（包括自然、经济和社会资源）转化为统一的能值单位（通常为太阳能焦耳，sej），以衡量其对生态系统的贡献和消耗。能值（emergy）定义为“直接或间接用于生成某一产品或服务所需的太阳能总量”，反映了资源在生态系统中的真实价值。通过能值分析，可以比较不同资源的价值，并评估人类活动对生态系统的依赖程度和影响。能值分析法的核心概念包括：

（1）能值（emergy）。表示生成某一产品或服务所需的太阳能总量，单位为太阳能焦耳（sej）。

（2）能值转换率（transformity）。表示单位能量或物质所包含的能值，用于将不同资源转化为统一的能值单位。

（3）能值流（emergy flow）。表示生态系统中能量的流动和转化过程，用于分析资源的输入、输出和利用效率。

（4）能值可持续性指数（emergy sustainability index，ESI）。用于评估系统的可持续性，计算公式为 ESI = 能值产出率（EYR）/ 环境负载率（ELR），其中 EYR 表示系统产出能值与外部输入能值的比值，ELR 表示系统对环境的压力。

能值分析法的具体计算步骤包括：

（1）确定系统边界。明确研究对象的范围，包括自然生态系统、经济系统或社会系统。

（2）识别能值输入。列出系统的主要能量和物质输入（如太阳能、风能、水资源、矿产资源等）。

（3）汇总能值流。计算系统的总能值输入和输出，分析资源的利用效率和环境影响。

（4）评估可持续性。通过能值可持续性指数（ESI）评估系统的可持续性，ESI 值越高，表明系统的可持续性越强。

6.2.5 农业生态区法

经过许多国家的推广应用和国内的大量应用研究表明，联合国粮农组织（FAO）所建立的农业生态区（agricultural ecological zone，AEZ）法是一种比较适用于研究区域土地资源人口承载力的方法。所谓AEZ法，是根据比例尺将地面划为一些在农业生产条件、气候和土壤都相对一致的生态单元，在同一生态单元内，其作物种类与种植制度也相似，因而其土地的生产潜力就进一步取决于灌溉条件的优劣和投入的高低。在此基础上加入人均消耗量，以行政区域为统计单元，计算出一定行政区域内的人口承载力。AEZ方法比较全面和系统地考虑到了影响土地资源生产力的各个方面，及人均消费的合理标准；同时，其土地生产潜力的计算方法，采用了比较先进的作物生长动态模拟模型，通过模拟作物的生长环境而计算产量，结果能够与实际情况较好地吻合。

1. AEZ法的基本原理

土地生产力是土地的基本属性或称作“功能”，它是土地生产产品和效益的能力，对于农业用地来说，是单位面积土地生产农产品的能力。土地生产力的形成过程实际上是植物（作物）的生产过程，主要是植物与环境之间的物质能量转换的生物学过程。在这个过程中，植物利用环境完成其生长发育，形成农产品。植物通过光合作用，把太阳辐射能转化为生物化学能，同化大气中的CO_2形成碳水化合物$(CH_2O)_n$，根系从土壤中吸收水分和养分，在植物生理代谢过程中形成各种生物产物，同时有一些物质进入环境。在农田生态系统，土地生产力中还融入了人为调控因素，在不同的物质能量和技术投入水平下表现出不同的生产力。

土地生产力受众多要素的影响，每个要素以不同的形式起着各自的作用，部分要素之间还存在着交互作用，在这些要素综合作用下形成土地生产力。形成土地生产力的基本要素涵盖作物种类、光照、温度、水分、空气、土壤和伴生生物。一般情况下，伴生生物与生态类型区有较强的对应性，在土地人口承载潜力研究的精度水平上可以简化处理；空气因其流动性和均质性较强，一般情况下不做细致考虑。因此，在服务于土地人口承载潜力研究的土地生产潜力计算中，主要考虑光、温、水、土和作物种类。在确定作物种类的基础上，采取分层次的模拟方法：

(1)模拟作物的光合过程。在假设除了光照和温度，其他条件都能充分满足作物生产需要的情况下，模拟作物的光合过程，计算作物的生产力。由于这个过程主要受光照和温度的影响，因此，称计算所得的生产力为光温生产潜力（Y_{mp}）。

(2)模拟水分条件对作物生长的影响。在光温生产潜力的基础上，再假设除了光照、温度和水分条件，其他条件都能充分满足作物生产需要的情况下，模拟水分条件对作物生长的影响，计算作物的生产力。由于这个过程主要受光照、温度和水分的影响，因此，称计算所得的生产力为光温水生产潜力（Y_{cp}）。

(3)模拟土壤条件对作物生长的影响。在光温水生产潜力的基础上，再假设除了光照、温度、水分和土壤条件，其他条件都能充分满足作物生产需要的情况下，模拟土壤条件对作物生长的影响，计算作物的生产力。这个过程主要受光照、温度、水分和土壤的影响，因此，称计算所得的生产力为光温水土生产潜力（Y_{sp}），这一生产力比较接近实践生产力即土地生产潜力。

根据以上原理，土地生产潜力估算一般分为两部分，第 1 部分是气候生产潜力，包括光温生产力和光温水生产潜力的计算；第 2 部分是将气候生产潜力进行土壤适宜性修正而演变为土地生产潜力。因此，对于旱作农业（或雨育农业）来说，土地生产潜力的计算过程是光温生产力→光温水生产力→光温水土生产力；对于水作农业（或水田）来说，土地生产潜力的计算过程是光温生产力→光温土生产力。

2. 工作程序和步骤

应用农业生态区法进行区域土地资源人口承载潜力的研究和预测，一般要经历 3 个阶段。第 1 个阶段是土地资源清查，包括气候资源清查、土壤资源清查、作物资源清查、土地利用现状清查等；第 2 个阶段是土地资源物质生产潜力计算，即要计算区域土地资源在一定物质投入和技术水平下的物质生产能力；第 3 个阶段是土地资源人口承载潜力计算，即按人均食物需求量来预测一定行政区内所能承载的人口容量（图 6-1）。

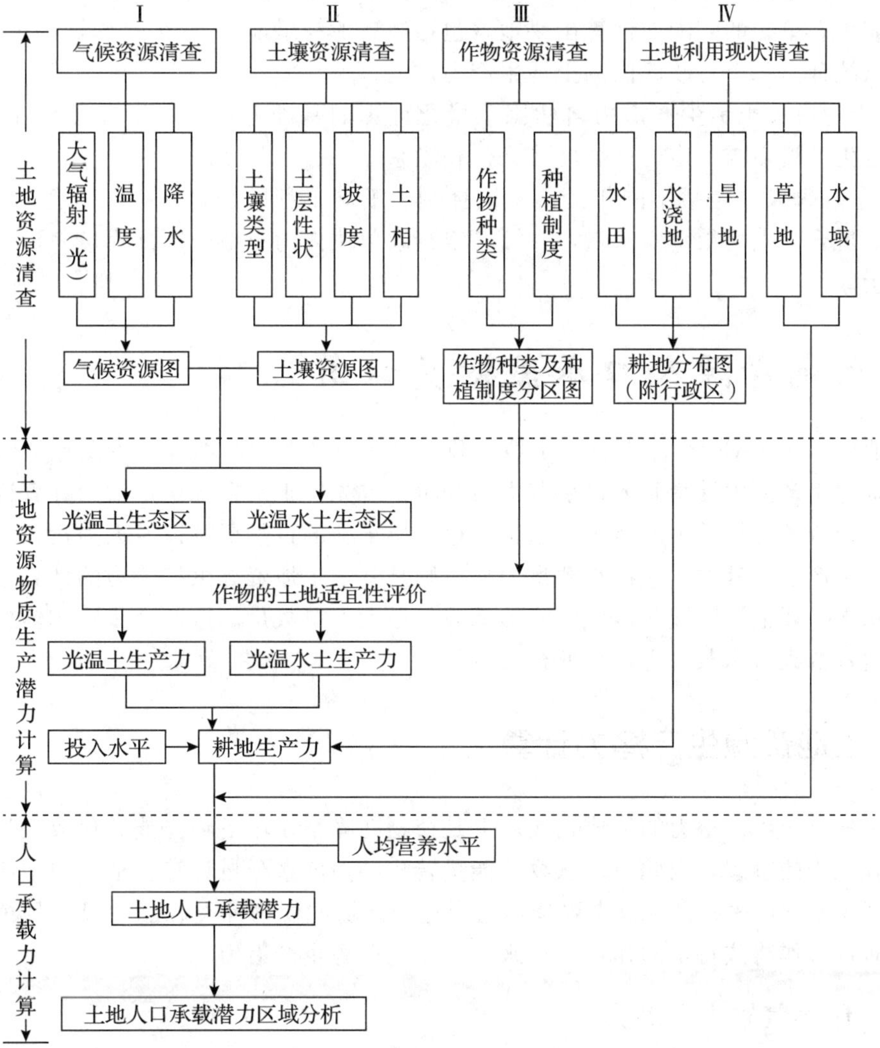

图 6-1　土地人口承载潜力研究方法流程框图

根据具体的研究内容和流程，AEZ 法又可分为如下 6 个主要过程：

(1)清查研究区的农业资源，包括气候资源、土壤资源、作物资源及耕地资源，并按照要求分别绘制相同比例尺的资源图幅。

(2)利用气候资源清查数据，分别绘制光温生产力图和光温水生产力图，并与土壤资源图叠加，形成农业生态区划图。该图以农业生态小区为单元，包括光温土生态区图和光温水土生态区图两张图。

(3)在上述生态区图的基础上，叠加作物种类与种植制度分区图，进行匹配、修正并计算两个生态区图的每个生态单元的作物产量，即光温土生产力（灌溉农业的生产力）与光温水土生产力（旱作农业的生产力）。

(4)在上述光温土生态区图与光温水土生态区图及其生产力计算的基础上，分别叠加行政区划图和耕地资源清查图。这一方面是在生态区图中划分了行政区范围，另一方面是在每个行政区内，根据其灌溉地（水浇地、水田）、非灌溉地（旱地）、草地、水域等的面积统计，及相应生态单元的匹配而计算出耕地（包括灌溉地与旱地）、草地、水域的土地生产力。最后，可以统计出每个行政区内的土地生产力。

(5)在上述有关土地生产潜力自然因素量化计算的基础上，进一步考虑经济投入水平，从而使土地生产潜力与一定的社会经济条件相联系。

(6)按平均每人（包括不同年龄、不同性别、不同工种的统计）每天或每年所需热量、蛋白质量，折合为人均粮食需求量，并按一定行政单位内的土地生产潜力，来计算所能支持的人口数量。

6.3 土地资源人口承载潜力计算过程

就农业生态区（AEZ）法而言，土地资源人口承载潜力的计算过程主要包括两个核心步骤：土地资源生产潜力计算和人口承载潜力分析。首先，土地资源生产潜力计算旨在评估特定区域内土地资源的物质生产能力，通常通过分析土地的自然属性以及人为投入来确定单位面积的土地生产力。其次，人口承载潜力分析则是基于土地资源生产潜力的计算结果，结合人口消费水平，评估该区域土地资源能够承载的最大人口数量。这两个步骤相辅相成，共同构成了土地资源人口承载潜力计算的核心过程。

6.3.1 土地资源生产潜力计算

由于土地资源生产潜力的形成，实质上是植物在光合作用下将光能转化成化学能、无机物转化成有机物的过程，因此可以从物质能量转化的角度来分析计算土地资源生产潜力。就农业生态区（AEZ）法而言，首先要选择适合这个区域的作物种类、品种以及种植制度，其次才能针对这些作物或特定的作物安排来计算土地资源生产潜力。

6.3.1.1 作物气候生产潜力

依据农业生态区法中的土地生产力模拟计算的基本原理，作物的气候生产力可分为光温生产潜力和光温水生产潜力，前者被称为有灌溉保证的水田农业的气候生产潜力；后者是旱地农业的气候生产潜力（或雨养农业的生产潜力）。

1. 作物的光温生产力

作物的光温生产力只取决于作物的品种和当地的辐射、温度条件，不受其他条件限制。其计算主要包括以下几个步骤：

(1)模拟计算作物的总生长率（bgm）。作物生长需要光照来进行光合作用，但作物并不能无限量地吸收光能，而存在一个光饱和点，此时作物的光合速率为光饱和点时的最大光合速率（P_m）。不同的作物，具有不同的光合作用过程和表现，也具有不同的 P_m。同时，P_m 还受温度的影响，是温度的函数。

在田间条件下，作物吸收到的光照一般不能达到光饱和点，其实际的光合速率比 P_m 小。可以通过模拟作物在田间条件下实际所吸收到的光照，分析其与 P_m 的关系，而求出作物的实际光合速率，进而求出总生长率。

作物品种类型决定了作物的碳化途径、光合叶面积大小、植株高度及冠层的几何结构，这种几何结构直接影响到作物冠层内的透光状况。而作物群体的光合速率或生长率取决于叶片的空间排列状况和叶的透光、反射光的特性。Dewit 等推导出作物冠层中的光分布函数，采用了计算机模型来研究作物群体的光合作用。在该模型中，叶子的角度分布、叶子的反射和透射系数以及叶子的光合作用都可改变。晴天作物获得的光合有效辐射量取决于太阳高度，该模型可利用吸收的有效辐射量来查找白天每一时刻的光合速率，通过光合速率的时间积分得到每天的光合有效辐射总量。全晴天时的光合有效辐射（AC）是按纬度分布的，全阴天的光合有效辐射量为全晴天的 20%。对于最大光合速率（P_m）为 20 kg/（$hm^2 \cdot h$），叶面积系数等于 5，叶片角度随机分布的作物，Dewit 计算出了它在全晴天和全阴天的群体生长率，分别为 b_o 和 b_c。

随着温度的变化，最大光合速率（P_m）将会发生变化，当 P_m 偏离 20 kg/（$hm^2 \cdot h$）时，Dewit 结合一个阴天占比参考量（F）给出了如下的调整公式，其最大总生产率(bgm)：

当 $P_m > 20$ kg/（$hm^2 \cdot h$）时，

$$\text{bgm} = F(0.8 + 0.01P_m)b_o + (1-F)(0.05 - 0.25P_m)b_c \ [\text{kg}/(\text{hm}^2 \cdot \text{d})]$$

当 $P_m < 20$ kg/（$hm^2 \cdot h$）时，

$$\text{bgm} = F(0.5 + 0.025P_m)b_o + (1-F)(0.5P_m)b_c \ [\text{kg}/(\text{hm}^2 \cdot \text{d})]$$

(2)计算实际叶面积下的总生长率 bg。当作物的叶面积系数（LAI）小于 5 时，作物的总生长率就要降低。叶面积系数的订正值（CL）可按下式确定：

$$CL = 2.475\,70 \times 10^{-3} + 0.322\,41 \times \text{LAI} + 0.836\,16 \times 10^{-3} \times (\text{LAI})^2 - 0.013\,28 \times \text{LAI}^3 + 1.330\,47 \times 10^{-3} \times \text{LAI}^4$$

$$bg = CL \times \text{bgm}$$

(3)计算呼吸速率。作物在进行光合作用形成生物量的同时，也要进行呼吸作用，消耗一定的生物量。

$$R(t) = 0.28bg(t) + CT \times B_n(t)$$

式中：$R(t)$ 为 t 时刻的呼吸速率；$bg(t)$ 为 t 时刻的总生长率；CT 为与温度有关的函数；$B_n(t)$ 为 t 时刻的累积生物量（kg）。

(4)计算作物的净生物量（B_n）。作物在 t 时刻的净生长率为总生长率与呼吸速率之差：

$$B_n(t)=bg(t)-R(t)$$

则 Δt 时间的累积生物量为：

$$B_n(\Delta t)=\int_t^{t+\Delta t} bg(t)-R(t)$$

根据上面的公式，可计算作物整个生育期的累积生物量，也就是作物的总生物量（B_n）。

(5)计算光温生产力 Y_{mp}。作物收获指数（CH）指的是可利用部分（如籽粒、块茎等）占总生物量的比例。每个作物种类具有一定的 CH 值，则该作物的光温生产力（Y_{mp}）为：

$$Y_{mp}=B_n\times CH$$

2. 作物的光温水生产力

作物的光温水生产力也称作物的气候生产力，即作物在某一地区的一定光、温度与降水条件下的生物产量。当地区降水量不能满足作物生育期的水分需要时，作物生长就会受到水分亏缺的影响，作物的产量就会降低。试验证明，作物的缺水程度可用实际蒸散量（E_{ta}）与最大蒸散量（E_{tm}）之比表示，由此造成的产量损失可用实际水分条件下生产力（Y_{cp}）与光温生产力（Y_{mp}）之比表示，如下式：

$$\frac{Y_{cp}}{Y_{mp}}=K_y\left(1-\frac{E_{ta}}{E_{tm}}\right)$$

式中：K_y 为产量反映系数，它表示因水分亏缺而造成的减产量，即“水分胁迫因子”（MSF）。由于不同作物及作物不同生育阶段对水分反应不同，K_y 也随不同作物及不同生育阶段而变化。也就是说，一定的作物在一定的生育期，具有一定的 K_y（表 6-1），比如冬小麦的营养生长期为 0.2、开花期为 0.6、产品形成期为 0.5、全生育期为 1.0。

表 6-1 几种主要作物不同发育期的产量反应系数（K_y）

作物	营养生长期			花期	产品形成期	成熟期	全生育期
	初期	末期	合计				
玉米			0.4	1.5	0.5	0.2	1.3
冬小麦			0.2	0.6	0.5		1.0
春小麦			0.2	0.7	0.6		1.2
高粱			0.2	0.4	0.5	0.2	0.9
马铃薯	0.5	0.8			0.7	0.2	1.1
大豆			0.2	0.8	1.0		0.9
花生			0.2	0.6	0.6	0.2	0.7

3. 作物气候适宜性评价及产量修正

作物的生长过程需要一个最适宜的气候条件才能进行完全正常的光合作用，达到最大的光温（水）生产力。而一般情况下，要使现实的每一个农业生态区内的主要作物及其复种制度都处在同样的最适宜气候环境下是不可能的，因此需要对作物气候适宜性评价进行修正。

表 6-2 和表 6-3 是几种主要作物及复种制度对气候条件适宜性的要求。据此，可以根据当地已有的作物及种植制度，或今后要推广的作物及种植制度，以及常见的灾害性气候，进行气候适宜性评价。其中最适宜者（VS）可达最大潜在产量的 80%～100%；适宜者（S_1）可达最大潜在产量的 60%～80%；中等适宜者（S_2）可达最大潜在产量的 40%～60%；边际适宜者（S_3）可达最大潜在产量的 20%～40%；不适宜者（NS）只能达到最大潜在产量的 20%以下。

表 6-2　不同复种制度对温度、水分条件的要求

复种方式	年均温/℃	最冷月均温/℃	≥10℃积温/℃	≥0℃积温/℃	无霜期/d	耗水量/mm	备注
小麦/玉米	>8	>−10	3 600	4 100	>170	800	冬小麦-苜蓿，冬小麦-谷子，冬小麦-花生等近似
小麦-玉米			4 100	4 500		800	
小麦-水稻	14～16.5	>3	4 500	4 500～5 500	230～260	800	
小麦-棉花			4 300～5 500	5 000		800	
水稻-水稻			4 900～5 200	5 400		1 000	>5 300℃为双季稻安全期界
小麦-水稻-水稻			5 300	5 700～6 100		>1 000	
甘薯-水稻-水稻			7 500	7 900	365	>1 000	

注：表中种植方式“/”表示套种，“—”表示熟制。引自：刘巽浩，1987。

表 6-3　几种主要作物的气候条件要求

作物	总生长期/d	最优温度与适宜温度/℃	≥10℃积温/℃	对温度的特殊要求	生育期需水量/mm	水分临界期
冬小麦	180～250	15～20（15～20）	2 000～2 400	早期生长及扬花期要凉爽，成熟期早熟，越冬期低温（>−18℃日均温）	450～650	孕穗-抽穗
春小麦	100～130	15～20（15～20）	1 400～2 400	春化阶段 0～12℃，>15 d	450～650	孕穗-抽穗
玉米	100～140	24～30（15～35）	1 800～3 000	霜冻敏感，发芽温度>10℃	500～800	拔节-成熟
水稻	90～150	22～30（18～35）	1 700～3 000	霜冻敏感，齐穗至成熟>15℃，35 d（籼），40 d（粳）	450～800	孕穗-开花
大豆	100～130	20～25（18～30）	1 900～3 600	霜冻敏感，有些花期要>24℃	450～750	开花

续表6-3

作物	总生长期/d	最优温度与适宜温度/℃	≥10℃积温/℃	对温度的特殊要求	生育期需水量/mm	水分临界期
花生	90～140	22～28（18～33）	2 250～3 400	霜冻敏感，发芽温度>20℃	500～700	开花-结荚
棉花	150～180	20～30（16～35）	3 200～3 500	怕霜冻，不抗风，铃期温度 27～32℃，熟期要干燥	700～1 300	花铃期
甘薯	110～200	22～30（18～35）	2 200～4 000	块根膨大要求>15℃，>90 d；>20℃，>40 d	300～400	块根膨大
甘蔗	270～360	22～30（15～35）	>6 500	霜冻敏感，>20℃要>110 d，日温差>10℃，则糖分多	1 500～2 500	茎生长期

引自：林培，1991。

6.3.1.2 作物光温（水）土生产潜力

除了上述气候生产潜力，作物生产还受到区域的土壤和地形等地理条件限制，因此需要对上述的气候生产潜力进行土壤修正。一般来说，对于有灌溉保证的土地，认为其水分条件能够充分满足作物生长的需要，直接根据作物的光温生产潜力进行土壤因素的限制性修正，所获得的生产潜力称为光温土生产潜力；对于没有灌溉保证的土地，需要根据光温水生产潜力进行土壤因素的限制性修正，所获得的生产潜力，称为光温水土生产潜力。土壤修正，实际上是针对有关土壤及相关地理因素所作的作物生长限制性分析或适宜性评价。所考虑的因素一般包括：土壤剖面构型、土层厚度、有机质及化学性状、坡度、地下水位等。限制性分析或适宜性评价与介绍的土地适宜性评价方法相同。土壤修正系数为 $f(L)$，即：

$$Y_L = Y_W \times f(L)$$

土壤修正系数可从土壤肥力方面来计算，其公式为：

$$f(L) = N_u \times O_m$$

式中：N_u 为土壤养分指数；O_m 为土壤有机质指数。N_u、O_m 计算式为：

$$N_u = \begin{cases} 1 & A_u \geqslant 90,\ A_v \geqslant 10,\ A \geqslant 150 \\ 1/3(A_u/90 + A_v/10 + A_k/150) & A_u \leqslant 90,\ A_v \leqslant 10,\ A \leqslant 150 \end{cases}$$

$$O_m = \begin{cases} 1 & O_m \geqslant 30\ \text{g/kg} \\ 0.5 + O_m/60 & O_m < 30\ \text{g/kg} \end{cases}$$

式中：A_u、A_v、A_k 为土壤中碱解氮、速效磷和速效钾含量(mg/kg)；O_m 为土壤中有机质含量。

另外，可采用作物的耕地质量系数进行修正。作物的耕地质量系数是指影响作物产量的土地质量系数，它取决于某地区土地质量构成及各种质量土地在一般条件下的平均单产。公式为：

$$f(L)=\frac{F_1a_1+F_2a_2+F_3a_3}{\sum F_ia_i}$$

式中：F_1 为一等耕地的面积；F_2 为二等耕地的面积；F_3 为三等耕地的面积；a_1 为一等耕地产量比值；a_2 为二等耕地产量比值；a_3 为三等耕地产量比值。

比较简单的方法，就是根据不同土壤对其区域作物及其种植制度的适宜性等级对其区域气候潜在生产能力进行修正。计算方法为：最适宜的土壤等级（VS）可得气候潜在产量的 80%～100%；适宜者（S_1）可得气候潜在产量的 60%～80%；中等适宜者（S_2）可得气候潜在产量的 40%～60%；边际适宜者（S_3）可得气候潜在产量的 20%以下。如果说该区域气候适宜性评级为适宜（S_1），土壤适宜性评级也为适宜（S_1），那么该区域的土地生产潜力为 0.36～0.64［即（0.6×0.6）～（0.8×0.8）］的理想产量。

6.3.1.3　投入水平与土地生产潜力

上述作物光温（水）土生产潜力的计算方法，都是从土地生产力的自然因素方面来考虑的，这仅是其中最基础的方面，还有社会经济投入方面，即土地生产潜力的发挥与一定的社会经济投入成正比。

对土地及生产过程的基本投入可分为两个大方面：一是改善土地状况的基础性投入；二是具体生产过程中的常规生产性投入。前者主要是农田基本建设，如丘陵坡地修筑梯田、平原地区的土地平整和排水等；后者主要是肥料（包括有机肥）、农药、良种、农机等。只有在前者投入的基础上，创造一个良好的土地资源生态环境，常规生产性投入才能发挥单项和综合性效应，也才能使作物的土地适宜性及产量稳步提高，从而提高土地人口承载能力。

在生产投入中，除物质投入外，也应包括技术投入在内，联合国粮农组织有一个投入水平的分级指标，如表 6-4 所示。

表 6-4　投入水平及有关情况的说明

内容	评估的作物		
	珍珠稗、高粱、玉米、稻谷、小麦、甘薯、马铃薯、木薯、菜豆、大豆、大麦、油棕、花生、香蕉/大蕉、甘蔗、草		
生产体制	低收入水平	中等收入水平	高收入水平
	现有作物搭配的旱作栽培	部分改为最适宜作物搭配的旱作栽培	最适作物搭配的旱作栽培
使用的技术	本地栽培品种，不施化肥或不进行病虫害及杂草的化学防治、休闲期、无长期的土壤保护措施	有改良的栽培品种，施用有限的化肥，简单的推广一揽子措施包括病虫害及杂草的化学防治，有一定的休闲期，某些长期的保护措施	高产品种，最适的化肥施用量，病虫害及杂草的化学防治，最短的休闲期，完全的土壤保护措施
动力来源	人力、手工工具	人力，手工工具和/或畜力牵引，改良农具	包括收割在内的完全机械化
劳动强度	高，包括未计成本的家庭劳力	高，包括部分计算成本的家庭劳力	低，若使用家庭劳力，则计入成本
资本密集程度	低	中等，以可获得的条件贷款	高
销售方针	自给性生产	自给性生产加商业销售剩余产品	商业性生产

续表6-4

内容	评估的作物		
	珍珠稗、高粱、玉米、稻谷、小麦、甘薯、马铃薯、木薯、菜豆、大豆、大麦、油棕、花生、香蕉/大蕉、甘蔗、草		
所需的基本设施	不一定进入市场，经济服务不足	需要某些进入市场的机会及得到示范田和服务的机会	进入市场机会是必须具备的条件，高水平的咨询服务并应用研究成果
土地占有情况	分散的	有时是合并的	合并的

根据联合国粮农组织的土地经营投入水平标准，从总体上看，我国大部分地区农业投入水平为中等投入水平，少数边远地区为低投入水平。

关于投入对土地生产潜力的影响，可以在农田基本建设（即相当于FAO分级标准的“资本投入”）与常规生产性投入中考虑。投入水平每提升一级，则在土壤适宜性方面也将相应地升高一级，如原为S_3，则在生产性投入与基本建设同时增加一级时变为S_2，同时增加两级时可变为S_1。在两者中以农田基本建设为主，一般常规的生产性投入只有在单独增加两级时可以考虑升一级，当然，具体情况还需要具体分析。

6.3.2 土地资源人口承载潜力分析

6.3.2.1 土地资源人口承载潜力计算

1. 人口承载潜力的计算方式

土地资源人口承载力是指一定面积土地的食物生产潜力所能供养的一定消费水平的人口数量。具体计算方式可分为两种：一种方式是按每年人均粮食需求量来估算，如每年每人平均375～400 kg粮食，不分年龄、性别和职业，而且不考虑粮食品种。另一种方式是按每人每天需多少卡的热量和多少克的蛋白质，按不同年龄、不同劳动强度与不同性别的人折合为“平均人均需求”，并将不同作物产品分别折合成热量与蛋白质量，如水稻转化为热量为14.518 kJ/kg及蛋白质为73 g/kg；小麦转化为热量为14.81 kJ/kg及蛋白质为99 g/kg等，如表6-5所示，并折算为相应的农业生态区内的单位面积的生产量，两者相除即得单位面积土地所能承载的人口潜力。

表6-5 主要粮食作物热量/蛋白质的产量转换系数

作 物	热量/（J/kg）	蛋白质/（g/kg）
水稻（单季稻与双季稻）	14 518	73
玉米（春玉米与夏玉米）	15 146	85
小麦（春麦与冬麦）	14 811	99
大豆（春大豆与夏大豆）	17 238	363
高粱	15 230	77
谷子	10 962	97
甘薯	5 314	18
马铃薯	3 222	23

2. 人口承载潜力的计算标准

人口承载潜力的计算标准，取决于生活水平的高低或评价人口的基本需求。如果生活水平标准定得较高，则土地承载人口的能力就下降。在计算过程中，不仅要考虑直接的口粮消费，还要考虑副食、种子、饲料以及工业用粮等的消耗。2024 年我国人均粮食占有量约 500 kg，而一些发达国家的人均粮食占有量高达 600～1 000 kg。

如果以热量和蛋白质消耗量计算，人均营养水平为热能 10 878 J/（人·d），蛋白质 75 g/（人·d），但这是以男子轻体力劳动所消耗的热量与蛋白质作为标准。联合国粮农组织在计算人均消耗量时将其乘以系数 0.73，因为老人、小孩与妇女的消耗量低于该数值，如表 6-6 所示。

表 6-6 各种营养物质的日消耗量

类型	类别	热量/J	蛋白质/g
成年男子：(65 kg)	轻体力劳动	10 878	75
	中体力劳动	12 552	80
	重体力劳动	15 062	90
成年女子：(65 kg)	轻体力劳动	10 042	70
	中体力劳动	11 715	75
	重体力劳动	11 226	85
少年：(13～16 岁)	男	10 878	80
	女	10 460	75
儿童	7～10 岁	8 368	60
	3～5 岁	5 858	45

在考虑人均粮食需求水平的基础上，可根据我国的情况，进一步将人均消耗水平分为贫困型、温饱型、小康型、发达型等不同的综合性指标。

3. 按行政区进行人口承载潜力的计算和统计

确定了人口承载潜力的计算方式和计算标准后，可按行政区进行人口承载力的计算和统计。对于每一农业生态区按不同的投入水平（高、中、低）计算出的土地生产力，以及按不同生活标准的人均生活需要而计算出的人口承载数，一般以行政单元进行统计（如省或县），即能统计出不同行政区在不同投入水平、不同生活水平下所能养活的人口。表 6-7 是不同投入方案和营养水平下我国土地的人口承载力。从表 6-7 中可看出，低投入水平下可以承载 11.00 亿～11.56 亿人口；中投入水平下可以承载 13.98 亿～14.87 亿人口；高投入水平下可以承载 14.91 亿～18.98 亿人口，即相当于 2050 年的人口预测总量。这表明我国能利用自己的土地与耕地来养活本国的人口，但只有在土地投入及承载力均十分接近上限的情况下才能支持较大规模的人口数量。

表 6-7 不同投入方案和营养水平下我国土地的人口承载力

营养水平	人均每日摄入热量、蛋白质		低投入方案		中投入方案		高投入方案	
			承载人数/万人	承载密度/（人/hm^2）	承载人数/万人	承载密度/（人/hm^2）	承载人数/万人	承载密度/（人/hm^2）
NL	热量/kJ	11 100.54	115 623	1.22				
	蛋白质/g	69.7	113 662	1.20				
NM_1	热量/kJ	10 842	119 536	1.27	148 728	1.57		
	蛋白质/g	72	110 033	1.16	143 843	1.52		
NM_2	热量/kJ	11 342.4			141 942	1.50	189 830	2.01
	蛋白质/g	74			139 786	1.48	189 078	2.01
NH_1	热量/kJ	11 676					184 977	1.96
	蛋白质/g	82					173 648	1.84
NH_2	热量/kJ	12 009.6					172 900	1.80
	蛋白质/g	85					157 900	1.65
NH_3	热量/kJ	12 093					171 686	1.79
	蛋白质/g	90					149 123	1.55

注：①NL 表示温饱水平，NM_1、NM_2 表示两级小康水平，NH_1、NH_2、NH_3 表示三级中等发达水平；低投入水平相当于研究基年投入水平，中投入水平相当于 21 世纪初的投入水平，高投入水平相当于 21 世纪中叶的投入水平。

②参见《中国土地人口承载潜力项目技术报告》第 6 卷，1995。

6.3.2.2 土地资源人口承载潜力的区域分析

如表 6-8 所示，我国土地生产潜力的地区差异较大，无论何种投入水平，现有的单位面积产量最高、较高以及增产潜力较大者均在东部省区。表 6-9 则反映了土地人口承载潜力的地区差异，高投入还继续存在于人口超载的地区，主要是以下 3 类：首先是大城市所在地区；其次为土地生产潜力较差的地区；再次则为人口基数较大的地区。

表 6-8 各省（自治区、直辖市）土地食物生产潜力分析

每公顷耕地生产热量/MJ		省（自治区、直辖市）
低投入水平		
极高产	83 404.17～104 250	上海
高产	62 554.17～83 400	浙江、湖南、福建
较高产	41 704.17～62 550	广东、湖北、海南、江苏、四川、广西、安徽
中高产	25 024.17～41 700	北京、河南、贵州、山东
中产	16 684.17～25 020	云南、河北、天津、山西、陕西、新疆
中低产	12 514.17～16 680	辽宁、吉林、宁夏
低产	<12 510	甘肃、青海、黑龙江、内蒙古、西藏
中投入水平		
极高产	83 404.17～104 250	上海、浙江、湖南、广东
高产	62 554.17～83 400	福建、湖北、海南、江西、江苏

续表6-8

每公顷耕地生产热量/MJ		省（自治区、直辖市）
较高产	41 704.17～62 550	广西、四川、安徽、北京
中高产	25 024.17～41 700	贵州、河南、山东、云南
中产	16 684.17～25 020	天津、河北、山西、陕西、辽宁、吉林、新疆
中低产	<12 510	内蒙古、西藏
低产	—	—
高投入水平		
最高产	104 254.17～125 100	上海、浙江、广东、湖南
极高产	83 404.17～104 250	福建、湖北、海南、江西
高产	62 554.17～83 400	江苏、广西、四川、北京、安徽
较高产	41 704.17～62 550	贵州、河南、山东
中高产	25 024.17～41 700	云南、天津、河北、山西、陕西
中产	16 684.17～25 020	辽宁、甘肃、宁夏、新疆、青海、吉林、内蒙古、黑龙江
中低产	<12 510	西藏

注：①台湾未计，四川包含重庆。

②引自：《中国土地人口承载潜力项目技术报告》第 6 卷，1995。

表 6-9　各省（自治区、直辖市）土地人口承载潜力状况（台湾未计）

项目		低投入水平	中投入水平	高投入水平
超载地区	省(自治区、直辖市)	12	10	10
	总面积/万 km^2	231.97	178	333.13
	占全国面积/%	24.5	18.8	28
	总人口/亿人	4.39	3.54	4.23
	占全国人口/%	39.8	28	28
	省(自治区、直辖市)	辽宁、北京、天津、河北、山东、河南、山西、陕西、甘肃、青海、广东、上海	辽宁、北京、天津、河北、河南、山西、陕西、青海、贵州、上海	北京、天津、山西、河南、贵州、青海、福建、云南、陕西、上海
临界地区	省(自治区、直辖市)	5	4	2
	总面积/万 km^2	23	94.4	31.26
	占全国面积/%	2.43	10	3.3
	总人口/亿人	1.54	2.37	1.66
	占全国人口/%	14	18.7	11
	省(自治区、直辖市)	浙江、贵州、广西、云南、西藏	山东、广东、甘肃、广西	广东、广西

续表6-9

项目		低投入水平	中投入水平	高投入水平
盈余地区	省(自治区、直辖市)	13	16	19
	总面积/万 km^2	435.79	672.13	579.61
	占全国面积/%	46.2	71.2	61.2
	总人口/亿人	5.65	6.74	9.21
	占全国人口/%	51.32	53.5	61
	省(自治区、直辖市)	内蒙古、吉林、黑龙江、江苏、安徽、福建、江西、湖北、湖南、海南、四川、宁夏、新疆	内蒙古、吉林、黑龙江、江苏、浙江、安徽、福建、江西、湖北、湖南、海南、四川、西藏、宁夏、新疆	河北、内蒙古、辽宁、吉林、黑龙江、江苏、浙江、安徽、福建、江西、山东、湖北、湖南、海南、四川、宁夏、西藏、甘肃、新疆

引自：《中国土地人口承载潜力项目技术报告》第6卷，1995。

当然，土地人口承载潜力的研究目的不仅是提供一个不同行政区人口承载潜力的一览表，还要对影响土地生产潜力的因素进行分析，找出一些区域土地生产潜力的限制因素及解决途径，具体包括以下几方面：

(1)绘制耕地实际产量分级图。将各行政区范围内的各农业生态小区的耕地实际最高产量进行分级，例如，可分为大于 15 000 kg/hm^2、12 000～15 000 kg/hm^2、7 500～12 000 kg/hm^2、3 000～7 500 kg/hm^2 和少于 3 000 kg/hm^2 等不同级别，以便分析不同级别耕地的分布规律与耕地自然条件和人为投入水平之间的关系。

(2)绘制耕地增产潜力的绝对差值图。耕地增产潜力的绝对差值即行政区内各生态小区的耕地生产潜力减去实际最高产量的差值。这种差值也可进行分级，如相差 15 000 kg/hm^2 者为第一级，12 000～15 000 kg/hm^2 者为第二级……基于这种分级进行分区制图，可明晰最大增产潜力区，进而分析目前没有达到最大潜力的原因，以便为耕地增产潜力提升的政策制定提供参考。

(3)绘制耕地增产潜力的相对比值图。耕地增产潜力的相对比值是将行政区内各农业生态小区的耕地增产潜力除以现实最高生产力，即“潜在生产力/现实生产力”。其比值越大，则增产潜力越大；反之，则增产潜力越小。这些比值亦可进行分级制图，以便为相关政策制定提供参考。

(4)对各行政区的今后不同时期内（如 2030、2050 年等）最高的人口承载力与目前的人口数进行比较。这样可以明确不同时期的人口承载能力，也可明确不同地区粮食供需缺口的大小，从而为国家的商品粮基地建设、生育政策制定等提供参考。

(5)通过土地生产潜力的全面比较和宏观分析，为国家和地区的土地资源开发提供建议。例如，我国土地生产潜力的初步分析显示，黄淮海平原具有较大的生产潜力，黄土高原次之，青藏高原生产潜力较小等。在此基础上，结合农业生态区分析，提出解决限制因子的措施，从而为国家进行土地开发提供依据。

6.4　耕地资源生产能力与国家粮食安全

粮食安全问题是关系国民经济发展、社会稳定和国家自立的重大战略问题。1996 年 11 月召开的世界粮食会议，对粮食安全概念作了更加全面的表述："粮食安全是指这样一种状态，所有的人，在任何时候，都有物质的和经济的能力获得充足的、安全的和富有营养的粮食，以满足为保持健康的、富有朝气的生活的需要对饮食的需求和粮食的偏好"。2020 年，FAO 进一步明确，粮食安全的核心目标是确保所有人在任何时候都能获得充足的、安全的、营养丰富的粮食，以满足健康生活的需求，同时保障粮食的可获得性、可及性、可利用性和稳定性。从宏观层面来看，一个国家粮食安全的核心是要确保粮食供给能够完全满足人民的需求，其根本是要保护耕地的粮食生产能力。耕地的粮食生产能力主要取决于两方面的因素：一方面是耕地数量；另一方面是耕地质量，即单位耕地的生产能力。在人类历史进程中，增加粮食供给的最根本途径也只有两条：一是扩大粮食种植面积；二是提高单位耕地的产量。就一个国家的粮食供给来说，除扩大种植面积和提高产量外，还可以在国际市场上购买，但这要取决于国际市场上有足够的粮食供应和本国有足够的购买能力。

6.4.1　我国粮食安全的基本态势

6.4.1.1　我国粮食生产状况

中国作为世界第一人口大国，在世界粮食生产中占据举足轻重的地位。早在 1994 年，美国地球政策研究所所长莱斯特·布朗就曾在《谁来养活中国人》一文中指出，如果中国人不能养活自己，那么他们将使世界挨饿。

回顾我国粮食生产发展的历程，不难发现，粮食总产量整体上遵循"增长—波动—增长"的轨迹向前发展。1949—1977 年为我国粮食生产发展缓慢时期，其间粮食产量经历了 5 次波动，粮食长期短缺，供给明显小于需求。1978—2006 年为我国粮食生产快速发展时期，其间虽然也经历了 6 次波动，但基本上解决了人们的温饱问题。2007 年我国的粮食总产量再次突破 5 亿 t，而且呈现出持续稳定增长的态势；2012 年首次突破 6 亿 t，并于 2023 年达到 6.9 亿 t（表 6-10）。总体来看，目前我国粮食总量紧平衡、结构性矛盾突出。

表 6-10　1994—2023 年中国粮食生产状况

年份	粮食总产量/万 t	稻谷总产量/万 t	小麦总产量/万 t	粮食播种面积/$\times 10^3$ hm^2
1994	44 510.1	17 593.3	9 929.7	108 544
1995	46 661.8	18 522.6	10 220.7	110 060
1996	50 453.5	19 510.3	11 056.9	112 548
1997	49 417.1	20 073.5	12 328.9	112 912
1998	51 229.5	19 871.3	10 972.6	113 787
1999	50 838.6	19 848.7	11 388.0	113 161

续表6-10

年份	粮食总产量/万 t	稻谷总产量/万 t	小麦总产量/万 t	粮食播种面积/$\times 10^3$ hm^2
2000	46 217.5	18 790.8	9 963.6	108 463
2001	45 263.7	17 758.0	9 387.3	106 080
2002	45 705.8	17 453.9	9 029.0	103 891
2003	43 069.5	16 065.6	9 648.8	99 410
2004	46 946.9	17 908.8	9 195.2	101 606
2005	48 402.4	18 059.2	9 744.5	104 279
2006	49 747.8	18 257.1	10 446.4	105 489
2007	50 160.0	18 650.0	10 600.0	105 561
2008	52 850.0	19 300.0	11 250.0	107 000
2009	53 940.9	19 619.7	11 583.4	110 255
2010	55 911.3	19 722.6	11 614.1	111 695
2011	58 849.3	20 288.3	11 862.5	112 980
2012	61 222.6	20 653.2	12 254.0	114 368
2013	63 048.2	20 628.6	12 371.0	115 908
2014	63 964.8	20 960.9	12 832.1	117 455
2015	66 060.3	21 214.2	13 263.9	118 963
2016	66 043.5	21 109.4	13 327.1	119 230
2017	66 160.7	21 267.6	13 433.4	117 989
2018	65 789.2	21 212.9	13 144.0	117 038
2019	66 384.3	20 961.4	13 359.6	116 064
2020	66 949.2	21 186.0	13 425.4	116 768
2021	68 284.7	21 284.2	13 694.4	117 631
2022	68 652.8	20 849.5	13 772.3	118 332
2023	69 541.0	20 660.3	13 659.0	118 969

引自：《中国统计年鉴 1995》至《中国统计年鉴 2024》。

6.4.1.2 我国粮食供需态势

王禹指出，根据我国粮食总需求中口粮占比的情况进行推断分析，我国 2030 年的口粮占比将达到 30%。由此可知，当处于低能量需求（人均日能量 1 800 kcal）时，居民年均口粮需求量为 116.93 kg/人，相应的粮食总需求量为 389.8 kg/人；当处于中能量需求（人均日能量 2 200 kcal）时，居民年均口粮需求为 142.91 kg/人，相应的粮食总需求量为 476.4 kg/人；当处于高能量需求（人均日能量 2 400 kcal）时，居民年均口粮需求为 155.90 kg/人，相应的粮食总需求量为 519.7 kg/人（表 6-11）。

表 6-11　基于营养目标下不同时期人均粮食需求量对比

人均日能量水平/kcal	2020 年人均粮食需求量/kg	2025 年人均粮食需求量/kg	2030 年人均粮食需求量/kg
1 800	365.40	377.18	389.76
2 200	446.60	461.00	476.37
2 400	487.20	502.91	519.68

自 20 世纪 70 年代以来，随着我国经济社会的快速发展和居民生活水平的不断提高，粮食需求持续增长，粮食供需平衡面临新的挑战。预计到 2030 年，我国人均粮食需求量将达到 520kg，粮食总需求量将达到 7.5 亿 t。从供给端来看，我国粮食生产能力在不断提升。根据农业农村部发布的《中国农业展望报告（2021—2030）》，未来 10 年我国粮食播种面积将稳定在 17 亿亩以上，单产水平持续提高，预计 2030 年粮食产量将达到 7.67 亿吨，年均增长 1.2%。尽管如此，粮食供需仍将处于紧平衡状态，预计 2030 年粮食自给率将提高至 88.4%，但仍存在一定的缺口。具体而言，根据原国家土地管理局与联合国开发计划署（UNDP）、联合国粮农组织（FAO）等合作进行的“中国土地的人口承载潜力研究”的结论：在低投入水平下，我国原粮产量为 4.44 亿 t；在中投入水平下，原粮产量为 5.70 亿 t；在高投入水平下，原粮产量为 7.05 亿 t。若按上述预测，我国粮食很难在 2030 年实现完全自给，在低、中、高投入水平下分别存在 3.06 亿 t、1.80 亿 t 和 0.45 亿 t 的粮食缺口。

6.4.2　影响我国耕地综合生产能力的主要原因

1. 耕地质量退化严重

多年来，我国实行最为严格的耕地数量控制政策，即耕地“占补平衡”政策。所谓占补平衡，就是占用多少耕地，就要补充多少耕地，该政策对减缓耕地数量的下降发挥了重要作用。然而，占补平衡大多局限于数量上的平衡。由于建设用地占用的耕地大部分在城市周边，这些耕地质量较好，综合生产能力高；而补充的耕地主要来源于土地开发、整理及复垦，这些补充的耕地同占用的耕地相比，无论是土壤质量还是灌溉条件都存在明显差距，从而影响我国耕地综合生产能力。

我国山地丘陵面积大，平原仅占陆地国土面积的 12%。很大一部分耕地位于山坡丘陵区、干旱半干旱区或低洼易涝区。无明显障碍条件、质量相对较好、有灌溉措施的高质量耕地只占全国耕地总面积的 39.9%；另外，约 60%的耕地受到地形条件、干旱、洪涝、盐碱等各种障碍因素的制约，质量相对较差。受障碍因素影响的耕地分别占总耕地面积的比例是：瘠薄耕地 17.9%，缺水耕地 17.0%，坡耕地 11.1%，渍涝旱地 4.7%，渍涝水田 4.1%，盐碱耕地 2.9%，风沙耕地 2.2%，其他障碍因素耕地占 7.9%。

日前我国耕地质量下降的原因主要包括以下几个方面：①非农建设占用优质耕地，补充耕地质量不足。随着城镇化进程加快，非农建设占用的耕地多位于城市周边，土壤肥沃、灌溉条件优越；而补充的耕地多通过土地开发、整理和复垦获得，土壤质量和灌溉条件较差，导致耕地总体质量下降。此外，我国耕地减少集中在水、热条件较好的秦岭淮河以南地区，由于种植制度的差异，这些地区耕地的生产潜力远高于北方耕地。②环境污染影响耕地质量。农药、化肥、农膜等农用化学物质的过度投入，污染了农田环境，改变了土壤的物理化学结构，不仅影响农作物产量，还影响农产品的质量。此外，工矿企业、乡镇企业、建设工程项目污染和倾轧土地、破坏生态环境、恶化土壤质量，甚至导致农业生产无法进行。③水土流失、土地沙化导致耕地质量下降。我国每年水土流失进入江河湖海的泥沙量超过100亿t，相当于流失了300万hm^2耕地的耕作层土壤。另外，土地沙化也是北方耕地质量不断下降的一个主要原因。④耕地产权制度不完善、管理不到位以及缺乏长期规划。流转机制不健全使农民缺乏长期投资动力，导致掠夺式利用或随意撂荒；政策执行不力和管理缺失加剧了耕地“非农化”“非粮化”现象；过度开垦和施肥导致土壤退化，撂荒则浪费土地资源并破坏基础设施，加剧了耕地质量的下降。

2. 农业基础薄弱，生产方式落后，抗灾能力差，种粮效益低

(1)农田水利设施建设有待进一步完善。自20世纪80年代以来，我国农业基础设施建设停滞、退化现象严重，很多地区的农业基础设施无法满足粮食增产和粮食综合生产能力提升的需求。现有的农田水利工程相当一部分已超过规定使用年限，老化失修严重，设施不配套，效益衰减。目前，全国农田有效灌溉面积仅占耕地面积的50%，机电排灌面积不足30%。

(2)小农户占据我国农业经营主体的比例超过80%，“大国小农”的国情长期存在。小农户的粮食生产方式主要以家庭小规模生产为主，农业机械利用水平较低。美国等发达国家20世纪初就开始积极推进土地的规模经营，在20世纪70年代就实现了全面机械化，进入90年代后，GPS系统广泛应用于农业生产中，农业工人的装备水平已经接近或超过产业工人。经过几十年的不懈努力，2024年，我国农作物耕种收综合机械化率超过75%，但与发达国家相比，我国农业机械化仍有较大的提升空间。

(3)农业抗灾减灾能力不强。我国自然灾害严重，且覆盖范围较广；全国大部分地区常年冬春连旱，夏季南涝北旱，秋季旱涝并存。近40年来，水灾、旱灾、风雹和霜冻四大自然灾害造成我国年均粮食减产量约为3 600万t，占粮食总产量的8%左右；其中，西北地区的粮食因灾减产量均超过10%，而西南地区和华东地区所有省份的粮食因灾减产量略低于8%。

(4)粮食种植成本高，收益低。我国大部分地区农业生产方式落后且粮食种植规模受限，加之近年来农资价格和劳动力成本不断升高，导致农民种粮成本上升，比较收益下降，使得农村不少优质耕地处于弃耕状态。

3. 水资源短缺矛盾突出，利用效率低

(1)水资源短缺、区域分布不均衡。我国水资源占世界水资源总量的比重仅为7%，人均水资源占有量为2 300 m^3，仅为世界平均水平的1/4。每年农业生产缺水约300亿m^3，而且时空分布极不均衡。全国81%的水资源集中在仅占全国耕地36%的长江流域及其以南地区，而占耕地面积64%的淮河流域及其以北地区只占有19%的水资源，南涝北旱现象十分突出。北方地区是我国重要的粮食主产区，它的径流量仅占全国的6%，却支持着全国近40%的人口粮食需求。此外，部分南方水资源丰裕地区，由于快速工业化进程中的水体污染未能有效治理，导致结构性缺水。

(2) 水资源利用率低。我国农业灌溉用水的平均利用系数只有50%，远低于发达国家

70%～80%的水平。我国生产 1 kg 粮食的平均用水量为 1 m^3，而部分发达国家只需 0.5 m^3。我国大多数农业灌溉用水仍沿用传统的土渠灌水、大水漫灌方式；水库、渠、沟、井等农田水利设施老化失修严重，无法大面积抽水灌溉；用水管理方式粗放，农业生产过程中用水矛盾多，跑冒滴漏现象严重。即使在水资源比较丰富的地区，由于利用方式不科学而导致灌溉用水浪费，加剧了水资源短缺的矛盾。此外，21 世纪我国气候条件有可能由丰水期转入相对枯水期，水资源对粮食生产的制约将更为突出。

4. 农业创新能力较弱，科技推广能力不足

(1)农业科技创新能力不足。农业作为国民经济的基础产业，需要科技创新来支撑其发展。20 世纪 80 年代初开始在中国广泛推行的“家庭联产承包责任制”，极大地提高了中国农民的生产积极性，使中国的粮食产量 40 年来持续增长。然而，40 年后的今天，这一制度红利已基本消耗殆尽，中国农业面临资源约束加剧、生产效率提升放缓、国际竞争压力加大等一系列新挑战。在这样的局面下，农业科技创新无疑是解决中国“三农”问题的重要手段。尽管近年来中国政府对农业科技创新的重视程度和投入力度不断提升，但与发达国家相比，我国农业科技创新能力仍存在明显差距。例如，我国农业科技进步贡献率从 2012 年的 53.5%提升至 2023 年的 63%，但与农业科技强国（如美国、荷兰等）相比仍有一定差距。此外，农业科技领域的原始创新能力不足，关键核心技术受制于人的问题依然突出，特别是在生物育种、智能农机装备、绿色农业技术等领域，仍需加快突破“卡脖子”技术。

(2)农业技术推广能力有待提升。农业技术推广是连接科技创新与农业生产的重要桥梁，但目前我国农业技术推广体系仍存在诸多问题。基层农业技术推广机构普遍面临“线短、网破、人散”的困境，许多地区财政投入不足，导致推广机构设施落后、人员流失严重。其次，推广队伍的专业素质亟待提升。据统计，全国农业技术推广人员中，具有与推广工作相关专业学历的比例不足 55%，近一半的推广人员缺乏系统的专业培训，难以满足现代农业发展的需求。此外，农业技术推广的公益性职能未能充分发挥。由于过度强调市场化手段，政府在粮食等大宗农作物技术推广中的主导作用被弱化，导致一些外部性强、社会效益显著的农业技术难以有效推广。同时，乡镇级农业技术推广人员常被分派非业务性工作，进一步削弱了技术推广的效能。

6.4.3　提高耕地综合生产能力的保障对策

截至 2023 年年末，我国人口总数已达 14.09 亿。在全球粮食供求关系长期趋紧、国际贸易风险不断加剧的背景下，依靠增加粮食进口量来满足中国日益增长的粮食需求不切实际。因此，中国必须坚持走粮食自给的道路，充分挖掘耕地综合生产能力，以保障我国粮食安全。在不考虑技术进步的条件下，提高耕地综合生产能力的途径主要有两个：一是扩大耕地面积；二是提高粮食单产水平。由于我国后备耕地资源有限，依靠后备耕地资源来扩大耕地面积的可能性极小；只能走控制耕地面积、不断提高粮食单产水平的道路。因此，持续提高耕地综合生产能力应从 3 个方面入手：一是控制耕地数量；二是保护耕地地力；三是改善耕地环境。其中，控制耕地数量是提高耕地综合生产能力的前提，保护耕地地力是满足未来对粮食需求不断增加的重要途径，而改善耕地环境是保障未来农产品质量的主要选择。围绕上述目标，我国需要采取以下对策：

1. 落实耕地保护政策

根据《全国国土空间规划纲要（2021—2035 年）》，我国耕地保护目标为坚守 18 亿亩耕地红线，确保粮食安全。必须按照从严从紧、有保有压的土地调控政策和节约集约用地的原则，通过加强规划统筹和计划保障，制定产业政策及相应的供地政策等，及时有效地提供各项建设事业发展用地。

一方面，坚定正确的耕地保护战略。耕地保护的战略是要坚决落实“十分珍惜和合理利用每寸土地，切实保护耕地”的基本国策，严格控制建设占用耕地的数量和速度。在这一过程中，需处理好两个关键关系：一是耕地保护与经济发展的关系，确保农业稳定发展所需的资源条件；二是种植业与林牧渔业的关系，根据区域资源优势调整农业内部结构，在保障粮食稳产增产的前提下优化资源配置。

另一方面，强化耕地的法律保护手段。目前我国对耕地的保护有《中华人民共和国刑法》《土地管理法》《土地管理法实施条例》及《基本农田保护条例》等法律法规。对不履行耕地保护义务的违法行为将依法追究相应的法律责任。首先，地方各级政府主要负责人应对本行政区域内的耕地和基本农田保护面积负总责，相关职能部门应逐步建立耕地保护数据库，健全耕地的图、表、册等档案资料，切实将耕地和基本农田保护责任逐级落实到地方政府、村组和农户。其次，强化耕地占补平衡的法定责任，落实好建设用地项目补充耕地与土地整理复垦开发项目的挂钩，建立补充耕地储备库和台账管理等制度，避免只占不补、先占后补、占多补少、占优补劣等现象的发生。再次，划定永久基本农田，建立保护补偿机制，永久基本农田需要严格保护，不得占用。最后，加大土地执法力度，整治土地非法交易。一是依法行政，杜绝土地管理中的公权私用；二是加大打击力度，整治土地隐性市场交易；三是制度创新，实现公私权力对等。

2. 完善耕地使用制度

我国农村的家庭联产承包责任制已实行 40 多年，该制度在保障农民土地承包权益和提高农业生产积极性的同时，也导致耕地碎片化和种植业经营规模较小，成为我国农业的主要特征之一。耕地碎片化且经营规模过小，一方面导致农户很难独立完成灌溉、排水、机耕、植保、农田基础设施维护；另一方面导致劳动生产率低下，在完全竞争的市场条件下，我国的小麦、玉米、大豆、棉花等大宗农产品缺乏国际竞争力。

为破解耕地碎片化和规模经营不足的问题，必须推进农村土地制度改革，完善耕地使用制度。一是鼓励土地经营权有序流转，发展多种形式的适度规模经营，培育新型农业经营主体，提高农业生产的集约化和专业化水平。土地流转可优化资源配置，提升农业综合效益，促进土地向高效主体集中，鼓励各类新型经营主体参与农业发展，并引入社会资本，促进农业规模化和现代化。二是建立健全农村土地流转服务平台，为土地流转提供信息发布、合同签订、纠纷调解等服务，确保流转过程的规范性和有序性，维护农民的合法权益。建设全国统一的土地流转数据库，提升流转信息的透明度和可追溯性。加强对土地流转过程的监管，防止出现损害农民利益的行为，并通过政策引导和激励措施，吸引农民主动参与土地流转，提高土地利用效率。三是健全耕地权属管理体系，确保土地利用的规范性和稳定性。应加强农村土地承包经营权确权登记，完善土地流转合同管理制度，保障土地经营者的合法权益。建立土地用途管控制度，明确耕地的长期用途，防止土地抛荒、违规开发以及“非农化”和

“非粮化”现象，确保土地的可持续利用。四是优化农业经营模式，推动现代农业发展。要因地制宜推进多种形式的适度规模经营，支持农户通过合作社、股份合作、集体经营等方式进行联合生产，共享农业机械、科技服务和市场渠道。同时，推进农业生产托管模式，为土地流转后的经营主体提供专业的社会化服务，如统一供种、技术指导、病虫害防治等，确保耕地的高效利用，进一步提升农业综合效益。

3. 增加基础设施投入

农业基础设施建设是提升耕地综合生产能力的重要保障。然而，由于资金投入不足，我国农业基础设施仍存在明显短板。据统计，2022 年我国农业固定资产投资占全社会固定资产投资的比重仅为 4.5%，远低于非农产业。而且，随着农业生产的发展以及耕地生产力水平的提高，粮食生产能力的提升对资金投入的依赖性越来越大。在我国耕地面积增长难以实现的状况下，达到农业增产的核心途径是增加农业基础设施建设的投入，从而改造中低产田，改善农业生产条件，增强耕地抵抗自然灾害的能力，保护农业环境，提升耕地质量。

具体地说，一是加大政府对农田水利基础设施的投入，特别是加强对提高粮食综合生产能力具有更直接作用的中小河流治理、大中型灌区节水改造和中低产田改造等高标准农田工程建设；按照“谁投资、谁受益、谁所有”的原则，推行小型农田水利产权制度改革，引导农民建设田间灌排工程、小型灌区、非灌区抗旱水源等小型农田水利工程，增强耕地的抗灾能力，降低洪、涝、旱等自然灾害风险。二是控制土地污染，保护农业环境。随着我国经济的高速发展，耕地受工业、城市废弃物和农用化学品的污染日趋严重。加强“三废”治理，科学处理污水，防止农田污染，是实现耕地可持续利用必不可少的措施。三是改造中低产田。我国由于水土流失、土壤盐渍化、干旱地区土壤贫瘠化等一系列问题导致的耕地质量退化态势十分严峻，必须加强以水土保持、改善农田生态环境为重点的中低产田综合治理，通过土壤改良、测土配肥技术、有机肥替代化肥等措施，提升土壤有机质含量，改善耕地质量。

4. 提高耕地利用效率

提高耕地的利用效率主要有 2 个途径：一是增加科技投入，提高单位耕地面积的粮食产量，主要通过提高单位播种面积粮食产量与耕地复种指数来实现。①培育、引进、推广高产优质粮食作物新品种、新组合来提高单产。近 40 年来，我国主要粮食作物品种普遍更新换代 3～4 次，累计在粮食单产提升的贡献中占比高达 30%～40%。若今后加强育种科研，同时抓好良种的繁育和推广，预计还能显著提升粮食单产水平。②大力推广新型农业技术。主要推广模式化栽培、旱作农业、保护地栽培、病虫害绿色防控等农业技术，建设高产稳产良田。此外，通过智能农机装备和无人机技术应用，进一步提高农业生产的精准化和效率。③发展立体农业，在同一地块上进行两种或两种以上作物的间种、套种或混种。间、套、混种的作物之间的互补关系，使地块上的作物群体更有效地利用光热资源，从而提高单位面积的综合生产力。二是开展土地整理和整治，充分开发耕地的空间潜力，提高耕地利用效率。土地整理和整治，即将零碎、高低不平、不规整或被破坏的土地加以综合治理，不但可以增加耕地面积，而且可以增强抗灾能力、提高土地产出水平。根据苏州市的调查，通过土地整理和整治，可增加 4%～8%的耕地面积，增加 20%左右的粮食产量。按此推算，若在全国层面进行系统的土地整理和整治，可增加耕地面积约为 2 亿亩，这将显著提升我国耕地的综合生产能力。

思 考 题

1. 简述土地人口承载潜力的内涵及影响因素。

2. 简述土地人口承载潜力研究主要方法及农业生态区法的基本原理和工作过程。

3. 阐述下列基本概念：土地人口承载力、土地生产潜力、土地人口承载潜力、气候生产力、光温生产力、光温水土生产力、光温土生产力、光温水生产力、农业生态区法。

4. 土地人口承载力有哪几种计算方式？投入水平和营养水平是如何确定的？

5. 我国耕地综合生产能力提升的主要障碍及保障对策有哪些？

参 考 文 献

柴国平，徐明德，王帆，等．资源与环境承载力综合评价模型研究．地球信息科学报，2014，16(2)：257-263.

封志明．土地承载力研究的过去、现在与未来．中国土地科学，1994，8(3)：1-9.

封志明．中国未来人口发展的粮食安全与耕地保障．人口研究，2007，31(2)：15-29.

国土资源部办公厅．国土资源部办公厅关于印发《国土资源环境承载力评价技术要求》(试行）的通知，2016.

哈斯巴根，李百岁，宝音，等．区域土地资源人口承载力理论模型及实证研究．地理科学，2008(2)：189-194.

韩杨．中国耕地保护利用政策演进、愿景目标与实现路径．管理世界，2022，38(11)：121-131.

黄汉权，蓝海涛．中国粮食综合生产能力研究．北京：中国计划出版社，2007.

姜文来．粮食安全与耕地资源保障．世界环境，2008(4)：40-42.

李俊茹，姜长云．中国粮食供需形势：历史回顾、风险挑战与政策启示．南京农业大学学报(社会科学版)，2023，23(3)：168-179.

林培．中国耕地资源与可持续发展．南宁：广西科学技术出版社，2000.

刘黎明，起晓星，钟来元，等．区域综合食物安全风险管理——理论与实践．北京：中国农业大学出版社，2018.

刘巽浩．中国耕作制度区划．北京：北京农业大学出版社，1987.

秦大河．气候变化的事实与影响及对策．中国科学基金，2003，17(1)：1-3.

肖国安．中国粮食安全研究．北京：中国经济出版社，2005.

杨翠红，林康，高翔，等．“十四五”时期我国粮食生产的发展态势及风险分析．中国科学院院刊，2022，37(8)：1088-1098.

叶笃正，符淙斌，董文杰．全球变化科学进展与未来趋势．地球科学进展，2002，17(4)：467-469.

郑振源．中国土地的人口承载潜力研究．中国土地科学，1996(4)：33-38.

钟甫宁．粮食市场的改革与全球化：中国粮食安全的另一种选择．北京：中国农业出版社，2004.
周敖．关于我国粮食安全形势的基本判断与政策建议．金融观察，2008(5)：34-35.
周兆德．农业生产潜力及人口承载力理论探索．北京：中国林业出版社，2007.
Allan E，Bossdorf O，Dormann C F，et al.，Interannual variation in land-use intensity enhances grassland multidiversity. Proceedings of the National Academy of Sciences of the United States of America，2014，111(1)：308-313.
Erb K H，Haberl H，Rudbeck M，A conceptual framework for analysing and measuring land-use intensity. Current Opinion in Environmental Sustainability，2013，5(5)：464-470.
Galli A，Iha K，Pires S M，et al. Assessing the ecological footprint and biocapacity of Portuguese cities：Critical results for environmental awareness and local management. Cities，2020，96：102442.
Rees W E. Ecological footprints and appropriated carrying capacity：what urban economics leaves out. Environment and Urbanization，1992，4(2)：121-130.
Yin Peihong，Fang Xiuqi，YunYaru. Regional differences of vulnerability of food security in China. Journal of Geographical Sciences，2009，19(5)：532-544.

第7章 土地资源可持续利用与管理

对土地资源的调查、评价和研究的根本目的就是更加合理、有效、充分地利用和管理土地资源。本章依次介绍土地利用系统分析、可持续土地利用、土地利用规划以及土地利用动态监测的内容，为实现土地资源的可持续利用与管理提供理论指导和实践方法。首先，必须掌握系统分析的方法，以系统的角度来分析土地利用过程及其所关联的各种因素；其次，要以可持续发展的思想为指导，使土地利用的目标和行动符合可持续发展的准则；再次，通过不同层级的土地利用规划，对土地利用行为实施宏观和微观的控制和管理，协调不同主体之间的关系，实现土地利用效应的最优目标；最后，通过土地利用动态监测，确保土地利用按照预期的方向发展。

7.1 土地利用系统分析

7.1.1 土地利用及其制约因素

土地利用（land use）是人们根据生存和发展的需要，有计划地对土地资源进行开发、利用和经营的活动，土地、劳动和资本是土地利用过程的 3 个基本要素。狭义的土地利用，通常是指农业土地利用，即对地球表层系统中的各种农田、林地、草地、园地等的经济利用；而广义的土地利用就是指人类有目的地施加于土地的一切活动。

当然，国内外学者对土地利用的表述方式也有所不同，但核心观点是基本一致的。例如，Vink（1975）在《现代农业中的土地利用》一书中将土地利用表述为："人类为了从土地获取物质或精神的需要，对土地实行永久或周期性的干预。"FAO（1985）认为，土地利用是由自然条件和人为干预决定的土地功能。R. B·曼德尔认为，土地利用是指在既定的时间、空间和特定的地点一切已开发和空闲土地的表面状况。总之，土地利用是人们根据自身的需要，决定和发挥土地的功能与作用的过程；而这一过程是人类社会经济系统与土地自然生态系统进行物质、能量、信息和价值交流、转换的过程。

由此可见，土地利用是一个由自然因素和社会经济因素交互作用的人类活动，是人地关系的核心和纽带。任何一项土地利用行为都不是随意发生的，而是既受到人类社会需求的驱动，也受到自然环境的制约，二者相互影响、相互制约，最终在一定的地域空间内耦合成复杂的系统。因此，当我们要考察某一个地区土地的利用现状和特点时，必须首先要系统地分析来自这两方面的各种驱动因素或约束条件，只有这样，才能更好地了解当地的土地利用现状和布局，才能发现问题和解决问题。

决定一个社会或地区的土地资源利用方式和空间布局的因素有以下 4 个方面。

(1)自然因素。主要是指土地的各种自然属性，包括土地的各个自然构成要素（如气候、土壤、水文地质等）的性质，以及土地的综合质量状况，如土地自然生产力、土地自然适宜性等。

(2)经济因素。因为土地利用是一项社会经济活动，土地利用方式的选择必然会受经济收益的影响，特别是在市场经济条件下，除了受投入产出比的影响，同时还要受到比较利益、边际效益和经济区位等各种经济因素的制约。

(3)社会因素。社会需求是土地利用活动的原始驱动力，主要取决于人口状况、社会发展水平等；而社会制度（如土地制度、土地政策等）作为土地利用行为的约束因素也具有重要影响。

(4)生态利益和可持续发展要求。一种土地利用方式即使符合土地的自然条件，同时也能获得较高经济利益，但仍不能贸然地认为它是一种合理的土地利用方式，还应当考虑是否符合生态环境保护和可持续利用的原则，这是当前土地利用决策时所要面对的一个重要选择，也是人们在以往面对生态环境问题上的经验教训。例如曾经大力发展的石油农业、化学农业以及城市化发展过快等所带来的一系列严重生态恶果。因此，在当前倡导生态文明的大背景下，如何实现土地利用的转型是一个迫切需要研究的问题。

归纳而言，人们利用土地的行为，任何时候都发生在自然系统、经济系统及社会体制系统的 3 重框架之内。自然系统指的是以植被和土壤为核心的地表自然环境；经济系统可以理解为土地利用的全部过程；而社会体制系统则由相互作用的私人和公共部门共同组成。对于每一框架，都可以单独地研究。但在实际上，这 3 重框架却是相互关联、共同起作用的。Platt 用 5 条线将 3 个系统连接起来，称其为“土地利用-环境效应-体制响应”反馈环（图 7-1）。

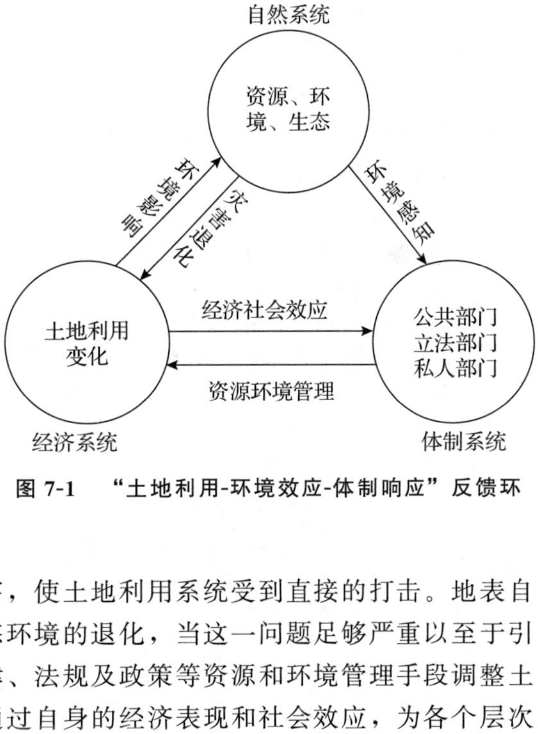

图 7-1　“土地利用-环境效应-体制响应”反馈环

图 7-1 中的这些反馈关系表明，任何形式的土地利用活动都或多或少地对地表自然环境施加影响，而后者也同时反作用于前者，这种反作用有时候以极端的形式出现，比如自然灾害，使土地利用系统受到直接的打击。地表自然环境的变化往往表现为自然资源的衰竭和生态环境的退化，当这一问题足够严重以至于引起公众的关注时，社会体制系统就可能通过法律、法规及政策等资源和环境管理手段调整土地利用策略。除了环境变化，土地利用系统还通过自身的经济表现和社会效应，为各个层次的决策者提供信息，指示其自身在经济上的可行性和社会上的可接受性。

从立法的角度看，个人与公众的土地利用目标常常出现差异甚至发生冲突。土地的直接经营者往往以土地利用的经济效益为首要目标，并且只关注土地利用当地的、直接的环境和资源效应；公共管理部门往往更加注重土地利用系统在区域层次上的社会、经济及资源环境效应，这些效应对土地的直接经营者来讲，属于外部性效应。当然，各级公共管理部门依其所处的层次不同，或者主管的行业和环境部门不同，目标也不尽相同。“土地利用-环境效应-

体制响应”反馈环的作用机制随社会制度、经济发展阶段以及不同时期社会价值取向的不同而变化，是一个非常复杂的过程。

7.1.2 土地利用系统的特征

7.1.2.1 土地利用系统的概念

系统是由相互作用、相互依赖、相互制约的若干部分结合而成的具有特定功能的有机整体。从系统科学理论来看，土地本身就是由土壤、气候、水文、地质、生物等要素组成的陆地表层生态系统，具有一定结构和功能，是一个与外界不断进行物质、能量、信息交换的开放系统。土地利用则是人类为了从土地上获取物质或精神的需要，对土地施加的一切干预活动，是由土地自然属性和人类社会需求协调一致所决定的土地功能与作用的过程。因此，土地利用系统是一个由自然生态因素和社会经济因素交互作用的复杂系统，既受到人类社会需求的驱动，也受到自然环境要素的约束，两者相互影响、相互制约，形成具有一定结构和功能、并具有地域空间特征的生态经济耦合系统。从具体的研究对象而言，一定时间和一定空间的具有相对独立性的土地经营单元，即构成一个土地利用系统（land use system）。

图 7-2 是一个农业土地利用系统概念模型，主要由输入、土地利用过程、输出以及反馈与控制 4 个部分组成：①农业土地利用系统输入分为生产输入和环境输入，其中生产输入包括各种物质资料（如化肥、农药、种子、畜禽粪肥、灌溉用水等）、资金、劳力、机械和技术等投入，而环境输入主要包括环境自然要素（如光照、温度、水分等）以及其他污染物（如重金属）的输入。②土地利用过程主要包括生物过程、农户决策过程、土地利用变化过程以及物质流动过程，其中物质流动过程又可分为农田养分循环过程、水文过程以及其他物

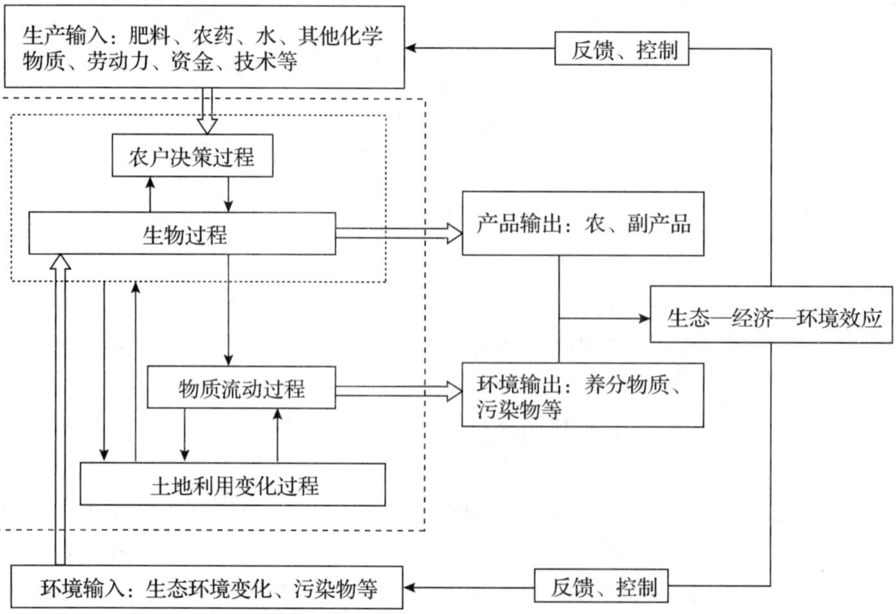

图 7-2 农业土地利用系统概念模型

质循环过程等。通过农业土地利用过程，农业土地利用系统的生产输入和环境输入进入系统中并产生系统输出。③农业土地利用系统输出分为产品输出和环境输出，其中产品输出分为农产品（如稻谷、小麦和玉米等粮食产品）和农副产品（如秸秆等）；而环境输出主要是指经由地表径流、地下淋溶、挥发以及反硝化等途径输出的各种物质（如氮磷营养物质、温室气体、农药残留等）。④农业土地利用系统主要包括两个反馈与调控路径：①由生物过程产出的粮食产量，与社会、经济、政策等因素结合之后，又通过农户决策行为输入到农业土地利用系统中所构成的反馈路径；②由环境输出的污染物质，经过政策和工程技术手段干预后，又通过环境输入到农业土地利用系统中所组成的反馈路径。

而对于一个城市土地利用系统来说，它不仅包括城市土地的需求和供应，还包括城市人口、经济、社会、环境及土地政策等其他子系统，是一个复杂的社会经济大系统。只有建立一个适合于该系统的动态分析模型，才能全面准确地研究系统中各因素之间的相互作用关系及其对系统行为的影响。城市土地利用总体规划的主要目的是解决人地矛盾，促进城市经济的协调发展，根据这一研究目标和拟解决的问题，城市土地利用系统的边界如图 7-3 所示。

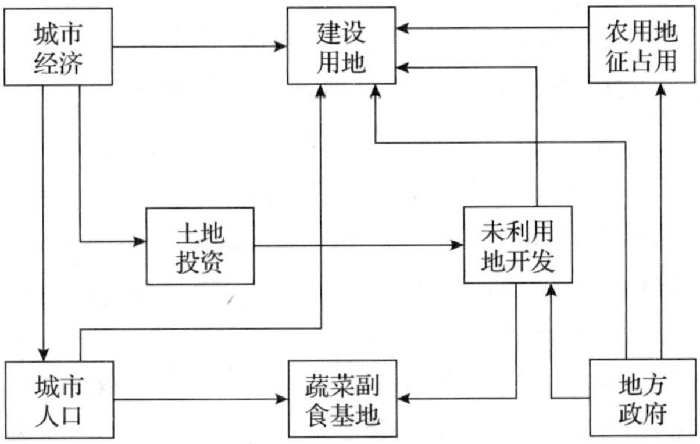

图 7-3 城市土地利用系统模型框图

7.1.2.2 土地利用系统的类型

采用不同的分类标准，就可划分出不同的土地利用系统类型。根据资本和劳动投入的多少，可以分为集约土地利用系统和粗放土地利用系统。前者的资本和劳动投入多，后者则少，这是一个比较的结果，准确的数量化标准并不多见。这样的划分有助于理解土地利用系统的人工化程度或人们对土地的干扰程度。

根据土地利用类型的不同，可分为农业土地利用系统、城镇土地利用系统等。农业土地利用系统还可分为农田土地利用系统、森林土地利用系统、草原土地利用系统等。

分类的目的是便于分析问题，因此也可根据利用层次的逐渐增多而相应地将土地利用系统分为简单到复杂的系统。比如，仅考虑作物和种植制度，可分为单一土地利用系统（仅有一种作物）、复合土地利用系统（即在一块土地上同时存在两种以上的作物）和混合土地利用系统（单一或复合土地利用系统之间进行轮作）。而由一个农户或生产管理单位实施的一个或多个土地利用系统构成某一类型的农作系统，不同的农作系统与其他非生产性自然、半自然和人工的土地利用类型构成区域土地利用系统。当然，区域的土地利用系统已不仅仅是指种植业系统，还包括水域、交通和城乡居民点系统等。区域土地利用系统、自然生态系统和社会经济系统共同构成一个区域的景观生态系统。从区域景观生态系统角度看，还可进一步分为自然景观和人文景观，而区域自然景观和人文景观的可持续发展是土地可持续利用的更高层次的目标。

7.1.2.3 土地利用系统的特征

1. 复杂性

土地利用系统是一个十分复杂的社会经济系统，是一个人地相互作用的过程，表现为自然过程和人工过程的复合，所以涉及面很广，影响因素很多。例如，城市土地利用系统的演化是自然地理环境系统和人文社会经济系统共同作用的结果，城市土地利用系统在其演化过程中表现出不均匀性、多样性、差异性、随机性、无序性等复杂性的特点。同样地，农业土地利用系统是农业生产系统、土地生态系统以及社会经济系统等所组成的复杂系统。

2. 多尺度

尺度是人们观察地理现象的窗口，所有的地理实体都是在特定的尺度范围内被观察和测量，尺度不同，对地理现象的抽象和表达也会存在着显著差异。作为地球系统和社会经济系统的有机组成部分，土地利用系统同样遵循着地理科学的基本定律——尺度特征。例如，若仅考虑耕作和种植制度，一个土地单元和一个土地利用类型相结合构成一个农户经营单元尺度的农业土地利用系统；而在一个区域内，土地组合的类型较多，利用方式也较多，从而形成复合土地利用系统。土地利用系统等级组织及其复杂性，使之具有高度空间异质性，因而在土地利用的格局、过程、驱动力和效应分析，以及土地利用系统管理和重建等方面，均表现出显著的多尺度特征。

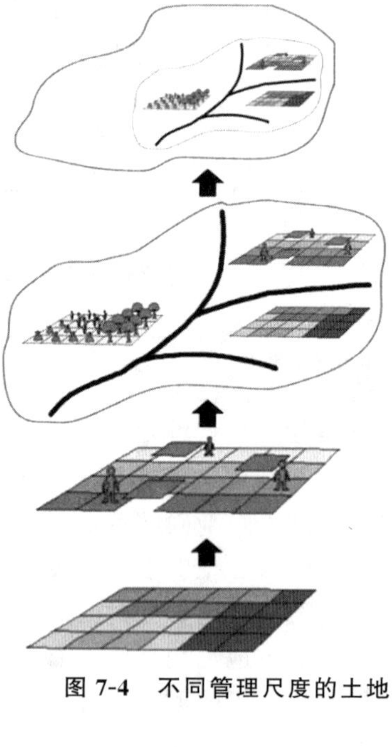

图 7-4 不同管理尺度的土地利用系统

尺度又可分为横向尺度（horizontal scale）和纵向尺度（vertical scale）。横向尺度是指依据比例尺或分辨率的放大或缩小；而纵向尺度强调的是管理方式和政策制度的变化，例如耕作单元（田块）尺度、农户经营单元（农场）尺度、小流域（或景观）尺度、区域（或国家）尺度以及全球尺度等（图 7-4）。一般而言，小尺度主要涉及具体技术问题，中尺度会涉及利用方式和布局问题，大尺度则还需要考虑战略和政策问题，而所有这些问题又是互相影响的。

3. 多效应

首先，土地利用系统具有社会经济效应。自人类社会出现以来，就持续不断地从耕地中获取食物供给，耕地面积的扩展、土地利用集约度的提高、农作物单产的提升和空间布局与种植结构的调整等，这些对于保障区域或国家粮食安全、促进农业增长、农村稳定和农民增收等均发挥了重要作用。其次，土地利用系统具有环境效应。例如，人类在从农业土地利用过程中获取食物供给的同时，因农用化学物质的过量投入，不仅会危害人类自身健康，还会产生土壤板结、水质污染、气候变化等严重的环境问题。再次，土地利用系统还具有生态效应。土地利用改变了地表覆盖状况，影响地球表面的物理特征和生物地球化学循环，进而影响土壤-植被-大气之间的能量、水分和元素的交换过程，从而改变土地生态系统的结构与功能，导致其产生不同的生态效应，如生态服务价值、生物多样性和景观破碎化程度的变化。

4. 动态性

土地利用系统的要素、结构和功能都具有时空变异特征，反映了在时间演替和空间结构中的人地关系。随着社会经济的发展，土地利用的各种驱动因素或约束条件都在时刻发生变化，土地利用系统的结构与功能都将随之改变，以适应不断增长的人类需求。

7.1.3　土地利用系统分析方法

如前所述，土地利用是一个非常复杂的系统问题，涉及土地利用布局、农户投入行为、生产管理模式、环境因子背景、环境变化等各种层面，既有人类活动因素，也有自然环境因素，既有点上问题，也有面上问题，必须要有一种系统的思维方式进行分析。

系统分析（system analysis）是把研究对象视为系统的一种研究和解决问题的方法，它在收集系统信息的基础上，建立与系统结构、功能有关的模型，对信息进行整理、加工和综合，从而解析与研究对象有关的现象，对系统的行为和发展做出评价和预测，并对系统做出调控。因此，土地利用系统分析方法就是将人为活动和自然过程及其环境效应分析耦合为一个整体，通过模拟土地利用过程，定量分析物质流的输入、输出、迁移和累积过程，从而构建投入减量化的、物质高效循环、低环境风险的可持续土地利用模式。根据系统分析的一般原理，土地利用系统分析的过程如下：

(1)确定系统边界。任何一个土地利用系统都有其确定的边界范围，这种边界是多层次的，除了时空的边界范围外，还有流动的人、物质和资金等，对于后者，难度更大，需要对认识、研究、利用和改造的对象进行全面分析后，才能确定。

(2)确定系统目标。土地利用系统的目标是多目标的综合，是由经济、社会、生态三者之间的矛盾统一。在设定具体目标时，可分为两个方面的内容，一是确定土地利用总体方向或土地利用方式；二是确定土地利用的数量指标，如产量指标、经济增长指标、生态保护指标等。确定目标的依据主要是充分考虑系统内的土地条件、社会经济条件，同时还要考虑系统外的人文、经济、自然环境，必须要从实际出发，切忌随意性和盲目性。

(3)进行土地评价。在对系统内各类资源环境数据资料的收集与分析基础上，开展土地评价（如自然适宜性评价、生产潜力评价或经济评价），分析和权衡土地条件与系统目标之间的关系，为土地利用决策提供直接的依据。

(4)可行性分析。在土地评价的基础上，对土地利用方式和指标进行全面的可行性分析，包括：①资源环境可行性；②技术可行性；③组织体制的可行性；④经济可行性；⑤社会可行性等。可行性分析的主要依据是对系统的未来预测结果，如土地资源变化趋势预测、社会经济条件（人口、劳动力、资金、物质投入等）的变化预测、市场需求趋势的预测、科学技术进步的影响预测、国家经济政策变化的预测，等等。

(5)输入-输出模型分析。建立输入-输出模型，对土地利用系统中的物质、资本、劳动等多方面的指标参数进行系统分析，提出系统存在的问题及其原因，预测系统运行的效果或前景，同时为下一步建立土地利用优化模型提供参数选择。输入-输出分析既可以是对现有系统的分析，也可能是对情景系统的分析。无论是现有系统，还是情景系统，对生态环境、经济、社会等各个方面的输入、输出都要有全面的、准确的模拟结果。

(6)土地利用系统的优化模型。在上述定量分析的基础上，根据目标和约束条件（诸如生态保护约束、耕地保护和粮食安全约束、社会可承受性约束，等等），建立土地利用系统优化模型（如线性规划模型或系统动力学模型），提出系统优化的多种方案，并对各个方案进行规划设计、实施管理及其预期效应的模拟研究。

(7)报告或决策。报告的核心成果是对可供选择的优化方案进行详细的描述，并分别进行可行性分析和风险分析，供决策者参考。对于决策者而言，则是根据社会经济发展的现实条件和实际需求，综合权衡，做出最佳选择。

(8)反馈修正。方案一旦确定，即要付诸实施。而实施过程中，若发现问题，必须及时反馈，并对方案进行必要的修改，以确保系统总体目标的实现。

需要注意的是，土地利用系统是一个高度复杂且动态变化的系统，随着社会经济的高速发展与人类需求的持续更迭，系统目标和土地质量也在不断改变。因此，在进行系统优化时，应避免“一刀切”的方式，融入适应性治理理念，建立具有韧性的管理策略，以确保土地利用系统能够在不断变化的复杂环境中持续发展。

7.2 可持续土地利用理论

对土地资源的可持续利用是人类社会可持续发展的重要基础。正如马克思所指出的那样：“土地是一切生产和一切存在的源泉”，土地是一切资源与环境要素的载体，对于社会经济运行具有不可替代的作用。土地可持续利用的思想产生于20世纪80年代，随着可持续发展理念的兴起，促进了如何实现土地资源保护与开发的均衡发展的反思。1988年联合国粮农组织（FAO）提出：“可持续发展就是管理和保护自然资源基础以及调整技术和机构变化的方向，以确保获得并持续满足当前及今后世世代代人的需要。这种可持续发展（主要指农业、林业和渔业方面）必须能够保护土地、水、植物和动物遗传资源，且不造成环境退化，并要求技术上适当、经济上可行、社会能够接受。”在此基础上，FAO在1993年初次颁布了《可持续土地管理评价大纲》，进一步明确了土地资源在可持续发展中的作用和地位。

可持续发展战略的特征有4个：①自然持续性；②经济持续性；③社会的持续性；④可持续消费。实现经济持续性、社会持续性和可持续性消费都是建立在以资源可持续利用和良好的生态环境基础之上，土地资源的可持续利用为可持续发展提供坚实的物质资源保证，也是实现经济持续发展的保障，最终促进人民生活质量和社会文明程度的提高，同时也满足子孙后代的需求不受影响。

7.2.1 可持续土地利用的基本内涵

可持续土地利用的概念是1990年2月在新德里由印度农业研究会（ICAR）、美国农业部（USDA）和美国 Rodale 研究中心共同组织的首次国际可持续土地利用系统研讨会（international workshop on sustainable land use system）上正式确认的。该会议主要评价了世界不同地区的土地利用系统的现状和问题，特别是对过去不合理的土地利用活动所造成的生态环境问题作了系统总结，建议建立全球可持续土地利用系统研究网，倡导可持续土地利用模式。随后又分别于 1991 年 9 月在泰国清迈举行了“发展中国家可持续土地管理评价”研讨会，1993 年 6 月在加拿大 Lethbridge 大学举行了“21 世纪可持续土地管理”的国际学术研讨会。这两次会议的主要结果是提出了可持续土地利用管理（sustainable land management）的明确概念、五大基本原则和评价纲要。FAO 在 1993 年初次颁布的《可持续土地管理评价大纲》中的定义是“如果预测到一种土地利用在未来相当长的一段时间内不会引起土地适宜性的退化，则可认为这样的土地利用是可持续的”，并提出了与之相应的可持续土地利用（管理）的五大基本原则，具体内容如下：

(1)保持和加强生产/服务（生产性）。即保证土地资源的充分利用，加强其应有的生产和服务功能，不能以牺牲人们的基本利益这个前提来谈可持续。

(2)减少生产风险程度（稳定性）。即在土地利用过程中要改善土地的生产和生态条件，维持生态平衡，从而保证生产的稳定性。

(3)保护土地资源的潜力和防止土壤与水质的退化（保护性）。即不能因过度强调生产或高产而破坏水土资源；在满足当前需要的同时，不能损害后代的发展能力。

(4)具有经济活力（可行性）。生产与经济要同步持续发展，不能因“高产”而“无益”。

(5)社会可以承受（可承受性）。必须考虑社会的可承受性。例如，发展中国家首先应当考虑人们的温饱问题，在实现温饱的过程中逐步加强生态环境的保护，最后达到生产、生活与生态的共赢。

上述 5 个原则同等重要，被称为可持续土地利用的五大支柱。可持续土地利用的基本目标是保持和加强生产及其服务功能；而且要通过投入和生态建设使土地利用系统具有一定的稳定性和抗风险能力；在高产与稳产的同时要避免过度利用，不能因高产而造成土地资源退化、水资源枯竭、污染或富营养化等问题；而且要保证生产者的生产与经济同步协调增长；在选择土地利用模式方面应考虑社会的可承受性。如发展中国家首先要考虑的是解决温饱和发展问题，在这个过程中逐步重视生态环境的保护与改善，最后达到生产、生活与生态的高度统一。因此，可持续土地利用对于不同发展水平区域应有相应的具体含义，没有一个统一的固定标准或模式。

然而，不同学者对可持续土地利用也有不同的理解。美国学者 Yong（1989）从土地科学角度给出的定义是“获得最高的收获产量、并保护土壤等赖以生产的资源，从而维护其永久的生产力”的土地利用；Hart 和 Sands 从系统科学角度出发，将可持续土地利用定义为“利用自然和社会经济资源，生产当前社会经济环境价值超过商品性投入的产品的同时，能维持将来的土地生产力及自然资源环境”。周诚认为可持续土地利用的含义是“使有限的土地，持续地满足人们日益增长的需求。简言之，即达到土地供求的持续平衡”。就“供”而言，土地资源的经济供给量是有弹性的，是可调剂的，但它最终要受到无弹性的即不可调剂的自然供给量的约束，从而归根到底是无弹性的。就“求”而言，全球人口正处在增长的惯性运动之中，存在着对土地资源需求量日益扩大的趋势。在供求矛盾中，矛盾的主导方面是“求”。尽管如此，在“供”“求”两方面都要进行调节，才能够不断解决二者之间的矛盾，实现二者间持续平衡。

此外，还有一些学者对可持续土地利用做出如下进一步论述：在特定的时期和地区条件下，对土地资源进行合理的开发、使用、治理、保护，并通过一系列的合理组织，协调人地关系及人与资源、环境的关系，以期满足当代人与后代人生存发展的需要。在生态上表现为土地质量无退化，使土地资源持续地保持较高生产力。在经济上表现为土地不断地被合理配置和高效利用，即从面积一定的土地上产出尽可能多的经济效益，同时要能维持土地的这种高效产出功能。在社会上表现为土地利用不仅要满足当代人需要，还要遵循各代人之间的平等，确保后代人的生存与发展，即土地配置、利用及效益等方面在当代人之间及代与代之间保持公平。可持续土地利用的核心是协同和公平，协同即是土地资源利用应考虑社会进步、经济增长和环境保护三者之间的协同，只有这样才能体现土地利用的目的——满足人类长期的需要。因此，土地首先必须被不同组织或个人加以利用，以发挥其生产、承载等功能，增加人均福利，满足社会、经济发展的要求；其次，土地在使用过程中必须保持其质量不退化，不造成环境破坏和污染。公平即土地利用能保证当代人平等享受土地功能，同时也能保证后代人平等地使用高质量土地、享受土地回报，甚至能使其他生物种群具有它们该有的占有、享用土地的权利，只有这样才能保证土地利用符合可持续发展的原则（图 7-5）。

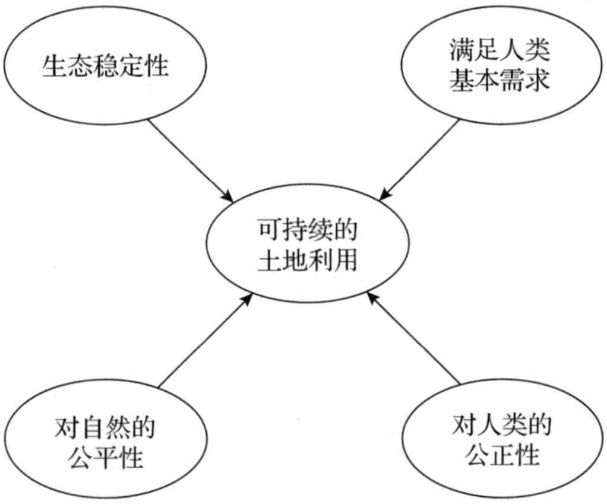

图 7-5 可持续土地利用原理图

（引自：Hurni Hans，1992）

7.2.2 可持续土地利用评价方法

可持续土地利用评价是以可持续土地利用的五大原则为依据，将与土地利用有关的自然、经济和社会各个方面的因素联系起来进行全面分析与综合评价，诊断土地利用系统的可持续性程度。它与土地适宜性评价有一定的联系，如果预测到某种土地利用模式在未来相当长的一段时期内不会引起土地适宜性的退化，则可认为这种土地利用系统是可持续的。可持续性评价的关键是要考虑土地利用在将来的发展变化趋势，与适宜性评价比较，具有 2 个特点：其一是更加关注土地利用可能产生的社会、经济、环境效应的潜在变化和风险；其二是对各种因素的变化趋势要有明确的量化标准，以此预测将来的土地利用系统的变化趋势、可持续性程度、管理绩效等。

根据 FAO 于 1993 年颁布的《可持续土地利用管理评价大纲》，可持续土地利用评价主要包括如下步骤：①确定评价目标；②分析土地自身因素的可持续性；③分析生物因素的可持续性；④分析经济因素的可持续性；⑤分析社会因素的可持续性；⑥环境效应评价；⑦综合上述分析，判断可持续性；⑧提出结论，如果是可持续性的，判断保持可持续性程度；如果是不可持续的，提出改进途径。

可持续土地利用评价的关键点和难点在于对土地利用系统的未来变化趋势进行预测和分

析。为此，《可持续土地利用管理评价大纲》提出了“指示因素—标准—临界值”监测体系。指示因素（indicators），是指测量反应环境状况或条件变化的有关土地或环境因素（如土壤侵蚀速率）；判断标准（criteria），是决定对环境条件进行判断的标准或尺度（如评价土壤侵蚀对产量和水质的影响），选择判断标准的目的是要揭示当地环境变化的趋势，并通过识别过去发生的这些变化趋势的起因，反映将来变化的形势及其对持续性的影响；临界值（thresholds）表明某一因素超过一定的水平时，系统就会出现很大的变化，并可能出现突变（如超过某种次生盐渍化风险程度就不可继续承受了）。

显然，只有建立“指示因素—标准—临界值”的监测体系，才能科学地判断土地利用系统在将来一定时期内的可持续性。然而，要建立这样的监测体系，需要大量的、长期的科学实验和数据分析，以及建立大量的能够计算多因素变化趋势的数学模型或模拟模型。由于各方面的条件限制，上述工作很难完成，这就使得目前的持续土地利用评价还处于研究阶段，而且主要集中在对评价指标体系的探讨阶段。

7.2.2.1　土地质量指标和 PSR 框架评价方法

1994 年，“土地质量指标计划”作为一项世界范围内的可持续土地利用评价的研究工作，由世界银行（WB）、FAO、联合国开发计划署（UNDP）和联合国环境规划署（UNEP）等几个国际组织共同发起，其目的是协调世界范围的食物生产和环境保护，实现土地资源的可持续利用，并在一些发展中国家开展了案例研究。以下是该方法的主要内容：

(1)确定研究的主要目标。主要包括：①为热带、亚热带和温带主要农业生态区的土地利用系统（农业和林业）建立一系列标准化的土地质量指标；②确定数据来源，建立分析、综合和结果应用的标准方法；③各机构间交流各自负责收集的土地质量指标数据及成果，并在区域、国家和全球水平确定各机构制定土地利用政策和技术方案的职能。

(2)建立土地质量指标体系（PSR 框架）。土地质量指标体系可以用于确定国家乃至全球与土地相关的重要问题（如土地利用压力、土地退化、水土保持、有关可持续土地管理问题的政策等）；可以用来制定地区政策和规划，进行国家或全球性评价，实施环境影响监测，开发能够促进土地可持续利用的技术、政策和规划。同时，土地质量指标应纳入规划目标，在实施过程中和完成后可以作为监测手段。因此，建立土地质量指标体系是可持续土地利用评价的关键。

土地质量指标体系的构建采用“压力—状态—响应”（PSR）框架。对于可持续土地利用来说，压力（成因）指各种人类活动对土地施加的压力及对土地质量变化的影响（有些研究者认为还应当包括来自地球表层各种自然生态过程的影响）；状态包括植被、土壤、养分、水等资源环境变化的种类、程度、空间范围和速率；响应包括各类土地利用主体和政府为控制土地退化所作的有目的的行动。

指标是对有关条件、质量或状态变化的统计或测度，可以方便地描述资源现状或条件、作用以及预测响应；指标可以用来确定变化的性质、方向和速率，并与基准数据比较进行评价；指标也是针对问题的，问题可能是单项的，也可能是综合性的；指标的多少与问题的复杂程度相关（表 7-1）。

表 7-1 某些土地利用问题的 PSR 框架指标

问题	压力	状态	响应
资源可获得性	耕地生产力，增加边际土地利用，提高种植强度	侵蚀变化，生产力变化，水质变化	改用更具抗性的作物，土地荒弃速率变化，投资变化，投入的利用效率变化，生产体系变化，由政府/机构采取的任何具有正向效应的响应行动
土壤管理战略	从其他不相似的环境引进的技术，与自然变异范围不相关的或有风险的技术	养分状况改善或下降，有机质增加或减少，单位面积或单位投入产出提高或降低，风蚀、水蚀增加或减少，径流、暴雨增加或减少，土壤酸化增加或减少，变异性提高或降低	增加利用粪肥和残茬，改用抗性更强的作物或采取种植—养殖混合系统，扩大耕地面积，增加退化土地弃耕，建立农户支持的保护组织，补助制度
土壤侵蚀	山坡种植	产量下降	梯田、多年生作物
水质恶化	农业—工业加工	鱼类死亡	水处理、技术改造
草地退化	放牧牲畜	土壤侵蚀	轮牧、休牧

（3）最终成果。主要有：①针对热带、亚热带和温带主要土地利用与管理问题提出的相关土地质量指标集；②为各个不同生态区实施可持续土地利用提供指导的土地质量指标的状态目标和阈值（临界值）集；③建立超级土地信息数据库，说明各机构所储存的数据类型、数据质量和可信度以及如何获取这些数据，重点数据为土地对于种植业和林业的适宜性、生产潜力、现有土地管理技术以及其他监测土地质量变化所必需的有关信息；④在区域、国家和全球尺度对各类农业生态区的土地质量变动趋势做出评价；⑤通过代表性农业生态区的个案研究，建立区域和地区水平的土地质量指标。

总体来说，PSR 框架为建立可持续土地利用评价指标体系提供了一个清晰的思路。它使用了“压力—状态—响应”这一思维逻辑来构造指标，清楚地回答了“发生了什么、为什么发生、我们将如何做”这 3 个问题。其中，压力指标用以表明那些造成发展不可持续的人类活动和消费模式或经济系统的一些因素；状态指标用以反映可持续发展过程中的各系统的状态；响应指标用以表明人类为促进可持续发展所采取的对策。PSR 框架所建立的土地质量指标临界值集有利于对土地质量变化的动态监测，具有一定的可操作性和监测性。当然，动态监测需要有相应的历史数据，并要在将来进行不间断的试验更新。同时，“压力—状态—响应”分析主要是针对某一个具体问题而进行的专门分析，如何面对土地利用系统的所有问题及其所有指标而进行综合评价，还需要进一步探索和实践。

7.2.2.2 多时点综合评价方法

多时点综合评价法侧重于对不同时间周期的可持续土地利用状态的评价和比较分析。该方法的步骤包括：①筛选评价指标，建立评价指标体系；②根据区域发展状况，选定无量纲化的计算方法；③确定所选指标的有关阈值和标准值；④将指标实际值转化为指标评价分值；⑤确定指标权重；⑥计算综合评价分值。

其中，制定评价标准或“阈值”是可持续土地利用评价的重要内容。一般而言，可通过典型样本调查获得，也可依据类似区域的科学试验结果或相关国家标准来确定。采取的评价标准主要从以下各方面考虑：一是国家、地方、行业标准，如国家规定水质分级标准等；二是科学研究的判定标准，对于一些限制性指标，则采用通过综合研究或试验所测得的底线值或警戒值作为评价标准，如人口承载力、作物的理论最高单产以及农用地分等定级评价结果等；三是各类规划指标，如国民经济发展指标、森林覆盖率等规划目标值，可衡量实际水平与目标的偏离程度；在无规划指标的情况下，也可用多年最大（最小）值或平均值作为评价标准。

按照对可持续土地利用的影响方式，具体指标可分为正向指标和逆向指标，两者的评价分值的计算公式分别为：

正向指标分值（F）：$F=\dfrac{C_i}{S_i}$

逆向指标分值（F）：$F=\dfrac{S_i}{C_i}$　或　$F=1-\left(\dfrac{C_i}{S_i}\right)$

式中：F 为指标评价分值；C_i 为指标实际值；S_i 为指标标准值。

根据评价对象的复杂性程度，指标体系一般可分多个层次，如由高到低分为评价标准层、评价因子层和评价指标层。每一层的各项权重确定可采用特尔菲法、层次分析法、因素比较法等。当然，由于各种因子或指标对土地利用系统的作用非常复杂，要非常科学地确定其每一项指标的权重是一个巨大的挑战，这需要有大量的基础性研究来支撑。

区域可持续土地利用评价综合分值的计算采用以下公式：

$$S=\sum_{i=1}^{5}\left\{w_i\times\sum_{j=1}^{n}\times\left[w_j\times\sum_{k=1}^{m}(w_k\times Y_k)\right]\right\}$$

式中：S 为可持续土地利用分值；w_i 为准则层的权重；n 为评价因子层的数量；w_j 为评价准则层的权重；m 为评价指标的数量；w_k 为评价指标的权重；Y_k 为评价指标分值。

按照综合评价结果将可持续程度分为强可持续、中可持续、弱可持续和不可持续 4 级（表 7-2）。

表 7-2　可持续土地利用程度分级标准

可持续利用程度分级	强可持续	中可持续	弱可持续	不可持续
评价结果分级标准	80～100	65～80	50～65	0～50

7.2.2.3　草地利用系统的可持续性评价

如前所述，FAO 所发布的《可持续土地利用评价大纲》已经成为有关国家或国际组织开展土地资源可持续利用与管理的指导性文件，尤其在农业土地利用领域，已被广泛地接受与实证研究。2000 年国土资源部立项开展了“土地资源合理利用评价指标体系与评价方法研究”的课题，旨在将可持续土地利用的基本理论应用到我国土地利用管理的实践，建立可持续土地利用的评价指标体系和评价方法，用以监测、评价和指导中国土地资源的可持续管理工作实践。本节内容即是来源于该项目的研究成果。

1. 草地利用系统的特征及其可持续利用的基本内涵

草地利用是指人类为了一定的目的，通过一定的行动，对草地进行开发经营，从而满足自身需要的过程。草地、劳动和资本是草地利用过程的 3 个基本要素。一定时间和一定空间的具有相对独立性的草地经营单元，构成了一个草地利用系统（rangeland use system）；或者说，一个草地自然单元与相应的草地利用方式相结合构成草地利用系统。因此，评价草地利用系统的状态可以从 3 个方面来描述，即草地利用单元的自然环境状况、草地利用系统的人为干预状况以及草地利用系统的输出状况。

草地利用系统的自然环境状况主要包括：气候（含太阳辐射、温度、降水等）、地貌、土壤、植被等。草地利用系统的人为干预状况是指草地利用与管理的具体方式，包括利用形式及程度、管理方式、投入形式、各种保护措施等。草地利用系统的输出状况主要是指产出状况，包括正面的产出，如产草量、理论载畜量等；也包括负面的产出，如侵蚀量、沙化等草地退化的结果。

由于草地利用系统是一个复杂的社会、经济、生态系统，草地资源可持续利用的本质是在不同尺度上、不同等级层次中社会、经济、生态等众多的相互冲突目标之间的权衡与取舍；在时间尺度上，当代人的需求不能危害和削弱后代人满足他们对草地系统及其产品或对社会的服务需求的能力。因此，对于特定区域而言，草地可持续利用就是确保草地资源的生产能力和再生产能力持续稳定地发展，既满足人类经济生活与环境的要求，又能不断改善资源本身的质量特性，实现社会、经济和生态的最佳综合效益。草地可持续利用的具体目标又可分解为以下几个方面：

(1)发展。是草地可持续利用的根本目标，离开了发展特别是经济发展，所谓的草地可持续利用也就无从谈起。目前发展中国家正承受着贫困和生态恶化的双重压力，贫困是导致生态恶化的根源，生态恶化又更加加剧了贫困。只有发展才能为解决生态危机提供必要的物质基础，也才能最终摆脱贫困。

(2)可持续性。是草地可持续利用的核心，离开了可持续性，特别是生态的可持续性，经济增长、社会发展、生活质量的提高就会失去前提条件，所谓的发展也就大打折扣甚至发生逆转。发展一旦破坏了人类生存的物质基础，发展本身也就不可避免地衰退了。因此，对于草地这种可更新资源的利用强度应限制在其最大持续收获量以内。

(3)公平。包含两层含义：一是时间上的公平，即强调当代人在创造今世发展与消费的同时，应努力做到使自己的机会与后代人的机会相平等，不能剥夺后代人本应享有的同等发展和消费的机会；二是空间上的平等，即要求在草地区域内部和不同区域间实现资源利用和环境保护两者的成本效益的公平负担和分配。

(4)综合。在草地可持续发展中，衡量草地区域发展的成败不再仅仅是经济的增长，而是一个综合的评判。它包括草地区域的生态协调性、环境稳定性、资源利用永续性、地区发展的平衡性、社会的可接受性等。

2. 草地利用系统可持续性评价指标体系建立

(1)指标体系的基本框架。建立草地利用系统可持续性评价指标体系是进行可持续性评价的关键，其依据应当是草地利用系统的状态指标（即草地利用系统的自然环境状况、人为干预状况以及系统输出状况），以及草地资源可持续利用的具体目标和内涵，由此采用了目标分层法构建草地资源可持续利用评价指标体系的基本框架。首先确定研究对象的可持续发展目标，即目标层，然后在目标层下建立几个较为具体的分目标，称为准则（或类目指标），准则层则由更多的因子（又叫项目指标）组成。在应用目标法时，研究者通常将系统的综合效益作为目标，把生态效益、经济效益、社会效益作为准则，选取有关要素作为评价系统是否具有可持续发展能力的指标因子。

根据 FAO 发表的《可持续土地管理评价大纲》，可持续土地利用必须符合以下原则：①土地利用方式有利于保持和提高土地的生产力（生产性），包括农业和非农业的土地生产力以及环境美学方面的效益；②有利于降低生产风险（稳定性），使土地产出稳定；③保护自然资源的潜力和防止土壤和水质的退化（保护性）；④经济上可行（可行性），如果某一土地利用方式在当地是可行的，那么这种土地利用一定有经济效益，否则肯定不能存在下去；⑤社会可接受（可承受性），如果某种土地利用方式不能为社会所接受，那么，这种土地利用方式必然失败。

从上述五大基本原则的具体含义出发，采用目标分层法，构建了 4 个层次的草地资源可持续利用评价指标体系。如图 7-6 所示，第 1 个层次为目标层（object），即评价目标，也就是草地利用系统的可持续性程度；第 2 个层次是项目层（item），它包含土地可持续利用五大目标（原则）：生产性、稳定性、生态保护性、经济可行性、社会可承受性；第 3 个层次是评价因素层（factor），即每一个评价项目具体是由哪些因素决定的；第 4 个层次是指标层（indicator），即每一个评价因素有哪些具体指标来表达。

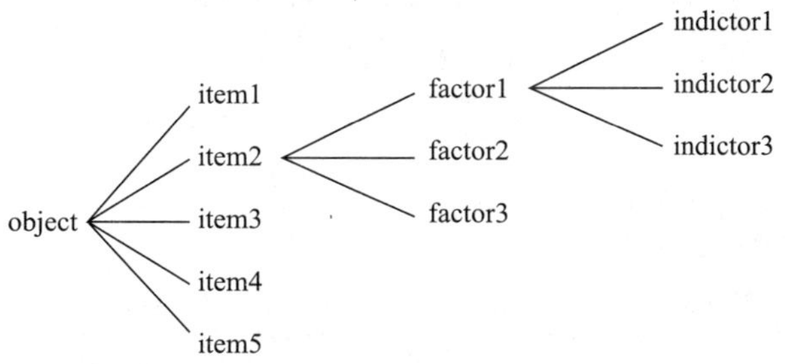

图 7-6　草地利用系统可持续性评价指标体系组成结构示意图

object——草地利用系统可持续性指标；

item——评价项目层（可持续利用五大目标）；

factor——因素层（如保护性评价中的“草地退化程度”）；

indictor——指标层（如“草地退化程度”中的“草层覆盖度”“超载率”“轮牧方式”等）。

(2)评价指标的选取原则。在草地利用系统可持续性评价指标选取过程中遵循了以下原则：①科学全面性原则，应全面反映草地资源可持续发展的各个方面，既要反映自然资源、社会经济、生态等总量指标，又要符合草地资源可持续发展目标的内涵，使评价目标和评价指标有机地联系起来。②可操作性原则，即针对评价指标体系的评价方法是否可行？资料是否可以获取？指标可操作性强，便于进行定性或定量分析。③动态变异性原则，即所选取的指标在草地利用过程影响下具有一定的动态变化特性，并且在不同区域的表现程度是不同的。④相对独立性原则，即要求各个指标之间具有一定的相对独立性，不能出现重复作用的指标。⑤简单性原则，参与评价的指标数量尽可能少，应重点选取那些起主导作用的因素。

⑥诊断性原则，指标体系应该具有诊断问题的能力，不仅要确定是否可持续，还要明确造成不可持续的关键因素。

(3)评价指标的选取依据。应当考虑到：①草地资源可持续利用的目标，即保持和提高草地的畜产品生产力，保持和提高草地的环境功能，降低生产风险，保护生态环境质量，满足社会发展需要，在选择指标时应以此为出发点。②我国草地资源的基本特点，即我国草地面积大，分布地域广，草地类型复杂多样，而且各草地类型地带性强且利用方式和生产潜力差别很大，因此，指标的选取应主要考虑草地资源的基本特征，如基础生产力、载畜量等。③我国草地资源利用的主要制约因素与存在的问题，反映在自然、生态、社会经济等各个方面，如草地退化、超载过牧、投入少、缺乏管理等，指标的选取时应充分考虑到这些制约因素与存在问题。④草地利用系统的本身特征，可以从3方面来描述，即草地类型单元的自然环境状况、草地利用系统的人为干预状况以及草地利用系统的输出状况。

(4)评价指标的分类组成。建立草地利用系统的可持续性评价指标体系的关键是对评价因素层（factor）和指标层（indicator）的确定。根据指标选取的原则和依据，筛选出了评价因素层的各类评价指标，如表7-3所示。

表7-3 草地利用系统可持续性评价指标体系分类表

评价目标	评价项目	评价因素层	评价指标层
草地利用系统可持续性指标	生产性(X-Ⅰ)	草地基础生产力(x-1)	光温生产力(x_1)、水分状况(x_2)、土壤肥力(x_3)、草地类型(x_4)
		草地载畜能力(x-2)	产草量(x_5)、草地可利用率(x_6)、地貌类型(x_7)、青绿期长度(x_8)
		草地现实生产水平(x-3)	现实载畜量(x_9)、出栏率(x_{10})、畜群结构(x_{11})
	稳定性(X-Ⅱ)	抗灾能力(x-4)	旱(雪)灾发生频率(x_{12})、鼠(虫)害面积比例(x_{13})、人工草地比例(x_{14})、冬春草场比例(x_{15})、越冬设施(x_{16})
		草地生产波动性(x-5)	牲畜死亡率(x_{17})、年际变化幅度(x_{18})
		草地改良投入(x-6)	科技投入(x_{19})、补播投入(x_{20})、施肥量投入(x_{21})、灌溉投入(x_{22})
	保护性(X-Ⅲ)	草地退化程度(x-7)	植被覆盖度(x_{23})、优势牧草种类比例(x_{24})、地上可食生物量所占比例(x_{25})、沙化程度(x_{26})、水土流失(x_{27})
		草地放牧（利用）方式(x-8)	轮牧方式(x_{28})、超载率(x_{29})、饮水点分布(x_{30})、围栏封育比例(x_{31})
		生态保护性政策(x-9)	保护性政策体系(x_{32})
	经济可行性(X-Ⅳ)	草地畜牧业生产效益(x-10)	每公顷产值(x_{33})、每公顷纯收入(x_{34})、投入产出比(x_{35})
		草地牧业增产潜力(x-11)	年收益增长率(x_{36})
	社会可承受性(X-Ⅴ)	社会需求满足程度(x-12)	畜产品商品率(x_{37})、供求关系(x_{38})、品种结构(x_{39})、季节结构(x_{40})
		草地使用制度(x-13)	产权状况(x_{41})、税收政策(x_{42})、草地管理政策(x_{43})
		放牧管理条件(x-14)	距牧道距离(x_{44})、距定居点距离(x_{45})

3. 草地利用系统的可持续性评价方法

草地利用系统可持续性评价方法的重点是指标权重（即重要性）的确定、指标的量化分级以及评价模型建立。

(1)指标权重的确定。由于各种评价因素对于草地利用系统的可持续性影响不是同等重要的，其重要性程度可用权重来表示，反映了该因素对研究对象的作用程度。确定权重一般应满足下列要求：①权重值的大小与因素对研究对象的影响作用成正比，权重值越大，因素对研究对象的影响越大；②各因素权重值通常在 0～100 或 0～1 之间赋值，各因素的权重值之和必须等于 100 或 1。

评价指标权重的确定在整个草地资源可持续利用评价过程中是非常重要的一步，它是整个评价工作成功与否的关键，在评价指标体系确定以后，按照评价准则→评价因素→评价指标的步骤分层次地逐步确定。通常应用层次分析方法，根据各评价因素之间的制约关系，划分出各因素间相互联系的有序层次，再对每一层次的各因素进行客观的判断后，相应地给出相对重要性的定量表达，构建判断矩阵，计算出每一层次全部因素的相对重要性的权值。

(2)评价指标的量化分级。草地利用系统可持续性评价指标体系中的评价指标可以分成两大类；一类是属于描述性的指标，也即定性指标；另一类是可以量化的指标，即定量或半定量指标。对于定性指标，可将它们分层后按统一分值及正向约定打分，从而将其定量化。例如，“沙化程度”指标，可按其程度先将其分为强、较强、一般、较弱、弱 5 个层次，再按正向约定分别打分；“地貌类型”指标则按我国的具体情况分为平原、丘陵、盆地、山地、高原 5 个层次，给予不同的分值。对于定量指标，主要参照国家标准和其他文献对其阈值的划分，也可根据多年来的实验数据和统计资料进行综合判断，按其分布范围确定阈值和分级并按等级给予相应的分值。

(3)评价模型的建立。可持续性综合评价采用了综合指数法。综合指数法的原理即是对影响可持续性的各个因子的作用进行加权综合，用一种综合性指数来反映其可持续性程度，其计算模型即为加权指数模型。一般以某一相对独立的生产管理区域（如一个牧场或基层行政区域）为评价单元进行综合评价，根据评价结果和资源利用现状，对各个不同单元或区域进行诊断，找出草地利用系统的主要问题。然后，在进一步实地调查和专家咨询的基础上，开展区域草地资源可持续利用规划，重点解决影响草地利用系统可持续发展的制约因素，因地制宜地建立高效持续的草地资源利用区域模式，以提高草地资源的总体生产潜力和应变能力，确保草地利用可持续发展战略的顺利实施。

4. 草地资源可持续利用评价指标体系和方法的评述

草地利用系统的可持续性评价是以 FAO 所提出的可持续土地利用五大原则为依据，针对草地资源可持续利用的基本内涵和目标，具体结合草地利用系统的主要特征，构建了评价目标—评价准则—评价因素—评价指标 4 个层次的评价框架。并根据草地利用系统的自然环境状况、人为干预状况以及系统输出状况，提出了草地资源可持续利用评价的指标体系分类方案，较全面地反映了草地资源可持续利用的综合效益和目标。但是，在具体开展评价应用时，应当根据不同地区的特点，可适当调整某些评价指标和评价标准，使评价结果更具有针对性，并使其尽可能地反映出当地草地资源可持续利用中的主要限制因素和主要问题，以便找出相应的对策。上述评价方法最佳适用于对不同发展时期或不同类型的草地利用系统的可持续性评价的比较研究，通过综合评价和比较，能够简单明了地反映系统的演化过程和运行方向，并能找出系统调整和运行的主要问题，从而为系统的可持续发展指明着力点和方向；也可从横向和纵向两个方面全面分析不同草地资源可持续建设区域的系统条件、建设速度、系统功能及相对效益，为区域草地资源可持续利用与管理提供科学依据。

7.2.3 可持续土地利用管理决策

虽然可持续土地利用评价还处于研究探索阶段，但评价的目标是为土地资源可持续利用提供决策服务。

7.2.3.1 可持续土地利用管理决策的基本过程

决策是决策者针对特定问题而选择解决策略和方式的过程，一般包括：①辨识问题；②寻找解决途径和方案，对备选方案做出抉择；③方案实施后通过监测对问题解决程度进行评估，在此基础上重新辨识问题、修订方案，由此构成决策循环。图 7-7 表达了可持续土地利用评价的决策循环过程。

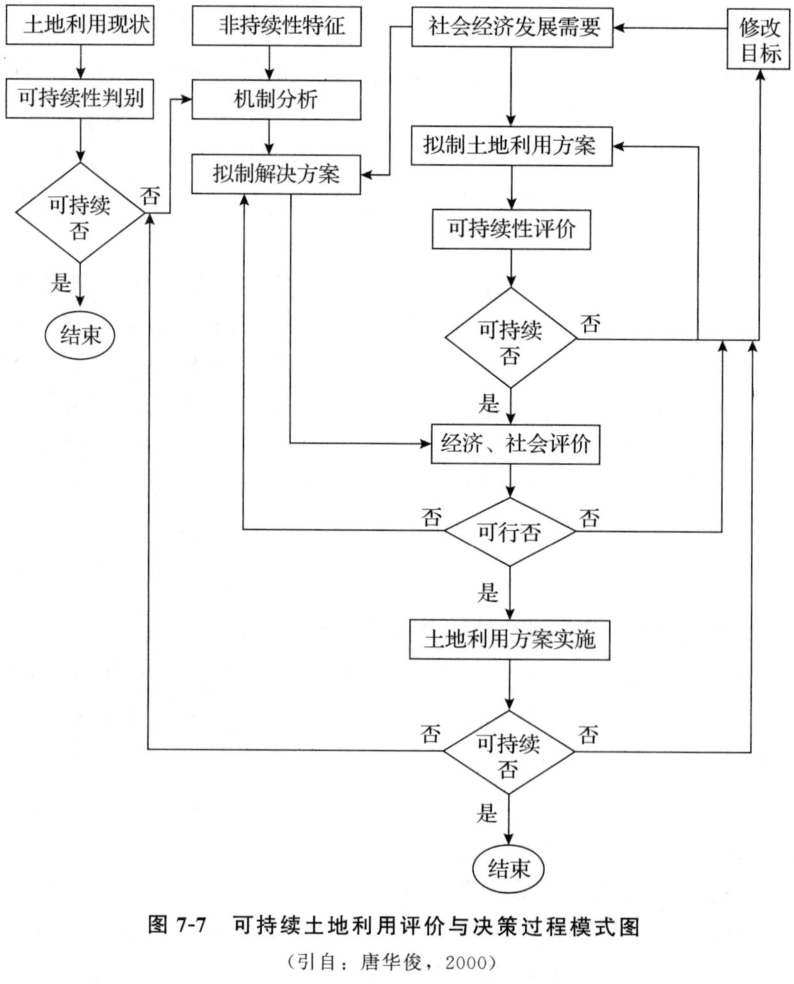

图 7-7 可持续土地利用评价与决策过程模式图

（引自：唐华俊，2000）

(1)问题辨识阶段。可持续土地利用评价的主要目标是判断现有土地利用方式能否持续，并分析诊断所预测的或已经显现的非持续性特征的形成机制。前者需要覆盖面较广的指标和对未来趋势、过程的预测，后者注重特定方面的具体关系和作用过程。

(2)方案制定阶段。除了对可持续性问题进行辨识并拟制相应的解决方案之外，还要对所拟订的各种土地利用方案进行可持续性评价。对未来实施方案的评价既要具有针对性和可操作性，还需要通过技术可行性、经济可行性和社会可接受性的评价。如果评价结果是否定的，则应权衡各方利弊，修改初始目标以寻求新的解决方案。

(3)方案实施阶段。在方案实施过程中，对于可持续性问题应进行实时监测，以评估实施效果，这需要事先确定反映土地利用可持续性的测定指标、判别标准和监测手段。反馈给决策者的可持续性评价监测结果是重新认识和修订土地利用方案的起点和依据。

7.2.3.2　可持续土地利用模式设计

可持续土地利用模式设计是可持续土地利用管理决策方案制定阶段的重要内容。可持续土地利用模式设计以可持续土地利用的五大基本原则为前提，在土地利用系统分析的基础上，进行可持续土地利用评价，找出可持续发展的制约因素，并根据区域自然、社会、经济条件，提出一整套适合该区域的土地综合整治措施与上地利用优化方案。由于不同区域的土地资源条件和土地利用活动复杂多样，可持续土地利用也不可能有一个统一的模式。下面以黄土高原小流域的可持续土地利用模式设计为例，阐述可持续土地利用模式设计的步骤和方法。

首先，根据现实的自然与社会经济条件及发展趋势预测（比如人口增长等）确定社会需求和经济目标，合理配置农、林、牧业生产，建立土地利用结构优化模式，使之具有社会可承受性和经济可行性。

其次，将优化结构中的各种土地利用类型与相适宜的土地类型单元相匹配，进行土地生态经济系统的空间生态设计，使土地利用系统与土地系统的结构耦合协同、互利共生，体现可持续土地利用的生产性和保护性。

再次，预测整个土地利用系统的负输出，即每个土地利用单元的土壤侵蚀量，进行水土保持决策，实施水土保持技术方案（包括耕作技术措施和工程措施），减少土地利用的土壤侵蚀风险，使调整后的土地利用系统具有稳定性和保护性。

最后，在土地利用过程中需要改良和建设土地生态系统，一方面，应适度规模地建设基本农田，实行集约化经营，力争高产稳产；另一方面，在治坡的同时逐步治理沟壑，改善生产条件和美化生态环境，进一步加强土地利用的生产和服务性，提高整个土地利用系统的稳定性，实现良性循环和可持续发展（图 7-8）。

7.3　土地利用规划

土地利用规划是在一定规划区域内，根据经济社会可持续发展的要求和当地自然、经济、社会条件，对土地资源利用、开发、整治和保护方式在空间和时间上的总体布局和实施规划，是实现区域土地资源可持续利用的主要手段。根据土地利用规划的性质或功能不同，可以将土地利用规划细分为 3 种类型，即土地利用总体规划、土地利用专项规划以及土地利用详细规划（或土地利用的景观规划与设计）。

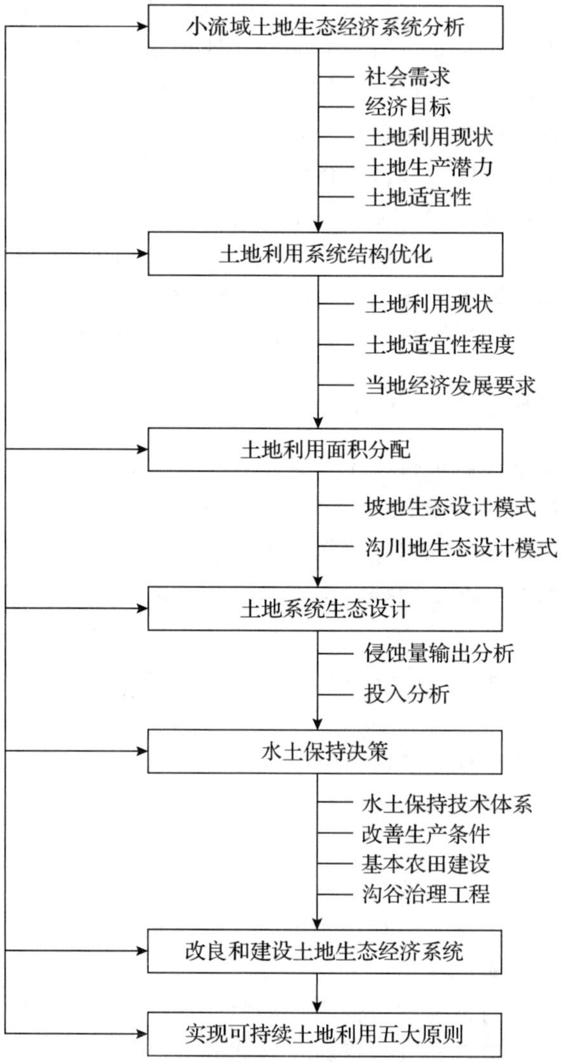

图 7-8 黄土高原可持续土地利用设计模式

7.3.1 土地利用总体规划

根据《中华人民共和国土地管理法》的规定，各级人民政府应当依据国民经济和社会发展规划、国土整治和资源环境保护的要求、土地供给能力以及各项建设对土地的需求，组织编制土地利用总体规划。土地利用总体规划具有法律效力，所有的土地资源利用和管理行为都必须遵循，其他的土地利用规划也必须以其为依据，不得违背。

土地利用总体规划是以某一级行政区域为界（国家、省、地市州、县、乡镇），根据国民经济及社会发展纲要及土地资源基本条件（数量、质量、适宜性、生产潜力等），对规划区内的土地资源在国民经济各部门的合理配置和调控，并对土地资源的利用、开发、整治和保护，在时空上进行战略性的总体布局和统筹安排。土地利用总体规划具有长期性、战略性、控制性的特点，是对土地资源的总体配置和计划管理。

土地利用总体规划可以按区域范围进一步划分，如按照我国行政体系的等级，分为国家、省（直辖市、自治区）、地市或自治州、县、乡镇 5 级土地利用总体规划。还可按规划期限进一步划分，如长期规划、中期规划和短期规划等，不同期限的规划目标和实施方案各有侧重。

7.3.1.1 土地利用总体规划的任务

土地利用规划的任务是在一定时期内对土地利用进行控制、协调、组织和监督。

1. 对土地利用实行政府干预和控制，以保障社会的公共利益

我国实行土地用途管制政策，其主要措施就是土地利用总体规划。所有的土地利用活动都必须按照土地利用总体规划的用途进行，并在以下几个方面实行重点控制。

(1)控制建设用地。稳定耕地面积，保持人口与耕地的平衡，对农用地转为建设用地实行严格审批，将建设用地保持在规划范围之内。

(2)管控土地利用效应。通过土地利用方式规划和调控，防范土地利用的生态环境风险，实行土地质量监管。

(3)实施土地利用功能分区。通过主体功能区划分，形成区域化生产，发挥资源优势和规模效益。

(4)限制土地利用方式和强度。如在城市郊区建立保护菜地；不同地区的建筑层数、建筑密度、建筑形式以及公共设施用地规模等的限制；丘陵山区 25°以上坡地退耕还林还草，等等。

2. 协调土地利用矛盾

(1)协调人地矛盾。通过耕地保护、提高土地利用率及土地生产力，使人口—粮食—资源与环境在区域上实现基本平衡。

(2)协调部门用地竞争。保证各部门对土地需求的合理分配和协调发展；实现山-水-林-田-湖-草-沙生命共同体的可持续发展。

(3)协调地区之间的矛盾。进行区域生产结构的宏观配置和区域协作，实现主体功能区的专业化生产功能。

3. 组织实施土地利用

通过各级人民政府编制土地利用总体规划，组织落实土地利用的宏观战略。如划定土地利用功能分区，落实分区发展目标、用地指标和规划红线；统一组织土地开发、整治与保护。

4. 监督土地利用

依据土地利用总体规划来约束与监督各部门和组织的土地利用过程，并建立土地利用督察制度和土地利用绩效考核制度。

7.3.1.2 土地利用总体规划的原则

1. 系统分析原则

首先，要把整个规划区域看作一个完整的系统来考察，即山-水-林-田-湖-草-沙生命共同体。不仅需要分析系统内各子系统之间的相互关系，即各项用地类型之间的关系；还要考察系统内部的要素与结构的关系。如城市用地规划要考虑居住、交通、商业、服务、娱乐等功能用地之间的关系；农业用地规划要考虑“山、水、田、林、路”的配置和结构功能。其次，要注意不同层次的土地利用规划的相互关联性。土地利用规划有不同行政级别或不同比例尺，高层次的土地利用规划相对宏观和概括，它为低层次的土地利用规划提供依据和要求，起到控制性作用；而低层次的土地利用规划又是实施高层次的土地利用规划方案的具体操作，同时也为高层次的土地利用规划提供反馈信息。

2. 因地制宜原则

由于自然和社会经济条件的千差万别，使土地利用具有明显的地域差异性。不同的土地利用情景，不仅反映了土地的适宜性和限制性，也反映了生产力的发展水平和对土地利用的改造能力和利用程度。因此，土地利用规划应当以当地的自然和社会经济条件为约束，因地制宜地决定土地利用规划的内容、程度和方式，各种规划的指标参数和生态布局要切合当地国民经济和社会发展的总体目标和需求。

3. 保护耕地原则

耕地是土地资源的精华，是保障粮食安全的基础，解决人地矛盾是土地利用规划的核心。在确定土地用途时，应当尽可能地保护耕地，确保耕地面积相对稳定，或者通过开发和再开发，达到占补平衡，最终实现耕地总量及其产能的动态平衡。

4. 可持续利用原则

在编制土地利用规划时，要根据可持续土地利用的基本原则，全面地分析土地利用的制约因素、驱动因素、需求目标、功能冲突、供需矛盾等现状和趋势，充分发挥土地资源的自然生产潜力，协调好经济效益与生态效益、个人利益与公共利益、短期目标与长远目标之间的相互关系，合理配置各种用地功能，遵循土地开发和保护相结合的原则，实现土地资源的可持续利用目标。

7.3.1.3 土地利用总体规划的编制程序

土地利用规划是在土地利用系统分析的基础上，对土地利用的经济和生态布局以及相关指标进行安排和决策的过程，以下是土地利用规划编制的一般程序。

1. 准备阶段

主要内容有：组织领导小组和规划工作班子，明确规划任务和目标；制定工作计划，包括预期完成时间、经费、人员、制度的统一安排等；拟订工作方案，即明确规划的目的、内容、选择重点研究的专题、技术路线、成果要求等。

2. 调查研究和规划分析阶段

主要内容有：①收集、整理、分析有关的资料以及土地利用和社会经济等方面的数据、图件和文字资料。②土地利用现状调查与分析。③土地评价，如土地适宜性评价、土地生产潜力评价、土地经济评价。④人口承载力分析和土地需求量预测，主要包括人口增长与消费水平提高对农产品产量的需求预测、各部门用地需求预测、土地利用总需求的预测等。⑤土地利用发展战略研究，包括土地利用战略目标、利用方针，诸如总供需平衡、耕地保有量、生态红线，等等；明晰土地利用现状和土地资源开发潜力，诊断土地利用问题，提出土地利用目标、方针和对策。

3. 规划编制阶段

在调查研究和规划分析的基础上，根据上一级规划控制指标，以及有关国民经济和社会发展计划的要求，结合当地实际情况，确定具体的规划目标和方针；确定土地利用结构和布局方案；进行土地利用分区，提出各区的土地利用方向和整治措施；编制各类用地规划平衡表；分解下一级规划的各类用地控制性指标；制定实施规划的政策和措施；编制规划送审稿、规划说明书和规划主要图件（包括土地利用现状图和土地利用规划图等）。

4. 规划审批和实施阶段

根据《中华人民共和国土地管理法》的规定，各级人民政府编制的土地利用总体规划，须报有批准权的上级人民政府批准，即审批是土地利用总体规划的法定程序。部门内部规划和专项规划的编制和实施必须严格受总体规划的约束，特别是建设占用耕地等指标不能突破。

7.3.2 土地利用专项规划

7.3.2.1 土地利用专项规划的性质

土地利用专项规划是单项用地的利用规划或为解决土地的开发、利用、整治、保护中某一专门问题而进行的规划，如土地开发规划、土地整理规划、基本农田保护规划等。土地利用专项规划应在土地利用总体规划的指导下进行，它是土地利用总体规划的补充和细化。因此，土地利用专项规划是一项与土地利用总体规划性质不同的规划，具有如下特点：

(1)针对性。土地利用总体规划是对土地利用全部过程进行宏观控制、协调、综合平衡的战略性的安排，而土地利用专项规划是针对土地利用过程中的某一类型、某一阶段进行专门的规划。例如，各部门的单项用地规划；土地开发、整治和保护等方面的专门规划。

(2)局部性。土地利用总体规划的范围是规划区内的所有土地，而土地利用专项规划一般只是针对规划区内的部分土地或某个过程。例如，在一定时期，需要开发、整治或保护的土地只是局部区域；而单项用地规划则更是仅对某一类型土地资源。

(3)具体性。相对于土地利用总体规划而言，土地利用专项规划的目标、内容、布局、措施更加具体，实用性更强，一般都具有比较明确的实施方法。

(4)选择性。土地利用总体规划对于一定区域是唯一的，而专项规划根据其目的、任务不同，规划的类型、内容和方法也不同，具有选择性。例如，耕地保护规划、土地整治规划、草地生态建设规划等都各不相同。

7.3.2.2 土地利用专项规划的类型体系

一般来说，在编制土地利用总体规划后，要求继续编制各类土地利用专项规划，以便具体落实总体规划的宏观战略和总体目标，针对不同的用地类型，进一步分解相应的控制指标，并进一步明确土地利用过程中的一些重要环节，如耕地保护、土地开发、土地整治等。

因此，土地利用专项规划一般包括以下主要类型。

(1)各类单项土地资源利用规划。主要针对土地利用现状分类中的一级大类或某些重要的二级类型的土地资源利用规划，如建设用地规划、旅游用地规划、林地规划等。由于这类规划一般由各个部门或行业为主来组织开展，因而也称部门用地规划。

(2)土地开发规划。是以土地开发计划为主题的专项规划。一类是对未利用土地或利用不充分的土地进行开发规划，如荒草地、沼泽地、沙荒地、滩涂以及利用不充分的中低产田、天然草场、疏林地、闲散土地等；另一类是将土地资源由一种利用状态转变为另一种状态的开发活动，如将农地开发为城市建设用地。

(3)土地整治规划。主要是对正在或已遭破坏而需恢复正常土地利用功能的土地进行规划，规划的对象主要是沙化土地、沼泽化土地、盐碱化土地、水土流失区土地和被污染土地。

(4)土地保护规划。为控制土地资源数量减少和生态环境质量下降而专门进行的规划，如基本农田保护规划、自然保护区规划、湿地保护规划等。

(5)土地整理规划。土地整理是将土地利用的分布状况加以重新调整，使土地利用方式、强度和结构适应特定需要的目标。从当前的主要矛盾而言，农村土地整理的主要任务，其目标是增加有效耕地面积，改善农业生产条件和人居生态环境。

7.3.3 土地利用详细规划和景观设计

土地利用详细规划是在土地利用总体规划指导下，直接对某一地段或景观单元或某一用地单位的土地利用及其配套设施做出具体的安排和设计，它是土地利用总体规划或土地利用专项规划的深入和细化。因此，土地利用详细规划就是对土地利用系统的内部设计，是对具体土地利用方式和景观形态的规划与设计，是地方政府用以规范和约束土地使用者的微观土地利用行为的必要手段，它明确规定了各类土地的使用范围、使用界线、使用强度、利用要求、限制条件、开发方式、景观形态、空间位置等一切要素。

(1)农田规划和景观设计。主要任务是为了适应现代农业发展需要，适应现代农业技术措施，适应现代农业生产方式，规划设计农田空间格局，提高耕地利用效率。主要包括确定种植制度和轮作方式、地块设计、田间工程（如田间道路、灌溉工程、防护林工程等）设计等。

(2)果园规划和景观设计。其任务是为果树生长及生产管理创造良好的土地条件。主要包括：果园用地和适宜树种的选择、园区空间设计（主要包括果园内道路、林带组合结构设计）、田间工程设计（如田间道路、灌溉工程、防护林工程等）、果树栽种模式设计等内容。

(3)林地规划和景观设计。其任务是为林木生长及生产运输创造良好的土地条件。主要包括：林业用地和适宜树种的选择、林场小区设计（主要包括林地内道路、林带分割的地块设计）、林场工程（如道路、灌溉工程、树林防护工程等）设计等内容。

(4)牧草地规划和景观设计。牧草地规划的基本任务是为牧草生长及牲畜繁育和生产管理创造良好的土地条件。主要包括：确定各种畜牧群放牧地段的布局、确定牧草的种植制度、轮牧小区设计、天然割草地规划、放牧地畜圈、畜道和水源的配置等。

(5)居民点规划。主要指农村集镇和村庄的内部规划，其基本任务是为人们的生产和生活创造良好的人居环境。主要内容有：居民点规模的确定和用地选择、功能分区、生活区用地布局（街道网、公共建筑区、住宅区）、公共空间设计、民居风貌设计等。

(6)乡村景观规划与设计。是对乡村地域的所有景观要素进行规划设计，建设一个具有优美景观的乡村人居环境系统。因此，乡村景观规划实际上是一种乡村尺度的全域全要素规划，规划内容可以涵盖上述所有用地类型。

7.3.4　新时代国土空间规划

国土空间规划是传统土地利用规划的继承与发展。在自然资源部组建之前，我国土地及其相关资源的开发利用和保护分属不同部门，部门之间难以统筹。为解决这一问题，2021年，国家推动“多规合一”，在土地利用规划的基础上融入主体功能区规划和城乡规划等，形成统一的国土空间规划。

具体来说，国土空间规划是指一个国家或地区依据国家发展战略、区域经济社会发展需求和资源环境承载能力，对一定时期内的陆地、海洋、空域等空间资源，进行战略性、综合性、约束性的安排和部署。它是国家空间发展的指南、可持续发展的空间蓝图，是各类开发保护建设活动的基本依据。

7.3.4.1　国土空间规划主要内容

(1)基础调查与分析。包括自然资源调查、环境承载力、经济社会发展现状分析等。

(2)战略定位与目标设定。以国土空间发展的总体方向与战略定位等为基础，制定空间规划的战略导向及阶段性目标。如城市化率提升、环境质量改善指标等。

(3)空间布局与优化。统筹安排城镇、农业、生态等空间，划定城镇开发边界、永久基本农田保护红线和生态保护红线，即“三区三线”，形成合理的空间结构。

城镇空间是以承载城镇经济、社会、政治、文化、生态等功能为主的空间。通过划定城镇开发边界控制城市无序扩张，结合城镇空间的合理布局，提升城镇土地利用效率，改善人居环境，推动城乡一体化发展。

农业空间是以农业生产、农村生活为主的空间。通过划定永久基本农田保护红线，确保耕地数量和质量，保障国家粮食安全。同时，明确农业空间的功能定位，优先用于农业生产，防止农业用地被侵占，确保粮食生产的可持续性。

生态空间是以提供生态产品、维护生态安全为主的空间。通过划定生态保护红线，严格保护生态敏感区和重要生态功能区，并在生态空间范围内限制开发活动，确保生态系统的稳定性和可持续性，为子孙后代留下良好的生态环境。

(4)要素配置与专项规划。对土地、水、能源、交通、信息等关键要素进行统筹配置，编制相关专项规划。比如推动高铁、高速公路、内河航道等交通基础设施建设，完善交通网络；实施水资源合理配置工程，保障水资源安全。

(5)保障措施与政策建议。提出实施规划的政策、法规、资金、技术等保障措施。如建立多元化资金保障机制、强化法律法规建设、提升科技支撑能力等。

7.3.4.2 与土地利用规划的关系

国土空间规划在继承了传统土地利用规划的核心思想与方法的基础上，不仅关注土地利用的可持续，更强调空间的整体性、系统性和协调性，将生态保护、资源利用、基础设施布局等多方面内容纳入统一规划框架。但两者又有所不同：

(1)规划性质。国土空间规划的法律依据主要是《中华人民共和国土地管理法》和《中华人民共和国城乡规划法》，旨在优化国土空间结构和布局，提升开发、保护的质量和效率。它是国家空间发展的指南和可持续发展的蓝图，融合了主体功能区规划、土地利用规划、城乡规划等，实现了“多规合一”。经依法批准的国土空间规划被确立为各类开发、保护、建设活动的基本依据。在已经编制国土空间规划的情况下，不再需要编制土地利用总体规划和城乡规划。土地利用总体规划则侧重于土地用途的具体安排和管制，规定土地用途，划分土地类别和指标控制，确保土地资源的合理利用和保护。

(2)规划范围。国土空间规划的范围涵盖陆地、海洋等所有国土空间，包括生态、农业、城镇等各类空间。它是国家和各级地方政府层面的战略性规划，具有更广泛的统筹性。土地利用总体规划主要侧重于陆地范围内的土地资源的用途和布局，尤其是耕地保护和建设用地布局。

7.4 土地利用动态监测与管理

随着人口、资源、环境以及社会经济的不断发展变化，土地资源的数量、质量、生产力、空间布局以及利用方式也都在处于不断的变化之中。因此，需要开展土地资源利用的动态监测和研究，及时掌握土地资源与土地利用的动态信息，揭示其变化规律和存在的问题，为土地资源的利用规划和管理提供可靠依据，也为国家和地区制定经济建设和社会发展的重大决策或长远规划提供科学依据。因此，土地利用动态监测不但是土地利用管理的一种不可或缺的重要手段，而且已经成为国土资源管理的一项重要任务和职责。土地利用动态监测可分为土地利用空间动态监测和土地资源质量动态监测两大领域。

7.4.1 土地利用空间动态监测

土地利用空间动态监测是在土地利用现状调查的基础上，根据实际需要定期地或不定期地对土地利用类型及权属等变化情况进行调查，并对调查结果进行分析的过程，有时也称为变更调查。

1. 监测内容

不同的监测项目，监测的目标和内容有所不同。根据我国土地利用与管理的特点，土地利用空间动态监测的主要内容包括如下几方面：

(1)土地利用变更的动态信息。包括区域土地利用变化的类型、位置和数量等信息，特别是耕地、居民点及工矿用地以及闲置土地的变化情况。

(2)耕地总量的动态平衡情况。为实现耕地总量动态平衡的目标，必须有计划地进行土地整理、土地开发和土地复垦。为保证这些土地管理措施的正确实施及经费的合理利用，须准确地掌握区域以及全国耕地变化的情况。

(3)农业用地内部结构调整情况。农业内部结构调整反映土地利用的用途变化，及时掌握这些信息可为土地利用的用途管制提供直接依据。

(4)基本农田保护区状况。基本农田保护区是国家为保证粮食安全而划定的一定数量的优质耕地，规定长期不得占用。基本农田保护区管理包括征地占用管理、地力补偿、占补平衡等。

(5)建设用地和城市扩展情况。建设用地变化与城市规划红线的监测是土地利用动态管理的一项重点工作，特别是一些重点城市或城市群，目前已经建立了专门的建设用地规模扩展和耕地变化情况的监测系统。

2. 专题分析

(1)不同地类变更分析。主要是针对各类用地面积和空间分布的变化分析，如耕地、园地等各类土地面积变动的分析，城市建设用地的扩展趋势等。

(2)权属变更分析。该分析也具体落实到地类的变化，但其前提是权属性质的变化。包括国有土地、集体土地的所有权、使用权的变化，土地纠纷的调解情况。

(3)耕地变化动态分析。耕地变化动态分析不仅要较详细地反映耕地减少的原因和耕地增加的来源，还要分析减少原因的合理性和耕地补充的潜力。这些分析不能单纯从数量上做比较分析，应结合区域特点，进行质量和产能的分析，为落实耕地总量（产能）动态平衡提供直接依据。

(4)土地利用结构变化分析。土地利用结构反映了土地资源利用方式与社会经济发展趋势和水平的相互关系。土地利用结构变化分析指标主要是各类用地在全部用地结构中所占的比重，体现了社会需求、经济结构、功能布局等。

7.4.2　土地资源质量动态监测

土地资源质量动态监测是指用一定的标准方法，以一定的时间间隔，监测土地质量因子(主要是土壤、水等自然属性及其环境状态)，以分析在不同土地利用模式下土地质量的变化趋势或退化形式，并为进一步开展土地利用可持续性评价和管理绩效考核提供依据。

1. 监测内容

监测内容一般包括两大部分：①土地的自然属性因子，主要是土壤、气候、地学等相关的特性指标，如土壤 pH、土壤养分含量、土壤结构、土壤有机质、土壤盐分、坡度、降水等。②土地的环境质量因子，如土壤重金属污染、土壤侵蚀、大气污染、水体中氮磷污染等。

2. 监测方法

一般需要通过建立基准点来进行监测，主要步骤为：

(1)选择基准点。通常需要考虑 6 个因素：①主要土壤带或农业区；②典型地貌类型；③主要农业生产系统；④公众关注的焦点问题；⑤土地退化风险区；⑥一定的代表性面积(5～15 hm^2)。此外，基准点要选在远离公路、铁路和厂矿城镇的地方，以避免受到外源污染。

(2)建立本底或参照数据库。一般来说，本底或参照数据库的数据项应尽量全面，需要监测的指标应包含在本底或参照数据库的数据项中；同时，还要附加相应的土地利用状况数据。

(3)定期在基准点进行观测或采样分析。

3. 监测结果应用

建立监测基准点及对土地质量进行监测的目的是对土地管理实践进行评价，评价当前的土地利用方式和管理措施是否符合可持续性原则。有关土地利用的可持续性评价方法和内容，可参考本章的第 2 节。

4. 土地退化评价

利用土地质量动态监测的数据还可以进一步进行土地退化状态评价或风险评估。由于土地退化的类型不同，评价指标的选取及划分标准也各不相同。表 7-4 是联合国粮农组织和联合国环境规划署制定的各类土地退化评价指标体系（FAO，1984；UNEP-ISRIC，1990），这是目前应用较为广泛的一套土地退化监测与评价指标体系。

表 7-4 FAO 和 UNEP 制定的土地退化监测与评价指标体系

评价	指标	分级			
		轻度	中度	强度	极强度
土地退化现状	沙丘占地百分比/%	<5	5～15	15～30	>30
	原生土层厚度<1.0 m	<25	25～50	50～75	>75
	土壤表层土损失度/% 原生土层厚度>1.0 m	<30	30～60	60～90	>90
	现实生产力占土地潜在生产力比值/%	>85	65～85	25～65	<25
	土壤厚度/cm	>90	50～90	10～50	10
	地表岩砾覆盖度/%	<15	15～30	30～50	>50
土地退化速率	面积年扩大率/%	<1	1～2	2～5	>5
	土壤损失率/%	<2	2～3.5	3.5～5	>5
	生物生产力年下降率/%	<1.5	1.5～3.5	3.5～7.5	>7.5
	1 m线的年输沙率/%	<5	5～10	10～20	>20
土地退化内在危险性	土壤结构	沙壤土、粉沙土、沙黏壤土	其他	壤质沙土	沙土
	2 m高年均风速/(m/s)	<2	2～3.5	3.5～4.5	>4.5
	起沙风频率($V\geqslant 6$ m/s)/%	<5	5～20	20～33	>33
	沙砾运动潜在能力/%	<5	5～15	15～25	>25
人畜压力	人口超载率/%	<−34	−34～0	0～100	>100
	牲畜超载率/%	−80～−34	−34～0	0～100	>100

7.4.3　土地利用/覆被变化研究

1. 土地利用/覆被变化的研究现状

随着人类活动对土地利用系统日益深入的影响和干扰，全球变化研究成为当今世界一个重大的课题。所谓全球变化，是指包括气候、土地生产力、海洋及其他水资源、大气化学以及包括生态系统在内的支撑生命能力的全球环境变化。全球变化研究的难点在于区分全球环境变化中的自然因素和人类活动的作用，以及两者又是如何相互作用的。只有对自然界和人类自身的作用有了比较清晰的认识，才有可能掌控人类赖以生存的环境朝着有益于人类的方向发展。Tuner 等指出，虽然在全球变化中的人类活动非常复杂，但从对地球表层系统的动态影响来看，土地利用/覆被变化（land use/cover change，LUCC）机制最能表达这一过程。因此，国际地圈—生物圈计划（IGBP）和全球环境变化中的人文领域计划（IHDP）于 1995 年联合提出 LUCC 研究计划，使土地利用变化研究成为目前全球变化研究的前沿和热点课题。

实际上，土地利用方式和土地覆被类型的改变，以及这些变化发生的过程和引发的原因，至今为止已经有大量的研究积累。早期的研究主要集中于对土地覆被类型与土地利用方式的分类、描述、制图，以及引起土地利用与覆被变化的机理探讨，但很少涉及土地利用与土地覆被变化对全球变化特别是在气候方面所造成的影响。

随着 20 世纪 70 年代以气候动态研究为开端，地学、生物学、经济学等诸多领域的学者开始投入到对全球变化及其影响的研究，土地利用与土地覆被变化在全球变化中的作用才逐渐引起了人们的极大关注。进一步的研究发现，地表覆被以及发生于其中的生物多样性、实际与潜在初级生产量、土壤质量以及径流量和沉积率等多方面的变化，是引起大量全球变化中的生物地理过程的核心所在，而土地利用是全球变化的最主要和最直接的作用因素。一方面，大多数的土地覆被变化是为人类的土地利用所驱动，土地覆被变化是土地利用变化的直接响应；另一方面，土地利用对全球变化的产生也存在着直接的影响，土地利用实践的差异会对全球变化的后果产生不同的影响，而且超出其所在的空间范围。

正是由于认识到土地利用与土地覆被变化在全球变化与可持续发展研究中的重要地位，也认识到全球变化与可持续发展研究涉及自然与人文的诸多领域，需要加强自然科学与社会科学的合作，而土地利用与土地覆被变化过程中自然与人文过程联系最为密切。IGBP 与 HDP 各自成立了特别委员会进行相关研究，于 1993 年 2 月委任了正式的核心计划委员来制定 LUCC 科学研究计划，并于 1995 年共同发起和组织了一个全球范围的 LUCC 研究计划，提出了 LUCC 研究的框架问题和研究焦点。除了 LUCC 计划以外，一些国际组织与国家也进行了大量的土地利用与土地覆被变化研究项目，其中包括联合国环境署（UNEP）的土地覆盖评价与模拟、联合国粮农组织（UN/FAO）土地利用的分类、国际应用系统分析研究所（IIASA）的 LUC 项目以及国际地理联合会（IGU）的土地利用与土地覆盖变化研究项目。此外，美国和欧盟也各自开展了土地利用与土地覆被变化研究项目，主要工作集中于全球与区域性的土地覆被变化监测、土地覆被变化与温室气体释放的研究，并与欧洲空间署合作开展了利用高分辨率雷达监测土地覆被变化和季节性植被变化状况。

2. 土地利用/覆被变化研究的目标和方法

LUCC 研究的基本目标是提高对全球土地利用和土地覆被变化动态过程的认识，并提高预测土地利用和土地覆被变化的能力。其研究方法是在分析土地利用/覆被变化与社会和自然驱动力相互作用机理的基础上，建立适合一定区域的 LUCC 模拟模型。然后利用该模型对区域土地利用/覆被变化进行历史及现状的描述，对社会和自然驱动力及其与土地利用/覆被变化相互作用的结果进行解释，进而对未来变化趋势进行预测，提出土地利用和环境保护的规划辅助决策。

土地利用变化模型的重点是预测未来变化的空间格局。因此，它需要解决两个问题：一是土地利用变化将在什么地方发生？二是土地覆被变化的速率是多少？也可以被称为“点”和“数”的问题。土地利用变化的空间预测仅仅需要理解变化的可能原因，但要想反映将来土地利用变化的速率是一项相当困难的任务，这需要很好地理解变化的潜在驱动力。有时从空间和时间上所观测到的驱动力是细微的，而宏观经济变革和政策变化通常很难预料。大部分土地利用变化模型只能部分地反映复杂的土地利用系统，但它能在一定程度上提供系统行为的一些有价值的信息。目前，土地利用变化模拟模型主要选用统计方法来分析空间数据(矢量和栅格数据)，如在 CLUE 模型和 GEOMOD 使用统计方法来分析栅格空间数据，这些方法把研究区细分为许多栅格单元，用一系列自然和社会经济变量来描述，通过回归分析选取一系列变量来定量地描述土地利用格局变化，这些变量就是所谓的土地利用变化的驱动因子。

7.4.4 可持续土地利用监测的系统框架

1. 系统的层次结构

建立可持续土地利用监测体系的目的是实现可持续土地管理，调整土地利用的相关政策。结合中国现行的国土资源行政管理体制，拟建立 3 个层级的可持续土地利用监测体系，即国家和省级监测、县级监测和土地利用单元（样区）级监测。如图 7-9 所示，每一级的监测目标、监测对象不同，作用的尺度和范围不同，监测周期也不同，但高层次对低层次有归纳管理作用，低层次为高层次提供基础数据或研究方法。

(1)国家和省级监测。包括了国家级监测和省级监测两部分。国家级监测是基于省级监测的整理、汇总与分析，而省级监测作为实际操作层次，具体地根据各类指标开展监测和评价工作。监测尺度对应于国家和区域尺度，由国家和各省跨部门的可持续土地利用监测系统组成，负责汇总监测数据，编制各省和国家可持续土地利用监测公告。

国家和省级监测面向省级和省级以上的可持续土地利用分析和评价。由于国家和省是土地利用政策的制定层次，应特别侧重于政策因素的变化对土地利用造成的影响，而且也可组织一些国家急需的、特定目的的服务性监测，或者针对特定目的的科学研究而进行的综合监测；同时开展为监测本身服务的相关科研工作，如方法、标准和规范的制定。

(2)县级监测。县域是土地利用政策的实施层次，因此是土地利用规划和管理的最佳尺度。县级可持续土地利用监测是由县级政府负责，并建立详细的县级监测网络和土地利用单元样区。

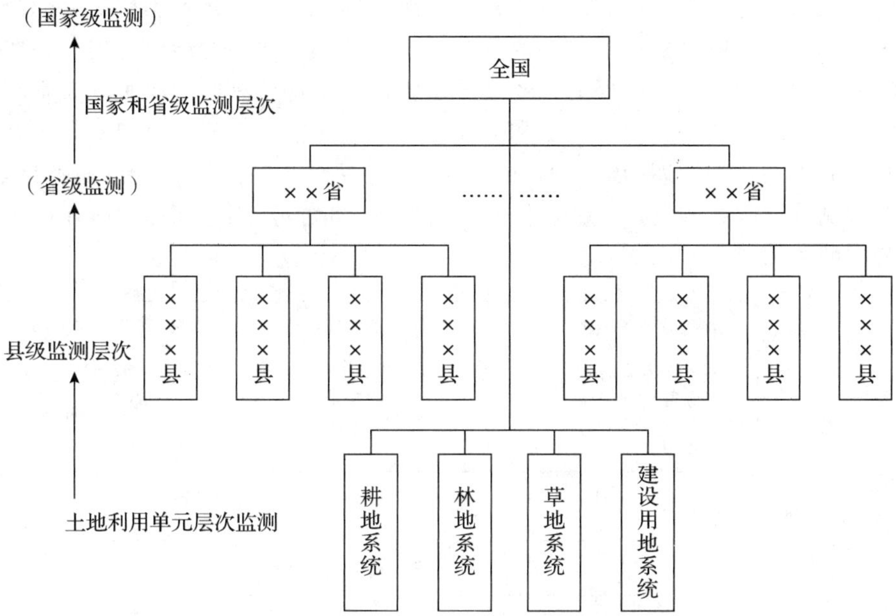

图 7-9　可持续土地利用的层次性结构示意图（杨冀红，2004）

县域可持续土地利用监测管理介于国家层次和土地利用单元层次之间，其重点在于结合县域土地资源条件，对县域土地资源进行优化配置和可持续利用，并作为土地资源利用与管理绩效考核的主体，同时也是全国土地利用监测的数据提供者。

(3)土地利用单元级监测。监测尺度对应于土地利用单元或样区，其监测目标是针对具体利用方式的综合效应。监测方法以建立固定监测点或样区，实施定点监测为主。固定监测点的建立应考虑到全国不同地区的土地利用特征，主要由国家根据土地利用分区选择一定数量的典型土地利用系统组成监测网络，也可以在已有的其他部门所设的监测站点中选取，如生态站、环境监测站、水文站等。

土地利用单元层次的监测按照土地利用方式的不同，可以分为耕地监测系统、林地监测系统、草地监测系统、建设用地监测系统等。监测的重点是土地利用系统内部的物质、能量流动和功能状态。其目的是揭示可持续土地利用系统的运行机理及其变化规律，为更高层次的可持续土地利用和管理提供理论、方法和监测技术。

2. 系统的模块结构

影响可持续土地利用的因素很多，不仅包含气候、地形、土壤等自然因素，还包括人口、制度、政策、需求等社会经济因素，其指标体系必然涵盖自然、社会、经济的各个方面，涉及专业多，跨度大，单靠一个单位和部门是难以完成的。充分汇集利用各部门的数据对于减少重复建设、压缩开支、增强项目的可操作性是十分必要的。因此，可持续土地利用监测是一个既统一、又分散的由各个部门专业模块组成的系统，具体包括农业子系统、林业子系统、社会经济统计子系统、环境监测子系统、水利监测子系统和土地利用监测 6 个子系统组成，每个子系统相对独立，负责某一专业方面及相关领域数据的观测、获取和统计。最后由自然资源管理部门负责和管理整个系统的汇总。

各部门之间的结合有两种形式。一是管理层次上的结合，二是数据层次上的结合。根据我国目前的管理模式，应以数据层次上的结合为主，管理层次上的结合为辅。即在统一数据标准、监测内容和监测方法的前提下，各个分系统仍然维持原有的行政隶属关系和经费渠道不变，主要是依靠统一的监测技术规范和形成统一的监测信息系统结合起来。各有关部门根据各自的职能分工和监测管理的需要形成自成体系的纵向监测网络。但为了避免重复监测，各部门应在监测分工的基础上，对原有体系进行改进，增设监测范围和内容，以适应可持续土地利用监测的总体要求（图 7-10）。

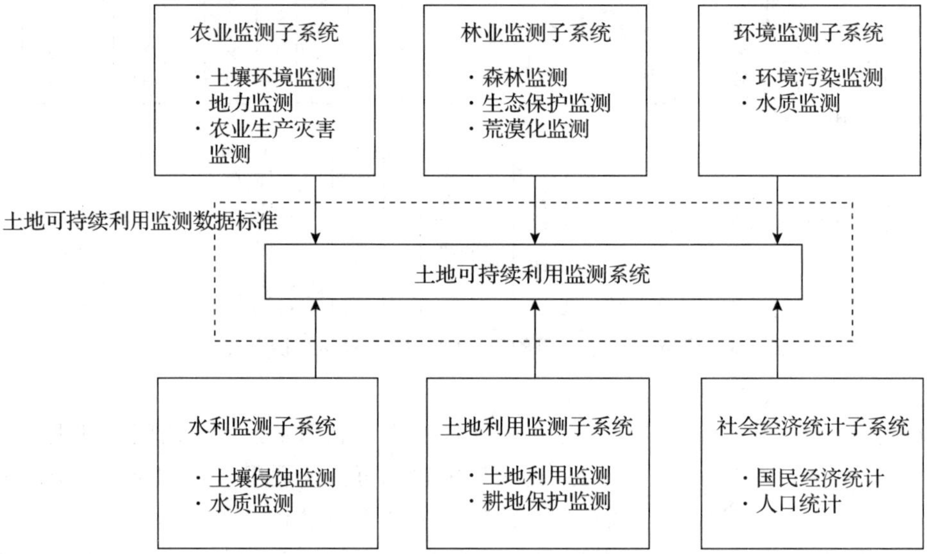

图 7-10　可持续土地利用的系统框架结构示意图

（引自：杨冀红，2004）

思　考　题

1. 影响土地利用的制约因素有哪些？阐述土地利用系统的概念和基本特征。

2. 结合我国土地管理工作的特点，阐述我国土地利用规划体系对确保土地资源可持续利用和管理的重要意义。

3. 简述可持续土地利用的五大基本原则的具体含义，论述可持续土地利用理论对我国土地利用和管理实践的指导意义。

4. 简述土地利用动态监测的主要内容。

参 考 文 献

郝晋岷．土地利用规划．北京：中国农业科学技术出版社，1995.

华楠，江景波．城市土地利用系统动态分析模型．同济大学学报（自然科学版），1997，25（1）：92-97.

雷利·巴洛维．土地资源经济学——不动产经济学．谷树忠，等译．北京：北京农业大学出版社，1989.
李秀彬．土地利用变化的解释．地理科学进展，2002，21(3)：195-203.
林培．中国耕地资源与可持续发展．南宁：广西科学技术出版社，2000.
刘黎明，林培．黄土高原持续土地利用研究．资源科学，1998，20(1)：54-61.
刘黎明，卿尚华．黄土高原小流域土地利用系统结构优化与生态设计．资源科学，1995(6)：51-61.
刘黎明，谢花林．我国草地资源可持续利用评价指标体系的研究．中国土地科学，2001，15(4)：43-46.
刘黎明，袁承程，李洪庆，等．农业土地利用系统模拟与调控．北京：中国农业大学出版社，2018.
刘黎明，赵英伟．草地利用系统可持续性评价方法研究．中国草地，2002，24(6)：1-6.
刘黎明，周德，常笑．耕地质量评价方法与应用．北京：中国农业大学出版社，2019.
马克伟．中国土地资源调查技术．北京：中国大地出版社，2000.
唐华俊．中国土地资源可持续利用的理论与实践．北京：中国农业科学技术出版社，2000.
王静．土地资源遥感监测与评价方法．北京：科学出版社，2006.
谢花林，刘黎明．土地利用变化的多尺度空间自相关分析．地理学报，2006，61(4)：389-400.
谢花林．土地利用规划环境影响评价理论、方法与实践研究．北京：经济科学出版社，2009.
谢俊奇．可持续土地利用的社会、资源环境和经济影响评价的初步研究．中国土地科学，1998，1(3)：1-5.
杨冀红．土地可持续利用监测体系研究．北京：中国农业大学，2004.
宇振荣．土地利用系统分析方法及实践．北京：中国农业科学技术出版社，1998.
FAO，UNEP. Provisional methodology for assessment and mapping of desertification. FAO. Rome，1984.
UNEP-ISRIC. World map on status of human induced soil degradation scale 1∶10000000. UNEP，1990.

第8章 土地资源保护与整治

研究土地资源保护与整治，首先必须要认清土地生态系统的特征与功能，在此基础上，分析土地资源退化的原因及防治对策，落实对土地资源的数量与质量保护；通过土地生态设计与恢复、土地整治等技术方法，实现土地资源的可持续利用和管理。

8.1 土地生态系统

8.1.1 土地生态系统的概念、类型和基本功能

1. 土地生态系统的概念

土地生态系统（land ecosystem）是指在一定地域范围内，土地的组成要素（气候、土壤、水文、地质地貌、生物等）之间以及与人类活动相互联系、相互作用、相互制约所构成的统一体。在这个统一体中，其组成可分为生物因子和非生物因子两大部分。生物因子是土地生态系统内物能转化储存的主体，主要是指地上及地下动植物和微生物，也包括人类本身，共同构成系统的食物链网。非生物因子是组成土地生态系统结构的物质基础，即所谓的环境系统，包括大气环境、土壤环境、地貌地质环境等。生物因子和非生物因子之间，通过自然界的四大循环（即大气循环、水循环、地质循环和生物循环）而相互联系、相互制约组成一个有机的统一整体，即土地生态系统。土地生态系统是一个动态开放系统，系统内部各个子系统之间及其与外环境不断进行着物质迁移和能量转换，具有本身的结构功能和生态演替过程。

土地生态系统属于陆地生态系统和资源生态系统，既有自然生态系统（如原始森林土地生态系统），也有半自然生态系统（如农用土地生态系统）和人工生态系统（城市土地生态系统）。土地生态系统结构和功能是土地生态系统研究的主体或核心，这是土地生态系统与其他生态系统的根本区别。

2. 土地生态系统的类型

土地生态系统类型多样，可从不同角度对其进行类型划分。如从土地生态系统的空间尺度来看，可分为：小区域（小尺度）土地生态系统、中等区域（中等尺度）土地生态系统、大区域（大尺度）土地生态系统、全球土地生态系统等；而从人类活动对土地生态系统的干扰程度的视角，可将土地生态系统划分为自然土地生态系统、半自然半人工土地生态系统、人工土地生态系统等。

为便于与现有土地资源分类系统接轨，也可根据土地生态系统的用途，将土地生态系统

划分为农用地生态系统、建设用地生态系统和未利用地生态系统 3 个大的类型。在农用地生态系统中还可以再细分为农田生态系统、林地生态系统、草地生态系统、水域生态系统等；建设用地生态系统又可细分为城市土地生态系统、乡村聚落土地生态系统、交通用地生态系统、独立工矿用地生态系统等；未利用地生态系统又可分为沙地生态系统、盐碱地生态系统等。

3. 土地生态系统的功能

随着社会经济的发展，人们对土地功能的认识逐步深入，已从土地单一功能利用演变为多功能利用。联合国粮农组织和环境规划署 1999 年提出了土地的十大功能：储存个人、群体或社会财富；生产人类食物、纤维、燃料或其他生物物质；植物、动物和微生物的栖息场所；全球能量平衡和水循环的决定者之一，提供资源和沉淀温室气体；规定地表水和地下水的储存和流动；人类使用的矿物和原料的储存场所；化学污染物的缓冲器、过滤器和调节器；提供聚集、工业和娱乐空间；保存历史和史前记录（化石、过去的气候证据、人类遗迹等）；提供或制约动物、植物和人类的迁徙。土地作为一个生态系统，其主要功能主要体现在净化污染物、无机能转化为有机能、承载、养育、物能交换等方面。

(1)净化功能。进入土地生态系统的污染物质在土体中可通过扩散、分解等作用逐步降低污染物浓度，减少毒性；或经沉淀、胶体吸附等作用使污染物发生形态变化，变为难以被植物吸收的形态固定在土体中，暂时退出生物小循环，脱离食物链；或通过生物和化学降解，使污染物变为毒性较小的或无毒性的物质；或通过土地掩埋来减少工业废渣、城市垃圾和污水对环境的污染。

(2)能量转化功能。土地生态系统可将太阳能辐射“转换”为生物有机能。土地上的绿色植物通过光合作用可将太阳能转化为有机潜能，这一过程称为初级生产。初级生产积累能量的比值就是初级生产力。对土地生态系统来说，初级生产力是最重要的数量特征，也是衡量某一区域乃至整个地球的土地资源能够支撑人口正常生存发展的能力，即土地人口承载力的重要依据。

(3)承载功能。承载功能是土地生态系统最基本的功能之一。植物只有固定在土地中才能使其正常生长；房屋、道路、桥梁等一切建筑物都附着于土地；动物及人类的一切活动均离不开土地生态系统生产、养育功能的支撑。如果土地生态系统的承载力不足，房屋可能倒塌，人类和动物的活动会受到限制和影响。土地生态系统的承载功能还体现在它能够储存矿产、水、生物等其他资源，是这些资源的载体。

(4)养育功能。正是由于土地生态系统具有将太阳能转换为有机能的功能和承载功能，才使动物和人类得以生存，使土地生态系统具有养育的功能。人们把生物生产分为植物性生产和动物性生产。植物性生产是植物通过光合作用，源源不断地生产出植物性产品的过程，又称为第一性生产或初级生产。动物把采食的植物同化为自身的生活物质，使动物体不断增长和繁殖，亦称作第二性生产或次级生产。从食物链的关系来看，次级生产中又可分为若干亚级，每一级的生产都以其前一级生产的有机质作为其食料，整个生物界就是通过食物链繁育衍生而来的。

(5)交换功能。在土地生态系统与其环境之间以及土地生态系统内部各成分之间，通过各种营养关系，相互联系在一起，不断进行着能量流动、物质循环和信息交流，这就是土地生态系统的交换功能。土地生态系统中的能量可以沿着食物链，由一个营养级流向另一个营养级，它是单方向逐级流动，在流动中能量在消耗和散失，不会构成循环。土地生态系统的物质则是处于经常不断的循环之中。各土地生态系统之间还发生着各种信息的交换。

8.1.2 土地生态系统的基本特征

1. 土地生态系统是具有多层次结构的复合系统

所谓结构是组成系统的要素和单元之间的相互结合关系。由于土地生态系统在一定空间中的环境组分和生物群落存在着差异，所以呈现出不同的结构，主要体现在水平结构、垂直结构和营养结构，它们占有三维空间。

1)水平结构

(1)按土地利用类型可划分为耕地生态系统、草地生态系统、林地生态系统、水域生态系统、城镇及工矿用地生态系统。不同子系统有其独特的能量交换和系统功能，是进行土地利用系统分析和研究土地利用结构布局的基础。

(2)按景观生态结构又可分出不同的气候、土壤、生物等地带性子系统，不同的地带性子系统由于地域特征的空间差异，在系统结构和功能表现上存在较强的规律性，即土地类宏观地带性地域分异，体现在纬向地带性分异和经向地带性分异。同时，子系统之间也存在明显的物质、能量、信息的相互交换。

2)垂直结构

土地生态系统是一个立体生态系统，具有垂直结构。以土壤层和植被层为主体，与其上下和四周环境进行频繁的物质和能量交换。其垂直结构体现在以下两个方面。

(1)任何一种土地生态系统都可以根据剖面性质不同，分为 3 个不同层次：①地上层。包括气候、小气候、动物；②地表层。包括土壤、河川径流、浅层地下水、植被和微生物；③地下层。包括土壤层以下的岩石、深层地下水等。

(2)土地生态系统的垂直结构还体现在随着海拔高度的不同所形成的气候、土壤、植被的垂直地带性分布，随之而引起景观生态结构的垂直地带性演变，研究土地生态系统的这种垂直地带性结构演变，对于山区土地资源的综合开发具有特殊意义。

3)营养结构

土地生态系统中生物组分与环境组分以及生物组分之间以食物关系为纽带构成营养结构，通过营养结构把生物与环境联系起来，使生产者、消费者和还原者之间，以及它们与环境之间不断地进行物质循环与能量流动，以维持生态系统的稳定。

土地生态系统的上述 3 种结构并不是彼此孤立的，而是一个错综复杂、相互影响和相互作用的有机整体。任何一个土地生态系统，无论是环境组分还是生物组分，都是各种因子纵横交错而形成的复杂网络结构，各个因子相互联系、彼此制约而又协调一致。

2. 土地生态系统是一个开放的动态系统

土地生态系统在时间上是相对稳定的，但它又通过内部及外部的物质与能量的变换，表现出动态演替的过程，其开放性与动态性表现在：①土地生态系统和人类之间的物质与能量交换。土地是一个自然历史综合体，本身凝聚着人类社会实践的成分，在长期的演化过程中，不断受到人类的干预。人类活动不断参与土地生态系统的物质与能量交换，而人们对土地的干预随着社会的发展和科技水平的提高不断变化，使土地生态系统处于一个动态变化过程之中。②土地生态系统和外部系统之间的物质与能量交换。土地生态系统内部的大气循环、地质循环、水循环和生物循环无一不与外界环境紧密联系，在与外界不断进行物质与能量交换的同时，自身系统状态也在不断变化发展。

3. 土地生态系统是自然过程最活跃的场所，是人类的活动基地

土地生态系统在垂直方向上，包括了从基岩、土壤的母质层到植被的冠层及其上方的大气层，所以它是岩石圈、气圈、水圈等相互接触的地方，是各种物理过程、化学过程、生物过程、物质和能量交换转化过程最活跃的场所，是人类生产活动的基地，它构成了一个完整的生物与其环境密不可分的系统。

自然界的四大基本循环——大气循环、地质循环、水分循环和生物循环都在土地生态系统中有不同程度的表现，而且各种循环的各个环节都表现为物质的迁移和能量的转换，从而构成该系统与外界的联系，维持着系统的动态平衡和自身的发展。大气、土壤、水分和生物之间物质的迁移与能量交换的过程是土地生态系统中最基本的过程，它们之间相互联系、相互作用，构成复杂的网络结构，将土地的各个自然要素连接成一个有机的统一整体，并具有统一的功能，即土地生产力。另一方面，土地生态系统由于有了人类活动的参与，具有明显的经济特点，所以，它又是一个生态经济系统。

4. 土地生态系统具有自我调节和补偿的功能

土地生态系统是在长期适应自然的过程中逐渐形成的，与其他生态系统一样，它具有内部的自适应调节能力，可以通过自我调节和修复，抵制环境的变化和生物数量的急剧改变等对系统产生的影响，从而保持自身的协调和稳定。这种调节能力的大小取决于系统成分的多样性、能量流动和物质循环的复杂性。一般而言，一个成分越多样、能量流动和物质循环越复杂的土地生态系统，其自我调节能力也就越强。因为在成分复杂的土地生态系统中，当系统的某一部分发生机能障碍时，可以被系统的其他部分调节和补偿。但是，土地生态系统的自我调节能力和补偿功能是有一定限度的，如果环境的变化超出了生物所能够承受的周期性变化的范围，生态系统的调节能力将不再起作用，土地生态系统便会受到伤害和改变，甚至出现不可逆转的破坏。

土地生态系统自我调节能力的界限称为系统的阈值，为了保持生态系统的平衡，必须根据生态系统的原理，应用系统分析的手段，预测土地生态系统的最佳阈值或系统的负载能力，使土地开发利用与土地系统的负载能力相适应；否则，如果土地生态系统受到破坏性的根本改变，土地的生产力在很大程度上也将受到破坏，人类的生存也必然受到威胁。

8.1.3 土地生态规划与设计

8.1.3.1 土地生态规划

1. 基本内涵

土地生态规划是以区域土地生态系统为对象，通过生态学原理与土地利用规划的融合，优化空间布局、提升生态功能，实现资源可持续利用与生态保护的一种系统性规划方法。它以区域生态安全为目标，首先对规划区域进行系统性的生态风险评价，综合考虑土地资源的特性、生态环境容量和经济发展需求，遵循区域分异、自然资源承载能力和生态平衡等原则，构建社会-生态耦合协调的土地利用总体布局和生态安全格局。

土地生态规划应遵循以下核心原则：

(1)生态优先导向。强调在土地开发前优先评估生态敏感性和环境承载力，避免高强度开发对生态脆弱区造成破坏。

(2)多功能空间统筹。统筹生态、农业、城镇空间布局，构建生态廊道网络，增强生态系统连通性，优化区域生态安全格局。

(3)资源优化配置。土地生态规划的主要目的是充分利用自然生态规律，合理地开发、利用、保护和整治以土地资源为中心的生物圈资源，创造更适宜生存和发展的生态环境，以便取得最佳的生态经济效益，实现人与自然和谐统一与共生，并最终实现土地资源的可持续利用。

在研究方法上，土地生态规划采用了两种途径：一是通过生态功能分类研究，根据土地生态系统功能的差异性进行群类划分，为优化土地利用方式提供依据；二是通过具体的空间分析，关注不同土地功能之间的空间关系，这有助于实现规划的科学性和有效性。

2. 土地生态功能分区

1)土地生态功能分区概念

土地生态功能分区是根据区域土地生态系统格局、生态环境敏感性与生态系统服务功能空间分异规律，将区域划分成不同生态功能分区的过程。而土地生态功能（保护）区是指在涵养水源、保持水土、调蓄洪水、防风固沙、维系生物多样性等方面具有重要作用的重要生态功能区内，有选择地划定一定面积予以重点保护和限制开发建设的区域。

2000 年国务院发布的《全国生态环境保护纲要》首次提出生态功能保护区的概念，建立了阴山北麓科尔沁沙地等 10 个国家生态功能保护区作为试点。2007 年，国家环境保护总局（现为生态环境部）发布《国家重点生态功能保护区规划纲要》，并联合中国科学院于 2008 年发布了《全国生态功能区划》，并确定了 50 个国家重要生态功能区，并于 2015 年进行了修编。历时 17 年不断探索和发展完善，在生态功能保护区概念的基础上，逐步提出了重要生态功能区和重点生态功能区两个基本概念。

全国生态功能区划是实施区域生态分区管理、构建国家和区域生态安全格局的基础，为全国生态保护与建设规划、维护区域生态安全、促进社会经济可持续发展与生态文明建设提供科学依据。建立生态功能保护区，保护区域重要生态功能，对于防止和减轻自然灾害，协调流域及区域生态保护与经济社会发展，保障国家和地方生态安全具有重要意义。

2)土地生态功能区划定的基本原则

土地生态功能区划定以构建国家生态安全格局为目标，采取定量评估与定性判定相结合的方法划定生态保护红线。在资源环境承载能力和国土空间开发适宜性评价的基础上，按生态系统服务功能重要性、生态环境敏感性识别生态保护红线范围，并落实到国土空间，确保生态保护红线布局合理、落地准确、边界清晰。其划定必须遵循以下基本原则：

(1)主导功能原则。区域生态功能的确定以生态系统的主导服务功能为主。在具有多种生态系统服务功能的地域，以生态调节功能优先；在具有多种生态调节功能的地域，以主导调节功能优先。

(2)区域相关性原则。在区划过程中，综合考虑流域上下游的关系、区域间生态功能的互补作用，根据保障区域、流域与国家生态安全的要求，分析和确定区域的主导生态功能。

(3)协调原则。生态功能区划是国土空间开发利用的基础性区划，是国民经济发展综合规划、国家主体功能区规划、土地利用规划、农业区划、城镇体系规划等区划、规划编制的科学基础。在制定生态功能区划时，与已经形成的国土空间开发利用格局现状进行衔接。

(4)分级区划原则。全国生态功能区划应从满足国家经济社会发展和生态保护工作宏观管理的需要出发，进行大尺度范围划分。

3)全国生态功能区划方案

(1)分区方法。根据生态系统服务功能类型及其空间分布特征，开展全国生态功能区划。目前主要有以下 3 种划分方法：①按照生态系统的自然属性和所具有的主导服务功能类型，将生态系统服务功能分为生态调节、产品提供与人居保障 3 大类。②在生态功能大类的基础上，依据生态系统服务功能重要性划分为 9 个生态功能类型。生态调节功能包括水源涵养、生物多样性保护、土壤保持、防风固沙、洪水调蓄 5 个类型；产品提供功能包括农产品和林产品提供 2 个类型；人居保障功能包括人口和经济密集的大都市群和重点城镇群 2 个类型。③根据生态功能类型及其空间分布特征，以及生态系统类型的空间分异特征、地形差异、土地利用的组合，划分生态功能区。

(2)区划方案。2015 年修编后的《全国生态功能区划》包括 3 大类、9 个类型和 242 个生态功能区，并确定 63 个重要生态功能区，覆盖我国陆地国土面积的 49.4%。表 8-1 为全国生态功能区划体系。

表 8-1　全国生态功能区划体系

生态功能大类（3 类）	生态功能类型（9 类）	生态功能区举例（242 个）
生态调节	水源涵养	米仓山-大巴山水源涵养功能区
	生物多样性保护	小兴安岭生物多样性保护功能区
	土壤保持	陕北黄土丘陵沟壑土壤保持功能区
	防风固沙	科尔沁沙地防风固沙功能区
	洪水调蓄	皖江湿地洪水调蓄功能区
产品提供	农产品提供	三江平原农产品提供功能区
	林产品提供	小兴安岭山地林产品提供功能区
人居保障	大都市群	长三角大都市群功能区
	重点城镇群	武汉城镇群功能区

8.1.3.2　土地生态系统设计

1. 基本内涵

土地生态系统设计是依据生态学原理和土地资源的区域特征，运用系统工程方法对各类土地生态系统的组成、结构和过程进行优化选择和设计，从而稳定并提高土地生态系统的生物生产能力，保持良好的生态效益，实现良性的物质循环与能量流动。土地生态系统设计是在土地生态调查与评价基础上开展的土地生态学的核心研究内容。有的学者提出，土地生态系统设计与土地生态系统规划是既有密切联系又有区别的两个部分。土地生态系统规划属于“总体规划”的性质，体现了“区域感”；土地生态系统设计则具有“详细规划”的性质，是在土地生态系统规划的控制下，具体进行各种土地生态系统结构设计，它是总体规划的继续和延伸，为总体规划增加了可操作性，是规划向实施过渡的主要环节，因此它属于微观规划，范围小，措施具体，针对某一“地段”。

人类社会需要开发利用土地生态系统，使土地生产能力不断提高，以满足人们对农产品不断增长的需求；同时，土地生态系统是个自调节、自组织、自适应的复杂系统，能够通过内部要素之间、系统与环境之间的物质流、能量流的负熵过程维持自身存在，并最大可能地保护系统趋于稳定有序、协调平衡的状态。如何协调人和土地的需求和供给之间关系是土地生态系统设计要解决的根本问题，即通过土地生态系统的设计，既要充分利用土地生态系统的功能以增进人类福祉，又要促进土地生态系统的正向演替，使人类社会系统与土地生态系统相得益彰。

2. 土地生态系统设计原则

1)适宜性原则

土地适宜性是指土地资源针对某种特定的利用方式或利用目的的适宜程度。在土地生态系统设计过程中，应当将土地利用设计单元的土地利用需求与每个单元的土地性质和土地质量进行匹配，并对土地利用方式的环境和生态影响做出分析。例如，将土地利用方式对水分的需求与土地的水分状况相匹配，并分析其对区域水分循环的影响和生态效应。

在土地适宜性分析时，应充分考虑环境因子的时间和空间变化，特别是光、温、水等因子随日、月周期性的时间节律，以及与此密切联系的生物生长发育节律。生物种群选择要根据土地生态设计区域的自然环境条件，因地制宜，适地适种，尽可能选用本土种。避免采用依靠大量的物质和能量投入来改变环境条件，以期压缩演替周期和改变演替方向的速成方法。

2)结构优化原则

土地生态系统的结构优化，一是指系统组成要素特别是土地利用类型的结构优化与设计。土地利用类型选择除前面所述的适宜性原则外，还应考虑生态工程的目的和对人类的有益及其多功能的特点。结构优化以种群间相互关系的和谐为原则，使种群合理匹配。土地生态系统中的生物种群结构单一，不符合种群相互作用规律，是造成农田、草场、人工林地等土地生态系统稳定性差的主要原因之一。二是土地生态系统中的物质循环利用、结构组分的互利共生、系统自身的稳定平衡是土地生态设计的基本要点。系统设计的所有要素、类型、过程及组合结构都必须保证在叠加以后与周围其他系统形成稳定协调的物流、能流和信息流交换机制，组成有机综合体，不同土地利用系统保持其物质能量的复杂关联。正是这种关联，使土地生态系统设计模式中的土地生态系统有机耦合、互利共生、和谐高效。

3)整体协调性原则

整体性是系统科学的基本出发点。进行土地生态系统设计，应本着坚持整体协调的原则。它包括3个方面的含义：一是要考虑土地生态系统本身的特点，各种组分的设计要符合系统的整体行为，有利于系统结构的完整性、过程的畅通性，实现系统功能的总体提升。二是要考虑与区域之间的协调关系，即从空间关系讲，既要瞻微观、顾宏观，又要瞻顾左右。某个设计方案，可能对某个区域或小的单元而言是最优的，但是对其他区域或整个区域来说会造成不良影响，那么该方案是一个缺乏整体协调性的方案。在进行土地生态系统设计时，要源自微观，归宿于宏观，把握好土地利用空间的整体性。三是要考虑时间动态上的协调性，即从发展的过程来看，土地生态系统设计要瞻前顾后，不但要考虑现在，而且要考虑到将来。一个好的设计方案，不但当代人能够获得较好的经济利益，而且能为子孙后代创造一个优良的环境。

4)公共利益最大化原则

从可持续发展的观点看，土地利用必须寻求提高公共利益或社会福祉的最大化，提高公众的参与程度，任何不顾公共利益和福利的土地利用方式都是不可持续的。因此，土地生态系统设计的功利主义目标必须受到约束，可持续和合理的土地生态系统设计要求超越狭隘的经济范畴，并走向公共利益的最大化。

3. 土地生态系统设计案例与方法

1)沙化土地的生态系统设计

土地沙化是我国北方农牧交错带的主要土地退化现象，是由于不合理的土地利用活动而使土地生态系统逆向演化的状态与过程。景贵和等在吉林省中西部地区开展了沙化土地的合理利用和生态设计的模式研究，是一个成功的案例。该区域土地资源利用的主要问题：一是农、林、牧互相争地的矛盾一直得不到解决，沙地上随意开垦种田，缺乏系统设计和其他防护措施的配合，其结果是除了一部分沙地成功地营造了人工林外，大量的是广种薄收的旱田、轮耕地及撂荒地，并且由于新垦土地周围缺少防护林体系，造成流沙再起，引起新的风蚀。二是自然生产潜力得不到充分发挥，该区域属中温带半湿润地区，光、温条件较好，年降水量 400～500 mm，沙地土壤水分有效性高，所以生产潜力较高。根据该地区的土地沙化的特点和土地资源利用问题，设计了以下几种土地生态系统模式。

(1)网格状林草田复合生态系统模式。在大沙垄顶部沙平地及大的沙丘间平地上，其利用现状是一部分为耕地，一部分为撂荒地，一部分为次生榆树灌丛或人工林。由于利用及布局不当，自然生产潜力得不到发挥。土地生态设计的建设方案是建成网格状林草田复合生态系统（图 8-1）。夏季的盛行风以西南风为主，冬季以西北风为主，全年以西南风为多。因此林网的布设应以西北—东南向的林带为主林带，与西南风垂直布置；副林带以东北、西南向为宜，与西北风垂直布置。林带的间距应视沙地地形不同而异，一般主林带间隔 200 m，副林带间距 300 m，栽植白城杨，各 12 行；林带两侧种植沙打旺草带，带宽 50 m。每个林网造林面积为 20 529 m^2，种沙打旺面积 40 000 m^2，耕地面积为 20 000 m^2，林草田的比例为 1∶2∶1。这样可保证达到以林护田、以牧养农、以农促牧的目的，使土地生态系统向较稳定的正向演进。

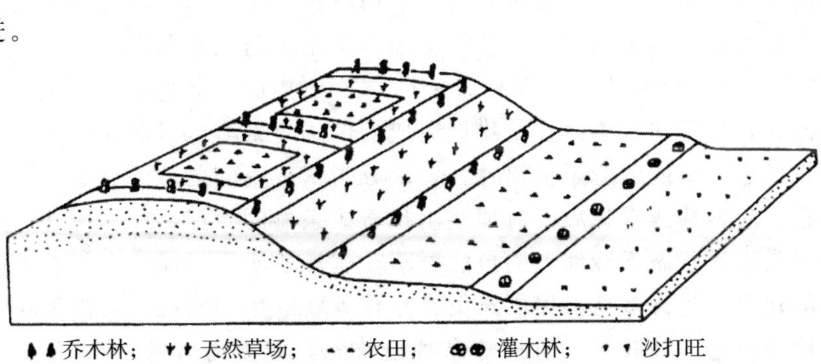

图 8-1　网格状结构林草田复合生态系统模式图（景贵和，1990）

(2)平行结构林草田复合生态系统模式。在沙垄边缘与甸子地交界处，常有长条形的沙缘沙平地，目前有的被垦为农田，有的为撂荒后的草地。这种沙缘沙平地，由于位于沙地与甸子地的生态交错带上，它比沙垄顶部沙平地水肥条件好，又没有甸子地上盐渍化的威胁，造林、种草、农耕都适宜。为了发展粮食生产，这里可开垦为农田，但必须有林带保护，才能防止风沙再起。

沙垄的土地类型分布结构是：沙垄顶部沙平地→沙垄斜坡→沙垄边缘沙平地，然后与甸子地相交。根据这样的沙地结构，可因地制宜地采取生物控制措施进行景观生态建设（图 8-2）。在沙城顶部沙平地上，设计成网格状林草田复合生态系统。沙垄斜坡适于种草，而沙垄边缘沙平地可建成旱耕地。在沙垄顶部沙平地与沙垄斜坡交错带布设白城杨林带，林带宽度不小于 36 m，在沙垄斜坡与沙垄边缘沙平地交界处设置第 2 条林带，树种仍为白城杨等，林带的宽度不少于 36 m。在旱田的沙垄边线沙平地的下缘与甸子地交界处，也必须布设林带，但因覆沙较浅，深根系的乔木难以成材，故可布设沙棘灌木林带。

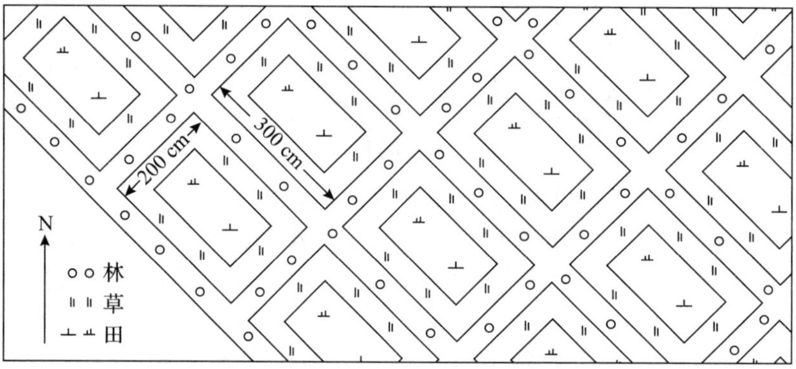

图 8-2 平行结构林草田复合生态系统模式图（景贵和，1990）

(3)镶嵌式结构林草田复合生态系统模式。吉林省中西部的沙地，有一部分为多丘状沙地，其中孤立分散的小沙丘与丘间沙平地交错分布。其利用现状是沙丘上多生长稀疏的榆树灌丛，一部分为撂荒后形成的草地；沙丘间沙平地多开垦为农田，一部分为草地。生态设计的模式是建立镶嵌式结构的林草田复合生态系统，以因地制宜地充分利用自然资源，具体地说，在孤立的沙丘上栽植白城杨，在白城杨未成林前先保留原来的榆树，等白城杨成林后，再伐掉榆树；在沙丘间沙平地上建设基本农田，并在农田与杨树林之间种植沙打旺；沙打旺被粉碎成草粉用于发展畜牧业，把有机肥施入农田改良沙土。林草田之间用地的比例，应以沙丘面积与沙平地的面积多少为根据，使得土地类型结构与土地利用结构相匹配。

(4)岛状森林生态系统模式。在吉林省中西部沙地集中分布区的东部边缘和北部边缘，有许多孤立的沙丘，呈斑块状镶嵌在由耕地组成的广阔背景上。目前此类孤立的沙丘，有的生长着稀疏的拉条榆，有的营造了杨树林，一部分为撂荒后的草地。对于周围被农田所包围的孤岛状的沙丘，应该建成森林岛。对那些生长着拉条榆的沙丘，应促使其恢复拉条榆、山杏群落，因为这是天然状态下沙地上的自然群落。这样，不仅可保存自然的植物物种，还可以通过森林岛的建设，为许多鸟类提供筑巢、觅食等新的生存条件，对消灭农田害虫极为有利。在撂荒后形成草地的沙丘上，可按等高种植方式，建立白城杨-沙棘人工群落，采取乔木与灌木等高间作的形式，使沙丘迅速变成森林岛。

(5)林草田、麻稻苇复合生态系统模式。吉林省中西部的沙地，大部分以沙垄与长洼地相间分布的形式出现，如瞻榆沙地、太平川-乌兰图嘎沙地。由于地处平缓的松辽分水岭位置，许多地方是闭流区，无排水出口。其利用现状是在长洼地上或为天然草场，或开垦为旱田，有一部分已开垦为水田；在沙垄上大部分为次生的榆树灌丛，一部分为人工杨树林，一部分为旱田及撂荒后形成的草地。长洼地上为旱田，在风调雨顺之年，可以获得丰收，但7—8 月降水汇入，无排水出口，易致春季遭受干旱，夏季又受内涝威胁，产量极不稳定。该区的土地生态设计应从人与自然互利共生的思想出发，从局部进行生物控制，达到在全局上得到调节。其关键措施是，根据沙垄与长洼地的不同生境，选择既有经济价值又能速生丰产的植物品种，提高第一性生产力。在沙垄上建立林草田复合生态系统；在长洼地上，必须首先控制上游的来水，以防 7—8 月形成的内涝。其次，根据采补平衡的原则，开采一部分地下水，种植水稻。最后在沙坝下方及水稻田上方种植红麻，而在水稻田下方更为低湿的生境，人工种植芦苇。

2)城市开发区的土地生态设计

城市边缘带的经济开发区和住宅小区的生态规划建设是当前土地生态设计的新领域。在经济开发区中，外向型工业集中，人口、建筑、交通密集，能量、物质、信息交换频繁，导致土地负荷增加，土地生态环境质量下降，易成为一个生态脆弱区。在这样一个新型工业区内，协调经济发展与环境的关系十分必要。例如，沈阳经济开发区将绿化生态工程规划设计纳入全区的总体规划中，以保持生态平衡为目的，融净化、绿化、美化于一体。在植物配置上，遵循生物学、生态学原理，做到乔、灌、草合理配置，达到四季有绿，三季有花，以充分发挥其绿化、净化、美化的作用。其具体生态设计包括以下几个方面：①道路绿化体系。选择对大气污染和工业排放的污染物有抗性的树种；针对开发区建设项目排放的大气污染物主要是 SO_2、HCl、烟尘、NO_x 等，规划时选用了相应抗性较强的西安桧、京桃、旱柳、垂柳、皂角、刺槐等。②周围防护林带。考虑开发区对周围环境的污染及自身空气环境的净化和调节小气候，设计为生长快和抗污染的枫杨、垂柳为主。③工厂绿化。绿化树种和灌木、草本的配置根据不同工厂的环境污染和生产要求而制定，绿地指标要求达到 30%，若不足则以垂直绿化弥补。④水系两岸绿化带。设计采用自然式配置方式，并以植物的生态要求为依据，在配置中以多品种多层次的种植，丛植为主，乔、灌、花、草合理组合，形成空间大小不同，树木高低错落、疏密有致，林际线与林冠线变化丰富而有韵律的立体空间画面。经济开发区绿化生态工程的实施，可大大改善开发区的生态环境和投资环境。

城市社区建设中的土地生态规划与设计已日益受到人们的重视，世界上许多城市都将建设生态型城市作为目标，即充分发挥植物的生态效益、净化环境，从而形成生态平衡的城市环境。例如，哥本哈根用绿色基础设施替代传统灰色基础设施，计划到 2110 年逐步实现抵御 100 年一遇的洪水；日本的千叶新城从规划开始，就以建立生态型城市为主要目标；上海浦东新区提出用 10～15 年建成花园式生态城市，十分重视城市生态环境建设，编制《园林绿化系统规划》《环境保护功能区规划》等环境蓝图。另外，我国也涌现了许多生态型居民小区，如建设部第 2 批城市住宅试点小区上海康乐小区。该区规划用地面积 8.72 hm^2，其中绿化用地 1.026 hm^2；小区建筑面积为 11.9 万 m^2，绿化面积 27 429 m^2，绿化覆盖率达 31.5%，初步建成一个布局合理、基础设施完善、整洁优美、环境安静舒适、空气新鲜、绿树成荫的生态型住宅小区。其具体设计要点是：①通过绿化，统一大环境。通过不同植物的配置，从形态、色彩的多相变化组合形成不同居民区。②小区绿化以保健型为主，提高单位面积上的绿视率。具体以落叶常青、乔木、银杏为骨干树，常绿桂树为主体，附以矮小的花冠木及地被植物，组成一个多层次的人工植物生态群落。③运用植物的生态习性、季节变化，小区绿化做到四季常青。

总之，土地生态规划与设计是一项多学科的综合性研究，需要自然、社会、经济等多科学的配合。当前，我国正处于"生态文明"建设的探索阶段，需要尽快建立一套适合国情的土地生态规划与设计的理论、方法和生态工程技术体系，使其在国家生态安全和绿色基础设施建设中发挥应有的作用。

8.1.4 土地生态修复

土地生态修复是指针对因开发、污染或自然灾害导致退化的土地生态系统，通过自然恢复与人工干预相结合的方式，重建生态平衡的过程。其核心在于修复受损的生态系统结构，恢复其服务功能，并增强生态系统的韧性，使生态系统向良性循环发展。土地生态修复包括土地生态恢复、重建或改建等方式。

1. 生态平衡与良性循环

土地生态系统发展到一定阶段，它的结构和功能、生物种类的组成、各个种群的数量比例以及能流和物流都处于一种相对稳定的状态，称为生态平衡。"平衡"既可以是输入输出大体相当的"平衡稳态"，也可以是输入输出不相等的"非平衡稳态"，即耗散结构。系统达到这两种稳态及其功能与结构相适应而处于最佳组合状态。

生态平衡具有时间上和空间上的有序性和自组织性特点。有序性表现为土地生态系统结构上的稳定；而自组织性则体现为土地生态系统抗拒外界干扰的能力。自组织能力依赖于有序性，有序性又以自组织能力为目标，共同体现为结构与功能的辩证关系。所以，生态平衡的实质是结构与功能的相互协调与组合，它的含义可表述为：土地生态系统生产者、消费者、分解者之间，生物因子和非生物因子之间，以及生态系统与外部环境之间，通过物质、能量输入与输出关系，达到结构与功能上的最佳稳定状态。它表现为 3 种形式，即相对静止状态、动态稳态和非平衡稳态。非平衡稳态是生态平衡的最主要形式，从物质输入与输出关系来看，两者不仅不能基本相当，甚至也不围绕一个饱和量上下波动。在土地生态系统中，物质输入包括光、热、水、气、动植物残体及无机元素等自然输入和种子、肥料、农药、其他经济物质及活劳动等经济输入，所有这些输入被有序组合，经过系统内的生物循环形成生物量。如果保持高输入低消耗，使系统始终远离平衡态，才能实现相对高的产出。因而，在生产实践中所追求的生态平衡应是远离平衡态的"非平衡稳态"。

所谓良性循环，一是土地生态系统的植物光能利用率和动物的能量转化率持续稳定提高；二是系统输出的能量（产品）与投入物质能量间的比率持续稳定提高，土地生态系统结构稳定地不断得到提高。实现良性循环是人类改造和利用土地资源的理想目标。多年来，影响我国土地生态系统实现良性循环的原因主要是：人口的压力较大；政策失误（主要是人口、资源利用等政策）；掠夺式经营；能源特别是农村能源匮乏；环境污染；土地管理不善，有法不依或无章可循。只有针对产生的原因，有的放矢地保护土地资源，才能保证土地生态系统的良性循环和持续发展。

2. 土地生态系统健康

土地生态系统作为自然界的一个有机整体，有其存在和发展的自身客观规律。然而土地作为人类生存和发展的自然资源，其资源价值要通过人类的实践行为得以实现，其永续利用特性的维持，也应在不断的利用过程中得到实现。如果抛开人类利益，单纯追求符合土地生态系统自身客观规律的生态平衡，那就失去了维持土地永续利用的真实价值。人类利用土地，是为了自身的生存和发展，而不是仅仅为了实现土地生态系统的生态平衡。当然人的实践行为不能违背自然的客观规律，只要人类活动在这些客观规律的缓冲适应范围之内，土地就可持续为人类服务。

健康通常是针对生命体或生态系统而言的，因此，土地生态系统健康与土地健康是同义语。土地健康（land health）是土地伦理观念反映的一种生态意义，它表明人们对土地的健康有一种责任感。土地健康是土地生态系统的综合特征，它具有活力、稳定和自我恢复能力。一个不健康的生态系统往往是处于衰退、逐渐趋向于不可逆的崩溃过程。

土地生态系统作为一个有机整体，有其一定的自身恢复能力，只要保证土地维持自身正常的新陈代谢，使土地与人、生命与生命、生命体与无机环境等之间的共生、互生、再生过程得到可持续发展，就可以保证土地资源的永续利用目标，这种状态就是土地生态系统健康，其标志主要表现在以下几个方面：

(1)土地生态系统健康与生态平衡一样，表现为一个动态发展的过程，土地资源状况除了受到地形、地貌、土壤和气候等自然条件的制约外，还受外界诸如劳动者素质、科技水平、政策制度等经济、社会因素的影响。而不断发展变化的社会经济因素使得人们对土地资源的利用方式和利用水平不断提高，这也决定了土地资源“自身恢复能力”的动态发展性。

(2)土地生态系统健康的维持，表现为开发、利用、整治、保护的相互结合。土地资源的自身恢复能力是有一定的限度的，不合理的土地利用行为会引起土地资源的退化，土地生产能力的下降乃至丧失。要保证土地生态系统的健康，最基本的前提就是防止土地资源的退化。如果追求短期效益，盲目开发利用，就可能超出土地生态系统的自身恢复力。

(3)健康的土地生态系统应该具有弹性（resilience），保持着内稳定性（homeostasis）。健康的土地生态系统对于外界干扰具有弹性，有能力抵制适度的干扰甚至破坏，弹性能力越大，系统越健康。

3. 土地生态恢复与重建

土地生态恢复（land ecological restoration）是相对于土地的非健康状态而言的。它是指在土地生态调查、监测和评价的基础上，针对特定类型的土地退化特征，恢复土地生态系统合理的结构、高效的功能和协调的关系。土地生态恢复与自然条件下发生的土地生态系统进化过程不同，它强调人在土地生态恢复过程中发挥的主导作用。因此，与生态恢复相关的概念还有：重建（rehabilitation）、改良（reclamation）、改进（enhancement）、修补（remedy）、更新（renewal）和再植（revegetation）等，从中都体现了人的作用。土地生态恢复的基本思路是根据生态学、可持续发展理论等相关原理选择适宜的物种，构造种群和生态系统，实行土壤、植被与生物同步分级恢复，以逐步使生态系统恢复到一定的功能水平，并维持其可持续性。

土地生态重建是在人们对土地生态恢复的认识更深入、全面的基础上由环境学界和生态学界提出的概念。美国恢复生态协会将生态重建定义为对生态系统已遭到严重破坏且不能恢复其原始形态的区域，根据其现有的气候、土壤、植被等自然条件，结合区域内社会经济条件建立一个新的生态系统，它能实现该区域的自我持续发展，形成重建后的自我持续状态。

退化土地生态系统的恢复与重建，一般分为以下几个步骤：①明确恢复土地生态系统的边界；②退化土地生态系统的调查分析，包括土地退化主导因子、退化过程、退化类型、退化阶段与强度的调查、诊断与辨识；③土地生态退化的评价，确定恢复目标；④退化土地生态系统恢复与重建的自然—经济—社会—技术可行性分析；⑤恢复与重建的土地生态规划与风险评价，建立优化模型，提出决策与具体实施方案，包括配套政策的制定；⑥公众参与方案的讨论；⑦进行恢复与重建的优化模式实验与模拟研究，通过长期定位观测试验，获取在理论和实践中具可操作性的土地生态恢复重建模式；⑧对一些成功的土地生态恢复与重建模式进行示范与推广，同时要加强后续的动态监测与评价。

4. 土地生态工程

土地生态工程是指采用工程、农艺、化学等措施调控土地生态系统，使土地生态系统实现可持续利用的综合技术体系或工艺过程。土地生态工程是在微观层次上具体实施土地生态规划、设计方案的综合集成技术，它是土地生态学在生产实践中应用的技术性环节。它根据生态工程中“整体、协调、循环、再生”的生态控制论原理，系统地设计、规划和调控土地利用的配置结构、空间布局、政策措施、组织方式等。土地生态工程要研究解决的核心问题是土地利用中出现的土地适宜性差、水土流失、沙漠化、污染等土地生态问题。它是建立在土地生态评价、土地生态规划、土地生态设计基础上的一个工程技术分支领域。

土地生态工程类型按土地利用类型可分为耕地生态工程、林地生态工程、草地生态工程、湿地生态工程、城市生态工程、农村聚落生态工程、工业用地生态工程；按土地利用阶段可分为土地生态开发工程、土地整治工程、土地生态修复工程。

据《2023 年中国自然资源公报》成果显示，我国已深入推进实施“十三五”以来部署的 52 个山-水-林-田-湖-草-沙一体化保护和修复工程，累计完成生态保护修复面积 770 万 hm^2 以上。“十三五”以来，在重点区域流域部署开展历史遗留废弃矿山生态修复工程，带动全国累计修复治理面积 32 万 hm^2；已支持沿海城市实施 175 个海洋生态保护修复项目，共整治修复海岸线 1 680 km，滨海湿地 5 万 hm^2 以上。

(1)土地生态工程的原理。运用土地生态工程方法解决土地生态问题，首先要分析生态问题产生的原因，并寻求解决问题的相应生态原理；其次从技术、经济、社会 3 方面着手，确定解决问题的技术路线和方法；最后在生态原理和技术路线的指导下，采用加（减）环、连环、分层多级利用等途径，以现有技术和政策措施的优化集成和组装配套来实现。

土地生态工程常采用的生态原理主要有以下一些：①土地生态系统良性循环与高效性原理；②土地生态系统生物多样性和化学多样性原理；③土地生态系统的生物功能和化学组成相协调原理；④土地生态系统结构与功能从属于内在、外在作用原理；⑤土地生态系统相互耦合与相互联系的整体性原理；⑥土地生态系统的空间尺度与时间尺度有机结合原理；⑦土地生态系统的变异性原理；⑧土地生态系统的自我调节与自我修复、完善原理。

(2)土地生态工程的技术路线。土地生态问题形成原因复杂，解决土地生态问题涉及技术、经济、社会等各个方面，可以说土地生态工程是一项复杂的系统工程，应积极吸收应用系统工程的思想和方法。土地生态工程的方法程序一般包括：明确土地生态问题和解决的目标；分析土地生态问题的形成原因；广泛收集并筛选单项土地生态技术、社会经济政策、措施等；针对土地生态问题和要达到的目标，进行现有土地生态技术的优化集成和组装配套，形成解决土地生态问题的多种方案；对这些方案进行小范围或小规模的试验；通过对试验结果的综合评价优选出满意或最佳方案；对优选出的满意或最佳方案进行大规模或大范围示范推广。土地生态工程方法的技术路线如图 8-3 所示。

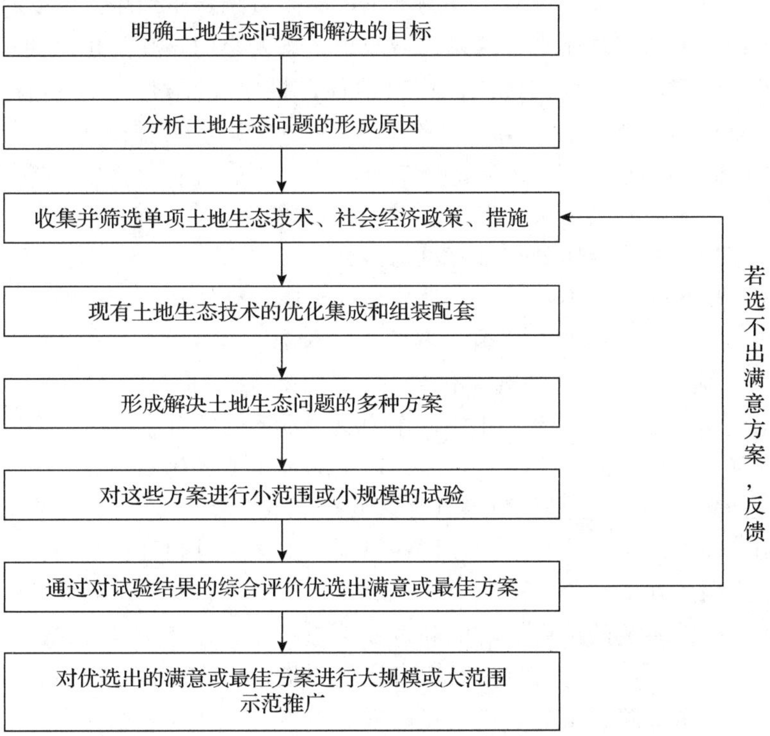

图 8-3　土地生态工程的技术路线框图（吴次芳，2003）

8.1.5　区域土地生态安全

土地生态安全作为国家总体安全的一个重要的基础性组成部分，是指地球陆地表层内由各种有机物和无机物构成的生态系统的结构不受破坏，同时该生态系统为人类提供服务的质量和数量能够持续满足人类生存和发展的需要的状态。一般来说，土地生态安全是针对某一区域或国家的尺度上而言，是衡量一个区域的可持续发展不致因生存空间和生态环境遭受破坏而受到威胁的程度。在诸多影响区域土地生态安全的因素与过程中，土地利用/覆盖及其格局的变化是最重要的驱动力。当前，中国正处于社会经济发展转型期，不合理的土地利用与开发，往往导致土地资源资产空间结构错配、土地生态功能破坏、系统质量退化，生产空间、生活空间和生态空间相互挤占、矛盾尖锐等问题。土地生态安全是土地生产功能的前提、底线和天花板，不开展土地生态安全的科学评价，就谈不上土地可持续利用和管理。

面对日益增长的人们对美好生活的需求和不平衡不充分发展之间的矛盾，土地生态系统作为“生命共同体”的主要载体，是生态文明建设的根基。因此，开展土地生态安全调查与评价是落实和践行自然资源资产管理和自然生态监管制度的一项基础性工作。首先要回答土地资源的基础质量（本底质量）是不是生态健康？其次是土地利用的空间格局是不是生态安全？最后是土地利用和管理方式上是否符合生态友好原则？

(1)土地资源质量是保障土地生态系统健康运行的基础。土地生态系统健康是人地共荣的表现。实现人地关系的共荣，保持土地资源的生产能力和景观环境持续不断地满足社会发展中人类生存活动、生产活动和社会活动的需求，必须以维持土地生态系统健康的新陈代谢为基础，保证土地自身的恢复能力，这是区域土地生态安全的核心，也是实现土地生态安全目标的重要途径。研究表明，我国优质高产耕地仅占耕地总面积的29.4%；而具有生态涵养功能的湿地一直以来处于减少态势。根据2016年《中国水资源公报》，劣Ⅴ类水河流占9.8%，富营养湖泊占78.6%，富营养水库占28.8%，水质富营养化依然较严重。黄河、松花江、淮河和辽河流域为轻度污染，海河流域为重度污染；地下水“三氮”污染情况较重，部分地区存在一定程度的重金属和有毒有机物污染。2014年《全国土壤污染状况调查公报》表明，全国土壤环境总体状况不容乐观，部分地区土壤污染较重，工矿业废弃地土壤环境问题突出，南方土壤污染重于北方，全国土壤污染点位超标率为16.1%，其中耕地土壤点位超标率为19.4%。随着土地流转和规模化经营，大中型农业机械保有量持续增长，造成严重持久的土壤压实和生态退化风险。此外，作为我国重要的粮食主产区，东北黑土区也面临着土壤有机质下降、耕层变薄、土壤生物多样性下降等质量退化问题。

(2)土地生态安全格局构建是保障区域生态安全和人类福祉的关键环节。土地生态安全主要指土地利用空间格局是否符合生物多样性原则，生态廊道和网络是否畅通，景观生态结构是否优化，生态服务功能与价值是否提升，等等。土地生态安全格局应体现出人与土地的共存关系，即土地生态系统的结构、功能和过程保持良好的维持和发展状态，并能支撑社会经济的可持续发展。近30年来，快速城镇化发展导致一些城市面临一系列资源与环境制约，土地生态安全面临严重威胁，生物多样性逐渐减少与丧失，土地生态安全问题成为区域土地资源可持续利用的主要“瓶颈”，如耕地减少、湿地萎缩；各位生态斑块之间的联系非常脆弱，甚至呈现破碎化、孤立化；一些生态敏感区域常常被社会经济活动所侵扰，等等。因此，全面开展生态建设，逐步构建区域生态安全格局，是实现土地生态安全的长期战略。

(3)生态友好是保障土地可持续利用与管理的主要原则。在土地利用和管理过程中，应当遵循土地生态系统的基本规律，倡导生态优先的土地利用方式和措施。对于耕地来讲，要大力推进化肥、农药的减量化使用，推广生态耕作模式等。“十四五”以来，农业农村部深入实施化肥减量化行动，促进科学施肥增效，化肥利用率稳步提升。农业农村部信息显示，2024年我国水稻、玉米、小麦三大粮食作物化肥利用率达到42.6%。此外，我国还存在坡耕地3.59亿亩，面临水土流失、耕地质量下降的风险。

总之，如何从整体上回答区域土地资源的生态健康（质量）、生态安全（格局）和生态友好（利用），如何开展区域土地生态调查、评价、规划、设计和修复成为关系到人类社会能否持续稳定发展的关键问题，这也是生态文明建设的核心内容之一。

8.2 土地退化与防治

20世纪70年代以来，全球性的资源与环境问题日益严峻。无论是土地污染，还是生态危机，都可以追溯到不合理的土地利用活动，从而导致土地退化的问题；更深层次的原因则在于土地资源的稀缺性与有限性。在联合国可持续发展目标（SDGs）中，第 15 项就是关于土地退化问题，即："保护、恢复和促进可持续利用陆地生态系统、可持续森林管理、防治荒漠化、制止和扭转土地退化现象、遏制生物多样性的丧失"。

8. 2. 1　土地退化的类型

土地退化是指由于人类不当的土地利用或某些不利自然因素的影响，导致土地生产能力或其他功能的衰减，以致土地生态系统向简单无序的方向演替的过程。在《世界粮食和农业领域土地及水资源状况》报告中，世界粮农组织（FAO，2012）对"土地退化"的定义进行了拓展，不仅仅指水土流失或土壤丧失生产能力，而是将其扩大到生态系统平衡的恶化和生态系统丧失提供服务的能力。因此，应当综合考虑土地退化，把所有生态系统的产品和服务—生物物理和社会经济因素都纳入考虑范围。土地退化是一种"慢性灾害"。灾害是自然发生或人为驱动的、对人类社会具有危害性后果的事件与现象，主要表现为对人类生活环境及生态环境的破坏。土地退化是自然环境灾害的一种表现形式，它表现为人类生存环境物质系统的破坏，即物质资料的客观存在的量减和质退。土地退化灾害一般在较长时间内形成，有着明显的过程性。这类灾害的特点是年内损失较少，但其影响深远，甚至迫使区域整体性生产规划做出较大的调整。土地退化灾害发生的机理可从土地生态系统的结构与功能两方面来解释，即系统结构的简单化和系统功能的衰退。

土地退化的驱动因素与直接或间接影响土地健康和生产力的因素有关。《全球土地展望》（FAO，2017）将土地退化的驱动因素分为直接因素和间接因素两类。直接和间接的驱动因素相互作用、互相加强，共同推动世界许多地区的土地退化。直接驱动因素包括自然因素和人为因素，如森林砍伐、过度放牧以及农业、工业和城市地区的扩张仍然是造成土地退化的最重要的直接原因。间接驱动因素更加复杂，在更大和更长久的尺度下运行，距离退化的地区更远，包括诸如人口趋势、土地权属、消费者对基于土地的商品和服务不断变化的需求、宏观经济政策、不公平的治理制度以及对压制跨部门协调的投资有利的公共政策和制度。

土地退化通常可分为水土流失、土地沙漠化、土地次生盐渍化、土地污染等类型。

8. 2. 2　土地退化的防治

土地退化防治包括防与治两个方面，防是指消除可能造成未退化土地发生退化和使已退化土地继续发生退化的各种动力因素；治是指对已退化土地所进行的建设性改造。土地退化防治可通过两个途径来进行，一是从自然条件着手，人为改造土地条件，使地形、土壤、水、植被、热量等自然因素处于较好的组合状况；二是从人类活动自身着手，采取有利于保护土地的开发利用技术和方法。

8. 2. 2. 1　水土流失防治

水土流失是指在水力、风力、重力及冻融等自然营力和人类活动作用下，水土资源和土地生产能力的破坏及损失，包括土地表层侵蚀和水的损失。土壤侵蚀是水土流失的核心内容，即土壤及其母质被剥蚀、搬运和沉积的过程。水土流失的主要类型有水力侵蚀、风力侵蚀、重力侵蚀等，分布广泛并对生态环境和人类生产生活产生了深远影响。

1. 水土流失的成因

水土流失是我国土地资源退化的一个重要因素。我国水土流失既有自然地理原因，也有历史和现代社会经济原因。因为中国是一个多山国家，山地和丘陵占国土面积的1/3，由于地势起伏和坡度关系，表层的土壤颗粒易随地表径流顺坡流失而进入江河汇入海洋。另一方面，中国又是一个季风气候的国家，水旱季节交替明显，降水多集中于夏秋，并常集中以暴雨的形式出现，这种气候和降水特点，既不利于稳定的植被生长，也为水土流失提供了强大的自然营力。在社会经济因素方面，中国也有其特殊性，中国是世界上的农业古国，垦耕历史久，加上不断战乱和历代的大兴土木，使开发较早的中原及其邻近地区自然植被稀少，为水土流失的发生和加剧创造了条件。

2. 我国水土流失及治理情况

20世纪50年代初期全国水土流失面积为150万 km^2，1990年统计的结果是180万 km^2，平均侵蚀量超过了 5.0×10^9 t，而到1999年则更是达到356万 km^2，占国土面积的37.1%。但是，最近三次调查监测显示，2011年、2018年和2023年全国水土流失总面积分别为294.92万 km^2、273.69万 km^2 和262.76万 km^2，水土流失面积开始持续减少。

据2023年《中国水土保持公报》成果显示，我国水土流失状况主要有4方面的特点：一是水土流失面积持续减少；二是水土流失以中轻度为主，强度明显下降；三是水力侵蚀减幅大，风力侵蚀减幅相对小；四是东部地区减幅大，西部地区减少绝对量大。具体来看，我国水土流失类型主要分水力侵蚀和风力侵蚀两种，其中水力侵蚀面积达107.14万 km^2，占水土流失总面积的40.77%，占国土面积的11.16%；风力侵蚀面积为155.62万 km^2，占水土流失总面积的59.23%，占国土面积的16.21%。从各省份分布来看，水力侵蚀在31个省（自治区、直辖市）均有分布，风力侵蚀主要分布在“三北”地区。从西、中、东地区分布来看，西部地区水土流失最为严重，面积为223.35万 km^2，占全国水土流失总面积的85.0%；中部地区次之，面积为28.39万 km^2，占全国水土流失总面积的10.8%；东部地区最轻，面积为10.02万 km^2，占全国水土流失总面积的4.2%。

20多年来，我国在水土流失治理方面取得了令人瞩目的成就，2023年与1999年相比，全国水土流失面积减少了93.24万 km^2，减幅26.19%，治理面积占国土面积的近1/10。在治理区域，农业生产条件改善，生态环境好转，经济也获得发展，同时水土流失量大大减少，且呈现出高强度侵蚀向低强度变化的特征。仅2023年，国家水土保持重点工程安排中央资金81.4亿元，下达水土流失治理任务1.27万 km^2，包括小流域水土流失综合治理工程、东北黑土区侵蚀沟治理工程、坡耕地水土流失综合治理工程、淤地坝工程、粗泥沙集中来源区拦沙工程和病险淤地坝除险加固工程。

虽然我国水土流失综合治理有如此大成就，但是，目前还是一边治理、一边破坏、点上治理、面上破坏，局部有所改造，整体继续恶化的情况普遍存在。当前我国仍有超过国土面积的1/4的水土流失面积，面积大、分布广，治理难度越来越大，特别是中西部地区基础设施建设与资源开发强度大，水土资源保护压力大，黄土高原、东北黑土区、长江经济带、石漠化等区域水土流失问题依然突出，贫困地区小流域综合治理亟待加快推进。

3. 水土流失防治技术和工程

水土流失的防治主要以生物措施为主，生物措施与工程措施、耕作措施相结合，实行综合防治，已成为目前世界各国共同采取的水土保持战略。

我国多年的研究和水土流失治理实践也证明了生物措施对水土保持的决定性意义，并且认识到这是恢复土地资源生产力的根本。森林一方面可以通过林冠减少雨滴对地面的溅击；另一方面通过林下植被败叶的截留、吸收作用以增加降水的就地入渗量，减少地表径流和土壤侵蚀量，同时也涵蓄更多的水分。

根据我国甘肃天水水土保持试验站的观测，在其他条件相同的黄土丘陵区，裸露的荒坡一年冲走的土壤是刺槐林的 8 倍。长白山区的小丰满水库在上游茂密森林的保护下，建库 27 年，淤积泥沙只占库容的 1%。而黄河三门峡水库，却因上游林木稀少，建库 14 年淤积泥沙占库容的 59%。因此，我国在继续以小流域为单元进行综合治理和研究推行水土保持耕作法的同时，林业部门又实施了大规模的生态林业工程，从而构筑了一个强大的生态体系，以期扭转中国的水土流失趋势，改善生态环境和走上持续发展的道路。

目前我国已实施的主要生态工程有：在“三北”水土流失区，结合“三北”防护林体系的建设，实现水土保持与防治沙漠化两大目的；在长江流域水土流失区，开始长江防护林建设，建立以水土保持和水源涵养林为主体的生态防护林体系；在沿海水土流失区，以防风和防止水土流失为方向，建立防浪护堤林等农田防护林网；在太行山区，营造水源涵养林、水土保持林，将水土保持、生态建设和经济发展密切结合；在淮河、珠江流域，也同样以水土保持和经济发展并举而建立防护林体系；全国范围开展的退耕还林还草工程；西南地区岩溶地区石漠化综合治理工程；长江经济带森林和湿地生态系统保护与修复工程、长江沿江重点湿地保护修复工程；中国-中东欧国家林业合作会议通过 16+1 林业合作行动计划；“一带一路”林业贸易与投资合作平台，等等。

山坡修建梯田是中国劳动人民的历史杰作。把山坡修成梯田，既保土又保水，许多这样的梯田已耕作了几百年。20 世纪 80 年代以来，各地水土保持人员又创造了很多政策和技术方面的经验，如户包或联产承包小流域治理、规模治理、拍卖“四荒”使用权，建立水土保持综合治理与开发经济实体等，都发挥了很好的作用，推进了治理速度和提高了治理效益。在治理技术措施方面，有生物措施与工程措施相结合、沟坡兼治、山水林同治、长短结合、治理与农林牧副渔综合利用并举等，历史上还创造了一些独特的蓄水保土耕作法，如等高耕作、水平沟种植、垄作区田等。

8.2.2.2　土地沙漠化防治

土地沙漠化是指在干旱、半干旱及亚湿润干旱地区，因自然因素与人类活动的双重作用导致土地退化的过程，表现为生态系统失衡、植被破坏、土壤沙化，最终形成类似沙漠的景观。

1. 土地沙漠化的成因

土地沙漠化的成因是复杂的，有自然因素，亦有人为因素，一般来说是两者共同作用的结果，但人为因素是主导因素。中国约一半国土处于干旱和半干旱地带，受少雨多风和人为破坏植被的影响。沙漠和沙漠化土地在不断地扩展，使中国成为世界上沙漠面积较大、分布较广、危害较严重的国家之一。据有关研究，我国北方地区沙漠化土地的成因主要就是人为活动减少了沙区植被所引起的。在北方沙漠化土地形成原因中，以草原过度农垦为主的占25.4%，以草原过度放牧为主的占28.3%，以过度采樵为主的占31.8%，因工矿交通或城市建设破坏植被导致沙漠化的占0.7%，因水资源利用不当而发生沙漠化的占8.3%，只有5.5%是由自然风力作用造成沙丘前移而导致农田或草场沙漠化。

2. 我国土地沙漠化及治理情况

我国的土地沙漠化主要发生在西北、华北北部和东北西部地区。据第六次全国荒漠化和沙化监测结果，2019年全国荒漠化土地总面积257.37万km^2，占国土总面积的26.81%，分布在京、津、冀、晋、蒙、辽、吉、鲁、豫、琼、川、滇、藏、陕、甘、青、宁和新等18个省份的528个县（含旗、市、区，下同）。全国沙化土地总面积168. 78万km^2，占国土总面积的17. 58%，分布于除上海市、台湾省和香港、澳门特别行政区外的30个省的920个县。

20多年来，我国在土地沙漠化治理方面取得了令人瞩目的成就。据2009、2014、2019年全国荒漠化和沙化监测成果显示，我国土地沙漠化治理成就具有4个明显的特点：一是荒漠化和沙化面积“双缩减”；二是荒漠化和沙化程度“双减轻”；三是沙区植被状况和固碳能力“双提高”；四是区域风蚀状况和风沙天气“双下降”。具体来看，2009、2014、2019年全国土地荒漠化面积分别为262.37万、261.16万、257.37万km^2，分别减少1.21万、3.79万km^2。2009、2014、2019年全国土地沙化面积分别为173.11万、172.12万、168.78万km^2，分别减少0.99万、3.34万km^2。与2014年相比，重度荒漠化土地减少1.93万km^2，极重度荒漠化土地减少3.26万km^2。沙区生态状况呈“整体好转、改善加速”态势，荒漠生态系统呈“功能增强、稳中向好”态势。2019年沙化土地平均植被盖度为20.22%，较2014年上升了1.90%。植被盖度大于40%的沙化土地呈现明显增加的趋势，5年间累计增加7.91万km^2。八大沙漠、四大沙地土壤风蚀总体减弱。

3. 土地沙漠化防治技术和工程

土地沙漠化防治包括沙丘固定、防止土壤风蚀和绿化以增加植被等3个部分。涉及的技术有土壤风蚀防治技术、流沙固定技术、植被恢复重建技术、节水灌溉技术、太阳能风能利用技术等。

已有实践和科学研究表明，沙漠化土地的治理必须以生物工程措施为主。植被恢复是防沙治沙的重要手段之一，通过种植适应性强的植物，可以固定土壤，抵御风蚀。具体操作如封山（沙）育林（草）、飞播造林、人工造林（种草）等措施，扩大林草植被面积；对粮食产量低而不稳、不适宜耕种的沙化耕地进行有计划地退耕还林还草。另外，通过营造草原灌木林网和农田林网，保护农田和草牧场免受风沙危害，促进粮食稳产高产；防护林带的建设可以降低风速，减弱并阻挡风沙，如在沙漠边缘和相关地区进行防护林带建设。

风沙网的铺设可以有效阻止风沙的侵蚀。选择耐用性好、抗风沙能力强的材料，将风沙网埋入土壤中，固定土壤颗粒，防止被风吹走。灌溉是保证植物生长和防止土壤风蚀的关键步骤。通过合理的灌溉安排，可以提供足够的水源，保持土壤湿度，促进植物的生长和根系的牢固。可以采用滴灌、喷灌等方式进行灌溉。

我国土地沙漠化治理建立了以保持和人工扩大林草植被为中心，建立防、治、用有机结合的治沙工程体系。我国政府已建立了“中国治沙工作协调小组”，统一组织和协调全国治沙工作；此外，为预防土地沙化，治理沙化土地，维护生态安全，促进经济和社会的可持续发展，于 2002 年颁布了《中华人民共和国防沙治沙法》，并制定了一系列优惠政策，旨在促进我国沙地治理及经济发展。据 2020 年国家林业和草原局发布数据显示，“十三五”以来，我国荒漠化防治成效显著，全国累计完成防沙治沙任务 880 万 hm^2，占“十三五”规划治理任务的 88%。经过多年治理，毛乌素、浑善达克、科尔沁和呼伦贝尔四大沙地生态状况整体改善，石漠化程度持续减轻，林草植被增加 226.7 万 hm^2，沙化土地减少 16.9 万 hm^2。

8.2.2.3　土地次生盐渍化防治

土地次生盐渍化，也称“土壤次生盐碱化”，是指由于人为活动不当，引起土体内和地下水中的水溶性盐类随土壤毛细管上升水流向上运行，在强烈蒸发条件下，在土体内，尤其是在土壤表层累积，因而使原来非盐渍化的土壤发生了盐渍化，或增强了原土壤的盐化程度，从而影响一般植物的正常生长过程。

1. 土地次生盐渍化的成因

土壤次生盐渍化通常是因受人为不合理措施的影响，如灌排系统不配套、过量灌水、排水受阻、大水漫灌、渠道渗漏严重、水库蓄水不当等，导致地下水位上升。随后，地下水通过毛细作用上升至地表附近并蒸发，使土壤母质和地下水中所含盐分随毛细管水上升而积聚于土壤表层的过程。例如，在我国内蒙古河套灌区盐渍化土壤面积 1958 年占耕地面积的 14.1%，1965 年占 30.6%，1972 年占 56%，1979 年占 73.8%，每年以 1 万～1.33 万 hm^2 速度发展。新中国成立以来，新疆开垦土地 340 万 hm^2，后因土壤次生盐渍化而被迫退耕、弃耕 133.33 万 hm^2，占开垦面积的 39.2%。青海柴达木盆地在 20 世纪 50 年代开垦土地 6 万 hm^2，后因次生盐渍化退耕 1.87 万 hm^2，占 31%。

2. 我国土地次生盐渍化现状

据《2022—2028 年中国土壤咸化治理市场深度调查与投资方向研究报告》成果显示：我国盐渍土地总面积 14.87 亿亩，其中现代盐渍土壤 5.54 亿亩，潜在盐渍化土壤 2.60 亿亩；中国受盐碱化危害的耕地达 1.4 亿亩。它们主要分布在新疆、河西走廊、柴达木盆地、河套平原、银川平原、黄淮海平原、东北平原西部，以及滨海地区。其中西北内陆地区盐碱化耕地面积占总耕地总面积的 15%。在中国的盐碱耕地中，大约 73%属轻度盐碱化，对农业生产影响不严重，其余 27%为中强度盐碱化，对农业生产影响较大。

3. 土地次生盐渍化防治措施

防治土地次生盐渍化的关键措施主要包括 4 个方面。①控制地下水位。健全排水系统，控制地下水位在临界深度以下；控制灌溉定额，发展节水灌溉，避免漫灌造成地下水位上升。②淡化地下潜水。控制灌溉水水质，避免因灌溉高矿化度水造成土壤积盐；东部季风区的半湿润地区的盐渍化，可以采取雨季前大力抽取地下水，降低水位后，待雨季补充浅层潜水。③采用平整田面，增加农田的作物覆盖，减少田面蒸发积盐。④对于已发生次生盐渍化的土地排水洗盐，采用物理、化学措施改良，或种植抗盐作物。

8.2.2.4　土地污染防治

土地污染指由于人类活动产生的有害、有毒物质进入土壤，积累到一定程度，超过土壤本身的自净能力，导致土壤性状和质量变化，构成对农作物和人体的影响和危害的现象。

1. 土地污染的原因

我国土地污染主要集中在3个方面：首先是工业生产污染。工业生产活动是我国土壤污染的主要来源之一。在长期的工业化进程中，部分企业为追求经济效益，忽视环境保护，大量排放含重金属、持久性有机污染物等有毒有害物质，导致周边土壤受到严重污染。尤其是在矿产资源开发、冶金、化工、制革等重污染行业，由于生产工艺落后、污染防治设施不完善，其废水、废渣、废气直接排放，成为土壤污染的重要来源。其次是农业生产污染。农业生产活动是我国土壤污染的另一重要来源。在现代农业生产中，化肥、农药、农膜等得到广泛应用，在促进农业发展的同时，也带来了日益突出的土壤污染问题。我国化肥施用量大，全国每年施用化肥5 000多万t，而利用率相对较低，大量养分随径流进入土壤，导致土壤酸化、硝酸盐超标等问题。农药施用量也居高不下，每年施用农药80多万t，残留的有机氯、有机磷等有毒物质会在土壤中持续积累。最后是生活污水污染。生活污水排放不当也是导致我国土壤污染的重要原因之一。随着城市化进程加快，城乡居民生活水平不断提高，生活污水排放量急剧增加。然而，我国生活污水收集处理设施建设相对滞后，大量未经处理或处理不达标的生活污水直接排放，污染物渗入土壤，造成土壤环境质量下降。尤其在一些农村地区，生活污水收集管网不完善，污水处理设施缺失，生活污水随意排放，成为农村土壤污染的重要来源。

2. 我国土地污染现状

据2014年发布的《全国土壤污染状况调查公报》，全国土壤总的点位超标率为16.1%，其中轻微、轻度、中度和重度污染点位比例分别为11.2%、2.3%、1.5%和1.1%。耕地、林地、草地土壤点位超标率分别为19.4%、10%、10.4%。部分地区来看：长三角地区至少10%的土壤基本丧失生产力，南京郊区有30%的土地受到污染，浙江省17.97%的土壤受到不同程度的污染，普遍存在镉、汞、铅、砷等重金属污染。华南地区部分城市有50%的耕地遭受镉、砷、汞等有毒重金属和石油类有机物污染，近40%的农田、菜地土壤重金属污染超标，其中10%属严重超标。此外，据中国生态环境部发布的《2021年中国环境状况公报》显示，全国农村土壤重金属污染面积达34.7万km^2，其中镉、铅、汞等重金属超标面积分别占土壤总面积的15.8%、9.8%和1.5%。这些数据反映了我国土地污染的现状，表明在耕地、林地、草地以及工业用地等方面均存在不同程度的污染问题，需要采取有效的措施进行防治和修复。目前，我国土壤污染加重趋势得到初步遏制，全国受污染耕地安全利用率稳定在90%以上，重点建设用地安全利用得到有效保障，农用地土壤环境状况总体稳定。

3. 土地污染防治措施

“一要吃饭；二要建设；三要保护环境”是我国土地利用的基本方针。土地污染最突出的特点是污染容易治理难，因此，防治土地污染必须“以防为主”严格控制和消除污染源，不能走先污染后治理的途径。其防治的重点是减少由农药、化肥、污灌水和固体废弃物等带给土地的有毒物质的数量，减少毒素的再循环。一般可采取以下具体措施：

(1)土地污染调查与动态监测。开展土地污染的调查与监测，制定土地污染标准是评价土地质量、防止污染发生和发展的一项基础工作。土地污染调查是指区域土壤污染状况调查和污染程度的分级评价。土地污染的监测和预防在环境保护中占有重要地位，即在代表性区域里定期采样或在条件许可时，在固定点安置监测仪器进行化学、物理和生物学的测定，以观察污染状况的动态变化规律。

(2)制定“三废”排放的标准。主要是改进工艺流程、控制和消除工矿业“三废”排放，尽可能减少或消除污染物质来源。必须排放的“三废”要进行净化处理，进行回收综合利用，变废为宝，使之符合国家的排放标准。对于污水灌溉必须谨慎，在利用前必须测定废水中的有害物质和浓度，避免污水灌溉引起污染。

(3)控制化学农药和化肥的使用。要合理使用化学农药，发展高效低毒低残留的农药新品种，提倡推广生物防治和综合防治病虫害的新措施，化肥的使用必须实行平衡配方施肥方法，提高化肥的利用率。

(4)受污染土地的修复。目前，重金属污染的修复主要有两种途径：①改变重金属的存在状态，降低其活性，使其钝化，脱离食物链，减小其毒性。②利用特殊植物吸收土壤中的重金属，然后将该植物除去，或用工程技术将重金属转化为可溶态、游离态，再经过淋洗，然后回收淋洗液中的重金属，从而达到回收重金属和减少土壤中重金属的双重目的，国内采用的方法一般可分为工程措施、农业措施、改良措施和生物措施。

(5)建立土地污染风险防范体系与风险交流机制。2018 年国务院发布的《土壤污染防治行动计划》指出：“以改善土壤环境质量为核心，以保障农产品质量和人居环境安全为出发点，坚持预防为主、保护优先、风险管控……形成政府主导、企业担责、公众参与、社会监督的土壤污染防治体系”，并于 2018 年发布了《中华人民共和国土壤污染防治法》。构建健全的土地污染风险多元协同治理体系是推进国家治理体系和治理能力现代化、落实生态文明建设与美丽中国建设的一项重大举措，是推进绿色发展和维护国家生态安全的重要内容。此外，根据利益相关者理论，土地污染风险管理利益相关者是指在污染土地利用或暴露过程中受其影响或对其施加影响的个人或群体，包括污染企业（历史污染者）、政府（管理者）、社区和公众（公众参与）、新的土地开发者（商）等。需要分析各利益方的利益诉求，找出利益冲突源，从而有效开展土地污染风险交流活动，降低土地污染风险。

8.3　基本农田保护

8.3.1　基本农田保护的战略意义

8.3.1.1　基本农田保护的基本内涵

所谓基本农田是指从战略高度出发，为了满足国民经济持续稳定的发展，保证一定规划期内人口增长对农产品的基本需求，而必须确保的农田。基本农田是一个国家或地区在一定时期内耕地的临界状况，低于这个临界点，预定的食物总产量就不能实现，人民基本生活水平就要下降，国民经济建设就无法协调发展。基本农田属于农业自然资源合理配置的范畴，它反映人口、粮食、耕地、环境及社会经济相互协调的平衡关系，它不等于高产稳产田。高产稳产田仅反映耕地的生产力水平和质量状况，大部分高产稳产田应划入基本农田，但基本农田还可以包括部分为保证达到某个食物总产要求所必需的中产田甚至低产田；反之，有小部分高产稳产农田出于特殊原因，还可能转用为建设用地或其他土地。

对于不同自然条件、人口和社会经济情况的地区来说，基本农田的含义是有所不同的。首先，对于农产品调出地区来说，基本农田是指保证规划期内当地人口对农产品的基本需求和完成国家订购计划所需的农田；其次，对农产品自给自足地区，基本农田即是保证规划期内当地人口对农产品基本需求所必需的农田；最后，对于农产品调入地区而言，基本农田是在考虑规划期农产品可能调入量的基础上，本地区解决当地人口对农产品需求所必需的农田。

从对基本农田的含义分析来看，基本农田保护对象的确定主要就是依据农产品的供需状况，以及各类农产品对社会所起的作用而定。对全国而言，主要是保护耕地或优质农耕地，尤其是大中城市郊区和铁路、公路干线两侧的优质农耕地。对粮食调出或耕地相对较多的省份来说，主要保护商品粮基地或高产粮田区；对以名、特、优产品为重要经济收入的地区，除了保护粮田外，名、特、优产品基地也应列入保护对象；对人多地少矛盾突出的省份，主要是保护耕地。随着社会经济的发展，人们对农产品的基本需求也在发展变化，因此，基本农田的含义和保护对象也会随之变化。

当然，对基本农田保护对象的划定不仅仅是一个面积控制的问题，完整的基本农田保护工作应包括数量、质量和生态保护 3 个方面。在确定合理的保护目标时，必须考虑三者的统一性和互补性。

为进一步落实构建数量、质量、生态“三位一体”的耕地保护格局，建立健全的永久基本农田“划、建、管、补、护”长效机制，全面落实耕地保护制度，2018 年 2 月原国土资源部（现自然资源部）发布了《关于全面实行永久基本农田特殊保护的通知》，要求守住永久基本农田控制线，统筹永久基本农田保护与各类规划衔接。从严管控非农建设占用永久基本农田，永久基本农田一经划定，任何单位和个人不得擅自占用或者擅自改变用途。坚决防止永久基本农田“非农化”，禁止破坏永久基本农田活动，禁止闲置、撂荒永久基本农田，禁止以设施农用地为名乱占永久基本农田等。

此外，为进一步落实《关于加强耕地保护和改进占补平衡的意见（2017)》，在建设项目用地预审中将永久基本农田保护措施落到实处。2018 年 8 月，自然资源部发布了《关于做好占用永久基本农田重大建设项目用地预审的通知》，严格限定重大建设项目范围，并规定现阶段允许将以下占用永久基本农田的重大建设项目纳入用地预审受理范围。主要包括：

(1)党中央、国务院明确支持的重大建设项目（包括党中央、国务院发布文件或批准规划中明确具体名称的项目和国务院批准的项目)。

(2)军事国防类。中央军委及其有关部门批准的军事国防项目。

(3)交通类。①机场项目。国家级规划明确的民用运输机场项目。②铁路项目。国家级规划明确的铁路项目，《推进运输结构调整三年行动计划（2018—2020 年)》明确的铁路专用线项目，国务院投资主管部门批准的城际铁路建设规划明确的城际铁路项目，国务院投资主管部门批准的城市轨道交通建设规划明确的城市轨道交通项目。③公路项目。国家级规划明确的公路项目，包括《国家公路网规划（2013—2030 年)》明确的国家高速公路和国道项目，国家级规划明确的国防公路项目。此外，为解决当前地方存在的突出问题，将省级公路网规划的部分公路项目纳入受理范围：①省级高速公路。②连接深度贫困地区直接为该地区服务的省级公路。

(4)能源类。国家级规划明确的能源项目。电网项目，包括 500 kV 及以上直流电网项目和 500 kV、750 kV、1 000 kV 交流电网项目，以及国家级规划明确的其他电网项目。其他能源项目，包括国家级规划明确的且符合国家产业政策的能源开采、油气管线、水电、核电项目。

(5)水利类。国家级规划明确的水利项目。

(6)为贯彻落实党中央、国务院重大决策部署，国务院投资主管部门或国务院投资主管部门会同有关部门支持和认可的交通、能源、水利基础设施项目。

8.3.1.2 基本农田保护的战略意义

我国人多地少，耕地资源十分贫乏，这一基本国情决定了我们必须拿出硬措施来保护耕地。根据第三次全国国土调查主要数据成果（截至 2019 年年底），我国人均占有耕地仅有 0.091 hm^2，较 1996 年第一次调查时的人均耕地 0.106 hm^2 有所下降，为世界人均数 0.25 hm^2 的 36.4%。其中，位于年降水量 800 mm 以上（含 800 mm）地区的耕地 4 469.44 万 hm^2，占全国耕地的 34.96%；位于年降水量 400～800 mm（含 400 mm）地区的耕地 6 295.98 万 hm^2，占 49.24%；位于年降水量 200～400 mm（含 200 mm）地区的耕地 1 280.45 万 hm^2，占 10.01%；位于年降水量 200 mm 以下地区的耕地 740.32 万 hm^2，占 5.79%。位于一年三熟制地区的耕地 1 882.91 万 hm^2，占全国耕地的 14.73%；位于一年两熟制地区的耕地 4 782.66 万 hm^2，占 37.40%；位于一年一熟制地区的耕地 6 120.62 万 hm^2，占 47.87%。全国耕地按坡度划分，位于 2°以下坡度（含 2°）的耕地 7 919.03 万 hm^2，占全国耕地的 61.93%；位于 2°～6°坡度（含 6°）的耕地 1 959.32 万 hm^2，占 15.32%；位于 6°～15°坡度（含 15°）的耕地 1 712.64 万 hm^2，占 13.40%；位于 15°～25°坡度（含 25°）的耕地 772.68 万 hm^2，占 6.04%；位于 25°以上坡度的耕地 422.52 万 hm^2，占 3.31%。全国耕地中，水田 3 139.20 万 hm^2，占 24.55%；水浇地 3 211.48 万 hm^2，占 25.12%；旱地 6 435.51 万 hm^2，占比达 50.33%。分地区看，东部和中部地区有灌溉设施耕地比重大，西部和东北地区的无灌溉设施耕地比重大。当然，耕地面积不等于基本农田保护范围，基本农田是人类生存所必需的生产粮食的农田，是耕地保护的重点。

综合考虑现有耕地数量、质量和人口增长、发展用地需求等因素，我国耕地保护形势仍十分严峻。人均耕地少、耕地质量总体不高、耕地后备资源不足的基本国情没有改变。在现有耕地中，高产稳产田只占不到 1/3，而中低产田却在 2/3 以上。同时由于环境污染、水土流失等原因，耕地的总体质量还在不断下降。此外，随着国民经济持续高速增长，各项建设占用耕地的问题越来越突出，而且往往占用的是城市周围的优质耕地，造成优质耕地的面积不断减少。因此，严格控制耕地占用，特别是对我们赖以生存的基本农田保质保量地给予特殊保护，是当前一项十分紧迫和至关重要的任务。新中国成立以来，我国虽然重视基本农田保护，但基于我国目前人口的不断增长和耕地数量迅速减少，以及人地矛盾日益紧张的状况，必须落实“十分珍惜和合理利用每一寸土地，切实保护耕地”的基本国策。预计到 2030 年我国基本农田保护目标应达到不低于 1.03 亿 hm^2［全国国土规划纲要（2016—2030 年）］。根据国家统计局发布的数据，2023 年末，我国常住人口城镇化率达到 66.16%。预计到 2030 年，城镇化水平接近 70%，耕地将继续减少。因此，必须采取各种开源节流措施，如土地整理、复垦、宜农荒地开发等，才可以基本维持到 2030 年基本农田保护目标。

综上所述，开展基本农田保护工作具有极其重要的战略意义：①基本农田保护是保障国家粮食安全的重要基石。通过划定和保护基本农田，确保了一定数量和质量的耕地用于粮食和其他重要农产品的生产，这对于维护国家粮食安全和农业可持续发展至关重要；②基本农田保护有助于防止耕地被非法占用或改变用途。在城市化进程中，耕地保护面临严峻挑战。通过实施基本农田保护战略，可以严格控制非农建设占用耕地，有效遏制耕地资源的流失，从而维护粮食生产的持续性和稳定性。③基本农田保护还有利于农业资源的合理利用和保护。通过优化农业生产布局，避免过度开发和滥用土地资源，可以保护农业生态环境，促进农业资源的可持续利用。同时，加强基本农田建设和管理，提高农田质量和生产能力，也有助于提升农业综合效益和竞争力。④基本农田保护是维护社会稳定和农民利益的重要保障。保护基本农田就是保护农民的土地权益和生存基础，有助于保障农民的经济利益和生活水平。这不仅有利于缩小城乡差距、促进社会和谐稳定，也有助于激发农民的生产积极性和创造力，推动农业现代化进程。总之，基本农田保护战略对于保障国家粮食安全、促进农业可持续发展、维护社会稳定和农民利益具有重要意义。因此，应长期坚持基本农田保护工作，完善相关法律法规和政策措施，确保基本农田数量不减少、质量不降低、用途不改变。

8.3.2 基本农田保护区规划

所谓基本农田保护区，是指国家及各级地方政府根据自然、社会和经济条件，按照对人口、农产品生产水平、建设用地发展趋势的预测，对需要实行特殊保护的耕地依照法定程序划定的区域。划入基本农田保护区内的耕地就是基本农田。基本农田保护规划应在区域土地利用总体规划的基础上进行，基本农田保护区规划的目的就是通过划定基本农田区来实现农用地的农业利用与非农业利用之间的协调关系，严格控制非农业占用耕地的规模和速度，保障土地利用以满足“一要吃饭、二要建设”的长远目标。因此，它从自然、社会和经济条件出发，提出本地区规划年内的农产品需求量、耕地需求量及各类建设用地数量，确定基本农田保护目标，采用规划区的形式，对耕地进行定量、定位、定时、定质，并运用行政、法律和经济的手段，把基本农田保护起来。

基本农田保护规划主要包括以下 4 个工作内容：

(1)规划变量分析。主要包括人口规模的分析预测、粮食及其他基本农产品的总需求量分析、规划期耕地需求量预测、耕地后备资源开发潜力分析、建设用地对耕地需求量的预测以及由于农业结构调整和灾害毁坏各种农田对耕地的减少等预测分析等。

(2)耕地需求和供给的综合平衡，确定基本农田数量控制指标。

(3)根据保护数量控制目标，逐级落实基本农田保护对象，进行划区定界工作，划区定界一般以乡镇为单位进行。

(4)规划后的管理与监测工作。

基本农田保护区规划应包括以下 6 个基本步骤：①确定规划目的及规划期限；②耕地利用现状分析；③农业生产状况分析；④后备耕地资源开发利用潜力分析；⑤耕地和建设用地需求量分析；⑥制定基本农田保护区规划方案——确定农田保护体系、农田保护等级、基本农田保护区规划控制指标和分布状况等。

8.3.3　高标准基本农田建设

1. 高标准基本农田的范畴

所谓高标准基本农田（well-facilitated farmland）是指在一定时期内，通过农村土地整治形成的集中连片、设施配套、高产稳产、生态良好、抗灾能力强、与现代农业生产和经营方式相适应的基本农田，包括经过整治后达到标准的原有基本农田和新划定的基本农田。与基本农田相比，高标准基本农田在建设内容和要求上有了更进一步的提升和扩展，突出表现在要集中连片、形态稳定等方面。高标准农田建设指为建设高标准农田，改善或消除主要限制性因素、全面提升农田质量而开展的土地平整、土壤改良、灌溉与排水、田间道路、农田防护与生态环境保护、农田输配电以及其他工程建设，并保障其高效利用的建设活动。多年来，我国通过高标准基本农田建设，增加了耕地有效面积，优化了农用地利用结构，改善了农田基础设施条件，提升了耕地等级和产能。

2. 高标准基本农田建设的目标

高标准农田建设总体目标是提高农田基础设施水平和配套程度，改善农业机械化、规模化生产条件，增强抵御自然灾害能力，改善农村生态景观，提高粮食生产保障能力，促进高标准农田持续利用。具体目标主要有以下 5 个方面：①优化土地利用结构与布局，实现集中连片，发挥规模效益；②增加有效耕地面积，提高高标准基本农田面积比重；③提高基本农田质量，完善田间基本设施，稳步提高粮食综合生产能力；④加强生态环境建设，发挥生产、生态、景观的综合功能；⑤建立保护和补偿机制，促进高标准基本农田的持续利用。

3. 高标准基本农田建设的内容

按照《高标准基本农田建设标准》（TD/T 1033—2012）规定，高标准基本农田建设内容主要包括土地平整工程、灌溉与排水工程、田间道路工程、农田防护与生态环境保持工程以及其他工程。高标准基本农田建设应科学合理开展土地平整工程、灌溉与排水工程、田间道路工程、农田防护与生态环境保持工程等田间基础设施建设，满足田间管理和农业机械化、规模化生产需要。合理布置耕作田块，保持各项工程之间的协调配合，实现田间基础设施配套齐全。具体建设内容可参照《高标准基本农田建设标准》附录 A。建成后的耕地质量等别达到所在县的较高等别，田间基础设施占地率应不高于 8%，基础设施使用年限不应低于 15 年。

4. 高标准基本农田建设的标准

(1)土地平整工程标准。土地平整工程指为满足农田耕作、灌排需要而进行的田块修筑和地力保持措施。包括耕作田块修筑工程和耕作层地力保持工程。应合理规划田块、提高田块归并程度，实现耕作田块相对集中；耕作田块规模应根据地形条件、耕作方式、作物种类等综合确定，平原区北方不宜低于 200 亩、南方不宜低于 100 亩，丘陵山区耕作田块规模可适当减少；应实现田面平整，水田格田内田面高差应小于±3 cm；水浇地畦田内田面高差应小于±5 cm；耕作层土壤应符合《土壤环境质量标准》（GB 15618—2008）的规定，影响作物生长的障碍因素应降到最低限度；应加强耕作层的保护，耕作层厚度应达到 25 cm 以上，有效土层厚度应达到 50 cm 以上；地面坡度为 5°～25°的坡耕地宜修建梯田，梯田化率不应低于90%；土地平整形成的田坎应有配套工程措施进行保护，并因地制宜地采用土坎、石坎、土石混合坎或植物坎等保护方式。

(2)灌溉与排水工程。灌溉与排水工程指为防治农田旱、涝、渍和盐碱等灾害而采取的各种措施。包括水源工程、输水工程、喷微灌工程、排水工程、渠系建筑物工程、泵站及输配电工程。应根据不同地形条件、水源特点等，合理配置各种水源。水源配置应综合考虑地形条件、水源特点等因素，宜采用蓄、引、提、集相结合的方式。水资源利用应以地表水为主，地下水为辅，严格控制开采深层地下水，禁止使用未经处理的污水进行灌溉。应根据灌溉规模、地形条件、田间道路、耕作方式等要求，合理布置各级输配水渠道及渠系建筑物，灌溉水利用系数不应低于《节水灌溉工程技术标准》(GB/T 50363—2018)的规定。灌溉设计保证率应根据水文气象、水土资源、作物种类、灌溉规模、灌水方式及经济效益等因素确定，应符合附录B中表B.1的规定。排涝标准应满足农田积水不超过作物最大耐淹水深和耐淹时间，应由设计暴雨重现期、设计暴雨历时和排除时间确定。旱作区农田排水宜采用10年一遇，1～3 d暴雨，从作物受淹起1～3 d排至田面无积水。水稻区农田排水宜采用10年一遇，1～3 d暴雨，3～5 d排至作物耐淹水深。地下水位较高和土壤盐碱化地区，排水标准应符合《灌溉与排水工程设计规范》(GB 50288—2018)的规定。

(3)田间道路工程。田间道路工程指为满足农业物资运输、农业耕作和其他农业生产活动需要所采取的各种措施。包括田间道和生产路。要合理确定田间道路密度，满足农业机械化和生产生活便利的需要。田间道的路面宽度宜为3～6 m，生产路的路面宽度宜为3 m以下。在大型机械化作业区，田间道的路面宽度可适当放宽。田间道路通达度平原区应达到100%，丘陵区不应低于90%。

(4)农田防护与生态环境保持工程。农田防护与生态环境保持工程指为保障土地利用活动安全，保持和改善生态条件，防止或减少污染、自然灾害等所采取的各种措施。包括农田林网工程、岸坡防护工程、沟道治理工程和坡面防护工程。农田防护与生态环境保持工程应与田、路、渠、沟等有机结合。农田防洪标准应采用以乡村为主的防护区防洪标准，重现期应为10～20年一遇。农田防护面积比例指通过各类农田防护和生态环境保持工程建设，受防护的农田面积占建设区农田总面积的比例。农田防护面积比例不应低于90%。

(5)其他工程。除土地平整工程、灌溉与排水工程、田间道路工程、农田防护与生态环境保持工程以外的工程，其技术标准参照有关规定执行。

详细的高标准基本农田建设工程技术要求可参照《高标准基本农田建设标准》(TD/T 1033—2012)附录B。

8.3.4 耕地质量保护与管理

8.3.4.1 耕地质量保护与管理的迫切性与重要性

基本农田保护的另一个重要方面是对基本农田保护区内的耕地进行质量管理。相对于耕地数量而言，耕地质量则是决定土地生产力的物质基础，它包括耕地地力状况和耕地环境状况，即“耕地总体质量＝耕地地力水平(产能质量)＋耕地环境质量”。

由于受众多自然与人为因素的影响，从总体上来说，我国耕地质量普遍存在着不少限制因子。据农业部门统计，全国约有一半以上的农田处于贫瘠状态，在现有耕地中，土地较为平整、土层深厚、水分供排良好、土壤肥沃且无明显障碍因素的高产稳产农田不足耕地总面积的 1/4。出现耕地质量总体下降的主要原因有 3 个方面：①由于受某些社会与经济因素（如土地制度、投入产出等）的影响，在耕地利用过程中缺乏对耕地的有效保护措施，甚至存在着破坏耕地资源的行为，致使耕地质量退化严重，包括耕地土壤贫瘠化、土壤性质恶化、水土流失、沙化、次生盐碱化等；②各种工矿企业的“三废”、城市垃圾、过量的农药化肥等造成耕地环境污染严重；③新增耕地质量远远低于被占用的耕地质量。

基于上述原因，今后我国的耕地保护工作必须全面实施数量与质量保护同等重要的战略。2015 年中央 1 号文件提出要推动实施耕地质量保护与提升行动，着力提高耕地内在质量，实现“藏粮于地”，夯实国家粮食安全基础，要坚持数量与质量并重，严格划定永久基本农田，严格实行特殊保护。同年，农业部（现农业农村部）制定了《耕地质量保护与提升行动方案》。开展耕地质量保护与提升行动的重要性在于：

(1)开展耕地质量保护与提升行动，是促进粮食和农业可持续发展的迫切需要。人多地少的国情使我国农业生产一直坚持高投入、高产出模式，耕地长期高强度、超负荷利用，造成质量状况堪忧、基础地力下降。全国耕地退化面积较大，部分地区耕地污染较重，南方耕地重金属污染和土壤酸化、北方耕地土壤盐渍化、西北等地农膜残留问题突出。耕地土壤有机质含量较低，特别是东北黑土区土壤有机质含量下降较快，土壤养分失衡、生物群系减少、耕作层变浅等现象比较普遍。部分占补平衡补充耕地质量等级低于被占耕地。需要加强耕地质量建设，减少农田污染，培育健康土壤，提升耕地地力，夯实农业可持续发展的基础。

(2)开展耕地质量保护与提升行动，是保障粮食等重要农产品有效供给的重要措施。解决 13 多亿人口的吃饭问题，始终是治国理政的头等大事。中央明确要求构建新形势下国家粮食安全战略，鲜明地提出守住“谷物基本自给、口粮绝对安全”的战略底线。守住这个战略底线，前提是保证耕地数量的稳定，重点是实现耕地质量的提升。随着我国经济的发展和城镇化的快速推进，还将占用一些耕地。在此背景下，保障粮食等重要农产品有效供给，必须加快划定永久基本农田，做到永久保护、永续利用。同时，还必须加强高标准农田建设，大力提升耕地质量，切实做到“藏粮于地”。

(3)开展耕地质量保护与提升行动，是提升我国农业国际竞争力的现实选择。受农产品成本“地板”抬升和价格“天花板”限制的双重挤压，我国农业种植效益偏低的问题更加突出。与发达国家相比，我国农业的规模化、机械化水平较低，更主要的是基础地力偏低 20～30 个百分点，必然会增加用工和化肥等生产资料的投入，增加生产成本。加强耕地质量建设，能够提升基础地力，减少化肥等生产资料的不合理投入，实现节本增效、提质增效，提升我国农业的国际竞争力。

8.3.4.2　耕地质量保护与管理的主要内容

首先，应进一步完善土地利用的有关法律、法规和条例，将耕地质量保护作为一项战略任务纳入土地管理的法规体系中去；其次，要在目前中国的耕地统计分析体系中增加耕地质量指标的内容，建立并完善中国耕地质量的动态监测系统，从而有效地掌握我国耕地变化的数量和质量状况，为基本农田保护工作的顺利实施提供科学依据。就目前而言，我国耕地质量管理的主要内容包括以下几项。

1. 耕地地力分等定级

所谓耕地地力是指耕地用于农作物栽培使用时，在一定时期内单位面积耕地的物质生产能力。影响耕地物质生产能力的因素很多，如气候、土壤、地学、人为因素等（表8-2）。耕地地力分等定级就是依据这些因素的不同组合状况，按照一定的评价方法，将基本农田保护区内的耕地划分成不同的等级。耕地地力分等定级是实施基本农田保护区内耕地质量管理的基本依据，它为监督保持和培肥地力提供具体的标准。

表 8-2 影响耕地物质生产能力的因素体系

影响耕地物质生产能力的因素	影响耕地物质生产能力因素的具体内容
气候因素	光照（如光照时数、光照质量等），热量（如温度、积温、无霜期等），降水（如降水量、降水分布、降水强度等），空气湿度，蒸发量，风灾等
地学因素	地形（如坡度、坡形、坡向等），地貌类型（如河滩地、低阶地、岗地、洼地、扇形地等），水文（如地下水、矿化度等），沉积物（如坡积物、堆积物等）
土壤因素	土壤类型（如黑土、红壤、褐土等），土体构型有无障碍层（如黏盘层、白浆层、钙积层等），土壤理化性状（如 pH、土壤含盐量、土壤质地等），土壤养分状况（如各种养分的总量、养分的有效性等），土层厚度等
人为因素	作物栽培（如作物品种、播种量、播种时间、播种深度等），农田水利，施肥（如施肥量、施肥品种、施肥方法等），灌溉（如灌溉保证状况、灌溉时间、灌溉量、灌溉方法等），杂草和病虫害防治等

耕地地力分等定级的评价方法目前主要有两种方法：

(1)全国土壤肥料总站试行的地力分等定级方法。该方法主要是通过对耕地土壤取样分析，获得土壤的物理、化学、生物各要素的性状反应值，结合地形、灌溉条件、耕作措施以及产量水平等综合状况，对耕地地力做出有科学依据的定量判断。具体的划分标准是：将全国耕地按产量（采用当地典型种植模式，全年粮食单产水平变化幅度为大于 900 kg/亩至小于 100 kg/亩，级差为 100 kg）和有关的土壤理化性状（有机质、全氮、有效磷、速效钾、pH、阳离子交换量等），划分出 10 个等级。由于我国地域辽阔，地形、土壤类型复杂，种植制度多样化，依据农业土壤类型、地形、土地利用方式等因素，将全国划分为 7 个区，分别编制出各大区的耕地地力等级分等指标。各地可参照这个标准，一般以县为单位，因地制宜地确定耕地分等定级的具体方案及实施细则，为基本农田规划的实施、耕地有偿使用和地力升降等方面提供定量化依据。

(2)国土资源部于 2000 年开始试行的农地分等定级方法。2001 年 3 月国家颁布了《农用地分等定级规程》（国土资源大调查专用）对我国的农用地分等定级工作进行了统一规范，具体评价方法见第 5 章的有关内容。

2. 耕地地力监测与退化防治

(1)建立耕地地力监测体系。耕地地力监测是指对影响耕地物质生产能力的因素以及农作物的物质生产量进行定时定点的测定，农业部门已建立了耕地地力与施肥效益长期定位监测网点。如表 8-2 所示，耕地地力的影响因素包括气候、土壤、地学和人为四大类，由前 3

项自然因素所决定的地力可称为耕地的基础地力。如果人为因素正确使用，耕地的现实地力一般要高于其基础地力；反之，不正确的人为因素使用（如过量灌溉、过量施肥等）则会导致耕地地力的退化。

考虑到各种地力因素的变化特征、监测周期和监测手段的不同，耕地地力监测体系中一般将耕地基础地力监测、耕地作物产量监测和人为因素监测分别进行。又由于土壤养分的变化与施肥密切相关，故土壤养分监测与人为因素监测同时开展，即耕地土壤肥力监测；而将农田水利、灌溉等具有基础性特征的人为因素划入耕地基础地力监测项目。

因此，耕地基础地力监测的主要内容包括：气候因素、地学因素中的所有项目；土壤因素中除土壤养分状况以外的所有项目；以及人为因素中的农田水利设施、灌溉保证状况。耕地作物产量监测的主要内容包括：全生物量（不包括地下部分，块根类作物除外）和经济产量。耕地土壤肥力监测主要是对土壤养分状况和各种肥料使用量及其增产效果的监测。

(2)耕地地力退化防治。耕地地力退化的类型主要有耕地水土流失、耕地次生盐碱化、耕地沙化、耕地贫瘠化等，其中耕地水土流失、耕地次生盐碱化和耕地沙化的防治与一般土地上的退化防治方法基本相似。耕地贫瘠化则是指耕地土壤中的养分总量及有效性不断降低的过程，主要防治措施就是增加化肥和有机肥料的投入量，并实行配方施肥，实现地力平衡。

我国西部地区是耕地地力退化问题最严重也最普遍的区域，由于大部分地区位于西北干旱区和青藏高寒区，生态环境十分脆弱，水土流失、土地沙漠化、土壤盐渍化三大环境问题长期存在，不仅直接危害耕地的生产能力和稳定性，还危及国家生态安全。根据《中国荒漠化报告》(1996)，干旱、半干旱和亚湿润干旱区的退化耕地面积为 772.6 万 hm^2，退化比例为 40.1%，其中大部分分布在西部地区。最主要的退化形式是水土流失，西部地区耕地水土流失面积 2 366.61 万 hm^2，占本区耕地面积的 47.96%，占全国耕地水土流失面积的 52.12%；同时耕地沙化、盐碱化问题严重，耕地土壤养分亏缺和土壤性质恶化、耕地土壤污染及耕地的非农业占用与损毁大量存在。

针对以上问题，要有效地遏制西部地区耕地退化发展趋势，必须尽快实施以下防治对策：①加强生态建设，采取综合措施防治耕地退化，如防治水土流失、防治沙化、盐碱化防治和防治土壤污染等；②贯彻“国家基本农田保护法”，切实保护耕地，建立基本农田保护区；③增加投入，改造中、低产田，稳定粮食播种面积；④因地制宜，做好退耕还林（草）规划。

3. 耕地环境质量监测与保护管理

耕地环境是指影响耕地生产能力的各种自然因素的总体，包括基本农田保护区内的大气、水、土壤和野生生物等。耕地环境质量主要是针对上述环境因素是否被污染、污染的程度、污染的范围而言，它的好坏直接影响到基本农田保护区内耕地的农产品质量，因此，必须根据其环境污染的状况进行监测与评价。

耕地环境质量监测的对象可分为两类，一类是按耕地环境要素的类别差异，其对象有大气、土壤和农产品；另一类是为了防止耕地环境的污染，在农业生产活动中向耕地投入的农用水、化肥、农药、地膜、微生物肥料、农家肥、城市垃圾、污泥等。因此，耕地环境质量监测的任务就是将对各个对象的监测结果与国家颁布的有关耕地环境标准进行对比分析，进而判断基本农田保护区内耕地环境是否被污染以及污染的类别、程度和范围，定期提交耕地环境监测评价报告。

耕地环境质量监测是一项关系到人们生活切身利益的事情，因此，必须要建立耕地环境保护管理制度，具体应包括：设置环境保护管理机构、耕地环境监测和评价制度、耕地环境污染事故查处制度、建设项目“环境影响报告书”的审核制度、耕地环境保护检查制度，以及耕地环境保护行政首长负责制度等。

8.3.4.3 未来我国耕地质量保护与管理的重点区域及建设项目

耕地质量保护与管理需要结合区域农业生产特点，针对耕地质量突出问题，因地制宜地开展耕地质量建设。根据我国当前主要土壤类型和耕地质量现状，突出粮食主产区和主要农作物优势产区的原则，《耕地质量保护与提升行动方案（2015）》提出我国耕地质量保护与管理的重点区域有五大区域，即东北黑土区、华北及黄淮平原潮土区、长江中下游平原水稻土区、南方丘陵岗地红黄壤区、西北灌溉及黄土型旱作农业区等。五大区域的自然资源环境、土地利用方式、种植制度等情况可参见《耕地质量保护与提升行动方案（2015）》。

此外，《耕地质量保护与提升行动方案（2015）》还进一步明确了未来一段时间我国耕地质量保护与管理的重点建设项目，主要有 5 个方面。

(1)退化耕地综合治理。重点是开展东北黑土退化、南方土壤酸化（包括潜育化）和北方土壤盐渍化的综合治理。

(2)污染耕地阻控修复。重点是土壤重金属污染修复、化肥农药减量控污和白色（残膜）污染防控。

(3)土壤肥力保护提升。重点是秸秆还田、增施有机肥、种植绿肥和深松整地、秸秆还田培肥。

(4)占用耕地耕作层土壤剥离利用。耕作层土壤是耕地的精华和不可再生的资源。会同国土部门选择一批重点省份，开展占用耕地耕作层土壤剥离利用试点，剥离后重点用于中低产田改造、高标准农田建设和土地复垦，以增加耕作层厚度、改善土壤结构。同时，将占用耕地耕作层土壤剥离利用纳入省级政府耕地保护责任目标和耕地占补平衡考核内容。

(5)耕地质量调查监测与评价。一是建设耕地质量调查监测网络，在全国建设 1 万个耕地质量长期定位监测控制点，开展耕地地力、土壤墒情和肥效监测。二是建设耕地质量大数据平台，建立国家级耕地质量数据中心和省级耕地质量数据中心，完善县域耕地资源管理信息系统，为农业行政管理、政策制定、规划编制、区划调整和生产提供决策依据。三是开展耕地质量调查与评价。在县域耕地地力调查和评价的基础上，进一步开展全国耕地质量调查与评价，对耕地立地条件、设施保障条件、土壤理化性状、生物群系、环境状况和耕地障碍因素进行全面调查，综合评价耕地质量等级，定期发布耕地质量报告。

8.4 土地整治

8.4.1 土地整治的内涵、外延和意义

土地作为自然经济资源，已被人类开发利用，称为从事生产和生活的场所，亦可称为人

类现实生存空间。而一定条件下，尚未利用或未充分利用的土地，则称为人类潜在生产空间。人类的历史亦是一部争夺潜在生存空间和扩大现实生存空间的斗争史。人类这个生存空间的扩充，究其实质就是通过土地整治来实现的。2012 年，国土资源部会同有关部门组织编制了《全国土地整治规划（2011—2015 年）》，2017 年再次发布了《全国土地整治规划（2016—2020）》。

1. 土地整治的基本内涵

土地整治是指在一定区域内，按照土地利用总体规划、土地整治专项规划确定的目标和用途，有效整合与整理、复垦、开发活动相关的各类资金，共同投入项目区集中使用，并通过采取行政、经济、法律和工程技术措施，对田、水、路、林、村、房进行综合整治，以增加有效耕地面积，提高耕地质量及土地节约集约利用程度，为新农村建设和城乡统筹发展搭建平台。

究其属性，土地整治是一个涉及自然、生态、经济、社会、工程和技术等诸多领域的复杂系统，不但包含土地利用不同利用利益主体关系的重构，而且涉及低效利用、不合理利用和未利用土地的治理改造。因此，土地整治既是应用性和实践性强的系统工程技术，也是针对性和时效性强的社会治理事务，兼具工程建设属性和社会治理属性。其中，工程建设属性主要表现为平整土地和配套建设基础设施以及做好这些建设而开展的勘察测绘、规划设计等活动，有助于增加（准）公共品供给；社会治理属性主要表现为土地权属的合理调整以及由此产生的（准）公共品优化配置和土地资源合理利用，需要在政府及其组成部门的指导和支持下由相关利益主体通过协商合作方式实施，有助于改善社会治理。

2. 土地整治的外延

土地整治的内涵即概念，其外延是适合这一概念的一切对象的范围以及组成对象的类型。从外延上看，按照土地整治投资主体、对象、土地利用状况、投资导向等，可以将土地整治分为不同类型。

(1)根据土地整治投资主体的不同，可以分为中央政府投资的土地整治、地方投资的土地整治、其他投资的土地整治。土地整治一直强调多元化的投资渠道，但在实践中大多数是以政府牵头，公共财政投入为主，社会资金为辅。

(2)根据土地利用状况的不同，可分为土地整理、土地复垦、土地开发。土地整治可以认为是广义的土地整理，这里的土地整理是指狭义的土地整理，即农用地整理，主要是为了增加有效耕地面积，提高土地质量和利用效率，改善生产、生活条件和生态环境；土地复垦是指对在生产建设工程中，因挖损、塌陷、压占等原因造成的土地破坏，采取整治措施，使其恢复到可供利用状态的活动；土地开发，从广义上讲，包括两个方面：一是尚未利用的土地进行开垦和利用，以扩大土地利用范围，二是对已利用土地深度的开发，以提高土地利用效率和集约经营程度。其中，后者常针对城市低效利用建设用地的再开发，而前者，就是从狭义的角度理解土地开发，即主要是对未利用土地的开发利用。

(3)根据土地整治对象的不同，土地整治在总体上包含农用地整治和非农用地整治。农用地整治主要包括耕地整治、园地整治、林地整治、牧草地整治和养殖水面整治等，整治内容一般包括平整土地、改良土壤、归并零散地块、规范地块形状、建设田间道路工程和农田水利设施等；非农用地整治主要包括村镇用地整治、城镇用地整治、独立工矿用地整治、交通和水利设施用地整治等。

(4)根据土地整治项目投资导向，可分为高标准基本农田建设、低效缓坡土地综合开发利用、城乡统筹、城镇废弃工矿用地复垦、全域土地综合整治等土地整治类型。

高标准基本农田建设是通过土地平整、农田水利建设、田间道路建设等手段实现耕地的规模化、集约化经营，促进农业产业化发展和新农村建设。而低丘缓坡荒滩土地综合开发利用则是后备土地资源开发的主要内容之一，这部分土地主要指低山丘陵区集中连片分布的、坡角 25°以下的山坡地以及可以改造利用的荒滩区域，通过技术工程手段宜耕则耕、宜建则建、宜林则林的土地开发类型。

城乡统筹土地整治是遵循城乡建设用地增减挂钩政策，依据土地利用总体规划和土地整治规划，将若干拟复垦为农用地的建设用地地块和拟用于城乡建设用地的地块共同组成拆旧建新项目区，通过土地复垦和调整利用，实现项目区内耕地面积有增加、质量有提高，建设用地总量不扩大、布局科学合理的土地整治方式。将城市建设用地的增加与农村建设用地的减少相挂钩，一方面可缓解经济高速发展时期城市建设用地紧张的局面，另一方面通过将农村建设用地置换到城市市场进行拍卖所获得的土地级差收益返还农村，用于修建农村新型社区，改善农村的生产生活条件。

城镇废弃工矿用地复垦是城乡建设用地整治的重要内容。废弃工矿用地不但影响自然景观和人文景观，而且常常带来一系列的灾害风险，如崩塌、滑坡、污染物扩散等。因此，通过城镇废弃工矿用地的复垦不仅能够增加建设用地的供给或耕地数量，也能消除次生灾害的发生。

除了以上几种土地整治方式外，当前大力提倡全域土地综合整治的理念。所谓全域土地综合整治是以国土空间规划为依据，以乡镇为基本实施单元，整体推进农用地整理、建设用地整理、生态保护修复的一项空间治理综合性活动。旨在促进城乡要素平等交换、双向流动，优化农村地区国土空间布局，改善农村生态环境和农民生产生活条件，助推农村一、二、三产业融合发展和城乡融合发展，助推乡村全面振兴。

3. 我国土地整治的现实意义

1999 年修订的《中华人民共和国土地管理法》明确规定："国家鼓励土地整理"。2001 年、2012 年、2017 年先后 3 次发布了《全国土地开发整理规划（2001—2010 年）》《全国土地整治规划（2011—2015 年）》和《全国土地整治规划（2016—2020 年）》。目前，我国土地利用中普遍存在着散、乱、杂等现象，存在着盲目求大、上规模的陋习，土地浪费问题严重。例如，村庄建设用地的容积率普遍较低，而且近年来弃旧房、择新址建新房现象较为普遍；随着未来城镇化和工业化水平的不断提高，人口具有向城镇或中心村聚集的趋势，势必导致边远或零星村庄人均用地增大，甚至形成大量的"空心村"。故通过村镇建设用地的整理，逐步归并"空心村"或零星村，可增加部分耕地。此外，随着农业规模化、集约化和现代化的进程，通过对现有坡度＜6°的耕地结合农田基本建设进行整理，平整农田，改造沟、塘、渠、路、埂，开垦边角闲置或零星地块等亦可增加部分耕地。

开展土地整治的目的在于提高土地利用率，增加耕地面积，这对人多耕地少、后备耕地资源不足的基本国情而言，具有十分重要的现实意义，具体表现在以下几个方面。

(1)推进土地整治是我国土地国情的客观要求。我国人多地少，耕地总体质量差，产出水平低，土地后备资源不足；随着我国人口的不断增长和经济的快速发展，尤其是通过加大基本建设投资来拉动国民经济增长，公路、铁路、水利建设占用耕地的量很大，用地需求日益增大；再加上要对过度开垦的耕地有计划、有步骤地退耕还林、还牧、还湖，人地矛盾将更加尖锐。这一土地国情和客观现实，决定了我们必须实行世界上最严格的土地管理制度，必须走推进土地整治、集约用地的道路。

(2)推进土地整治是实现耕地总量动态平衡的主要途径。实现耕地总量动态平衡作为土地管理的首选政策目标，已通过国家法律的形式确定下来。新《土地管理法（2020）》明确规定："省、自治区、直辖市人民政府应当严格执行土地利用总体规划和土地利用年度计划，采取措施，确保本行政区域内耕地总量不减少；县、乡（镇）人民政府应当组织农村集体经济组织，按照土地利用总体规划，对田、水、路、林、村综合整治，提高耕地质量，增加有效耕地面积"。目前我国补充耕地的主要途径有两条：一是对宜农后备土地资源的开发；二是土地整理。我国宜农后备土地资源质量普遍较差，又多处生态环境脆弱区，开发容易引起土地退化，甚至引起灾害，因此，今后我国增加耕地的主要途径只能依靠对已利用土地特别是农地的整理。

(3)推进土地整治是促进社会经济发展的动力。土地整治在农村能增加有效耕地面积；可以提高耕地质量，增加土地产出；可以改善农业生产条件，便于机械化耕作、水利灌溉和规模经营；可以有效降低农业生产成本；有利于改变农村脏、乱、差的环境，提高农民居住水平和生活质量；同时又能改善生态环境。在城市，通过对存量土地的内涵挖潜，优化用地布局，可大大改善城市环境，提高城市现代化水平；通过加速存量土地资产的流动和重组，充分体现土地资产价值，可大大促进国有企业改革和国有经济布局的战略性调整。

(4)土地整治是优化土地资源配置、促进乡村振兴战略的重要抓手。乡村振兴战略的实施对农村土地整治提出了新任务和新要求，同时为农村土地整治转型升级创造了新条件，亟须进一步从源头理清乡村振兴与农村土地整治在目标体系和实施路径上的内在关联。土地整治是促进城乡统筹发展和服务"三农"的有效途径。新时期农村土地整治需要重塑其社会功能和生态服务价值，以保障粮食安全与生态安全为底线，以协调城乡人地关系和改善人居环境为重心，优化乡村地域功能与结构，为实现农村可持续发展提供土地资源保障。

总之，通过土地整治，提高土地的利用率和产出率，改善生产、生活条件和生态环境，是实现节约、集约利用土地，解决土地供给的稀缺问题，促进经济和社会的可持续发展，实现乡村振兴战略的一项不可缺少的土地管理措施。

8.4.2　土地整治的基本原则

根据《全国土地整治规划（2016—2020 年）》的相关内容，土地整治的总体要求是：坚持最严格的耕地保护制度和最严格的节约用地制度，实施藏粮于地和节约优先战略，以提升粮食产能为目标，大力推进农用地整理和高标准农田建设，夯实农业现代化基础；以促进城乡统筹发展为导向，大力推进城乡散乱、闲置、低效建设用地整理，推动美丽宜居乡村建设和新型城镇化发展；以精准扶贫、精准脱贫为要求，大力推进贫困地区土地综合整治，加大政策、项目、资金支持，助力脱贫攻坚；以保护生态环境为前提，大力推进废弃、退化、污染、损毁土地的治理、改良和修复，促进土地资源永续利用。因此，土地整治应遵循以下基本原则：

(1)坚守耕地红线。围绕落实国家粮食安全战略，坚持最严格的耕地保护制度，以大规模建设高标准基本农田为重点，合理安排土地整治重点区域和重大工程，全面划定永久基本农田，大规模推进土地整治、中低产田改造和高标准基本农田建设，确保耕地数量和质量有提升，夯实农业现代化和粮食安全基础。

(2)促进城乡统筹。坚持区域协同、城乡一体，以节约集约用地为核心，统筹安排农村建设用地整理、城乡建设用地增减挂钩、工矿废弃地复垦利用、城镇低效用地再开发等活动，调整优化城乡建设用地结构布局，促进土地要素在城乡间有序流转，助推一、二、三产业融合发展，推进城乡基本公共服务均等化，促进新型城镇化发展和美丽乡村建设。

(3)加强生态保护。落实生态文明建设要求，实施山-水-林-田-湖-草综合整治，加强生态环境保护和修复，坚持保护优先、自然修复为主，加强对水土流失、石漠化、沙化等严重的环境敏感区、脆弱区土地生态环境整治，提高土地生态服务功能，筑牢生态安全屏障。

(4)维护群众权益。坚持农民主体地位，尊重农民意愿，保障农民的知情权、参与权、监督权和受益权，切实维护农村集体经济组织和农民合法权益；坚持工业反哺农业、城市支持农村，加大新增建设用地土地有偿使用费、耕地开垦费和增减挂钩收益对农村的投入，鼓励社会资本投向农村，改善农民生产生活条件，保证农民共享工业化、城镇化发展成果。

(5)坚持政府主导。坚持政府主导、国土搭台、部门协同、上下联动、工作参与的工作机制，加强政府的组织领导，强化部门合作，有效发挥整体联动的综合效应；建立健全激励机制，充分调动社会各方和农民的积极性、主动性，推进土地综合整治。

(6)坚持因地制宜。立足地方经济社会发展水平，顺应人民群众改善生产生活条件的期待，统筹安排、突出重点、循序渐进推进各项土地整治活动，避免不顾实际大拆大建，增加人民生活负担。

8.4.3 土地整治的目标、任务和内容

8.4.3.1 土地整治的目标

土地整治的根本目标是形成合理、高效、集约的土地利用结构，提高土地利用效率，适应社会经济发展对土地的需求。在这一根本目标的框架内，不同的发展时期，可分解出多层次的任务。根据《全国土地整治规划（2016—2020 年)》，土地整治的目标任务主要包括以下内容：

(1)加快推进高标准基本农田建设。落实藏粮于地战略，积极推进高标准基本农田建设，确保“高标准建设、高标准管护、高标准利用”，在“十二五”建成 4 亿亩高标准基本农田的基础上，“十三五”时期全国共同确保建成 4 亿亩、力争建成 6 亿亩高标准基本农田，其中通过土地整治建成 2.3 亿～3.1 亿亩，经整治的基本农田质量平均提高 1 个等级，国家粮食安全更加巩固。

(2)全面提升耕地数量和质量保护。落实最严格的耕地保护制度，努力补充优质耕地，加强耕地质量建设。通过土地整治补充耕地 2000 万亩，其中农用地整理补充耕地 900 万亩，损毁土地复垦补充耕地 360 万亩，宜耕未利用地开发补充耕地 510 万亩，农村建设用地整理补充耕地 230 万亩；通过农用地整理改造中低等耕地 2 亿亩左右，开展农田基础设施建设，

建成排灌渠道 900 万 km，建成田间道路 600 万 km，耕地保护基础更加牢固。

(3)稳妥推进城乡建设用地整理。落实最严格的节约用地制度，稳妥规范推进城乡建设用地整理。有序开展城乡建设用地增减挂钩，整理农村建设用地 600 万亩，城乡土地利用格局不断优化，土地利用效率明显提高；稳步推进城镇建设用地整理，改造开发 600 万亩城镇低效用地，促进单位国内生产总值的建设用地使用面积降低 20%，节约集约用地水平进一步提高。

(4)加大土地复垦和土地生态整治力度。落实生态文明建设要求，切实加强土地修复和土地生态建设。按照宜耕则耕、宜林则林、宜草则草的原则，生产建设活动新损毁土地全面复垦，自然灾害损毁土地及时复垦，大力推进历史遗留损毁土地复垦，复垦率达到 45%以上，努力做到"快还旧账、不欠新账"；积极开展土地生态整治，加强农田生态建设，土地资源得到合理利用，生态环境得到明显改善。

(5)进一步加强土地整治制度和能力建设。落实全面依法治国战略，大力加强土地整治法律制度和基础能力建设。推动制定土地整治条例，完善土地整治规章制度，土地整治制度机制更加健全；加强技术规范标准和人才队伍建设，技术标准体系和人才队伍结构更加完善合理，基础能力明显增强，支撑作用更加有力。

8.4.3.2　土地整治的主要任务

(1)增加耕地面积，提高土地利用率。在挖掘现有土地利用潜力的前提下，通过土地整治的多种方法和手段来增加有效耕地面积，以弥补建设对耕地的占用，促进耕地总量动态平衡目标的实现。

提高土地利用率是现阶段土地整治的主要任务。对已投入使用的土地，借助土地整治，要把非生产性用地、间接生产地和辅助建筑用地的面积压缩到最低限度，重点保证直接的生产用地和建筑用地。对未利用土地和建设中的废弃地，要进行整理开发和复垦利用，最终目的是最大限度地提高土地利用率。

提高土地利用率方面的土地整治措施有田块整理、道路建设、村庄更新、土地保护、沟渠调整、景观维护、土地复垦、地价评估、地籍整理、土地登记等。

(2)调整土地关系，使土地关系适应土地生产力提高的要求。按照社会生产力发展的要求，对土地利用中产生的人与地及人与人的关系予以调整和适度组织、重新配置，使人们更有序和更理性地对土地进行开发、利用和保护。具体包括：进一步完善现有土地占有和使用制度，开展土地划界、调整，估算地租、地价和地税，以及土地补偿损失等。

在当前农村集体土地产权不明晰的情况下，土地整治必须明确土地所有权、使用权主体；在土地整治不断发展、深化后，不可避免地要打破一些权属界限，如何调整土地所有权以及土地使用权，处理土地使用权调整与承包经营权的衔接，都是重大问题。另外，土地整治涉及的税收政策、户籍制度等也是需深入研究和解决的问题。

家庭联产承包责任制无疑是现阶段中国农村经济改革中最根本、最有成效的政策之一。但是，对不少地区而言，由于每个农村人口都有权得到一块口粮田，每个劳力也可分到一块责任田，因此，随着农村人口不断增加，有限的耕地越分越细（有的地方按优劣地搭配均分，使地块更为碎小)，加上土地承包期一般在 30 年左右，使土地适时集中和规模经营变得十分困难。为此，可考虑采取一定措施进行土地使用权的重新调整，如制定鼓励农户合营、创办农场或其他集约化经营形式的优惠政策；对撂荒一年以上又不履行承包合同的，应由村集体收回耕地交由种田能手或农场耕种；对进入乡镇企业工作 3 年以上的农村劳力，在自愿的基础上可考虑部分或全部收回责任田等。

(3)提高土地综合生产能力和土地产出率。土地整治的又一重要任务是深层次利用土地，增加土地产出率（含产量、产值、纯收入、建筑容积率、建筑密度、国民收入的增加等），通过土地利用方式、强度的调整，改善土地生产、生态条件，保持和提高土地再生产的能力，以持续获得人们生产和生活需要的产品。

在不扩大土地面积的前提下，增加土地产出率意味着对土地的集约利用，如 1 hm^2 耕地收获量相当于以前 2 hm^2 的产量，1 m^2 的建筑基地面积上修建 2 m^2 的建筑面积等。为实现土地集约利用，必须在土地利用过程中将单位面积土地与更多的资金和劳动数量结合在一起，常用土地集约度指标 $f=b/a$（b 为资金或劳动投入量，a 为土地投入量）来加以衡量。

增加土地产出率方面的土地整治措施，有低产地改良、废弃地复垦、水源灌溉效率的提高、肥土回填（即将作为建设用地的耕地表土层取出回填于低产地之上的措施）、农作物轮作组织、牧草地轮牧组织、土地保护（防风、防旱、防沙、防盐渍化、防沼泽化等）、土地绿化，在建筑用地上提高建筑密度和容积率等。

(4)恢复土地的景观功能。从可持续发展的角度来看，土地整治不仅从经济效益上考虑，还要从社会、生态效益考虑。景观功能是物质文明和精神文明的必然要求，其社会和生态效益明显。实现土地的景观功能的土地整治措施是进行景观规划与设计，包括对居民点内部功能分区和内部规划设计，交通运输网的规划设计，水利工程项目的规划设计，各种农用地（耕地、林地、园地、牧地、水面）内部详细专项规划设计，以及生态环境规划与建设。

(5)提高城乡现代化建设水平。土地整治是按照城乡建设的客观要求进行的一种资源再配置过程，反过来又可以为城乡建设提供广阔的土地空间。实践证明，无论是农地整治还是城市土地整治，都能大大促进城乡现代化建设的进程。当前，我国正在全面开展社会主义新农村建设运动，农村土地整治是其中的关键环节，其重要任务之一是进行村镇布局调整，规范、引导农村居民向中心村镇集中，加快农村城镇化的进程。

8.4.3.3 土地整治的内容

土地整治不仅有传统意义上的废弃地复垦、中低产地改造、退化土地治理和生态修复，还包括土地利用的空间配置和土地利用内部要素的重新组合，以及土地权属和土地收益的调整。当然，不同类型的土地整治对象，其整治的内容各有侧重，分述如下：

1. 农用地整治

根据我国国情，现阶段土地整治以农村土地为主要范畴。它的特点是以增加有效耕地面积并提高耕地质量为中心，依据土地利用总体规划，采取行政、经济、法律和工程技术手段，对田、水、路、林、村及乡镇企业等实行综合整治和开发，调整土地关系，优化土地利用结构，增加可利用土地面积，提高土地利用率和产出率，改善农业生产条件、居住环境及生态环境。农用地整治主要包括以下内容：

(1)调整农地结构，归并零散地块。此项整治又称为田、土、坎的归并整理，重点是把细碎、零散的地块集中起来（山区除外），便于规模化经营和机械化作业。目前，这种做法还主要集中在经济较发达的平原地区，如浙江一些地方成立了“土地流转托管站”，通过解决抛荒者与种田大户之间的土地流转问题，进行土地整合。这项工作还有待于我国土地转包制度、土地集约化、农业产业化等政策的进一步变革。

(2)农田整治及道路、沟渠等基本建设。按照土地利用规划，对沟渠、林网、路网等进行规则化整理，以提高土地利用效率。如兴建或改造沟渠，建立或健全节水、节地并且高效的排灌系统；建立农田防护林带；清除耕地中的坟头；填平农田中的废坑塘；以及平整土地等。

(3)农地改造。它以提高耕地质量为主要目的，如改造中低产田、改造盐碱地、提高土壤肥力、坡地改为梯田等。我国中低产田占耕地总量的 2/3 左右。因此，改良土壤，进行中低产田的改造，在任何时期都应是土地整治的重点。

(4)复垦废弃土地、开发宜农荒地。复垦废弃土地主要指农村抛荒土地的整理复垦。农村耕地抛荒主要是和社会经济发展相伴随出现的，只要国家相应地制定出符合经济发展的土地政策，并对其他社会政策做出相应变革，问题即可得以解决。

宜农荒地开发主要是开发利用滩涂、水域、荒草地等，以替换占用良田的园田、鱼池、牧草地，从而保持和增加耕地面积。

(5)农村建设用地整治。它包括村庄的治理，如治理“空心村”，充分利用村内空闲地与空宅，缩并零散的小村落到中心村或集镇，增设公共、公益设施等。也包括乡镇企业用地的整治。如关停污染的工矿企业，对效益不高、长期扭亏无望的企业实行转产或技术改造，把零散分布并占用耕地或宜农的企业迁入统一规划划定的工业园区，缩小乡镇企业用地规模等。还包括工矿废弃地、废砖窑的复垦还田等。另外，还有水利、交通工程建设中占用地的土地整治。

(6)划定地界、确定权属。按照土地利用总体规划确定的土地用途进行整治。坚决制止多占、乱占耕地的行为，但对铁路沿线、公路、国道、省道两侧的耕地也必须整治。

(7)改善农村环境，维护生态平衡。主要指对水土流失区域进行的水土流失治理、小流域综合治理，如山体的绿化、陡坡地的退耕还林等。

2. 城镇土地整治

城镇土地整治是指对城市建设用地进行的配置和再规划，包括旧城改造，城市用地的置换及调整，盘活存量等，通过土地重划和整理，达到内涵挖潜，控制外延，集约用地的目的，以推进城市的现代化建设。

对城镇而言，土地整治主要是立足于内部挖潜，集约利用土地，充分利用建成区内的闲散地，并对已被利用的土地，结合产业结构调整和提高城市功能的需要，在用途、布局与产出率方面重新进行优化配置，从而全面提高城市载体功能，并改善城市环境。

3. 土地复垦

土地复垦主要是针对由煤炭开发、工矿交通等大型建设引起的土地问题，以及废弃宅基地闲置问题。要复垦的土地主要表现为 3 个方面问题：一是占用农业用地，包括工业矿场、堆矸场、灰渣堆放场、露天开采剥离占压土地，以及交通与生活设施等占用地引起的耕地减少、土地污染等问题；二是破坏土地，主要是开矿形成的采空区及其波及的地表变形、塌陷、裂缝以及由此引起的水土流失、土地质量退化等问题；三是闲置建设用地，主要涉及各地“拆小村，并大村”和农村城市化腾出来的旧宅基地问题。

表 8-3 主要是由煤炭开采、工矿交通等大型建设所导致的待复垦土地的分类案例。

表 8-3 黄土高原土地复垦对象分类表

土地复垦类	土地复垦亚类
1. 煤炭坑采破坏土地类	11. 工业广场余土埋压的土地 12. 堆放煤矸石的土地 13. 煤矿废水浸泡的土地 14. 职工生活废物品堆放埋压的土地 15. 运煤铁路专线或公路专线两侧破坏的土地 16. 塌陷的土地
2. 煤炭露采破坏土地类	21. 露采堆土场用地 22. 露采回填后矿坑地 23. 煤矿废水浸泡、淹没的土地 24. 堆放煤矸石的土地 25. 职工生活废物品堆放埋压的土地 26. 铁路专线或公路专线两侧破坏的土地
3. 油气开采破坏土地类	31. 废弃井周围的废地 32. 运原油、气道路废弃的土地 33. 采油、气工棚废地
4. 烧砖破坏土地类	41. 烧砖取土坑用地 42. 土坯生产废弃广场 43. 运土、运土坯、运砖道路废弃的土地 44. 烧砖工棚废弃地

4. 全域土地综合整治

全域土地综合整治的内容涵盖了农用地整治、闲置低效建设用地整治、乡村生态保护修复、乡村历史文化保护以及产业布局和引入腾退等多个方面。特别是针对乡村地域的全域综合整治，其涵盖的内容更加广泛。其中，农用地整治包括高标准农田建设、“旱改水”、宜林地和园地整治、污染土壤修复等；闲置低效建设用地整治包括农村宅基地、土坯房、历史遗留工矿废弃地、城镇低效用地以及其他闲置低效建设用地整治；乡村生态保护修复包括乡村绿化美化和生态环保两方面内容，前者如建设乡村公共绿地，发展庭院经济、林下经济，打造乡村民宿、森林旅游等，后者则涉及水环境治理、野生动物保护、水土保持、矿山修复、污水处理、垃圾处理以及农村道路建设等；乡村历史文化保护包括挖掘乡村自然和文化资源，保持乡村特有的乡土文化，注重传统农耕文化传承，保护历史文脉；产业布局和引入腾退的建设用地优先保障试点区域农民安置、农业基础设施建设、公益事业等用地。同时，统筹安排农、林、牧、副、渔等农业发展空间，推动产业发展。总的来说，全域土地综合整治是一项系统工程，它涉及多个方面和领域，旨在实现土地资源的优化配置和高效利用，推动乡村全面振兴和城乡一体化发展。

总之，土地整治是人类在土地利用中不断建设、不断治理土地的过程。现阶段我国土地整治的范畴更加广泛，内涵更加丰富，并逐渐向全域土地综合整治演进。土地整治不是简单地对某一地块采取单项的生物和工程措施，而是按照经济社会发展的要求，在尊重自然规律、尊重原有产权和农民意愿、尊重市场经济规律的前提下，按照国土空间规划重新安排河山，建设美丽家园的一项综合性的事业。

8.4.4　土地整治规划

土地整治规划是指在土地利用总体规划、上级土地整治规划的指导和控制下，通过对地块物理形态和产权结构的调整，基础设施的配套建设，确定土地开发、利用、改造的方向、规模、空间布局和时间顺序。科学编制和严格实施土地整治规划，有利于有效整合资源，合理引导资金，规范推进土地整治各项活动，优化用地结构，促进耕地保护和节约集约用地目标的实现。

土地整治规划可分为土地整治专项规划和土地整治详细规划。土地整治专项规划可分为国家、省（自治区、直辖市）、市（地、州）、县（市）四级专项规划；土地整治详细规划等同于具体的土地整治项目规划。此外，如按土地利用类型与利用方式也可分为农用地整治规划、建设用地整治规划、废弃地复垦规划、未利用土地开发规划。

土地整治规划的内容主要包括：制定规划期内土地整治战略；评价农用地整治、建设用地整治、未利用地开发和土地复垦潜力；明确土地整治的指导原则和目标任务；划定土地整治重点区域；安排土地整治工程（项目）；提出规划实施的保障措施和重大政策等。

8.4.4.1　农用地整治规划

农用地整治具有地域差异性，主要受到地貌类型、气候条件、土壤质地差异的影响，对农用地整治规划有着明显的影响。其规划的主要内容包括耕地布局规划、灌溉与排水工程规划、农田输配电工程规划、土地平整工程规划、田间路桥工程规划、其他工程规划。

1. 耕地布局规划

耕作田块是由道路及自然边界（河流、沟谷、山等）所围成的最基本耕作管理单位。它的规模（面积大小）、长度、宽度、方向、形状等要素配置得合理与否，直接影响到田间灌排渠系、田间道路、农田防护林带等作用的发挥以及机耕效率、灌水效果的提高，正确配置耕作田块是耕地规划的一项重要内容。

2. 灌溉与排水工程规划

灌排系统主要包括取水枢纽、输水配水系统、田间调节系统和排水泄水系统等几个部分。其布局需遵循以下原则：①因地制宜、全面安排、统筹兼顾、综合开发的原则。参照农业区划的成果，根据地区农业生产的特点以及灌溉的可供水量进行灌溉工程的总体规划；兼顾防洪、排涝、排渍等各方面的要求，在易涝、盐碱地区应同时规划健全的排水系统。②投资省、收效大的原则。应在区域水土资源平衡和效益分析的基础上，按照工程投资少，灌排效益大的原则，提高灌排效率，选定适宜的工程方案；尊重当地农民灌排习惯，尽量利用现有沟渠以节省投资。③保护生态环境的原则。水资源的开发利用应在符合全流域水利规划和保护生态环境原则的基础上，合理利用当地水资源，防止水土流失。④便于今后维护和管理，满足施工要求的原则。

3. 农田输配电工程规划

农田输配电工程布设应根据输送容量、供电半径选择输配电线路导线截面和输送方式，并与田间道路、灌溉与排水等工程相结合，合理布设变电台区，确定主变电容量、电压等级、馈线分布、负荷分配及保护方式。

4. 土地平整工程规划

土地平整是改善农用地生产条件，建设稳产高产农田必不可少的重要措施，对合理灌排、提高机械作业效率，以及改良土壤、保水、保土、保肥等有着重要的作用。

在确保环境保护和农业生产、节约投资的情况下，尽可能增加有效耕地面积、提高土地利用效率为土地平整工程规划的基本要求，具体规划时需遵循以下原则：①整体性原则。土地平整工程作为土地整治工程体系的一个组成部分，要和沟渠、林、路、井等工程密切结合，统一规划，使土地平整适应土地整治的要求。土地平整工程应满足田块灌排的需要，平整后的地面坡度应满足灌排水要求。②保持地力原则。平整后的土地要尽量保持一定的肥力，平整前有耕作层的，应规划表土保留工程，防止单纯追求数量、不讲究质量、破坏表土的现象。③利于机耕原则。通过土地平整要达到便于机耕，发挥机械效率，提高机耕质量。④工程量最小原则。合理选择平整区域与平整单元，在平整田块内应力求尽可能挖高填低，使填挖土方量基本平衡，总的平整土方量达到最小。在此基础上，应使同一平整田块内的平均土方运距最小。

5. 田间路桥工程规划

田间道路是田间生产和运输的动脉，它是联系县与乡、乡与村、村与村、村与田间的通道，妥善地布置田间道路，有助于合理组织田间劳作，提高劳动生产率。根据田间道路服务面积与功能不同，可以将其划分为干道、支道、田间道和生产路四种类型。

干、支道是项目区的主要运输线路，是村庄对外联系的血脉，承担着项目区内外的运输任务，对项目区的整体布局及今后的发展有着重要影响，对其他基本建设项目的布局也起着牵制作用。在许多情况下，国有公路可以作为农村干、支道使用，一般来说农村干支道相当于国家四级公路。干、支道的规划应结合村镇规划综合考虑。

道路系统布局遵循原则：①交通便捷的原则；②经济合理的原则；③尽量少占耕地的原则；④综合配置、因地制宜的原则。

在土地整治项目区内，干道、支道、田间道、生产路相互作用、相互依赖，构成了项目区的道路系统，同时这个系统又隶属于由道路、田块、防护林、灌排系统等构成的项目区土地利用系统。在进行道路规划时，要结合当地的地貌特征、人文特征，使项目区内的各级道路构成一个层次分明、功能有别、运行高效的系统，以减少迂回运输、对流运输、过远运输等不合理布局形式。农村道路是为农业生产服务的，要从项目区农业大系统的高度来进行规划，田间道、生产路要服从田块规划，与渠道、排水沟、防护林结合布局，不能为了片面追求道路的短与直，而破坏田块的规整。

6. 其他工程规划

其他工程规划主要包括农田防护林工程规划与水土保持工程规划。

农田防护林是在农田周围有计划营造的纵横交叉构成网状的林带，其工程规划必须遵循因地制宜、因害设防，全面规划、综合治理，与其他工程规划相协调的原则。做到能防止风害及霜冻，保证农田高产稳产，同时提供各种林产品以及美化环境。

水土保持是防治水土流失，保护、改良与合理利用水土资源，维护和提高土地生产力，减轻洪水、干旱和风沙灾害。主要包括沟头防护工程、坡面治理工程、淤地坝工程。

8.4.4.2 建设用地整治规划

建设用地整治规划主要包括城市建设用地整治规划、城乡建设用地增减挂钩土地整治规划和村庄整治规划。下面主要介绍城乡建设用地增减挂钩土地整治规划和村庄整治规划两方面内容。

1. 城乡建设用地增减挂钩土地整治规划

城镇建设用地增加与农村建设用地减少相挂钩，是指依据土地利用总体规划，将若干拟复垦为耕地的农村建设用地地块（即拆旧地块）和拟用于城镇建设的地块（即建新地块）共同组成建新拆旧项目区（以下简称项目区），通过建新拆旧和土地复垦，实现项目区内建设用地总面积虽不增加，但耕地面积不减少、质量不降低，用地布局更合理的土地整治。

城乡建设用地增减挂钩土地整治必须遵循的原则：①“谁整理，谁收益”的原则；②整治的质量与建设用地指标挂钩的原则；③尊重农民的意愿、保障农民权益的原则；④统筹规划、优化配置的原则；⑤促进土地可持续发展的原则。

(1)规划的内容。规划应以严格保护耕地、推进土地集约节约利用、促进城乡统筹发展、改善城乡人居环境为目标，在认真调查分析农村建设用地现状的基础上，统筹安排挂钩工作，确定项目区的位置、规模、开发时序、筹资渠道等，适应建设社会主义新农村的需要。具体内容是：①分析农村建设用地整治的潜力与可行性；②确定挂钩项目区的位置、范围和规模；③明确挂钩周转指标的使用方案；④制定项目工程布局方案；⑤计算城乡建设用地增减挂钩的投资，评价预期效益；⑥制定权属调整方案；⑦制定规划实施的保障措施。

(2)项目选择的原则与方法。项目选择应遵循下列原则：①符合国家有关法律、法规和文件要求；②以土地整治潜力评价结果为基础，注重生态环境影响；③集中连片，且具有一定规模；④土地整治基础设施条件较好；⑤具有良好的社会经济效益，预期投资效益明显；⑥项目区所在地政府和公众积极性较高，且有可靠的资金来源。

项目选定的方法：①根据土地整治潜力分析、规划目标，初步提出项目类型、范围与规模；②实地考察，邀请当地干部、群众座谈，分析项目实施的可行性，重点对项目所在地区基础设施条件、区域生态环境、投资需求与筹资能力、投资综合效益等进行分析研究；③与农业、林业、水利、环保、城建等有关部门协商，进行综合平衡；④确定项目的界线、量算面积。

(3)拆旧区和建新区总体布局。实施规划项目区由建新区和拆旧区组成。

①建新区包括安置区和留用区。安置区根据实际情况，采用城镇化模式和中心村模式相结合的方式，即靠近城镇且有条件的地区被拆迁农户有步骤、有计划地向城镇集聚；远离镇区的偏远区域，拆迁农民逐步搬迁到中心村。留用区由县人民政府在项目区内综合考虑、统筹安排、统一实施。

②拆旧区可涉及多个乡镇，通过调查测算拆旧总面积，其中涉及农村居民点总面积、工矿废弃地面积，预计可新增农用地及新增耕地、新增建设用地面积。拆旧区整治以项目区自

然条件和社会经济发展情况为背景，按照土地适宜性评价结果和土壤改良措施、水利设施完善、林网配套等农业基础工程的要求，形成合理的土地利用结构和布局。

整治措施主要包括土地平整、农田水利、田间道路及农田防护林等四项工程。土地平整主要以拆迁农房及地上附着物和工矿用地的挖高、填低为主，包括碎石瓦砾的清除、土方外运和土壤层的培植等，结合土壤改良措施，对农村建设用地进行整理；农田水利主要为沟渠设计，以利用现状渠道为主；田间道路主要是进出田间的作业道路，以现状道路为主，并新增部分道路的设计；农田防护林选择在项目区田间道两侧布置，以种植为主。

2. 村庄整治规划

村庄整治规划是村庄规划的重要组成部分，是村庄规划中广泛应用的重要类型之一。2013 年 12 月 17 日住房城乡建设部颁布了《村庄整治规划编制办法》(建村〔2013〕188 号)，《村庄整治规划编制办法》第六条明确规定："编制村庄整治规划应以改善村庄人居环境为主要目的，以保障村民基本生活条件、治理村庄环境、提升村庄风貌为主要任务。"

一般而言，村庄整治规划往往以自然村为单元进行编制。但是"提升村庄风貌"往往又是个区域性的问题，仅在单个自然村的层面编制村庄整治规划有较大的局限性，编制项目区村庄整治规划成为一个土地整治规划中比较独特的规划实践和议题。

(1)村庄整治规划的主要内容。村庄整治规划在规划范围内编制镇村体系规划，以现状存在的问题和总体规划确定的镇村体系为依据，确定镇村体系的规划布局和结构，提出了等级规模结构、职能结构和空间结构，并将每个整治点纳入该体系内。根据编制过程中的实际情况反复调整镇村体系规划的内容，经过 2～3 次的反馈和调整，实现了镇村体系规划与总体规划的协调，以及镇村体系规划与村庄整治规划的统一。

村庄整治规划要按依次推进、分步实施的整治要求，因地制宜确定规划内容和深度，首先保障村庄安全和村民基本生活条件，在此基础上改善村庄公共环境和配套设施，有条件的可按照建设美丽宜居村庄的要求提升人居环境质量。具体内容包括：村庄安全防灾整治、农房改造、生活给水设施整治、道路交通安全设施整治、环境卫生整治、排水污水处理设施、厕所整治、电杆线路整治、村庄公共服务设施完善、村庄节能改造、村庄风貌整治、历史文化遗产和乡土特色保护。

(2)村庄整治规划的原则。

①尊重居民迁居意愿的原则。村庄整治规划的编制，应尊重村民意愿，发挥村民主体作用，在规划调研、编制等各个环节充分征询村民意见，通过简明易懂的方式公示规划成果，引导村民积极参与规划编制全过程，避免大包大揽。

②规划与管理相结合的原则。一般而言，村庄整治规划"以保障村民基本生活条件、治理村庄环境、提升村庄风貌为主要任务"。事实上，在实际工作经验中，实施主体更加关心新建农房和主要道路布局，整治的意义被限定为居住和出行两大功能，对于村庄给水、排水、燃气等基础设施的治理方面缺乏积极性。可以认为在欠发达地区建设管理仍然是当前村庄规划的主要任务。

③技术上可行性的原则。村庄数量多，布局分散，技术层面很难对村庄进行实际的调研和具体的空间规划设计。这也是城镇体系规划和镇村体系规划在实际工作中往往仅具有指导作用、实施性较差的原因之一。可在技术层面完成对每个自然村进行调研和开展规划设计工作，开展以乡镇为单元的调研工作，将调研工作和规划设计深入自然村层面，实现镇村体系

规划与村庄规划技术体系的统一，推进“多规合一”。

④防范法律风险。划定集中建设区是村庄整治规划中引导分散居民点向新型社区集中的重要技术手段。但是在实际管理工作中，却会遇到一定的法律风险。主要体现在如何处理“因没有能力在集中建设区建设，现状房屋为危房而提出原址新建和改扩建”的问题。

(3)村庄整治规划的主要技术手段。村庄分布过于分散或村庄规模过小都不利于基础设施和公共服务设施的建设与共享，并且造成土地资源的浪费，因此对乡村的居民点进行整合，实现乡村人口集中居住是缩小城乡差距与共享基础设施和公共服务设施的必然要求，同时也是区域协调发展的客观要求。在城乡一体化发展的过程中，对乡村的居民点进行整理，引导乡村规模较小的和分散的居民点向中心村（社区）集中已成为时代发展的要求。根据新时期乡村人口迁移的特征，按照区域人口空间分布适度集中与有机分散的原则，通过村庄发展综合评价与专家审核，在城乡一体化规划实施和建设的指导下对村庄的规模体系及其空间分布进行调整，通过村庄布局规划对乡村的村镇体系起到引导和控制的作用，以实现优化乡村空间结构和土地利用的集约式发展，建立一个与区域城乡协调发展相匹配的乡村聚落体系。在组织村庄布局规划时，对乡村的产业结构、公用服务设施、基础设施和生态环境保护等进行总体安排，确定乡村聚落体系的规模等级、职能结构、空间组合及其相互关系，在此基础上制定村庄迁、撤、并、留的具体方案和实施步骤。当然，不同地区乡村的聚落体系具有差异性，在规划布局时应根据不同地区的特殊情况进行具体分析，因地制宜地进行规划与组织。城乡一体化发展的新时期村庄规划的技术线路如图 8-4 所示。

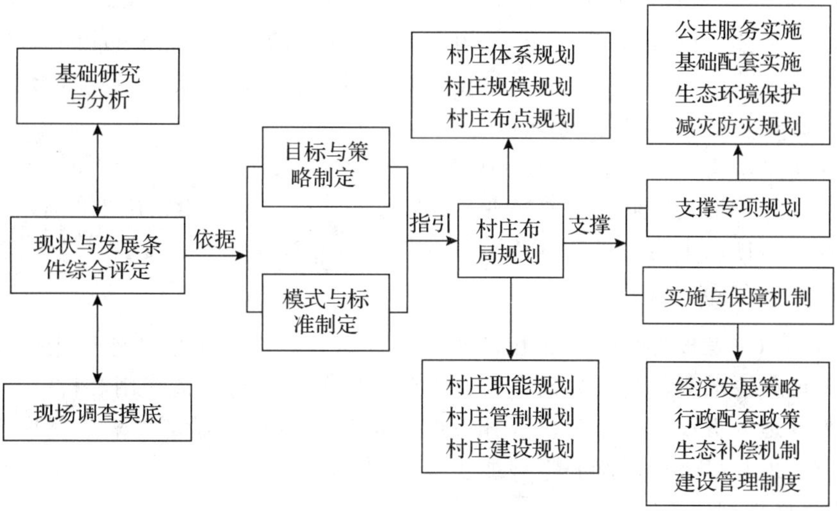

图 8-4 村庄规划的技术线路（曾向阳等，2019）

8.4.4.3 土地复垦规划

1. 土地复垦标准

被破坏或退化的土地经过复垦以后能达到什么样的可利用程度和生态系统恢复标准，这是整个土地复垦工作的一个核心问题，也是拟订复垦规划的基本依据。决定土地复垦的标准主要取决于 4 个方面的因素：一是待复垦土地被破坏的类型及其程度；二是待复垦土地在被破坏前的自然适宜性和生产潜力；三是复垦土地的工程地质条件和应用机械的可能性；四是社会环境条件和经济因素。根据上述4个因素的综合影响，一般有3类不同的复垦标准。

(1)接近破坏前的自然适宜性和土地生产力水平。一般来说，任何一种土地资源被破坏以后，很难使其绝对地恢复成原有的状况，而只能通过尽量地减少由于破坏所造成的后果，使其接近原有的适宜性和生产力。实际上，这是土地复垦所能达到的最高标准。对于人多地少，经济相对发达的地区来讲，只要复垦技术能够可行，都要求达到这一标准，即首先要使破坏土地恢复其原有的第一性生产力。这样，在制定土地复垦标准时，需要分析待复垦土地的适宜性和生产力；此外，考虑到破坏前土地的多宜性情况，而复垦后往往使多宜性降低，但又对某一类的适宜性程度却有所增加，故在具体拟定标准时，要考虑复垦对象的地域差异和复垦地的性质差异。

(2)通过复垦，改造为具有新适宜性的另一种土地资源。考虑到有些待垦土地的破坏形式和程度，诸如电厂废灰渣堆放地、煤矿场陷地等复垦对象，一般很难使其达到前一种复垦标准，往往只能拟定适应所在地环境条件下的新适宜性、新生产力与潜力水平的复垦标准。目前，在国内外，还有一种观点认为，即原土地可作为大农业（垦种）用地，由于建设的需要，不是使破坏地复垦，而是改造为其他非农业用地。如在我国徐州淮北矿区，一些塌陷地，经过各种充填，通过建筑物沉降试验，可作为不同标准的建筑用地，从而缓解了煤矿居民生活用地的矛盾，但是，我们认为，当前土地复垦，除在无法恢复垦种的条件下，一般应以农业复垦为主要目标。

(3)恢复植被，保持其环境功能。对于某些地区来说，由于经济实力制约或复垦工程的困难，或者由于破坏土地的区位、工程地质，或应用机械的可能性等条件的限制，或者是一些人少地多的边远地区，土地复垦的目标主要是让其恢复生态系统，减少水土流失，防止土地质量的进一步退化。

据《土地复垦质量控制标准》(TD 1036—2013）规定：土地复垦质量指标体系包括耕地、园地、林地、草地、渔业（含养殖业）、人工水域和公园、建设用地等不同复垦方向的指标类型和基本指标。土地复垦的具体质量控制标准可参考《土地复垦质量控制标准》。

2. 土地复垦规划

土地复垦规划就是根据社会经济和自然资源现状，重新确定生产建设中因挖损、塌陷、压占等破坏土地资源的最佳利用方向，并在空间和时间上进行改造利用和科学安排。土地复垦规划按其废弃地的类型，可分为矿区开发废弃地复垦规划，煤矿塌陷地复垦规划，交通、水利等工程压挖地复垦规划，废弃宅基地复垦规划等。

(1)土地复垦规划的原则

①从实际出发，因地制宜。本着“宜农则农、宜林则林、宜牧则牧、宜建则建”的原则，科学合理地确定其用途，将被破坏的土地恢复利用。

②局部利益服从整体利益，近期利益服从长远利益。确保土地复垦规划符合地区整体发展规划，同时考虑长远利益，避免因短期行为而损害长期效益。

③土地复垦和生产建设统一规划。做到切实可行，合理安排，并结合生产情况，逐年实施。确保土地复垦与生产建设活动相协调，共同推进地区可持续发展。

④与土地利用总体规划相协调。土地复垦规划要在土地利用总体规划的控制和指导下进行，并与城镇规划以及矿区规划等相协调。这有助于实现地区建设布局合理化，有利生产、

方便生活、美化环境，促进生态良性循环。

⑤谁损毁，谁复垦。生产建设活动损毁的土地，由生产建设单位或者个人负责复垦。这一原则有助于明确责任主体，确保土地复垦工作的有效实施。

⑥科学规划、综合治理、经济可行。土地复垦应当坚持科学规划，采取综合治理措施，确保复垦后的土地能够达到可供利用的状态。同时，还要考虑经济可行性，确保上地复垦工作的投入与产出相平衡。

(2)土地复垦规划的过程和内容。土地复垦规划程序主要分为调研与准备工作、编制规划方案、确定规划方案三个阶段，调研与工作准备阶段决定复垦工程的目标和技术经济的可行性，是后两个阶段工作的依据，具体见图 8-5。其中，确定复垦利用方向、制订复垦规划方案和进行投资效益分析是复垦规划编制的主要内容和关键。

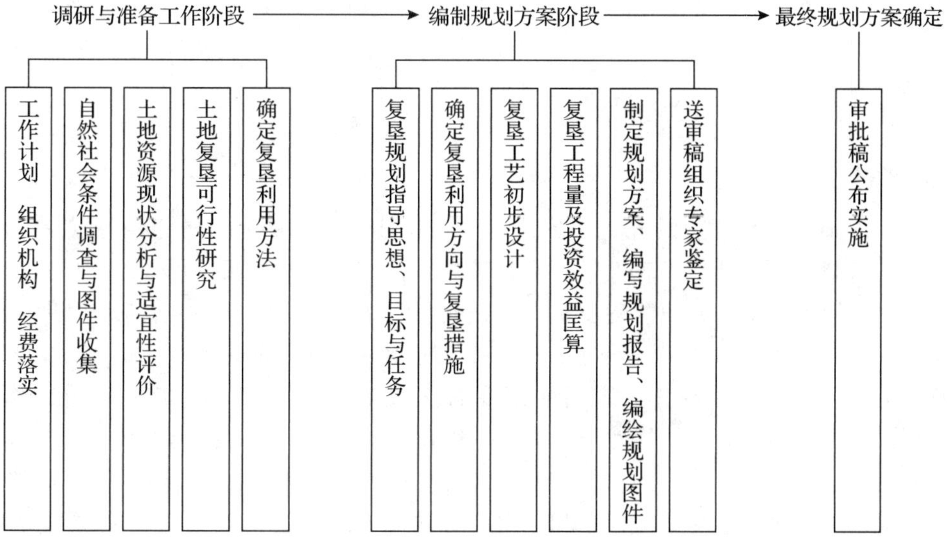

图 8-5 土地复垦规划编制工作程序框图

①确定复垦利用方向。复垦利用方向的选择恰当与否是决定复垦成败的关键。确定复垦利用方向必须建立在废弃土地资源自然适宜性评价的基础上，根据市场要求、社会承受性、综合效益等，发挥优势，扬长避短，确定其最佳复垦利用方向。

②复垦规划方案的制定。规划方案的制定是土地复垦规划的核心内容。在制定规划方案过程中，土地管理部门要会同有关行业主管部门或毁坏土地的工矿企业、单位，在待复垦土地现状调查、土地适宜性评价、土地复垦可行性研究的基础上，经综合协调平衡，提出复垦目标和任务，调整复垦土地利用结构，具体在空间上和时间上安排土地复垦。

③土地复垦的效益分析。土地复垦过程实际上是一个投资、投工的过程。土地复垦的成功与否，一个重要衡量指标就是投资的经济效益；同时，投资效益的预测又是确定待复垦土地利用方向的一个重要经济因素，也是争取到足够的土地复垦资金的必要条件。所以，土地复垦投资与效益的分析是土地复垦规划编制的一个重要内容。

(3)土地复垦规划工程实施与管理。土地复垦工程实施是复垦规划付诸实现的工程阶段，其实质是各种土地整治工程，即土木工程措施，其目的是使破坏或退化土地达到可供利用的状态。具体的工程技术措施包括矸石充填复垦、粉煤灰充填复垦和挖深垫浅等充填复垦技术，以及疏排积水、土地平整、塌陷土地阶地化、梯田化等非充填复垦技术。

土地复垦后的改善与管理，旨在采取必要的改良与管理措施，使复垦的土地达到期望的生产力和效益目标。涉及的改良与管理措施主要是生物工程措施，具体有田—塘、田—场—塘生态工程复垦、基塘复垦利用、综合农林种植等。有关的生物复垦方法还有生物细菌快速生物复垦法、无覆土生物复垦法、基于城市污泥的水力播撒法、抗侵蚀被（先铺后种）法。

土地复垦后的土地质量评估也是土地复垦工作顺利进行的基本保障。土地复垦义务人完成土地复垦任务后，应当组织自查，将复垦前后的土地质量状况进行比较，向项目所在地县级土地主管部门提出验收书面申请，并提供相关材料：①验收调查报告及相关图件；②规划设计执行报告；③质量评估报告；④检测等其他报告。

8.4.5 土地整治的发展前景

8.4.5.1 土地整治的国内外经验

1. 德国的土地整治

德国是各国土地整治效仿的先进国家之一。德国的土地整治始于中世纪，其在制度、规模、范围和技术等方面都具有代表性，一直是其农业结构调整的主要手段。特别是 20 世纪 80 年代以来，德国的土地整治的职能逐步扩大，在改善农林生产经营条件、合理开发和利用土地资源、保护乡村自然环境和景观、促进乡村基础设施建设等方面发挥了重要的作用，越来越多的乡镇通过土地整治来实施村庄发展计划或保证其发展目标的实现。1976 年重新修订后的《土地整治法》，土地整治分为常规性土地整治、简化土地整治、项目土地整治、加速土地合并和自愿土地交换五种类型。从 8 个方面规定了土地整治的内容，并且制定了长达 13～14 年（最长为 20 年）的土地整治的 4 个程序和步骤。德国对土地整治的资助具有明显的导向作用，土地整治的费用，一般由国家资助 80％（其中联邦 60％，州 40％），20％为土地整治参加者自筹；在土地整理过程中重视景观和生态的保护，土地整治出现生态化的倾向。

2. 俄罗斯的土地整治

俄罗斯于 17 世纪就开展了土地整治工作。1779 年在莫斯科建立了世界上第一所土地整治学校，即现今俄罗斯国立莫斯科土地整治工程大学，培养了大量土地整治人才。俄罗斯土地整治的主要任务是调整土地关系、合理组织土地利用和土地资源管理，通过土地整治解决的生态、经济和社会问题，具体包括：建立和完善土地占有和土地使用制度；实施土地占有、土地使用、土地租赁和经营的各种形式和措施；确定土地税赋和地租、征地补偿费；确定城市、城镇和农村居民点的用地界线；论证各项水利工程的自然保护设施的建设和相应的投资计划；为合理利用土地创造良好的空间条件；制定自然景观的保护和改善、土地复垦、低产土地改良、防治水土流失以及土地退化、防治土地污染等各项技术措施体系；制定土地调整、田块整理、田间沟渠和护田林带、轮作田区和轮牧田区、田间道路等设计方案并加以实施。

3. 日本的土地整治

日本将土地整治作为城市发展的必需工具，通过土地整治，把分散的不规则的农用地块重划，并在此基础上修建新的道路和基础设施，而且把整理后的土地细分为可供城市商业、住宅、工业等建设的城市宗地。在土地整治过程中，地方政府通过与土地所有者的合作，以较低的成本实现了农用地的城市化。土地改良包括地块交换、土地分合、荒地开垦、地类转换、排水造田、填海造田以及新（修）建道路和沟渠等农业设施，一般由土地所有者组成的合作组织实施，政府给予适当补助。

4. 我国土地整治的简要历史

可以说我国是世界上开展土地整治最早的国家，从公元前 1066 年的西周时期的井田制以及后来的秦汉屯田制、西晋占田制、北魏隋唐均田制等，直到目前，我国劳动人民对土地的开发整理就从未间断过。新中国成立初期，以实现“耕者有其田”为主要目的，进行土地权属变更，将地主的田分给贫下中农；20 世纪 50 年代后期的人民公社化，土地收归集体，为实现“一大二公”的思想，土地整理则通过“一平二调”，又以变更土地权属关系为主要内容，进行土地调整；20 世纪 70 年代，以全国农业学大寨为目标，土地整治则以平整土地、合并田块、兴建新村、整修沟渠和道路等基本农田建设为主，进行土地调整；20 世纪 80 年代，土地整治以推行农村联产承包责任制及兴办乡镇企业为主线，土地利用方式和用地结构都发生了巨大的变化；20 世纪 90 年代，由于国民经济迅猛发展、耕地锐减，土地整理开始转到以编制土地利用具体规划来大力挖掘土地利用潜力，增加耕地面积，提高耕地质量为主要方向进行了土地调整。此后将土地开发、土地整理以及土地复垦三者结合在一起，以“土地开发整理”或“土地整理复垦开发”概念为标志，在一些国家政策文件中也被提到。2008 年，党的十七届三中全会第一次在中央层面提出“土地整治”的概念，“土地整治”成为土地整理复垦开发的统称。2014 年，原国土资源部（现自然资源部）发布实施了《节约集约利用土地规定》，对土地整治的内涵和目标进行了界定：“县级以上地方国土资源主管部门应当会同有关部门，依据土地利用总体规划和土地整治规划，对田、水、路、林、村进行综合治理，对历史遗留的工矿等废弃地进行复垦利用，对城乡低效利用土地进行再开发，提高土地利用效率和效益，促进土地节约集约利用”，标志着中国土地整治的范围已不局限于农用地或农村土地，已发展为对全域土地的整治。2016 年，国务院批复了《全国土地整治规划》（2016—2020 年），并再次提出：“加快制定《土地整治条例》。”2024 年 8 月 21 日，《自然资源部关于学习运用“千万工程”经验深入推进全域土地综合整治工作的意见》印发，深入推进全域土地综合整治。

除此以外，我国台湾地区把土地整治称作土地重划。其主要内容包括：调整地块的高低、大小和形状以及分布状况，改善交通、水利和其他环境条件，划定各区土地和各种利用方式的土地范围。具体操作分为市地重划和农地重划，分别于 1979 年和 1980 年颁布《市地重划实施办法》和《农地重划条例》。市地重划的功能是使都市土地使用与都市计划实施密切配合，以加速都市建设发展；消除土地畸零不整现象，提高土地利用价值；减少公共设施用地取得的困难，将公共设施预留地化为大众负担；道路、沟渠、市场、公园、广场等与社会生活直接相关的公共建设可提前开辟，以地区财力完成地区建设，减轻居民负担；利用抵费地兴建居民住宅等。农地重划的功能是使农户田块集合成片，便于集中管理，减少田块之间往返所费时间和劳动力；使农场房屋集中，减少田界用地，压缩非耕种土地，增加生产面积；对农场道路做系统调整，以便利交通，加速周转产品；修筑合理的排水灌溉系统，做到田块排灌畅通；规定农场的最小面积，以防止再度分裂；调整田块的大小与形状，以利于田间机械作业；实施各项土地改良措施，以提高土地产出率等。

8.4.5.2 土地整治的前景展望

1. 土地整治需要研究的相关问题

土地整治是一项综合性较强的、复杂的系统工程，涉及自然、经济、社会、工程等各个方面的内容。目前土地整理需要研究的相关问题主要有：①基础理论研究。目前土地整治忽视调整土地权属关系和提高土地利用效率这一本质内涵和核心目标，偏重于工程技术和方法等研究，在新形势下要实现土地整理转型发展，重要的任务是准确认识土地整治的真正本质和关键功能，构建土地整治的核心理论体系。②土地整治工程的技术方法与土地整治模式研究。③政策法规研究。当前土地整治过多地强调增加耕地面积，法制和管理机制尚不能完全满足全域土地整治的发展需求，应结合我国实际情况，从顶层设计的角度对土地整治的政策法规提出建议，强调土地整治过程中的公众参与。④资金筹措与配置研究。目前中国土地整治的资金来源渠道单一，融资能力有限，尚未形成有效的资金筹措与运作机制，应构建多元化的融资体系。⑤耕地数量与质量研究，包括土地整治潜力研究和土地整治对粮食产能、粮食安全的影响研究。⑥土地整治规划设计研究。在规划中融入景观生态规划设计思想是土地整治规划的重要发展趋势之一，也是当前土地整治规划设计的研究热点。⑦效益评价研究。主要指土地整治措施实施结束后的社会、经济和生态效益评价。⑧生态影响研究。土地整治项目的实施会对周边环境造成强烈的扰动，同时土地整治工程对项目区的土地利用格局进行了再分配，这都会对项目区的生态环境产生巨大的影响，主要集中在对土壤、生物多样性、生态系统服务价值等方面的影响。⑨与乡村振兴的关系研究。土地整治是乡村振兴的切入点和重要工作平台，土地整治可为盘活乡村土地资源、激发乡村发展活力和提升乡村地域功能指明方向。

2. 土地整治与耕地占补平衡

耕地占补平衡是指《土地管理法》规定的国家实行占用耕地补偿制度，非农建设经批准占用耕地要按照“占多少，补多少”的原则，补充数量和质量相当的耕地。这项制度是坚守18亿亩耕地红线的重要举措。要认真编制土地整理复垦开发专项规划，落实补充耕地任务，明确重点区域，统筹安排好规划期内补充耕地工作。土地整治是实现耕地外延拓展和内涵挖掘的有效途径，也是调整土地权属关系和组织土地利用活动。土地整治与耕地占补平衡的协调思路是建立依托土地整治实现耕地占补平衡的机制：一是保证耕地的粮食综合生产能力平衡有余，即将耕地的占补平衡政策深化为耕地的综合生产能力的占补平衡；二是用政策手段、经济手段来改变目前重开发、轻整治的现象，建立吸引投资土地整治的动力机制。

据2023年《中国自然资源公报》的数据显示，积极稳妥推进全域土地综合整治工作，指导各地严守底线规范实施356个部级乡镇试点，推进浙江宁波、广州从化、广西交通沿线、福建泉州等不同尺度试点。对全国各级各类1 304个试点进行阶段性评估总结，累计投入资金4 488亿元，完成综合整治25.2万 hm^2，实现新增耕地3.1万 hm^2、减少建设用地0.8万 hm^2，在优化农村地区国土空间布局、为农村一、二、三产业融合发展提供要素保障、服务乡村振兴等方面发挥了显著成效。

3. 土地整治与土地储备

土地储备是应用经济手段盘活土地，实现国有土地资产保值增值而进行土地整治的一种形式。

1996 年，上海建立了我国第一家土地收购、储备机构——上海市土地发展中心。上海市在土地收购储备上的探索得到了各地的广泛关注，收购储备在东南沿海地区逐步得到推广与完善。1997 年 8 月，杭州市也相继建立了土地收购储备制度，成立了以相关部门各成员组成的领导机构，实行土地收购储备管理委员会和土地储备中心两级管理。

土地收购储备管理委员会的职责是：研究制定土地收购储备和出让政策；协调各部门的关系；落实土地收购储备资金；确定土地收购储备出让计划；审查计划执行和资金运作情况。土地储备中心是土地收购储备的实施机构，其职责是：根据城市土地收购储备管理委员会提出的收购计划，对城市破产、困难企业的存量土地进行征购，同时择优收购、储备其他土地；经营和管理由市政府依法收回的违法用地、闲置土地及无主地，并纳入储备土地范围；对收购储备土地进行资金测算平衡、招商洽谈以及做好出让的前期准备工作；通过抵押贷款等形式筹措土地收购资金，并对该资金的使用进行管理。

现阶段我国土地储备的运作过程主要包括如下内容：

(1)统一收购。政府对市区范围内需要盘活土地统一收购或回收，然后进入政府土地储备库。需要进行统一收购的土地有：①市区范围内的无主的土地。②市政府代征的土地。③土地使用期限已满，被市土地管理部门依法收回的土地。④市土地管理部门依法收回的荒芜、闲置的国有土地。⑤土地违法案件依法查处，被市土地管理局依法没收的土地。⑥因单位搬迁、解散、撤销、破产、产业结构调整或者其他原因调整出的原划拨的国有土地。⑦以出让方式取得土地使用权后无力继续开发又不具备转让条件的土地。⑧因实施城市规划和土地管理，市政府指令收购的土地。⑨土地使用权人申请收购的土地。其他需要进行储备的国有土地。

(2)垄断土地一级市场。凡需要盘活的土地，市政府通过土地储备中心一个“口子”收购储备后再向市场供应，政府垄断土地一级市场。储备土地的供应信息公开，并明确规定市区 3 级地段以内、用于经营性项目建设的储备土地，必须通过招标、拍卖的方式出让使用权。

(3)超前规划。土地储备中心在土地收购时和土地招商之前，向规划部门征求该地块的规划意见，从机制上保证了城市规划的优先地位，有利于城市规划的贯彻落实，也避免了因规划原因影响地块的开发价值，使地块盘活不能顺利进行。

(4)合理分配收益。收购储备土地必须给予原土地使用者一定的补偿，合理分配政府和企业之间的土地收益。土地收购补偿费一般按收购土地的开发成本计算。对以出让方式取得土地使用权的，对土地使用权人已支付的土地出让金进行补偿，但要扣除原土地使用权人已实际使用土地期间需支付的出让金。土地收购补偿费通过以下 3 种方式确定：①由地产评估机构进行评估，经土地管理部门确认；②按住宅用地和工业用地基准地价中开发成本部分的中间价确定；③按收购合同约定的土地招标、拍卖所取得的比例确定；对市属亏损企业，储备土地出让后收取的级差地租全部返回给原企业。

(5)净地出让。市土地储备中心在储备土地出让前，向市房屋管理部门申请房屋拆迁许可证，进行储备土地的地上建筑物和附属物的拆迁、土地平整等工作。在前期开发准备工作完成后，实行净地出让。

(6)资金集中管理。土地储备中心的资金由市财政拨款，运作资金可通过土地抵押贷款等方式筹借，受市财政部门的监督。

以上这些措施确保了土地储备制度的实施，实践证明，建立土地储备制度是土地使用制度改革的深化和发展，是符合当前土地管理的发展方向，适应土地管理方式和利用方式两个根本转变的需要。

思 考 题

1. 什么是土地生态系统？它有哪些基本特征？

2. 什么是土地退化？土地退化主要表现在哪些方面？

3. 阐述基本农田的含义、保护对象及其进行基本农田保护区规划的基本思路和工作过程；并简要论述其对解决当前中国人地矛盾的意义。

4. 简述我国土地整治的主要任务；当前我国农村土地整治的具体内容是什么？

5. 什么是土地复垦？土地复垦的标准主要取决于哪些因素？根据这些因素的综合影响，土地复垦一般有哪3类标准？

参考文献

郭然，王效科，欧阳志云，等．中国土地沙漠化、水土流失和盐渍化的原因和驱动力：总体分析．自然资源学报，2004，19(1)：119-127.

国土资源部．高标准基本农田建设标准，2012.

胡振琪．我国土地复垦与生态修复30年：回顾、反思与展望．煤炭科学技术，2019，47(1)：25-35.

胡振琪．再论土地复垦学．中国土地科学，2019，33(5)：1-8.

环境保护部，中国科学院．全国生态功能区划，2015.

黄炎和．土地生态学，北京：中国农业出版社，2020.

刘惠清，许嘉巍．土地生态学．长春：吉林大学出版社，1998.

刘黎明，周德，邱孟龙．土壤污染风险管理——欧美经验与借鉴．北京：中国农业出版社，2021.

王军，钟莉娜．中国土地整治文献分析与研究进展．中国土地科学，2016，30(4)：88-96.

吴次芳，徐保根．土地生态学．北京：中国大地出版社，2003.

谢俊奇，郭旭东，李双成，等．土地生态学，北京：科学出版社，2014.

曾向阳，陈勇，苗作华，等．土地整治规划设计．北京：冶金工业出版社，2019.

朱德举．中国耕地保护．北京：中国大地出版社，1997.

第9章　区域土地资源开发

9.1　区域开发的一般理论

9.1.1　区域开发的内涵与过程

区域开发是指为实现区域协调发展目标，采取并实施适当的开发模式、策略、措施、手段及区域政策，综合开发利用区内自然与社会经济资源，优化区域经济结构与产业空间布局，使区域经济发展同资源开发、人口变化、生态文明建设相协调，以获取社会、经济、生态综合效益最优。

任何一个区域都存在着自然、社会、经济和生态等一系列子系统，各子系统既有其自身的运行规律，又在形成和发展过程中相互影响、相互作用，共同构成区域复杂系统。因此，在进行区域开发时，要遵循自然生态和人类活动相互融合的系统运行规律。

从区域开发过程的共性看，各级各类区域开发的任务基本相同，即在综合利用各类资源的基础上进行经济开发活动，其前提是尊重自然、顺应自然和保护自然，根据不同地区的自然属性确定不同的开发内容，同时注重生态环境的保护与再造。具体来说，区域开发方案的制定一般包括以下3个基本环节。

1. 区域资源环境承载力综合评价

资源环境承载力是指基于一定发展阶段、经济技术水平和生产生活方式，一定地域范围内资源环境要素能够支撑的农业生产、城镇建设等人类活动的最大规模。资源环境承载力评价是区域开发的基础与前提，侧重于区域自然资源环境的自身条件与状态，通过考虑资源禀赋和环境要素对人类活动的约束，规范区域开发秩序，合理控制开发强度，对区域开发过程中可能出现的主要矛盾及问题进行系统的调查、评价和梳理，是形成经济、资源环境协调联动的区域开发格局的重要科学依据。

通过区域资源环境承载力综合评价，找出区域资源利用的主要问题与差异，明确区域开发的重点和发展的主要任务。依据资源环境中的“短板”因素确定区域可承载的人口规模、经济规模，以及适宜的产业结构，确定区域发展的优势资源和制约区域开发活动的不利因素，从而概算出区域开发潜力。

2. 区域开发战略制定

区域开发需要长远性、全局性和整体性的系统谋划，既要满足人民日益增长的美好生活需要，又要促进区域经济增长和社会发展的需求，还要保障生态安全、保护并扩大绿色生产、生态、生活空间。区域开发战略作为区域开发的主体部分，要在区域资源环境承载力评价和开发适宜性评价的基础上，确定区域开发的战略目标、战略重点和战略利益，制定高效率、优协调、可持续的开发战略。

(1)确定区域开发目标。建立区域开发的目标体系，在保证生态环境不受破坏的前提下追求经济发展和社会进步。区域开发目标体系中应包含经济发展的方向、速度及人口、资源与环境的发展前景等方面的具体指标内容。

(2)选择区域开发模式。常用的区域开发模式有 4 种类型：即增长极开发、点轴开发、网络开发和地域生产综合体开发模式。不同区域可根据地理条件、经济发展水平、城镇分布状况、资源环境承载能力等因素采用不同的适合自身发展特点的开发模式，促进区域协调发展。

(3)规划区域开发重点。选择区域发展的主导产业部门作为区域开发的重点，明确区域发展的总体格局和发展方向；通过建立主导产业的前后相关联产业、相关产业及综合发展部门来完善区域产业结构。在确定区域开发的重点部门和重点区域的同时，不排斥该区域的其他功能，统筹协调区域开发过程，促进区域生产、生活、生态空间的均衡发展。

(4)进行区域空间布局。区域空间布局是对区域开发内容进行空间上的安排，应立足于工业化、城镇化、乡村发展和产业结构升级的趋势和规律，落实节约优先战略，形成资源节约型的空间格局、产业结构、生产方式和消费模式。寻求区域开发过程中资源和要素配置的最佳交易路径，实现资源集约高效利用，提高经济密度和投入产出效率，提升区域的整体竞争力。

制定区域开发战略前要进行事前评价，以确定方案是否可行；在制定区域开发战略后要采取相应的手段和措施予以落实；在战略实施过程中进行事中评价，特别是在出现新的问题时要及时调整开发方案、拨正发展方向；在战略实施之后要进行事后评价，确定实施方案的实施结果是否达到预期目标，并为区域的深层次再开发总结经验。

3. 生态环境保护研究

由于资源利用和经济开发对象往往就是自然生态环境的组成成分，如果缺乏环境保护观念，对自然资源采用不合理开发或掠夺性开发，将可能对生态环境产生破坏，导致生态环境的恶化。保护生态环境就是保护生产力，改善生态环境就是发展生产力，要对区域开发过程中的生态环境保护问题进行必要而充分的研究，以水土资源承载能力和环境容量为基础、以保护生态环境为前提进行有度、有序开发，为区域开发寻求有效的工程措施、自然措施及经济、行政措施等保护措施，对已经形成的破坏进行必要的治理，对可能产生的影响加以预防，对特种资源或濒危物种进行保护，力争在开发资源以保证和满足人类发展生产和改善生活需要的同时，保护生态环境。

9.1.2 区域开发的原则

虽然不同区域有其自身的特殊性，也有各自不同的开发战略，但各种类型的区域开发活动应贯彻以下基本原则。

1. 人与自然和谐发展原则

人与自然是生命共同体，保护自然就是保护人类。自然界的生态平衡是人类生存和发展的一个重要前提，当人类活动违背自然规律、资源消耗超过自然承受能力，必将导致人与自然关系的失衡。人与自然和谐发展原则要求人类在认识自然、改造自然、推动社会发展的过程中，要自觉地接受自然规律的支配，促进人与自然的和谐共生。

2. 因地制宜原则

区域开发必须从所处的社会、经济和环境情况出发，充分发挥区域优势，确定区域发展方向和发展重点。如在我国东部地区要充分利用现有的资金、技术和人才优势，大力发展外向型经济，依靠高新技术和集约经营，重点发展资源消耗少、附加价值大、技术含量高的产业和产品，同时建立比较发达的产业化农业，推动产业绿色化转型。在中西部地区主要是积极发挥资源优势，探索生态产品价值实现机制，大力发展农林牧业及其加工业，开发能源、矿产、自然生态资源，积极发展生态旅游等优势产业及其产品，使资源优势转化为经济优势。

3. 可持续发展原则

区域是自然、社会、经济等子系统构成的复杂系统，在通过资源利用来推动经济发展、促进社会进步的同时，还要注重节约资源和保护环境，协调经济、社会和生态效益三者之间的关系，走可持续发展之路，保证系统的高效有序运行。

区域开发要走可持续发展之路，即在资源开发的同时，要注意保障区域生产、生态、经济功能，既满足当代人的生产、生活需要，又不会损害后代人对生产与生活的需求。这是一种符合区域长远利益的选择，可保证区域资源永续利用和区域经济持续发展。

4. 统筹兼顾与协调发展原则

为了确保区域快速、有序、高效地发展，区域开发活动中应注意以下几个方面关系的相互协调。

(1)以提高效益为中心，速度与效益相结合。既要注重经济发展速度，保证区域经济实力和人民生活水平有较快的提高，又要注重开发的效益，以并不充裕的资源创造出尽可能多的社会财富，杜绝为盲目追求发展速度而忽视效益的错误倾向。

(2)局部利益与全局利益的协调。即近期利益与长远利益相结合，但在目前的行政干部业绩考核制度下，地方政府的区域开发行为几乎都以短期内本位收益最大化为目标，这种短视的开发难以使区域得以持续、稳定、协调地发展。因此，开发决策者必须有统筹全局、放眼未来的思维高度，遵从局部服从整体的原则，协调本区域与其他区域乃至全国的关系，协调近期利益与长远利益的关系。

(3)部门之间利益的协调。不同部门之间也存在利益的协调问题，特别是要协调好开发重点与非重点部门之间的利益，不能只顾重点而忽视非重点。对于资源贫乏、资金缺乏区域的开发，更应该处理好开发重点与非重点、开发顺序、开发时间的协调。各个部门也应该以区域全局发展为重，支持区域开发的各项既定方针与具体工作任务安排。

9.1.3 区域开发的一般模式

9.1.3.1 区域开发不平衡发展理论

区域开发不平衡发展理论主要根据区域经济发展的客观规律，并针对平衡发展存在的问题，强调在不具备产业和地域全面增长的资金和其他资源（人才、技术、资源等）情况下对不发达地区实行平衡发展，在理论上是不可能的。

不平衡发展理论认为，社会经济发展要根据不平衡发展规律，有重点、有差异、有特点地发展，而不是平均使用力量进行发展。并认为在区域发展系统中总是存在着支配性的因素，要寻找这些支配因素，在不同时期选择支配全局的重点地区、重点部门发展经济。投资只能有选择地在若干区位条件优越的增长极地区进行，其他地区则可通过区域增长极的扩散效应而逐步扩展。

根据不平衡发展理论，在生产力布局的决策上，对少数发展条件较好的点、地区或地带实行重点开发，然后逐步实现由不平衡到相对平衡的转变。这样，与分散投资而难以形成聚集效益的情况相比，可以获得较高的经济增长速度。这种战略不急于追求地区间的经济平衡，而是将有限的资金、技术等生产要素按照回报率的高低投向对国民经济有决定意义并且有最优经济效益的地区，从而带动全局，实现区域统筹协调发展。

9.1.3.2 区域开发的布局模式

关于不平衡发展理论，我国理论界提出了多种发展模式，他们一个共同的基本认识是：区域经济发展的不平衡性是我国现阶段，乃至相当长的时期经济增长过程中不可回避的客观事实。不平衡增长理论适应了开发地区的现实情况，成为区域开发理论的主流，而且其运用范围也从产业体系延伸到地域空间，被众多的区域经济学者所接受。在此基础上，相继产生了区域开发的增长极布局模式、点轴布局模式和网络模式。

(1)增长极开发模式。通过在区域经济系统内引入推动型产业并布局于适当的区位，通过功能极化与地域极化形成部门增长极和城市增长极，同时在经济空间和地域空间中以预想的渠道和强度，通过扩散效应释放其极化能量，推动其他地区和部门的发展，促进区域开发目标的实现。

(2)点轴开发模式。在点轴开发模式中，点与轴的结合成为经济活动的空间组织形式。其中点指的是以高创新能力和高增长能力带动区域发展的各类区域增长极。而轴指的是连接各增长极的线状基础设施束，包括水陆交通干线、动力供应线、水源供应线及其沿线地带。

区域开发的点轴布局模式基本内容是：由控制一点的极化过程发展为控制一条轴线的不断延伸和聚集，从广度和深度两方面拓展这一扩散过程，直至完成整个区域的平衡发展。这一开发模式引入了轴线的概念，使极化过程与扩散过程在空间上可以沿着既定的方向连续进行，由单个、静态的点成为一个空间向量，因而具有了动态的性质；而由于强调了对轴线的重视和开发，方便了极点与腹地间经济流的传递，加快和强化了这两者间的脉冲与反馈过程，使得依托各轴线的各极点推动经济增长的效果也更为显著。

(3)网络开发模式。区域开发经过增长极开发与点轴开发两个阶段，当区域经济的空间展开过程已达到使中心极与边缘区的极化边际效应缩减到与其扩散边际效应持平的程度时，区域的发展已趋于倒“V”形线的顶点，即由不平衡走向平衡的转折点；这时资金已不再成为全面的均衡开发的障碍，区域开发开始转向以均衡化和分散化为特征的非极化阶段。另一方面，长期的极化过程导致了经济活动在极化区的过度集中，并已引起集聚规模不经济，形成交通等公共成本上升、环境质量恶化、膨胀病等，将影响到区域的进一步发展，则均衡化与分散化就成为区域经济自身发展的必然要求。

网络开发模式就是以在区域内逐步完善和趋于密集为手段，将整个区域发展引向均衡化。其基本内容包括以下两方面：

首先，将已有各点轴系统内的交通与通信等轴线加以连接，扩展成一个纵横交织、遍布全区的网络，从而使各极点的扩散效应也交织成网。而网络基础设施条件的普及化，使得极化发展失去了必要。

其次，将已有各点轴系统内的产业体系与增长极城镇体系连接为一个完整的网络，形成一个结构完整、多样化的区域产业系统。在这个系统内，分工细密、紧密协作的大量中小企业以完善的产业链条紧紧围绕在若干主导部门的周围，同时造就一个规模上衔接紧密、职能上各具特色而又相互依托的增长极体系。它保证资金、技术和信息的流动直接来往于最高级的极点与广大农村腹地之间，在各级城镇中的传递畅通无阻。

这两个网络的建成与进一步发展，将会极大地提高区域各节点间、各域面间，特别是节点与域面之间各种生产要素交流的广度与密度，最终实现区域经济的一体化，带动更大范围的区域发展。网络开发模式是区域开发的最后完成阶段，它实施的前提如前所述，是长期开发的积累。目前在沿海部分地区经过长期的建设和开发，具有雄厚的经济技术基础，高度的经济水平，区域经济已呈现出城乡一体化的趋势，应抓住时机在这里实施网络开发，实现区域经济质的飞跃。

9.2 区域土地资源开发的内涵、形式和原则

9.2.1 区域土地资源开发的内涵

区域土地资源开发是指通过资金和技术投入，扩大区域土地资源的有效利用面积或提高利用程度所进行的投资开发活动。具体包括两方面的内涵：一是指土地利用面积的扩大，即外延拓展，主要是对未利用土地的开发，如把尚未利用的荒山、荒滩、海涂等转化为可以利用的土地资源，或者对城镇建设用地进行新区开发；二是指土地利用程度的开发，即内涵挖潜，如把现已利用但利用尚不充分、生产效益低下的土地资源以及城市基础设施不配套的老城区等加以改造提高，或从传统平面型开发转向立体化开发，使其充分利用，提高效益。从这两方面可以看出，土地资源开发是通过各种手段挖掘土地的固有潜力，提高土地利用率，扩大土地利用空间与利用程度，充分发挥土地资源各种功能的过程。要实现上述目标，就必须进行必要的经济和技术的投入。因此，土地开发的实质就是为高效利用土地资源而进行资金和技术的投入过程，直接效益就是可利用土地面积增加和土地利用条件改善，提升了区域土地资源利用的广度和深度。

具体来说，区域土地资源开发在农业生产领域既要从数量上稳定全国耕地总面积，确保基本农田总量不减少，按限制开发要求对耕地数量严格管控；也要确保开发建设确需占用耕地后，能严格按照耕地占补平衡和耕地数量、质量、生态三位一体的要求补充数量、质量相同的耕地，做到数量平衡、质量平衡、产能平衡，坚决防止占多补少、占优补劣、占整补散；加强土地资源利用结构的调整，以及通过土地资源的整治，从结构优化和质量改善上提高土地利用率和生产能力。在后备土地资源缺乏的地区，通过结构调整和统筹国土整治，提

高土地资源利用效率和生产能力成为主要的手段，例如中低产田改造、整治闲散地和废弃地、草地生态建设、生态经济林改造等是农业土地资源开发研究的重点。在建设用地部门，区域土地资源开发主要是完善、改造或新增生产与生活基础设施和建设条件，提高土地利用效率、集约度或新增建设用地，如新区开发、旧城改造、城市更新等。因此，区域土地资源开发不仅局限于农业部门，还是与国民经济各个部门都密切相关的一项对区域内所有土地资源进行综合利用的系统工程。

综上所述，土地开发（land development）是对土地现有状态的改变，需要通过追加一定的固定投入，改善土地条件，以满足一定的利用要求和开发目标。相对而言，土地利用（land use）仅是对现状的一种延续使用，表现为一种常态，一般只需要流动性投入即可，以获得持续的、可预期的收益。而土地保护（land protection）则是为维持或提升土地原有状态和功能而采取的相应措施和行动。上述三者之间的关系可用图 9-1 来表示。

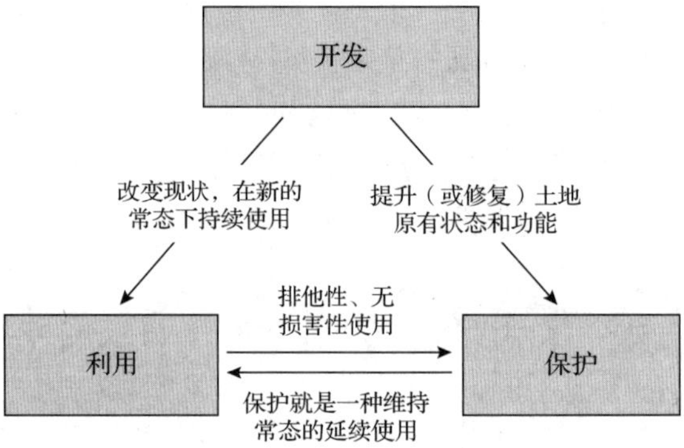

图 9-1 土地开发与土地利用、土地保护之间的辩证关系

9.2.2 区域土地资源开发的类型和对象

土地资源开发的对象是指那些具有一定开发潜力和开发价值的土地，主要包括后备土地资源和已开发利用中的未充分利用的土地资源。

9.2.2.1 后备土地资源的开发

全国土地资源总面积 9.6 亿 hm^2，按目前的技术经济水平，已开发利用的约有 6.96 亿 hm^2，占总面积的 72.5%，未利用的 3.24 亿 hm^2，其中绝大部分是难以利用的戈壁、沙漠和裸石地。可利用的后备资源仅有 0.4 亿 hm^2，占土地总面积的 4.2%左右，主要是荒地、海涂和闲散土地。

(1)宜农未利用地的开发。全国约有宜农未利用地 0.34 亿 hm^2，主要分布于北纬 35°以北地区，特别是三江平原、松辽平原、大小兴安岭以及山间谷地及山前丘陵平原等。宜农未利用地的开发要坚持生态优先、以水定地、稳妥有序的原则，一般应控制在新一轮全国耕地后备资源调查确定的宜耕后备资源范围内实施。

(2)海涂的开发。全国约有海涂面积 200 万 hm^2，其中可用于围垦的淤泥质海岸的海涂只有 120 万 hm^2。但由于我国沿海一带经济最发达，土地资源短缺的现象也最突出，因此，海涂开发和保护的意义重大，潜在的社会经济效益也很大。但粗放的海涂开发会威胁沿海生物的生存环境和生物多样性，引发生态服务功能退化或丧失。

(3)闲散土地的开发整理。所谓闲散土地，系指已利用土地面积以外的，可供第一、二、三产业开发经营的零星土地，主要指田头、地角、村边、路旁、河滩等小面积荒地以及农村废弃的大坑、场院等。这部分后备资源的面积虽然很小，比较零碎，但位于已开发利用土地之间，地理位置比较优越，易于开发，用少量的投资即可获得比较高的经济效益。

(4)工矿废弃地的开发利用。全国目前有工矿企业废弃地 133 万～200 万 hm^2，并且每年仍以 2.0 万～3.3 万 hm^2 的速度增加。这类土地原来大部分为农用地，在地貌破坏不太严重的地方，复垦为耕地等农用土地较为理想，且投资较少，技术要求低。在地貌破坏严重的区域着重保护和恢复植被，促进生态自然修复，改善区域生态状况，保持生态系统稳定。“十三五”以来，我国已累计完成历史遗留废弃矿山治理面积 480 万亩。

9.2.2.2 未充分利用土地资源的再开发

(1)中低产田改造。全国有中低产田约占总耕地面积的 68.76%，其开发潜力巨大。据估测，通过低产田改良，全国可增加粮食产量是开荒增加粮食产量的 10 倍，而每亩改良费用一般只占开荒费用的 1/10。因此，对中低产田的改造始终是土地开发的一项重要内容。

(2)农村宅基地整治。随着我国工业化和城镇化的稳步推进，农村劳动力向城镇转移，导致农村大量农房、宅基地常年闲置，“空心村”“空心户”现象日益增多，宅基地闲置或低效利用的现象屡见不鲜。可对这类用地开展农村宅基地、工矿废弃地以及其他低效闲置建设用地整理，以优化农村建设用地布局结构，提升农村建设用地使用效益和集约化水平。同时可进行村庄规划，通过控制用地标准、缩并自然村等方法，有效利用村内土地，尽量把村庄建在坡地、劣地上，让出好地，并改造开发为农用土地，严格控制建设用地规模，切实保护农业生产环境和耕地数量。

(3)城市土地开发。城市土地开发包括城市新区开发和城市土地的再开发两种形式。城市新区开发是将新建城区内的农业用地转化为城市用地并进行城市基础设施配套建设，使之适应城市发展建设需要的过程。城市新区开发是城市发展用地的重要来源，需要较高的投资，产生较高的社会经济效益，新增城市用地要同常住人口增加相协调，由于其大多占用利用水平较高的农业用地，因此，在开发前必须进行充分的论证、合理的规划和严格的审批，以此来控制农业用地的减少速度。

随着城市建设的发展和科技水平的进步，原有的城市建设区在基础设施建设、城市布局、城市功能、城市环境以及城市建筑本身等方面，均已不能满足现代城市生活发展的需要，为此而进行的原有城市建筑地段的再加工、再改造过程，就是城市土地的再开发过程。城市土地的再开发形式，主要是旧城改造和城市更新；同时也包括如道路、供水、排水、供气等基础设施的局部改造。

9.2.3 区域土地资源开发的方式

区域土地资源开发的形式主要包括两大类：一是对区域内所有未利用地和利用不充分的土地资源进行全面的综合开发；二是针对某类土地资源类型的待利用地及其中利用不充分的

土地进行的专项开发，也即项目开发。

全面综合开发是对区域内所有可开发的土地资源进行土地适宜性评价和资源环境承载力评价，根据最佳利用原则，对区域土地资源进行综合的布局与调整，以寻求区域综合开发的整体效益。区域土地资源综合开发的结果可以只是因土地资源的布局调整而发生效益的提高，或土地利用更加充分，也可以表现为新的土地资源在面积上的增加，或者三者的结合。

项目开发是从某一类土地资源类型的目的与需要出发，在整个区域内所进行的该类土地资源开发，侧重该类土地资源的充分利用和面积的增加。

1. 城镇土地资源出让的开发方式

主要是指城镇国有土地的开发利用，可以采取土地出让方式将土地使用权在一定年限内出让给土地开发者，并由其支付出让金，在约定期限、用途和条件下进行开发、利用和经营。

2. 土地开发专项基金的开发方式

土地开发专项基金指的是土地开发建设基金。国家利用土地开发建设基金组织专业队伍有计划、有目的地进行土地开发，这是我国目前土地开发的主要形式之一。土地开发建设基金主要采取经营和有偿使用的办法，实行按项目投资，并采取招标承包方式，合同中标的开发者签订合同，明确双方的责、权、利关系。由当地人民政府责成农业生产主管部门，根据批准的基金使用计划，与有条件承担开发建设任务的单位或个人签订合同。合同应规定开发建设土地面积，生产产品的种类，供应市场的数量、质量、工程设施和补助费数额以及奖罚条款。

3. 未利用地开垦的开发方式

主要是指在土地权属确定的情况下，单位或个人开发国有荒山、荒地、滩涂，用于农、林、牧、渔业生产。根据《土地管理法》规定，经县级以上人民政府批准，可将国有荒山、荒地、滩涂确定给开发单位使用的开发方法，但禁止毁坏森林、草原开垦耕地，禁止围湖造田和侵占江河滩地。开垦未利用的土地，必须经过科学论证和评估，在国土空间规划划定的可开垦的区域内，经依法批准后进行。

4. 生态环境导向的开发模式

生态环境导向的开发模式（ecology-oriented development，EOD）是以生态保护和环境治理为基础，以特色关联产业运营为支撑，采取合作开发、共同经营等方式，推动社会效益较好的生态环境项目与经济效益较好的关联产业融合发展，使项目整体实现生态价值外溢化、经济价值内部化的目的的开发模式。EOD模式是将生态环境治理和土地开发利用融为一体的发展模式。

9.2.4 区域土地资源开发的基本原则

区域土地资源开发不仅关系到土地资源本身的利用效率和开发程度，也将影响整个区域的人口、经济、社会和环境的可持续发展。因此，在进行区域土地资源开发时，除了要充分考虑区域开发的一般原则外，还应认真贯彻执行如下基本原则。

1. 农用土地资源优先开发原则

农用土地资源是农业生产最根本的生产资料，农产品的数量和质量直接取决于土地资源质量的高低。其他部门如城镇、工业、交通等用地主要利用土地的承载与空间功能，与土地生产力无关。我国耕地资源质量退化和粮食安全风险一直是困扰我国社会可持续发展的主要隐患，因此，区域土地资源开发应当优先用于农业利用。《土地管理法》规定，国家鼓励单位和个人按照土地利用总体规划，在保护和改善生态环境、防止水土流失和土地荒漠化的前提下，开发未利用的土地；适宜开发为农用地的，应当优先开发成农用地。

当然，在充分调查研究的基础上，并不排除在某一地区和特殊情况下，可以考虑对建设用地、交通、能源等重大设施用地适度优先开发，特别是在区域内部存在可调配的土地资源情况下，可以考虑经济效益优先原则。

2. 土地资源开发的生态平衡原则

土地是由各个自然要素所构成的自然地理综合体，各要素相互作用、相互联系，同时又时刻受到社会经济活动的影响，是一个动态的生态经济系统。因此，对土地资源的开发利用，其实质也是对土地生态系统功能的开发和利用，如果开发符合生态平衡原则，则可以不断建立新的生态平衡，加速能量流、物质流的转化与循环，实现综合效益的优化。反之，强行开发，如在陡坡开荒、乱伐林木、围湖围海造田、过度开发建设用地等，极易造成水土流失、渔产资源破坏、绿地生态系统缩小等生态失衡现象，严重者甚至危及人类生存。因此，区域土地资源开发必须尊重生态系统运行规律，合理安排土地利用的结构与布局，使其有利于维持整个区域生态系统的良性平衡。

3. 实行综合性土地资源开发原则

在进行区域土地资源开发时，首先要做好土地资源开发规划，依据区域自然生产力与社会经济状况，对自然资源丰富、经济发达、生产力水平较高的地区，要集中有利条件进行综合性开发；对自然条件差，经济发展比较滞后、多灾、低产地区则要加强全域土地综合整治和进行保护性开发。

在制定土地资源开发规划时，要对土地资源的质量进行全面的综合评价，从质的方面确定保护性开发，确定土地资源对发展农、林、牧、渔业生产或工业生产、城镇建设的适宜性、限制性和可更新性；从量的方面确定各种类型土地利用规模及其数量，并预测开发后的生态效果，通过综合分析、评价和统一规划，以保证最大限度发挥土地资源开发的宏观经济效益，满足社会生产生活的需求。

9.3 区域土地资源开发的可行性研究

区域土地资源开发的可行性研究要充分考虑自然、经济、社会、技术和生态各方面的可行性，要求做到适应自然、有益社会、经济有利、技术可行、生态平衡，充分考虑社会效益和生态效益，考虑对国民经济和区域经济发展的整体效果，保障公共利益。

区域土地资源开发所提供的产品和服务更多的是为区域公益目标服务的，但前提是在不损害环境与生态效益的基础上。因此，区域土地资源开发的可行性研究首先要在通过环境影响评价的基础上，根据开发所形成对社会利益的贡献程度来评价，从而保证良好生态环境与利益获取之间的平衡。

9.3.1 区域土地资源开发可行性研究的主要内容

进行区域土地资源开发的可行性论证，首先要考虑土地资源开发对生态环境的影响及对社会需求的满足程度，其次进行经济效益的可行性分析，计算投入产出率等指标。具体内容包括：资源环境承载力评价、国土空间开发适宜性评价、对生态环境的影响评估；社会经济条件和需求的综合评估；工程、地质条件评估；开发的工程技术选择；开发过程的时间与投资核算；开发后可能产生的社会、经济效益测算等。

1. 生态环境可行性研究

土地资源开发生态环境可行性研究要从两个方面着眼，首先是区域层面的生态环境“双评价”，包括资源环境承载力评价和国土空间开发适宜性评价；其次是具体的地类开发所带来的生态环境影响，尤其是随着生态文明建设的推进，土地资源作为“山-水-林-田-湖-草-沙”生命共同体中的重要组成要素，土地资源开发对其他环境要素的影响。因此，区域土地资源开发生态环境可行性研究的具体内容包括：资源环境承载力评价、国土空间开发适宜性评价以及具体地类开发对生态环境的影响评价。

(1)资源环境承载力。表征区域土地资源环境系统对社会经济的承受能力的指标。

(2)国土空间开发适宜性。分析区域土地资源开发所涉及生态系统敏感性与稳定性的评价指标，评估其目的是了解土地资源的开发潜力和对区域发展可能产生的制约因素。

(3)土地生态效益。分析土地资源利用或规划实施后对生态环境的保护或破坏程度等指标，如开发前后生态系统能量转移效率的比较、森林和植被覆盖率、水土流失面积指数和危险程度、生境质量和生物多样性等。

2. 经济可行性研究

经济可行性分析以定量分析为主，同时与定性分析相结合，区域土地资源开发经济可行性分析常以下列指标衡量。

(1)投入产出比。土地资源开发总投入、总产出、单位投入效益等进行比较分析。比较侧重经济效益结果的分析。

(2)土地生产率。单位土地面积产值或粮食亩产、林木单位面积蓄积量、草地单位面积畜产品总量等。土地生产率可以衡量两方面的效益，产量高低反映社会效益，而产值高低反映经济效益。

(3)土地利用率。土地垦殖指数和复种指数、草场载畜量、水面利用率等指标分析。比较侧重社会效益方面的分析。

9.3.2 资源环境承载力评价

资源环境承载力是指在一定时期和空间区域内，在一定的社会、经济、资源、生态、环境条件下，资源环境所能维持自然环境和社会经济活动的可持续发展的支撑与保障能力。其主要包括两大内涵：①区域内固有自然资源支撑人类社会可持续发展的规模、限度和潜力；

②区域内自然生态环境对人类社会发展产生的负外部性的容纳能力。

资源环境承载力评价重在挖掘土地资源禀赋支撑人类社会活动的程度，厘定环境要素约束人类社会活动的阈值，旨在理解资源环境承载与人类开发活动强度的矛盾，推动国土空间开发的资源环境与社会活动统筹协调。一般而言，资源环境承载能力越高，越能够支撑经济社会发展；资源环境承载能力越低，则对经济社会发展的承载能力越弱。

9.3.2.1　基于最小限制因子的资源环境承载力评价

基于最小限制因子的资源环境承载力评价认为资源环境承载力符合最小限制原理，即最稀缺资源与远景要素决定承载力的大小，强调单因子对承载力具有决定性的影响。基于一定区域的自然条件、生态环境和社会经济条件下，有限资源禀赋和环境要素所支持有限的人类活动这一客观事实，评价方式一般将承载力涉及的某项资源与环境要素设置为最小限制因子。

基于最小限制因子的资源环境承载力评价围绕“资源与环境-社会消费-阈值与容量”的逻辑，以资源与环境为载体，以人类对资源与环境要素的生产与占有量为媒介，通过对比权威性的阈值或容量标准识别承载力。因此，该评价体系下主要关注以下因素：①开发与生产条件，包括区域内土地、水、大气、矿产等自然禀赋与资本、投入、管理等人类社会经济条件。②消费水平，即区域内人口对不同资源禀赋（水、土地等）或环境要素（生态环境、城市建成区等）占有的平均需求。③阈值与容量，作为不同资源与环境因子估测承载力的评判标准。

评价主要分为两个步骤：①根据一定开发与生产条件估测资源环境对人类的供给、容量和支持能力。②相互对比不同资源与环境要素承载力估测结果或同标准与阈值对比，识别最小限制因子条件下的承载力。

基于最小限制因子的资源环境承载力评价方法，主要可分为以下两大体系：①采用“短板效应”判断资源环境承载力，即分别测度不同资源环境要素的社会消费或占有量，与对应阈值或容量标准进行对比，采用“短板效应”分析资源环境承载力。②依据限制因子的可供养人口数量确定资源承载力，即围绕“资源环境-社会消费-人口承载量”分析框架，在特定资源环境背景下，估算不同资源与环境限制因子消费水平的承载人口量，判别区域的最小限制因子将对应的人口承载量设为承载力。传统的研究一般将粮食作为限制因子，采用趋势外推法、逐级修正法、遥感估产法与经验模型法等方法来估测承载力。

9.3.2.2　基于多因素综合的资源环境承载力评价

基于多因素综合的资源环境承载力评价认为，资源环境承载力符合综合效应原理，即区域内多种资源环境因素共同决定承载力的大小，强调多种因子对承载力具有决定性的影响。该评价体系主张承载力建立在社会经济、资源、环境和人类等多因素协同作用的基础上，符合各要素的联系与补偿效应原理，即可通过与某些缺失因子相关的要素来进行补偿。实际上，承载力各要素在区际沟通频繁的背景下的补偿效应更为明显，一定程度上体现了区域开放的特性。

与最小限制因子的评价体系相对，该体系强调多因素的综合集成，关注区域系统内部不同资源、环境与人类社会子系统的联系性与集成性。基于多因素综合的资源环境承载力评价，视承载力为资源与环境多功能及人类多种需求之间的关系，承载力大小取决于多种因素的综合集成。

基于多因素综合的资源环境承载力评价研究需综合考虑资源、环境、社会经济等多个子系统的功能及要素，通过集成向量来表征承载力，关注的要素及相关步骤主要如下：①承载力定义及概念框架的设计，重点开展承载力概念界定，涉及多因素确定、相关指标遴选等。②研判各因素与资源环境承载力之间的影响关联，开展指标无量纲化、模型选择、关联确定、权重计算等。③综合多因素测度资源环境承载力。

目前，该评价体系从承载力概念来看，主要分为以下 4 类：①基于承载力支持系统的框架，重点从资源、环境、社会经济、生态等子系统综合获得承载力。②基于资源环境要素综合的框架，根据不同资源与环境要素进行加权。③面向国土开发的承载力框架，如基于建设用地开发适宜性因子综合进行的承载力评价。④基于压力-状态-响应模型及衍生的承载力综合框架。

9.3.2.3 基于生态足迹的资源环境承载力评价

生态足迹认为人类生活都需要一定的地球表面资源与环境来支持，关注人类社会经济对环境与资源消耗量的衡量，强调从资源与环境的生物生产功能入手，用面积量级表征人类资源消费和废弃物排放过程中对生态环境的占用程度。其一般基于以下两个前提：①人类可以确定自身消费的绝大多数资源及其所产生的废弃物的数量。②这些资源与废弃物流能折算为提供相应资源与环境功能所需要的生物生产土地面积。

该评价体系一般将承载力定义为：指能够持续地向一定人口提供他们所消耗的所有资源和消纳他们所产生的所有废物的土地和水体的总面积。生态足迹在研究技术上具有重大转向，即由“土地到人”转变为“人到土地”，由于人类对资源环境的负担是人口数量、人类消费及生产的生态效率三者的函数，这一转向使对承载力进行客观的显示描述成为可能。

该研究体系主要关注以下三大要素，即包含个人、家庭、城市、地区、国家或全球人类活动的主体；包含食物、住房、交通、消费品和服务的人类社会活动；包含化石能源地、可耕地、林地、草场、建筑用地和海洋的生产性资源和环境。其研究一般围绕以下步骤展开：①估算不同资源要素的生态足迹，即设定产品人均消费量、均衡因子、产量因子等来估测生态足迹。②综合不同资源要素生态足迹核算生态足迹。③判断与比较生态盈余、赤字等时空状态。

基于生态足迹的资源环境承载力评价主要有以下两种方法体系，即基于过程分析框架和基于投入产出分析框架。前者基于生物生产力，采用过程分析，一般与物流分析技术、产品生命周期法、能值分析法等结合。后者通常依托货币投入产出表或实物投入产出表，采用投入-产出方法估算生态足迹。

9.3.3 国土空间开发适宜性评价

随着城镇、农业、生态空间矛盾的加剧，不同空间尺度都存在着人和自然之间、生产和生活之间、自然生态系统内部关系不尽协调的矛盾。在这样的背景下，关注微观尺度的特定土地利用适宜性已无法兼顾多种土地利用的适宜性与综合效益，更无法满足宏观尺度国土空间组织与统筹的需求。

一般认为，国土空间开发适宜性是指一定国土区域内的资源、环境和社会经济潜力与状态下农业、城镇和生态等人类活动开发的适宜程度，其内涵至少包括以下两方面：

(1)国土空间的组织与调控。国土空间开发适宜性评价的基本任务是统筹区域内国土空间开发方式与资源、环境和人类社会等要素，科学地组织国土空间内具体的国土开发活动，侧重国土空间内所有国土开发活动的综合协调与组织，使国土地域开发符合空间自然、经济、生态规律，构建高效、有序的国土功能空间组织结构。

(2)综合效益与效率。国土空间规划的根本目的是实现国土空间开发与地域资源环境承载的协调，推动国土空间功能对人类生存的多样化、多层次、全方位的功能支撑，强调对地球表面经济发展与生态系统服务协调的综合效益。综合效益必须依托国土空间开发对自然、经济、社会、生态等维度的高效利用与合理开发，因此国土空间开发适宜性在对国土空间功能组织的基础上具备高效益的属性。

国土空间开发适宜性评价主要包括以下内容：基于多因素综合的国土空间适宜性评价、基于生态位的国土空间开发适宜性评价、基于公众参与的国土空间开发适宜性评价。

9.3.3.1　基于多因素综合的国土空间开发适宜性评价

基于多因素综合的国土空间开发适宜性评价主张国土空间是一个由资源、环境、社会等要素在内的集成系统，任何国土空间开发方式和功能都基于这个复杂的、集成的、多元的系统。该评价体系认为适宜性是国土空间内多种因素对某项国土开发活动共同作用的结果，从本质上关注的是土地空间属性与特定开发方式需求之间的匹配程度，是特定开发建设活动带来生态、灾害风险以及潜在的社会经济效率与损失。

基于多因素综合的国土空间开发适宜性评价的核心是通过区域内多种资源、环境、社会等要素的集成来判断适宜性。因此，基于多因素综合的国土空间适宜性评价关注区域气象水文、地质结构、地形地貌、土地资源、矿产资源和动植物等自然属性及景观、文化等综合性地域特征，及其特定情况对国土开发方式的制约与引导作用。通过对这些因子的量化，旨在理解区域综合系统的未来发展潜力，确定区内各类资源利用优化方向。其研究一般包括以下 3 个要素：①国土空间开发方式，即适宜性评价所面对的对象，包括建设开发、农业开发、生态保护等。②国土空间要素，包括社会、经济、自然、生态等因子。③国土开发方式与国土空间要素的关系，即面向特定国土开发方式，国土空间要素在评价中所采取的态度立场或价值取向，如强限制关系、限制关系、一票否决关系等。

基于多因素综合的国土空间开发适宜性评价方法比较成熟，主要归纳为以下 3 类：①空间叠加法，即采用不同图纸、图层等依次叠加估测国土空间适宜性，包括早期的图纸叠加法、计算机辅助制图、地图代数等。②多指标决策法，即空间化与非空间化数据整合、经过多指标综合判断、产生出预期的必然发生结果的决策过程，包括启发式近似法等多目标决策法及等加权叠加分析法、层次分析法、理想点法等多属性决策法。③人工智能方法，即能够模拟、描述复杂系统，并为推理及决策服务的智能技术，主要包括模糊逻辑技术、神经网络方法、遗传算法、元胞自动机等。

9.3.3.2　基于生态位的国土空间开发适宜性评价

基于生态位的国土空间开发适宜性评价将“生态位”理念引入国土空间开发适宜性评

价，采用生物的现实资源生态位和最适生态位之间的贴近程度的思维，反映生物对其某种生境状态的适宜性程度。在国土空间适宜性评价中，生物对资源的需求被抽象为国土空间开发对区域资源环境的需求，生境状态则被理解为特定的区域资源环境，生态位适宜性即国土空间适宜性。

基于生态位的国土空间开发适宜性评价承袭了基于多因素综合的国土空间开发适宜性评价体系关注区域资源环境多因子集成的思维，但更侧重对国土空间开发和区域现状条件之间匹配或贴近"关系"的描述，强调了人类"主观"的国土开发行为与"客观"本底条件之间的矛盾。

基于生态位的国土空间开发适宜性评价体系围绕"发展需求-现状条件-生态位适宜性"两者关系展开，发展需求代表国土开发活动，是人类活动的"主观选择"；现状条件代表国土空间资源环境本底，是资源环境的"客观条件"；生态位适宜性表征两者的匹配关系。具体评价过程包括 3 个基本要素：①国土空间开发活动；②国土资源环境本底，即国土空间开发活动需求的自然禀赋、环境要素、区位条件等 n 维现实资源与环境因素，一般包括正向因子、适度因子和负向因子；③生态位适宜性，即面向特定国土空间开发活动的 n 维资源与环境因素一个最适阈值或标准点。

基于生态位的国土空间开发适宜性评价方法如下：

首先，设定国土开发生态位的基本思维，其函数一般表示为

$$N=f(x_i)i=1,2,3,\cdots,n$$

式中：N 为城市土地生态位；x_i 为第 i 个影响国土开发生态位适宜性的限制因素。

随后，设定影响国土开发活动的限制性因素，主要分为正向因子、适度因子和负向因子 3 类。国土空间生态位适宜度值区间在 [0,1]，根据国土开发活动现实生态位与最适宜生态位的贴近程度，将值设置为由 1 到 0 递减趋势。3 类影响因子的评价模型分别如下：

(1)正向因子。

$$NF_k=\begin{cases}0 & X_k<D_{k\min}\\ X_k/D_{k\text{opt}} & D_{k\min}<X_k<D_{k\text{opt}}\\ 1 & X_k>D_{k\text{opt}}\end{cases}$$

(2) 适度因子。

$$NF_k=\begin{cases}0 & X_k\leqslant D_{k\min},\ X_k\geqslant X_{k\max}\\ (X_k-D_{k\min})/(D_{k\text{opt}}-D_{k\min}) & D_{k\min}<X_k<D_{k\text{opt}}\\ (X_{k\max}-D_k)/(X_{k\max}-D_{k\text{opt}}) & D_{k\text{opt}}<X_k<X_{k\max}\end{cases}$$

(3) 负向因子。

$$NF_k=\begin{cases}1 & X_k\leqslant D_{k\min}\\ 1-(X_k-D_{k\min})/(D_{k\text{opt}}-D_{k\min}) & D_{k\min}<X_k<X_{k\max}\\ 0 & X_k\geqslant X_{k\max}\end{cases}$$

式中：NF_k 为国土开发过程中第 k 个评价因素的生态位适宜度；X_k 为第 k 个评价因素的现实生态位值；$D_{k\text{opt}}$ 为第 k 个评价因素的最适生态位值；$D_{k\min}$ 为第 k 个评价因素的生态位最小

值；$X_{k\max}$ 为第 k 个评价因素的生态位最大值。

最后，采用限制性定律或综合指数法确定生态位适宜度，其表征模型为

$$NF=\sum_{k=1}^{n}w_kNF_k \text{ 或 } NF=min\{x_1,x_2,x_3,\cdots,x_n\}$$

式中：NF 为国土开发的 n 维资源生态位适宜度；w_k 为第 k 个评价因素的权重。

9.3.3.3　基于公众参与的国土空间开发适宜性评价

基于公众参与的国土空间开发适宜性评价认为国土空间是由人口、社会、资源和环境构成的地表集成系统，国土适宜性也应包含社会、经济、环境、生态等多维内涵，仅仅关注国土空间的自然要素和属性是不够的，因此适宜性评价应该需要将人类主体含义纳入。该评价体系强调人类活动在国土空间开发适宜性的作用，认为国土空间开发适宜性取决于区域内相关利益主体的价值和利益诉求，重点聚焦公众利益诉求、不同土地用途内部协调的参与方式适宜性评估。

尽管目前这种适宜性评价研究并未成体系，但在日益关注“人本需求”的国土空间规划中占据一席之地。研究一般通过设定某些单独的适宜性影响因子或基于参与者对已有评估因子的认知，通过利益主体对适宜性因素的感知情况及反馈内容判断国土空间适宜性。因此，这类研究主要包括两大核心内容：①构建基于公众参与的适宜性评价体系，关键是识别公众参与过程中的各种利益主体，随后面向各利益参与主体明确国土空间开发适宜性的评价要素。②面向公众参与的适宜性研判，在充分认知利益主体的背景、主体感知、利益诉求和价值判断基础上，结合利益主体对国土空间开发适宜性的回馈与评价，对适宜性评价进行表征。

基于公众参与的国土空间开发适宜性评价通常也基于 GIS 技术、多准则决策等技术支持，其关键在采集公众主体对国土空间开发适宜性因子的反馈信息，方法主要包括以下两类：①实地调查与访谈，即通过参与式调查、结构式或半结构式访谈、问卷调查获取等。②大数据方法，即基于开放式 GIS、Web-GIS、移动互联网等平台采集与解析不同利益主体对适宜性影响因子的态度反馈，目前在国土空间开发适宜性评价过程中涉及较少，但已广泛出现在面向公众参与的国土空间规划中。

9.3.4　区域土地资源开发的生态环境影响评价

土地资源开发对生态环境的影响主要包括农用土地开发和建设用地开发对生态平衡和环境质量的影响。农用土地资源开发的对象主要是宜农未利用地、滩涂、零星闲散地等后备土地资源开发和中低产田的挖潜改造开发。后备土地资源在开发前其生态系统一般存在成分单一、结构简单、生物量少、生产力低、自我调节能力低等特点，系统处于一种低功能的原始平衡状态。开发成林地、园地、耕地、牧草地等农用土地后，生态系统发生了质的改变。通过人们开发改造，系统的生产力大大提高，生物量也相应增多。在中低产田的改造开发中，是通过改良土地中的障碍因子，提高农田的生物量和生产力来达到开发的目的。在土地资源的开发中，不同的开发利用方式对生态平衡和环境质量的影响也不同，需要有针对性地进行分析。

1. 林地、园地开发的生态环境影响

林地、园地开发主要指在未利用的土地上营造林木、果园等，建立森林生态系统。森林生态系统在生态平衡中起着重要作用，林木是重要的光合物质生产者，能为人类直接提供物质财富，同时，又是环境的保护者，它不仅具有净化空气、吸收二氧化碳、放出氧气、影响水分循环、调节森林上空湿度和温度的功能，还具有积水蓄水、调节地表径流、减小风速、防护风沙、吸收空气尘埃等作用。森林的这些功能，使它成为调节气候、保护环境的有效工具。因此，林地、园地开发，不仅林木产品生产可以产生经济效益，还有利于促进生态平衡。但也有研究发现，森林相对其他生物资源会消耗更多的水分，林地的开发可能会通过遥相关机制影响到另一个区域的水资源供给。

2. 耕地、草地开发的生态环境影响

耕地的开发将建立农田生态系统。耕地和草地系统是一种生产性、开放型、机制不健全的需要保护的生态系统。其生产建立在生态系统动态平衡的基础之上，要求高产出，首先就必须高投入，如果忽视投入，搞掠夺经营，必然破坏农田生态系统的平衡，使其生产力日趋下降，如果利用合理，开发耕地和草地可以不会危害生态平衡。

在耕地开发中毁林开荒、陡坡开垦、不合理围湖围海造田都会造成严重的生态破坏。森林有调节气候、保护环境的功能，大规模毁林开荒则破坏了森林的自我调节机制，一旦超过了其承受能力，将影响气候，危害环境。

一般的农作物都不具备保护表土的作用，因此在生物工程保护措施不配套的陡坡地开发成耕地或草地将可能由于经不起水蚀、风蚀，容易发生水土流失。所以要尽量避免开垦坡度大于 15°的土地为耕地，坡度大于 25°的耕地要退耕还林。

不合理的围湖围海造田，会造成沿岸滩涂或湿地生态环境的破坏，如沿海红树林破坏及鱼类洄游环境的破坏；同时也会影响区域蓄洪能力，导致和加剧洪涝灾害，影响生产建设和生态平衡。

草地开发主要是指在裸露地表种草，建立草原生态系统，它对保持水土、维护生态平衡也有积极的意义，但是在开发中也要尽量避免毁林种草等向低稳定性生态系统发展的模式。

3. 建设用地开发的生态环境影响

建设用地对生产和生活是必不可少的，它也是地区经济发展的重要基础资源，但是由于建设用地利用模式改变了地表的自然状况，自然绿地面积急剧下降，自然生态系统基本不复存在。特别是土地一旦改变为各种建设用地，恢复成为原来的自然生态系统或其他的农田生态系统的难度很大。

在城镇建设用地开发中，往往存在盲目扩张，建设规模越来越大，导致区域性的生态问题越来越严重。工矿企业建设，除了同样存在上述问题之外，其排放的废弃物等也可能通过大气循环和水资源的流动导致污染扩散，影响地区自然生态系统的正常运作。在区域道路交通快速发展，为区域发展带来巨大动力的同时，如果建设不合理，也可能会导致对生态系统的切割作用，降低连通性，从而破坏区域生态平衡。

党的二十大报告中提出“坚持山水林田湖草沙一体化保护和系统治理”。山水林田湖草沙是一个生命共同体，揭示了自然生态系统各要素的相互作用及其人地协同格局，本质上是以人为主体的社会经济系统与山水林田湖草沙等自然资源要素组成的自然生态系统在特定区

域内通过协同作用形成，共同构成了人与自然共生、共存、共享的复合体系，即自然-社会复合生态系统。在这个生命共同体中，田由水灌溉维持作物生长，体现了水源涵养的作用；水由山体集聚，山体由土、沙、石堆积而成；林、草通过光合作用将光能转化为化学能，储存在有机物中，是生态系统的能量来源。作为生命共同体中的顶级消费者“人”，如果能够科学合理而有序地利用上述资源，则生命共同体就可以协调发展，否则，生态系统将失去平衡而遭到破坏。

总体来说，土地资源开发，无论是耕地资源的开发、园地资源的开发，还是建设用地的开发，都会打破原有生态系统的平衡，如果在土地资源开发过程中只注重单一土地资源的开发，而忽略对其他环境要素的影响，势必会对整个生态系统造成破坏。因此，土地资源开发要注重对生命共同体中其他要素的影响。

9.3.5　区域土地资源开发的经济可行性分析

目前在区域土地资源开发的经济可行性研究中，通常采用“收入-成本分析法”和“费用-效益分析法”。

9.3.5.1　收入成本分析法

区域土地资源开发的收入成本分析法是根据区域土地资源开发方案，预测所投入的所有成本与其能够产生的全部收入的比值，用来分析区域开发的合理程度的方法。

1. 收入成本比率

收入成本比率是用来判断区域开发方案经济合理性的一般方法，其基本计算公式如下：

$$\beta c(i) = B/C$$

式中：$\beta c(i)$ 为收入成本比率；B 为区域土地资源开发的收入；C 为区域土地资源开发的成本。

上述指标都是按相同时间段计算的现值或等年值。因此，收入成本比率反映了土地资源开发使用受益者的货币收入相当值和土地资源开发投资者的货币成本相当值之间的相对关系。公式中的受益收入 B 是使用者的受益和受损相抵后的净额。同样，成本 C 是指开发投资者所作的全部成本扣除了一切节约后的净额。

为了便于理解上述公式所规定的含义，可把上述公式改写为：

$$\beta c(i) = B'/(I + C')$$

式中：$\beta c(i)$ 为收入成本比率；I 为土地资源开发投资支出相当值；C' 为土地资源使用受益者支付的净经营成本相当值；B' 为土地资源使用受益者的收入相当值。

在开发方案比选中，只有收入成本比率 $\beta c(i)$ 大于 1 的方案，才能保留下来作为进一步评选的方案。因此，对区域土地资源开发方案的可行性评估是以收入是否超过成本为最低接受标准。

2. 收入与成本的确定

为了能够应用收入成本比率法来进行区域开发分析，就必须将各类开发的投入和收益均转化为可以参加计算的货币模式，即将区域开发方案的收入和成本货币化，它是进行收入成本分析的基础。区域开发的收入与成本的货币化，需要考虑以下内容。

(1)充分分析开发收入额与成本额的构成。土地开发的收入额的界定，根据区域土地资源开发对社会公众生活或生产产生的效果，分为有利方面和不利方面，不利方面通常称为收益损失，如区域开发中所造成的土地资源污染、土地资源退化等损失。从有利的收益中扣除收益损失后的余额，即为区域土地资源开发方案为社会提供的收益收入。

收益收入一般可分为两个层次：一是直接收入，是指在区域土地资源开发中直接实现的产品和劳务价值，有时称为内部收入；二是间接收入，是指由于区域土地资源开发而促使其他社会生产相应增加的产品和劳务价值，有时也称为外部收入。在计算收入成本比率时，直接收入一般易于确定。当用直接收入与成本相比较就能得到明确结论时，可不计算间接收入；如得不出明确结论，就应考虑估算间接收入，以便做进一步的评选。

(2)价格货币化模式的选取。应用不同的技术方法进行货币化对区域土地资源开发的收入与成本进行评估的另一个问题就是价格货币化模式的选取。最简单的一种情况，就是直接按市价估算的收益和成本来反映其真正的价值。但有时按市价估算的收益和成本，不能反映其真实价值，如有的产品和劳务政府给予补贴，或其价格受到政府的限制，这就需要用“影子价格”来代替市价。另一种情况是有些收入根本无法准确计算，只能用相当的经济价值来估算，其中一种方法是把取得同样服务的最小收费作为其经济收入，另一种方法是把使用者愿意为劳务支付的数额作为该项服务的预期收入额。

(3)土地开发收入成本分析的整体性。区域土地资源开发的一个重要特点是目标、结构和功能的多样性，在计算总成本和总收入时，必须在所有各个目标和功能之间进行共同分配，用整体成本和整体收益收入来对比，这样就能得出比较合理的结论，而不能仅仅考虑其中某几个方面的收入和成本的对比。

3. 多方案的收入成本分析

对于单一开发方案的收入成本分析只能说明进行区域土地资源开发或维持原状这样一对对立关系的选择。而在实际的区域开发中，往往会出现具有不同收益水平和不同成本支出的方案都能满足某一项专门目标的情况，则出现对多个可行开发方案的优选问题。在这种情况下，要评价各方案的优势，不能只简单地从各个方案的“收入成本比率”数值大小进行对比衡量，而应该更深入地从两个不同收入成本比较差值间的“增长比率”来比对衡量。即如果两个方案间的增长收入（两个方案间收入的差额）超过所对应的增长成本（两个方案间成本的差额）时，表明追加成本是经济合理的，新方案所增加支出的经济效益大于原方案支出增加的经济效益。相反，如果增长收入低于增长成本时，表明追加成本是不合理的，新方案支出增加的经济效益不如原方案。

如某区域土地资源开发共有 4 个不同的开发方案可供选择，在等年值的基础上，各方案的年收入、年成本和收入成本比率的情况如表 9-1 所示。

如果按收入成本比率大小的原则来选择方案，显然，我们会选择第Ⅱ方案，但实际上第Ⅱ方案并非最佳方案。因为在多方案的情况下，选择最佳方案的原则已不再是收入成本比率，而是不同方案间收入成本的增长比率。

表 9-1　区域开发不同方案的收入成本比率计算表

区域开发方案	年收入 B/亿元	年成本 C/亿元	收入成本比率 $\beta c(i)$
第Ⅰ方案	18.00	9.15	1.967
第Ⅱ方案	16.70	7.95	2.101
第Ⅲ方案	11.50	8.80	1.307
第Ⅳ方案	9.50	5.00	1.900
不开发方案	0.00	0.00	—

如用公式表示，在Ⅰ和Ⅱ两个互斥方案之间进行比较，通过计算收入成本增长比率，选择较优方案的原则是：

当$[B(\text{Ⅱ})-B(\text{Ⅰ})]/[C(\text{Ⅱ})-C(\text{Ⅰ})]>1$时，接受Ⅱ方案，拒绝Ⅰ方案；

当$[B(\text{Ⅱ})-B(\text{Ⅰ})]/[C(\text{Ⅱ})-C(\text{Ⅰ})]<1$时，拒绝Ⅱ方案，保留Ⅰ方案；

当$[B(\text{Ⅱ})-B(\text{Ⅰ})]/[C(\text{Ⅱ})-C(\text{Ⅰ})]=1$时，可以保留两个方案，需根据其他情况进行更详细的比较。

根据这一组比较公式，对上述 4 个开发方案逐一比较其中两个不同的开发方案，最后可以获得最佳的开发方案为第Ⅰ方案，如表 9-2 所示。

表 9-2　收入成本增长比率计算表

比较方案	年增收入 B/亿元	年增成本 C/亿元	增长比率	方案比较选择
Ⅳ方案与不开发之间	9.50	5.00	1.900	接受Ⅳ
Ⅲ方案与Ⅳ方案之间	2.00	3.80	0.526	拒绝Ⅲ，保留Ⅳ
Ⅱ方案与Ⅳ方案之间	7.20	2.95	2.441	拒绝Ⅳ，接受Ⅱ
Ⅰ方案与Ⅱ方案之间	1.30	1.20	1.083	拒绝Ⅱ，接受Ⅰ

9.3.5.2　费用效益分析法

1. 费用效益分析方法步骤

费用效益分析方法评选开发方案的基本思想是以社会的、全局的、长期的观点全面分析区域土地资源开发的经济、生态环境和社会的效益和费用，统一用货币作为计算单位来表示损害和效果，并对两者进行比较。

费用效益分析工作归纳为 3 个步骤：首先，预测开发方案各个组分将会取得的各种效益，包括经济效益、生态环境效益和社会效益，并将预测得到的效益转化为货币价值数量模式。其次，预测开发方案各个组分将需要支付的所有费用，并将预测的费用转化为货币价值数量模式。再次，将获得的收益与费用货币价值进行比较，得到该开发方案的效费比或净效益值，即可判别该开发方案是否有效。

对于多开发方案的选择来说，也可以根据各个方案的效费比及净效益值的大小，判别方案的优劣，从中选择最优方案。

2. 费用与效益的分析与货币化

费用效益分析方法的基本思想就是将费用与效益货币化。

(1)效益的分析与货币化。效益的分析包含区域土地资源开发效益的全部内容。一般来说，区域开发的全部效益应该包括4个部分：直接经济效益、间接经济效益、生态环境效益和社会效益。

直接经济效益是指区域土地资源开发能够直接提供给社会的产品和劳务的价值，它具体又可分为土地利用生产性项目的直接经济效益和非生产性项目的直接经济效益。间接经济效益是指并非由于区域土地资源开发的直接目标而产生的，在区域开发中派生出来的经济效益，如由于区域开发形成的产业集聚所产生的集聚效益和规模效益等。生态环境效益是指使生态环境变得更适合于人类的效益，如土壤治理、减少水土流失产生的效益等。社会效益是指对社会产生的效益，如清除土地污染对全社会产生的效益和对增进人民健康的效益等。

在具体分析时，生态环境效益和社会效益有时难以划分和界定，应坚持不重不漏的原则，以免产生重复计算或漏算。

一般来说，直接经济效益的计算比较容易，但间接经济效益、生态环境效益和社会效益的量化则存在很多困难，而且不同领域有不同的量化方法。费用效益分析通常采用间接类比法、征询调查法、专家意见法来确定其货币价值。

间接类比法的基本原理是，一项活动产生的某一方面的效益，具体表现为两种：一是表现为其他活动效益的增加，如化肥厂排出废液使附近农田作物产量的增加，这时可把由这个原因增加产量的价值间接类比作化肥厂派生的间接效益的价值；二是表现为其他活动费用的减少，如区域开发会使产业产生派生的集聚效益，那么新建企业会由此节约费用支出，所节约的费用支出可间接类比作区域开发派生的集聚效益。

征询调查法是直接向受益者调查征询，请他们以自身经验估算所受效益的货币价值。

专家意见法是请各专家直接对需要进行货币化的组分经济效益做出评价。

在实际评价工作中，以上3种方法通常结合使用。

(2)费用的分析与货币化。与效益的定性分析相类似，区域土地资源开发的全部费用也包括4个部分：直接费用、间接费用、生态环境费用和社会费用。直接费用，包括投资费用与经营费用两部分；间接费用是指为产生间接效益而投入的费用；生态环境费用是指区域土地资源开发对生态环境造成损害的货币价值；社会费用是指区域开发对社会的其他一些方面所带来的损害的价值。

与效益分析相似，费用分析同样也需要坚持不重不漏的原则。直接费用的计量比较简单，间接费用、生态环境费用和社会费用的计量则存在很多困难，通常采取间接类比法、征询调查法和专家意见法。

(3)费用与效益的比较评价。费用与效益的比较是比选方案的关键。费用与效益的比较评价准则包括两个方面：一是效益费用比率，二是净效益。

区域土地资源开发的总效益等于各种效益之和，其计算公式为：

$$P_t = B_1 + B_2 + B_3 + B_4$$

式中：P_t 为区域土地资源开发总效益；B_1 为区域土地资源开发的直接效益；B_2 为区域土地资源开发的间接效益；B_3 为区域土地资源开发的生态环境效益；B_4 为区域土地资源开发的社会效益。

同样，区域开发的总费用为各种费用之和。其计算公式为：

$$C_t = C_1 + C_2 + C_3 + C_4$$

式中：C_t 为区域土地资源开发的总费用；C_1 为区域土地资源开发的直接费用；C_2 为区域土地资源开发的间接费用；C_3 为区域土地资源开发的生态环境费用；C_4 为区域土地资源开发的社会费用。

区域开发的净效益和效益费用比率的计算公式分别为：

$$P_n = P_t - C_t$$

$$a = P_t \div C_t$$

式中：P_n 为净效益；a 为效益费用比率；C_t 为区域土地资源开发总费用；P_t 为区域土地资源开发总效益。

只有某区域土地资源开发方案的净效益大于 0，或效益费用比率大于 1 时，才说明该区域开发方案是有意义的。

对于多开发方案的比较分析与优选问题，可以分别算出不同方案的净效益和效益费用比率，净效益大或效益费用比率大的可以确定为较优方案。如果考虑开发投资的资金利用效率，可考虑效益费用比率最优的方案，如果是为了追求绝对效益，则可以选择净效益最优的方案。

9.4　区域土地资源开发规划

9.4.1　区域土地资源开发规划的任务

区域土地资源开发规划是通过对区域内具有一定开发潜力和开发价值的土地进行自然、社会、经济的评价，确定与该地域自然、社会、经济条件相适应的土地利用开发目标和方式，确定土地开发规划方案，制定实现开发目标应采取的措施和对策。区域土地资源开发规划分为区域土地资源综合开发规划与区域土地资源项目开发规划两种类型。

区域土地资源综合开发规划是对区域内具有开发潜力和开发价值的土地资源进行全面系统的规划和部署，是更加侧重区域全局性与宏观性的规划。如国家、直辖市、省、地市、县等行政区域的土地资源开发规划、国家经济发展区域土地资源开发规划、大流域范围的土地资源开发规划等。

而区域土地资源项目规划是专门针对某一开发对象所作的具体开发规划与设计，是一种微观角度的规划，规划比较侧重的是某种土地资源开发对象或某种土地资源利用类型等。区域的范畴主要是作为范围限定因素来考虑，如一定区域的各部门土地资源开发规划、城镇体系规划、农业与工矿企业土地资源开发规划等。

9.4.2　区域土地资源开发规划的原则

制定区域土地资源开发规划一般应坚持下列基本原则：

1. 与国土空间规划相衔接原则

区域土地资源开发规划如果作为国土空间规划的综合开发专题来考虑时，必须参与国土空间规划中用地结构平衡调整，其结构与布局必须与国土空间规划保持一致，而且区域土地资源开发规划的一些指标制定必须以国土空间规划为前提。如果区域土地资源开发规划作为项目规划进行研究时，规划的主要侧重点是微观的具体化与详细化，此时国土空间规划指标主要是作为控制性指标来考虑的。

经依法批准的国土空间规划是区域土地资源开发规划的基本依据，区域土地资源开发范围要严格按照国土空间规划划定的“三区三线”空间进行合理布局，禁止任何单位和个人在国土空间规划确定的禁止开垦的范围内从事土地开发活动。

如果区域土地资源开发规划先于国土空间规划进行，则指标体系的制定要进行充分的分析与论证，为未来国土空间规划提供参考，以达到相互衔接的目的。

2. 符合区域经济-社会发展规划原则

区域经济-社会发展规划（纲要）是对区域自然、社会、经济、资源条件进行全面评价的基础上，所制定的区域发展战略、产业结构布局、资源综合利用与环境保护对策的战略性规划。区域土地资源开发规划是区域经济发展规划的重要延伸部分，其开发规划制定必须充分考虑区域经济发展的战略需求和目标。

3. 符合生态优先与绿色可持续发展原则

土地资源开发实际上是一个将自然生态转化为人工生态的过程，显然土地资源开发是一个打破土地原有状态的行为，对于整个自然生态环境系统来说，土地资源利用结构与布局的调整，必定会引起原有生态环境系统组成结构与功能的变化。

土地资源开发规划必须考虑分析目前在土地资源利用过程中对生态与环境所造成的破坏的各类因素，在获取良好生态环境的基础上，制定保护生态环境的方针与措施。同时也要研究土地资源开发规划中的结构与布局调整对未来生态环境系统可能造成的影响与危害，要制定有效的防止措施，避免造成新的生态环境破坏，达到土地资源的可持续利用目标。

4. 最佳利用方式原则

在土地资源开发能力许可的条件下，尽可能追求最佳利用原则，减少人为意志影响，追求适度投入、低风险、高产出的土地利用模式，尽可能发挥土地资源生产潜力和最适宜利用方式的优势。

在当前土地资源可开发潜在面积已经比较有限的情况下，如何应用比较优势原理从结构调整中获得高效益，将是区域土地资源开发的重点研究课题；同时在不同利用方式内部挖掘潜力，提高土地资源不同利用方式的利用效率，是有效开发土地资源、避免土地资源浪费的客观要求。

5. 可行性原则

编制区域土地资源开发规划时，必须先进行经济、社会、生态环境效益及综合效益等方面的可行性论证。

区域土地资源开发的可行性研究要充分考虑自然、经济、社会、技术和生态等多方面的可行性，要求做到规划适应自然、有益社会、经济有利、技术可行、生态平衡、发展可持续。一般来说，区域土地资源综合开发规划的可行性研究更多地考虑社会效益与生态效益，更多地考虑土地资源开发对国民经济和区域经济的整体效果；区域土地资源项目开发规划可行性研究更侧重于开发项目的经济技术可行性。

6. 系统性原则

系统性是山水林田湖草沙生命共同体的核心，即山、水、林、田、湖、草、沙各要素通过能量流动、物质循环和信息传递，组成一个相互依托、互为基础的生命共同体。区域土地资源开发必须着眼于整个山水林田湖草沙生态系统，统筹考虑各要素相互联系、相互依存、相互制约的特点，提升整体的生态系统服务功能，避免工程项目碎片化。

山、水、林、田、湖、草、沙在生命体中的位置和相互作用各不相同，各要素的数量、质量以及空间布局，直接决定了生命共同体的繁荣、健康、可持续。应明确生命共同体中各要素所构成的景观特征和形成机制，从整体和部分的关系权衡土地资源开发系统与生命共同体其他要素的合理配置，积极推进各要素的均衡优化布局和可持续高效利用。

9.4.3 区域土地资源开发规划的过程和内容

1. 勘测与调查

为了掌握待开发区域土地资源的类型、数量、质量、分布等而进行的勘测调查是土地资源开发的首要基础工作。不同地区的自然条件各异，区域经济发展也不平衡，同时，待开发土地资源的数量和质量在空间上的分布也不相同。所以在区域土地资源开发前，必须摸清待开发的土地资源的数量、质量与分布，为制定区域土地资源开发规划提供翔实的基础资料。

2. 确定区域土地资源开发目标

从区域经济和技术条件出发，根据土地资源调查评价结果，以解决土地资源供需矛盾和提高土地资源利用效益为目的，确定土地资源开发的目标、方向和途径。

开发目标一般包括增加产出和经济收益、增加有效利用面积和改善生态环境等，规划的任务就是要协调不同目标之间的关系，需要多目标优化。在具体确定某一个区域的土地资源开发目标时候，一般要考虑下列几个方面：

(1)社会生活需求和经济建设需要对土地资源开发的要求（需求）。社会生产和生活的需要是土地资源开发的根本原因和动力，土地资源开发的目标必须与需求相一致，才有可能实现土地资源利用效益。

(2)区域内待开发土地资源的适宜性和生产力状况（潜力）。拟规划的开发目标必须建立在区域生产力水平、土地资源特点以及与之相适应的利用类型基础之上，超越客观条件和适宜性的开发目标，最终难以实现。相反地，由于过度开发、不合理开发极易导致土地资源的破坏和生态环境的恶化；而过低估计生产力发展水平则会导致开发的不充分，降低土地资源利用效率。

(3)区域土地资源开发的经济和技术支持条件（能力）。区域土地资源开发上需要大量的资金和技术支持，在制定开发规划时要充分考虑开发目标的必要性、准确性和可行性，以免浪费人力、物力和财力，造成重大的经济损失。

3. 确定土地资源开发利用结构与布局

土地资源开发利用结构（用途）取决于区域用地构成的要求，以及国民经济发展长远计划或企业的经营方针，各类待开发土地资源的数量与质量情况，以及建立良好生态系统的要求和当地的经济条件。土地资源开发利用结构（用途）的确定主要有3种方法。

(1)对各项用地需求进行预测，确定用地需求面积，同时进行区域土地资源评价，比较需求与评价结果，综合平衡各项用地面积指标。该方法的特点是从现实需求出发，具有针对性，一般适用于专项开发规划。

(2)根据实际土地资源利用现状和发展趋势，确定各种开发用途分区，并与总体发展计划指标平衡。其特点是从实际供给出发，具有预期性，适用于综合开发规划。

(3)建立多目标决策模型，以现实资源情况、经济建设需要和社会经济条件等多种指标为制约因素，综合权衡社会、经济、生态目标，找出多目标最优方案。此方法的核心是综合权衡各种可能需求，具有均衡性的特点，既要满足现实需求，又要预留发展空间，非常适用于国土综合开发。

当然，编制区域土地资源开发规划时可以综合使用这些方法，或以一种方法为主，用其他方法加以论证，使规划切合实际。区域土地资源开发规划布局通常是分区提出各类土地资源开发利用的比例，并根据可开发土地资源的分布情况、生产力水平分布情况以及开发条件优劣情况，合理地确定各处的土地资源开发数量，并具体落实到区域各个部位。同时，在进行布局的同时，应确定重点的土地资源开发对象。

4. 确定土地资源开发次序和开发速度

土地资源开发次序是指对土地资源开发在时间上的计划安排。考虑因素包括：土地资源开发条件、难易程度和投资成本，开发重点、开发效益的高低、投资见效快慢以及各年用地指标等。具体可按照核心（示范）区—拓展（推广）区—辐射（引导）区等形式加以分期投入和开发。

土地资源开发条件的优劣很大程度上影响了开发的难易程度和投资成本；开发的重点程度反映了对该类土地资源的急需程度；开发效益的高低、投资见效的快慢将直接反映投资的成本回收速度和资金投入的风险程度。这些因素是衡量经济、社会、生态环境效益的重要因素，是开发任何资源都应该充分考虑的。

具体确定方法可以先根据土地资源调查结果推算出规划期内适宜开发的土地资源数量和位置；再根据前面所提到的因素，分析待开发土地资源的难易程度，进行规划期内任务分配，包括数量的调整和位置的布局；最后将上述分配的结果与国家计划开发指标进行比较修正，最后得出年开发数量，并进行具体土地资源定位开发的安排。

5. 制定土地资源开发资金计划

土地资源开发资金的筹集将是土地资源开发规划能否具体落实和最终能否实现的保障。土地资源开发资金可通过下列方式筹集：国家设立的投资组织、国家财政计划、地方集资组织以及外资的引进等。

在编制土地资源开发资金计划时，要按照土地开发的效益大小、见效快慢、开发意义大小，将其分为重点、次重点及一般等层次，科学地配置资金，对个别特殊开发项目可采取倾斜政策。根据开发区的经济力量以及开发模式，将土地开发区划分为完全性投资区、支持性投资区、扶持性投资区等。完全性投资区以国家投资为主，支持性投资区以地方投资为主，扶持性投资区是国家与地方共同筹集的资金。外资的引进泛指除开发区以外的国内外资金，是制定资金计划时不可忽视的资金来源。

6. 选定土地资源开发模式

土地资源开发模式是指区域土地资源开发的社会运行方式，包括土地开发的组织方式、经济投入与分配方式等。开发模式的优劣与土地资源开发目标的实现及开发者积极性的大小有直接的联系，它要受社会经济体制、国家干预程度、待开发土地本身特征的制约。目前主要的土地资源开发模式包括：

(1)国家组织的大规模土地资源开发。由国家投资、统一部署和管理的区域性大规模综合土地资源开发，如城镇建设用地的土地资源开发、大流域土地资源开发等。

(2)集体组织的土地资源开发。在具有较强经济实力的开发区域，可以依靠集体组织集资，组织农民开发，然后承包给农民经营。

(3)农户承包开发。是政府给予农民一定的优惠政策或补偿，适合于工程量不大的零星荒地开发，有利于提高农民的开发积极性。

(4)企业组织集中开发。不少地方组织成立了具有一定资金和技术力量的专业土地资源开发公司，进行土地资源开发。例如，小型的农业园区开发、小规模的土地整治开发、旅游开发等，往往采用“建设-运行-转让”模式（简称 BOT 模式），其核心是社会资本负责项目融资、设计与建设（build）；在特许期内（通常 20～30 年）运营项目并获取收益（operate）；特许期结束后将项目无偿移交给政府（transfer）。这种开发模式效率高、建设快，开发后土地自己经营或承包给他人经营。

(5)政府与企业合作开发。这种模式又简称为 PPP 模式（public-private partnership 的缩写），是政府与社会资本通过特许经营、股权合作等方式建立的长期合作关系，旨在共同投资、建设和运营公共基础设施或提供公共服务。其核心是通过合同明确双方权责，实现风险共担、利益共享，提升公共服务效率。

随着社会经济的不断发展，各种开发组织形式不断呈现，如土地入股、资金入股、技术入股等都以经济手段带动了土地资源开发。而前文提到的生态环境导向的开发模式（简称 EOD 模式）是以生态保护和环境治理为基础，推动社会效益较好的生态环境项目与经济效益较好的关联产业融合发展，使项目整体实现生态价值外溢化、经济价值内部化的目的。在选择土地资源开发模式时要注意，既要有利于调动开发者的积极性，又要防止土地开发者的投机。

9.4.4 区域土地资源开发规划的成果

区域土地资源开发规划一般是作为区域开发规划、区域经济开发规划或国土空间规划等的重要组成部分来进行的。如果区域土地资源开发规划作为其他规划的组成部分或专题研究时，区域土地资源开发规划的成果内容要与其他规划相互衔接，甚至也可以将土地资源开发规划的具体内容嵌入到总体规划报告中去，而不必单列出成果。如果区域土地资源规划作为独立的研究进行，则规划的成果一般应包括主件、附件两个部分。

9.4.4.1 规划主件

区域土地资源开发规划成果主要包括：区域土地资源开发规划文本，区域土地资源开发规划说明，区域土地资源开发现状图，区域后备土地资源评价图，区域土地资源开发规划图等。

1. 区域土地资源开发规划文本

区域土地资源开发规划文本是经过论证、协调，并经过政府有关部门审议、修改后形成的文本报告，报经政府主管部门审批，并运用它来组织规划实施的文本报告。具体的内容应包括：

(1)导论。简单介绍区域土地资源开发规划的目的、期限，以及编制规划的法律、政策依据。

(2)区域自然和社会经济概况。简要介绍区域自然、社会经济资源的特点，社会经济发展战略与发展布局，对土地资源开发的要求等。

(3)区域土地资源开发现状。介绍区域土地资源开发的程度、特点与存在的问题，潜在的可开发土地资源数量和分布情况。

(4)区域土地资源开发目标与基本方针。针对区域土地资源特点与区域国民经济发展要求，确定土地资源开发的目标，规划期末在土地资源开发用地结构和布局，土地资源开发效益方面应该达到的目标。以及为实现目标应该遵循的基本开发方针。

(5)待开发土地资源类型及规划时间安排。确定各类待开发土地资源类型、数量与位置及开发时间顺序；重点开发项目的名称、开发单位、用地位置和开发时间。

(6)实施开发规划的政策和措施。为保障区域土地资源开发规划所确定的目标，所应该采取的政策措施，从行政、经济和法律等方面提出意见与要求。

2. 区域土地资源开发规划说明

区域土地资源开发规划说明是对规划所作的一个说明和解释的文本报告。主要包括规划资料数据来源、规划方案的可行性分析论证、规划的主要方案与结论、实施规划的政策措施保障、规划的效益分析与估算等。主要的内容包括：编制土地资源开发规划的时间、背景及简要过程；编制土地资源开发规划的目的、原则和依据；编制土地资源开发规划中有关问题的说明。

3. 区域土地资源开发现状图

区域土地资源开发现状图是反映规划基期区域土地资源开发的状况，是作为对照审核现状与规划内容及在布局变动方面的依据。

4. 区域后备土地资源评价图

区域后备土地资源图是反映区域有潜力、可开发的土地资源分布状况的图件，它是区域土地资源开发规划的重要依据。

5. 区域土地资源开发规划图

区域土地资源开发规划图是利用现状图和后备土地资源图编制出来的成果图件，其比例尺大小根据规划区域的大小进行适当的选取，一般为 1∶1 万、1∶2.5 万、1∶5 万、1∶10

万 4 种类型。

区域土地资源开发规划图的主要内容应包括：行政界线和土地所有权界线；各种用地区及规划开发用地区界线；重点开发项目用地界线；一般上图地理要素，如城镇居民点、交通网、河流排灌系统、等高线等。

9.4.4.2 规划附件

区域土地资源开发规划附件主要是指开发的可行性分析论证、土地资源开发利用结构布局、开发资金计划以及开发模式等具体文字说明和图件，它是主件内容的详细说明、补充说明或论证依据资料。

9.4.5 区域土地资源开发规划的实施

区域土地资源开发规划能否达到预期的目的，关键在于规划的实施。在规划中必须提出实施规划的有关政策和重大措施，作为政府和土地资源行政主管部门实施规划的主要依据与措施保证。

(1)做好组织领导协调工作。在组织领导方面，要把规划纳入地方国民经济与社会发展计划，并进行任务分解，落实到具体的基层单位。

(2)制定年度计划。根据土地资源开发重点和时间安排，编制实施土地开发规划的 5 年计划和年度计划。

(3)规划实施监督。做好规划实施监管工作，组织、监督、检查各部门各单位实施规划情况。

(4)制定相关政策，保障规划实施。在有关土地经济政策方面，根据需要提出优惠政策，以促进区域土地资源的开发和合理利用。运用法律手段来管理土地资源的开发利用，强化开发规划的法律效力，保障开发规划顺利实施。

思 考 题

1. 简述区域开发布局的模式及其相互关系。
2. 简述区域土地资源开发的内涵及主要形式（类型）。
3. 试述区域土地资源开发的原则。
4. 区域土地资源开发的可行性研究一般包括哪些内容？主要有哪些评价指标？详细阐述区域土地资源开发可行性评价的具体方法。
5. 区域土地资源开发对生态环境的影响评价包括哪些？
6. 应用费用效益分析法如何进行区域土地资源开发方案分析？
7. 区域土地资源开发规划包括哪些具体步骤？
8. 区域土地资源开发规划主要有哪些成果？

参考文献

白云升，朱明仓，胡存智，等．区域土地统筹利用论．成都：西南财经大学出版社，2008.
杜宁睿．区域研究与规划．武汉：武汉大学出版社，2004.
郭华巍．区域发展的实践与理论探索．北京：中国社会科学出版社，2008.
黄继忠．区域内经济不平衡增长论．北京：经济管理出版社，2001.
林培．土地资源学．北京：中国农业大学出版社，2004.
陆大道，等．中国区域发展的理论与实践．北京：科学出版社，2003.
毛汉英．区域发展与区域规划：理论·方法·实践．北京：商务印书馆，2008.
吴次芳，叶艳妹，吴宇哲，等．国土空间规划．北京：地质出版社，2019.
张敦富．区域经济开发研究．北京：中国轻工业出版社，1998.
赵言文．区域土地利用规划方法与实践．北京：中国农业科学技术出版社，2007.

第10章 中国土地资源概况及区域分析

10.1 中国土地资源的国情分析

土地资源是社会、经济发展的基础。中国土地面积辽阔，但人均土地资源是世界上最少的国家之一。我国土地资源形势严峻，一方面，在人口增长与经济发展压力下，土地资源短缺状况日益突出；另一方面，土地资源利用粗放、浪费严重，以及土地资源管理不当，加剧了形势的严峻性。因此，我们必须正确认识和了解我国土地资源的基本特征，为充分发掘土地资源的生产潜力，合理有效地开发、利用、整治和保护有限的土地资源，实现土地资源的永续利用提供科学依据。

10.1.1 中国土地资源的数量特征

(1)各种土地资源的总量大，均居世界最前几位。全国 31 个省、自治区和直辖市的土地面积为 950.69 万 km^2，加上香港、澳门、台湾和金门、马祖等地，我国土地面积约为 960 万 km^2。在世界 100 多个国家中，我国土地总面积仅次于俄罗斯（1 709.8 万 km^2）、加拿大（998.5 万 km^2）、美国（983.2 万 km^2），居世界第 4 位。据 2017 年自然资源部公布的调查统计结果，我国有耕地面积 134.9 万 km^2，占世界耕地总面积的 7%，居第 4 位；多年生作物 16 万 km^2，占世界多年生作物总面积 9.7%；林地 208.3 万 km^2，占世界林地面积的 5.2%，居第 5 位。

(2)人均土地资源占有量少，土地资源相对紧缺，人地矛盾突出。2019 年末我国人口 140 005 万人，人均土地面积仅为 0.69 hm^2，人均耕地面积只有 0.091 hm^2。2017 年我国人均土地面积是世界人均 1.72 hm^2 的 41.86%，是美国 2.81 hm^2 的 25.62%，加拿大 25 hm^2 的 2.88%，澳大利亚 31.25 hm^2 的 2.30%，俄罗斯 11.36 hm^2 的 96.34%，印度 0.22 hm^2 的 327.27%。

(3)可耕地面积所占比例小，林草地面积占总土地面积的一半，难以利用的土地面积大。如表 10-1 所示，在全国土地资源面积中，耕地、园地、林地、草地面积之和占 72.57%，居主导地位；农用地中林地、草地比重大，耕地次之，园地最少。未利用土地多为难开发利用的沙漠、荒漠、裸岩及石砾地、重盐碱地、沼泽地等，而且大部分分布在西北干旱地区和青藏高原，自然条件恶劣，开发难度大。

表 10-1 全国土地利用一级分类面积结构表

地　类	面积/万 km^2	比率/%
总土地面积	960.0	100.00
耕地	127.9	13.32
园地	20.2	2.10
林地	284.1	29.59
草地	264.5	27.55
湿地	23.5	2.45
城镇村及工矿用地	35.3	3.68
交通运输用地	9.6	1.00
水域及水利设施用地	36.3	3.78

引自：国家统计局．2021 年中国统计年鉴．中国统计出版社，2021.

10.1.2 中国土地资源的质量特征

(1)我国地形错综复杂，地貌类型多样。其中，山地占 33.33%，高原占 26.04%，盆地占 18.75%，丘陵占 9.9%，平原占 11.98%。山地最多的省份是贵州、云南、四川和重庆市，加上丘陵共达 90%以上，全国近一半的省，山地面积超过辖区面积的 50%。由于山地多，坡耕地所占比例也就很大。根据国家发展改革委和水利部联合印发的《全国坡耕地水土流失综合治理“十三五”专项建设方案》资料，2017 年，全国坡耕地面积 3.59 亿亩，主要分布在中西部地区。从坡度分布来看，15°以下的缓坡耕地为主。其中，5°～15°坡耕地面积 1.93 亿亩，占 54%；15°～25°坡耕地面积 1.20 亿亩，占 33%；25°以上陡坡耕地面积 0.46 万亩，占坡耕地总面积的 13%。此外，在未利用土地当中，沙漠、戈壁、寒漠等难利用的土地所占比例较高。

(2)干旱、半干旱区域的土地面积分布广，光、温、水、土自然要素组合严重不平衡。从降水来看，我国东南部受季风影响强烈，气候温暖湿润，年降水量在 400～200 mm，其中 80%以上集中在作物生长季节；西北部为干旱半干旱内陆气候，年降水量在 400 mm 以下，虽然有些地方能种植旱田作物，但是产量低而不稳，收成很难保证，且极易引起风沙危害和土壤侵蚀，所以这一地区大部分为牧业区。据粗略估计，占全国总面积 53.8%的西北部干旱、半干旱地区和青藏高原区，其年生物产量仅占全国总生物产量的 9.5%。水资源的时空分布不均衡，使我国季节性和地区性缺水问题也十分突出。我国湿润、半湿润、干旱、半干旱地区面积分别为 32.3%、17.8%、30.8%和 19.2%。

(3)耕地生产力普遍较低，中低产田所占比例大。据《2019 年全国耕地质量等级情况公报》，2019 年末全国耕地平均质量等别为 4.76 等。其中，评价为一至三等的耕地面积占耕地总面积的 31.24%；评价为四至六等的耕地面积占耕地总面积的 46.81%；评价为七至十等的耕地面积占耕地总面积的 21.95%，主要分布在黄土高原区、内蒙古及长城沿线区、西南区和华南区等区域。这些耕地的主要限制因素包括水土流失、沙化、盐渍化、养分贫瘠、土壤次生潜育化和酸化等。

10.1.3　中国土地资源的区域特征

（1）土地资源区域分布极其不平衡，各省份及区域资源条件差异巨大。全国东、中、西部 3 个地带土地资源状况存在着较大差异。东部地区包括京、津、辽、冀、鲁、苏、沪、浙、闽、粤、琼 11 个省份，占全国土地总面积的 11.3%，人口占全国的 42.8%。耕地、园地、林地、居民点、交通、水域的比重高于中、西部地区，草地仅占 1.21%，低于中、西部地区；由于人口集中，人均耕地只有 0.041 hm^2。

中部是东、西部过渡地带，包括黑、吉、晋、豫、皖、鄂、湘、赣 8 个省份，占全国土地总面积的 17.4%，大部分为半湿润的中温带、暖温带及亚热带地区，热量条件较好，是全国粮、棉、油及林业生产基地。人均耕地 0.163 hm^2，东北的大、小兴安岭和长白山林区是全国主要林业生产基地。

西部地区包括蒙、桂、渝、川、陕、甘、宁、新、青、藏、贵、滇 12 个省份，占全国土地总面积的 71.3%，其西北部地处干旱、半干旱地带，土地辽阔，沙漠、戈壁和高寒荒漠面积大，气候干旱，水源缺乏，生态环境脆弱，土地开发利用程度较低，但牧草地多，是全国重要牧区和矿产基地，又是绿洲农业区；西南山区是重要林区、矿区和能源基地，其中牧草地、未利用土地占全国土地总面积比重是最高，而其他地类是全国比重最小的地带，人均耕地 0.112 hm^2。

因此，总体来说，我国东南部土地资源条件较好，耕地和内陆水域在这一地区分布集中，而西北部则相对较差；我国一半以上的林地集中分布于东北部和西南部地区，草地集中分布在西北部干旱半干旱地区。这一特点，决定了我国不同地区的人口承载力相差很大，东南部明显大于西部地区。

（2）土地开发利用程度的区域差异显著，中西部地区的土地利用率有待提高。我国水土资源分布不均衡，直接影响了土地开发利用的区域差异。东部为沿海地带，地处暖温带及亚热带湿润、半湿润地区，水热条件优越，人口密集，经济发达，土地利用程度高；中部地区山地、丘陵多，平地少，土地利用程度比西部高，比东部低；西部地区大部分是高寒山地、沙漠、戈壁区，难利用的土地面积大，我国未利用土地主要集中分布在西部。

（3）土地利用的经济效益区域差异较大，区域之间发展不平衡。土地综合经济效益在各地区和省（市、区）之间呈现较大差异。2019 年按土地面积计算，华东区为最高，产值为 4 651.47 万元/km^2；其次是中南区，2 738.1 万元/km^2；第三是华北区，627.11 万元/km^2；第四是东北区，为 621.1 万元/km^2；第五是西南区，477.95 万元/km^2；第六是西北区，为 177.72 万元/km^2。

10.1.4　中国的后备土地资源特征

到 2019 年我国尚有未利用土地约 19 890 万 hm^2，占总土地面积的 20.7%，主要分布在西北干旱地区和西南高原、山区。这些未利用土地绝大部分为难开发利用的沙漠、荒漠、裸岩及石砾地、重盐碱地、沼泽地，其中荒草地、沼泽地、盐碱地和水域中内陆滩涂，视为后备土地资源，全国后备土地资源总面积 8 885.2 万 hm^2，主要集中在西北、东北和西南，这些后备土地资源由于多处于干旱少雨或水土流失严重的生态脆弱地区，土地贫瘠、无水源保证，因而可垦比例小。

10.2 中国土地资源的主要类型分述

1999年1月1日起施行的《中华人民共和国土地管理法》第四条规定：国家编制土地利用总体规划，规定土地用途，将土地分为农用地、建设用地和未利用地。农用地是指直接用于农业生产的土地，包括耕地、林地、草地、农田水利用地、养殖水面等；建设用地是指建造建筑物、构筑物的土地，包括城乡住宅和公共设施用地、工矿用地、交通水利设施用地、旅游用地、军事设施用地等；未利用地是指农用地和建设用地以外的土地。

根据国土资源部《关于开展2007年度土地变更调查工作的通知》，按照全国土地分类（过渡期适用）标准对全国土地进行二级分类：一级类设3个，即《中华人民共和国土地管理法》规定的农用地、建设用地、未利用地。二级类：农用地分为耕地、园地、林地、牧草地、其他农用地，建设用地分为居民点及独立工矿用地、交通运输用地、水利设施用地，未利用地分为未利用土地和其他土地。

2017年，《土地利用现状分类》（GB/T 21010—2017）国家标准公布，规定了土地利用的类型、含义，将土地利用类型分为12个一级类、72个二级类。其中，一级类包括耕地、园地、林地、草地、商服用地、工矿仓储用地、住宅用地、公共管理与公共服务用地、特殊用地、交通运输用地、水域及水利设施用地、其他土地。

10.2.1 农用地

截至2019年，全国农用地（未包括港、澳、台地区）7.202亿 hm^2，占总土地面积的67.83%，其中耕地1.279亿 hm^2，占农用地的17.75%，园地0.202亿 hm^2，占农用地的2.8%，林地2.841亿 hm^2，占农用地的39.45%，草地2.645亿 hm^2，占农用地的36.73%，其他农用地0.235亿 hm^2，占农用地的3.26%。

10.2.1.1 耕地

耕地指种植农作物的土地，包括熟地，新开发、复垦、整理地，休闲地（含轮歇地、休耕地）；以种植农作物（含蔬菜）为主，间有零星果树、桑树或其他树木的土地；平均每年能保证收获一季的已垦滩地和海涂。耕地中包括南方宽度<1.0 m，北方宽度<2.0 m固定的沟、渠、路和地坎（埂）；临时种植药材、草皮、花卉、苗木等的耕地，临时种植果树、茶树和林木且耕作层未破坏的耕地，以及其他临时改变用途的耕地。2019年全国总耕地面积1.279亿 hm^2（表10-2）。

1. 耕地的分布

我国耕地开发利用历史悠久，远在六七千年以前，黄河中下游一带已开始耕耘土地和种植业生产，随着时间的推移、人口的增加和迁徙，耕地面积由黄河中下游向全国各地不断扩大。全国耕地主要分布在东部沿海地带和中部地带的华北、东北、华东、中南4个区，这4个区占全国耕地的73.92%，西部的西南、西北2个区仅占26.08%。

表 10-2　2019 年全国各省份耕地面积统计表　$\times 10^3\ hm^2$

行政辖区	耕地面积	耕地总面积占全国比率/%	行政辖区	耕地面积	耕地总面积占全国比率/%
全国	127 861.9	100.00	**中南区**	21 608.3	16.90
华北区	21 823.3	17.07	河南	7 514.1	5.88
北京	93.5	0.07	湖北	4 768.6	3.73
天津	329.6	0.26	湖南	3 629.2	2.84
河北	6 034.2	4.72	广东	1 901.9	1.49
山西	3 869.5	3.03	广西	3 307.6	2.59
内蒙古	11 496.5	8.99	海南	486.9	0.38
东北区	29 876.0	23.37	**西南区**	16 407.6	12.83
辽宁	5 182.1	4.05	重庆	1 870.2	1.46
吉林	7 498.5	5.86	四川	5 227.2	4.09
黑龙江	17 195.4	13.45	贵州	3 472.6	2.72
华东区	21 204.6	16.58	云南	5 395.5	4.22
上海	162.0	0.13	西藏	442.1	0.35
江苏	4 089.7	3.20	**西北区**	16 942.0	13.25
浙江	1 290.5	1.01	陕西	2 934.3	2.29
安徽	5 546.9	4.34	甘肃	5 209.5	4.07
福建	932.0	0.73	青海	564.2	0.44
江西	2 721.6	2.13	宁夏	1 195.4	0.93
山东	6 461.9	5.05	新疆	7 038.6	5.50

数据来源：国家统计局，2021。

2. 耕地的特点

耕地是土地资源的精华，是农业的基础，它是经过人类开垦和世代培育，用于种植农作物并连续进行耕耘的土地，为人类的生命活动提供了 80%以上的热量、75%以上的蛋白质、88%的食物以及其他生活必需物质，是农业生产最基本的、不可替代的生产资料。耕地土壤是种植业的最主要载体，我国幅员辽阔，土壤类型众多，不同类型分布于不同区域，主要土类有：水稻土、红壤、黄壤、赤红壤、砖红壤、黄棕壤、黄褐土、棕壤、暗棕壤、褐土、垆土、黑垆土、黄绵土、潮土、沙姜黑土、黑土、草甸土、黑钙土、栗钙土、棕钙土、盐碱土等。耕地质量是决定耕地生产力、农作物产量的基础。我国耕地总体质量不高，影响耕地质量的既有土壤缺素、缺水、盐碱、渍涝、风沙、坡度等自然因素，也有人为的导致土壤次生盐碱化、水土流失、地力衰退和土地污染等因素。我国耕地利用有如下特点：

(1)耕地利用以旱作农业和种植粮食作物为主。2019 年现有耕地中，旱地占 50.33%，水田占 24.55%，水浇地占耕地总面积的 25.12%。粮食作物在耕地种植结构中占主导地位，细粮作物种植面积不断增加，杂粮作物种植面积不断减少。粮食作物的种植由高产数量型向高产、优质、高效型转变。

(2)耕地利用程度较高。全国耕地的利用程度较高，特别是南方省区由于水热条件优越，农作物平均复种指数达 200%以上。

(3)因各项建设、农业结构调整和灾害毁地，减少耕地过多。改革开放以来全国城乡建设的发展占用大量耕地、退耕还林还草等农业结构调整和灾害毁地，减少大量耕地。

(4)投入少、生产力水平低。据《2020年国际统计年鉴》统计，2019年我国谷物收获面积0.976亿hm^2，每公顷4 029 kg，低于世界平均4 074 kg的水平，远低于美国8 281 kg、埃及7 311 kg、德国7 270 kg、英国7 229 kg、法国6 875 kg和日本6 049 kg的生产水平。我国耕地生产力较低的原因，虽与自然条件有关，但主要是我国耕地投入水平低、生产条件差，抵御水旱等自然灾害能力不强，致使耕地质量和地力下降，产量不稳。

10.2.1.2 园地

园地指种植以采集果、叶、根、茎、汁等为主的集约经营的多年生木本和草本植物，覆盖度大于50%或每亩株数大于合理株数70%的土地，包括育苗的土地。园地中分果园、茶园、橡胶园、其他园地等二级类型。2019年我国园地总面积0.202亿hm^2。

1. 园地的分布

我国园地资源丰富，栽培历史悠久，分布广泛，其集约化经营程度和单位面积效益都比较高。由于自然条件、栽培历史、经济条件等多种因素影响，园地的地域分布不平衡，园地占全国土地总面积的2.1%。主要分布在气候适宜的东部沿海地区和西南部丘陵、山区，其中29.81%在中南区，21.36%分布在华东地区，22.98%在西南区。其余分布在西北、华北、东北等区，见表10-3。

表10-3 2019年全国各省份园地面积统计表 $\times 10^3\ hm^2$

行政辖区	园地	园地总面积占全国比率/%	行政辖区	园地	园地总面积占全国比率/%
全国	20 171.6	100.00	**中南区**	6 013.6	29.81
华北区	1 857.2	10.25	河南	427.8	2.12
北京	126.3	0.93	湖北	487	2.41
天津	36.9	0.21	湖南	886.1	4.39
河北	1 005.9	5.86	广东	1 324.8	6.57
山西	640.9	2.85	广西	1 670.2	8.28
内蒙古	47.2	0.40	海南	1 217.7	6.04
东北区	666.8	4.07	**西南区**	4 636.0	22.98
辽宁	527.9	3.29	重庆	280.6	1.39
吉林	76.5	0.46	四川	1 203.2	5.96
黑龙江	62.4	0.31	贵州	568.1	2.82
华东区	4 131.6	21.36	云南	2 572.2	12.75
上海	15.1	0.12	西藏	11.9	0.06
江苏	230.3	2.09	**西北区**	2 866.5	14.21
浙江	760.3	4.04	陕西	1 214.0	6.02
安徽	372.7	2.44	甘肃	428.6	2.12
福建	918.4	5.39	青海	62.3	0.31
江西	572.4	2.26	宁夏	91.5	0.45
山东	1 262.4	5.03	新疆	1 070.1	5.30

数据来源：国家统计局，2021。

2. 园地的特点

我国园地面积自新中国成立以来有较大幅度增长，2019 年比 1952 年面积大约增长了 10 倍，园地中果园面积最大，分布广，水果中名特优品种增多，品种结构明显改善，果品质量显著提高，极大地丰富了人民的生活。我国园地利用主要特点是：受生态环境条件的严格限制，园地生产对生态环境要求较高，其中主要是气候、土壤、水、地形、地貌等条件必须适宜；园地的发展规模取决于社会经济技术条件，社会经济条件是充分利用自然条件发展园地的保证。经济政策对园地的规模与发展有重要影响，表现在用地规模和园地产品的品质和效益。园地利用中存在的问题主要表现在：果粮争地矛盾突出；部分园地质量差，土壤肥力下降；集约化水平低，经营粗放等，因此全国各地水果单产水平差距很大。

10.2.1.3　林地

林地指生长乔木、竹类、灌木的土地以及沿海生长红树林的土地。包括迹地，不包括城镇、村庄范围内的绿化林木用地，铁路、公路征地范围内的林木，以及河流、沟渠的护堤林。2019 年全国有林地 2.841 亿 hm^2，占农用地的 39.45％。

1. 林地的分布

我国林地主要集中在生态环境较好、气候湿润或半湿润、人口密度相对较少的西南、西北和中南 3 个区，其土地总面积占全国的 66.93％，但林地面积占全国林地面积的 62.25％，见表 10-4。

表 10-4　2019 年全国各省份林地面积统计表　$\times 10^3\ hm^2$

行政辖区	林业用地面积	林地总面积占全国比率/%	行政辖区	林业用地面积	林地总面积占全国比率/%
全国	284 125.9	100.00	**中南区**	54 455.3	19.17
华北区	37 996.9	13.37	河南	4 396.3	13.37
北京	967.6	0.34	湖北	9 280.1	0.34
天津	148.3	0.05	湖南	12 717.1	4.48
河北	6 425.3	2.26	广东	10 792.5	3.80
山西	6 095.7	2.15	广西	16 095.2	5.66
内蒙古	24 360.0	8.57	海南	1 174.1	0.41
东北区	36 397.9	12.81	**西南区**	84 183.8	29.63
辽宁	6 015.7	2.12	重庆	4 689.0	1.65
吉林	8 759.0	3.08	四川	25 419.6	8.95
黑龙江	21 623.2	7.61	贵州	11 210.1	3.95
华东区	32 884.3	11.57	云南	24 969.0	8.79
上海	81.8	0.03	西藏	17 896.1	6.30
江苏	787	0.28	**西北区**	38 207.5	13.45
浙江	6 093.6	2.14	陕西	12 476	4.39
安徽	4 091.5	1.44	甘肃	7 962.8	2.80
福建	8 811.4	3.10	青海	4 603.6	1.62
江西	10 413.7	3.67	宁夏	952.6	0.34
山东	2 605.3	0.92	新疆	12 212.5	4.30

数据来源：国家统计局，2021。

2. 林地的特点

林地是森林生长的基地，森林是农业的生态屏障，是陆地生态系统的主体，在改善人类生活的自然环境、保持自然生态平衡方面具有不可替代的作用，森林不仅能为社会提供具有经济价值的木材和其他林产品，还具有保护环境、防风固沙、涵养水源、保持水土、调节气候、消除噪声、净化空气、保持生物多样性和栖息地、旅游休憩、疗养保健等多种功能。据全国土地利用变更调查，2019 年全国森林覆盖率为 22.96%，低于世界平均覆盖率 30.7% 的水平。多年来，全国森林面积虽稍有增加，森林覆盖率略有提高，但森林蓄积量持续减少。我国林地总量多，但人均林地面积少，林地质量相对较高，但生产力水平较低，森林资源利用的突出问题是重采轻造和过量采伐，致使森林资源质量的下降，削弱了森林改善环境、调节气候的功能，造成了一些地区生态环境急剧恶化。

我国林地具有巨大潜力，宜林土地资源多，应大力开展人工造林和封山育林，提高林地利用率，使森林覆盖率努力接近国家要求达到 30%的目标。积极搞好用材林基地和五大防护林体系建设，其中包括北方 13 个省份范围内的“三北”防护林，长江中上游防护林，滨海的沿海防护林，太行山地区的绿化工程，东北三江平原、松嫩平原、华北平原、长江中下游平原、珠江三角洲等平原地区的农田防护林网为主体的综合防护林体系建设。

10.2.1.4 草地

草地是指生长草本植物为主的土地。牧草地分为天然牧草地、人工牧草地、其他草地类型。2019 年全国草地总面积 2.645 亿 hm^2，占农用地的 36.73%。

1. 草地的分布

中国草地主要分布在年降水量少于 400 mm 的干旱、半干旱地区，即大兴安岭—燕山—恒山—吕梁山—秦岭—青藏高原东隅一线的西北内蒙古、新疆、青海、西藏、甘肃、宁夏和东北 3 省西部、川西北、陕北和滇西北。草地面积最大的省区是西藏，2019 年牧草地面积达 8 006.5 万 hm^2，占全国草地面积的 30.27%。在南方和东部湿润、半湿润地区的云贵高原、桂西北、黔西南、湘西、鄂西、豫西、辽西山地。四川盆地周边山地和南岭、大别山、太行山等山地，鲁中南和江南丘陵、东部和南部海岸带。全国部分省区的草地面积及占全国的比例见表 10-5。

表 10-5 2019 年全国各省份牧草地面积统计表 $\times 10^3\ hm^2$

行政辖区	草地	草地总面积占全国比率/%	行政辖区	草地	草地总面积占全国比率/%
全国	264 530.1	100.00	**中南区**	1 018.7	0.39
华北区	59 253.8	22.40	河南	257.0	0.10
北京	14.5	0.01	湖北	89.4	0.03
天津	15.0	0.01	湖南	140.5	0.05
河北	1 947.3	0.74	广东	238.5	0.09
山西	3 105.1	1.17	广西	276.2	0.10
内蒙古	54 171.9	20.48	海南	17.1	0.01
东北区	2 347.6	0.89	**西南区**	91 287.6	34.51

续表10-5

行政辖区	草地	草地总面积占全国比率/%	行政辖区	草地	草地总面积占全国比率/%
辽宁	487.2	0.18	重庆	23.6	0.01
吉林	674.7	0.26	四川	9 687.8	3.66
黑龙江	1 185.7	0.45	贵州	188.3	0.07
华东区	617.0	0.23	云南	1 322.9	0.50
上海	13.2	0.00	西藏	80 065.0	30.27
江苏	93.6	0.04	**西北区**	110 005.2	41.59
浙江	63.5	0.02	陕西	2 210.3	0.84
安徽	47.9	0.02	甘肃	14 307.1	5.41
福建	74.9	0.03	青海	39 470.8	14.92
江西	88.7	0.03	宁夏	2 031.0	0.77
山东	235.2	0.09	新疆	51 986.0	19.65

数据来源：国家统计局，2021。

2. 草地的特点

牧草地是发展畜牧业的重要资源和基地，是我国牧区、半农半牧区人们赖以生存的生产资料，它具有保护环境、防风固沙、蓄水保土、改善土壤、调节气候、涵养水源、净化空气、美化环境、保护生物多样性等功能，是陆地生态系统的重要组成部分，在水土保持、改造沙漠中起着先导作用。牧草地中天然草地面积最多，占牧草地总面积的 99%。我国牧草地主要分布在干旱、半干旱地区。南方热带、亚热带草地水热条件好，分布零散，多为耕地、林地之间的小块草地，但生长季较长，产量较高，再生性强，有很大潜力，具栽培人工牧草的有利条件。由于草地退化，牧区产草量下降，草地质量变差，影响草地畜牧业稳定持续发展，导致生态环境恶化，草地畜牧业经济效益低。为此，应进行草地改良及人工种草，实行适地、适草、适畜优化经营，大幅度提高生产潜力，对严重沙化草原采取飞播种草和围栏封育为主的综合治理；对盐碱化草场，采用选育优良耐盐碱草种和水利、耕作配套措施；对过度利用，严重退化的草原，采取强度封育管护，综合治理；对已利用草地实行深度开发，采取适应与改造相结合，有选择地开辟人工草地、实行集约化经营。

10.2.2 建设用地

建设用地是指建造建筑物、构筑物的土地，包括城乡住宅和公共设施用地、工矿用地、交通水利设施用地、旅游用地、军事设施用地等。分为城镇村及工矿用地、交通运输用地、水工建筑用地。2019 年全国总建设用地 4 089.65 万 hm^2，其中城镇村及工矿用地 3 530.64 万 hm^2，占建设用地总量的 86.33%；交通运输用地 955.31 万 hm^2，占建设用地总量的 11.7%；水工建筑用地 80.21 万 hm^2，占建设用地总量的 1.96%。

10.2.2.1 城镇村及工矿用地

城镇村及工矿用地是指城乡居民点、独立居民点以及居民点以外的工矿、国防、名胜古迹等企事业单位用地，包括其内部交通、绿化用地。2019 年全国城镇村及工矿用地 3 530.64 万 hm^2。

1. 城镇村及工矿用地的分布

全国各大行政辖区的城镇村及工矿用地，以华东区和中南区面积最多，两大区之和占全国城镇村及工矿用地总面积的 52.07%，其次是华北区和西南区，较少的是东北区和西北区（表 10-6）。

表 10-6　2019 年全国各省份城镇村及工矿用地面积统计表　　$\times 10^3$ hm^2

行政辖区	城镇村及工矿用地	城镇村及工矿用地总面积占全国比率/%	行政辖区	城镇村及工矿用地	城镇村及工矿用地总面积占全国比率/%
全国	35 306.4	100.00	**中南区**	8 478.1	24.01
华北区	5 259.6	14.90	河南	2 449.5	6.94
北京	313.6	0.89	湖北	1 411.5	4.00
天津	332.2	0.94	湖南	1 630.3	4.62
河北	2 102.9	5.96	广东	1 763.8	5.00
山西	1 017.6	2.88	广西	979.9	2.78
内蒙古	1 493.3	4.23	海南	243.1	0.69
东北区	3 331.5	9.44	**西南区**	4 487.4	12.71
辽宁	1 316.2	3.73	重庆	637.7	1.81
吉林	850.9	2.41	四川	1 841.2	5.21
黑龙江	1 164.4	3.30	贵州	772.5	2.19
华东区	9 904.3	28.05	云南	1 073.7	3.04
上海	289.5	0.82	西藏	162.3	0.46
江苏	2 097.3	5.94	**西北区**	3 845.3	10.89
浙江	1 146.8	3.25	陕西	917.8	2.60
安徽	1 755.7	4.97	甘肃	852.6	2.41
福建	704.9	2.00	青海	367.8	1.04
江西	1 103.6	3.13	宁夏	297.1	0.84
山东	2 806.5	7.95	新疆	1 410.0	3.99

数据来源：国家统计局，2021。

2. 城镇村及工矿用地的特点

东部地区自然条件优越，土地面积只占全国总面积的 11.3%，但人口占全国总人口的 42.8%，城镇村及工矿用地面积占全国城镇村及工矿用地面积的 23.09%%。西部 12 个省（市、区），土地辽阔，面积占全国的 71.3%，但由于自然条件和交通不便，城镇村及工矿用地面积仅占全国城镇村及工矿用地的 39.55%。二级分类中村庄用地比率最大，城镇、独立工矿用地比率少，说明我国仍是一个城市化水平较低，以乡村人口为主的国家。随着工业化、城市化水平提高，全国城镇用地特别是中小城市、建制镇的用地以及独工矿用地的规模仍将呈逐步扩大趋势。

10.2.2.2 交通运输用地

交通运输用地是指用于运输通行的地面线路、场站等的土地。包括民用机场、汽车客货运场站、港口、码头、地面运输管道和各种道路以及轨道交通用地。2019 年全国交通运输用地 955.31 万 hm^2，占建设用地总量的 11.7%（表 10-7）。

表 10-7 2017 年全国各省份交通运输用地面积统计表 $\times 10^3\ hm^2$

行政辖区	交通运输用地	交通运输用地总面积占全国比率/%	行政辖区	交通运输用地	交通运输用地总面积占全国比率/%
全国	9 553.1	100.00	**中南区**	1 815.0	19.00
华北区	1 570.9	16.44	河南	381.7	4.00
北京	49.3	0.52	湖北	329.9	3.45
天津	45.3	0.47	湖南	364.8	3.82
河北	407.1	4.26	广东	327.4	3.43
山西	269.8	2.82	广西	352.3	3.69
内蒙古	799.4	8.37	海南	58.9	0.62
东北区	1 117.8	11.70	**西南区**	1 653.7	17.31
辽宁	308.9	3.23	重庆	155.8	1.63
吉林	264.6	2.77	四川	473.9	4.96
黑龙江	544.3	5.70	贵州	331.0	3.46
华东区	1 965.3	20.57	云南	526.4	5.51
上海	34.1	0.36	西藏	166.6	1.74
江苏	365.1	3.82	**西北区**	1 430.2	14.97
浙江	246.9	2.58	陕西	302.6	3.17
安徽	305.5	3.20	甘肃	331.2	3.47
福建	217.5	2.28	青海	140.5	1.47
江西	349.8	3.66	宁夏	94.1	0.98
山东	446.4	4.67	新疆	561.9	5.88

数据来源：国家统计局，2021。

1. 交通运输用地的分布

交通运输用地是全国二级分类中面积最小的土地利用类型，只占全国土地总面积的 0.4%。我国交通用地的分布极不平衡，全国铁路、公路绝大部分分布在兰州-昆明一线以东地区，而占我国土地总面积一半多的西部广大地区交通用地极少。交通用地均以大城市为中心，向四面八方辐射，城市周围的交通网密度大。交通用地分布及交通网密度，与地区经济发展水平呈正相关。

2. 交通运输用地的特点

交通用地总面积中，农村道路比重最高，其次是公路，再次是铁路用地，最少是机场和码头用地。我国高速铁路、高速公路里程以及港口万吨级泊位数量等均位居世界第一，机场数量和管道里程位居世界前列，五纵五横，综合运输大通道基本贯通，中国路、中国桥、中国港、中国高铁成为亮丽的中国名片，现代综合交通运输体系初步形成。铁路方面，截至2019年年底，全国铁路营业里程达到13.99万km，是1978年的2.7倍。其中高铁3.5万km，占世界高铁总量的66.3%，铁路电气化率、复线率分别居世界第一位和第二位。“四纵四横”高铁主通道基本贯通，以高速铁路为骨架、以城际铁路为补充的快速客运网络初步建成。2006年7月1日，青藏铁路建成通车，从西宁起算，至拉萨火车站止，全长1 956 km，其中西宁至格尔木段全长814 km，这是第1阶段于20世纪50年代末至80年代中建成通车的，而格尔木至拉萨段1 142 km。公路方面，截至2019年年底，我国公路通车总里程已经达到501.25万km，是1978年的5.6倍，高速公路覆盖97%的20万以上人口城市及地级行政中心，国省干线公路连接了全国县级及以上行政区，农村公路通达99.99%的乡镇和99.98%的建制村。我国第1条高速公路是1988年通车的上海至嘉定高速公路，与世界上发达国家甚至许多发展中国家相比，我国高速公路的起步是非常晚的。在我国高速公路建设初期，大家有不同的认识和争论，在技术、资金、政策等方面也缺乏经验。因此，起步阶段发展比较缓慢，用了十几年时间建成了1万km高速公路。随着认识的统一以及经验的积累，特别是社会经济发展对高速公路的新需求不断增加，我国高速公路在20世纪90年代中后期开始加快发展，每一次实现万公里跨越都只用两三年时间。到2019年年底，我国高速公路通车里程将达到14.96万km。民航方面，截至2019年年底，全国民航运输机场达238个，是1978年的2.9倍。截至2020年，服务覆盖全国92%的地级行政区、88%的人口和93%的经济总量，初步形成了以北京、上海、广州等国际枢纽机场为中心，省会城市和重点城市区域枢纽机场为骨干，以及其他干支线机场相互配合的格局。水运方面，截至2019年年底，我国港口拥有生产性码头泊位2.29万个，其中万吨级及以上泊位2 520个，分别是1978年的32倍和19倍，初步建成了以“两横一纵两网十八线”为主体的内河航道体系。全国港口码头用地在交通用地分类中占比重最少，港口码头用地主要分布在沿海和内陆有航运条件的江河地带，以东部沿海地带为最多。城市轨道交通方面，2019年底全国40个城市开通了208条城市轨道交通线路，运营里程达到6 736.2 km。我国现已形成的铁路、公路、航运、民航为骨干的交通运输体系，农村道路在农、林、牧区纵横交错，改变了农林牧区交通闭塞、通行艰难状况，促进了农林牧区经济发展。

10.2.2.3 水工建筑用地

水工建筑用地是指人工修建的闸、坝、堤路林、水电厂房、扬水站等常水位岸线以上的建（构）筑物用地。2019年全国水工建筑用地80.21万hm^2，占建设用地总量的1.96%（表10-8）。

表10-8 2019年全国各省份水工建筑用地面积统计表 $\times 10^3\ hm^2$

行政辖区	水工建筑用地	水工建筑用地总面积占全国比率/%	行政辖区	水工建筑用地	水工建筑用地总面积占全国比率/%
全国	802.1	100.00	**中南区**	184.8	23.04
华北区	77.8	9.71	河南	42.4	5.29
北京	5.1	0.64	湖北	66.0	8.23

续表10-8

行政辖区	水工建筑用地	水工建筑用地总面积占全国比率/%	行政辖区	水工建筑用地	水工建筑用地总面积占全国比率/%
天津	13.8	1.72	湖南	33	4.11
河北	34.8	4.34	广东	30.7	3.83
山西	6.3	0.79	广西	9.4	1.17
内蒙古	17.8	2.22	海南	3.3	0.41
东北区	85.3	10.64	**西南区**	36.2	4.51
辽宁	22.9	2.86	重庆	3.9	0.49
吉林	18.2	2.27	四川	13.1	1.63
黑龙江	44.2	5.51	贵州	4.4	0.55
华东区	358.8	44.74	云南	11.5	1.43
上海	2.9	0.36	西藏	3.3	0.41
江苏	110.5	13.78	**西北区**	59.3	7.39
浙江	24.7	3.08	陕西	13.9	1.73
安徽	91.1	11.36	甘肃	9.2	1.15
福建	8.6	1.07	青海	2.5	0.31
江西	32.3	4.03	宁夏	3.4	0.42
山东	88.7	11.06	新疆	30.3	3.78

数据来源：中华人民共和国自然资源部，国务院第三次全国国土调查领导小组，2023.

1. 水工建筑用地的分布

我国水域辽阔，是世界上水域面积最多的国家之一，但水域的地区分布很不均衡，以黑河、兰州、腾冲一线为界，其东南部为气候温和、降水充足、河流发育好的湿润地区，水域分布较多，约占全国水域总面积的 74%，其西北部为降水少、蒸发强的干旱区，只占全国水域总面积的 26%，但多为含盐较高的高原湖泊和冰川及永久积雪，可利用率低。

2. 水域综合利用的特点

在捕捞、养殖、城市工矿用水、农田灌溉、蓄洪滞洪、水力发电、风景旅游以及调节气候、保护生态环境方面具有重要的不可替代的作用。我国水域利用中的水利建设、水上航运、风景旅游、水产养殖，开发利用程度都取得了重大成就和发挥了很大的利用价值，但也存在着一些问题，如水域分布在各地很不平衡，水域的总体利用率偏低等。由于人口不断增长和工业迅速发展，水体污染日趋严重，据有监测资料的 1 200 多条河流中，已有 850 条受污染。内陆水域污染，又对海涂养殖和近海渔业生产造成危害。全国平均每年进入河流的泥沙约 35 亿 t，致使河流泥沙堆积，有碍航运，使河流河床不断抬高，造成汛期破堤决口，泛滥成灾。养殖水面中低产水面比重大，因此必须进行技术改造，增加投入，实行集约化经营，提高养殖产量。

10.2.3 未利用地

未利用土地是指农用地和建设用地以外的其他类型的土地，包括空闲地、设施农用地、田坎、盐碱地、沼泽地、沙地、裸地等。

1. 未利用地的分布

未利用土地主要分布在西北区和西南区的干旱、半干旱地区和高原、山区。未利用土地中难开发利用的土地面积较多，占3/4，可开发利用土地比率仅为1/4。其中面积最多的为裸地和沙地。在分布上绝大多数在我国西部和西南部以及东北北部，内地和沿海较少。

2. 未利用地的特点

未利用地中可利用尚未利用的土地，属后备土地资源，是现阶段土地开发的潜力所在。全国未利用地总面积占全国总土地面积的15.5%。可利用尚未利用的土地约占未利用土地总面积的15.9%，难利用土地约占84.1%。可开发利用的土地质量普遍较差，宜农面积少，宜林宜牧面积多。未利用地，应根据其土地条件，适宜性质和社会经济发展需要及保护生态环境的要求加以利用。现在全国范围内可开发利用土地面积已很少了，对这部分未利用土地要像耕地一样珍惜和保护。

10.3 中国土地资源的区域分析

10.3.1 土地资源利用分区原则和方案

土地资源利用分区是根据土地资源的地域分异规律，考虑土地资源利用结构与自然环境条件、区位因素与社会经济条件、土地利用现状与发展前景，以最大限度发挥土地生产潜力，改善土地生态系统的结构与功能，协调国民经济各行业用地，对土地资源利用在时空上进行分区。

1. 土地资源利用分区原则

(1)土地自然要素的相似性。土地资源位置固定性及自然性状，决定了土地条件与土地利用的地域分异性，因土地资源的地理特征的相似性，在气候、地形、地质、地貌、水文、植被、土壤等条件具有相似性。土地利用分区既应体现地域分异规律和区际差异，又应保持地域连片和相对完整的空间连续性。

(2)土地利用特点的相似性。包括土地类型、区域土地利用结构，以及区域土地利用的发展方向等，土地利用分区必须综合考虑自然与经济、历史现状与未来等因素。但不同地区各因素所起作用的程度不同，往往其中一个或几个因素起主导作用，突出主导作用因素才能反映区域土地利用的本质，因此必须坚持主导因素与综合分析相结合。

(3)多级分类原则。多级分类可以客观揭示土地利用的现状结构特点及地域分异。中国土地资源利用区划原则上以县级行政区划单位作为全国分区的基本单元，采用土地资源利用区、土地资源利用亚区两级基本分区单位组成的划分系统。

2. 土地资源利用分区的主要依据

中国土地资源利用分区的主要依据包括：区域土地条件与土地资源利用结构的相似性与差异性；区位因素与社会经济条件的相对一致性；区域土地利用方向与产业配置的相似性与差异性；土地生产能力与综合效益的相对一致性；区域土地利用问题与治理、保护措施的相对一致性。

3. 土地资源利用分区划分与命名

中国土地资源利用分区是自上而下划分，纵览全局，把握中国土地资源及其利用的空间分异总格局，确定一级区的大致轮廓及内部分异的基本格局；自下而上归并，把定量与定性分析相结合，在县域土地利用结构类型归并的基础上，综合反映区域土地利用的主导方向和结构特征，确定各级区的明确界线。中国土地资源利用分区采用二级分区，一级为土地资源利用区，二级为土地资源利用亚区的二级续分系统。土地资源利用区的命名主要反映大区域格局，土地资源利用亚区的命名则重点突出亚区特色，这样既可以客观体现分区依据和区域自然特点，又可突出土地资源利用结构与区域开发利用方向，具较强的实用性。

(1)土地利用区采用区位（含土地类型）＋主要利用类型＋相应发展产业 3 名法来命名。主要利用类型一般是指区内用地大于 10%，排名处于区内前几位、面积较大的一级土地利用类型及耕地和林地内的二级主要用地类型，并不一定反映区域主导产业类型；相应发展产业主要包括农（种植业）、林、牧、渔业和城乡建设（非农用地）。

(2)土地利用亚区采用区位（含土地类型）＋主导利用类型＋开发利用方向 3 名法来命名。主导利用类型则强调土地利用类型的重要性、区内地位与区际意义，一般能反映区域土地主导利用方向和发展前景，主要用二级土地利用类型来代表；开发利用方向续分为：①农业：农业（水、旱并重）、水田农业、旱作农业、灌溉农业和绿洲农业。②林业：林业、用材林、防护林、林果业（园地）。③牧业：牧业、放牧业、渔业及城乡建设、工矿业等。

4. 土地资源利用分区系统

按照《中国土地资源》，根据全国土地资源利用的宏观分异格局，将全国分为 12 个土地利用区，区下划分为 66 个土地利用亚区，组成各级命名（表 10-9）。

表 10-9　全国各土地资源利用分区系统

土地利用区	面积 /万 hm^2	占全国比率/%	行政区域	土地利用亚区
Ⅰ东北山地，平原有林地与旱地——农林用地区	9 521.06	10	黑龙江、吉林、辽宁（不含朝阳市），内蒙古自治区的兴安盟与呼伦贝尔市东北部共 210 多个县、市、区	$Ⅰ_1$ 大小兴安岭有林地与旱地——用材林地亚区 $Ⅰ_2$ 三江平原旱地、有林地与荒草地——旱作农业和用材林地亚区 $Ⅰ_3$ 松嫩平原旱地、天然草地与有林地——旱作农业和建设用地亚区 $Ⅰ_4$ 长白山有林地与旱地——用材林地亚区 $Ⅰ_5$ 辽中南旱地、有林地、水域与居民工矿地：农林果渔业和建设用地亚区

续表10-9

土地利用区	面积/万 hm^2	占全国比率/%	行政区域	土地利用亚区
Ⅱ华北平原水浇地、旱地与居民工矿地——农业和建设用地区	5 305.9	5.6	北京、天津、山东全部、河北大部、河南、江苏、安徽3省淮河以北、辽宁、内蒙古少部分共426个市、县(区、旗)	$Ⅱ_1$ 冀北辽西山地有林地、旱地与荒草地——防护林地和旱作农业用地亚区 $Ⅱ_2$ 京津唐平原水浇地、旱地、水域与居民工矿地——农渔和建设用地亚区 $Ⅱ_3$ 黄海低平原水浇地、旱地与居民工矿地——灌溉农业和建设用地亚区 $Ⅱ_4$ 太行山前平原水浇地、居民工矿地与荒草地——灌溉农业和建设用地亚区 $Ⅱ_5$ 山东半岛旱地、水浇地、水域、园地与居民工矿地——农渔果业和建设用地亚区 $Ⅱ_6$ 鲁中丘陵旱地、水浇地、园地与居民工矿地——农果业和建设用地亚区 $Ⅱ_7$ 豫鲁黄泛平原水浇地、旱地与居民工矿地——灌溉农业和建设用地亚区 $Ⅱ_8$ 淮北低平原旱地、水田、水域与居民工矿地——农渔和建设用地亚区
Ⅲ黄土高原旱地、牧草地与有林地——农牧林业用地区	5 000.03	5.3	山西全部、陕西的陕北和关中、甘肃的陇中与陇东，宁夏中南部、青海东部、河南、河北、内蒙古一小部分，共260多个县、市、区	$Ⅲ_1$ 晋东豫西山地有林地、旱地与荒草地——林业和旱作农业用地亚区 $Ⅲ_2$ 汾渭谷地旱地、水浇地、有林地与荒草地——旱作农业和建设用地亚区 $Ⅲ_3$ 晋陕甘宁黄土丘陵旱地、天然草场与有林地——农林牧业用地亚区 $Ⅲ_4$ 长城沿线黄土丘陵沙地天然草地、旱地与灌木林地——牧农林业用地亚区 $Ⅲ_5$ 陇中青东丘陵天然草地与旱地——放牧业和旱作农业用地亚区
Ⅳ长江中下游平原水田、水域与居民工矿地——农渔和建设用地区	3 992.29	4.2	豫、皖、苏、沪、浙、赣、湘、鄂8省的全部和部分地区，共243县、市	$Ⅳ_1$ 皖苏中部丘陵平原水田、旱地、水域与居民工矿地——农渔和建设用地亚区 $Ⅳ_2$ 南阳盆地——大别山区旱地、水田与有林地——农林用地亚区 $Ⅳ_3$ 长江三角洲灌溉水田、水域与居民工矿地——农渔果业和建设用地亚区 $Ⅳ_4$ 江汉平原灌溉水田、旱地、水域与居民工矿地——农渔和建设用地亚区 $Ⅳ_5$ 洞庭湖平原灌溉水田、有林地与水域——水田农业和林渔用地亚区 $Ⅳ_6$ 鄱阳湖平原有林地、灌溉水田与水域——水田农业和林渔用地亚区 $Ⅳ_7$ 皖中沿江平原灌溉水田、水域与有林地——水田农业和林渔用地亚区

续表10-9

土地利用区	面积/万 hm^2	占全国比率/%	行政区域	土地利用亚区
Ⅴ川陕盆地有林地、旱地与水田——农林用地区	4 525.81	4.8	四川、陕南、鄂西的 200 多个县、市、区	$Ⅴ_1$ 秦巴山地有林地、灌木林地、旱地与天然草地——林农牧业用地亚区 $Ⅴ_2$ 鄂西山地有林地、灌木林地与旱地——用材林地和旱作农业用地亚区 $Ⅴ_3$ 四川盆地旱地、灌溉水田与有林地——水田农业和建设用地亚区
Ⅵ江南丘陵山地有林地与水田——林农用地区	5 174.05	5.4	江西、湖南、广西、广东、浙江、福建、安徽的 300 多个县、市、区	$Ⅵ_1$ 皖浙赣交界区有林地、水田与园地——林农果业用地亚区 $Ⅵ_2$ 赣中红壤丘陵有林地与灌溉水田——用材林地和水田农业用地亚区 $Ⅵ_3$ 湘中丘陵盆地有林地与灌溉水田——农林用地亚区 $Ⅵ_4$ 浙闽山地有林地、未成林地与水田——用材林地亚区 $Ⅵ_5$ 湘赣粤交界区有林地、未成林地与水田——用材林地和工矿用地亚区 $Ⅵ_6$ 桂东北山地有林地、水田、旱地与荒草地——林农用地亚区
Ⅶ云贵高原有林地、灌木林地与旱地——林农用地区	6 633.92	7.0	云南的滇南和滇东北，贵州大部、四川攀西、湖南湘西、广西西北部，共 260 多个县、市、区	$Ⅶ_1$ 黔东湘西山地有林地、旱地与水田——林农用地亚区 $Ⅶ_2$ 黔西高原有林地、灌木林地、旱地与水田——农林用地亚区 $Ⅶ_3$ 攀西——六盘水有林地、灌木林地、旱地与天然草地——农林牧业和工矿用地亚区 $Ⅶ_4$ 桂西北山地有林地、灌木林地、耕地与荒草地——林农用地亚区 $Ⅶ_5$ 滇东北高原有林地、灌木林地、旱地与荒草地——林业和旱作农业用地亚区 $Ⅶ_6$ 滇南高原有林地、灌木林地、旱地与荒草地——林果和旱作农业用地亚区
Ⅷ东南沿海有林地、水田、园地与居民工矿地——农林渔果和建设用地区	3 153.6	3.3	浙江、福建、广东、广西的沿海地区、海南、台湾、香港、澳门共 180 多个县、市、区	$Ⅷ_1$ 浙闽沿海有林地、灌溉水田、水域与园地——林农果渔业用地亚区 $Ⅷ_2$ 珠江赣江三角洲有林地、灌溉水田、园地与居民工矿地——农林渔果和建设用地亚区 $Ⅷ_3$ 北部湾有林地、灌溉水田、旱地与居民工矿地——农林和工矿用地亚区 $Ⅷ_4$ 海南岛有林地、耕地、园地与居民工矿地——农林果业和建设用地亚区

续表10-9

土地利用区	面积/万 hm^2	占全国比率/%	行政区域	土地利用亚区
Ⅸ内蒙古高原牧草地与旱地——牧业用地区	7 529.88	7.9	内蒙古大部分、河北北部5个县，宁夏4市、8县	$Ⅸ_1$ 蒙北高原天然草地——放牧业用地亚区 $Ⅸ_2$ 蒙东南丘陵平原天然草地、旱地与有林地——牧业和旱作农业用地亚区 $Ⅸ_3$ 鄂尔多斯高原天然草地与沙地——放牧业用地亚区 $Ⅸ_4$ 河套平原天然草地、水浇地与旱地——灌溉农业和牧业用地亚区
Ⅹ西北干旱区牧草地与水浇地——牧业和绿洲农业区	21 241.62	22.4	新疆全部、甘肃的河西走廊、内蒙古阿拉善地区，共120多个县、市、区	$Ⅹ_1$ 阿拉善高原天然草地与裸岩、石砾地、沙地——放牧业用地亚区 $Ⅹ_2$ 河西走廊裸岩、石砾地、天然草地与水浇地——放牧业和绿洲农业亚区 $Ⅹ_3$ 吐哈盆地裸岩、石砾地、沙地与天然草地——放牧业用地亚区 $Ⅹ_4$ 阿塔地区天然草地与水浇地——放牧业与灌溉农业亚区 $Ⅹ_5$ 天山北坡天然草地、裸岩、石砾地与水浇地——牧业和绿洲农业亚区 $Ⅹ_6$ 伊博谷地天然草地与水浇地——放牧业和灌溉农业亚区 $Ⅹ_7$ 天山南坡沙地、裸岩、石砾地、天然草地与水浇地——放牧业与绿洲农业亚区 $Ⅹ_8$ 昆仑山北麓裸岩、石砾地、沙地与天然草地——放牧业用地亚区 $Ⅹ_9$ 喀什三角洲裸岩、石砾地、沙地、天然草地与水浇地——放牧业与绿洲农业亚区
Ⅺ青藏高原牧草地——牧业用地区	17 557.74	18.5	青海（不含西宁市和海东市）大部、西藏（不含昌都和林芝市）大部、甘肃甘南州等90多个县、市、区	$Ⅺ_1$ 青东甘南高原天然草地、林地与未利用地——放牧业用地亚区 $Ⅺ_2$ 柴达木盆地、天然草地、有林地、水浇地——牧农和工矿用地亚区 $Ⅺ_3$ 青南高原天然草地与裸岩、石砾地——放牧业用地亚区 $Ⅺ_4$ 藏北高原天然草地与荒草地、裸岩、石砾地——放牧业用地亚区 $Ⅺ_5$ 藏南谷地天然草地、有林地与水浇地——牧业和灌溉农业用地亚区

续表10-9

土地利用区	面积/万 hm^2	占全国比率/%	行政区域	土地利用亚区
Ⅻ藏东南—横断山有林地与牧草地——林牧用地区	5 357.04	5.6	西藏林芝市、昌都市、四川的甘孜州和阿坝的绝大部分县、云南的迪庆州、怒江州、大理州、德宏州，共83个县、市、区	$Ⅻ_1$ 川西高原天然草地、有林地与灌木林地：牧林用地亚区 $Ⅻ_2$ 三江流域天然草地、有林地与灌木林地：放牧业和防护林用地亚区 $Ⅻ_3$ 雅江下游有林地、天然草地与裸岩、石砾地：用材林地和牧业用地亚区 $Ⅻ_4$ 滇西北高原有林地、灌木林地、耕地与荒草地：用材林地和农业用地亚区

注：未包括我国香港、澳门、台湾和金门、马祖等地的土地。

引自：李元，2000.

10.3.2 土地资源利用分区概述

1. 东北山地，平原有林地与旱地——农林用地区（东北区）

位于中国东北部、北部和东部，以黑龙江、乌苏里江与俄罗斯接壤，东南部以鸭绿江、图们江与朝鲜为邻，南濒黄海、渤海，西至内蒙古草原。东北区属半湿润温带季风气候，年降水量 500～700 mm。林地茂密，平原辽阔，土地肥沃，并有富饶的森林和矿产，是中国重要的商品粮生产基地、木材生产基地。

(1)土地资源利用的特征。土地资源以山地有林地、平原旱地为主，土地利用率高。已利用土地中，以农业用为主，耕地、林地与牧草地之比是 29∶63∶8，形成林地比例最高，耕地为辅的农林用地结构特征。本区土壤肥沃，以黑土、黑钙土、暗色草甸土为主，自然肥力较高。宜农荒地集中连片，质量较好，是中国荒地资源开发潜力最大的地区之一。全区水资源总量 1 928.5 亿 m^3，南部缺水。本区绝大部分位于中温带，夏季温和湿润，冬季寒冷漫长，无霜期 100～180 d。北部的大兴安岭北端是中国的寒温带，无霜期少于 90 d，热量资源不足。本区是全国商品粮、豆类、用材林生产基地。

(2)土地利用方向及合理开发途径。土地利用仍以林地为主，耕地为辅的农林结构类型，土地利用方向应农林并重、农牧结合、林牧结合，因地制宜地促进农林牧副渔工全面发展。土地资源合理利用的关键是抓住哈尔滨—长春地区和辽中南区两个国土规划开发区的建设机遇，充分发挥和进一步巩固发展国家级商品粮生产基地和用材林生产基地和重工业基地的区域优势。

2. 华北平原水浇地、旱地与居民工矿地——农业和建设用地区（华北区）

位于中国东部中原地带，北起燕山、努鲁儿虎山，西沿太行山、伏牛山东麓，东临渤海、黄海。区内平原广阔，地跨温带、暖温带，光热水土资源丰富，农业生产的自然条件优越，是全国主要粮、棉、油、果、禽、水产品的生产基地和轻工业原料基地。

(1)土地资源利用的特征。耕地是土地利用的主体，园地居重要地位，林牧用地面积较小。耕地以水浇地和旱地并重；园地以果园为主。本区属温带半湿润气候，光热条件较好，适种小麦、棉花、玉米、花生。本区降水较少，季节和地区分布不均，年降水量为500～900 mm，全年最大蒸发量为800～1 000 mm，由南向北干旱缺水问题突出。降水集中在夏季，多暴雨，平原低洼的南部地区易受洪涝灾害，易发生洪涝，北部易出现干旱。区内盐碱土、风沙土、沙姜土合计占全区耕地的1/4。本区人口稠密，城镇密集，工业交通发达，城市数约占全国城市总数的1/5。本区处在全国生产力总体布局的主轴线上，路网稠密，交通便捷，沿海呈串珠状的港口群和占全国1/4沿海开放城市，加之机场和京杭大运河等，形成了铁路、公路、水运、航空等多种运输方式相综合的运输网。

(2)土地利用方向及合理开发途径。华北区是一个土地开发程度较高的地区，今后仍应以农业耕地为主，稳定耕地面积，发展优质、高产、高效农业，巩固和发展粮、棉、油、烟、肉、渔商品生产基地。要加强农田基本建设，非农业用地要尽量不占和少占耕地。城乡居民点建设用地应以内涵挖潜为主，严格控制增长速度，保证交通、能源、水利、原材料等基础设施和基础工业用地的需要，努力提高土地利用率和综合效益。

3. 黄土高原旱地、牧草地与有林地——农牧林业用地区（黄土高原区）

位于黄河中游，东以太行山为界，与华北平原相邻，西至日月山东侧，与青藏高原衔接，南隔秦岭，同我国北亚热带靠近，北抵长城，毗连鄂尔多斯高原。因黄土堆积和严重的水土流失而著称，受黄土物质特性及地形、水文、气候等自然环境影响，土壤侵蚀（包括风蚀）和干旱缺水是本区农、林、牧业生产的主要限制因素。水土流失防治及其综合治理是本区亟待解决的重要问题。

(1)土地资源利用的特征。全区以农用地为主，农林牧均衡用地的结构特征。农业用地以粮食生产为主，耕地中以坡耕地为主，占耕地总面积的60%～80%，其中旱耕地占72%。林地偏少，集中在土石山地，森林覆盖率低。草地以天然草地为主，且坡度陡，土层薄、土质少，干旱缺水，产草量低，载畜力差，牧业靠天养畜。坡耕地中陡坡耕地较多，所以耕作粗放，土地生产力低。本区黄土疏松，垂直节理发育，遇水易崩解，具有湿陷性，抗冲力和抗蚀力极低，土地侵蚀严重。因此是世界上土壤侵蚀最为强烈的地区。全区水土流失面积达80%，在晋陕黄土丘陵沟壑区的沟道密度达3～7 km/km^2，沟谷深度达50～80 m。侵蚀和地形割切，使区内交通难以发展，主要交通干线及大中城市均处于区域外围，区内处于半封闭状态。本区地处半湿润气候向干旱气候过渡带，降水时空分布极不均匀，年降水量不及蒸发的1/2，降水量集中在7—9月，多为暴雨，春旱和夏旱频繁，在蓄水保水条件较差的黄土丘陵沟壑区，常发生旱灾，部分地区人畜饮水也十分困难。径流集中的缓坡和台塬，普遍发生重力侵蚀和潜蚀。西北边缘风沙强烈，形成沙漠化现象。

(2)土地利用方向及合理开发途径。本区土地利用现状是以农用地为主。产业结构以种植业为主、畜牧业为辅的特点。今后土地利用方向应以生态型林草地利用为主，发展自给性粮食生产，加强农牧、林牧结合，促进农林牧业全面发展。以坡耕地利用为核心的黄土坡地合理利用是生态农业建设的关键。黄土高原土地生态环境极为脆弱，林草建设是合理利用土地资源的必由之路。

4. 长江中下游平原水田、水域与居民工矿地——农渔和建设用地区（长江中下游区）

位于淮河以南、武夷山以东，洞庭湖、鄱阳湖盆地以北，是我国南、北方交接融合地带，为北亚热带湿润气候，光热充足，降水量高，年降水量 800～1 600 mm，无霜期达 200～280 d。土壤以红壤、棕壤和水稻土为主。农作物以水稻、小麦、棉花、油菜为主。长江黄金水道横贯全区，是我国经济“T”字形构造格局的核心，也是中国经济最发达的地区之一。人口密度为全国最高，经济基础雄厚，经济密度居全国首位。

(1)土地资源利用特征：①土地利用类型丰富、多样、农业集约化程度高。本区土地开发程度高，农用地中耕地、园地、林地比为 62：4：34，农、林、牧、渔业产值为 57：2：28：13，突出反映了以农业为主、渔业为辅的用地结构。耕地占全国耕地面积的 11.6%，人均耕地面积虽低于全国水平，但由于耕作历史悠久，土地肥力水平高，耕地质量好，耕地种植以粮、棉、油生产居重要地位，水田面积、灌溉水田面积、土地利用率、土地垦殖率均是全国最高水平。由于集约化程度高，虽然人均耕地少，但耕地复种指数高，农用地产值和耕地产值均大大高于全国水平。全区山地以亚热带森林、竹类为主，丘陵区多为旱作农业与果树，平原及盆地种植水稻，山地草场发展养牛业，且有不少的名特优农产品。区内以长江干流为主线，河网、湖泊交织，是中国河湖量最密集的地区，水域面积占全国的 1/5，水面开发利用程度高，淡水养殖业发达。水域多兼灌溉、航运、养殖、蓄洪等多项功能为一体，而水域合理、协调开发利用是本区可持续发展的最重要一环。尽管本区农业利用条件好，但长江中下游水患不断，水体污染日趋严重，对本区经济持续稳定发展有较大影响。②非农业用地比重较大，土地产出水平高。本区是我国大、中城市集中地区之一，城镇密集，工交发达，城市化水平高。居民点工矿用地，特别是农村居民用地占全区居民点工矿用地的比例高。本区交通用地密度是全国平均值的 3 倍。人均工农业总产值是全国平均值的 1.76 倍。农用地产值也高达全国的 4.5 倍，土地产出水平在全国各大区中名列前茅。

(2)土地利用方向及开发途径。本区以农业生产的种植业为主，养殖业以种植业为依托。土地利用方向应以耕地水田利用为主、水产养殖为辅，严格保护耕地，稳定粮田面积，提高粮食单产，实行耕地资源和非耕地资源综合利用，保护国家商品粮生产基地的可持续发展。本区是全国耕地精华所在，必须注重耕地数量，重视耕地质量，防止水土流失和控制工矿污染，保护好生态环境，促进工农业用地的协调发展。

5. 川陕盆地有林地、旱地与水田——农林用地区（川陕盆地区）

位于中国西部，以四川盆地为主体，包括汉中盆地、秦巴山地和鄂西山地，天然林多，人工林少。未利用地主要是田坎和荒草地。土壤资源绝对数量大，人均相对数量少，耕地相对集中。川陕盆地水热条件好，土地以棕壤、黄壤、水稻土为主，作物以水稻、小麦、棉花、甘蔗、油料、茶叶为主，气候具北亚热带特征，地域分异明显，东部鄂西地区为温暖湿润的东南季风气候，西南部和四川盆地底部为干湿交替的西南季风所控制，雨热同期，降水量在 1 000 mm 以上，无霜期 233～258 d，北部为暖温带和亚热带半湿润区与湿润区的交叉地带，土地利用方式多样化，农业条件较优越。

(1)土地资源利用特征。在利用土地中，农用地与非农用地之比为 94：6，以丘陵林地为主占 61%，盆地耕地为辅占 33%，优越的水热条件和丰富的土地类型，为农林牧业多样化发展创造了有利条件。其中成都平原气候温暖湿润，地势平坦，土地肥沃，誉为“天府之国”，是重要的粮油产区。东部林地资源丰富、森林蓄积量高，开发潜力大，有著名的神农架，珍稀动植物繁多，林牧产品丰富。西南部优良耕地集中，北部生物资源丰富多样，有大量的动植物药材品种，为大熊猫、金丝猴等珍稀动物的主要栖息地。在长期开发的过程中，开发利用与治理保护相结合重视不够，采用陡坡垦殖、森林过伐、草场过牧等不当方式，造成水土流失十分严重，直接威胁到众多水库和三峡库区的安全。

(2)土地利用方向及开发途径。今后仍应以林地利用为主、耕地利用为辅，水旱并重，农牧、林牧结合，促进工农业协调用地，农林牧渔业综合发展。必须坚持节约用地，努力提高耕地生产和粮食供给能力。保护环境，加快山区林业生态建设，开发林特产品，增加人民收入，制止乱砍滥伐森林，加强水利设施建设，改造中低产田，提高土地资源的综合生产能力。抓住三峡库区建设契机，形成以三峡库区为主的新兴旅游产业。

6. 江南丘陵山地有林地与水田——林农用地区（江南丘陵山地区）

位于长江中下游平原以南，东临东海之滨，西接云贵高原，气候温暖，湿润多雨，地形错综复杂，气候水平分异和垂直分异明显。年降水量 1 200～2 000 mm，是全国大陆降水量最多的地区之一，无霜期 230～235 d。

(1)土地资源利用特征。土地资源丰富，类型多样，土地利用率高。土地利用以林地为主，耕地为辅，山区与谷盆相间林农用地结构。森林覆盖率为全国平均水平的 3 倍，是我国森林覆盖率最高的区域。由于土地资源和水热资源丰富，亚热带林、果及众多名优土特产具有优势。耕地中水田面积占 86%，灌溉水田超过 3/5，旱涝保收面积占耕地面积的 44%，复种指数高达 235%，是我国南方以水稻生产为主的一个重要粮食产区和经济作物产区。由于本区光温在时间上的分配不均，造成寒、洪、旱灾害，影响水热资源有效利用，低温冻害、寒露风害、暴雨、伏秋旱，多种灾害年年发生，对农业生产影响极大。由于复杂的地貌条件，应在不同层次上利用土地资源，发展立体农业。本区人口密度高于全国水平，但受地形条件影响大，地区间分布不均衡，经济发展水平的区域差异明显。南方山区经济发展水平在沿江、沿铁路线发达，离江、离铁路线较远的地区落后，京九铁路从该区穿过，对促进该区经济的协调发展具有重要意义。

(2)土地利用方向及开发途径。土地利用仍应以有林地利用为主、耕地利用为辅，农林结合、农牧结合、林牧结合，因地制宜发展立体林业。丘陵盆地、河谷地农业生产条件和基础较好，发展以水稻为主的商品粮生产基地。耕地利用应进行深度和广度开发，实现农作物的高产、稳产、优质，加大复种指数。实行适度规模经营，扩大多种经营，实现粮油、畜禽蛋全面发展，加速农业产业化发展，实现农副产品深加工增值。发展用材林、经济林、防护林、薪炭林和森林的综合开发与加工，积极开发利用大面积的宜林荒山荒地，发展阔叶树，提高森林覆盖率，降低用材林比率，丘陵发展亚热带林果。建设人工草地，改良天然草地，利用林间草地发展畜牧业。并应加强造林和水土保持工作。

7. 云贵高原有林地、灌木林地与旱地——林农用地区（云贵高原区）

地处我国西南边陲，与缅甸、老挝、越南等东南亚国家相邻，边境贸易异常活跃，促进了本区的经济发展。本区地跨我国热带、亚热带、暖温带、温带 4 个气候带，属中亚热带气候，降水量 800～1 400 mm，生物多样，森林资源丰富，是我国西南林区的重要组成部分。

(1)土地资源利用特征。土地利用以林地为主、耕地为辅的林农结构，主要土地类型是有林地、灌木林、旱地和水田。土地利用率略高于全国平均水平，全区林地占绝对优势为 1/2，其次是耕地占 1/5。本区水热同期，水热资源丰富，适于多种作物的种植。由于受地形地貌影响，立体气候特征明显，生物种类繁多，为发展立体农业和多种经营提供了丰富的自然基础和物质条件。大江大河两岸有不少原始森林，西双版纳是国家级自然保护区，是我国热带森林地区之一。云贵高原是世界上岩溶分布集中的地区，岩溶面积大，独特的喀斯特地质、地貌景观有利于旅游业的发展。本区地表水短缺，地下水丰富，是解决干旱缺水的重要条件。但强烈的溶蚀，导致水土流失严重，生态趋于恶化。本区人口多耕地少，粮食紧缺已成为本区经济发展的一个沉重负担。交通条件虽有改善，但仍十分不便，是我国著名的西南老少边穷地区，经济发展水平亟待提高。

(2)土地利用方向及开发途径。云贵高原土地利用复杂多样，今后土地利用仍应以林为主、以农为辅，发挥材林基地优势，建设长江上游防护林体系，积极扩大水田面积，发展自给性农业。本区商品粮基地主要集中在桂中、滇东、黔中和黔东北平原，坝地宜粮区水土资源匹配较好，水利设施利用率较高，是该区粮食生产的基本保障。以农养林，以坝养山，充分开发利用现有草山草坡资源，促进农牧、林牧结合，发展商品性草地畜牧业。处理好非农用地与农用地、工矿用地与耕地保护、烟草经济作物用地与粮食用地、用材林采伐与防护林培育的关系，把山区开发与经济发展有机地结合起来，提高区域土地资源的利用效率。云贵高原生态环境脆弱，山高土燥，石头多，水土流失严重，生态环境日趋恶化，已严重威胁本区的社会经济发展和两江中下游的生产和生活安全，尽快把岩溶山区的生态治理工程列入国家计划，结合长江、珠江中下游生态防护林网工程建设，进行全面综合治理。利用西南边陲区位有利条件，发展边境贸易，促进地区经济发展。

8. 东南沿海有林地、水田、园地与居民工矿地——农林渔果和建设用地区(东南沿海区)

位于中国的最南部，西北倚山，东南面海，陆域地形狭长，沿海岛屿环布。人口密度是全国平均人口密度的3倍，经济密度是全国平均水平的3.7倍，是我国经济最发达的地区之一。本区为热带、亚热带气候，是全国水热资源最丰富的地区，年降水量1 200～2 000 mm，部分高达2 500 mm。独特的水热条件和地理区位的优势，是全国热带、亚热带作物和经济林果最适宜发展的地区。

(1)土地资源利用的特征。东南沿海区土地类型多种多样，以丘陵山地为主。土地利用率较高，土地利用以林地为主、耕地为辅的农林用地结构，耕地、园地、林地与牧草地之比为28∶7∶64∶1。以平原水田与山地有林地相结合，以热带、亚热带经济林果为主的生产优势，是香蕉、菠萝、荔枝、龙眼、杧果、柑橙、椰子、咖啡等主要产区。也是我国最大的甘蔗生产基地，食糖居全国之首，还有许多热带经济作物的名优特产品，是中国创汇农业的重要基地。本区是中国沟通海外的大门，也是架接内地的桥梁，对外港口多，人口稠密、城市化、工业化程度高，区域经济十分发达。本区人均耕地最少，粮食不能自给，在发展地方经济的同时，加剧了人多、地少、缺粮的矛盾。沿海平原地区，是全国交通比较发达的地区之一。

(2)土地利用方向及开发途径。本区以林地利用为主，耕地利用为辅，协调工矿、交通和城镇建设用地，稳定耕地面积，农林牧渔业全面发展。重点是开发利用丰富的滩涂、湖泊资源，发展水产养殖；开发荒草地扩大热带、亚热带农林作物种植面积，开发宜园荒地改造低产园，扩大经济林果生产，系统规划建设用地。本区是中国最大的热带作物适宜区，特别需要发展天然橡胶生产，提高橡胶产量。增加海滩养殖力度，提高产量和质量，利用紧靠香港、澳门的区域优势增强市场竞争能力。应严格控制城乡建设规模，稳定耕地面积，努力提高粮食生产能力。统筹规划林果业用地，增加林木再生能力，实现林业经济效益、生态效益和社会效益同步发展。

9. 内蒙古高原牧草地与旱地——牧业用地区（内蒙古高原区）

位于中国北部边疆，东接大兴安岭西端和黑龙江、吉林、辽宁，西邻阿拉善高原，南抵河北、山西、陕西、宁夏北部，东北部和北部分别同俄罗斯与蒙古接壤。本区位于我国内陆干旱地区东部，属温带半干旱到干旱气候，大部分属于温带大陆性季风气候。无霜期 100～150 d，降水量偏低，年降水量 200～450 mm，自东南向西北递减，集中于 7—8 月，4—6 月干旱少雨，又多大风，春旱严重，自然灾害频繁，是制约农牧业生产的主要因素。土壤以黑钙土、栗钙土、棕钙土为主。内蒙古高原是世界著名欧亚大陆草原最东段的一部分，草地面积广阔，牧草种类繁多，草质良好，是中国著名三大牧区之一。

(1)土地资源利用的特征。本区土地利用以牧草地为主、耕地为辅的牧农结构特征，区内草原辽阔，类型多样，以温带草原为主，适于畜牧业发展。全区农业用地以天然草地占绝对优势，草地质量最佳，牧业占农业产值比重高，农林牧用地区域差异明显。全区水热资源分布极不平衡，水资源是本区农牧生产的一大限制因素，是形成旱作农业为主、产量低而不稳定的基本原因，由于降水不足和水资源缺乏，广大牧区常发生黑灾。草场暖季多于冷季，冬春冷季草场只是夏秋暖季草场的 30%～60%，造成“夏饱、秋肥、冬瘦、春死”现象。本区农业和农区不能为牧业和牧区提供饲料，牧业和牧区不能为农业和农区提供肥料和草场，农牧交错区农牧业之间互相封闭，无经济往来。相反，人口不断增加，人均耕地减少，草原滥垦，盲目扩大旱作农田，挤占牧业用地，农牧争地愈来愈烈。滥垦、滥伐、滥牧长期得不到克服，造成草原退化、土地沙化面积扩大。内蒙古自治区地处塞外，地广人稀，居住分散，区内公路密度小，设施差，等级低，交通运输极不方便。农牧区工业很不发达，经济水平很低。

(2)土地利用方向及开发途径。坚持以天然草地畜牧业为主，因地制宜强化农牧、林牧结合，发展区域性粮食生产。加强草原基本建设，巩固和提高在全国畜牧业生产中的地位。处理好保护耕地、牧草地与工交、城镇建设用地的关系，加强旱作农业与防护林带建设，把生态环境保护、退化草地治理和后备土地资源开发相结合，实现农林牧综合发展。土地利用重点应抓好蒙北平原和鄂尔多斯高原的中国重要肉、毛商品生产基地，协调发展蒙东南平原丘陵区农牧林业。加快治理土地沙漠化，积极推广耐旱、耐碱、耐沙的草种，因地制宜推行草原灌溉，提高草地生产力。解决河套平原商品粮生产基地的土地次生盐渍化问题，建设具中国独特多种类的小杂粮生产基地。提高草原总体载畜量和饲草地的转化率，适时储备和合理调制冬春饲草，逐步推行割草、搂草、捆草、运输机械化和系列化的干草调制方法，大力推广青贮法，提高储备牧草的质量，全面提高畜牧生产水平。

10. 西北干旱区牧草地与水浇地——牧业和绿洲农业区（西北干旱区）

本区位于包头—盐池—天祝一线以西，祁连山—阿尔金山以北。10 多个民族聚居于此，地处中国西部边陲，交通不发达，经济发展滞后，文化素质低，经济不发达。经济密度远低于全国平均水平。土地面积占全国的 22.36%，属地广人稀区域。属中温带至暖温带、极端干旱的荒漠、半荒漠地带，年降水量在 150 mm 以下，降水稀少，生态环境十分脆弱。由于高山和黄河过境，形成独特的绿洲农业和山地牧业，加上丰富的土地资源和矿产资源，是中国 21 世纪最具发展潜力的地区。

(1)土地资源利用特征。土地辽阔，类型多样，有海拔 8 611 m 的乔戈里峰，也有低于海拔 150 m 的吐鲁番盆地。是我国土地利用率最低、未利用地面积最大的区域，裸岩、石砾和沙地，沙漠戈壁广布。土地资源数量多，质量差，土地生产力低下。牧草地以天然草地为主，优质天然草地主要分布在山区，形成典型的山地草原畜牧业。本区气候干旱，降水稀少，发展人工灌溉是农业生产的首要条件。在南北高山之间的盆地边缘，依靠高山积雪和冰川融化进行灌溉，形成典型的绿洲农业，种植长绒棉与瓜果、葡萄等特优农产品，是中国重要的棉花生产基地，是山地畜牧业与绿洲灌溉农业的主要用地类型。本区是我国最典型的干旱荒漠区，在独特的生物气候条件下，有许多国内乃至世界罕见的名贵药材、野生动物、生物资源。本区荒草地占全国的 1/5，但宜农土地质量较差，开发难度大。土地盐碱重，地形起伏大，必须以水定地，合理安排农、林、牧地的开发，促进区域的可持续发展。

(2)土地利用方向及开发途径。本区土地利用方向应坚持以天然草地畜牧业为主，绿洲灌溉农业为辅，农林牧结合，多种经营综合发展。抓好粮、棉、糖基地和牧业、林业基地建设，合理利用水资源，协调区内粮食平衡。抓好甘肃河西走廊、新疆昌吉、伊宁、塔城、博尔塔拉和阿克苏、莎车等地粮食基地建设，重点抓好塔里木盆地棉花基地。大力兴建山区水库，调洪补枯，提高春季用水保证率，提高土地生产力水平。重点抓好新疆伊犁、阿勒泰、天山北坡和甘肃祁连山区的畜牧业基地建设，进一步开发水土资源，改良天然草地，建立人工饲草生产基地，提高草地资源生产和区域载畜能力。加大对山区的管理力度，控制森林采伐与草场载畜量，对牧区要加强定居、半定居点的建设，增加改良草场和人工草场面积。还应轮封轮牧，避免集中过伐，加强中幼林更新与人工造林，平原区要完善人工林体系和农田防护林以防风沙，改善农业生产的水热条件。建立各类自然保护区，保护农业生态环境。本区与哈萨克斯坦、吉尔吉斯斯坦、塔吉克、蒙古、俄罗斯、阿富汗、巴基斯坦、印度 8 国接壤，境内又有铁路纵贯横连，有利于发展多边贸易。

11. 青藏高原牧草地——牧业用地区（青藏高原区）

本区地域广阔、海拔高亢、气候高寒、草地资源丰富、地域文化独特、旅游资源得天独厚，是我国重要的畜牧业生产基地和旅游胜地。本区是世界海拔最高的高原，空气稀薄，平均海拔 4 000 m 以上，称为“世界屋脊”，年均霜期为 265 d，4 800 m 以上地区的霜期达 350 d，年均温度低于 10℃的寒冷地区占总面积的 70%。

(1)土地资源利用特征。海拔高、霜期长、低温、缺氧，土地生产潜力受限制，宜农宜林地面积少，为宜牧的草山谷坡的高寒草地放牧业为特点的牧业用地，牧业生产占绝对优势。牧草地占土地总面积的 53.2%，高寒牧草地是区域土地利用的主要方式，进行放牧牦牛和藏羊。耕地仅占农用土地面积的 1%，农区一年一熟，种植青稞、小麦、蚕豆和油菜为主，由于特殊高原地理背景，以耕地利用为主的种植业生产对区域经济，具有重要的战略意义。本区人烟稀少，人口密度仅为全国平均水平的 1/60，藏北 10 多万 km^2 为“无人区”。因受山地峡谷的阻隔，交通用地只占全国交通用地的 1.60%，本区只有高原公路干支线，基本没有水运。由于受低温、缺氧、滑坡、泥石流与冻融等限制，高原通车难度大，货流量较少，运输成本高，县级以下公路路况差，多数半年不能通过，物资调运十分困难，严重地阻碍了区域经济发展。本区农牧业生产以自给为主，农畜产品的商品率很低，除了毛、绒、皮张商品率高以外，肉、奶、粮食商品率都很低。

(2)土地资源利用方向及开发途径。需要对土地利用结构及布局进行适当调整，突出区域优势，稳定现有牧草地和耕地面积，提高林地利用率，充分合理开发未利用地，适当扩大农林用地比例，提高粮食自给程度，统筹安排保证城乡建设、交通、水利工程等行业对土地的需求。控制草地退化和沙化，提高草场经营水平，减少超载过牧，扩大草地覆盖度。农业上今后应重点调整耕作制度，加强基本农田建设，改良现有耕地，开发宜农荒地，努力提高单产和土地利用率，建设区域性高产稳产的商品粮生产基地，以提高自给程度，实现区内粮食自给。

12. 藏东南—横断山有林地与牧草地——林牧用地区（藏东南—横断山）

位于我国西南部川滇藏接壤地区，地处青藏高原与云贵高原和四川盆地过渡地带，土地占全国的5.64%，人口占全国的0.87%，经济密度低，仅为全国平均水平的5.1%。本区属高原湿润气候，水热条件地区差异很大，垂直差异尤为突出，全年降水量为400～800 mm，无霜期100～150 d，农作物一年一熟，区内耕地面积较少，主要分布在水热条件较好的河谷地带，农作物以青稞、小麦、马铃薯为主。有林地和天然草地面积大，能源、矿产资源丰富，经济相对滞后，是我国西部经济待开发地区。

(1)土地资源利用特征。本区山川窄陡、高山峡谷相间，岭谷起伏极大，山地资源丰富。未利用土地开发难度较大，裸岩、石砾地占63.72%，后备土地资源有限。土地利用以林地为主、牧草地为辅的林牧结构，产值却以种植业为主、畜牧业为辅的农业生产特征。耕地面积较少而分散，由于热量不足，主要种植青稞、小麦、油菜和牧草。本区交通用地少，交通相对落后，区域经济薄弱。林地利用多采取掠夺性经营，农耕地靠天吃饭，土地生产力低。由于本区土地的主体——森林、高山草原、草甸、荒漠四大生态系统受构造运动影响，越来越不稳定，加上地处大江大河上游，生态环境脆弱，如利用不当，易损害生态系统平衡，带来极大危害。

(2)土地利用方向及开发途径。本区人口稀少，密度低，是全国平均水平的1/8，土地利用应以林业为主，草地畜牧业为辅，促进农林、农牧相结合。必须搞好生态环境建设，因地制宜发展区域农业，适宜发展多种经济林木，在建设好江河上游生态屏障的同时，促进农林、牧林结合，提高林业产出率和经济效益。本区是我国青稞、小麦生产适宜区，逐步开垦后备资源，建立商品粮基地，满足农牧民需求。应改变传统放牧畜牧业为现代草地放牧与圈养相结合的季节性畜牧业，改善草场经营管理体制，提高草地生产力和承载力，全面提高畜牧业生产能力。

10.4 中国西部土地资源特点及其开发战略

根据自然地理环境的相似性和经济带等因素的综合指标，我国可划分为东、中、西3个地区，东部地区包括北京、天津、上海、河北、辽宁、江苏、浙江、福建、山东、广东、海南11个省份；中部地区包括山西、吉林、黑龙江、安徽、江西、河南、湖北、湖南8个省份；西部地区包括内蒙古、广西、重庆、四川、贵州、云南、西藏、陕西、甘肃、青海、宁夏、新疆12个省份。凭借良好的地理优势和历史原因，东、中部地区在以往的几十年中得到了重点开发和高速发展，而广大的西部地区则未受到重视，各方面都处于未开发和半开发状态。在20世纪末，面对经济发展和社会进步对更大区域的迫切要求，1999年我国适时提出了实施“西部大开发战略”的重大决策。开发西部不仅关系到国家的社会安定团结，更是保证经济可持续发展的重要保障。而要发展西部，无论是基础设施建设还是生态环境保护抑或产业结构调整，土地资源都作为基础资源与之密切相关，所以调查西部土地资源的特点、研究其开发中的问题和探求宏观战略已成为当前迫在眉睫的问题。

10.4.1　西部土地资源特点

1. 土地资源数量丰富，人均占有量高

西部地区地域广阔，12 省（自治区、直辖市）的土地总面积高达 684 828.5 万 hm^2，占全国土地总面积的 71.32%。截至 2019 年末，人口为 38 180 万人，占全国总人口的 27.27%。人均土地面积 1.794 hm^2，为全国平均水平的 2.62 倍，其中西藏人均土地高达 34.27 hm^2，居全国首位。西部地区人均耕地 0.126 hm^2，为全国平均水平的 1.38 倍（表 10-10）。

表 10-10　2019 年全国及西部各省份人口、土地、耕地及人均状况

区域	人口/万人	土地面积/hm^2	耕地面积/hm^2	人均土地面积/hm^2	人均耕地面积/hm^2
全国	140 005	960 204 800	1 278 619 000	0.686	0.091
西部	38 180	684 828 500	481 537 000	1.794	0.126
内蒙古	2 540	118 300 000	114 965 000	4.657	0.453
广西	4 960	23 906 600	33 076 000	0.482	0.067
重庆	3 124	8 240 200	18 702 000	0.264	0.060
四川	8 375	48 600 000	52 272 000	0.580	0.062
贵州	3 623	17 620 000	34 726 000	0.486	0.096
云南	4 858	39 410 000	53 955 000	0.811	0.111
西藏	351	120 280 000	4 421 000	34.268	0.126
陕西	3 876	20 531 700	29 343 000	0.530	0.076
甘肃	2 647	42 580 000	52 095 000	1.609	0.197
青海	608	72 230 000	5 642 000	11.880	0.093
宁夏	695	6 640 000	11 954 000	0.955	0.172
新疆	2 523	166 490 000	70 386 000	6.599	0.279

注：①本表数据根据《2021 年中国统计年鉴》《2020 年中国城市统计年鉴》计算而得，面积单位为公顷；②全国数据未包括香港、澳门和台湾等地。

2. 土地资源类型多样，地区差异明显

我国西部地区覆盖面积大，气候变化显著，地形状况也复杂多样，起伏极端，我国海拔最高点珠穆朗玛峰（8 844.43 m）和最低点艾丁湖（−155 m）均在西部。其内部各地区之间在气候、地形地貌、土壤、水文等各方面也都存在着较大的差异。

青藏高原素有“世界屋脊”之称，平均海拔达 4 000 m 以上，区内冰川、冻土广布，冰川覆盖面积约有 4.7 万 km^2，占全国总量的 80%以上。垂直分带明显，包括了热带、亚热

带、温带和高原荒漠等景观形态。高原内不同地域间差异也较大，以新疆和西藏为例，位于西北地区的新疆深居内陆，大陆性气候较强，属干旱地貌区，太阳辐射强，年、日温差大，降水稀少且地区分布不平衡。地貌轮廓为山地和盆地相间排列，山地有阿尔泰山、天山和昆仑山，中间有准噶尔和塔里木两大盆地。土壤类型以荒漠土、灰钙土和草甸土为主。而位于我国西南边疆的西藏是青藏高原的主体，大部分地区属高原气候，气温低、积温少。区内水资源丰富，雅鲁藏布江、怒江、金沙江、拉萨河等河流均流经本区，湖泊数量也高达 1 000 多个。由于成土条件复杂，土壤资源类型多样。

云贵高原则相对位于较低纬度的地区，内部高山较多，垂直地貌突出，碳酸岩盐系广泛分布，内有发育充分的喀斯特地貌，我国广西、贵州和云南东部是世界上最大的喀斯特区之一。该地区属于亚热带季风气候区，降水充沛，土壤类型以红黄壤为主，主要植被为常绿阔叶林，具有丰富的水资源和生物资源。西部地区多样的土地资源类型为大开发中发展复合型农业提供了条件，但资源分布零散，开发代价大，很难进行有效集中利用。

3. 耕地质量低

西部地区山地、高原面积广大，大面积农田较少，耕地以旱地为主，水、热、土资源组合不协调，有灌溉设施和水源保障的耕地仅占 1/3。如西北地区光热条件好，但气候干旱，降水量少，除少数山前冲积平原在冰雪融水灌溉下能形成绿洲外，其他耕地的 95%以上需要地下水和人工河渠灌溉，且土壤有机质含量低，多数为 0.3%～0.5%，且黏质形成物少，严重制约着农业生产。耕地质量与东、中部地区差异较大，广种薄收现象普遍。

根据《2021 年中国统计年鉴》，从地区分布情况看：西部地区分布的耕地较多，占 37.66%；东部地区、中部地区和东北地区分别占 17.04%、21.94%和 23.37%（表 10-11）。

表 10-11 耕地分布及分类情况

区域	面积/$\times10^3$ hm^2	占总量比重/%
全国	127 861.90	100.00%
西部	48 153.70	37.66%
中部	28 049.90	21.94%
东部	21 782.20	17.04%
东北	29 876.00	23.37%

数据来源：国家统计局，2021。

10.4.2 西部地区土地资源利用中的关键问题

1. 生态环境脆弱，土地退化现象严重

在我国，土地退化类型主要包括水土流失、沙化、次生盐碱化、污染、性质恶化、贫瘠化及土地资源的非农业占用等，其中水土流失、草地退化、沙化、碱化等土地退化现象重点集中在西部地区。

西部地区为全国水土流失最严重的地区，其中又以黄土高原区形势最为严峻，是黄河泥沙的主要来源地。每年仅贵州、重庆、四川输入长江的泥沙量就大约达到 6 亿 t。西部地区也是我国荒漠化最严重的地区，仅西北地区就占据了全国荒漠化土地面积的 90%。我国的荒漠化集中在内蒙古、新疆、青海、西藏等省（自治区），荒漠化导致了土地生产力的迅速衰退，使土地耕作层变薄，土壤粗化，肥力下降。

土地退化现象严重限制着西部地区农业和农村经济的发展，加剧了当地的贫困程度，引发了各种自然灾害。其原因是多方面的，一方面与干旱半干旱的脆弱生态环境有关；另一方面人类对自然资源的不合理利用也在加速着土地的退化。

西部地区气候干旱，植被覆盖率低，黄土泥石山地多，沙漠、戈壁面积大，在很大程度上决定了当地土地生态环境的脆弱性。我国有五大生态脆弱带，除江南红壤生态脆弱带外，其他 4 个生态脆弱带均分布在这里，即西北荒漠生态脆弱带、黄土高原丘陵沟壑生态脆弱带、西南喀斯特山区生态脆弱带和横断山山脉干热河谷生态脆弱带。

许多地区盲目地追求眼前经济效益而不顾生态环境的极端脆弱，进行大面积的毁林开荒、陡坡种植、围湖地造田、乱采乱挖、不合理耕作等，以掠夺的方式对有限的森林、林地、草场、草坡、滩涂进行开发，由此造成水土流失、洪水泛滥、土地沙化、碱化、草场退化等不良后果。以坡耕地的不合理利用为例，它是造成水土流失的重要因素，每年流入长江、黄河的泥沙量有 60%以上来自坡耕地，特别是长江上游、黄河上游坡耕地。

2. 土地利用结构不尽合理，基础设施和城镇建设滞后

西部地区平原较少，广大的山地为牧业发展提供了有利的自然条件，因此土地资源利用中以牧草地为主，占其土地总面积的 37.3%，拥有内蒙古、新疆、青海、西藏和川西五大牧区。

另外，所占比例较大的土地利用方式还有林地，占 23.8%，耕地也有较大优势，占 7%，而相比之下，其他利用方式则比例较少，如园地仅占 1%、交通用地占 0.6%，呈现严重的不平衡状态（图 10-1）。相对于全国平均水平而言，该地区建设用地所占比例较小；城镇村及独立工矿用地比例也远低于全国平均水平，基础设施和城镇建设的落后严重制约着西部地区社会经济的发展。

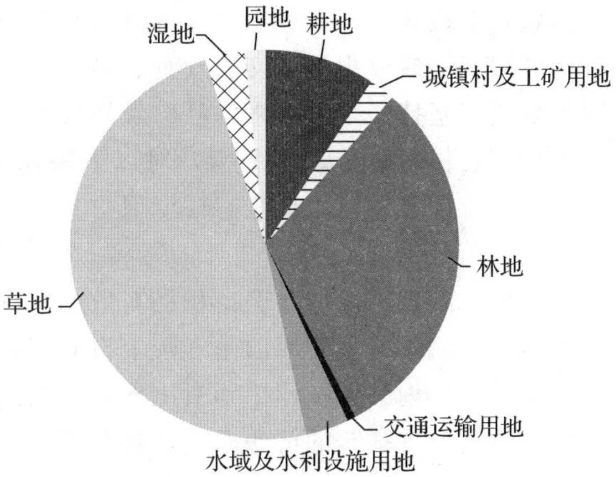

图 10-1　西部地区利用结构

（引自：国家统计局，2021）

3. 土地利用粗放，利用率和产出率低

由于气候、地形地貌、水文、地质、土壤等自然因素制约着土地资源利用，更由于人们在开发中所投入的人力、物力、财力及科技含量不足，所以西部土地开发利用程度偏低，属粗放经营。

土地质量较差，再加上投入少，土地利用效益低。2019 年西部地区耕地占全国的 9.14%，而农业总产值仅占全国的 34.35%；森林中人工林、优质林所占比例小，产出率不高；牧草地虽有较大面积，但产草量低，大多数处于自然放牧利用状态；城镇、农村居民点及工矿用地利用也不够充分，布局散乱，容积率低，土地浪费现象严重。

10.4.3 西部土地资源开发的战略和对策

1. 编制并严格实施西部土地资源开发利用规划

土地资源能否得到合理利用是关系西部大开发成败的关键，国土资源部在对西部土地资源状况全面调查的基础上，出台了《西部大开发国土资源开发利用规划纲要（讨论稿）》，为西部土地资源的开发利用提供了科学指导。在此基础上，西部各地区应依据自身需要，从整体土地开发利用的战略高度出发，编制区域性的土地资源开发利用总体规划，还可根据具体情况，制定资源集中区的细部规划和土地开发、复垦、整理等专项规划，深化和加强总体规划的实施，充分发挥各级规划对土地开发利用的宏观调控和指导作用。

要实现这个目标，首先，要做好西部地区土地资源的调查和评价工作，由于西部地区自然条件恶劣，地形复杂多样，目前对该区域内土地资源的数量、质量及其变化情况等各方面的调查和研究工作还很落后，无法满足规划工作对其全面性和现实性的要求。所以第一位的是加强西部地区土地资源的基础调查和评价工作，掌握西部地区的土地资源基本国情，尤其是坡耕地数量、质量和分布状况；耕地后备资源调查、评价和开发建设用地的潜力等内容。

其次，编制西部地区土地利用规划，要坚持总体规划与部门及地方规划相互衔接的原则，做到下级规划与上级规划、局域规划与整体规划相一致，这是因为土地资源的开发利用与环境规划、农业规划、交通规划、城市规划、水利规划等存在着密不可分的联系。同时编制规划还应坚持与西部未来的社会经济发展计划相适应的原则，加大耕地保护力度，确保农用地特别是耕地总量动态平衡，对以下关系应妥善处理：城市基础设施建设用地与耕地保护；土地资源开发与土地生态环境保护；调整农业用地结构如退耕还林、还草与保证耕地总量动态平衡等。

最后，规划制定后要坚持积极有效的实施。西部各省份以往也曾搞过一些规划，却没有收到预期的成效，重要原因是宏观上没有搞好控制，微观上不够明确具体，部门之间协调不力，使宏观规划的调控作用和对土地资源利用的督导作用未能发挥。要避免“规划规划，纸上画画，墙上挂挂”的可悲局面，就要因地制宜地针对不同地区、不同环境，对制定的土地利用开发规划进行有计划、有步骤、有目的地实施和推广。还要做到向社会公告宣传规划内容，让社会认识规划，让群众参与监督规划的实施，有效制止不实施规划的行为。

2. 优化西部土地资源法律法规配置

开发欠发达地区必须要有法律作为保障，美国、日本、法国等的实践经验都充分证明了这一点。我国在进行西部大开发过程中，不能仅仅依靠政策来协调各方面的冲突，也要充分利用法律手段来管理土地，始终贯彻保护的原则，防止对土地资源的再破坏。

要做到“有法可依”就要加快制定西部土地开发利用的相关法律法规，充分考虑在经济开发和项目建设时，对周围生态环境可能造成的影响，严格控制在生态脆弱地区开垦土地，坚决制止毁坏林地、草地以及污染水资源的行为。对一些组织和个人无视法律规定造成土地数量减少和质量下降的行为，国家司法机关应依法制裁，行政机关也应采取法律手段追究其行政责任，给予经济制裁，只有这样才能保护国家土地资源的根本利益。

同时要从法律角度完善土地管理制度，如建立土地产权登记制度、土地地籍管理制度、国家征用和征购集体土地制度等。土地产权登记制度明确了土地产权的归属，固定土地登记，能做到严格限制土地使用权的设立和转移及土地用途的变更。地籍管理不仅是土地管理的基础，也是集体土地出让、转让的条件，要求相关部门应给予充分重视。当前国家要进行大规模开发建设就涉及征用和征购集体土地问题，从实际情况看，国家借助行政力量征用集体土地实行部分补偿，集体没有得到出让土地所有权的收益，这种方式阻碍了土地市场的形成。所以当前任务之一是制定新的土地征用征购法律法规，明确界定国家和集体之间的权利义务关系，全面引入竞争机制，实现经济补偿市场化。

3. 加强西部地区土地生态保护和建设

土地退化现象突出、生态环境脆弱是西部地区可持续发展的严重阻碍，因此西部大开发要把生态环境的保护和建设放在首位。要逐步改变西部生态环境，应从治理土地荒漠化和水土流失入手，优先建设这两大生态工程，还要根据西部内部区域不同的土地生态特征，针对各地土地生态建设制定相应政策。

黄土高原地区包括陕西、甘肃、青海、宁夏大部分或部分地区，是水土流失最为严峻的地区，是黄河泥沙的主要来源地，要对其进行治理，应以小流域为单元，重点实施退耕还林还草，恢复植被，修水平梯田、沟坝等。青藏高原地区包括西藏、青海、四川、云南、甘肃的大部分地区，建设过程中应加强水资源的保护和建设，充分利用耕地资源进行草场建设，保护现有林业资源。西南湿润地区包括广西、贵州、云南、四川、重庆的大部分地区，该区降水丰富，土壤侵蚀、水土流失严重，造成江河湖库泥沙淤积，洪涝灾害时有发生。因此应以改造坡耕地为中心，恢复扩大林草植被，做好水土保持工作，营造水源涵养林和人工草地。西北干旱地区包括新疆全部，内蒙古、宁夏、甘肃、青海等的大部分地区，针对该区干燥少雨、沙化严重的现状，要重点保护林草植被，组织实施防护林建设，控制荒漠扩大趋势，构建森林综合防护体系。

总之，要加强生态保护和生态建设，应坚持预防为主，治理与保护、建设与管理相结合的方针。要改善西部土地生态环境，要有步骤地进行退耕还林还草，在沙漠边缘和风沙危害大的地方大面积种植防护林，在宜林荒山荒坡上进行造林绿化工程，提高林草覆盖率，减少土地沙化和水土流失现象，对土地要坚持用养结合，科学种植，保持地力。

4. 调整西部土地资源利用结构

西部地区陡坡地较多，自然条件有利于发展林牧业生产，这也正适应了我国对农业结构调整的需要。要调整土地利用结构，大力发展林牧业生产，应逐步退耕还林、还草或坡改梯。其基本思路是：在农业用地内部，从根本上改变过去“以粮为纲”的土地利用方式，对25°以上的陡坡耕地，有计划、有步骤地实行退耕还林还草。同时也要根据不同区域的具体情况确定不同的还林目标：处于侵蚀严重或江河源头地区的退耕地，应以生态防护林为主；若退耕地土地质量较好但相对位置较高，应以用材林为主；若退耕地土地质量较好且相对位置较低，可以经济林为主，种植经济林要面向市场，品种多样，以适应市场波动。

同时，要根据各地区的自然和土地资源特点，充分发挥当地优势，因地制宜地利用土地，调整和优化用地结构。坚持以市场为导向，利用先进科学技术，在优质高产区进行农业生产，发展特色农业，合理开发和充分利用丰富的草山草坡，大力发展牲畜业，与东部地区以农为主现象形成优势互补，并加大荒山荒坡的整治力度，提高森林覆盖率。通过以上调整，使西部土地利用结构以林、牧为主，走林、牧、农相结合的道路。在退耕的同时，还应注意把生态效益和经济效益统一起来，逐步实现生态工程建设同国土整治、产业开发和区域经济相结合，努力做到在有效保护生态环境的同时，不断增加农民收入。

土地利用结构调整中还包括基础设施用的问题，西部地区基础设施薄弱，无法满足经济发展的需要，因此西部开发要以基础设施的建设为突破口，其占用土地也将不可避免，在这个过程中要避免乱占滥用违法用地等现象。在保护耕地的前提下，保证国家重点工程建设用地，根据国民经济发展战略和产业政策，支持西部地区发展优势产业，保证国家重点支持的农林水利建设，交通通信建设，城市基础设施建设等用地需要，发挥西部地区的资源优势，逐步缩小地区经济发展差别。

5. 提高西部土地资源的利用率和产出率

西部大开发战略的顺利实施，要求改变当前土地利用率和产出率低下的状态，要提高土地利用率和产出率，必须首先了解土地利用现状，查清各种方式用地的自然条件与社会经济条件，选择适当的农地分等定级参评因素，运用数学模型及相关计算方法对各类用地进行分等定级，以确定其最佳用途与投入改良方向。

在土地利用过程中，要提高科技含量，提高土地生产力。人是生产中的主体，所以应把提高人口的科学水平和经营土地的能力放在首位，培养西部人口的生态环境意识，精耕细作的生产技术，以及运用先进科学进行农业生产和土地改良的能力。同时要引进先进技术，加大资金投入，进行基础设施建设，改造土地利用的限制因素，改善农业生产基本条件，改造中低产田，改善土质，培育地力，为土地的高效利用创造良好条件。当然还要改土地的粗放经营为集约利用，可以适当扩大农地经营规模，引导传统农业向现代农业的转化，不断改进技术和多种投入的合理比例。

在农业生产内部进行结构调整，应充分开发利用非耕地资源，发展节地农业和设施农业，适度推广轮作、套作、间作技术，提高复种指数和土地利用率与产出率。在村镇推行土地集约化利用政策，搞好村镇建设规划，适度合并村镇、改造旧村镇、充分利用和依托旧村镇原有基础设施，挖掘用地潜力，促进乡镇企业适当集中，并与小城镇建设相结合。

6. 加强与完善土地资源动态监测与管理系统

要保障土地资源管理和保护，一项基础性工作是建立与完善现代化的西部土地资源动态遥感监测系统，加强土地资源利用调查和动态监测，以便及时了解和掌握土地资源利用和保护动态变化情况，为西部国民经济发展、生态环境建设和土地资源管理提供科学依据。

国家有关部门和科研单位应对西部土地资源利用状况进行跟踪调查，定期提供不同时段土地资源空间变化的有关数据，并逐步实行产业化，为土地资源管理和经济建设提供更好的服务。同时要建立现代化的、可以联网和信息共享的土地资源信息管理系统，我国多年来经过努力，也取得了大量有关土地资源利用、管理、评价，以及后备资源调查、森林调查和草地调查等各方面的大量资料，但由于各方面原因，这些资料数据都没有得到有效利用。同时，由于不同部门和地区有关土地资源信息管理的软件开发或软件引进各自为政，缺乏统一性，不能进行数据共享，影响了土地开发利用工作的全局性和统一性。因此，当前任务是从西部开发整体角度考虑土地资源信息系统的开发建设，建立西部统一的土地资源信息管理系统，实施开发建设，统一技术标准和规范，加快推进数字化、网络化、信息公开化和社会化服务，实现信息共享。

思考题

1. 简述中国土地资源的基本特征及主要问题。
2. 试论我国土地资源与生态环境的关系。
3. 根据我国土地资源状况，应采取哪些对策来实现资源、环境、人口的协调发展？
4. 如何解决 21 世纪中国耕地状况与人口增长的矛盾？
5. 为什么说西北干旱区是 21 世纪我国具有较大发展潜力的地区之一？
6. 通过对西部土地资源特征分析，简要论述在西部大开发中如何开发利用土地资源？

参考文献

保护耕地问题专题调研组．我国耕地保护面临的严峻形势和政策性建议．中国土地科学，1997(1)：2-11.

但承龙，厉伟，王万茂．西部地区土地资源可持续利用探讨．生态经济，2001(10)：44-47.

邓红蒂，董柞继．关于西部大开发土地资源开发利用的初步研究．中国土地科学，2001(1)：39-42.

国家发展改革委水利部．全国坡耕地水土流失综合治理“十三五”专项建设方案，2017.

国家统计局．2020 年中国城市统计年鉴．北京：中国统计出版社，2021.

国家统计局．2020 年中国统计年鉴．北京：中国统计出版社，2020.

国家统计局．2021 年中国统计年鉴．北京：中国统计出版社，2021.

国土资源部．中国土地矿产海洋资源统计公报，2017.

李元．中国土地资源．北京：中国大地出版社，2000.

林培．中国耕地资源与可持续发展．南宁：广西科学技术出版社，2000.

马克伟，王世元，向洪宣．我国西部地区土地资源利用状况分析．中国土地科学，2000(3)：1.

潘文灿．21 世纪我国国土资源可持续利用的形势及战略措施．中国人口、资源与环境，2001(1)：8-12.

王秀兰，邬晓波．西部大开发与土地资源可持续利用．西部大开发研究，2000(6)：38-39.

中华人民共和国自然资源部，国务院第三次全国国土调查领导小组，中国国土资源利用．北京：中国地图出版社，2023.

周毅．21 世纪中国人民与资源、环境、农业可持续发展．太原：山西经济出版社，1997.

第11章　中国土地资源管理战略和体系建设

土地资源是社会经济发展的根本基础。我国土地资源的总体形势十分严峻。一方面，在粮食安全、生态保护与经济发展压力下，土地资源短缺状况更加突出；另一方面，土地资源粗放利用和管理滞后，加剧了形势的严峻性。因此，必须正确认识我国土地资源利用和管理中存在的问题，充分发掘土地资源的生产潜力，采取科学合理的管理措施，开发、利用和保护土地资源，优化土地资源配置，实现可持续利用的战略目标。

11.1　中国土地资源管理面临的问题和挑战

11.1.1　中国土地资源利用与管理的主要问题

1. 优质耕地资源短缺，耕地保护面临多重压力

“十四五”期间，我国坚持最严格的耕地保护制度，实施藏粮于地和节约优先战略，以提升粮食产能为目标，推进农用地整理和高标准农田建设，夯实农业现代化基础，一定程度上遏制了乱占滥用耕地的势头。但是，一方面，由于工业化、城镇化惯性，各项建设用地需求还在增加，建设占用了一定数量的耕地；另一方面，生态退耕数量大，导致耕地面积减少较多。2023年末，全国耕地面积（不包括香港、澳门和台湾）12 860万 hm^2，人均耕地面积已从新中国成立初的0.26 hm^2 降到了0.091 2 hm^2，远低于世界平均水平。

与此同时，我国耕地质量普遍较差，高产稳产田仅占1/3左右，有水源保证和灌溉设施的耕地只占40%。由耕地数量减少引起的耕地质量损失尤为严重，突出表现在以下几方面：高质量耕地尤其是水田被大量占用，耕地产能下降；优质耕地资源正在快速消失；耕地资源质量重心正在向资源禀赋差特别是水资源紧缺的北方转移；优质耕地资源污染面积不断增加。耕地质量退化加剧了原本已紧张的人地、人粮矛盾。

随着生活水平提升，粮食消费需求刚性增长，生态退耕、建设占用、工业污染、农地高强度利用（机械、化肥和农药）都将威胁到耕地资源的可持续利用，新时期下耕地保护面临多重压力。

2. 土地资源退化严重

我国在保护生态环境上做了大量工作，先后开展了“三北”防护林、长江中上游防护林、沿海防护林等一系列生态造林工程，黄河、长江等7大流域的水土流失综合治理工程，荒漠化和草原“三化”治理工程以及大气、水、土壤污染防治三大行动计划。总体上，我国生态环境质量表现出稳中向好态势，但土地资源退化形势依然严峻，当前发生退化的土地面积仍占全国土地总面积的 56.2%。

(1)水土流失危害严重。2023 年全国水土流失面积达到 267.42 万 km^2，受水土流失危害的耕地约占耕地总面积的 1/5。据联合国《世界资源》一书统计，黄河和长江的年输沙量分别位居世界九大河流的第 1 位和第 4 位，浑浊的黄水每年从陆地上带走大量的丰肥表土，每年流失的土壤量达 50 亿 t，约占世界流失量的 1/5，流失的表土相当于每年损失 33.3 cm 厚的耕作层，流失的氮、磷、钾营养元素，超过了全国 1 年的化肥施用量。我国水土流失区域和集中连片特困地区分布高度重合，特别是西北黄土高原区、西南岩溶区、西南紫色土区、东北黑土区、南方红壤区、北方土石山区等水土流失严重地区，在流失速度大于治理速度的情况下，造成河流湖泊淤积、土壤养分流失、地质灾害等一系列问题。

(2)草地退化面积大，生产力极低。截至 2023 年，我国草原面积 3.93 亿 hm^2，其中可利用的面积约 2.19 亿 hm^2。自然灾害、过度放牧、虫鼠危害使草原不断退化，退化面积已占全国草原面积的 1/3，全国草原生态总体恶化局面尚未根本扭转。新中国成立以来，全国草原面积减少了 667 万 hm^2，但牧区牲畜头数却由 1949 年的 7 900 万头增至 35 000 万头，草原过牧超载现象普遍。改良草地和人工草地 332.54 万 hm^2，不到牧草地总面积的 1.2%。长期过牧超载使草地退化、沙化和碱化面积每年以 200 万 hm^2 速度增加。草地生产率很低，单位面积产草量仅为世界平均水平的 30%，单位面积草地产值相当于澳大利亚的 1/10、美国的 1/20、荷兰的 1/50。草原灾害防控任务艰巨，受全球气候变化异常影响，我国主要草原区高温、干旱、暴风雪等极端天气增多，病、虫、鼠害日趋频繁。

(3)干旱、半干旱地区土地荒漠化和沙化形势依然严峻。土地荒漠化是土地生产潜力下降和破坏，并最终导致类似荒漠景观条件出现的现象，其原因除气候因素外，还有水土流失、土地盐碱化和风沙移动。土地沙化是干旱、半干旱、部分半湿润多风和疏松沙质地表条件下的生态脆弱区，人类不合理的土地利用，使原有的非沙质荒漠地区出现的风沙活动（包括土地风蚀、地表粗化和沙丘形成发展）为主要标志的类似沙质荒漠景观的土地退化现象。我国虽已遏制土地沙化、荒漠化扩展态势，但仍然是世界上荒漠化面积大、分布广、受荒漠化危害最严重的国家之一，全国荒漠化土地总面积达 261.16 万 km^2，占国土面积的 27.20%；沙化土地 172.12 万 km^2，占国土面积的 17.93%。

(4)土地次生盐渍化、潜育化加重。由于排灌工程不配套、管理措施不当，干旱、半干旱地区土地次生盐渍化和湿润地区土地次生潜育化严重。据土地资源调查，全国有盐渍化土地 9 913 万 hm^2，其中现代盐渍化土壤 3 693 万 hm^2，残余盐渍化土壤 4 487 万 hm^2，潜在盐渍化土壤 1 733 万 hm^2，盐碱耕地约 667 万 hm^2。此外，南方土地次生潜育化面积由 20 世纪 50 年代末的 373 万 hm^2，上升到 21 世纪的 420 万 hm^2。

(5)湖区生态环境恶化。由于历史上盲目围湖造田、上游来水减少和气候变化影响，湖泊水面减少，枯水期延长，影响渔业生产，降低调蓄能力，导致湖泊生态功能退化。新中国成立以来，全国湖泊水面减少约 140 万 hm^2，鄱阳湖被围垦利用面积已达 12 万 hm^2，加之泥沙淤积，其湖泊面积已由 1954 年 5 160 km^2 降至 3 850 km^2；洞庭湖湖泊面积由 1949 年的 4 350 km^2 降至 2 691 km^2。1998 年发生的长江流域特大洪水就因围垦造成湖泊面积减少、库容萎缩，致使汛期洪水外溢，加剧了洪涝灾害。

3. 土地污染严重

随着城市规模扩大、工业发展和乡村企业的兴办，大量的废气、废水、废渣，直接或间接进入土地，加上化肥、农药使用量居高不下，加剧了对农地的污染。目前遭受工业“三废”污染的耕地达 400 万 hm^2，受乡村企业污染的有 186.67 万 hm^2，受农药严重污染的面积超过 1 600 万 hm^2，三者合计面积为 2 186.67 万 hm^2，占全国耕地面积的 16%。

土壤环境状况不容乐观，首次全国土壤污染状况调查结果显示，耕地土壤环境质量堪忧，工矿业废弃地土壤环境问题突出。全国土壤总的超标率（土壤超标点位的数量占调查点位总数量的比例）为 16.1%，其中轻微、轻度、中度和重度污染点位比例分别为 11.2%、2.3%、1.5%和 1.1%，其中耕地土壤点位超标率为 19.4%，主要污染物为镉、镍、铜、砷、汞、铅、滴滴涕和多环芳烃。我国是世界上受酸雨危害最严重的地区之一，2018 年，酸雨区面积约 53 万 km^2，占国土面积的 5.5%，酸雨污染分布在南方多个省份，导致大量耕地土壤酸化、碱化、板结和结构破坏，恶化了农田生态环境，对农业生产发展构成严重威胁。近些年塑料地膜覆盖、农业大棚造成的土壤“白色污染”也不容忽视，我国每年残存在田野、土壤、沟河中的塑料薄膜至少占到供应总量的 10%，因各种原因未被回收的地膜累计残存量已达千万吨以上①，阻碍土壤水分疏导，引起土壤板结。

4. 土地利用结构失衡，节约集约利用程度低

目前，我国城镇化正处于深入发展的关键时期，据专家预测，今后我国的城镇化速度将进一步加快，到 2050 年，城镇化率将达到 80%以上②。快速城镇化进程也会带来一些突出矛盾和问题，主要表现为：

(1)土地利用结构失衡。土地利用结构失衡首先表现在城市用地数量的部门分配上，城市开发区和工业园占地过大，且多处于城市的中心地带；其次，表现在城市用地的空间结构上，许多城市的工业用地、行政事业单位用地依然占据了城市空间中高地价地区和商服繁华地段，城市各产业的空间配置并未完全按地租、地价规律在城市土地空间上进行布局，城市规划并未对城市用地起到应有的指导和约束作用；最后，结构失衡还体现在城镇空间分布和规模结构上，城市群布局不尽合理，各城镇自成体系，既影响了城市集聚功能的发挥，又浪费了宝贵的土地资源。

(2)土地节约集约利用程度低。主要表现在：耕地地块小而分散，规模经营范围有限，渠埂路等占地面积大，实际种植面积小，粮食等农作物产量较低，经济效益较差；园地面积较大，但产量低，品质差，布局不合理；草地利用程度低而且不平衡，产草量以及产肉、奶、毛、皮产量都很低，草地牧草转化率只有 0.7 左右；城镇土地资产闲置、浪费十分严重；建设用地粗放低效，批而未供现象突出；工业用地占地数量大，实际利用效率低，浪费大量耕地资源。

5. 土地管理问题层出不穷

土地管理是一项系统工程，目前我国土地管理还存在很多不完善的地方，主要问题表现在以下几个方面：

(1)原有的土地利用等级划分不适应新时期土地管理的需求。土地利用等是在土地自然等的基础上乘以利用系数得出的，土地利用等的提出是为了满足农业税、土地利用规划、基

① http://www.xinhuanet.com/gongyi/2018-07/18/c_129915757.html.

② http://www.drc.gov.cn/n/20170824/1-224-2894327.html.

本农田保护等的需求，但随着社会的发展进步，我国早在 2004 年就取消了农业税。为实现国土空间优化和高标准基本农田保护，土地利用规划、基本农田保护等土地管理手段和措施也有了新的目标，而这些工作的基础还未相应得到改变。

(2)土地违法违规问题比较突出。除以租代征、违规设（扩）区、未批先用等违法违规用地问题外，在农村建设用地土地审批、批后实施、土地供应、补充耕地、补偿安置等方面也还存在不少违法违规现象，亟待采取措施加以制止和规范。土地违法违规的主要因素尚未从根本上消除，由于干部考核制度、财税管理体制等因素的影响，一些地方领导很难真正践行新发展理念，一碰到实际问题，就可能重走外延扩张的老路，以牺牲国家利益和长远利益获取狭隘的地方利益和眼前利益。

(3)经济发展对用地的刚性需求所构成的压力持续扩大。各级政府往往把通过招商引资加快工业发展作为经济工作的头等任务，列出了大量的重点项目清单，加上大规模的基础设施建设，对用地的需求有增无减，导致国家下达的年度计划用地指标远远不够，土地供需矛盾日益突出。

(4)城乡土地二元结构矛盾突出，农村宅基地与集体土地改革滞后。集体经营性建设用地入市机制不完善，农民难以分享土地增值收益，现行制度限制宅基地跨村交易，农民财产性收入渠道狭窄，城乡差距扩大，现行制度限制宅基地跨村交易，农民财产性收入渠道狭窄，城乡差距扩大。

(5)土地市场发育不健全。城乡土地市场割裂，国有土地市场化程度高，而农村土地交易受限，难以形成统一市场，价格机制扭曲，工业用地低价出让、商住用地高价拍卖的“双轨制”导致资源配置失衡，土地供应结构与实际需求脱节，如商住用地供应不足，工业用地供应过剩。

11.1.2　我国土地资源管理面临的挑战

1. 土地供需矛盾将长期存在

作为发展中的人口大国，我国用大约世界 7％的耕地养活了世界 22％的人口，面临世界上最突出的人地矛盾。未来一段时期，人口总量、粮食需求将达到峰值，城镇化率将进一步提高，良好生态环境需求日益增长。在此背景下，既要维护粮食安全，保证足够的耕地与粮食生产能力，还要尽可能适应不断增长的建设用地需要，更要坚守生态底线，为子孙后代留下生存和发展的空间。

当前，我国经济正处在由高速增长向高质量发展转变的关键期，而土地是经济社会发展的基础性要素。随着工业化、信息化、城镇化、农业现代化同步发展，基础设施和民生领域迫切需要改善的事项依然很多，土地需求将保持强劲势头。预计到 2030 年和 2050 年，城镇化率将分别达到 68.38％和 81.63％，经济发展与人口增长导致对土地的空间需求和产出需求更大，土地供需矛盾将更加突出且长期存在。

2. 土地资源的可持续利用压力增大

改革开放 40 余年来，我国经济建设和社会民生经历了一个高速发展时期，举世瞩目。但同时也带来了一系列生态环境问题，发展的资源成本和环境代价巨大，集中体现在耕地减少、土地荒漠化、土壤肥力减退、土地污染、因水资源短缺而导致的局部地区生态恶化等一系列重大问题。由于这些问题的存在，使土地资源可持续利用的实现难度增大。

2015 年 9 月，联合国可持续发展峰会通过了《改变我们的世界：2030 年可持续发展议程》，包含了 17 个可持续发展目标和 169 个具体目标，中国高度重视并积极响应。土地利用是一个自然、经济和社会各要素相互耦合的过程，其可持续利用对实现以经济发展、环境美好和社会包容为主要目标的可持续发展来说，必然会发挥重要作用。

土地资源可持续利用是绿色发展和生态文明建设的重要内容，对于缓解我国土地资源面临的压力、改善土地资源利用状况、农业及社会经济可持续发展具有重要意义。在生态文明建设、绿色发展观、“山-水-林-田-湖-草-沙”生命共同体理念指导下，完善土地资源市场配置、调整土地资源管理政策、合理开发利用土地资源等将成为土地资源可持续利用的重点内容。

3. 土地管理体制和土地管理制度亟待完善

(1)土地管理体制。2018 年自然资源部正式组建，中国进入“山-水-林-田-湖-草-沙”系统治理的自然资源管理新时代，标志着中国在国土空间治理体系现代化进程中迈出了具有里程碑意义的重要一步。然而，新管理体制的效能有待在实践中检验完善。首先，产权、利用、市场等基础制度建设需要在实践中不断完善；其次，职能优化调整过程并非一蹴而就，仍需根据实践反馈不断调整；最后，监管体系也需要根据实践反馈反复巩固。

(2)土地管理制度。宅基地制度改革方面，改革内生动力和制度稳定性问题依然存在，缺乏可持续、市场化的经济机制，且过于强调当下利益，城镇化导向明显，适应各地实际需求，处理好个性与共性的关系是未来全国宅基地制度改革须遵循的基本原则；集体经营性建设用地入市改革方面，集体经营性建设用地存量在经济发达地区与欠发达地区、近郊区与偏远农村呈现非均衡分布，造成单一的市场化改革措施只能保证土地资源经济效率提升，很难保证改革红利在分配上的公正公平；征地制度改革方面，土地征收机制重建面临挑战，农民在征地过程中的程序性权利必须得到保障，通过明确程序性权利的具体内容，细化其实现方式，可促进实体性权利的实现，从而改善征地制度实施的效率。

11.2 中国土地资源管理的宏观战略

11.2.1 土地资源管理的指导思想与基本原则

根据经济社会发展的需要，结合土地资源的特点，我国土地资源管理的战略指导思想是：坚定不移地贯彻执行“十分珍惜、合理利用土地和切实保护耕地”的基本国策；不断提高全民族对人多地少基本国情的认识，使土地资源的合理开发利用成为全体公民的自觉行为；在科学规划的基础上，按照自然规律和经济规律的要求，因地制宜，综合开发各种土地资源；实现土地资源的节约集约与高效利用，不断地提高土地产出率；逐步建立土地资源休养生息制度，不断改善土地利用的环境条件，以保障土地资源永续利用与国民经济的持续、稳定、协调发展，从而迈向土地资源永续利用—生态环境持续保护—经济持续增长—社会持续发展的良性发展之路。

按照上述指导思想，我国土地资源管理应遵循以下基本原则：

(1)维护土地的社会主义公有制原则。土地公有制是我国土地制度的基础和核心，土地资源管理必须遵循这一基本原则。

(2)合理开发利用土地的原则。我国宪法规定："一切使用土地的组织和个人必须合理利用土地。"《土地管理法》规定："国家鼓励单位和个人按照土地利用总体规划，在保护和改善生态环境、防止水土流失和土地荒漠化的前提下，开发未利用土地；适宜开发为农用地的，应当优先开发成农用地。"

(3)切实保护耕地的原则。我国人均耕地面积少，人地矛盾十分严峻。《土地管理法》规定："国家保护耕地，严格控制耕地转为非耕地""国家实行占用耕地补偿制度""省、自治区、直辖市人民政府应当严格执行土地利用总体规划和土地利用年度计划，采取措施，确保本行政区域内耕地总量不减少、质量不降低""国家实行永久基本农田保护制度"。

(4)实行土地用途管制的原则。国家为保证土地资源的合理利用、经济社会和环境的协调发展，通过编制土地利用规划，划定土地用途分区，确定土地使用条件，要求土地所有者和土地使用者严格按照国家确定的土地用途使用和利用土地。土地用途管制制度是世界上一些国家和地区广泛采用的土地利用管理制度。《土地管理法》规定："国家实行土地用途管制制度"。

(5)土地有偿使用的原则。在社会主义市场经济条件下，土地具有资源和资产的双重属性，土地已作为一种特殊的商品进入市场流通。实行土地有偿使用，有利于理顺土地所有者和土地使用者之间的经济关系，有利于合理利用土地，促进土地资源的优化配置。

(6)土地统一管理的原则。由各级人民政府及自然资源管理部门代表国家统一行使土地管理的职权，既要对国家所有土地进行管理，也要对集体所有土地进行管理；既要对城市土地进行管理，也要对农村土地进行管理；既要管理农地，也要管理建设用地。

(7)保护土地所有者和土地使用者合法权益的原则。在我国，土地财产权主要包括土地所有权、土地使用权和土地承包经营权等。土地财产权一经依法取得，其合法权益就应受法律保护。这是我国宪法和民法基本原则在土地管理中的具体体现。

(8)正确处理中央与地方、土地所有者与土地使用者之间利益分配关系的原则。土地问题涉及各行各业、各个部门，涉及公民、法人、经济组织和社会团体。土地管理必须正确处理好这些关系，既要保护国家利益不受损失，又要保证当事人的合法权益不受侵犯。

11.2.2　战略目标

结合土地利用的现实状况，我国土地资源管理的战略总目标为：在充分尊重我国土地资源基本条件的基础上，优化配置土地资源，改革不合理的土地利用方式，增强土地资源的可更新能力和使用效率，以促进经济社会的持续、稳定和协调发展。具体目标包括以下几个方面：

(1)保持一定数量的耕地，确保粮食安全。粮食安全是关系人类生存和发展的大事情，对我国这样一个拥有十几亿人口的大国来说，粮食安全更具有举足轻重的地位。保障粮食安全，首先要保证一定数量的耕地，以便持久地拥有粮、棉、油、糖等主要农产品的生产能力，满足我国未来经济发展和人民日益增长的美好生活需要。

(2)提高土地资源的生产能力。土地是一种数量有限、稀缺程度极高的自然资源，靠增加数量来提高其可利用程度已经没有多大潜力可挖。只有通过不断地改善土地质量，提高土地的生产能力，才能在数量有限的情况下保证土地资源的永续利用。

(3)保障工业化和城市化所必需的各项用地。我国已进入工业化和城市化的加速发展时期，非农产业、城市建设、交通运输等各项用地需求将逐年增加。要在保证耕地生产能力不下降的前提下，通过各项措施，挖掘土地资源潜力，保障必需的建设用地供应。

(4)保护和改善生态环境。生态环境的好坏与土地利用形态有着直接的联系，通过土地资源可持续利用，不仅不会使原有的生态环境变坏，还会使原来恶化的环境状况随着土地利用的合理化得到有效的改善和治理，生态环境的总体状况将因为土地可持续利用而变得越来越适于人类生存和发展。

(5)构建良好的土地利用结构和布局。要根据我国土地资源总量、类型和分布情况以及经济发展水平，兼顾经济、社会和生态效益，因地制宜，积极而有步骤地调整不合理的用地结构和布局，使土地利用结构和布局永远处在综合效益最大化的动态优化状态。

以上5个目标可分别称作耕地保护目标、生产能力目标、用地保障目标、环境改善目标和结构优化目标，它们之间相关权衡协同，共同构成了一个相互联系、对立统一的整体。从土地资源可持续利用战略的要求来看，5个目标是完全一致的，但是在具体的实践操作中，不同目标之间存在一些冲突。首先，耕地保护与用地保障目标之间有明显的冲突，在土地资源总量一定的情况下，为确保粮食安全就必须强制性地保护大量的耕地，为此，其他类型用地数量就会受到一些限制，反之便会影响粮食安全，这就是所谓“吃饭与建设的矛盾”。其次，耕地保护与结构优化目标之间也有一定冲突，由于耕地的区域适宜性特征，为了保护耕地，有时候不得不放弃土地资源的某些更有效益的用途，从而只能实现土地利用结构和布局的次优化。最后，生产能力与环境改善目标也不总是一致的，为了提高土地生产能力，不得不在土地上集中投入大量的物质和能量，其中不乏有害物质和残余能量，它们可能给生态环境带来一定的危害。如此等等，它们从客观上要求我们在实际工作中注意各个目标之间的兼顾和协调。此外，在不同的发展阶段，各个目标的重要程度也有所不同。当前，环境改善和结构优化成为土地资源可持续利用的主要目标。

11.2.3 战略重点

11.2.3.1 耕地保护战略

耕地是最为宝贵的资源，急需加快构建数量、质量、生态“三位一体”耕地保护新格局。耕地是粮食的主要载体，而粮食是一种不宜长期储藏的战略物资，要改“藏粮于仓、藏粮于民、以丰补歉”为“藏粮于地”，重在建立和保持能够确保粮食安全的耕地生产能力。当前我国粮食生产虽然出现了阶段性、结构性过剩，但农业抗灾的能力还比较弱，靠天吃饭的局面并未从根本上改变。在农业科技没有重大突破的情况下，稳定和提高粮食生产能力，保证国家粮食安全，必须以一定数量和质量的耕地作保障。

1. 严守耕地红线

加大土地利用规划计划管控力度，严格按规划计划落实耕地保有量、基本农田保护面积。严禁突破土地利用总体规划设立新城新区和各类园区，对耕地后备资源不足的地区相应减少建设占用耕地指标。加强对违法违规占用破坏耕地行为的执法检查。

2. 严格划定与保护永久基本农田

完善永久基本农田特殊保护政策措施，确保基本农田数量不减少、质量有提高。研究制定城市周边永久基本农田划定管理办法，全面划定永久基本农田，将永久基本农田保护任务落地到户、上图入库，实行全天候监测。严格管理、特殊保护永久基本农田，除法律规定的国家重点建设项目选址确实无法避让外，其他任何建设不得擅自改变和占用。加快基本农田信息系统建设。

3. 大力推进高标准农田建设

以粮食主产区和基本农田保护区为重点，实施土地整治重大工程，鼓励社会资金投入，实施耕地质量保护与提升行动，大力开展高标准农田建设，加强高标准农田建后管护，将整治后的耕地划为基本农田，纳入国土资源综合监管平台。全面推进建设占用耕地耕作层剥离再利用，将建设占用耕地特别是基本农田的耕作层用于补充耕地的质量建设。

11.2.3.2　土地节约集约利用战略

我国人多地少，当前又正处于生态文明背景下高质量发展的关键时期，土地问题仍然是现代化进程中一个全局性、战略性、根本性的重大问题。而在当今中国面临的各种土地问题中，最根本、最迫切的是转变土地利用方式、推进节约集约用地。推进节约集约用地，是加快转变经济发展方式、推动经济提质增效升级的必然选择，是大力推进生态文明建设、保障经济社会长远可持续发展的必由之路。面对新形势和新要求，大力推进土地节约集约利用，具体应当落实以下 4 个方面的措施。

1. 优化城乡土地利用布局

早期优化土地利用布局的战略为“三个集中”，即指农民居住向中心村和集镇集中，工业向工业园区集中，农田向适度规模经营集中。随着理论和实践的发展，“三个集中”的论述有所改变，即“引导工业向开发区集中、人口向城镇集中、住宅向社区集中，推动农村人口向中心村、中心镇集聚，产业向功能区集中，耕地向适度规模经营集中。”但所反映的调整土地利用结构和布局、促进集约高效用地的实质没有改变，这项原则对于我国土地资源优化利用的战略意义与日俱增。

(1)工业向开发区集中。开发区建设是我国改革开放的成功实践，对促进体制改革、改善投资环境、引导产业集聚、发展开放型经济发挥了不可替代的作用，开发区已成为推动我国工业化、城镇化快速发展和对外开放的重要平台。当前，全球经济和产业格局正在发生深刻变化，我国经济发展进入新常态，面对新形势，必须进一步发挥开发区作为改革开放排头兵的作用，形成新的集聚效应和增长动力，引领经济结构优化调整和发展方式转变。

(2)人口向城镇集中。城镇化是伴随工业化发展，非农产业在城镇集聚、农村人口向城镇集中的自然历史过程，是人类社会发展的客观趋势，是国家现代化的重要标志。城镇化总体上有利于土地的节约集约利用。

(3)住宅向社区集中。社区是聚居在一定地域范围内的人们所组成的社会生活共同体。一般而言，社区具有管理功能、服务功能、保障功能、教育功能、安全稳定功能等。住宅向社区集中，除了有利于居民享有这些功能之外，还利于推动居住用地节约集约和高效利用。

(4)农村人口向中心村、中心镇集聚。中心村是指具有一定人口规模和较为齐全的公共设施的农村社区，它介于乡镇与行政村之间，是城乡居民点最基层的完整规划单元；中心镇是指具有较好区位优势、较强经济实力、较好基础设施、较大发展潜力、对周边地区具有一定辐射力的区域重点镇。相较于一般的村和镇，中心村和中心镇的规划性更强、设施更完善、土地节约集约利用程度更高。

(5)产业向功能区集中。产业功能区就是要通过构建产业生态圈、创新生态链吸引集聚人才、技术、资金、信息、物流等要素高效配置和聚集协作，形成集生产、研发、居住、消费、服务、生态多种功能于一体的新型城市社区。其根本目的是有效破解传统园区“重生产发展、轻生活服务”“重项目数量、轻企业协作”“重地理集中、轻产业集聚”等问题，着力解决产城分离、同质竞争、公共服务不配套、基础设施不专业等现实问题。

2. 严格控制各类用地规划用地标准

(1)强化土地利用总体规划的总体控制作用。各类与土地利用相关的规划要与土地利用总体规划相衔接，建设用地规模应符合土地利用总体规划的安排，年度用地安排应控制在土地利用年度计划之内。不符合土地利用总体规划和年度计划安排的，必须及时调整和修改，核减用地规模。

(2)加强重大基础设施和基础产业的科学规划。要按照合理布局、经济可行、控制时序的原则，统筹协调各类交通、能源、水利等基础设施和基础产业建设规划，避免盲目投资、过度超前和低水平重复建设而浪费土地资源。

(3)从严控制城市用地规模。城市规划要按照循序渐进、节约土地、集约发展、合理布局的原则，科学确定城市定位、功能目标和发展规模，增强城市综合承载能力。按照节约集约用地的要求，加快城市规划相关技术标准的制定和修订。合理确定各项建设建筑密度、容积率、绿地率，严格按国家标准进行各项市政基础设施和生态绿化建设。严禁规划建设脱离实际需要的宽马路、大广场和绿化带。

(4)严格执行土地使用标准。健全各类建设用地标准体系，编制公共设施和公益事业建设用地标准。按照节约集约用地的原则，在满足功能和安全要求的前提下，审改现有各类工程项目建设用地标准。采取先进节地技术、降低路基高度、提高桥隧比例等措施，降低公路、铁路等基础设施工程用地和取土或弃土用地标准。建设项目设计、施工和建设用地审批必须严格执行用地标准。

3. 立足内涵挖潜，盘活利用存量土地

(1)开展存量土地的调查与评价，重点要开展城市土地集约利用评价，查清土地集约利用潜力。对各类低效利用土地，制订盘活利用方案。

(2)建立完善激励约束机制，大幅度提高使用增量土地的成本，提高征地拆迁补偿安置成本；设法降低使用存量土地的成本，利用城镇存量土地进行建设的，可适当减免城市基础设施建设配套费。发挥税收的杠杆作用，增大土地保有成本，促进土地流转。通过机制创新，鼓励用地者提高用地效率，或者将多余、闲置的土地转让或出租。

(3)对一些位置分散的空闲地、闲置土地和低效利用土地（如“边角地”“插花地”等），应通过土地置换，盘活利用起来。土地置换，是指通过“易主”“易位”“易权”“易用”，把

这些土地归并整合到一起，使得位置趋于集中，面积更具规模，地块更加规整，以便于充分开发利用。

4. 强化农村土地管理，全面推进美丽乡村建设

(1)加强农村集体建设用地的规划管理。按照坚持城乡融合发展、节约集约用地的原则，指导、督促编制好乡镇土地利用总体规划和村镇体系规划，划定村镇发展和撤并整治范围。利用农民集体所有土地进行非农建设，必须符合规划，严格禁止擅自将农用地转为建设用地，严格禁止"以租代征"将农用地转为非农业用地。

(2)鼓励提高美丽乡村建设用地的利用效率。在坚持尊重农民意愿、保障农民权益的原则下，依法盘活利用农村集体建设用地。按规划稳妥开展农村集体建设用地整治，改善农民生产生活条件。农民住宅建设要符合村镇体系规划，住宅建设用地要先行安排利用村内空闲地、闲置宅基地。

(3)严格落实农村宅基地制度。农村村民一户只能拥有一处宅基地，其宅基地的面积不得超过省、自治区、直辖市规定的标准。人均土地少、不能保障一户拥有一处宅基地的地区，县级人民政府在充分尊重农村村民意愿的基础上，可以采取措施，按照省、自治区、直辖市规定的标准保障农村村民实现户有所居。及时清理历史遗留一户多宅问题，防止超面积占用宅基地和新的一户多宅现象。

(4)开展农村土地整治，促进城乡融合发展。要在统筹规划、合理安排的前提下，按照"谁投资谁受益"的原则，多渠道吸引社会资金，逐步加大对土地整治的投入力度。以一定比例的新增建设用地土地有偿使用费，作为配套或启动资金，专项用于农村土地整治，重点开展城中村的用地改造，城乡接合部和农村居民点的土地整治。有条件的地方，应当开展迁村并点和村庄改造。新增耕地或农用地必须大于新增建设占用的耕地。这样就会缩小农村建设用地规模，增加有效耕地面积。

(5)农地流转促进农地市场发育，提高农业生产效率。农地流转是优化资源配置、实现农业现代化的重要抓手，但需兼顾效率与公平、市场与监管。通过制度创新、政策协同和技术赋能，可逐步形成规范、活跃的农地市场，推动农业生产效率提升和农民收入增长，最终实现乡村振兴与农业高质量发展的双重目标。完善农地流转制度基础，规范流转程序，建立农地流转交易平台，通过流转整合零散地块，形成连片土地，便于机械化作业和标准化生产。

11.2.3.3　土地生态建设战略

土地既是人类赖以生存和发展的最重要的自然资源，又是生态环境的主体。在生态文明建设的背景之下，树立山-水-林-田-湖-草-沙是一个生命共同体的理念，加强对土地生态空间的整体保护，修复和改善土地生态环境，提升土地生态功能和服务价值。在目前普遍存在土地退化的情形下，开展土地生态建设是我国土地资源可持续利用战略的重要组成部分。

1. 将保护和改善土地生态环境作为土地资源可持续利用的一项主要目标

保护和改善生态环境是土地利用的基本原则，也是土地利用和土地管理的主要目标之一。要坚持在保护中开发、在开发中保护的方针，正确处理经济发展、耕地保护和生态环境建设的关系，加大土地生态环境建设力度，尽快遏制土地退化和生态环境恶化趋势，并最终走上生态环境良性循环的道路。

2. 全面开展国土综合整治

形成“四区一带”国土综合整治格局。重点在城市化地区、农村地区、重点生态功能区、矿产资源开发集中区和海岸带及海岛开展国土综合整治，修复国土功能。城市化地区，在严格保护历史文化遗产、保持特色风貌的前提下，着力推进城镇低效用地再开发。农村地区，整合相关项目资金，全面推进农村土地综合整治。重点生态功能区，以自然修复为主，加大封育力度，实施生态修复工程。矿产开发集中区，综合运用土地和矿业政策，推动工矿废弃地复垦利用和矿山地质环境综合治理。海岸带和海岛地区，开展蓝色海湾整治行动和生态岛礁工程，修复受损生态系统，提升环境质量和生态价值。

3. 重点开展西部地区土地生态保护和建设

西部地区是长江、黄河等大江大河的发源地，其土地生态保护和建设对保护和改善全国的生态环境具有重要意义，对长江和黄河流域土地的综合开发整治要给予特别的重视。长江中上游流域的耕地以旱坡耕地为主，水土流失严重，不合理的土地开发利用，尤其是森林的大量砍伐和过度放牧，造成土地退化和持水能力大幅度衰减，将人为增加洪水灾害发生频率，破坏生物栖息环境，加速生物物种的减少。黄河流域是世界上面积最大的黄土覆盖地区，位于黄河中上游的黄土高原地区是我国生态环境最为严峻的地区，耕地易受旱、涝、碱等灾害的侵蚀，必须通过各种有效的措施恢复与治理生态环境。

11.3 中国土地资源管理的宏观体系建设

我国土地资源管理的基本目标是在土地管理相关理论的支撑下，充分利用经济、生态、规划、行政及法律手段，优化土地资源配置并深化管理体制改革，充分发挥宏观调控和市场机制的作用，推进土地资源布局和结构调整，提高驾驭土地管理政策的能力，使土地管理适应新时代土地资源可持续利用的根本需要。

11.3.1 进一步完善土地资源管理体系，改革土地资源管理的经济运行机制

城乡二元结构，形成了我国城乡土地市场二元配置制度，即农村的土地属于农民集体所有，农地农用；城市土地属国家所有，用于城市建设，二者的分割十分明显，土地作为一种生产要素在城乡之间不能自由流通。现代市场经济和土地市场制度理论为我国城乡统一土地市场制度的创新提供了指导方向。

1. 土地市场制度改进与创新

目前我国的土地市场分为二级：一级市场是政府通过划拨、出让、租赁和作价入股方式向土地使用者供应土地，政府是提供土地的唯一主体；二级市场是通过一级市场取得的土地使用权进行转让、租赁、作价入股等交易行为，提供土地的主体是不受限的。市场经济下，提高土地资源的配置效率，要垄断土地一级市场，放活二级市场。

在现有的土地管理制度下，有 2 种路径选择：一是打破现有的土地供应制度，突破一级

市场的限制，允许农村集体经营性建设用地入市，形成城乡统一的土地市场，即政府和农民集体同时作为提供土地的合法主体。在政府供应土地的同时，集体经营性建设用地在符合规划、依法登记，并经本集体经济组织 2/3 以上成员或村民代表同意的条件下，通过出让、出租等方式提供给本集体经济组织以外的单位或者个人使用，取得土地的单位和个人可以将土地使用权进行转让、互换或者抵押。二是建立以有偿配置为主的政府供地方式，逐步缩小划拨用地范围和数量，明确除对行政机关、人民团体办公用地、城市基础设施和公益事业用地，以及军事用地可以行政划拨方式供地外，其余土地一律通过出让、租赁、作价入股等有偿使用方式取得。建立土地市场的价格体系和土地市场的收益分配体系。土地进入市场遇到的首要问题是如何合理确定"有偿"标准，必须尽快建立包括集体土地收益分配权主体资格的认定、集体土地收益分配权的客体范围明确、基准地价、标定地价和出让地出口价在内的土地价格体系。正确处理好集体土地收益分配方式、集体土地收益的内部分配机制、集体土地收益的外部分配，尤其是市、县（市）和乡（镇）政府之间，个人与集体之间的收益分配关系。

2. 土地利用经济运行机制的改革和完善

制定农用地转为建设用地的土地收益收缴办法，把国家每年下达各地的非农建设占用耕地指标作为收缴土地收益的一项重要依据。提高占用耕地的成本，非农建设占用耕地而又没有条件开垦耕地的，应缴纳耕地开垦费，落实异地占补平衡，同时适当提高耕地占用税征收标准，提高土地使用权人占用耕地的成本。制定土地整理、开发的经济扶持政策，按照"取之于土，用之于土"的原则，利用新增建设用地土地有偿使用费等各种土地收益，建立土地开发整理专项资金，由土地行政主管部门做出计划，专门用于耕地保护和土地整理、开发。改革基本建设投资成本制度，建设单位整理、复垦、开发耕地的投资，列入生产成本或建设项目总投资，保证耕地占补平衡资金的落实。紧盯市场需求，制订供地计划，把握供地的用途、时序和数量，促进土地供应从供给侧向需求侧转变，避免供需失衡，确保土地市场健康发展。

11.3.2　建立多规合一的规划体系，充分发挥国土空间规划的用途管制作用

运用规划手段，深化土地制度改革。建立国土空间规划体系并监督实施，实现"多规合一"，必须从全局和战略的高度，着眼于推进科学发展和构建和谐社会的时代要求，高起点编制新的国土空间规划，形成土地利用规划与城市总体规划、经济社会发展规划、区域规划、主体功能区规划等相关规划的衔接和协调机制，科学划定"三区三线"，区划生产、生活、生态"三生"空间，协调自然资源保护与合理利用，服务于全域全类型用途管控，管制核心要由耕地资源单要素保护向山-水-林-田-湖-草-沙全要素保护转变。实行城镇建设用地增加与农村建设用地减少挂钩，允许集中连片特困地区、国家级贫困县及省级贫困县的增减挂钩节余指标在省域内流通。推进农村人居环境综合整治，促进城乡公共服务均等化和区域均衡发展。全面推行城乡统一规划，大力整合城乡建设用地，促进工业向园区集中、人口向城镇集中、住宅向社区集中，积极探索城乡用地统筹的有效途径。从严控制城乡建设用地总规模，从规划、标准、市场配置、评价考核等方面全面建立和落实节约用地制度。抓紧编制乡

镇国土空间规划和村级国土空间规划，科学合理安排村庄建设用地和宅基地，根据区域资源条件修订宅基地使用标准。对于农村宅基地和村庄整理所节约的土地，首先要复垦为耕地，用作折抵建设占用耕地补偿指标。此外，在人均土地少、不能保障一户拥有一处宅基地的地区，在充分尊重农民意愿的基础上，可以采取措施保障农村村民实现户有所居。

运用规划手段应注重3个方面：一是科学编制并实施国土空间规划。新一轮国土空间规划修编的理念是以建设美丽中国为目标，以人为本，以人民为中心，促进人与自然和谐共生，推进区域协同，乡村振兴和生态文明。统筹区域自然资源禀赋及开发利用、经济与社会活动、生态环境治理与保护三者关系的资源空间配置、开发利用管理和布局优化。二是强化责任目标管理。进一步落实各级政府保护耕地的责任，严格执行建设占用耕地"占补平衡"制度。各类建设项目均应按照"先补后占"的原则，在补充数量和质量相当的耕地后再批准建设项目用地，防止占多补少，占优补劣。三是加强批后核查监管。自然资源、发展改革、建设等部门要加强对建设用地的跟踪核查，实行负面清单制度，对于未批先用、少批多用、擅自改变用地位置和土地用途、耕地补充和基本农田补划不到位的，要限期整改，严格追究有关人员的责任。

11.3.3 继续推进土地资源管理的法制建设，强化土地管理的依法行政

加强土地资源管理，关键是要有法可依、依法办事、依法行政。坚持土地公有制不动摇，坚持农民利益不受损，坚持最严格的耕地保护制度和最严格的节约集约用地制度。为此，一要深化农村土地使用制度改革，引进市场机制，使农业用地在不改变用途的前提下，在集体经济组织之间流通，提高农业现代化水平和土地节约集约利用程度。二要继续完善土地用途管制。国家为保证土地资源的合理利用，促进经济、社会和环境的协调发展，通过编制国土空间规划，划定国土空间用途、确定土地使用限制条件，土地所有者、使用者严格按照国家确定的用途利用土地，并实行用途变更许可的一种制度，在合理利用土地资源和保护耕地等方面具有良好效果。

加强土地法制应建立节约用地、提高土地生产力和土地人口承载力的内在机制，一是各级政府要切实增强法治意识和法治观念，自觉遵守土地管理法律法规，做到依法管地用地。二是严格依照法定的权限审批土地，不得违反规定下放土地审批权，更不能弄虚作假，搞化整为零、拆分审批。三是严格执法，严肃查处各种土地违法违规行为，违反法律法规批地、占地必须承担法律责任。四是强化对土地执法行为的监督，建立公开的土地违法立案标准，监察、审计部门和检察院要切实履行监督职责，防止有案不查、违法不纠、执法不严的现象发生。五是加强动态监管，严格土地执法，利用现代信息技术和遥感监测技术，对建设用地"批、供、用、补、查"实施全程动态监管。

11.3.4 持续增加对重点生态建设工程的基础性投入，构筑国土生态安全屏障

宏观生态开发是以绿水青山就是金山银山为导向，遵循山-水-林-田-湖-草-沙生命共同体

的理念，按照土地适宜性和承载能力，采取综合措施，保护资源、保障发展和调控有序，推进重点生态工程建设，提高抗御自然灾害的能力，实现保障国土生态安全的目标。

1. 按计划实施跨流域调水工程

全国的水土资源时空分布不平衡，水土资源严重影响部分土地资源生产潜力的发挥，在不影响原有地区的水土资源开发的前提下，将一部分富余的水资源，通过工程措施调剂给欠缺地区，这就是跨流域的调水工程。

(1)长江南水北调工程。长江流域是我国水资源丰富的地区，为了弥补北方水资源的不足，从 3 条路线引水向北。①东线工程。从江苏扬州附近抽引长江水，沿京杭运河经 14 级提水到黄河南岸，以隧道形式穿过黄河后自流到天津，全长 1 150 km。年均引江水约 250 亿 m^3。②中线工程。经丹江口水库，绕伏牛山，经南阳盆地，在郑州西过黄河，沿太行山东侧，京广铁路西侧自流进入北京，全长 1 260 km。年均可调水 400 亿 m^3。③西线工程。从长江上游的通天河、雅砻江、大渡河，通过高坝壅水或高扬程扬水，开隧道等调水 200 亿 m^3 到黄河上游，可扩大灌溉面积 120 万～233.3 万 hm^2，为开发西北干旱区创造条件，同时也可以起到黄河下游冲沙减淤的作用。

(2)其他跨流域调水工程。华东的引长江济淮、华北的引黄入淀、东北的引松入辽、甘肃的引大入秦等，有些工程已经实施，或即将实施。

2. 继续推进防护林建设与改造工程

新中国成立以来，国家在保护生态环境上做了大量工作，先后开展了“三北”防护林体系工程，长江中上游防护林体系工程，沿海防护林体系工程，平原绿化工程，太行山绿化工程，黄河中游防护林体系工程，淮河太湖流域防护林体系工程，珠江流域防护林体系工程，辽河流域防护林体系工程等。

(1)“三北”防护林工程。这是在我国西北、华北和东北地区实施的重大生态工程，包括新疆全部，甘肃的河西走廊、陇中和陇东地区，青海的柴达木盆地和以东地区，宁夏的全部，内蒙古除大兴安岭林区以外的广大地区，陕西的渭北高原和以北地区，山西的北部及西部地区，河北的北部，北京的全部及东北三省的西部，共 459 县（市、旗），总面积 389.2 万 km^2，占全国陆地面积的 40.54%。“三北”防护林的营造，是综合改造生态环境的重要措施，包括建设区的基本农田建设、草场建设、薪炭林建设等，在一些地方已取得初步的效果。

(2)长江中上游防护林体系工程。涉及藏、川、滇、湘、鄂、赣、陕、甘 8 个省份，共造林 742 万 hm^2，其中防护林 390 万 hm^2，是我国建设的第 2 片大面积的水土保持林，它将减少长江中下游水土流失，保护长江这一黄金水道，改善长江中上游生态环境。

(3)雄安新区“千年秀林”工程。与传统的城市造林不同，雄安新区的“千年秀林”以近自然林为主，进行森林体系的打造。遵循森林的自然演替规律，在适度人为干预下，实现森林自我调节、自我更新、自我演替，最终形成异龄、复层、混交的稳定生态系统。最终，雄安新区秉承生态优先、绿色发展的理念，按照构建“一淀、三带、九片、多廊”生态空间格局目标要求，着力为雄安新区建设奠定生态之基。

(4)其他防护林工程。包括沿海防护林工程、太行山绿化造林工程、东北和华北平原农田防护林网工程等。所有这些防护林带（网）的建设，将对我国生态安全屏障建设产生重大影响。

3. 加强草地生态安全屏障建设

截至 2023 年，我国牧草地总面积为 2.66 亿 hm^2，但优质草地面积极少。草地基本为两大类型，即高原牧场与山地牧场，前者主要在西北和青藏高原，后者主要在西北与华南的山地。这些草地的自然组成要素较差，自然生产力低，加上管理不善等问题，致使我国北方和西部牧区草地退化面积已近 7 000 万 hm^2，占牧区牧草地的 30%，而且每年仍以 200 万 hm^2 的速度递增。草地退化速度每年为 0.5%，人工草地和改良草地的建设速度为 0.3%，两者形成逆差。因而，应当从改造土地资源的生态环境与发展畜牧业两个角度来考虑草原生态安全屏障区建设，如同重视建设基本农田一样来建设人工草场，实行定牧和轮牧。

4. 大力推行耕地草原河湖休养生息制度

耕地草原河湖休养生息制度的建立是我国农业发展与改革过程中的重大决策，是现阶段推动农业可持续发展的重要任务，耕地草原河湖休养生息是应对生态资源压力、构建区域生态安全屏障的重要途径。其中耕地轮作休耕作为耕地休养生息、提升地力以及农田生态保育的重要手段，已成为实现耕地资源可持续利用的重要途径。2016 年，中央政府实行了耕地轮作休耕试点工程，至 2018 年，我国轮作休耕制度试点规模已达 3 000 万亩。

5. 建立以国家公园为主体的保护地体系

自然保护地是生态建设的核心载体、中华民族的宝贵财富、美丽中国的重要象征，在维护国家生态安全中居于首要地位。按照山-水-林-田-湖-草-沙是一个生命共同体的理念，制定国家公园及各类自然保护地总体布局和发展规划，完成国家公园体制试点，设立一批国家公园，显著提高自然保护地管理效能和生态产品供给能力，自然保护地规模和管理达到世界先进水平。

11.3.5 全面建立国土资源安全的保障体系，提升土地资源可持续保障能力

土地资源安全至少具有 5 个方面的基本内涵：一是数量上充裕，土地资源既要总量充裕又要人均充裕，对于稀缺战略自然资源数量也要相对维持经济社会运行的基本数量有足够盈余；二是质量上可靠，可开发利用的土地资源不仅数量上充裕，质量也要有保证，至少达到开发利用后具有可观效益、能够有效服务经济社会发展的程度；三是结构上多样，不但国家或地区内部拥有丰富的土地资源，而且对外依存的自然资源供给类型和渠道具有多样性，具有应对不确定性干扰等能力；四是配置上均衡，均衡不代表平均，而是充分考虑到各方的实际需求和能力，使土地资源配置在区域间、行业间、人群间和阶段间保持相对平衡的状态，从而使得资源配置合理、高效且兼顾公平；五是经济上实惠，可以较小的经济代价获取所需自然资源，从而降低经济社会发展成本并满足更多的经济社会需求。

土地资源安全问题可划分为以下方面：一是土地资源经济安全，土地作为生产之要素关乎经济发展，土地资源供给状况和能力是反映土地对经济社会发展的支撑作用和保障能力的根本，保障土地资源供需匹配是资源安全管理的基础内涵；二是土地资源社会安全，土地资源作为生活之基础关乎社会稳定；三是土地资源生态安全，作为生态之载体关乎生态系统的稳定性和人与自然和谐共生。

中共十九届三中全会通过的《深化党和国家机构改革方案》明确通过组建自然资源部来统一行使全民所有自然资源资产所有者职责，由自然资源部代表国务院履行自然资源安全管理的主要职责。建立土地资源风险防控机制，建立国土空间安全风险评估体系，利用卫星遥感、物联网、大数据等技术，构建全天候、全覆盖的监测预警网络，建立应急准备机制，建立中央和地方土地资源储备体系，建立恢复重建机制，对土地资源灾害制定灾后恢复重建规划，加强地质灾害、洪涝灾害、森林火灾等自然灾害的监测预警和防治能力。

思考题

1. 中国土地资源管理面临的主要问题是什么？面临怎样的挑战？
2. 阐述中国土地资源管理的指导思想与基本原则。
3. 简要论述中国土地资源管理的战略目标和战略重点。
4. 系统阐述中国土地资源管理的宏观体系建设内容。

参考文献

2017 中国土地矿产海洋资源统计公报（摘登）. 中国自然资源报，2018，5.
2018 年中国水土保持公报. 中华人民共和国水利部，2019，8.
第五次中国荒漠化和沙化状况公报. 国家林业和草原局，2015，12.
谷树忠，姚予龙，沈镭，等. 资源安全及其基本属性与研究框架. 自然资源学报，2002，3：280-285.
顾守柏，谷晓坤，刘静，等. 上海大都市土地整治. 上海：上海交通大学出版社，2019.
国家林业和草原局. 2014—2018 中国森林资源报告. 北京：中国林业出版社，2018.
刘新卫，赵崔莉. 乡村振兴视域中的农村土地整治. 北京：知识产权出版社，2019.
刘永强，苏昌贵，龙花楼，等. 城乡一体化发展背景下中国农村土地管理制度创新研究. 经济地理，2013，10：138-144.
陆红生. 土地管理学总论. 6 版. 北京：中国农业出版社，2015.
欧名豪. 土地利用管理. 2 版. 北京：中国农业出版社，2011.
乔思伟. 农村土地制度实现重大突破. 中国自然资源报，2019，8：1-4.
全国土壤污染状况调查公报（2014 年 4 月 17 日）. 环境教育，2014，6.
孙鸿烈，郑度，姚檀栋，等. 青藏高原国家生态安全屏障保护与建设. 地理学报，2012，1：3-12.
王万茂. 土地资源管理学. 北京：高等教育出版社，2003.
王万茂. 中国土地管理制度：现状、问题及改革. 南京农业大学学报（社会科学版），2013，4：76-82.
吴群，邹金浪. 耕地质量禀赋、要素投入与产出效率. 北京：科学出版社，2019.
谢花林，何亚芬. 中国耕地轮作休耕制度研究. 北京：经济科学出版社，2018.
严金明，王晓莉，夏方舟. 重塑自然资源管理新格局：目标定位、价值导向与战略选择. 中国土地科学，2018，3：1-7.

岳文泽，王田雨．中国国土空间用途管制的基础性问题思考．中国土地科学，2019，8：8-15.
郑伟元．国土空间规划督察若干问题思考．中国土地，2019，9：19-21.
中国法制出版社．中华人民共和国土地管理法（2019 年最新修订）（含草案说明）．北京：中国法制出版社，2019.
中华人民共和国 2017 年国民经济和社会发展统计公报．中国统计，2018，3.
朱道林．土地管理学．北京：中国农业大学出版社，2007.

第12章 世界土地资源现状与可持续管理对策

随着人口的不断增长和社会经济的快速发展，人类社会对地球上的自然资源的需求也随之猛增，尤其是土地资源紧缺的状况日益严重。面对这样的局面，认真研究全球土地资源状况和存在的问题，从而制定出一系列切实可行的战略性对策，是未来全球人口—资源与环境战略所面临的最重要的研究课题之一。

12.1 世界土地资源现状

12.1.1 概况

土地资源面积主要是指陆地面积。在地球 5.1 亿 km^2 的表面中，海洋面积 3.61 亿 km^2，约占 71%，陆地面积 1.49 亿 km^2，约占 29%。从传统的南北半球来看，陆地的 2/3 集中于北半球，仅 1/3 分布在南半球。

分布在地球不同地理位置上的土地资源，由于组成的复杂性和地区的特殊性，因此土地资源状况十分复杂。但是，我们也可以找出其规律性。正如土地资源的地域分异性所述，地带性则是世界土地资源分布的主要特征。从整体上看，它们沿纬度变化方向延伸，大致可划分出若干个自然地带（或称环境区），各地带土地构成要素间存在着特殊的、有规律的内在联系，而且在时间上不断发展演变，见表 12-1。

表 12-1 世界土地资源概况

气候带		土壤类型	总面积 $/\times10^6\ hm^2$	占世界土地面积/%	可耕地面积 $/\times10^6\ hm^2$	可耕地占该类型土壤面积/%
高纬度极地气候		冰沼土	459	3.4	—	—
中纬度冷温气候		灰壤	1 295	9.3	130	10.0
		棕壤	605	4.4	393	65.0
中纬度温暖气候	地中海型气候地区	褐土和地中海型红壤	112	0.8	15	13.4
	东海岸区	红壤和黄壤（包括灰化红壤和黄壤）	2 170	15.8	1 200	55.2
	内陆区	湿草原土和淋溶黑钙土	465	3.5	400	85.4
		黑钙土和红色黑钙土	380	2.7	282	73.2
		栗钙土、棕钙土和红棕壤	1 204	8.6	400	33.2
	半荒漠、荒漠区	灰钙土、荒漠土和红色荒漠土	2 800	20.1	14*	0.5

续表 12-1

气候带		土壤类型	总面积 /×10⁶ hm²	占世界土地面积/%	可耕地面积 /×10⁶ hm²	可耕地占该类型土壤面积/%
低纬度热带气候	湿润区	砖红壤和热带灰壤	1 040	7.7	83	8.0
	干湿季交替区	热带黑土和黑黏土	300	2.2	150	50.0
冲积土			590	4.3	320**	54.2
山地土壤			2 465	17.7	15**	0.6
共　计			13 885	100.0	3 067	—

* 包括热带荒漠土在内。** 冲积土、山地土壤的可耕地面积分散计入其他土壤类型内，可耕地面积不予统计。

高纬度极地气候下的冰沼土地带分布于亚欧大陆和北美大陆的最北部和北极与南极地区的若干岛屿，气候严寒，大多地方存在永冻层。在这种气候条件下，乔木一般不能生长，最多的是苔藓和地衣，是不宜农作的土地。

中纬度寒温气候条件的灰壤地带在亚欧大陆和北美大陆北部呈宽广的带状。这里冬季寒冷，夏季温凉潮湿，形成针叶林植被，是世界主要的林木生产基地。在本带的南侧，通过引种早熟品种，施用石灰、有机肥料和其他肥料，尚可种植春小麦，但产量不高，也非宜农土地。

中纬度冷温气候条件下，棕壤地带在灰壤地带南侧，是针阔混交林区，在农业生产上也占用一定地位，常一年一熟。英国、法国、德国约有一半的耕地是由棕壤开垦而来的，盛产玉米和小麦。

中纬度西部地中海气候区的土壤为褐土、棕壤和石灰土。这里冬季水分充足时，气温较低，而夏季气温增高时，水分又嫌不足，为森林灌木草原景观。土地的农业利用为种植油橄榄、葡萄和其他一些水果，也种小麦、燕麦和大豆等。

中纬度湿热的大陆东岸季风区是红壤和黄壤地带。这里降水量丰富，光照和热量充足，四季都可以生长植物，且种类繁多，多生产水稻、小麦，生产量也很大，原生植被为常绿阔叶林。

中纬度温暖气候区的内陆，分布着黑土、黑钙土、栗钙土等草原土壤，原生植被为草原，其中黑土和黑钙土现多已开垦为农田，生产玉米、大豆和小麦。栗钙土由于水分不足，现多为牧场。

中纬度的半荒漠和荒漠区分布着灰钙土、棕钙土和荒漠土。这里干旱少雨、植物稀少，形成荒漠草原景观。在有灌溉条件的地方，也形成片片绿洲。

低纬度的湿热区分布着砖红壤和热带灰壤，属热带雨林景观，如非洲的刚果河流域、南美洲的亚马孙河流域、南亚等。这里水热充足，树高林密，且林下草本藤类繁多。农业生产潜力很大，盛产橡胶、咖啡、可可、胡椒等热带作物。

热带稀树草原分布于热带雨林地带的南北两侧，在非洲和南美洲面积广大，此外还分布在澳大利亚西北部、中美洲和亚洲局部地区。土壤为热带黑土和黑黏土。这里干湿季分明，而干季在一年中最长达 4 个月以上，气温终年都较高。天然植被为热带稀树草原，由生长很高（≥2 m）的禾本科草本植物和散落其间的零星或成片乔木与灌木构成。季相极为明显，干季到来，草本枯萎，大地呈一片黄褐色，雨季一来，草木葱葱，百花盛开。农业生产以薯类为主。

山地土壤和冲积土分别占世界土地总面积的 17.7%和 4.3%，山地是林、牧适宜区，而占土地面积不大的冲积土却供给世界人口约 25%的粮食、棉花和其他农产品。

12.1.2　世界土地资源利用现状

全球的土地资源由于地理条件差异很大，再加上人口、民族以及各国的社会经济条件的不同，因此利用特征也不尽相同。但经过 8 000～10 000 年漫长的演化过程，形成了今天世界土地资源利用大格局。

根据国际统计年鉴统计数据（国家统计局，2016—2022），2022 年全世界土地面积 1.404 19 亿 km^2，约占地球总面积的 1/4。全球土地面积中，耕地占 10.89%，森林面积占 31.38%，多年生作物面积占 1.28%（表 12-2）。

表 12-2　2016—2022 年世界土地资源及所占土地面积比例

地区	土地面积/×10^4 hm^2	2021 年耕地			2016 年多年生作物		2022 年森林		
		面积/×10^4 hm^2	占土地比例/%	人均耕地/hm^2	面积/×10^4 hm^2	占土地比例/%	面积/×10^4 hm^2	占土地比例/%	人均面积/hm^2
世界	1 273 432	138 713	10.89	0.18	16 554	1.28	399 582	31.38	0.54
中国	93 882	10 886	11.60	0.08	1 600	1.70	22 374	23.83	0.16
孟加拉国	1 302	811	62.30	0.05	83	6.37	188	14.47	0.01
文莱	53	1	1.89	0.02	1	1.89	38	72.11	0.85
柬埔寨	1 765	412	23.34	0.24	15	0.85	776	43.94	0.46
印度	29 732	15 445	51.95	0.11	1 300	4.37	7 269	24.45	0.05
印度尼西亚	18 926	2 630	13.90	0.10	2 250	12.42	9 092	48.04	0.33
伊朗	16 225	1 570	9.68	0.18	179	1.10	1 078	6.64	0.12
以色列	216	30	13.89	0.04	10	4.63	17	7.87	0.02
日本	3 645	409	11.21	0.03	29	0.80	2 494	68.41	0.20
哈萨克斯坦	26 997	2 967	10.99	1.56	13	0.05	351	1.30	0.18
韩国	976	134	13.76	0.03	21	2.15	627	64.21	0.12
老挝	2 308	122	5.30	0.17	17	0.74	1 653	71.61	2.19
马来西亚	3 286	83	2.51	0.03	660	20.09	1 901	57.87	0.56
蒙古	15 575	133	0.86	0.40	—	—	1 417	9.10	4.17
缅甸	6 527	1 099	16.84	0.20	155	2.37	2 796	42.85	0.52
巴基斯坦	7 709	3 051	39.58	0.14	81	1.05	364	4.73	0.02
菲律宾	2 982	559	18.75	0.05	535	17.94	726	24.34	0.06
新加坡	7	—	—	—	—	—	2	21.18	0.002 7
斯里兰卡	619	137	22.18	0.06	100	15.95	211	34.06	0.09
泰国	5 109	1 715	33.57	0.25	450	8.81	1 980	38.76	0.28

续表12-2

地区	土地面积/×10^4 hm^2	2021年耕地			2016年多年生作物		2022年森林		
		面积/×10^4 hm^2	占土地比例/%	人均耕地/hm^2	面积/×10^4 hm^2	占土地比例/%	面积/×10^4 hm^2	占土地比例/%	人均面积/hm^2
越南	3 134	679	21.65	0.07	407	13.12	1 479	47.20	0.15
埃及	9 955	308	3.09	0.03	92	0.92	4	0.05	0.000 4
尼日利亚	9 108	3 687	40.48	0.17	650	7.14	2 130	23.39	0.10
南非	12 131	1 200	9.89	0.20	41	0.34	1 698	14.00	0.28
加拿大	87 887	3 826	4.35	1.00	470	0.52	34 685	39.47	8.91
墨西哥	19 440	2 008	10.33	0.15	269	1.38	6 544	33.66	0.51
美国	91 474	15 774	17.24	0.48	260	0.28	30 980	33.87	0.93
阿根廷	27 367	4 221	15.42	0.92	100	0.37	2 836	10.36	0.61
巴西	83 581	5 825	6.97	0.27	657	0.79	49 420	59.13	2.30
委内瑞拉	8 821	260	2.95	0.09	70	0.79	4 613	52.29	1.63
捷克	772	248	32.08	0.23	8	1.04	268	34.74	0.25
法国	5 476	1 796	32.79	0.27	99	1.81	1 742	31.81	0.26
德国	3 494	1 166	33.37	0.14	21	0.60	1 142	32.69	0.14
意大利	2 957	719	24.32	0.12	245	8.33	967	32.71	0.16
荷兰	337	100	29.79	0.06	4	1.19	37	11.03	0.02
波兰	3 061	1 108	36.19	0.29	39	1.27	951	31.06	0.25
俄罗斯	163 769	12 165	7.43	0.85	160	0.10	81 531	49.78	5.68
西班牙	4 997	1 155	23.11	0.24	470	9.40	1 858	37.18	0.39
土耳其	7 696	1 988	25.83	0.23	328	4.26	2 253	29.28	0.26
乌克兰	5 794	3 292	56.82	0.75	89	1.54	970	16.74	0.26
英国	2 419	601	24.84	0.09	5	0.21	321	13.26	0.05
澳大利亚	76 920	3 127	4.06	1.21	33	0.04	13 401	17.42	5.16
新西兰	2 633	62	2.34	0.12	7	0.27	993	37.72	1.94

注：“—”表示无可靠依据。

引自：国家统计局．2016—2023年国际统计年鉴。

1. 耕地

据国际统计年鉴数据（国家统计局，2016—2023），2021年，全球共有耕地面积13.87亿hm^2，占土地面积的10.89%（表12-2）。耕地在全球分布不平衡，具有明显的空间差异性，主要分布在亚洲、欧洲、北美洲和南美洲。就耕地占土地面积的比重而言，发展中国家略高于发达国家；而从地区来看，亚洲最高占18.14%，其后依次是非洲占15.84%，欧洲占12.29%，北美洲占10.84%和南美洲占10.18%，而大洋洲仅占5.88%。从耕地在国家间的分布来看，全世界耕地面积最大国家为印度，达1.54亿hm^2，占土地总面积的51.95%，其次为美国（1.58亿hm^2）和俄罗斯（1.21亿hm^2）。耕地面积占土地面积比例最高的国家为孟加拉国（62.30%），其次为乌克兰（56.82%）和印度（51.95%）。

当前世界人均耕地为 0.18 hm^2，见表 12-2。人均占有耕地大洋洲为 1.63 hm^2，北美洲为 0.43 hm^2，南美洲为 0.42 hm^2，欧洲、非洲和亚洲分别为 0.37 hm^2、0.15 hm^2、0.10 hm^2。亚洲是人均耕地面积最少的地区，中国是世界上人均占有耕地最少的国家之一，仅为 0.08 hm^2，人均耕地最少的国家是文莱，仅 0.02 hm^2，人均耕地最多的国家是哈萨克斯坦，人均达 1.56 hm^2。

2. 多年生作物用地

作物是指直接或间接为人类需要而栽培的植物；而多年生作物是指生命周期延续 3 年以上，每年除收获地上部分外，其地下部的根芽或根状茎可连续生长并可用以进行营养体繁殖的作物。世界多年生作物的总面积估计为 1.66 亿 hm^2，而发展中国家多年生作物所占土地面积的比例（1.76%）大大高于发达国家（0.58%）。世界上多年生作物主要分布在亚洲（0.79 亿 hm^2），其次为欧洲（0.15 亿 hm^2）和北美洲（0.10 亿 hm^2）。多年生作物分布面积较大的国家有印度尼西亚（0.23 亿 hm^2）和中国（0.16 亿 hm^2），见表 12-2。

3. 森林

根据 FAO 的《全球森林资源评估报告》，全球的森林覆盖面积从 1995 年的 34.54 亿 hm^2 增加到了 2022 年的 39.96 亿 hm^2；森林的平均消失率也从 20 世纪末 1990—2000 年的 0.18%下降到 21 世纪初 2000—2022 年的 0.09%。高收入国家的森林覆盖率为 28.9%，中等收入国家的森林覆盖率为 32.8%，低收入国家的森林覆盖率为 27.4%。世界 56.6%以上的森林资源分布在 6 个国家，分别是俄罗斯（占世界的 20.4%）、巴西（占世界的 12.4%）、加拿大（占世界的 8.7%）、美国（占世界的 7.8%）、中国（占世界的 5.6%）、印度尼西亚（占世界的 2.3%），见表 12-3。

表 12-3　世界森林资源

国家或地区	森林平均消失率/%		森林覆盖率/%		总面积/×10^4 hm^2	人均面积/hm^2
	1990—2000 年	2000—2015 年	2010 年	2022 年	2022 年	2022 年
世界总计	0.18	0.09	31.0	31.38	399 582	0.54
高收入国家	−0.08	−0.03	28.7	28.90	—	—
中收入国家	0.33	0.13	33.1	32.80	—	—
低收入国家	0.64	0.44	28.1	27.40	—	—
中国	−1.20	−1.18	21.4	23.83	22 374	0.16
孟加拉国	0.18	0.18	11.1	14.47	188	0.01
文莱	0.39	0.29	72.1	23.83	38	0.16
柬埔寨	1.14	1.21	57.2	14.47	776	0.01
印度	−0.22	−0.54	23.5	72.11	7 269	0.85
印度尼西亚	1.75	0.56	52.1	43.94	9 092	0.46
伊朗	—	−0.98	6.6	24.45	1 078	0.05
以色列	−1.49	−0.52	7.1	7.60	17	0.02
日本	0.03	−0.02	68.5	68.41	2 494	0.20
哈萨克斯坦	0.17	0.11	1.2	1.30	351	0.18

续表12-3

国家或地区	森林平均消失率/%		森林覆盖率/%		总面积/×10^4 hm^2	人均面积/hm^2
	1990—2000年	2000—2015年	2010年	2022年	2022年	2022年
韩国	0.13	0.11	64.0	64.21	627	0.12
老挝	0.46	−0.90	77.2	71.61	1 653	2.19
马来西亚	0.36	−0.19	67.3	57.87	1 901	0.56
蒙古	0.67	−0.48	8.4	9.10	1 417	4.17
缅甸	1.17	1.11	48.6	42.85	2 796	0.52
巴基斯坦	1.76	2.03	2.2	4.73	364	0.02
菲律宾	−0.80	−0.96	22.9	24.34	726	0.06
新加坡	—	—	23.3	21.18	2	0.002 7
斯里兰卡	1.20	0.37	33.5	34.06	211	0.09
泰国	0.28	0.24	31.8	38.76	1 980	0.28
越南	−2.28	−1.73	45.6	47.20	1 479	0.15
埃及	−2.98	−1.58	0.1	0.05	4	0.000 4
尼日利亚	2.68	3.12	9.9	23.39	2 130	0.10
南非	—	—	7.6	14.00	1 698	0.28
加拿大	—	0.01	38.2	39.47	34 685	8.91
墨西哥	0.52	0.18	34.2	33.66	6 544	0.51
美国	−0.13	−0.14	33.7	33.87	30 980	0.93
阿根廷	0.88	0.99	10.4	10.36	2 836	0.61
巴西	0.51	0.35	59.6	59.13	49 420	2.30
委内瑞拉	0.57	0.33	53.9	52.29	4 613	1.63
捷克	−0.03	−0.18	34.4	34.74	268	0.25
法国	−0.55	−0.74	30.0	31.81	1 742	0.26
德国	−0.31	−0.04	32.7	32.69	1 142	0.14
意大利	−0.98	−0.74	30.7	32.71	967	0.16
荷兰	−0.43	−0.30	11.1	11.03	37	0.02
波兰	−0.20	−0.28	30.5	31.06	951	0.25
俄罗斯	—	−0.05	49.8	49.78	81 531	5.68
西班牙	−2.09	−0.57	36.5	37.18	1 858	0.39
土耳其	−0.47	−1.00	14.6	29.28	2 253	0.26
乌克兰	−0.25	−0.10	16.5	16.74	970	0.26
英国	−0.68	−0.43	12.6	13.26	321	0.05
澳大利亚	−0.03	0.21	16.0	17.42	13 401	5.16
新西兰	−0.69	−0.01	38.6	37.72	993	1.94

注：负值表示森林面积的增长；“—”表示无可靠依据。

引自：国家统计局．2016—2023年国际统计数据年鉴。

2022 年世界森林覆盖率平均水平为 31.38%。世界森林覆盖率最高的国家是圭亚那，森林覆盖率达到 97.5%。森林覆盖率最低的国家为埃及，仅为十万分之一。

世界森林资源总面积为 39.96 亿 hm^2，其中面积最大的是俄罗斯，达 8.15 亿 hm^2，其次为巴西，为 4.94 亿 hm^2；面积最小的国家是新加坡，仅有 2 万 hm^2。

世界上人均占有森林 0.54 hm^2，以加拿大最多，达 8.91 hm^2，其次为俄罗斯，为 5.68 hm^2，最少的为埃及，为 0.000 4 hm^2。

4. 其他土地

世界范围来看，其他土地有 73.83 亿 hm^2，其中包括永久性牧场、城乡居民点、工业及交通运输用地和山脉、沙漠、峭壁、冰川、沼泽和北极冻土带等。据国际统计年鉴显示（国家统计局，2016），在“其他土地”中约有 2 亿 hm^2 目前尚未利用，但是可以利用。其中在欧洲有 600 万 hm^2，北美和中美有 3 000 万 hm^2（其中美国有 2 000 万 hm^2），南美有 4 200 万 hm^2，亚洲（不包括中国）有 6 600 万 hm^2，非洲近 7 000 万 hm^2，这 2 亿 hm^2 土地近期内即可投入使用。

12.2 世界土地资源问题和挑战

12.2.1 世界人口增加对土地资源的压力

回顾世界人口发展的历程，就会发现人口增长的速度越来越快。1650 年全世界人口为 5 亿，1850 年增长到 10 亿，耗时 200 年。后仅用 80 年，在 1930 年左右产生了第 2 个 10 亿，然后是 1960 年的第 3 个 10 亿和 1970 年的第 4 个 10 亿。在 20 世纪后半叶，人口增长率开始加速，到 1970 年末达到了可能是历史上最高的年增长率 2.0%，见表 12-4。换句话说，人口增长率从史前时期的每千年 2%，上升到 1960—1970 年每年 2%。目前，世界人口的增长速度得到控制，有所放缓。10 年前，世界人口以每年 1.24%的速度增长。今天，它每年仍以 1.18%的速度增长，每年约增加 8 300 万人。预计到 2030 年将达到 85 亿人，到 2050 年将进一步增加到 97 亿人，到 2100 年将进一步增加到 112 亿人（联合国人口基金，2015）。

根据 2024 年世界人口状况报告（联合国人口基金，2024），截至 2023 年，世界人口已达到 80.2 亿，这意味着在过去 14 年中，世界人口已增加了约 11 亿。全球人口的 60%生活在亚洲（44 亿），非洲 16%（12 亿），欧洲 10%（7.38 亿），拉丁美洲和加勒比地区 9%（6.34 亿），其余的 5%在北美洲（3.58 亿）和大洋洲（3 900 万）中。

统计显示（联合国人口基金，2024），尽管目前全球人口增长率出现了下降趋势，但不同地区经济发展不平衡导致了全球人口增长速度的不平衡，全球人口总数仍将缓慢增长。2025—2050 年全球人口增长的一半以上预计将发生在非洲。非洲是人口增长率最高的地区，在 2010—2024 年期间以每年 2.5%的速度增长。因此，2025—2050 年预计将增加全球人口的 16 亿人中，非洲将增加 8 亿人。而亚洲预计是未来全球人口增长的第二大贡献者，2025—2050 年会增加约 6 亿人口，其次是北美洲、拉丁美洲、加勒比地区和大洋洲，预计增幅将小得多。与之形成鲜明对比的是欧洲地区的人口，预计到 2050 年欧洲的人口将比 2025 年少。

中国和印度仍然是世界上两个最大的国家，人口均超过 10 亿，分别占世界人口的 17.6%和 17.8%。世界人口数量最多的 10 个国家依次为：印度 14.286 亿、中国 14.107 亿，美国 3.349 亿，印度尼西亚 2.775 亿，巴基斯坦 2.405 亿，尼日利亚 2.238 亿，巴西 2.164 亿，孟加拉国 1.730 亿（表 12-4）。

表 12-4 近年世界主要国家人口数和增长率 万人

国家和地区	历年人口				2023 年增长率/%
	2000 年	2005 年	2010 年	2023 年	
世界	610 195.7	651 396.0	692 368.4	802 499.7	0.9
高收入国家	128 229.8	111 223.5	115 447.7	140 302.2	0.5
中等收入国家	439 465.6	487 646.6	517 105.8	587 015.3	0.8
中低收入国家	481 966.0	536 257.9	572 798.4	659 313.7	1.0
低收入国家	42 500.4	48 611.3	55 692.6	72 298.4	2.7
中国	126 264.5	130 372.0	133 770.5	141 071.0	−0.1
阿根廷	3 690.3	3 914.5	4 122.3	4 665.5	0.9
澳大利亚	1 915.3	2 039.5	2 203.2	2 663.9	2.4
比利时	1 025.1	1 047.9	1 089.6	1 182.3	1.2
巴西	17 450.5	18 847.9	19 861.4	21 642.2	0.5
巴基斯坦	14 383.2	15 335.6	17 004.4	24 048.6	2.0
白俄罗斯	1 000.5	966.3	949.0	917.8	−0.5
尼日利亚	12 287.7	13 961.1	15 942.5	22 380.5	2.4
孟加拉国	13 238.3	14 293.0	15 161.7	17 295.4	1.0
加拿大	3 077.0	3 231.2	3 400.5	4 009.8	2.9
埃及	6 613.7	7 494.2	8 204.1	11 271.7	1.5
芬兰	517.6	524.6	536.3	558.4	0.5
法国	6 091.1	6 317.9	6 502.8	6 817.0	0.3
德国	8 221.2	8 246.9	8 177.7	8 448.2	0.8
希腊	1 091.7	1 098.7	1 112.1	1 036.1	−0.6
印度	104 226.2	114 432.6	123 098.5	142 862.8	0.8
印度尼西亚	20 893.9	22 625.5	24 161.3	27 753.4	0.7
伊朗	6 591.1	7 012.2	7 425.3	8 917.3	0.7
爱尔兰	380.5	416.0	456.0	526.2	2.6
以色列	628.9	693.0	762.4	975.7	2.1
意大利	5 694.2	5 796.9	5 927.7	5 876.1	−0.3
牙买加	258.9	264.4	269.1	282.6	−0.1
日本	12 684.3	12 777.3	12 807.0	12 451.7	−0.5
约旦	479.7	533.3	651.8	1 133.7	0.5
朝鲜	2 284.0	2 381.3	2 450.1	2 616.1	0.4
韩国	4 700.8	4 813.8	4 941.0	5 171.3	0.1

续表12-4

国家和地区	历年人口				2023 年增长率/%
	2000 年	2005 年	2010 年	2023 年	
马来西亚	2 342.1	2 579.6	2 812.0	3 430.9	1.1
葡萄牙	1 029.0	1 050.3	1 057.3	1 052.5	1.1
沙特阿拉伯	2 014.5	2 474.5	2 809.1	3 694.7	1.5
南非	4 400.0	4 727.0	5 077.2	6 041.4	0.9
西班牙	4 026.3	4 365.3	4 657.7	4 837.3	1.2
瑞典	887.2	903.0	937.8	1 053.7	0.5
瑞士	718.4	743.7	782.5	885.0	0.8
阿联酋	302.6	448.2	832.9	951.7	0.8
英国	5 889.3	6 040.1	6 276.6	6 835.0	0.8
美国	28 216.2	29 551.7	30 934.7	33 491.5	0.5
乌拉圭	332.1	332.6	337.4	342.3	0.0

注："—" 表示无可靠依据。

引自：国家统计局．2024 年国际统计数据年鉴。

2023 年，世界人口中男性占 50.3%，女性占 49.7%。全球人口的中位数年龄为 29.6 岁，即一半人口年龄较大而另一半人口年龄较小。世界上约有 1/4（25%）的人口年龄在 15 岁以下，64.9%的年龄在 15～64 岁，而 10%的年龄在 65 岁以上。

据世界人口状况报告最新预测（联合国人口基金，2024），到 2050 年，世界人口可能突破 95 亿，全世界人口迅猛增长，使土地的人口"负荷系数"（土地的人口负荷系数为某国家或地区人口平均密度与世界人口平均密度之比，用于发现人口极为稠密地区和可供移民的地区）不断增加。这就意味着人口的增长将给本来就十分紧张的土地资源，特别是耕地资源带来更大的危机。世界上部分国家土地的人口负荷系数见表 12-5。

表 12-5 世界上部分国家土地的人口负荷系数（K_H）

国名	K_H	国名	K_H	国名	K_H
全世界	1.00	泰国	2.35	德国	4.12
中国	2.58	越南	5.22	意大利	3.65
印度	7.79	埃及	1.62	荷兰	8.88
日本	6.15	尼日利亚	3.53	波兰	2.19
韩国	9.17	南非	0.80	俄罗斯	0.16
老挝	0.52	加拿大	0.07	西班牙	1.64
马来西亚	1.63	美国	0.62	土耳其	1.80
蒙古	0.03	阿根廷	0.28	英国	4.75
缅甸	1.46	巴西	0.44	澳大利亚	0.05
新加坡	138.25	法国	2.15	新西兰	0.31

引自：国家统计局．2016 年国际统计数据年鉴。

12.2.2 世界土地资源数量的变化

1. 人均耕地持续减少

人类的食物迄今仍有88%来自耕地，凡人均耕地多的国家如澳大利亚、加拿大等，也是食物问题获得彻底解决的国家。相反，日本、英国等科技水平居世界前列的国家却因人均耕地少而未解决国内食物需求的矛盾。近年来，由于人口的增长，建设用地面积不断增大，1975—2000年全球仅新增加建筑面积就是原有建筑面积的2.5倍。据有关资料表明，全世界每年有近500万 hm^2 即每天14 000 hm^2 的土地被工业或其他建设项目所占用。日本1950年有耕地620万 hm^2，而1987年只有520万 hm^2，到了2005年仅剩436万 hm^2；英国最近20多年共减少农用地113万 hm^2；中国1996—2003年耕地面积减少近0.07亿 hm^2（1亿亩）。据联合国有关统计资料，1950年全球人均耕地0.75 hm^2，1975年0.31 hm^2，2005年0.22 hm^2，而到了2015年仅剩0.19 hm^2。2022年国际统计年鉴显示（国家统计局，2022），当前世界耕地为增长趋势，1978为132 636万 hm^2，2021为138 713万 hm^2，其主要原因有二：一是过去几十年大量砍伐森林、开垦草地、湿地等，耕地面积有所增加；二是灌溉耕地增加比较大，为117%。然而，如今世界大城市的面积正以比人口增长速度高2倍的速度发展，世界人口剧增，人均耕地仅为0.18 hm^2（2021年），人均耕地面积仍长期处于低水平状态，值得警觉。

2. 砍伐森林

每年新增的大量人口，给本来就无力承受的耕地带来更大的压力，为了增加有限的耕地面积，人们不得不毁林开荒，再加上过度采伐、森林火灾等原因，造成森林资源不断减少。据联合国2023年全球森林资源评估报告（FAO，2023），1990年全世界共有41.28亿 hm^2 的森林，到2022年面积已减少到39.95亿 hm^2，森林占全球陆地的面积则由1990年的31.6%减少到2022年的31.3%。1990—2022年的森林面积净损失为1.33亿 hm^2 天然林，相当于整个南非的面积，代表着0.04%的年度净损失率。但综合起来看：森林每年净损失率已从1990年的0.18%减缓到过去5年里的0.08%。2010—2022年森林年损失量为760万 hm^2，年增长量为430万 hm^2，结果为森林面积每年净减少330万 hm^2。1990—2022年人均森林面积从0.8 hm^2 下降到0.54 hm^2。

人们最关心的是热带雨林，因为热带雨林覆盖了全球土地资源面积的1/6，它不仅养育着数百种动、植物，还养育着生活在该区域的近10亿人口。2000—2018年热带雨林区森林覆盖面积减少0.59亿 hm^2，增加0.31亿 hm^2，净减少0.28亿 hm^2，占热带雨林区森林总面积的2.50%，减少区域主要位于亚马孙盆地、非洲刚果盆地和东南亚地区。

森林资源是自然资源和陆地生态系统的重要组成部分，是自然界物质和能量交换的重要的枢纽。随着森林资源的减少，生物多样性亦随之减少，很多动物失去了栖息的环境，同时，温室效应加剧，臭氧层遭到破坏，土地荒漠化，水资源短缺，酸雨蔓延，大气污染严重的生态环境问题，对人类文明构成了严重的威胁。

3. 开垦草原

虽然目前世界草地总面积有所增加，但是一些水土条件较好的优质草场有所减少，干旱和沙漠也在威胁着世界草场。据调查，世界上的所谓“湿草原”地带大部分均成为农区，半干旱半湿润草原地带的“黑钙土”，也大部分开垦为农田。垦荒正向半干旱草原地带移动。据不完全统计，1973 年全球永久性草地和放牧地为 32.23 亿 hm^2，2005 年上升到 34.33 亿 hm^2。然而 1973 年人均为 0.86 hm^2，到了 2005 年人均下降为 0.54 hm^2。考虑到全球人口数量的持续增长，耕地面积进一步扩大和工业化、城市化加剧，全球草地的人均数量还将继续减少。

4. 围垦湿地

湿地与海洋、森林并称为地球三大生态系统。但由于人口增长和耕地压力的上升，全球天然湿地面积在大幅度下降，人工湿地面积有所增加。为了增加土地发展农业，人们排除湿地积水，开发为农田种植粮食。尽管得到了某些利益，但许多损失是无可挽回的。它破坏了湿地生态系统，许多水禽和鱼类减少，甚至灭绝。据《全球湿地展望（2018)》显示，1970—2015 年短短 45 年间，全世界有 35%的湿地已经消失。表 12-6 为截至 2008 年全球五大区湿地面积基本情况。1970—2008 年欧洲湿地总面积下降最多（50%），下降最少的区域为大洋洲（17%）；其中滨海湿地下降了 38%，内陆湿地下降了 27%。据《全球湿地展望(2019)》报道，由于湿地的丧失，依赖湿地的巨型动物消失了 62%、淡水爬行动物消失了 40%、非海洋软体动物消失了 37%、两栖动物消失了 35%。

表 12-6　全球五大区湿地面积　　万 km^2

地区	天然湿地	内陆区	滨海区
非洲	154.2	146.8	7.4
亚洲	210.1	177.6	32.5
欧洲	192.0	182.9	9.1
北美洲	388.7	387.8	0.9
大洋洲	40.1	34.8	5.3

引自：联合国，2018。

海岸湿地（沿海滩涂）是近岸水产业食物链的一个重要环节。它为鱼类和甲壳类动物提供高度生产性的产卵地、养殖地和喂养地。就全世界来说，估计全部鱼类捕获量的 2/3 是在潮汐带孵化的。沿海滩涂还为水禽和其他野生动物提供栖息场所。但是由于围垦滩涂，海岸湿地的破坏正在加速。欧洲的荷兰围垦滩涂是世界有名的，而欧洲少数剩余的未受破坏的海岸湿地前景是暗淡的。法国布列塔尼亚半岛的海岸湿地在过去的 20 多年里约消失 40%。到 20 世纪 70 年代的中期，美国的原有海岸湿地已损失一半。1983 年美国国家海洋渔业局计算，由于重要的河口湾的损失，美国渔业 1954—1978 年每年损失 2.08 亿美元。第三世界大规模的海岸湿地损失是一个较近期出现的现象，但破坏的步伐大得惊人。

12.2.3　世界土地资源的质量变化

当前，全球人口膨胀与消费水平提高的双重压力，以及自然因素与人类不合理的利用造成了全球土地资源质量下降，一些地区土地的生产力下降了 50%。据估计，2007 年有 15 亿人生活在不同程度上的土地退化地区，而世界超过 42%的非常贫困人口生活在土地退化地区。据《全球土地展望（2017）》估价，全球土地年损失估计为 240 亿 t，造成年经济损失估计为 180 亿～20 万亿美元，造成的生态系统服务损失每年为 6.3 万亿～10.6 万亿美元，占世界 GDP 的 10%～17%。此外，由于土地利用变化和农田和牧场生产力下降导致的全球每年土地退化的代价估计约为 3 000 亿美元。

1. 地力衰退

土地资源的地力衰退主要表现在养分的亏缺上，据统计，世界土地养分不足的面积约占总面积的 23%。全球土壤养分在热带地区表现为 P、Ca、Mg 和 B 的不足，南美洲 10 亿 hm^2 酸性土中，N 和 P 不足的占 90%，缺 K 的占 70%，缺 Zn 的占 62%。据研究，在完全不施肥的情况下，土壤有效养分维持的期限，N 为 20～40 年，P 为 10～20 年，K 为 80～130 年。

据估计，土壤养分 N、P、K 年赤字率分别为 18.7 kg/hm^2、5.1 kg/hm^2 和 38.8 kg/hm^2。此外，据 FAO《世界土壤资源（2015）》报告显示，自 1850 年以来，全球 SOC 的损失估计约为 66 亿 t，温带地区平均下降 52%，热带地区下降 41%，北方地区下降 31%。

还应注意的是，由于城市扩张，占用大量郊区优质农田，为了满足人们对粮食等产品的需求，不断通过开垦草原、围垦滩涂等措施来增加耕种地的数量，因此从数量上来看，耕地的总面积变化不大，但新开发出来的耕地的理化性质还不完全满足农业生产的需要，生产能力低，生产成本高。因此，从这个角度考虑，耕地总地力水平下降。

2. 水土流失

水土流失是土地资源被破坏带来的必然结果。据统计，全世界入海泥沙比人类出现前多 3 倍。全世界每年有 700 万～900 万 hm^2 农田因水土流失而丧失生产能力。土壤损失率是土壤形成率的 10～1 000 倍。美国每年流失的土壤达 10 亿 t 以上，每年约有 1.2 万 hm^2 的土地因水土流失而退化。印度每年流失的肥沃土壤约 80 亿 t，养分多达 600 万 t 以上，比施于耕地上的化肥还多。有史以来，耕地总损失量为目前总耕地的 1.33 倍。据估计，2012 年土壤侵蚀量达 35.9 亿 t。各国条件不同，引起水土流失的主要原因也不同。人口膨胀引起的水土流失多发生在发展中国家，因消费水平的提高而引发的水土流失主要发生在发达国家。水土流失除使土壤肥沃的表层流失，降低土壤生产力以外，沉积的影响也是严重的。全世界的河流每年把大约 240 亿 t 的泥沙带到了大海，还有几十亿吨流失的土壤在河流河床中或水坝后淤积。中国的黄河每年要倾泻 16 亿 t 泥沙到渤海。泥沙的淤积，降低了江、河、湖泊调蓄洪水的能力，严重影响沿河两岸的生产发展和人民生命财产安全。

3. 土壤盐渍化

长期的实践证明，土壤盐渍化是困扰人类的五大土壤问题之一，另 4 个问题则是土壤侵蚀、沙漠化、退化与污染。世界干旱、半干旱区均有盐碱土分布，据《全球土地展望（2017）》估计，到 2050 年，全球 50%的可耕地将受到盐分的影响，主要分布在亚欧大陆，北非、北美西部。据联合国粮农组织的资料表明，全球盐渍土总面积约达 9.5 亿 hm^2，占地球陆地面积的 7.26%。在以上盐渍土总面积中，大洋洲占 37.5%，亚洲占 33.3%，美洲占 15.4%，非洲占 8.5%，欧洲占 5.3%。就国家而言，澳大利亚、苏联、阿根廷、伊朗、印度、巴拉圭、印度尼西亚、埃塞俄比亚、美国、加拿大、埃及、智利等，都是盐渍土分布面积很大的国家。尽管欧洲盐渍土的总面积虽小，但是所占其分布国家国土总面积的比例却很高，达 2%。同时应当指出，由于灌溉制度的失误，盐渍土通常出现于灌溉农业高度发达的地区。

在世界各国灌溉历史上，土壤盐渍化曾是影响农业发展甚至决定国家盛衰的重要原因之一。许多国家和地区，由于灌溉制度的失误，造成大面积的次生盐渍化。研究表明，全世界灌溉面积约 2.17 亿 hm^2（1998 年），每年约有 12 万 hm^2 灌溉地由于次生盐渍化而丧失生产能力，全世界有 270 万 hm^2 的稻田目前受盐渍化的影响，到 2050 年，世界上大约仍有一半的灌溉土地不同程度地遭到盐渍化的危害（联合国，2017）。据报道，美国约有 30%的灌溉土地受盐渍化危害。印度盐渍化面积约占灌溉面积的 65%，埃及占 30%，叙利亚占 50%，伊拉克占 60%。中国盐碱地面积和次生盐碱地面积也很大，对农业生产造成了一定的危害。

4. 水资源贫竭

水资源是地球上一切生命的发生、存在的最基础的物质资源，是生命第一需要的物质保障。地球表面 71%被水覆盖，然而其中 98%的水是咸水而不能被利用。淡水只占 2%，但也不能全部被利用。因为在这 2%的淡水中，冰帽和冰川占了 1%。人类可利用的淡水资源十分稀少。据《世界水资源发展报告》（联合国，2018）显示，世界人类可能利用的淡水资源总量约为 3 500 万 km^3，生态系统和人类可用淡水资源总量约为 20 万 km^3，仅占所有淡水资源总量的 1%。

随着人口增长和消费水平的提高，自 1900 年以来，全球从河流、蓄水层和其他地方抽取水量增长了 8 倍（图 12-1）。同期，人均用水量只增长了 1 倍，并且在最近几年里，还略有递减。虽然出现了这种可喜趋势，一些专家还是担心水利用效率的提高无法赶上人口的增长。资料表明，1985 年，全世界人均可利用淡水量为 43 000 m^3，到 2014 年已低于 6 000 m^3，到 2021 年已经降至 5 430 m^3。另据《世界水资源发展报告》（联合国，2018）显示，当前世界水资源短缺问题仍然困扰着各个大洲，关乎地球上约 40%人口的生活。

5. 土地沙漠化

沙漠化是指气候异常和人类活动等因素造成的干旱、半干旱和亚湿润干旱地区的土地退化。土地资源沙漠化是当今世界影响生物生产的一个重要的土地资源问题。目前，旱地占到地球表面的 41%，到 2045 年，荒漠化将导致近 1.35 亿人无家可归。

全球沙化、半沙化面积逐年增加，许多沙漠区逐年向外扩展，如撒哈拉沙漠南侵速度每年为 30～50 km，流沙前沿长度约 3 500 km。根据联合国《防治荒漠化公约：问题和挑战》公布的资料（United Nations，2016），目前全球有 110 多个国家、10 多亿人受到沙漠化威胁，其中近 1.35 亿人面临流离失所的危险。联合国的研究还表明，气候变暖导致占全球 41%的干旱地区土地不断退化，全球沙漠面积正在逐渐扩大。目前养活着 21 亿人口的干旱地区中有 10%～20%的土地已无法耕种，丧失了经济价值。1968—1973 年位于西非撒哈拉沙漠南缘的萨赫勒半干旱地带遭受严重的干旱和沙漠化，作物失收，牲畜因缺少水草而死亡。据估计，西非的毛里塔尼亚、塞内加尔、马里、尼日尔、布基诺法索、乍得 6 国，饿死 10 万余人，牲畜死亡高达 50%。

面临全球荒漠化扩展的严峻挑战，各国政府一直呼吁重视这一日益严重的全球性环境问题。1977 年联合国召开了世界沙漠化会议，讨论了沙漠化的过程及其严重性。1984 年联合国环境规划署又对沙漠化会议 7 年之后的沙漠化发展趋势及其治理的进展和存在的问题进行了总评价，认为沙漠化仍在发展之中。1991 年联合国召开了第 3 次世界沙漠化会议，对全球土地资源沙化现状进行了新的估计，认为 1991 年全球沙漠化的土地达 35.92 亿 hm^2，受沙漠化影响的耕地有 2.16 亿 hm^2，受沙漠影响的退化灌溉土地为 4 300 万 hm^2，遭受沙漠化危害的国家和地区已有 100 多个，每年沙漠化土地增加 500 万 hm^2，损失耕地 300 万～400 万 hm^2。1994 年，197 个缔约方通过了一项里程碑式的公约《联合国防治荒漠化公约》，联合国环境规划署还把 2006 年世界环境日的主题确定为“沙漠和沙漠化”，并提醒人们：莫使旱地沙漠化。《2030 年可持续发展议程》已把防治荒漠化作为 17 个可持续发展目标之一。

6. 土地污染

土地污染是指土地受到大气酸雨或富含有毒有害物质水的侵蚀，恶化了土壤原有的理化性状和丧失了生产潜力，导致土地上的农林副产品对人畜禽渔的危害。随着工业的迅速发展，“三废”的排放，化肥和农药在农业生产中的大量投入，土地污染问题已相当严重。土地污染不仅使土地生产力降低，还会引起农产品的污染和空气的污染，从而危害人类健康。在 2016 年“国际棕地治理大会”上，澳大利亚环境污染评估与修复联合研究中心估计，世界上现有污染土地超过 500 万块。澳大利亚现在约有 8 万个地点存在土壤污染；欧洲经济区和西巴尔干地区约有 300 万个潜在污染地点；美国有 1 300 个地点被列入该国的超级基金国家重点污染热点清单。目前，中国工业污染场地达 30 万～50 万块，并将 16%的土壤以及 19%的农业土壤列为受污染土壤。2018 年，在联合国粮农组织总部召开了全球土壤污染研讨会，会议贯彻了自愿性的土壤可持续发展与管理方针，通过防止和减少土壤中污染物来维持土壤健康和食物安全，进而实现可持续发展目标。

用污水灌溉农田是造成土地污染的一个重要原因。由于缺少资金和污水处理手段，污水直接排放，使得工业废水中的重金属或有机毒物进入水体，使污水灌溉区受害。我国以城市为中心的污灌区有 30 多个，总灌溉面积 52 hm^2。

工矿企业的废渣和垃圾也挤占了大片肥沃的耕地。2012 年全球城市固体废物年产量约为 13 亿 t。中国国家统计局的统计数据显示，2017 年，全国工业废物生产量约为 33.1 亿 t，其中危险废物排放量约为 0.6 亿 t。据统计，工业废弃物占用土地达 13 万 hm^2 之多。

2022 年全球化肥使用量达到 1.854 亿 t。化肥的大量使用，使土壤物理化学性质恶化，导致土壤板结和地下水硝态氮污染。全世界 10%受监测的河流在一个或更多监测站的数据表明，硝态氮含量超过世界卫生组织公布的饮用水标准。

农药的大量使用，也造成有毒物质在土壤中残留。2015 年全球农药使用达 653 亿美元，到 2020 年保持 6%的年增长率（FAO，2015）。在对美国 150 多条河流的 5 年研究（1980 年完成）中指出，全部水和泥沙样品的 42%～82%受有机氯杀虫剂的污染，2%～7%受有机磷杀虫剂的污染。

12.3 世界土地资源利用与管理的共同对策

12.3.1 要解决全球土地问题，必须树立可持续发展的观念

可持续发展是人类社会在经历了 20 世纪中期以来的经济高速增长后，在人口、资源、

环境问题日益突出之时，关注生态问题、关注未来发展，反思现代经济发展方式而提出的。可持续发展是一种“在满足当代人需要的同时，不损害后代人满足自身需求的能力的发展”。当代人不能只追求自身的利益，还应当对后代承担责任。这不仅仅是给后代留下物质或金钱遗产，更是要让后代具有可以使其生存质量至少不低于当代人水平的能力。因此可持续发展要求在全球尺度体现时间和空间上的公平性，协调不同地区之间、当代和后代之间利益的冲突。

土地资源是人类生存和发展的最基本的资源。人类的生存以及各种人类社会、经济活动都离不开对土地资源的利用。因此土地资源的可持续利用是人类社会、经济可持续发展的要求和基础。

实现土地资源可持续发展，首先应能保障和促进整个社会的持续、稳定与协调发展，有利于促进社会文明程度的提高，有利于人民生活水平和人口素质的提高。土地资源的开发利用应能满足社会各个方面的需要，包括各个产业的用地需求与人民生活及其水平提高的用地需要。同时，必须充分、有效地开发利用土地资源，加大土地资源的开发利用强度，获得较好的经济效益、社会效益与生态效益，达到三者相互协调的最大综合效益。生态平衡是保证土地永续利用和可持续发展的基础，土地的生态负荷是有一定限度的，如果利用得当，便能不断更新和提高土地利用率与生产力，构成一种良性循环，如果利用不合理，超过土地生态系统的负荷，则会破坏土地生态平衡，最终造成土地退化，生态环境恶化。

可持续发展是人类文明进步的表现，是人类的一种理性决策，要实现全球土地资源的可持续利用，关键是提高全人类的土地意识，树立正确的土地观念，使土地资源的可持续利用成为人类的自觉行为。

12.3.2　进行土地资源可持续利用与管理的理论和方法研究

对土地资源可持续利用理论和方法的研究是实现土地资源可持续利用与管理的科学基础。

1. 可持续土地利用管理评价方法

可持续土地利用管理的目标是不断提高土地的生态效益、经济效益和社会效益。为了实现上述目标，必须评价土地利用方式及其开发管理活动是否与实施区域内的生态环境相适应，在经济上有效益，可以为社会所接受。自1993年联合国粮农组织提出《可持续土地管理评价的国家纲要》及其五大基本原则以后（即生产性、保护性、稳定性、经济可行性和社会可接受性），各国政府和学术团体都十分重视可持续土地利用评价的研究与实践，形成一系列的评价方法，如PSR模型、SARD模型、“生态、经济、社会框架”等。但是，总体来说，可持续土地利用管理评价基本还处于学术探讨阶段，其主要研究成果仍是一些理论解释性的指标框架体系，在评价的空间尺度选择上也存在问题。因此进一步加强可持续土地利用管理评价方法的研究，尽快建立起针对不同区域特点、不同评价尺度和不同土地利用系统的可持续土地利用评价指标体系和评价方法，是实现可持续土地利用管理的关键。

2. 土地资源的人口承载潜力研究

土地资源的人口承载潜力分析是在一定范围内、一定的生产力水平与人口数量、人均需求水平的基础上，以土地持续利用为前提，通过对土地生产潜力的分析，对可利用土地资源的数量、质量的预测来探讨土地与人口之间的平衡关系，以期制定土地政策，合理配置土地资源稳定持续发展。

联合国粮农组织（FAO）、人口活动基金会（FPA）和国际系统分析研究所（IIASA）合作，于1978—1982年采用农业生态区法（AEZ）完成了全球117个发展中国家（不包括中国）的土地人口承载力研究。

该研究以1975年为基期年，预测年为2000年。研究评估了低投入、中投入、高投入3种投入水平条件下，土地的潜在支持力。研究结果表明：在1975年低水平投入下，117个国家中，54个处于危急状态，这些国家总面积是22.21亿 hm^2，占土地总面积的1/3；人口数为10.72亿，占总人口的55%，其中超过人口支持能力的人口数为2.72亿，大部分在东南亚。在高水平投入下，除西南亚外，其他区域的危机基本缓解，但西南亚仍有39%的面积，1 900万人处于危机状态，5个区域超过人口支持能力的约为1 100万人。

对2000年形势的评估结果，在低水平投入下，危急国家总数增加到64个，但其面积和人口却略有减少，主要是因为印度大面积增加灌溉后变成非危急国家，5个区域超出人口承载力的人口为5.05亿。

研究结果表明，这117个发展中国家中的部分国家人口的增长已超过土地承载能力，控制人口、加大对土地投资力度是解决问题的途径。同时，应将这一成果进一步深化，并向有关政府和人民进行深入的宣传，让其增强土地和人口的危机感，使合理利用土地成为政府和人民的自觉行动。

12.3.3 开展提高土地资源利用效率的技术和方法研究，适度开发土地资源潜力，节约、集约、高效地使用土地资源

土地资源是一种稀缺资源，位置固定，数量有限，而人类生存与经济的发展均必须以一定数量的土地为基础。因此，土地资源的供给并不能通过土地资源总量的增减来加以解决，只能采用先进科学技术、挖掘土地生产潜力，使单位面积的土地发挥更大效率。目前应进一步开展的研究应包括中低产田改良技术研究、盐碱地治理技术研究、水资源合理利用技术的研究、沙漠化防治技术的研究、土地污染防治技术研究等。

12.3.4 共同保护土地资源，防止生态恶化

土地是人类生存不可替代的基本资源，是人类衣、食、住、行的基础，是社会进步与经济发展的基础。土地问题，特别是耕地问题是全世界资源保护和合理利用最突出的问题之一。人口数量增长与社会经济发展对农副产品需求的数量在进一步增加，对农产品的品种和质量的需要越来越高，这必须要求有一定数量与质量的土地尤其是耕地作保证。因此，合理利用、珍惜和保护土地资源，对实现一个国家或地区的持续发展具有十分重要的意义。

土地作为一种具有多用途的有限资源，它直接或间接地有益于人类及其生存的环境。但当被人类越来越多地用于经济目的或满足某一方面的需求时，人们会盲目地砍伐森林、开垦

草原、围湖造田。人们还会采用超常的手段，不顾客观规律，对土地资源采取掠夺式的开发利用，从而造成土地严重破坏和生产水平的降低，进一步导致生态问题，如水土流失、土地沙漠化等。因此保护土地不仅仅是保护土地的数量，还要保护土地的质量；不仅仅只保护某一类土地而是要保护各类土地协调稳定的数量关系。这是因为土地是由森林、草原、农田等子系统组成的一个完整的大生态系统，各系统之间的相互适应、相互制约、相互协调，才保证了土地生态系统功能的正常发挥。

12.3.5　积极倡导可持续水土资源利用与管理战略，应对全球气候变化

水土资源利用对全球气候变化的影响重大，既有正面影响，也有负面影响。过去和现在进行的许多农业生产活动是导致气候变化的原因之一。全球在 2000 年二氧化碳排放总量为 256.21 亿 t，人均 4.0 t，2022 年增长为 385.22 亿 t，人均 4.7 t。在人为温室气体排放中，农业及相关的毁林活动所占比例超过 1/3。可持续水土资源利用与管理不仅能提高农业的恢复力，还能对气候的变化产生积极影响。如果改进作物和畜牧的管理以及农林业生产实践活动，减少耕作，恢复土地，利用生物质生产生物能源，农林业部门制定相关减灾战略等，全球 CO_2 的总排放量将减少 40 亿～180 亿 t，几乎可以完全抵消农业领域的排放量（FAO，2012）。

可持续水土资源利用与管理不仅与减缓气候变化有关，还与适应气候变化有关。例如，减少耕作、推广农林业以及其他“最佳实践”水土资源管理战略，不仅能够通过增加土壤保水和抵御侵蚀的能力来提高土地的生产力和可持续性，还能够通过建立更加多样化的种植系统去丰富土地生态系统的生物多样性。在应对气候变化时，可持续水土资源利用与管理战略，不仅可提高土地系统的长期稳定性和恢复力，帮助其更好地抵御（适应）气候变化引起的干旱和洪涝灾害，还有助于土壤固碳（减缓）。此外，避免乱砍滥伐、改善保护和管理森林的技术，不仅能增强土地生态系统的恢复力，使其更加健康，还具有重要的减排和适应气候变化的作用。

12.3.6　制定科学的人口发展战略，控制人口过快增长

根据联合国《世界人口状况报告（2015）》预测，今后较长时期内，世界人口将保持上升趋势，2030 年人口总量将达到 85 亿，2050 年接近 100 亿，发展中国家人口占比继续上升，此外，世界多数国家已经或正在步入老龄化社会，中国老龄化水平及增长速度将明显高于世界平均水平。“人口爆炸”带来的一系列资源、环境和生态问题已在全世界范围内为人们所认识。印度在 1951—1956 年第一个 5 年计划中，制定了计划生育政策，使其成为世界上第一个全国实施计划生育的政府。从那时起，发展中国家政府和人民的观念经历了一个巨大的转变。一些曾反对计划生育的国家已转变了它们的立场，因为人口增长对社会经济的影响越来越突出。到 1984 年，126 个发展中国家中，已有 80 个国家制定了官方的计划生育规划，其中，中国人口计划是最成功的一例。在世界各大区，人口增长率下降幅度最大的是东亚，其中中国占了很大的份额。而同一时期，非洲的人口增长率却持续上升，其原因是多方

面的，官方未制定严格的控制人口计划固然是一方面的原因，但社会文化背景和经济制度也是不可忽略的原因之一。控制人口过快增长，关键是发展生产，提高人民的生活水平和教育水平，提高全民的人口意识。

思 考 题

1. 试述世界耕地、草地、林地的概况及变化趋势。
2. 由于人口的增长，给土地资源带来哪些问题？
3. 世界土地资源质量变化表现在哪些方面？
4. 面对全球土地资源的问题和人口压力，你认为人类应共同采取哪些对策？

参 考 文 献

郭然，王效科，欧阳志云，等．中国土地沙漠化、水土流失和盐渍化的原因和驱动力：总体分析．自然资源学报，2004，19(1)：119-127.
何大明，苟俊华．全球变化对跨境淡水利用和管理的影响．自然资源学报，1999，3：285.
科学技术部．全球生态环境遥感监测年度报告，2019.
郎一环．全球资源态势与中国对策．武汉：湖北科学技术出版社，1999.
联合国．2030 年可持续发展议程，2015.
联合国．全球湿地展望，2018.
联合国．全球土地展望，2017.
联合国．世界水资源发展报告，2018.
联合国人口基金．世界人口状况报告，2015.
联合国人口基金．世界人口状况报告，2024.
林培．土地资源学．2 版．北京：中国农业大学出版社，1996.
刘惠清，许嘉巍．土地生态学．长春：吉林大学出版社，1998.
唐华俊．中国土地资源可持续利用的理论与实践．北京：中国农业科学技术出版社，2000.
吴次芳，徐保根，等．土地生态学．北京：中国大地出版社，2003.
张雪林．土地资源学．北京：光明日报出版社，1998.
中华人民共和国国家统计局．国际统计数据：2005—2024.
中华人民共和国科学技术部国家遥感中心．全球生态环境遥感监测 2019 年度报告——全球森林覆盖状况及变化，2019.
周毅．21 世纪中国人口与资源、环境、农业可持续发展．太原：山西经济出版社，1997.
朱德举．中国耕地保护．北京：中国大地出版社，1997.
FAO. 2015 年全球森林资源评估：世界森林变化情况，2016.
FAO. Status of the world's soil resources，2015.
FAO. The state of the world's land and water resources for food and agriculture，2011.
FAO. The state of the world's land and water resources for food and agriculture-managing systems at risk，2012.

United Nations. Transforming our world：The 2030 agenda for sustainable development，2015.
United Nations. United Nations convention to combat desertification：issues and Challenges. E-International Relations，2016.
United Nations. World population prospects，2015.